国学研究文库

郭店竹简与思孟学派

GUODIAN ZHUJIAN YU SIMENG XUEPAI

— 梁涛◎著 —

中国人民大学出版社
· 北京 ·

国学研究文库总序

冯其庸

国学是中国传统学术的简称，它应该是包罗宏富的。其中，以孔孟为代表的儒学，以老庄为代表的道家以及诸子学，以屈宋为代表的楚辞学，以左迁为代表的史学，以韩柳欧苏为代表的文章学，以《诗经》、乐府、李杜韩白苏辛周姜为代表的诗词学，以周程张朱为代表的理学，以关王白马高孔洪为代表的曲学，以《三国演义》、《水浒传》、《红楼梦》为代表的小说学，还有其余相关的如古文字、音韵、训诂学、目录版本学等诸种学问，应该是国学的主要内涵。我们的国家是伟大的多民族团结融合的国家，我们不能把国学局限于某一局部，这是显而易见的。同时，国学也不是凝固、僵化的，而是随着历史的进步在不断丰富发展，唐代的国学总比秦汉要丰富，后代往往胜过前代，国学经典著作的解读，也随着时代的进展而有所深化、有所革新，国学的典籍、文献资料也有所扩展增添。近百年来，大量甲骨文的发现，青铜铭文的发现，战国秦汉魏晋南北朝简牍、古籍的发现，敦煌宝藏大量经卷典籍的发现，西部大量古文书简的发现，不是使我们的国学、我们传统文化的内容都大大地丰富了吗？使我们对自己的文化传统有了更深一步的认识和了解吗？所以，国学是我们整个中华民族的民族精神、民族思想、民族意志的共同载体，是我们伟大中华民族的精神长城，是我们伟大民族顶天立地的思想根基、力量根基，也是我们不可被战胜的强大自信力量的源泉。

从内容上看，国学与传统文化部分内容是重叠的，但国学并不能完全等于传统文化研究。西方文化进入以前，中国已经有两千年以上的学术文化传统，形成了一个自己的体系。在西方文化大举袭来的情况下，近代中国产生了“国学”的观念，来应对西方文化进入后的文化格局，作为一个与西学、现代学科相区别的一个分类，来指称中国传统的学术。而“中国传统文化”的观念，其范围就广得多，既包括学术的形态，也包括非学术的形态。也就是说，“中国传统文化”要比国学的内涵大，国学是一种特殊的“中国传统文化研究”。从研究的态度上看，国学的特殊性首先是对中国传统文化的自觉担当意识。搞国学的人之所以要研究中国传统文化，不是为了个人的生计、名利，也不是为了某种具体的功利，而是要自觉地担当起保护、弘扬中国传统文化的使命。古代先哲“先天下之忧而忧，后天下之乐而乐”的精神境界，“济世安民”、“修身、齐家、治国、平天下”的治学宗旨，应该首先得到继承和弘扬。在研究方法上，国学研究不排斥学习、借鉴、引进外来的研究方法，但更强调对传统研究方法合理因素的吸收和继承，或者说，它是在传统的训诂、考据、义理、词章方法基础上，去吸收、融合西方现代的学术研究方法。之所以如此，是因为国学不仅是在现代西学冲击下对固有知识体系的一个简称，同时也因为这个固有的知识体系里面它有一些内在的脉络，一些固有的体系结构，而对此是不可以用西方文史哲的研究方法来简单处理的。相反，只有既立足于中国学术传统，又具有现代学术意识，才有可能在国学研究中作出突出贡献。

中国人民大学国学院自 2005 年创办起，一直受到社会各界的关注，这既是鼓励也是鞭策，要求我们必须更好地工作，不辜负时代的要求、人民的希望。近三年来，我们循序渐进，择要取精，在教学、科研上对国学进行了有益的探索。我们不提倡对“什么是国学”作定义式的讨论，甚至陷入旷日持久的争论之中，而是鼓励我们的老师在教学、科研中去摸索国学的基本内涵，搞清国学自身的规律及特点。读者看到的这套国学研究文库，便是中国人民大学国学院部分老师的研究成果，同时也收入了一定数量来自社会的稿件，每部稿件都经过专家的严格审定，达到了该领域的较高水平。本文库将每年推出几部，希望能持之以恒，积少成多，对方兴未艾的国学事业添砖加瓦、推波助澜。

冯其庸

2008 年 4 月 3 日

序

李学勤

距今刚好十年，1998 年 5 月，《郭店楚墓竹简》一书由文物出版社出版。这部报告一经问世，立即受到国内外学者的重视。在北京和美国，差不多同时举行了规模相当大的研讨会，有哲学、历史学、考古学、古文字学等方面的学人参加，一起讨论这项重要发现的意义和价值。随后有关论文、专著层出不穷，直到现在尚未衰歇。

梁涛博士正是在这个当口步入学术界的。他在 1998 年底来中国社会科学院历史研究所的博士后流动站，选定的研究课题便是“郭店竹简与思孟学派”。2001 年出站时，研究报告获得评审专家高度评价。2006 年至 2007 年，他又去美国哈佛大学，作为哈佛燕京学社访问学者，以同一题目与杜维明教授共同研究。现在这部长达四十余万字的《郭店竹简与思孟学派》，乃是他这些年反复琢磨、不断深入的成果。

郭店竹简之所以特别珍贵，在于出这批简的荆门郭店一号楚墓属于当时楚国郢都的墓葬群，根据该地区楚墓的考古学分期，可以估定其下葬不晚于公元前 300 年。这为我们将郭店竹简放在学术史的大背景中来考察，提供了难得的优越条件。

郭店简的内容，主要为儒道两家的典籍，而以儒书居多数。简的抄写自然先于墓的埋葬，至于简的内容当要更早。就儒家著作而言，应该都是孟子（公元前 390—前 305）有可能读到的，撰作时间无疑早于孟子晚年写成的《孟子》七篇，是孔门七十子或七十子弟子的作品。这便给了我们空前的机遇，来考察“孔孟之间”早期儒家的思想发展。

“孔孟之间”是儒学史上的一个大时代。《汉书·艺文志》曾引刘歆的话，说：“昔仲尼没而微言绝，七十子丧而大义乖。”可知在孔子之后，儒家在演进中出现了学派分歧，如《韩非子·显学篇》所云，儒分为八，“有子张之儒，有子思之儒，有颜氏之儒，有孟氏之儒，有漆雕氏之儒，有仲梁（良）氏之儒，有公孙氏之儒（据《圣贤群辅录》改），有乐正氏之儒。”这八派并不是彼此平行的，《荀子·非十二子篇》就把子思、孟子列为一系。

宋儒于此有更进一步的看法。以朱子为代表的学者，认为孔子传道于曾子，子思以曾子为师，而孟子受业于子思门人，孔、曾、思、孟构成“道统”。宋以下学人必读的《四书》，就是这一“道统”的体现。因此，思孟学派的传承，不但是先秦早期儒家的问题，更关系到宋学以至整个学术史。

郭店简的出现，使我们看到“孔孟之间”的儒学强烈的理论性、哲学性的趋向。简中《缁衣》、《五行》已可证实出自子思，其余《性自命出》等篇也与之有密切联系。这些著作的特性，又告诉我们《大学》、《中庸》同样出于这一派学者，为思孟学派的研究开辟了与近代流行观念不同的新境界。

读者在梁涛博士的这部《郭店竹简与思孟学派》书中，很容易看到他通过对郭店简深入辨析，结合传世文献的梳理，得出一系列新颖独到的见解。例如他研究《五行》，推广到子思和告子、孟子仁义之说的异同；研究《穷达以时》，联系了孟子、荀子天人之说的实质。他提出《大戴礼记》所录《曾子》十篇包括乐正子春的作品，在仁孝关系上有违孔子、曾子的传统，诸如此类，都富于启发性。他对“慎独”作出的全新解释，更是另辟蹊径，无怪乎许多学者给予肯定。关于孟子、荀子都同子思在思想上有联系的意见，也极发人深省。

我还想提到，梁涛博士根据郭店简《唐虞之道》及上博简《容成氏》、《子羔》等，指出战国中期曾有宣扬禅让的思潮，直至燕王哙让国子之事件，孟子才起而反对。这个看法，拙见幸与相同。禅让之说本于《尚书·尧典》，当时一度风行，是社会政治形势造成的。《容成氏》等说上古无不禅让，并无史实依据，不值得深求。但从研究孟子来说，这确实是需要探讨的方面。

梁涛博士的《郭店竹简与思孟学派》内涵非常丰富，不是我在这里能够全面介绍的。实际书中涉及的，还有正在陆续发表的上博简等。我相信不久梁涛博士还会有更多、更新的研究，对学术思想史进一步作出贡献。

李学勤

2008年5月3日

于清华寓所

谨以此书纪念郭店竹简公布十周年

目　　录

第一章

竹简、文献与学派

第一节　郭店竹简的发现与研究

王国维说："古来新学问起，大都由于新发现。"郭店竹简的出土，再次证明了这一点。1993 年 10 月，湖北荆门郭店一号楚墓出土一批竹简，经整理有文字的共有 730 枚，其释文于 1998 年 5 月由文物出版社一经公布，立即引起海内外学术界的关注，掀起研究的热潮。郭店竹简的内容，主要是儒家和道家著作。经整理者编连后，属于儒家的著作有《缁衣》、《鲁穆公问子思》、《穷达以时》、《五行》、《唐虞之道》、《忠信之道》、《成之闻之》、《尊德义》、《性自命出》、《六德》、《语丛》一、二、三、四等 14 篇。目前的编连结果可能不是最佳的，研究者已提出一些不同意见，其中尤集中在《成之闻之》一篇，类似的调整还可以进行，不过总体来看，各篇的内容基本是清楚的。由于郭店竹简的形制不完全一致，14 篇儒家简的形制可分为三类：一、简长 32.5 厘米左右，两端修成梯形，编线两道，有《缁衣》、《五行》、《成之闻之》、《尊德义》、《性自命出》、《六德》等五篇。二、简长 26.5～30.6 厘米，编线两道，有《穷达以时》、《鲁穆公问子思》、《唐虞之道》、《忠信之道》等四篇。其中《穷达以时》、《鲁穆公问子思》简长 26.4 厘米，两端修成梯形；而《唐虞之道》、《忠信之道》简长28.1～28.3 厘米之间，两端平齐。三、简长 15～17.5 厘米，编线三道，有《语丛》

一、二、三、四等四篇。

据发掘报告，郭店一号墓属于战国中期后段，约当公元前四世纪中期至公元前三世纪初。① 从考古学角度来看，该墓位于楚国郢都外墓地的范围之内，经过多年的考古工作，这一带楚墓的时代序列已经排定，因此整理者对墓葬年代的推断应该是可信的。通过对相邻楚墓的分析，李学勤先生进一步断定郭店一号墓的年代，约在公元前四世纪末，不晚于公元前300年，竹简的书写应早于墓的下葬，至于竹简著作的年代自然还要早些，均在《孟子》成书之前（孟子约卒于公元前289年，《孟子》成书约在此时前后）。在这批竹简中，有记载原属于《子思子》的《缁衣》一篇，有曾经在马王堆出土，被认为是反映思孟“五行”说的《五行》一篇，更有明确提及子思的《子思见鲁穆公》一篇，所有这些似乎都在暗示人们：这批竹简会不会与已逸失的《子思》有关②？有没有可能早已失传的《子思》不经意间被部分重新发现？如果是这样，会不会为历史上聚讼纷纭的《子思》以及思孟学派研究带来新的机缘？

郭店楚简于1998年5月1日正式公布，大陆学界迅速做出反应，国际儒学联合会于5月2日召开了会议，庞朴、姜广辉、陈来、李存山等多名专家、学者参与了讨论。由于已提前得到了竹简材料，有一定的研究准备，与会学者就竹简中的儒家典籍《缁衣》、《鲁穆公问子思》、《穷达以时》、《五行》、《唐虞之道》、《忠信之道》、《成之闻之》、《尊德义》、《性自命出》、《六德》、《语丛》诸篇进行了逐篇介绍，并认为郭店简的儒家部分，“大体相当于思孟学派，其成书的年代早于《孟子》，简中所论述的心性学说和伦理思想，属于孔子以后、孟子以前的时期，因而大大有助于理解孔子思想向孟子思想过渡的具体情景”③。此次会议为郭店简与思孟学派的关系，初步奠定了理论导向。

一些著名学者也纷纷发表意见，肯定郭店竹简与子思或思孟学派的关

---

① 参见湖北省荆门市博物馆：《荆门郭店一号楚墓》，载《文物》，1997（7）。

② 《汉书·艺文志》有“《子思》二十三篇”，《隋书·经籍志》则著录“《子思子》七卷”，此《子思子》七卷可能是在《子思》二十三篇的基础上重编或重辑的，故严格说来子思作品应为《子思》，现学者笼统称为《子思子》，不够准确。

③ 佚名：《国际儒联首次楚简研讨会》，载《中国哲学》，第20辑（《郭店楚简研究》专辑），沈阳，辽宁教育出版社，1999。

系，为思孟学派研究推波助澜。李学勤先生撰文介绍了竹简的内容与墓葬的情况，提出“郭店简这些儒书究竟属于儒家的哪一支派呢？我以为是子思一派，简中《缁衣》等六篇应归于《汉书·艺文志》著录的《子思子》”。他对郭店竹简中简长32.5厘米的一组文献，包括《缁衣》、《五行》、《成之闻之》、《尊德义》、《性自命出》、《六德》等六篇，结合传世文献的有关记载，进行了深入分析和论证，认为“竹简中有《鲁穆公问子思》，并不是偶然的。这些儒书都与子思有或多或少的关联，可说是代表了由子思到孟子之间儒学发展的链环”。并指出，“这些儒书的发现，不仅证实了《中庸》出于子思，而且可以推论《大学》确可能与曾子有关。《大学》中提出的许多范畴，如修身、慎独、新民等，在竹简里都有反复的论述引申……由此可知，宋以来学者推崇《大学》、《中庸》，认为《学》、《庸》体现了孔门的理论理想，不是没有根据的”①。庞朴先生则着眼于儒家思想的发展线索，将郭店竹简定位为“孔孟之间”，对思孟一系的心性说作了有益探讨。他认为，孔门后学“在解释为什么人的性情会是仁的这样一个根本性问题上，大体上分为向内求索与向外探寻两种致思的路数。向内求索的，抓住‘人之所以异于禽兽者几希’处，明心见性；向外探寻的，则从宇宙本体到社会功利，推天及人。向内求索的，由子思而孟子而《中庸》；向外探寻的，由《易传》而《大学》而荀子”。郭店竹简在思想上代表了向内求索的方向，“这批竹书属思孟学派著作，是早期儒家心性学说的重要文献”②。姜广辉先生还对孔门后学进行了重新划分，以此来确定思孟学派的传承。他认为所谓的思孟学派是指子游、子思、孟子一系的“弘道派”，“在早期儒家之中，这一派人民性、主体性、抗议精神最强，是早期儒家的嫡系和中坚”。而曾子一系属于重孝道的“践履派”，“这一派重孝道的践履，其基点在家庭父子关系上。这一派所讲的孝道是广义的”。认为子思出于曾子一系，是朱熹等理学家出于建构道统论的需要，并无事

① 李学勤：《先秦儒家著作的重大发现》，载《人民政协报》，1998-06-08；又载《中国哲学》，第20辑。

② 庞朴：《孔孟之间——郭店楚简的思想史地位》，载《中国社会科学》，1998（5）；又载《中国哲学》，第20辑。

实根据。此外，还有子夏一系的“传经派”和子张一系的“表现派”[①]。姜广辉先生根据新出土的竹简资料，对儒家道统进行了重新界定，认为它并非是由理学家所宣扬的“人心惟危，道心惟微，惟精惟一，允执厥中”的十六字真传，而是“由‘大同’说的社会理想、‘禅让’说的政治思想和贵‘情’说的人生哲学所构成的思想体系”。这一思想体系主要由思孟学派所倡导、发扬，并在今日依旧显示出积极的意义。[②] 此后，思孟学派的研究迅速引起学术界关注，相关文章不断出现，郭店竹简与思孟学派研究一时有成为当代“显学”之势。

不过，对于将郭店儒家简的全部或大部分归于子思学派或思孟学派，也有学者提出不同意见，郭齐勇先生通过对楚简之人性天命说、楚简与《孟子》的思想联系与区别、“情”与道德形上学三个方面的研究，提出：“郭店儒家简诸篇并不属于一家一派，将其全部或大部视作《子思子》，似难以令人信服。笔者不是把它作为某一学派的资料，而是把它视作孔子、七十子及其后学的部分言论与论文的汇编、集合，亦即某一时段（孔子与孟子之间）的思想史料来处理的。”[③] 李存山先生也提出类似的看法：“郭店竹简，除《老子》、《太一生水》以及《语丛四》外，余皆属于‘孔孟之间’的儒家文献，这一点可以肯定。观这些儒家文献，其与子思、孟子的思想有着密切的关系，这一点也可以肯定……但有的也与思孟的思想相出入。因此，我不认为这些文献都属于子思学派或思孟学派。”李存山先生特别指出，郭店儒家文献内部之间也“相出入”，在道德概念体系的使用上很不一致，“如《五行》篇构建的道德体系是‘仁、义、礼、智、圣’，《六德》篇构建的道德体系是‘圣、智、仁、义、忠、信’，《忠信之道》则又强调忠、信是‘仁之实’、‘义之期’。此三篇必非一人或内部关系较近的一个学派所作。鉴于以上情况，我认为郭店儒家文献的学派归属当不

① 姜广辉：《郭店楚简与〈子思子〉——兼谈郭店楚简的思想史意义》，载《哲学研究》，1998（7）；又载《中国哲学》，第20辑。

② 参见姜广辉：《郭店楚简与道统攸系——儒学传统重新诠释论纲》，载《中国哲学》，第21辑，沈阳，辽宁教育出版社，2000。

③ 郭齐勇：《郭店儒家简与孟子心性说》，载《武汉大学学报》，1999（5）。

是很集中的，而是比较‘分散’的”[①]。此外，陈来先生也反对将郭店竹简多数归于《子思子》，而是认为应将其看做类似于《礼记》的儒家总集。[②]

以上学者虽不同意将郭店儒家简的全部或多数归于子思或思孟学派，但并不反对其中的某些篇与《子思子》有关，亦不反对郭店竹简与思孟学派研究。对此，真正的反对意见来自李泽厚先生，李先生认为，郭店简“虽有《缁衣》、《五行》、《鲁穆公问子思》诸篇，却并未显示出所谓‘思孟学派’的特色（究竟何谓‘思孟学派’，其特色为何，并不清楚）。相反，竹简明确认为‘仁内义外’，与告子同，与孟子反。因之断定竹简属‘思孟学派’，似嫌匆忙，未必准确。相反，竹简给我的总体印象，毋宁更接近《礼记》及《荀子》……就总体说，竹简重视外物对‘心’‘性’‘情’的作用，强调陶冶、教育的人为造作，分析、论述具体细密，而不是孟子那种模糊、笼统而神秘的‘扩而充之’、‘我善养吾浩然之气’之类的说法。此外，竹简专注于‘人道’，‘知天’处于次要位置……凡此种种，其基本倾向似更近荀而不近孟；更可能是当时派系分化尚不鲜明，只是处于某种差异中，因此不能判其属于某派某子”[③]。也有学者通过对《性自命出》等篇的分析，认为将郭店儒简定位为“孔荀之间”可能更为合适。[④]

郭店儒简与《子思》的关系难以否定，即使最具怀疑精神的学者也不得不承认，至少竹简中的几篇与《子思》具有一定的关系。这样看来，分歧和争议首先不是来自材料上，而是来自对于思孟学派的认识和理解上。因为学派乃是一个后起的概念，是后人对前人思想主张、学术传承的概括和总结。在先秦典籍中，与“学派”约略相当的是“家”这一概念，战国时代，每一个自成一家之言的学者都可以成为一家，如《庄子·则阳》借少知之口说：“季真之‘莫为’，接子之‘或使’，二家之议，孰正于其情？孰偏于其理?”在这里，季真、接子二人，就是“二家”。故在当时，“子”是“家”的代表，举一“子”可以赅括一“家”，荀子的“非十二子”，也

① 杜维明、梁涛等：《“郭店竹简与思孟学派”座谈会》，载《中国思想史研究通讯》，2005（4）。

② 参见陈来：《郭店简可称“荆门礼记”》，载《人民政协报》，1998-08-03。

③ 李泽厚：《初读郭店竹简印象记要》，载《中国哲学》，第21辑。

④ 参见张茂泽：《〈性自命出〉篇心性论大不同于〈中庸〉说》，载《人文杂志》，2000（3）。

就是非十二家。[①] 这样，子思与孟轲实际便是两家。显然，这种意义上的"家"帽子太小，不适合子思、孟子。"家"后来也可以指有相同思想宗旨和共同学术渊源的学派，这就是司马谈的"六家"、刘向、刘歆父子的"九流十家"中的"家"，也就是儒家、墨家、道家、法家之"家"。但儒家这顶帽子又太大，对于思、孟同样不合适。在先秦典籍中，与"学派"有关的还有《韩非子·显学》"儒分为八，墨离为三"的说法，这里的"八"和"三"便是指孔子、墨子之后，儒家、墨家分别分化的八派、三派，尽管其并没有点出"派"一字来。但按照韩非的划分，"子思氏之儒"与"孟氏之儒"又分别属于两派，而不是一派。这样看来，将思孟联系在一起，冠之以学派，显然是后起的事情，是后人对子思、孟子思想主张、师承关系的概括和总结。那么，思孟被看做是一个学派，是何时、如何发生的？是建立在什么根据和基础之上？是否合理、合法？思孟在后人的观念中经历了怎样的发展、变化？我们是在何种意义上提出和使用"思孟学派"？这便是我们首先要考察和回答的问题。与之相关，郭店儒简中哪些可归于《子思》？哪些可看做思孟学派的材料？只有回答了这些问题，才能正式进入思孟学派的研究和讨论，故我们也首先予以讨论。

郭店竹简的发现对于思孟学派研究无疑是一个重要的机缘，使得我们有条件对于子思、孟子乃至整个先秦儒学史、整个先秦思想史做出新的认识和思考，但要想揭开思孟学派的神秘面纱，还其本来面貌，正确的研究方法同样十分必要。这就要求我们要从当时的历史背景出发，将思孟学派看做一具体的历史发展过程，而不应以任何形式的"道统"论先入为主；同时我们坚信，思想、学说的发展具有内在的逻辑性，具有自身的规律，而不是杂乱无序。在儒学的发展中，思、孟因处于同一思想路线，因而前后相续，具有某种思想上的一致性和联系。但这种一致性是"具体中的同一"，只能在具体的历史中表现出来，历史与逻辑的统一是我们遵循的一个基本方法。基于这种思考，我们将对以下问题作出讨论，以期对思孟学派有一全面、客观同时是全新的认识：

郭店竹简中的"仁"字均写作"悬"，表明"从人从二"并非仁字的最

① 参见李锐：《"六家"、"九流十家"与"百家"》，载《中国哲学史》，2005（3）。

初构形。那么，“悬”的本义如何？对理解孔子仁学有何启发意义？孔子的礼学有何特点？孔子以后儒学的发展线索是什么？从这一线索出发，思孟学派处于何种地位？经历了怎样的发展变化？具有哪些特点？

孔子到子思的中间环节是谁？是荀子所说的子游？还是孟子经常提到的曾子？抑或是他们二者？尤为重要的是，将曾子、子游与思孟看做一系，是基于什么样的考虑？是因为曾子、子游与子思、孟子一脉相承，传授“道统”？还是因为子思曾经从曾子、子游问学，有学术上的交流、讨论、启发、影响等，而子思与他们的思想也具有某种一致性？

《大学》的作者、成书如何？《大学》是否如朱熹所言，分为经、传两个部分？与曾子有何关系？是否即成于曾子或其弟子之手？郭店竹简及上博简中发现大量谈论禅让的文字，表明战国中期以前社会上曾出现过宣扬禅让的思潮，儒家学者也参与其中。那么，《礼运》的“大同”说与这一思潮有何关系？《礼运》是否为子游氏之儒的作品？其成书大致是在什么时间？通过对《大学》、《礼运》等文献的重新考察，我们能否对曾子、子游学派的思想有一新的认识？

竹简《性自命出》的作者和思想如何？对于理解早期儒家心性论具有何种意义？竹简“性自命出，命自天降”的命题应如何理解？与《中庸》“天命之谓性”有何关系？有学者提出“后儒直到今天的现代新儒家对‘人性’和‘天命’的道德形上学的阐释，似乎值得重新考虑”，那么，早期儒学是如何看待“性命”、“天道”问题？其形上学有何特点？具有哪些类型？竹简中有大量论“情”的文字，其所谓“情”具体内容如何？一些学者提出的竹简“重情”说是否成立？其对于“情”的理解与后世是否有所不同？

《五行》的内容如何？应如何理解？它是否即是思孟所倡导的五行？荀子批驳思孟五行“甚僻违而无类，幽隐而无说，闭约而无解”，原因何在？《缁衣》、《表记》、《坊记》的思想如何？其中的“子曰”是“孔子曰”，还是“子思曰”？抑或是在引述“孔子曰”的同时，又加入了子思个人的思想？如果是后者，对于理解先秦典籍中大量的“子曰”有何重要意义？

《中庸》的成书如何？是否是原来独立的两篇而被组合在一起？根据

新出土的子思佚籍，可否解开这一学术史上长期争论不休的公案，并对《中庸》的思想作出合理的解读?《大学》、《中庸》中的“慎独”应如何理解?与《五行》“能为一，然后能为君子，慎其独也”是什么关系?先秦典籍中的慎独是否如学者所言，是具有不同的含义，还是在同一种含义下存在不同的表述?

作为孟子思想中一个非常独特的内容，其“四心”说是如何形成、提出的呢?在孟子思想中又居于何种地位?“四心”说的提出，对儒学理论特别是儒家仁学有哪些重大的发展?

郭店简中“生”、“性”通用，且有大量论“生”的文字，提示我们即生言性乃是古代人性论的大传统，儒家人性论包括孟子性善论，均不应与这一传统对立起来，而应放在这一背景下重新考察。那么，从这一新的视角出发，将对孟子性善论获得怎样新的认识?对孟子研究的范式又将带来怎样根本性变化?

孟子性善论应如何理解?既然简单套用西方理论框架无法真正解开孟子“性善之谜”，那么，孟子“道性善”的内在理路是什么?其理论根据如何?孟子性善论与后天的修习、培养是什么关系?《孟子》“天下之言性”章应如何解读?对于理解孟子性善论有何意义?

郭店竹简有大量“仁内义外”的论述，结合《墨子》、《管子》、《孟子》等文献，可知“仁内义外”曾是战国时期被普遍讨论的问题，儒家学者也曾接受这一观点。那么，郭店简“仁内义外”的内容如何?与告子的“仁内义外”说是什么关系?孟子批驳告子的“仁内义外”说，并提出“仁义内在”说的原因何在?对儒学理论又有何发展?

学者已指出,《五行》的“经”与“说”并不是同时形成的,“说”也不完全忠实于“经”的原意，而是多少添加或转移了“经”的思想重点。那么,《五行》“说”与“经”的差异主要表现在哪些方面?从“经”到“说”可以看到思孟内部哪些传承与变化?

郭店竹简有《穷达以时》一篇，其中提到“天人之分”，这种“天人之分”与《荀子·天论》篇的“天人之分”是什么关系?与孟子是否有思想的联系?透过竹简，对早期儒家天人观将会有哪些新的认识?

竹简《鲁穆公问子思》记录了子思直言敢谏的精神风貌，其“恒称其君之恶者，可谓忠臣矣”一语，尤被学者所津津乐道，那么，早期儒学的批判精神如何？具体有哪些表现？其政治理念又是什么？

“仁”与“孝”是早期儒学的一个重要问题，也是考察思孟学派发展的一个重要向度，那么，孔子对仁、孝关系的理解如何？孔子之后，曾子一派尤为重视孝，《大戴礼记》中的“曾子”十篇中大量论孝的内容，是否与其有关？根据《韩非子·显学》，曾子弟子乐正子春发展出一个独立的学派，即“乐正氏之儒”，其论孝有何特点？与孔子、曾子对孝的理解是否有所不同，甚或是发生根本的逆转？子思、孟子对仁、孝关系的理解又如何？孔子、曾子、子思、孟子对仁、孝关系的理解，是一以贯之，还是经历了复杂、曲折的探索过程？

最后，思孟地位的凸显是与道统说联系在一起的，那么，儒家道统论的内容如何？在历史上具有哪些形态？如果说由韩愈倡导、当代新儒家承继的道统说，尊孟而排荀，把道仅仅理解为抽象、超越的原则，理解为仁义，因而表现为一种“一线单传”、“孤立易断”的道统说，不能真正反映儒学的丰富内涵，不能反映儒学生生不息的文化生命的话，那么，如何对儒家的道统说做出检讨与重构？特别是郭店竹简出土后，人们意识到，孔子、子思不仅与以后的孟子，也与荀子存在思想上的一定联系，从子思到孟子、荀子，实际是儒学内部思想发展“深化”同时也是“窄化”的过程，那么，如何整合孟、荀的思想，恢复儒学根源的文化生命？便成为我们面临的一项重要使命，也是郭店竹简与思孟学派研究给我们的最大启示。

第二节　郭店竹简《子思》作品考

子思与其祖父一样，有著作传世，而子思著作在后世的流传却屡遭遗失，又不断重辑，命运颇为坎坷。据《汉书·艺文志》，有“《子思》二十三篇”，注曰：“名伋，孔子孙，为鲁缪公师。”按照古书体例，这二十三篇的《子思》当为子思弟子对子思作品、言论的整理和记录。不过，二十三篇的《子思》大概隋唐时已不存，此时流传的是七卷本的《子思子》，如《隋书·经籍志》著录有“《子思子》七卷”，注曰：“鲁穆公师孔伋撰。”《新唐书》、《旧唐书·艺文志》著录亦同。《经籍志》所载与《艺文志》有两点不同，一是称《子思子》而不是《子思》，多一“子”字；二是为“七卷”而不是“二十三篇”。清人黄以周称：“《汉·艺文志》‘《子思》二十三篇’，不名《子思子》。《子思子》之名自隋唐间始。”① 不过据学者研究，《子思子》之名梁朝时可能已经出现。唐代马总曾根据梁朝庾仲容《子钞》增损而成《意林》，题曰：“《子思子》七卷。”《隋书·音乐志》引梁朝沈约之言曰：“《中庸》、《表记》、《坊记》、《缁衣》皆取《子思子》。”这是梁时已有《子思子》之证。明初宋濂称：“《子思子》七卷，亦后人缀辑而成，非子思之所自著也。”② 认为《子思子》七卷乃后人的辑录，已非二十三篇之真。郭沂先生则认为：“七卷本《子思子》的意义十分重要，非后来汪晫乃至黄以周所辑录的《子思子》所能相比……作为重辑本的《子思子》七卷，保存了大量本属二十三篇本的内容。甚至我们也不能完全排除另一种可能性，即它也可能是重编本，是在二十三篇本的基础上重编而成，基本保留了二十三篇本的材料。”③ 不管七卷本《子思子》是重辑也好，重编也好，都是以刘向校订的二十三篇本《子思》为底本，这一点是肯定的。

---

① 黄以周辑：《子思子·序》，见《续修四库全书》，第932册，35页，上海，上海古籍出版社，2002。

② 宋濂：《诸子辨》，19页，北京，朴社，1927。

③ 郭沂：《子思书再探讨——兼论〈大学〉作于子思》，载《中国哲学史》，2003(4)。

不过至迟到南宋时，七卷本的《子思子》可能也已不传，而出现了汪晫根据《礼记》、《孔丛子》等书的辑本。此时子思书可能已彻底失传，其原貌如何，已不被人们所知，成为一个巨大的谜团。除二十三篇《子思》与七卷本《子思子》外，《孔丛子》还有子思作"《中庸》之书"的记载，其《居卫》篇记子思曰："文王困于羑里，作《周易》。祖君困于陈、蔡，作《春秋》。吾困于宋，可无作乎？于是撰《中庸》之书四十九篇。"此"《中庸》之书"显然不是指子思所作之《中庸》篇，而是子思著作的称谓。因为古书有举首篇代替全书之例，如邹衍所作有四十九篇，而《史记·孟子荀卿列传》仅说作《主运》；屈原有许多作品，但《离骚》为屈原赋的首篇，所以《史记·屈原贾生列传》就说"乃作《离骚》之赋"。因《中庸》可能为《子思子》的首篇，故被用来作为全书的称谓。此四十九篇之"《中庸》之书"是否真的存在？来源如何？与"二十三篇"是什么关系？材料不足，已不可详考。①

从目前材料来看，所能确定的子思著作应是《汉志》所载的"《子思》二十三篇"，它与战国时流传的子思书在文字与个别语句上当然会有差别，但主体部分应是一致的。该书经过汉代刘向等人的校订，是比较可靠的本子。七卷本《子思子》与二十三篇本《子思》的关系虽不可详考，但前者不管是重辑还是重编，都是以后者为根据，前者的内容原则上也应该见于后者。所以本书所说的子思著作即是指《子思》二十三篇，现学术界多喜用《子思子》一名，甚至称"《子思子》二十三篇"，是不准确的。下面为了行文的方便，不再一一指出。

郭店竹简发现后，激起了学者对子思书的兴趣，故对《子思》一书做出了重新反省和考察。如李学勤先生认为，《子思子》"同其他子书一样，不一定是子思一人的手笔。《韩非子》说'儒分为八'，有'子思氏之儒'，是子思的徒裔颇多。子思卒于公元前五世纪末，到郭店墓下葬不过百年，估计竹简《子思子》不会晚于子思的再传弟子"②。庞朴则谓《子思子》应

---

① 郭沂认为"刘向校书前的《中庸》四十九或四十七篇，是为祖本"，"《汉志》所著录的'《子思》二十三篇'，是为新编本"，"《隋志》和《唐志》所著录的《子思子》七卷，是为重辑本"。见所著《郭店竹简与先秦学术思想》，414～422页，上海，上海教育出版社，2001。

② 李学勤：《荆门郭店楚简中的〈子思子〉》，载《文物天地》，1998（2）；又载《中国哲学》，第20辑。

该像“《庄子》那样，也是一部论文集，由孔子向孟子过渡学派的论文集；现在郭店楚简儒家部分的一些篇章，很有可能便曾侧身其中”①。王葆玹甚至提出：“《子思子》乃是子思学派的著作集成，由于这一学派在战国之末十分活跃，在汉初可能仍在延续，故而《子思子》二十三篇的撰作时间不一，乃是陆续完成的。”② 廖名春曾比较了《子思》与《荀子》，认为二书内容之类别有相近之处。《荀子》一书的内容大约可分为三类：第一类是荀子亲手所著，如《天论》、《正论》、《礼论》、《乐论》、《解蔽》、《正名》、《性恶》等。第二类是荀子弟子所记录的荀子言行，如《儒效》、《议兵》、《强国》、《大略》、《仲尼》。第三类是荀子所整理、纂集的一些资料，其中也插入了弟子之作，如《宥坐》、《子道》、《法行》、《哀公》、《尧问》。从目前学术界所认可的子思作品来看，也大致可以分为与《荀子》相似的三类。其中属于第一类的有子思所作之《中庸》，第二类有《鲁穆公问子思》，《缁衣》、《表记》、《坊记》则属于第三类。③ 按，《缁衣》、《表记》、《坊记》为记言体，每章均以“子曰”的形式出现，这是子思作品中非常特殊的一类，而这些“子曰”往往是子思“亲闻”或“闻之于人者”，同时掺入己意，这在文献记载中也有所反映。④ 所以这些作品实际形成较早，与《荀子》的第三类作品并不完全相同，因为后者往往被认为是《荀子》中较为晚出的作品。这样，《子思》的成书也应该是较早的，其主体部分在子思弟子或再传弟子时已完成，李学勤先生的看法是可以接受的。

关于郭店儒简中哪些属于《子思》的问题？学术界存在着“乐观”和“谨慎”两种不同的看法。在竹简研究的开始阶段，似乎持“乐观”的看法者占了上风。李学勤先生在《荆门郭店楚简中的〈子思子〉》中提出，《缁衣》、《五行》、《鲁穆公问子思》三篇应出于《子思子》。在《先秦儒家

---

① 庞朴：《孔孟之间——郭店楚简中的儒家心性说》，载《中国哲学》，第20辑。

② 王葆玹：《郭店楚简的时代及其与子思学派的关系》，见《郭店楚简国际学术研讨会论文集》，646页，武汉，湖北人民出版社，2000。

③ 参见廖名春：《〈缁衣〉作者问题新论》，见《儒家思孟学派国际学术研讨会论文汇编》，64页，济南，山东师范大学，2007-08。

④ 《孔丛子·公仪》：“穆公问子思曰：‘子之书所记夫子之言，或者以谓子之辞。’子思曰：‘臣所记臣祖之言，或亲闻之者，有闻之于人者，虽非其正辞，然犹不失其意焉。其君之所疑者何？’”关于《缁衣》、《表记》、《坊记》中“子曰”的问题，详见第五章第一节：《子思〈缁衣〉〈表记〉〈坊记〉试探》。

著作的重大发现》一文中，又肯定《成之闻之》、《性自命出》、《尊德义》、《六德》"都与子思有或多或少的关联，可说是代表了由子思到孟子之间儒学发展的链环"。这样，郭店儒简的一半都可归于《子思》。

姜广辉先生进一步推断郭店儒简多数应属于《子思子》，他提出四条判断标准：一、以《荀子·非十二子》之语为参照。二、以《中庸》为参照。三、从子思"求己"的学术主旨出发。（4）透过子思的思想性格。通过以上标准的审查，他认为竹简中《唐虞之道》、《缁衣》、《五行》、《性自命出》、《穷达以时》、《成之闻之》前半部分、《鲁穆公问子思》、《六德》诸篇应为子思所作。① 与李先生所认定的相比，多出《唐虞之道》一篇，达到八篇。

台湾学者杨儒宾将郭店儒简分为两组，其中甲组包括《鲁穆公问子思》、《穷达以时》、《唐虞之道》、《忠信之道》以及《五行》与《缁衣》共六篇，杨先生认为，"这六篇可视为子思学派的作品。至于这些作品哪几篇是子思所作？哪几篇是子思后学所作？笔者认为以目前我们所掌握的资料考量，这个问题恐怕是无法问的，我们笼统地以'子思学派'定位这些材料，应该是比较合理的做法"。另一组的"《性自命出》、《成之闻之》、《尊德义》、《六德》四篇，不管就内容或就引文出处看来，应该都与《子思子》一书一致"。至于它们能否归于《子思》，杨先生认为要考虑两种可能情况：一、它们如是子思学派的作品，那么，孟子与子思在人性论与"义"内在或外在的论点上是不同的。二、思、孟如果在这两项基本的观念上意见一致，那么，这批材料就不可能是子思学派的作品。杨先生倾向前一种情况。② 这样，杨先生肯定或倾向肯定的儒简达到十篇，较之以前多出《忠信之道》与《尊德义》两篇。

这种"乐观"的看法在叶国良先生那里达到了顶点，叶先生提出："郭店竹简，除《老子》、《太一生水》属于道家著作，《语丛》零碎，本文暂置不论外，其余基本上都可以承认属于曾子、子思一系的著作。"叶先生又说，"郭店儒家著作，我们不必一定指明即是《子思子》，但说他们属

---

① 参见姜广辉：《郭店楚简与〈子思子〉——兼谈郭店楚简的思想史意义》，载《中国哲学》，第20辑。

② 参见杨儒宾：《子思学派试探》，见《郭店楚简国际学术研讨会论文集》，607～624页。

于曾子、子思一系的著作，应当是合理的；至少，其学说并没有不合之处”[①]。表面上看，叶先生似乎采取了较为宽泛的说法，但实际只是在子思之外，又增加了曾子这位作者，而曾子的作品《汉书·艺文志》记录有“《曾子》十八篇”，其中十篇保存于《大戴礼记》中[②]，这些现存的《曾子》作品与郭店儒家诸篇也无法发生直接的对应关系。察叶先生的论证方法，不过是指出竹简的一些内容和用词是曾子、子思也具有的，或可以接受的，如论证《忠信之道》，便指出曾子、子思也有重视忠信的思想，故“《忠信之道》不必排除在曾子、子思一系之学之外”。曾子、子思都是儒家学者，而郭店儒简又均是儒家作品，要找到他们之间的一致或相合之处，何其容易！但这种论证方法显然是缺乏说服力的。要论证郭店儒简确实出自《子思》，除了直接的证据外，恐怕也要说明儒简的内容、用词是子思独有或特有的才行，一般地泛泛举例，并无助于问题的解决。所以乐观地将郭店儒简的多数归于《子思》，恐怕就不纯粹是个文献考订的问题，同时可能还有一个心态的问题。杜维明先生说，“在学术研究中，研究者的希望与期待，有时候会直接地影响到对文献的解释。在郭店楚简的研究中，这种‘期待’应该就是期待发现《子思子》，也就是期待孔孟之间儒家材料的出现”[③]。应该说，这在郭店儒简与思孟学派研究之初是相当普遍的。

然而，期待并不能代表事实，所以随着研究的深入，越来越多的学者开始反对笼统地将郭店儒简归于《子思》，而更重视直接的证据，只肯定竹简中的《缁衣》、《五行》、《鲁穆公问子思》等少数几篇与《子思》有关，“谨慎”的观点逐渐得到学者的认同。本书也持一种“谨慎”的观点，将十四篇儒简大致分为三类，第一类包括《缁衣》、《五行》、《鲁穆公问子思》，我们肯定其就属于《子思》。第二类包括《穷达以时》、《性自命出》，虽没有确凿的证据，但我们“倾向”于将其分别看做子思与子游氏之儒的作品。第三类包括《唐虞之道》、《尊德义》、《六德》等，我们认为其作者

---

① 叶国良：《郭店儒家著作的学术谱系问题》，载《台大中文学报》，第13期，2000-12；又载《中国哲学》，第24辑，沈阳，辽宁教育出版社，2002。

② 关于《大戴礼记》中的“曾子”十篇的考证，详见第八章第三节：《“仁”与“孝”——思孟学派的一个诠释向度》，此不赘述。

③ 杜维明：《郭店楚简与先秦儒道思想的重新地位》，载《中国哲学》，第20辑。

已不可详考，但《唐虞之道》所谈论之“禅让”，《尊德义》、《六德》所谈论之“仁内义外”，是儒学一定发展时期也就是子思那个时代，人们普遍谈论并可以接受的观点。所以，我们将其当作由子思到孟子的背景材料处理和使用。以下将分别论述之：

一、《缁衣》。《缁衣》出于《子思子》有明确的记载，《隋书·音乐志》载南北朝梁沈约奏答曰：“汉初典章灭絶，诸儒捃拾沟渠墙壁之间，得片简遗文与礼事相关者，即编次以为《礼》，皆非圣人之言。《月令》取《吕氏春秋》；《中庸》、《表记》、《坊记》、《缁衣》皆取《子思子》；《乐记》取《公孙尼子》；《檀弓》残杂，又非方幅典诰之书也。”七卷本的《子思子》、《隋书·经籍志》、《新、旧唐书·艺文志》均有著录，说明其书至少隋唐时尚存，沈约应该还可以看到，其说应是有根据的。唐代《意林》一书，引用《子思子》多处，其中一条见于《缁衣》：“子曰：小人溺于水，君子溺于口也”；《文选》李善注也引《子思子》两条，都见于《缁衣》。[①]故后世学者多信沈约之说，清代黄以周辑《子思子》七卷，以《缁衣》为其内篇卷四。黄氏认为：“《文选注》引《缁衣》两事，《意林》所采《子思子》十余条，一见于《表记》，再见于《缁衣》，则梁沈约谓今《小戴·中庸》、《表记》、《坊记》、《缁衣》四篇类列，皆取诸《子思》书中，斯言洵不诬矣。”[②] 郭店竹简《缁衣》发现后，一定程度上为此说提供了证据。据发掘报告，郭店一号楚墓的下葬年代当在公元前四世纪中期至三世纪初，李学勤先生进一步断定其不晚于公元前300年，考虑到书籍有一个流传过程，则其书写时间可能还会更早，基本在子思（约公元前483—前402）生活年代之内。因此，沈约之说被学者纷纷接受，《缁衣》出于《子思》在大陆学术界一时有成为定论之势。

不过争论并没有结束，因为史书上还有《缁衣》来源的不同记载。唐陆德明（约550—630）《经典释文》卷十四《礼记音义·缁衣》题下：“《缁衣》，刘瓛云：‘公孙尼子作也。’”刘瓛（434－489）为南齐时人，早

---

① 《文选·王褒〈四子讲德论〉》李善注：“《子思子》曰：民以君为心，君以民为体。心正则体修，心肃则身敬也。”《文选·张茂先〈答何劭二首〉》李善注：“《子思子》：《诗》云：‘昔吾有先正，其言明且清。国家以宁，都邑以成。’”

② 黄以周辑：《子思子·序》，见《续修四库全书》，第932册，35页。

于沈约（441—513）。《南齐书·刘瓛传》称："瓛……少笃学，博通五经，聚徒教授"，"儒学冠于当时，京师士子贵游莫不下席授业"，"所著文集，皆是《礼》义"。《金楼子》也称："沛国刘瓛，当时马、郑，上每析疑义，雅相推揖。"刘瓛为当时著名经学家，故其所说亦不应忽视。又，郑樵《诗辨妄》引《公孙尼子》云："古者长民，衣服不贰，从容有常，以齐其民。"文与《礼记·缁衣》同。这样看来，《缁衣》的来源的确比较复杂，所以当大陆学者一边倒是沈非刘，信《缁衣》出于《子思》时，台湾学者程元敏则提出了根本性的否定意见，是刘非沈，认为《缁衣》出于《公孙尼子》而非《子思子》。程先生注意到，《意林》所引《子思子》文句，虽见于今本《缁衣》，但楚简本无；《文选》李善注引《子思子》的两条，虽见于今本《缁衣》，但楚简本仅一条有两句，故认为"《子思子》有，楚简《缁衣》亦有，是两文作者取材同"，"非直从《子思子》引"，"原始未经羼杂之楚简本《缁衣》，诚无关乎《子思子》"。而郑樵《诗辨妄·诗序辨》谓"'古者长民，衣服不贰，从容有常，以齐其民'，其文全出于《公孙尼子》"，这段话既见于今本《缁衣》，又见于楚简本《缁衣》，"三事合一"，"确证"刘瓛之说"可信"。沈、刘二人相较，亦当信刘而弃沈，"知者，刘早沈晚；刘是当代硕儒，沈是词府文士；刘毕生志业在经书，不慕荣利，沈生平志业在文章，萦心仕进；刘授经业，通群经，而甚专《礼学》，有专著，沈未尝讲经，无经学专著。职是，吾宁信专家之确说，不信文士之空谈"①。

程元敏完全否定沈约说，不可取，廖名春先生已驳之甚详。② 不过他论证刘瓛说之可信，却值得重视。正是在这样的辩论中，大陆学者逐渐放弃了以前简单化的认识方式，而更为全面、复杂地看待刘、沈之说的不同，并力求得出切实可信、符合实际的结论。如李零先生提出："前人的两种说法，它们都可信，也都不可信。我们说可信，是说当时的《子思子》或《公孙尼子》，它们可能都有这一篇，而且沈约、刘瓛也完全可能看

① 程元敏：《〈礼记·中庸、坊记、缁衣〉非出于〈子思子〉考》，见《张以仁先生七秩寿庆论文集》上册，1～47页，台北，学生书局，1999。

② 参见廖名春：《〈缁衣〉作者问题新论》，见《儒家思孟学派国际学术研讨会论文汇编》，60～61页。

到它；不可信，是说子思子和公孙尼子，他们都不是该篇真正的‘作者’或直接的‘作者’。因为我们所见到的《缁衣》，它的所有章节都是按同一格式编写，即‘子曰’加《诗》、《书》引文。如果我们承认，这里的‘子曰’是记孔子之言，《诗》、《书》是用来印证或发挥孔子的话，那么，我们就找不到任何子思子和公孙尼子的言论，我们也就没有任何理由说它是子思子或公孙尼子的作品。我个人认为，也许更稳妥的说法倒是，《缁衣》是记孔子之言，子思子和公孙尼子都是传述者。《缁衣》可能被子思子和公孙尼子同时传述，并且分别收入以他们名字题名的集子。”① 廖名春先生认为，《缁衣》、《表记》、《坊记》应该和《荀子·哀公》篇一样，《哀公》篇“虽然收入了《荀子》，但也不妨见于《大戴礼记·哀公问五义》和《孔子家语·五仪解》。因为它是孔子事迹言行的记载，在儒家内部，不专属哪一弟子或哪一门派，是一种公共资源。荀子可以用，故收入《荀子》；后世礼家也可以用，故收入《大戴礼记》；孔子家族自应保存，故也收入了《孔子家语》。《缁衣》是孔子语录，孔子弟子公孙尼子将其整理出来，故其后学可以将其收入《公孙尼子》一书，所以就有了刘瓛的《缁衣》公孙尼子所作说。子思用其祖父之书，实质是通过公孙尼子一辈孔子弟子的笔记接受孔子之教，视为‘家学’，后学将其纳入《子思子》一书，于是就有了沈约的《缁衣》‘取《子思子》’说。因此，后世流传的《公孙尼子》一书和《子思子》一书，都有《缁衣》篇，一点也不奇怪。刘瓛和沈约，是各见其一端，其各执一词，表面上互相矛盾，实质上并无冲突”。并说，“懂得了《缁衣》篇为孔子语录由公孙尼子整理而分别流传的这一性质，我们在研究思孟学派时就应该审慎行事，不能将其视为研究思孟学派的直接材料，而只能作为间接材料”②。

按，从先秦典籍中大量“同文重见”的现象来看，《缁衣》同时出现于《子思子》与《公孙尼子》完全可能，李零、廖名春两位先生的分析是可信的。不过李零先生认为《缁衣》中的“子曰”仅仅是“记孔子之言”，“找不到任何子思子和公孙尼子的言论”；廖名春先生认为《缁衣》仅仅是“孔子语录”，不可当作“研究思孟学派的直接材料”，则有可商榷之处。

---

① 李零：《郭店楚简校读记》（增订本），70～71页，北京，北京大学出版社，2002。
② 廖名春：《〈缁衣〉作者问题新论》，见《儒家思孟学派国际学术研讨会论文汇编》，64页。

这实际涉及先秦典籍中大量“子曰”的归属，是个需要专门讨论的问题。我们的看法是，除《论语》外，先秦典籍中大量的“子曰”虽是以孔子的言论为根据，但有些并不是严格意义上的“实录”，而是包含了记录者对孔子思想的诠释和理解，表达了记录者的主观意图和愿望，这在子思那里表现得尤为明显。故对于《缁衣》中“子曰”的内容，就不可简单地归之于“孔子之言”或“孔子语录”了事，而是要对其内容进行具体分析，判定哪些是属于孔子之言，哪些是子思掺入己意之辞，考察在“子曰”形式下思想的发展与流变。此点我们将在本书第五章第一节展开讨论，此不详述。另，刘瓛说《缁衣》为“公孙尼子作也”，沈约则说“《中庸》、《表记》、《坊记》、《缁衣》皆取《子思子》”，表明同见于《公孙尼子》与《子思子》的仅有《缁衣》一篇，而《表记》、《坊记》则是《子思子》独有，而《公孙尼子》所无的。与《荀子·哀公》篇类似的也只有《缁衣》一篇，而不是如廖名春先生所说的《缁衣》、《表记》、《坊记》三篇。《表记》、《坊记》既然是子思独自记叙或转述的孔子之言，那么，对于了解子思在“子曰”形式下掺入的“己意”而言，《表记》、《坊记》的史料价值可能更大。

二、《五行》。《五行》曾在20世纪70年代出土的马王堆汉墓中发现过，在“经”之外还有“说”，魏启鹏先生将其命名为“德行”，并根据其思想特点断定为“战国前期子思氏之儒的作品”①；庞朴先生则指出文中“仁义礼智圣”即是荀子在《非十二子》中所批判子思“案往旧造说，谓之五行”的“五行”，揭开了思孟五行说之谜。② 但由于马王堆汉墓年代较晚，又没有更多材料可分别“经”、“说”的年代，故当时学者往往将其作为一个整体看待，倾向认为是孟子后学的作品，年代约在战国后期，甚或在西汉初期。郭店竹简《五行》出土后，对于确立《五行》的作者有两点重大推进，一是与帛书本相比，竹简本有“经”而无“说”，说明《五行》“经”的部分成书年代应当更早，根据考古学者的意见，郭店一号楚墓的年代为公元前四世纪中期至三世纪初，竹简制作时代又早于墓葬时代，而简文成篇的时间更在竹简制作之前，这已很接近子思生活的时代了，将其

① 魏启鹏：《〈德行〉校释》，105页，成都，巴蜀书社，1991。

② 参见庞朴：《马王堆帛书解开了思孟五行说之谜——帛书〈老子〉甲本卷后古佚书之一的初步研究》，载《文物》，1977（10）。

归为《子思》完全可能。二是竹简本明确题有“五行”二字，排除了“德行”或其他命名的可能，表明其所谈论的仁义礼智圣就是古代的一种五行说。《五行》篇可归于《子思》的关键，就在于其所谈论的仁义礼智圣五行，即是荀子在《非十二子》中批判的“子思倡之，孟轲和之”的五行，《五行》篇篇名的确定，对于确定这一点无疑是非常重要的。

此外，《五行》与子思有关还有其他一些旁证。例如，《五行》的思想与“子思作《中庸》”之“诚明”部分多有相近。[①] 郭沂先生说，《中庸》的思想有两大主脉，一曰上下，二曰内外。可以三句教言之，“天命之谓性”，自上而下也；“率性之谓道”、“自诚明，谓之性”，自内而外也；“修道之谓教”、“自明诚，谓之教”，自外而内也。[②]《五行》首章提出仁义礼智圣“形于内，谓之德之行”，这里虽没有点出一个“天”字，但据学者研究，所谓“形于内”实际是指天使仁义礼智圣五种“德之行”形于内，故下文说“德之行五和，谓之德……德，天道也”，“德，天道也”即包含有天道是德的根源的意思。[③]《五行》第二十七章又说：“天施诸其人，天也。其人施诸人，狎也。”所谓“天施诸其人”就是天将德赋予于人，它与“天命之谓性”非常近似，二者所表达的都是由上而下的思想。《五行》又主张“形于内”的“德之行五和，谓之德”；“不形于内”的“四行和，谓之善”，并有“为善”与“为德”之区别：“君子之为善也，有与始，有与终也”，由外而内，与“自诚明”类似；“君子之为德也，有与始，无与终也”，由内而外，与“自明诚”接近。故《五行》与《中庸》之“诚明”所表达的思想是相近的，其差别在于二者使用了不同的概念体系。而一位思想家使用两套概念体系也是可能的，总归，概念体系是形式的，思想内容则是实质的。《五行》与《中庸》之“诚明”部分文风上也有相似之处，二者除皆为议论体外，还皆喜引《诗》，反映了子思一派的特点。两篇都论“慎独”，据我们研究，《中庸》的慎独并非如郑玄所云，是指“慎其闲

---

① 笔者认为今本《中庸》实分为“中庸”与“诚明”两个部分，详见第五章第二节：《郭店竹简与〈中庸〉》。

② 参见郭沂：《郭店竹简与先秦学术思想》，458页。郭沂的这个概括简明扼要，有助于把握《中庸》“诚明”部分的逻辑线索，故采用之。但他认为《五行》只论内外，不论上下，则不准确。

③ 参见庞朴：《〈五行篇〉评述》，载《文史哲》，1988（1）；又见《庞朴文集》，第2卷（《古墓新知》），名《帛书〈五行〉篇评述》，218页，济南，山东大学出版社，2005。

居之所为”，而是针对“诚其意”而言，与《五行》“能为一，然后能为君子，慎其独也”是一致的。[①]

另，《五行》与取于《子思子》的《缁衣》以及记子思之言的《鲁穆公问子思》同时出土，是否也为其原属《子思》添加一旁证？凡此种种，都显示将《五行》归于《子思》是有一定根据，是可以成立的。

现学术界仍有少数学者怀疑《五行》为子思的作品，这又与他们对“五行”的具体理解有关。在马王堆时期，李学勤先生曾取章太炎之说，认为子思依据《尚书·洪范》创立五行说，“将作为元素的五行与道德范畴的五行结合为一，荀子指责之为‘无类’、‘无说’、‘无解’，是有道理的”。而帛书《五行》没有金木水火土的字样，与荀子的指摘不能一一对应，“当为思孟后学的作品，用荀子的贬辞说，正出于受五行说而传之的世俗之儒。它虽为解开五行说之谜提供了钥匙，毕竟不是五行说的全貌”[②]。不过竹简《五行》出土后，证明其年代要更早，基本在子思生活的范围之内，故李学勤先生又修订了以前的成说，认为《五行》“经”的部分为子思所作。[③] 但仍有学者认为子思五行当与金木水火土有关，并由此质疑《五行》与子思的关系。如台湾学者郭梨华先生提出，“从竹简《五行》中我们只发现有‘几而知之’之说，并未明确找到水火木金土与德之‘五行’相比附的资料，而且《中庸》也没有明确资料显示。因此确定为子思遗说，虽可设想，但不能明证”[④]。王葆玹先生则做了更为详细的推论：“子思五行说究竟与《尚书·洪范》有没有关系呢？我以为不可能没有。《洪范》提到：‘五行：一曰水，二曰火，三曰木，四曰金，五曰土。’这关于五行的定义简单明白，熟悉《诗》、《书》的子思不会不了解……原出于《子思子》的传世本《表记》说：‘水之于民也，亲而不尊，火尊而不亲’，显示出子思学派原有将五行比附人伦的意向，可见子思首唱五行说，是以《尚书》为其经典依据。”并认为，“一旦辨明子思首唱五行说乃

---

① 参加第五章第三节：《郭店竹简与“君子慎独”》。

② 李学勤：《帛书〈五行〉与〈尚书·洪范〉》，见所著《简帛佚籍与学术史》，279～284页，南昌，江西教育出版社，2001。

③ 参见李学勤：《荆门郭店楚简中的〈子思子〉》，载《中国哲学》，第20辑。

④ 郭梨华：《竹简〈五行〉的“五行”研究》，见《郭店楚简国际学术研讨会论文集》，251页。

是根据《尚书》五行说而作发挥，则楚简《五行》未提‘水火木金土’这一点便可引向一个结论：《五行》一篇并非子思首唱之际的作品，而是子思后学关于子思五行说的总结，撰作时间应与《孟子》相当”[①]。

按，荀子《非十二子》云“案往旧造说，谓之五行”，应如何理解？可以有不同解释。它既可以理解为根据以往五行的思维模式创立学说，而不必一定要提及金木水火土；也可以理解为根据以往已存在的仁、义、礼、智、圣几个概念创立学说，后者的可能性也许更大。总之，如果仅仅根据荀子的一句“案往旧造说”，便认为子思五行说一定要有与金木水火土相比附的内容，显然根据不足。至于王葆玹先生根据这种推论，进一步否定竹简的考古年代，则更不足取。

三、《鲁穆公问子思》。《鲁穆公问子思》属于《子思》分歧最少，几乎得到学者的一致认可。如杨儒宾先生所说，“‘从道不从君’是儒门通义，《鲁穆公问子思》此文放到儒家其他典籍，其义亦可相容。然而，本文明说到子思与鲁穆公问答，我们都知道先秦子书流行问答的语录，而且随时代推衍，文字由简而繁。此篇全文风格特别近似《孟子》一书的叙述，与《墨子》、《荀子》等书的对话篇章风格亦颇近似。此文就像《孟子》一书以孟子之名发言一样，其文纵非作者自著，至少也是其弟子所作，所以我们如将作者权归到其名之下，应该是说得过去的”[②]。另外，本篇所记子思“恒称其君之恶者，可谓忠臣矣”的政治主张，与传世典籍中记载子思的批判、抗议精神，以及“有傲世主之心”的精神风貌，若合符节。足可证明，该篇确为子思弟子记录的子思言论，其可靠性不容置疑。退一步讲，即使《子思》二十三篇中原不包括这一篇，那么，它也应属于子思的佚文，其价值也绝不在二十三篇之下，将其归入子思一派的作品中，绝没有什么问题。

四、《穷达以时》。姜广辉、杨儒宾、叶国良诸先生将《穷达以时》归于《子思》，都强调了该篇“敦于反己”的思想与子思“求己”的学术主旨相符。如姜广辉先生提出：“子思的学术主旨在重‘修己’”，而《穷达

① 王葆玹：《郭店楚简的时代及其与子思学派的关系》，见《郭店楚简国际学术研讨会论文集》，648页。

② 杨儒宾：《子思学派试探》，见《郭店楚简国际学术研讨会论文集》，607页。

以时》"讲'天人之分'，所谓'天'即下文之'世'，意谓客观条件，所谓'人'，是指'己'，意谓主观条件。文章结语落在'反己'，即反求诸己。""这正是子思的学术主旨。由此可以推定《郭店楚简》中《穷达以时》一篇为子思所作。"[①] 杨儒宾先生虽认为"'穷达以时'，'敦于反己'，此观点亦是儒家通义"，"大抵隶属于儒家整体，而不是儒家底下某某分派的特殊概念"。但依然肯定，《穷达以时》"有可能是《子思子》原有的篇章。《中庸》第十四章言：'君子素其位而行，不愿乎其外，素富贵行乎富贵，素贫贱行乎贫贱。'并特别引孔子的话：'射有似乎君子，失诸正鹄，反求诸其身。'孟子亦言：'行有不得者，皆反求诸己。'又言：'士穷不失义，达不离道……得志泽加于民，不得志修身见于世。'《中庸》、《孟子》上述所说的话，意思就是'穷达以时，德行一也'"[②]。但以上几位学者或多或少忽略了对《穷达以时》中"天人之分"这一核心命题做出详细分析，特别是没有对其与《荀子》中"天人之分"的关系做出说明。与之相反，日本学者池田知久则提出，《穷达以时》与《荀子》中的"天人之分"内容基本相同，故认为《穷达以时》实出于荀子后学之手。[③]

按，《穷达以时》的"天人之分"与《荀子·天论》中的"天人之分"有所不同。《穷达以时》提出："有天有人，天人有分。察天人之分，而知所行矣。"其所谓天主要是一种命运天，其天人之分主要讨论的是天命与人事的关系，认为世间有些事情如"时"、"遇"等，是人所不能掌握的，只能看做是命或天；有些事情如德行等，能否实现则完全取决于人，与天无关。分清了哪些是天的职分，哪些是人的职分，便不应汲汲于个人的穷达祸福，而应"躬于反己"，尽人事以待天命。荀子的天则是一种自然天，其天人之分内涵虽然较为复杂，但主要是认为万物的生成及运行是一个自然过程，不会因人的意志而改变，人应该"知其所为，知其所不为"（《天论》），不必殚精竭虑于万物之所以生成，而应关注自然界与人事相关的法则、规律，"制天命而用之"。同时强调通过后天教化，实践礼仪，以改造

---

① 姜广辉：《郭店楚简与〈子思子〉——兼谈郭店楚简的思想史意义》，载《中国哲学》，第20辑。

② 杨儒宾：《子思学派试探》，见《郭店楚简国际学术研讨会论文集》，608页。

③ 参见［日］池田知久：《郭店楚简〈穷达以时〉之研究》（下），载《古今论衡》（台湾），2000（5）。

人的内在自然本性。在本书第八章第二节中，我们将通过分析指出，真正继承《穷达以时》“天人之分”思想的是以后的孟子，并将其发展为性命之分。而荀子当然也可以接受竹简的“天人之分”思想，也可以有类似的言论，但这些内容在其思想中不占有重要地位，不能与其《天论》中的“天人之分”相比。故仅凭概念形式上的相同，就推断《穷达以时》出于荀子或其弟子之手，显然根据不足。

将《穷达以时》归于《子思》还有其他根据，而这又与据考证是《子思》佚文的《淮南子・缪称训》有关。清人黄以周在辑录《子思子》时，注意到《淮南子・缪称训》和子思书的密切关系。他将所辑《子思子》佚文见于《淮南子・缪称训》者皆一一注明，其中明见于《缪称训》的竟达十条之多，另有两条与《缪称训》暗合，故指出：“《淮南子・缪称训》多取子思书，引申其义。”[①] 杨树达先生在校读《缪称训》时亦说：“此篇多引经证义，皆儒家之说也。今校知与《子思子》佚文同者凡七八节之多(实十二条——引者注)，疑皆采自彼书也。惜《子思子》不存，不得尽校耳。”[②] 郭店竹简有关子思佚籍发现后，一些学者旧案重提，如刘乐贤认为，“我们虽不能说《缪称》全部取自《子思子》，但可以肯定，《缪称》保存的子思学派思想必定相当丰富”[③]。郭沂则进一步肯定，“《缪称训》主体部分采自子思书”，并断定为《子思子》中《累德篇》。他认为，“将群书所引子思书与《缪称训》相比较，不难发现在大多数情况下，后者的语义更加完整，甚至在《缪称训》中见于子思书佚文的部分同其上下文浑然一体。这说明，《缪称训》见于子思书佚文之段落之上下文很可能也本属子思书。”另外，《缪称训》频繁地引用《诗经》、《周易》，在《淮南子》中再无第二篇，而“引经证义”，正是子思著作的鲜明特点。[④]《淮南子》为杂家著作，“其旨近《老子》”，“其大较归之于道”，但又“讲论道德，总统仁义”，即除了道家外，儒家思想亦占有举足轻重的地位。由于参与此书编写的有“诸儒大山、小山之徒”，其将儒家文献编入其中便是很自

---

① 黄以周辑：《子思子》，见《续修四库全书》，第932册，99页。

② 杨树达：《淮南子证闻》，92页，上海，上海古籍出版社，1985。

③ 刘乐贤：《〈性自命出〉与〈淮南子・缪称〉论“情”》，载《中国哲学史》，2000(4)。

④ 参见郭沂：《〈淮南子・缪称训〉所见子思〈累德篇〉考》，载《孔子研究》2003(6)。

然的事情。《缪称训》多与《子思子》佚文相合也反映了这一点。不过由于《淮南子》是编纂而成，所以也不排除《缪称训》中夹杂着编纂者个人的发挥，或加入其他来源的材料，但其主体部分或相当一部分来自《子思子》当无疑问。

明确了这一点，就可以理解，《穷达以时》与《淮南子·缪称训》多有一致之处，并非偶然。如，《穷达以时》主张“察天人之分”，《缪称训》则称“功名遂成，天也；循理受顺，人也”，对天人的职分做了与前者基本一致的理解。《穷达以时》主张“善负己也，穷达以时。德行一也，誉毁在旁……穷达以时，幽明不再。故君子敦于反己”。《缪称训》则称“人无能作也，有能为也；有能为也，而无能成也。人之为，天成之。终身为善，非天不行；终身为不善，非天不亡。故善否，我也；祸福，非我也。故君子顺其在己者而已矣”。二者的思想是基本一致的，甚至语言也十分相近，说明《穷达以时》的作者与《缪称训》内容的作者应为同一人或有着密切的关系。所以虽没有确凿的证据证明《穷达以时》一定是出自子思之手，但其思想也为子思所主张，二者属于同一思想系统则是可以肯定的。

另外，竹简的形制和字体也可以作为一个考虑因素。李零先生曾提出：“我们分析简文是否属于同一类，首先是靠字体和形制，而不是内容。学者说某篇与某篇属于同一篇或同一卷，常常是从内容判断，或虽顾及形制，但不问字体，这样的判断是没有根据的。”他根据郭店楚简的字体和形制将各篇竹书分为五类，其中“第二种字体”包括四篇，即《缁衣》、《五行》、《鲁穆公问子思》和《穷达以时》。[①] 这是否也为《穷达以时》属于《子思》提供一旁证？

关于《穷达以时》，还有一个问题需要辨析，即它是否如一些学者所主张的，是出于孔子？或完全反映了孔子的思想？一些学者注意到，《穷达以时》在内容上与孔子“陈蔡之困”有关，类似的记载又见于《荀子·宥坐》、《吕氏春秋·慎人》、《韩诗外传》卷七、《说苑·杂言》、《风俗通义·穷通》、《孔子家语·在厄》等篇，于是提出《穷达以时》实出于孔

---

① 参见李零：《郭店楚简校读记·凡例》(增订本)，5页。

子。如廖名春先生通过与《荀子·宥坐》的对比认为，“简文所列举的历史人物与事迹，与《荀子·宥坐》虽有出入，但大体也能相合。‘有天有人，天人有分，察天人之分，而知所行矣’说不禁使我们想起了《荀子·天论》‘明于天人之分’的名言。但这不能说简文出于《荀子》，因为《荀子·宥坐》明言上述言论是孔子之语。《韩诗外传》卷七有与《荀子·宥坐》相通的记载，也说是‘孔子曰’。因此，《穷达以时》当出于孔子。不称‘孔子曰’，当与体裁、来源有关”。并认为，“简文《穷达以时》当是《荀子·宥坐》、《韩诗外传》卷七记载的源头”①。郭沂先生通过与《说苑·杂言》的对比也认为，“《穷达以时》和《说苑》之间，无论是在思想内容方面，还是在文字表达方面，都是相当一致的，而记述史实的部分尤为接近。这个情况在《穷达以时》之外的各本之间，也是存在的。这表明，《穷达以时》和各本有关记载的史料性质是相同的。既然各本的相关记载为孔子向子路阐述自己对陈蔡之厄的看法，那么，就可以肯定《穷达以时》也出自孔子之口”②。以上两位先生认为《穷达以时》与孔子“陈蔡之困”有关，是正确的。但由此认为《穷达以时》是出于孔子，是对孔子言论的记录，则有可商榷之处。这实际与有关“子曰”的争论一样，涉及如何看待先秦典籍中所记载的孔子言论问题。

在《论语》中，关于“陈蔡之困”只有简短的记载：“在陈绝粮。从者病，莫能兴。子路愠见曰：‘君子亦有穷乎？’子曰：‘君子固穷，小人穷斯滥矣。’”（《卫灵公》）以后先秦典籍中关于“陈蔡之困”的讨论，即在此基础上铺陈、发挥，不断累积，而“陈蔡之困”也成为一个“母题”，不仅儒家学者，道家以及其他各派学者都借其表达对人生时遇、穷达祸福的感慨和思考，如见于《庄子·让王》中的记载，即是出于道家学者之手。明白了这一点就可了解，先秦典籍中有关“陈蔡之困”的讨论其实与“子曰”一样，可能也不完全是简单的实录，而是包括了记录者的理解和发挥，是对孔子思想的“内在诠释”。仔细观察不难发现，《穷达以时》有关“穷达以时，德行一也”、“君子敦于反己”的议论，显然是针对《论语》“君子固穷，小人穷斯滥矣”而来，是对后者的进一步的理解和说明，

① 廖名春：《荆门郭店儒简与先秦儒学》，载《中国哲学》，第20辑。
② 郭沂：《子思书再探讨——兼论〈大学〉作于子思》，载《中国哲学史》，2003（4）。

特别是它出“天人之分”这一较为抽象的命题，从哲学的高度论证了人之穷达与德行的关系，若将其笼统地归于孔子，显然不合适。相反，若将其归于思辨能力较强的子思——由《中庸》、《五行》可见，可能更为合理。

五、《性自命出》。关于《性自命出》的作者，学术界有子思说、公孙尼子说以及子游说等不同看法。认为《性自命出》出于子思，主要是因为其与子思所作之《中庸》有相近的概念、命题和相近的思想内容。如姜广辉先生称：“《中庸》一书反映了子思的成熟的思想，其起首言‘天命之谓性，率性之谓道，修道之谓教’。此三句隐括了《郭店楚墓竹简》中《性自命出》的内容。《性自命出》说：‘性自命出，命自天降。’《中庸》‘天命之谓性’一句隐括之。《性自命出》说：‘四海之内，其性一也。其用心各异，教使然也……道者，群物之道，凡道，心术为主……教，所以生德于中者也。’《中庸》‘率性之谓道，修道之谓教’，二语隐括之。由上所论，可见《性自命出》与《中庸》的思想脉络一致……如果说《中庸》一书为子思所作，那我们可以据此推断《性自命出》亦为子思所作。”[①] 此外，李天虹博士也列出《性自命出》与《中庸》思想的许多相同之处，如中和，诚，修身，慎独等。[②]

按，《性自命出》与《中庸》虽存在种种相近之处，但也存在明显的差别。如，《性自命出》虽提出“性自命出，命自天降”，与《中庸》的“天命之谓性”相近，但竹简下面接着讲“喜怒哀悲之气，性也”，“好恶，性也”，所谈主要是自然人性，与《中庸》的“诚明”之性，道德人性显然有所不同。又，《中庸》提出“率性之谓道”，认为循性而行即是道，所谈是内在之道，与竹简的“群物之道”，需要心去认识、理解的外在之道，也有所不同。《性自命出》与《中庸》的这些差别是根本的，而非一般的，故若承认《中庸》为子思所作，则不应承认《性自命出》也出于子思之手。《性自命出》与《中庸》更像是前后相续，两个不同时代的作品，它们思想的相似和差别都源于此。这点我们将在第三章第三节详细讨论，此

---

① 姜广辉：《郭店楚简与〈子思子〉——兼谈郭店楚简的思想史意义》，载《中国哲学》，第20辑。

② 参见李天虹：《郭店竹简〈性自命出〉研究》，114～116页，武汉，湖北教育出版社，2002。

不赘述。总之，仅根据《性自命出》与《中庸》某些思想的相似，便判断前者也出于子思之手，显然证据不足。

认为《性自命出》出于公孙尼子，证据更为有限，也更为间接。此说主要是认为，公孙尼子与思孟之学存在一定联系，公孙尼子之《乐记·乐化》篇说："故乐者，天地之命，中和之纪，人情之所不能免也。"有"中和"的概念。董仲舒《春秋繁露·循天之道》引《公孙之养气》曰："里藏泰实则气不通，泰虚则气不足，热胜则气□，寒胜则气□[①]，泰劳则气不入，泰佚则气宛至，怒则气高，喜则气散，忧则气狂，惧则气慑，凡此十者，气之害也，而皆生于不中和。故君子怒则反中，而自说以和；喜则反中，而收之以正；忧则反中，而舒之以意；惧则反中，而实之以精。"表明公孙尼子提倡"中和"之说。而子思《中庸》开篇提出了"中和"，可能即是受公孙尼子的影响，故若将《性自命出》看做是子思之前的作品，将其归于公孙尼子较为合适。

另外，《乐记》是唯一流传至今的先秦儒家乐论文献，而《性自命出》则是出土文献中有大段论乐内容的一篇，二者著作年代相当，对于乐的看法也有一致之处，如二者都认为乐声起源于人的性、心、清，乐具有和、德、诚的特点，乐教是培养高尚道德情操的重要手段，等等。两篇文献还有一些共同的特殊用语，如"心术"、"古乐"、"郑卫之音（乐）"等，内涵也非常接近。这些都表明，在现存文献中，《乐记》与《性自命出》关系最为密切，人们由此将公孙尼子与《性自命出》联系在一起，便不足为奇了。

不过《性自命出》与《乐记》虽然存在某些一致之处，但正如李天虹博士所指出的，二者在思想上也存在一些明显的差别。"其一，《乐记》的乐论，较《性自命出》更为丰富、深刻、明确。""其二，《乐记》论乐，有乐服务于礼的倾向，认为'知乐，则几于礼矣'（《乐本》），礼的地位高于乐。《性自命出》则谓：'乐，礼之深泽也'（简二三），颇有重乐的意味。其下篇强调内心的诚信重于合宜的言行，应该也是重乐思想的表现。""其三，《乐记》强调治心节欲，乐主要作为治民强国的手段，全篇政治色彩比较浓厚。《性自命出》弘扬真情、信诚，重视乐对人心、性、情的影

---

① 苏舆《春秋繁露义证》引卢（文弨）云："旧本'热胜则气寒'下有校语云：'此下疑少五字。'今案：'寒'当为下句之首，两句正相对，而各少一字耳。"

响，乐主要作为修身养性、升华品行的手段，鲜少赋予其政治功能。”[①] 因此，若想通过《乐记》与《性自命出》思想的联系，推论公孙尼子为竹简的作者，困难较大，且没有直接的证据。

还有一些学者主张《性自命出》应出于子游或子游氏儒之手，笔者倾向于这种看法。这是因为，在孔门后学中，子游较为重视礼乐尤其是乐教。《论语·阳货》载：“子之武城，闻弦歌之声，夫子莞尔而笑曰：‘割鸡焉用牛刀？’子游对曰：‘昔者，偃也闻诸夫子曰：“君子学道则爱人；小人学道则易使也。”’子曰：‘二三子，偃之言是也！前言戏之耳。’”从上下文来看，子游所谓的“道”，就是指礼乐之道，子游在武城推行乐教，致使“弦歌之声”盈耳，表明他不仅完全遵循了孔子礼乐治国的主张，而且似乎更加重视乐的作用。故他具有写作《性自命出》这样作品的思想基础。

荀子《非十二子》曾云：“子思唱之，孟轲和之，世俗之沟犹瞀儒，嚾嚾然不知其所非也，遂受而传之，以为仲尼、子游为兹厚于后世。”表明思孟一派曾推崇子游，与其有继承关系。前面说过，《性自命出》与《中庸》有一定联系，但年代要早，故推断其作者为子思之前的子游，不是没有可能。

另外，《礼记·礼运》篇有谈论情、义的文字，与《性自命出》有相近之处。《礼运》云：“何谓人情？喜怒哀惧爱恶欲，七者，弗学而能。何谓人义？父慈、子孝、兄良、弟弟、夫义、妇听、长惠、幼顺、君仁、臣忠，十者，谓之人义。讲信修睦，谓之人利。争夺相杀，谓之人患。故圣人所以治人七情，修十义，讲信修睦，尚辞让，去争夺，舍礼何以治之？”认为人情就是喜、怒、哀、惧、爱、恶、欲，是人天生的本能，不是后天学习的产物。《性自命出》说“道始于情，情生于性”，又说“喜怒哀悲之气，性也”、“好恶，性也”，二者十分接近。《礼运》讲情亦讲义，主张以礼修治情、义，而《性自命出》说“礼作于情”，“始者近情，终者近义”，讲的也是礼和情、义的关系，二者确乎有某种密切的联系。《礼运》为子游氏之儒的作品，其成书大约在公元前 316 年左右，具体的考证详见第三

① 李天虹：《郭店竹简〈性自命出〉研究》，119～122 页。

章第四节。由此可知，《性自命出》也可能与子游有关，是出于子游氏之儒之手。

当然，认为《性自命出》出于子游的最直接证据，是简文中的一段文字，在《礼记·檀弓下》被记为子游之言。这段文字是：

> 喜斯陶，陶斯奋，奋斯咏，咏斯犹，犹斯舞。舞，喜之终也。愠斯忧，忧斯戚，戚斯叹，叹斯辟，辟斯踊。踊，愠之终也。（第34—35简）

《檀弓下》的记载是："有子谓子游曰：'予壹不知夫丧之踊也，予欲去之久矣。情在于斯，其是也夫？'子游曰：'礼有微情者，有以故兴物者。有直情而径行者，戎狄之道也。礼道则不然，人喜则斯陶，陶斯咏，咏斯犹，犹斯舞，舞斯愠，愠斯戚，戚斯叹，叹斯辟，辟斯踊矣，品节斯，斯之谓礼。'"可以看到，以上从"人喜则斯陶"到"辟斯踊矣"一段，与简文是基本一致的。这段话既出于子游之口，又见于竹简中，那么，《性自命出》出于子游或其弟子之手的可能性便非常大了。

不过，对于以上两段文字的关系，学者也有不同看法。如李天虹博士认为，"简文里的字句，与子游之言不尽相同。对比可知，简书文句层次分明，深入且细致地描述、分析了喜、愠两种对立情感始终的表象，语意非常完整。子游之言则比较简省……《性自命出》这段话所蕴涵的思想比较原始、质朴，而子游之言则在此基础上有所提升，很可能是引述他人的言论，不是他自己的首创"[①]。按，竹简的文字比较清楚，这点学者已有共识。它主要分析了"喜"和"愠"两种情感，分别由"喜"过渡到"舞"，由"愠"过渡到"踊"，并以"舞，喜之终也"、"踊，愠之终也"两句作结，逻辑严谨，对比鲜明。《檀弓下》则由"喜"过渡到"舞"，然后一句"舞斯愠"，由"舞"直接过渡到"愠"，十分费解，且毫无逻辑可言。这种不合逻辑显然不是子游表述的问题，而是在后来的传抄中有所缺漏，漏掉了"舞，喜之终也"中的后几字，且与下面的文字错乱在一起，致使整

---

① 李天虹：《郭店竹简〈性自命出〉研究》，111～112页。

句话不可解读。此点以前的注疏者已注意到，唐陆德明《经典释文》于“愠斯戚”下云：“本或于此句上有‘舞斯愠’一句并注，皆衍文。”可见陆氏所据本无“舞斯愠”句，而他本有之，并有郑玄注。陆氏因该句读不通，故断其为衍文。孔颖达《礼记正义》亦谓：“而郑诸本亦有无‘舞斯愠’一句者，取义不同。郑又一本云‘舞斯蹈，蹈斯愠’，凡十句，当是后人所加耳。卢礼本亦有‘舞斯愠’一句。王礼本又长，云‘人喜则斯循，循则陶’，与卢、郑不同，亦当是新足耳。”孰是孰非，殊难遽断。孙希旦《礼记集解》对“舞斯愠”一句也颇有疑问，云“详文义，似不当著此”①。可见，此句不通，前人已有觉察，惜无旁证，故难以决断。今较之竹简，该句有缺漏，当成定论。李天虹认为子游之言是在《性自命出》的基础上“有所提升”，并推论“很可能是引述他人的言论”，殊难成立！

李天虹博士又提出，《诗大序》、《乐记》之《师乙》、《淮南子·本经》等也有与竹简类似的文句，而《诗大序》相传为子夏所作，《乐记》则出自公孙尼子，足证《檀弓下》“子游曰”非其首创。为了帮助大家判断，我们将这三段话列在下面：

> 《诗大序》：“情动于中，而形于言；言不足，故嗟叹之；嗟叹不足，故咏歌之；咏歌之不足，不知手之舞之，足之蹈之也。”
>
> 《乐记》之《师乙》：“故歌之为言也，长言之也。说之，故言之；言之不足，故长言之；长言之不足，故嗟叹之；嗟叹之不足，故不知手之舞之，足之蹈之也。”
>
> 《淮南子·本经训》：“凡人之性，心和欲得则乐，乐斯动，动斯蹈，蹈斯荡，荡斯歌，歌斯舞，歌舞节则禽兽跳矣。人之性，心有忧丧则悲，悲则哀，哀斯愤，愤斯怒，怒斯动，动则手足不静。”

不难看出，以上三组文字与竹简以及《檀弓下》“子游曰”并没有实质的联系，很难将其看做同出的一组文字，如果将其作为证据的话，我们只能

---

① 参见彭林：《〈郭店楚简·性自命出〉补释》，载《中国哲学》，第20辑。

说，它们什么也证明不了。

李天虹博士还有一个看法，认为竹简与《檀弓下》“子游曰”对率情的认识并不一致，二者存在一定的差距。《檀弓下》“子游曰”一段文字前，“子游指出，不要礼节，任情而为，乃‘戎狄之道’，应当摈弃。而简文认为，只要是真情实感，就是值得赞美的；如果人真诚行事，即使有过也不为恶；反之，即使勉为其难也不足贵”①。这一看法同样值得商榷。我们知道，《性自命出》三十五简、六十七简各有一分章号，作钩形。故学术界一般认为，一到三十五简，三十六到六十七简实际为前后两个部分，前一部分主要谈自然情感，后一部分则主要谈道德情感，两个部分对于情感的态度实际是不一样的。上引竹简文字见于前一部分，该部分主张，“始者近情，终者近义。知情者能出之，知义者能入之。”（第3—4简）“体其义而节文之，理其情而出入之。”（第17—18简）要求在内在的“情”与外在的“义”之间达到平衡，也就是要“发乎情，止乎礼仪”，与子游反对任情而为，并没有什么不同。至于李天虹所引用的“凡人情为可悦也。苟以其情，虽过不恶；不以其情，虽难不贵”（第50简）一段文字，是见于后一部分。该部分主要谈仁爱、忠、信等道德情感，认为“慎，仁之方也。然而其过不恶”（第49简）。可见所谓“苟以其情，虽过不恶”，主要是针对仁爱、忠、信等道德情感，而不是喜、怒、哀、愠、乐等自然情感，李天虹的比较是不合适，也是不成立的。关于《性自命出》前后两个部分所论情的内容，以及古人对于自然情感与道德情感的不同态度，我们将在第三章第三节详细讨论，此不赘述。总之，子游与《性自命出》的关系不容否定，虽然前面列举的几点证据也许还不够充分，但就目前所掌握的材料看，《性自命出》出于子游的可能性无疑是非常大的。

六、《唐虞之道》、《六德》、《尊德义》等。以上几篇，也有学者将其归于《子思》，但根据不足，故暂不取其说。《唐虞之道》的主题是宣扬禅让，而子思也有肯定禅让的思想，如《中庸》三十章明言：“仲尼祖述尧舜，宪章文武，上律天时，下袭水土。”《表记》亦云：“子言之曰：后世虽有作者，虞帝弗可及也已矣；君天下，生无私，死不厚其子。”故有学

① 李天虹：《郭店竹简〈性自命出〉研究》，112页。

者主张《唐虞之道》也可归于《子思》中。但据我们的研究，战国中前期，当时社会上出现了一个宣扬禅让的思潮，儒、墨、法、纵横等各家都投入其中，儒家内部鼓吹禅让的也不只子思一家，上博简《子羔》、《容成氏》也都是在宣扬禅让思想，所以仅凭禅让一点，便推断《唐虞之道》出于子思，显然证据不足。

李学勤先生主张《六德》可归于《子思》，并做了较为详细的论证。他的根据主要是汉初贾谊《新书》的《六术》、《道德说》篇曾同引《六德》、《五行》。《新书·六术》说：

> 德有六理，何谓六理？道、德、性、神、明、命，此六者，德之理也。六理无不生也，已生而六理存乎所生之内。是以阴、阳、天、地、人，尽以六理为内度，内度成业，故谓之六法。六法藏内，变流而外遂，外遂六术，故谓之六行。是以阴阳各有六月之节，而天地有六合之事，人有仁、义、礼、智、信之行。行和则乐兴，乐兴则六，此之谓六行。（着重号为引者加，下同）

《道德说》也有：

> 德有六理，何谓六理？曰道、德、性、神、明、命。此六者，德之理也。诸生者皆生于德之所生，而能象人德者独玉也。象德体六理尽见于玉也，各有状，是故以玉效德之六理。泽者鉴也，谓之道；腒如窃膏，谓之德；湛而润厚而胶，谓之性；康若泺流，谓之神；光辉，谓之明；岩乎坚哉，谓之命。此之谓六理。鉴生空窍，而通之以道；德生理，通之以六德之毕离状。六德者，德之有六理，理，离状也。

李先生据此认为，前一段材料中，贾谊显然是引用了《五行》篇，“但对五行之说作了很大的改造，甚至面目全非，并不是简单的移用”。在后一段材料中，贾谊提到的六德之说“是引据见于郭店简的《六德》，却也不是简单的移用，和他引据《五行》如出一辙。细读《六德》，同《新书·

六术》、《道德说》对勘，不难看出贾谊在写作时，心中有《六德》篇的影子，以致运笔行文，多见蛛丝马迹”。并认为《五行》、《六德》以及《缁衣》、《成之闻之》等篇，“很可能是子思一派著作，即《子思》，汉初的贾谊应该读到过这种著作，如果考虑到贾谊曾居于楚地长沙，更使我们相信他一定见过楚国流传过的这些儒书”①。

按，《六德》篇所说“六德”是指圣、智、仁、义、忠、信。该篇以父子、夫妇、君臣三伦“六位”配六德，其中圣为父德，仁为子德，智为夫德，信为妇德，义为君德，忠为臣德。这种六德不见于传世文献，与贾谊所谓六德（“德之有六理”）也有较大不同，说贾谊已有此六德思想也只能是“蛛丝马迹”，若进一步推论《六德》属于《子思》，更显得证据不足。所以李先生所论，虽然较有启发，但出于谨慎的考虑，我们仍采取存疑的态度。

《尊德义》的情况也大体相同，一些学者虽将其归于《子思》，但并没有确凿的证据，故只能存疑。不过以上三篇的作者不能确定，但其内容却十分重要，《唐虞之道》所论禅让，《六德》、《尊德义》所论“仁内义外”，都是子思时代的重要思想观念，故我们将其作为背景材料，放在有关的章节中进行讨论。

---

① 李学勤：《郭店楚简〈六德〉的文献学意义》，见《郭店楚简国际学术研讨会论文集》，17～18 页。

第三节　思孟学派考述

在思想史上，很少有学派像思孟学派这样既有着显赫的地位，又不断产生争议。说它地位显赫，是因为至少从宋代起，它已被看做是得孔子之真传，居儒学之大宗；说它争议不断，乃是因为对于“思孟学派”具体何指，其特色为何，甚或在历史上是否真的存在，都一直是个颇有争议的问题。历史学家认为，我们所能知道的只能是流传下来的历史。这种看法一定程度上道出了典籍文献（广义的）在历史传播中的重要性。归根结底，历史上发生的事件、出现的思想总是要有各种文献记录才能被后人认识、了解，而一旦因为某种原因，这些典籍文献意外失传，那么，不管你的事迹如何轰轰烈烈，也不管你的思想如何睿智、深刻，都只能成为一个遥远的记忆而湮没在历史的尘烟之中……而这一切不幸正发生在思孟学派身上。当然，我们说思孟学派在历史上争议不断，绝不仅仅是因为《汉书·艺文志》中的“《子思》二十三篇”在唐代以后已经失传，更重要的，乃是因为后代学者在争论中往往掺杂了自己的思想、观念，他们真正关注的也许并不是思孟学派的真实面貌，而是子思、孟子到底从孔子那里传下了什么样的“道”。在这种情况下，典籍的遗失、缺乏固然会影响到人们的理解、判断，但又何尝不会为后人的借题发挥、“六经注我”提供了便利；而这种借题发挥、“六经注我”虽然不无其自身的价值，但它终归已不是思孟学派的本来面貌。所以，要想揭开思孟学派的神秘面纱，还其本来面目，除了依赖新发现的材料外，一种客观、历史的态度同样显得十分重要。这就要求我们首先要从春秋战国的社会历史背景中去探究思孟学派的发展、演变，同时更要将其原有的内容与后人的发挥区别开来，终归我们探讨的是战国时期的思孟学派，而不是作为“道统”想象的思孟学派。

（一）先秦：子思、孟子学派独立存在

思孟学派是如何提出来的？它在思想史上又经历了怎样的演变？这些

无疑是我们首先要考察的问题。在先秦典籍中，明确将思孟联系在一起的是荀子，其《非十二子》篇说：

> 略法先王而不知其统，犹然而材剧志大，闻见杂博。案往旧造说，谓之五行，甚僻违而无类，幽隐而无说，闭约而无解。案饰其辞而祗敬之曰：此真先君子之言也。子思唱之，孟轲和之，世俗之沟犹瞀儒，嚾嚾然不知其所非也，遂受而传之，以为仲尼、子游为兹厚于后世。是则子思、孟轲之罪也。

按照荀子的说法，子思、孟轲不仅前唱后和，提出一种五行说，而且在当时还产生了一定的影响，受到一批俗儒的支持、拥护。荀子是战国后期儒家的代表人物，他的说法自然有一定根据，所以后世所谓的思孟学派实际也就是由这条材料而来。与此不同，韩非子则将子思、孟子看做分别独立的学派，其《显学》篇说：

> 世之显学，儒墨也。儒之所至，孔丘也。墨之所至，墨翟也。自孔子之死也，有子张之儒，有子思之儒，有颜氏之儒，有孟氏之儒，有漆雕氏之儒，有仲良氏之儒，有孙氏之儒，有乐正氏之儒……故孔、墨之后，儒分为八，墨离为三，取舍相反不同，而皆自谓真孔墨。

这里虽然提到“子思之儒”、“孟氏之儒”，但似乎只是把它们看做“儒分为八”中的两派，对于二者关系如何，则根本没有谈论。不过韩非子“儒分为八”的说法也有一些让人费解的地方。比如，它所说的八派并不处于同一时期，最早的子张、漆雕氏（漆雕开）等属于孔门的七十二子，约生活在春秋末期；最晚的孟氏（孟子）、孙氏（荀子）则已到了战国后期，前后相差约二百余年，所以韩非所说的“儒分为八”显然是不能当作并列的学派看待。又比如，八派中有“颜氏之儒”，孔门弟子中除颜回外，还有颜无繇、颜幸、颜高、颜祖、颜之仆、颜何、颜浊邹等人（见《史记·仲尼弟子列传》及《孔子世家》），但多数学者还是倾向认为是指颜回一派。如果是这样，那么颜氏之儒就应该是由颜回弟子创立，但又尊奉颜回；因颜回先于孔子而卒，根本不可能立派。八派中又有“乐正氏之儒”，先秦儒家为乐正氏者有曾子弟子乐正子春和孟子弟子乐正克，前人考订乐正氏之儒也不外乎此二人。如果是前者，那么，“儒分为八”中有曾子弟子创立的乐正氏之儒，却没有曾子；如果是后者，则孟子与其弟子分别创立了两个学派。此外，韩非所提到的八派似乎也并不能概括孔门后学的全部。像《荀子·非十二子》所批判的“贱儒”共有“子张氏”、“子夏氏”、“子游氏”三家，而韩非所提到的只有“子张氏”一家。还有，《孟子·离娄下》提到的率弟子“七十人”的曾参，《史记·仲尼弟子列传》提到的“从弟子百人，设取予去就”的澹台灭明等，显然也都是开宗立派的大师，但均没有被韩非列入八派之中。[①] 所有这些都让人感到费解，搞不清韩非分派的根据是什么。那么，如何看待荀子与韩非不同的说法呢？我们认为这可能同二者的着眼点不同有关，荀子强调的是学派间的归属和联系，而韩非说的则可能是历史上产生的具体学派。

我们知道，孔子创立儒家学派主要是通过收徒设教的形式，通过这种形式，在孔子门下汇聚了庞大的弟子徒众，形成了最早的儒家学派。从《论语》、《礼记》等典籍来看，孔子与其弟子的关系往往是宽松、自由的，弟子由于信奉孔子的思想，推崇孔子的人格，来到孔子门下；也可能由于某种原因离孔子而去[②]，儒家内部似乎始终没有形成严格的组织系统，更没有对学派的传授作出明确规定，体现了儒家不同于一般宗教的特点。所以孔子去世后，儒家内部虽然出现分化，但各家立派依然是通过收徒设教的形式。当儒家的某一人物，门下聚集了一定数量的弟子，在社会上产生一定的影响，甚或提出自己的思想主张，便形成所谓的“派”。这种“派”的数量自然会是很多，远远不止于八派，韩非所说的“儒分为八”可能是指他当时对儒家分派的了解，并不能概括儒家的全部。同时，由于韩非乃

---

① 参见吴龙辉：《“儒分为八”别解》，载《文献》，1994（3）。

② 《战国策·赵策三》：“楼缓（对赵王）曰：‘王亦闻夫公甫文伯之母乎？公甫文伯宦于鲁，病死，妇人为之自杀者二八。其母闻之，不肯哭也。相室曰：“焉有子死而不哭者乎?”其母曰：“孔者（《新序·善谋》作“孔子”），贤者也。逐于鲁，是子不随。今死，而妇人为死者十六人。若是者，其于长者薄而于妇人厚。”’”这位公甫文伯就曾作过孔子的弟子，后因孔子“逐于鲁”，又离开了孔子。

法家人物，对儒家内部情况可能并不十分了解，他只注意到子思、孟子都曾立派，故从旁观者的立场将其分为两派，至于二者关系如何，自然不是他所关心的了。荀子的情况则不同，他主要是从儒家内部的派别划分来看待子思、孟子的关系，认为二者在儒家内部处于同一思想路线。在所批评的“十二子”之外，荀子又提出仲尼、子弓，称赞其“总方略，齐言行，壹统类，而群天下之英杰”，“是圣人之不得执者也”，认为自己即是出于仲尼、子弓之后。因此，子思、孟轲与仲尼、子弓实际代表了荀子所理解的儒家内部的不同路线，他将思孟联系在一起，并给予批判，正是出于这种考虑。就荀子而言，他也没有肯定思孟就是一个学派。[①] 因此严格说来，思孟学派应该是子思学派和孟子学派的合称，因二者思想具有某种一致性，又存在间接的师承关系，所以人们将其联系在一起，合称为思孟学派。但二者在历史上则是分别独立的，当“孟氏之儒”出现时，“子思之儒”可能依然存在。然而，可能由于后者只是在墨守师说，缺乏创造，所以真正发展子思思想的，反倒是后起的孟子学派。

荀子在批判子思、孟子时，特别说到他们“以为仲尼、子游为兹厚于后世”，表明思孟一系曾自认为出于仲尼、子游之后。对于这个子游，有学者认为可能是子弓之误，理由是荀子“屡言仲尼、子弓，不及子游。本篇后云‘子游氏之贱儒’，与子张、子夏同讥，则此子游必子弓之误”[②]。但正如郭沫若批评的：“别处之所以屡言‘仲尼、子弓’者，是荀子自述其师承；本处之所以独言‘仲尼、子游’者，乃子思、孟子的道统。这是丝毫也不足怪的。”[③] 日本学者武内义雄甚至提出，荀子所说的子弓实际为子游之误。盖“子游”二字，汉石经《论语》作“子斿”，“斿”失去右旁，因而误为“弓”。子游乃孔门弟子，与曾子相亲，其人特长于礼，而

① 荀子在《非十二子》中批判的对象，如它嚣与魏牟，陈仲与史鳅，墨翟与宋钘，慎到与田骈，惠施与邓析等，往往是由于其思想具有某种一致性，或属于同一家，而并没有肯定他们就是一派，子思、孟轲的情况应该与此相同。

② 王先谦《荀子集解》引郭嵩焘说，见《诸子集成》，第2册，60页，上海，上海书店影印版，1986。

③ 郭沫若：《十批判书·儒家八派的批判》，132页，北京，东方出版社，1996。

荀学于礼尤致意之，遂称扬子游礼学，而非驳继曾子学派之思孟也。[1] 此说是否成立暂且不论，但至少根据荀子的记载，子游应该是对子思、孟子产生过影响的重要人物。子思与孔子年龄相差较大，不可能过多地接受孔子的教诲，子思的父亲孔鲤亦早卒，所以较为合理的说法，子思应该是在孔子弟子的影响下成长起来的。

不过从思、孟的言论来看，他们似乎较少谈到子游，而是更多地谈到孔子的另一个弟子曾子。如在《礼记》中，子思常与曾子讨论孝亲执丧；孟子也常将曾子、子思并举："曾子居武城，有越寇。或曰：'寇至，盍去诸?'曰：'无寓人于我室，毁伤其薪木。'……子思居于卫，有齐寇。或曰：'寇至，盍去诸?'子思曰：'如伋去，君谁与守。'孟子曰：'曾子、子思同道。曾子，师也，父兄也；子思，臣也，微也。曾子、子思，易地则皆然。'"（《孟子·离娄下》）这里的"同道"是说曾子、子思具有相同的思想方法，而不一定是说在传授"道统"，但也说明在孟子眼里，二人确实具有某种联系。此外，《孟子》一书提到曾子九次，对曾子十分推崇。在孟子笔下，曾子常常被描绘成刚强、弘毅，具有独立精神的人物：

> 昔者曾子谓子襄曰："子好勇乎？吾尝闻大勇于夫子矣：自反而不缩，虽褐宽博，吾不惴焉；自反而缩，虽千万人，吾往矣。"孟施舍之守气，又不如曾子之守约也。（《公孙丑上》）
>
> 曾子曰："晋楚之富，不可及也。彼以其富，我以吾仁；彼以其爵，我以吾义，吾何慊乎哉！"夫岂不义而曾子言之？是或一道也。（《公孙丑下》）

这里的曾子某种意义上完全可以看做孟子精神的化身。孟子、曾子思想上也存在着一致性："孟子曰：万物皆备于我矣。反身而诚，乐莫大焉。强恕而行，求仁莫近焉。"（《尽心上》）与曾子以"忠恕"释"一以贯之"相同。正因为如此，所以后人往往认为子思、孟子实际是出于曾子一派。不过仔细分析不难发现，以上两种观点其实也并不矛盾。前面说过，子思虽

---

① 参见［日］武内义雄：《中国哲学思想史》第九章《荀子及其门人》，仰哲出版社。转引自徐平章：《荀子与两汉儒学》，10～11页，台北，文津出版社，1988。

为孔子之后，但他既未真正受到孔子的垂教，又经幼年丧父的变故，主要是在孔子弟子的影响下成长起来的。这样一来，与其发生联系的人物自然不在少数，而曾子、子游可能是其中较为重要的两位，子思与其二者在思想上也存在某种一致性。所以荀子说子思、孟子曾经推崇子游，应该是有根据的，不应轻易否定。至于曾子，他在思想史上的地位则较为复杂，除了对子思、孟子产生影响外，可能与荀子也具有某种联系。据笔者统计，《荀子》一书多引曾子的言论，对曾子似乎十分重视。① 而据《史记·孙子吴起列传》记载："吴起者，卫人也，好用兵，尝学于曾子。"吴起乃早期法家人物，竟然也曾受学于曾子门下，这样看来，曾子便是思想史上一个非常特殊的人物。从曾子的思想来看，孟子虽然称其"守约"，突出了其重视内在精神的一面，但史书也不乏曾子论礼的记载，说明他对于外在礼仪同样十分关注。这样，以后的孟、荀实际都有可能与他发生联系，产生共鸣。而可能正是这个原因，当荀子在对儒家各派进行批判总结时，便从自身的立场出发，只将子游划归思孟一系而不谈及曾子，但就当时的实际情况来看，可能曾子、子游都对子思、孟子产生过影响。

（二）两汉：子思、孟子学派相互融合

及至汉代，思孟一系的说法得到当时学者的进一步确认。《史记·孟轲荀卿列传》说："孟轲，邹人也。受业于子思之门人。"司马迁的说法应该是可信的。据学者考证，子思约生于公元前 483 年，卒于前 402 年，而孟子一般认为约生于周烈王四年（公元前 372 年）左右②，所以孟子一生实际并没有见到过子思。孟子虽然不及见子思，却受业于子思门人，仍然间接受到子思的影响，二者在思想上可能具有某种一致性，后人所谓的思孟学派也应该主要是对此而言。不过，当时似乎更流行的是孟子师事子思的说法，如刘向《列女传》说："（孟轲）旦夕勤学不息，师事子思，遂成天下名儒。"班固《汉书·艺文志》说："名轲，邹人，子思弟子。"赵岐

① 详见第二章第三节：《孔子之后儒学的分化》。

② 参见钱穆：《先秦诸子系年·子思生卒考》，173～175 页，北京，中华书局，1985；及《孟子生年考》，188 页。

《孟子题辞》说："孟子生有淑质，夙丧其父，幼被慈母三迁之教，长，师孔子之孙子思，治儒术之道，通五经，尤长于《诗》、《书》。"东汉应劭《风俗通义·穷通》说："孟子受业于子思。"《孔丛子》甚至杜撰出孟子拜见子思的一幕："孟子车尚幼，请见子思。子思见之，甚悦其志，命子上（注：子思之子）侍坐焉，礼敬子车甚崇。"（《杂训第六》）这里似在暗示人们，孟子之所以能有后来的影响，乃是因为得到子思的提携、欣赏。《孔丛子》还编造出孟子请教子思的内容：

> 孟轲问牧民何先，子思曰："先利之。"曰："君子之所以教民亦仁义，固所以利之乎?"子思曰："上不仁则下不得其所，上不义则下乐为乱也，此为不利大矣。故《易》曰：'利者，义之和也。'又曰：'利用安身，以崇德也。'此皆利之大者也。"（《杂训第六》）

孟子十分重视仁义，曾批评梁惠王"何必曰利？亦有仁义而已矣"（《孟子·梁惠王上》），但这里的"子思"却似乎对孟子有所不满，教导他要"先利之"，并讲了一番"利"与"仁义"的大道理。这里的内容虽然是虚构，却流露了这样一种信息，即编造者在有意借子思之口对孟子的某些言论作出修正，把子思说得比孟子还高明。此外，编造者还有意将孟子的言论套在子思头上，让子思以此训导孟子：

> 孟轲问子思曰："尧舜文武之道，可力而致乎?"子思曰："彼人也，我人也，称其言，履其行，夜思之，昼行之，滋滋焉，汲汲焉，如农之赴时，商之趣利，恶有不至者乎!"（《居卫第七》）

《孟子·告子下》有曹交向孟子请教"人皆可以为尧舜"，孟子回答："尧舜之道，孝弟而已矣。子服尧之服，诵尧之言，行尧之行，是尧而已矣。子服桀之服，诵桀之言，行桀之行，是桀而已矣。"不难发现，《孔丛子》的这一段文字实际是来自于《孟子》，只不过对原话做了改动，孟子也由教导者变成了受教者。“《孔丛子》一书可以说是孔氏家学的学案”①，全书共二十一篇，其中前四篇记孔子事，第五至第十篇记子思事，第十二至第十四篇记子高（子思玄孙）事，第十五至第十七篇记子顺（子高子）事，第十九篇至二十一篇记子鱼（子顺子）事。除了第十一篇《小尔雅》、第十八篇《诘墨》性质较特殊外，全书可分为五大段，记录前后两三百年之事。据黄怀信先生的研究，书中“记孔子、子思、子高的三部分均有原始材料，其文字基本上属于采辑旧材料或据旧材料加工而成”②。如果此说成立，那么上述文字就有可能是出自子思后学之手，由子思后学加工而成。而他们这样做，显然是要借孟子来抬高自己，属于思孟一系的内部纷争。

据史料记载，秦代以后孟氏之儒已经不传：“孟子既没之后，大道遂绌。逮至亡秦，焚灭经术，坑戮儒生，孟子徒党尽矣。其书号为诸子，故篇籍得不泯绝。”（赵岐：《孟子题辞》）而子思之儒却因为孔氏家族的缘故流传下来。据《史记·孔子世家》，孔子自子思以下的世系为：子上——子家——子京——子高——子顺——子鱼。其中子思是孔氏家族中仅次于孔子的人物，在家族内占有显赫的地位，其思想不可能不对以后的孔氏家学产生影响，并被继承下来，这样子思之儒便融合在孔氏家学之中，“子思学派的思想也就是孔氏家学所主张的”③。而孟氏之儒虽然已不传，但孟子的思想在汉代仍有较大影响。“汉兴，除秦虐禁，开延道德。孝文皇帝欲广游学之路，《论语》、《孝经》、《孟子》、《尔雅》皆置博士，后罢传记博士，独立五经而已。”（同上）不仅《孟子》一书在文帝时曾一度立于学官，设置传记博士，孟子的仁政说更是影响到包括贾谊、贤良文学等在内的众多人士，成为总结历史、评论现实的理论依据。可能正是在这一背景下，子思后学有意篡改了子思、孟子二人的关系，将孟子说成是子思的弟子，编造出子思训导孟子的具体情节，将孟氏之儒归入子思之儒，将历史上曾经相对独立的两个学派说成是同门的师徒相传，这本来不过是子思之

① 李学勤：《竹简〈家语〉与汉魏孔氏家学》，载《孔子研究》，1987（2）。

② 黄怀信：《〈孔丛子〉的时代与作者》，载《西北大学学报》，1987（1）。由于《孔丛子》提到孔子十九代孙孔季彦之死，没有再下一代，可知其最后的编定者应离孔季彦不远。黄氏推定为“东汉桓帝永康元年（公元167年）至灵帝建宁元年（公元168年）之间”。

③ 王葆玹：《晚出的“子曰”及其与孔氏家学的关系》，见国际儒学联合会编：《纪念孔子诞辰2550周年国际学术论文会论文集》下册，1820～1828页，北京，国际文化出版公司，2000。

儒的宣传手段，却逐渐被人们所接受，并影响到对思孟学派的理解和判断。①

（三）唐宋：思孟正统地位的确立

唐宋时期，思孟的面貌又有新的变化，并随着道统说的出现，与道统结合在一起，成为儒家正统的代表和象征。与此相应，其地位也不断提高。汉魏以降，佛老流行，儒学衰微，逮至唐代，韩愈崇儒学，批佛老，首倡道统说："斯吾所谓道也，非向所谓老与佛之道也。尧以之传之舜，舜以之传之禹，禹以之传之汤，汤以之传之文武、周公，文武、周公传之孔子，孔子传之孟轲，轲死，不得其传焉。荀与扬也，择焉而不精，语焉而不详。"② 儒家的道自古以来就有一个传授系统，它从尧舜时代就已经开始，远比佛老久远，这一传授系统后经孔子传与孟子，孟子以后却不传。韩愈还注意到道统谱系内部的差别，他说："由周公而上，上而为君，故其事行；由周公而下，下而为臣，故其说长。"③ 认为"由周公而上"，所重在于政事；"由周公而下"，孔子到孟子，所重在于思想学说。孔子之后，儒学已出现分化，形成不同的派别，"孔子之道大而能博，门弟子不能遍观而尽识也，故学焉而皆得其性之所近，其后离散分处诸侯之国，又各以所能授弟子，源远而末益分……孟轲师子思，子思之学盖出曾子。自孔子没，群弟子莫不有书，独孟轲氏之传得其宗"④。这便将曾子、子思、孟子置于尧舜以来儒学道统传人的位置，认为曾子、子思、孟子一脉相承，得孔子之真传，处儒家之正统。所以严格说来，韩愈这里提出的主要还是一个谱系的概念，而不是学派的概念，但既然思孟之间存在学术上的授受（不一定是亲自的授受），又区别于孔门其他弟子，那么，将其看做是一个学派便并非没有根据，只是韩愈还没有明确提出思孟学派的问题。

---

① 如《史记·孟轲荀卿列传》"学于子思之门人"，司马贞索隐云："王劭以'人'为衍字，则以轲亲受业孔伋之门也。今言'门人'者，乃受业于子思之弟子也。"反倒以后来的"宣传"修正历史的原貌。

② 韩愈：《原道》，见《韩愈全集》，120 页，上海，上海古籍出版社，1997。

③ 同上。

④ 韩愈：《送王秀才序》，见《韩愈全集》，212 页。

韩愈的道统说得到宋明理学家的普遍认可，“伊洛兴起，那时的学术风气又变了。他们看重‘教’更过于看重‘治’。因此他们特别提出《小戴记》中《大学》这一篇，也正为《大学》明白地主张把‘治国’、‘平天下’包括到‘正心’、‘诚意’的一条线上来。于是孟子和孔子更接近，周公和孔子则更疏远。在韩愈以前，常还是‘周孔’并称的，到伊洛以后，确然变成为‘孔孟’并称了……他们之更可看重者，也全在其内圣之德上，而不在其外王之道上。于是远从《尚书》‘十六字传心诀’，一线相传到孔孟，全都是‘圣学’，不再是‘王道’。”① 因而，二程、朱熹都主张孔子之后，传播“圣学”的是曾子、子思、孟子：

> 孔子没，曾子之道日益光大。孔子没，传孔子之道者，曾子而已。曾子传之子思，子思传之孟子，孟子死，不得其传，至孟子而圣人之道益尊。②
>
> 人言今人只见曾子唯一贯之旨，遂得道统之传，此虽固然。但曾子平日是个刚毅有力量、壁立千仞底人，观其所谓“士不可以不弘毅”；“可以托六尺之孤，可以寄百里之命，临大节而不可夺”；“晋楚之富不可及也，彼以其富，我以吾仁；彼以其爵，我以吾义，吾何慊乎哉”底言语可见。虽是做功夫处比颜子觉粗，然缘他资质刚毅，先自把捉得定，故得卒传夫子之道。后来有子思、孟子，其传亦永远。③

二程、朱熹不仅肯定了曾子、子思、孟子的传授系统，还将《大学》、《中庸》从《礼记》中独立出来，与《论语》、《孟子》一起合为四书，其中《中庸》为子思所作，《大学》为孔子之传而曾子“作为传义以发其意”。这样理学家所推崇的四书便成为孔、曾、思、孟的传世文献，儒家道统的经典依据，而二程、朱熹等理学家也以承继道统自任，一部宋明理学史某种意义上即是对儒家道统重新理解、阐释的历史。由于二程、朱熹等理学

---

① 钱穆：《两汉经学今古文评议》，296～297 页，北京，商务印书馆，2001。

② 程颢、程颐：《二程集》，第 1 册，327 页，北京，中华书局，1981。

③ 朱熹：《朱子语类》卷 13，文渊阁四库全书本。

家主要是用道统看问题，而道统论并非一种历史观，而是一种文化观，其所关注的不是具体的历史事实，而是一脉相承的文化精神，所以他们不是把从孔子到孟子看做一个历史的发展过程，不注重其内部思想的分歧、差异，而是认为孔、曾、思、孟“一以贯之”，传递着相同的“道”。这个“道”，他们认为主要是仁义的问题，是“性与天道”的问题，并以各自的理论形式对其作了重新阐释和发挥，形成理学、心学的不同派别。不过，这一时期还是出现了一些新的情况，首先是突出、强调子思、孟子维护儒学正统，使孔子之道不坠于后世。如：“古之善言性者莫如仲尼，仲尼圣之粹者也。仲尼而下莫如子思，子思学仲尼者也。其次莫如孟轲，孟轲学子思者也。”① “传经为难。如圣人之后才百年，传之已差。圣人之学，若非子思、孟子，则几乎息矣。道何尝息？只是人不由之。道非亡也，幽、厉不由也。”② “自孔子没，则诸子已有不能尽得其传者，于是子思、孟子又为之阐幽、明微、着嫌、辨似，而后孔子之道历万世而亡敝。”③ “昔孔子历聘天下，从游三千，然非后世子思、孟子，则不能发明其盛。盖阳之畅也，暮春日之显也。”④

一些学者还指出，子思、孟子对孔子的思想有进一步的深化、发展。如：“圣人教人，大概只是说孝弟、忠信，日用常行底话。人能就上面做将去，则心之放者自收，性之昏者自着，如心、性等字，到子思、孟子方说得详。”⑤ “《论语》止言‘主忠信’，不言‘诚’，至子思、孟子然后言‘诚’。盖‘诚’指全体而言，‘忠信’指用功处而言……故孔子虽不言诚，但欲人于忠信上着力，忠信无不尽，则诚在其中矣。孔子教人大抵只就行处说，行到尽处自知。诚则本源，子思、孟子则并本源发出以示人，其义一也。”⑥ 孔子的一些思想被子思、孟子进一步哲学化、概念化，给予了理论的解释和说明，尽管“其义一也”，精神实质仍是一致的。

与之相应，这一时期出现了“思孟之学”、“子思、孟子之学”等用

---

① 王安石：《性论》，见《宋文选》卷10，文渊阁四库全书本。

② 程颢、程颐：《二程集》，第1册，176页。

③ 魏了翁：《鹤山集》卷47，文渊阁四库全书本。

④ 黄震：《黄氏日抄》卷33，文渊阁四库全书本。

⑤ 朱熹：《朱子语类》卷8，文渊阁四库全书本。

⑥ 真德秀：《西山文集》卷30，文渊阁四库全书本。

法。如："虽非知思孟之学者，而其文自圆。"[①] "推明子思、孟子不传之绝学。"[②] "子产之惠，卞庄子之勇，莫不具论其所以然者，下逮子思、孟子之学，亦莫不然。"[③] "虽子思、孟轲之学，吕望、伊挚之能，许由、伯夷之高，亦泯逮之而已矣。"[④] "或谓卿妄以道自任，明知思孟之学，故为排之，以自继仲尼之统。"[⑤] 此外像"得子思、孟轲之旨"[⑥]，"合子思、孟子相传之要"，"子思、孟轲之所讽道"[⑦]，表达的也是同样的意思。所以这里的"思孟之学"或"子思、孟子之学"显然即子思、孟子所传之思想学说，它与后世思孟学派的用法虽然有侧重的不同，但二者已较为接近了。

不过由于理学家主要也是从道统谱系看问题，而孔子之后道统之传递，除子思、孟子外，还有曾子这一环节，所以一些学者提出，思孟之学实际是"曾子之学"。如："斯道之传惟曾子得之，子思、孟子之学，曾子之学也。"[⑧] "参也鲁。然颜子没后，终得圣人之道者，曾子也。观其启手足之时之言，可见矣。所传者子思、孟子，皆其学也。"[⑨] "皆其学"即皆曾子之学。朱熹亦说："曾子刚毅，立得墙壁在，而后可传之子思、孟子。"[⑩] 肯定子思、孟子所传是曾子之学。从这里可以看出，当时的学者可能已意识到，曾子、子思、孟子本身是独立的学派，有各自的弟子徒众，但他们之间既存在学术的授受，又同处于道统谱系之中，所以又可以将他们联系在一起。从溯源的角度，可称为曾子之学；从发展的角度，可归于思孟之学。此外像"孔曾思孟之学"（明冯存予《四书疑思录》卷二："与讲孔曾思孟之学"）、"曾子、子思、孟子之学"（宋黄震《黄氏日抄》卷四十二："今日所讲，正曾子、子思、孟子之学，其于子张、子夏初何预耶"）等用法，反映的也是类似的情况。

---

① 苏轼：《子思论》，见《唐宋八大家文钞》卷 131，文渊阁四库全书本。
② 陆游：《渭南文集》卷 32，文渊阁四库全书本。
③ 真德秀：《西山文集》卷 28，文渊阁四库全书本。
④ 归有光：《震川集》卷 11，文渊阁四库全书本。
⑤ 冯从吾：《冯少墟集》卷 14，文渊阁四库全书本。
⑥ 陆九渊：《象山全集》卷 27，文渊阁四库全书本。
⑦ 魏了翁：《鹤山集》卷 46、47，文渊阁四库全书本。
⑧ 王应麟：《困学纪闻》卷 7，文渊阁四库全书本。
⑨ 程颢、程颐：《二程子遗书》卷 9，文渊阁四库全书本。
⑩ 朱熹：《朱子语类》卷 115，文渊阁四库全书本。

理学家将思孟看成是道统的传递者，而这一道统又主要是仁义的问题，心性的问题，这一看法在当时已受到一些学者的非议。如南宋学者叶适提出："孔子殁，或言传之曾子，曾子传子思，子思传孟子。案孔子自'德行颜渊'而下十人无曾子，曰'参也鲁'。若孔子晚岁，独进曾子，或曾子于孔子殁后，德加尊，行加修，独任孔子之道，然无明据。"[①] 他认为，曾子以"忠恕"解"一以贯之"，并没有得到孔子的认可，未必符合原意，只能算是个人的理解。"以为曾子自传其所得之道则可，以为得孔子之道而传之则不可。自尧、舜、禹、汤、文、武、周公、孔子所传皆一道。孔子以教其徒，而所授各不同。以为虽不同，而皆受之孔子则可，以为尧、舜、禹、汤、文、武、周公、孔子之所以一者，而曾子独受而传之人，大不可也。"[②] 所以，说孔子传道于曾子，曾子又传于子思、孟子并无事实根据。叶适还非常重视孔子对颜回所讲"克己复礼为仁"一语，认为它才真正是孔子所传之道：

> 孔子尝告曾子"吾道一以贯之"，曾子既"唯"之，而自以为忠恕。案：孔子告颜子"一日克己复礼，天下归仁焉"。盖己不必是，人不必非。克己以尽物可也。若动容貌而远暴慢，正颜色而近信，出辞气而远鄙倍，则专以己为是，以人为非，而克与未克，归与不归，皆不可知，但以己形物而已。且其言谓君子所贵乎道者三，而笾豆之事则有司存。尊其所贵，忽其所贱，又与一贯之指不合。故曰：非得孔子之道而传之也。"（《习学记言》）

"克己复礼"是以外在的礼仪为实践原则，"盖欲此身常行于度数折旋之中"。而曾子临终前告诉孟敬子的仅有"动容貌、正颜色、出辞气，三事而已"（见《论语·泰伯》），对于"度数折旋"等外在礼仪则有所忽略。所以"曾子之学，以身为本，容色、辞气之外不暇问，于大道多遗略，未可谓至"。既然曾子并不曾得道，那么，说孔子传曾子，曾子传子思，子思传孟子，自然就没有了根据。宋明理学家除"四书"外，还特别重视

---

① 叶适：《总述讲学大旨》，引自《宋元学案·水心学案》，文渊阁四库全书本。
② 叶适：《习学记言》卷 13，文渊阁四库全书本。

《易传》一书，作为其阐发道德性命的经典依据。而叶适仅“信《彖》、《象》、《系辞》为孔氏作无疑，至所谓上下《系》、《文言》、《序卦》，文义重复，浅深失中，与《彖》、《象》、《系辞》异，而亦附之孔氏者，妄也”①。他分析了二程等人推崇思孟的原因，认为是出于与佛老争正统的需要。“本朝承平时，禅说尤炽”，“其间豪杰之士有欲修明吾说以胜之者，而周、张、二程出焉，自谓出入于佛老甚久矣，而曰吾道固有之矣。”“及其启教后学，于子思、孟子之新说奇论，皆特发明之，大抵欲抑浮屠之锋锐，而示吾所有之道若此。然不悟十翼非孔子作，则道之本统晦矣”②。二程等人既然并不真正理解“道之本统”，那么，他们通过子思、孟子以及《易传》所构造的儒家道统便虚妄不实，没有了根据。可见，即使在宋明理学占统治地位的时代，在对思孟的理解上也存在着不同的看法。

（四）清代以下：“信”与“疑”之间

清代以降，考据学盛行，宋儒配合道统谱系的四书自然成为人们考辨的对象。据记载，戴震十岁入塾读《大学》章句，便向塾师质疑说：周朝、宋朝相去二千年，《大学》为孔子之言，而曾子述之，曾子之意，而门人记之，朱子何以知其然？③ 在清代考据学者看来，宋儒将《大学》归于曾子，本身根据不足，是个需要证明的问题。陈确更是对二程、朱熹《大学》为“孔、曾之书”的说法提出质疑，认为《大学》“必非圣经”。“陈确氏曰：《大学》首章，非圣经也。其传十章，非贤传也……《大学》，其言似圣而其旨实窜于禅，其词游而无根，其趋罔而终困，支离虚诞，此游、夏之徒所不道，决非秦以前儒者所作可知。苟终信为孔、曾之书，则诬往圣，误来学，其害有莫可终穷者，若之何无辨！”④ 在他看来，若《大学》是孔、曾之作，则全篇皆应是孔、曾之言，不当再有“子曰”、“曾子曰”的引言。“由是观之，虽作《大学》者，绝未有一言窃附孔、曾。而

① 叶适：《习学记言》，卷3，文渊阁四库全书本。
② 叶适：《习学记言》，卷49，文渊阁四库全书本。
③ 参见洪榜：《戴先生行状》，见《戴震全书》，第7册，4页，合肥，黄山书社，1995。
④ 陈确：《大学辨一》，见《陈确集》，下册，552页，北京，中华书局，1979。

自汉有戴《记》，至于宋千有余年间，亦绝未有一人焉谓是孔、曾之书焉者，谓是千有余年中无一学人焉，吾不信也。而自程、朱二子表彰《大学》以来，至于今五百余年中，又绝未有一人谓非孔、曾之书焉者，谓是五百余年无一非学人焉，吾益不信也。”① 对于《中庸》，他亦表示了怀疑："即《中庸》一书，世儒皆言是子思所作，吾亦未知其真伪何如?”② 以后陈澧、陆奎勋等清代学者通过考证认为，《大学》成书较晚，不可能为曾子所作。而袁枚、叶酉、俞樾等人根据《中庸》“车同轨、书同文”等语，断定《中庸》一书晚出，同样非子思所作。既然理学家据以立论的经典并不可靠，那么，他们所宣扬的道统自然也就遭到怀疑。

清代学者认为，宋明理学家不仅没有得孔孟之真，反而因为杂入佛、老，扰乱了道统，指斥宋明理学家为“冒认道统”。如戴震称：“宋以前，孔、孟自孔、孟，老、释自老、释，谈老、释者高妙其言，不依附孔、孟。宋以来，孔、孟之书尽失其解，儒者杂袭老、释之言以解之。于是有读儒书而流入老、释者；有好老、释而溺其中，既而触于儒书，乐其道之得助，因凭借儒书以谈老、释者。”③ 颜元提出孔孟所传，是尧舜三代之道，与宋儒所言大异其趣。“《论》、《孟》之终皆历叙帝王道统，正明孔、孟所传是尧舜三代之道，恐后世之学失其真宗，妄乱道统也……（宋儒）专以心头之静敬、纸上之浮文，冒认道统，尸祝孔、孟之侧者，可异也哉!”④ 在清代学者看来，宋儒错说了孔、孟，所以他们要尊经、返经，要争释经权，要重释孔、孟思想。他们主张应跳过宋儒所重之《四书》，回到汉儒所尊之《五经》。《五经》之外，尤重《论语》、《孟子》，合称“七经”，而将《大学》、《中庸》黜归《礼记》，更标榜《仪礼》其实才是《礼》经。这样，清代学者多谈孔、孟，少谈思、孟。孟子之外，对荀子尤为重视，为荀子被宋儒排除于道统之外鸣不平。

孔子之后，异说纷起。能发明孔子之道者，孟子也；卓然异

① 陈确：《大学辨一》，见《陈确集》，下册，557～558 页。
② 同上书，563 页。
③ 戴震：《答彭进士允初书》，见《戴震全书》，第 6 册，353 页。
④ 颜元：《颜习斋言行录》，见《丛书集成初编》，第 673 册，18 页，北京，中华书局，1985。

于老聃、庄周、告子而为圣人之徒者，荀子也。[①]

盖自仲尼既殁，儒家以孟、荀为最醇。太史公序列诸子，独以孟、荀标目。韩退之于荀氏，虽有“大醇小疵”之讥，然其云“吐辞为经”，“优入圣域”，则与孟氏并称，无异词也……愚谓孟言性善，欲人之尽性而乐于善；荀言性恶，欲人之化性而勉于善。立言虽殊，其教以善则一也。[②]

近读荀卿书而乐之，其学醇乎醇，其文如孟子，明白宣畅，微为繁复，益令人入而不能出。颇怪韩退之谓为“大醇小疵”……孟、荀之旨，本无不合，惟其持论，各执一偏。准以圣言“性相近”，即兼善恶而言；“习相远”，乃从学染而分。后儒不知此义，妄想毁诋。[③]

愚窃尝读其全书，而知荀子之学之醇正，文之博达，自四子而下，洵足冠冕群儒，非一切名法诸家，所可同类共观也。[④]

清代学者朱彝尊还取宋人王应麟之说，通过考察韩诗的传授，对荀子非议子思、孟子做了辨伪、考证。“荀卿《非十二子》，《韩诗外传》引之，止云十子，而无子思、孟子。愚谓荀卿非子思、孟子，盖其门人如韩非、李斯之流，托其师以毁圣贤，当以《韩诗》为正。”[⑤] 这样，《非十二子》中原来只有“非十子”，其非议思孟的一段文字，不过是韩非、李斯之流的假托，并非出于荀子之手。若据其来肯定思孟学派，不啻若海市蜃楼、空中楼阁。

为反对宋儒空谈心性，清代学者提倡躬行践履，对于礼学尤为重视，一度出现礼学复兴，于是有学者主张孔门真传实际是礼。如黄以周说：“圣门之学者重约礼，礼者理也。曾子之学尤湛深于礼，本末兼澈，经权并明，故卒能得孔圣一贯之传。《大戴记》录《曾子》十篇立言制事，悃

---

① 戴震：《绪言》卷下，见《戴震全书》，第 6 册，140 页。

② 钱大昕：《荀子笺释跋》，见王先谦：《荀子集解》，《诸子集成》，第 2 册，10 页。

③ 郝懿行：《荀子补注·与王引之伯申侍郎论荀卿书》，见王先谦：《荀子集解》，《诸子集成》，第 2 册，10～11 页。

④ 谢墉：《荀子笺释序》，见王先谦：《荀子集解》，《诸子集成》，第 2 册，8 页。

⑤ 朱彝尊：《经义考》卷 100，547 页，中华书局影印本，1998。

悒勿勿，深有得于礼教者，其受学孔圣也。内验身心，外究事理，于礼之大本大经，聆之，审体之，退而与游、夏诸子互商节目，吊之裼袭，奠之东卤，祖之反宿，一一讲明，必求礼义之安而后已。初未尝偏执己见，悻悻自是，曾子忠恕气象乃尔……曾子之穷理，本末兼澈，经权并明，故卒能得见孔圣一贯之传，又何闲焉?”① 孔子的“一以贯之”并非是忠恕，而是礼，曾子得孔子之传也主要是礼。这里曾子又被说成“本末兼澈，经权并明”，“深有得于礼教者”。黄以周还广泛搜集子思遗著，辑有《子思子》七卷，其中“以《中庸》、《累德》、《表记》、《缁衣》、《坊记》之有篇名者为《内篇》，凡五卷”。“汉、魏、唐、宋儒书有引述子思语”者，为《外篇》一卷。此外是《孔丛子》中有关子思的资料，“《孔丛子》虽赝书，而售赝者必参以真，其术方行，若概以赝，不能售也。魏晋时《子思子》具存，作伪者欲援以为重，录其真者必多王肃《家语》，其故智矣。若尽摈之，不已矫乎？凡引见五十二事，别之曰附录”②。不过黄以周虽重视《子思子》一书，其目的并不在于阐发子思的思想，更不是为了弘扬道统，其工作主要还是属于搜逸补缺，文献整理。黄氏之外，顾鸿闿、曹元忠、胡玉缙、蒋元庆等都辑录过《子思子》，也属于这种性质。

由于疑古思潮的影响和资料的缺乏，近代以来的思孟学派研究难以取得重大突破。这一时期的争论主要集中在两点：一、传子思、孟子的是曾子还是子游？二、荀子批评“子思倡之，孟轲和之”的五行说究竟何指？其中前一个问题，随着晚清维新运动的兴起，启蒙思想家康有为、梁启超等均力排曾子，认为传道统者实为子游。如康有为说：“著《礼运》者，子游。子思出于子游，非出于曾子。颜子之外，子游第一。”③ “子游受孔子大同之道，传之子思，而孟子受业于子思之门。”④ 梁启超说：“《春秋》太平世之义，传诸子游，而孟子大昌明之。《荀子・非十二子》篇攻子思、孟子云：‘以为仲尼、子游为兹厚于后世。’可见子思、孟子之学实由子游

---

① 黄以周：《儆学杂著・曾子论礼说》，刻印本。

② 黄以周辑：《子思子・序》，见《续修四库全书》，第 932 册，35～36 页。

③ 康有为：《万木草堂口说・礼运》，见《康有为全集》，第 2 册，316 页，上海，上海古籍出版社，1990。

④ 康有为：《孟子微・序》，见康有为著，楼宇烈整理：《孟子微・中庸注・礼运注》，北京，中华书局，1987。

以受孔子也。此派为荀派所夺，至秦而绝。”[①] 康、梁之所以重新提出子游，除了学术的原因外，恐怕还是因为从子游那里找到他们所需要的“大同”说吧。看来思孟学派已不仅仅是个学术问题，往往还被赋予了不同时代的社会、政治内涵，由此呈现出色彩斑斓的不同面貌。

对于后一个问题，近代以来许多学者做出了艰苦的探索。章太炎的《子思孟轲五行说》（见《太炎文录》卷一）是较早涉及这一问题的作品，在该文中，章氏对唐代杨倞释五行为仁义礼智信五常提出质疑，认为：“五常之义旧矣，虽子思始倡之亦无损，荀卿何讥焉？”《中庸》首句“天命之谓性”，郑玄注：“木神则仁，金神则义，火神则礼，水神则智，土神则信。”章氏认为这才是真正的“子思之遗说”，并指出思孟五行上承“古者鸿范九畴，举五行，傅人事”的未彰之义，下启“燕、齐怪迂之士”、“耀世诬人”的神奇之说，更有“以水火土比父母于子”的内容，“宜哉！荀卿以为讥也”。此后继续有学者对此问题做出探讨，郭沫若认为，“子思倡之，孟轲和之”的五行是指仁义礼智诚。谭戒甫认为“思孟的五行”，“就是后世所谓五伦，这在《中庸》、《孟子》二书都可寻出根据”。以智、仁、勇三达德，行“君臣、父子、夫妇、昆弟、朋友”五伦为子思“五行”，“父子有亲，君臣有义，夫妇有别，长幼有序，朋友有信”为孟子“五行”，思孟之后，其“五行”之说更是发展为严整的“五行”十义。[②] 刘节、顾颉刚则提出，思孟书中并无水火木金土等字样，而荀子这里却作如此批评，那一定是荀子传闻有误，错把邹衍当成孟轲了。[③] 范文澜归邹衍“五行”为气运之说，认为孟子“五行”为原始“五行”说与邹衍“五行”的中介，“《孟子》七篇，很看到些气运终始的痕迹……原始五行说，经孟子推阐之下，已是栩栩欲活；接着邹衍大鼓吹起来，成了正式的神化五行”[④]。但是由于缺乏足够的材料，以上讨论

---

① 梁启超：《论中国学术思想变迁之大势》，80页，上海，上海古籍出版社，2001。

② 参见谭戒甫：《思孟五行考》，见《古史辨》，第5册，上海，上海书店（据朴社1935年版影印），1993；及《论思孟五行说的演变》，载《中国哲学》，第4辑，北京，三联书店，1980。

③ 参见刘节：《〈洪范〉疏证》；顾颉刚：《五德终始下的政治和历史》，均见《古史辨》，第5册。

④ 范文澜：《与颉刚论五行说的起源》，见《古史辨》，第5册。

更多地还只是一种推测。

郭沫若1946年出版的《十批判书》中有《儒家八派的批判》一文，涉及思孟学派的问题，郭氏认为，“子思之儒和孟氏之儒、乐正氏之儒应该只是一系。孟氏自然就是孟轲，他是子思的私淑弟子。乐正氏当即孟子弟子乐正克。但这一系，事实上也就是子游氏之儒”①。郭氏将子思、孟子、孟子弟子乐正克看做是“一系”，并将这一系归于子游氏之儒，说明他主要是从“溯源”的角度看待思、孟，他虽有“思、孟之徒”、“思、孟这一派的人”的说法，但还没有明确使用“思孟学派”的概念。对于“子思唱之，孟轲和之”的五行，郭氏也做了详细的考证。“他（注：指孟子）把仁、义、礼、智作为人性之固有，但缺少了一个‘信’，恰如四体缺少了一个心。然而这在孟子学说系统上并没有缺少。‘信’就是‘诚’了。他说：‘仁之于父子也，义之于君臣也，礼之于宾主也，知之于贤者也，圣人之于天道也，命也，有性焉，君子不谓命也。’这儿与仁、义、礼、智为配的是‘天道’（笔者注：其实应为“圣人”）。‘天道’是什么呢？就是‘诚’。‘诚者，天之道也；思诚者，人之道也。至诚而不动者未之有也，不诚未有能动者也’。其在《中庸》，则是说：‘诚者，天之道也。诚之者，人之道也。诚者，不勉而中，不思而得，从容中道，圣人也’。这‘从容中道’的圣人，也就是‘圣人之于天道’的说明，是‘万物皆备于我，反身而诚，乐莫大焉’的做人的极致。再者，诚是‘中道’，这不合乎‘土神则信’，而土居中央的吗？子思、孟轲都强调‘中道’，事实上更把‘诚’当成了万物的本体，其所以然的原故不就是因为诚信是位于五行之中极的吗？故尔在思、孟书中虽然没有金、木、水、火、土的五行字面，而五行系统的演化确实是存在着的。”② 郭氏相信《中庸》为子思所作，通过《中庸》与《孟子》中“诚”的对比，认为二者思想上存在联系，无疑很有见地，尽管他论证思孟五行为仁义礼智诚，后来被证明并不能成立。

侯外庐等人1947年出版的《中国思想通史》第一卷中有“思孟学派及其唯心主义的儒学思想”一章，明确提出了“思孟学派”的概念，从当时的研究思路出发，侯著将思孟学派归为儒学内部的唯心主义路线。“我们

---

① 郭沫若：《十批判书·儒家八派的批判》，131页。

② 同上书，136～138页。

认为，曾子与思孟的思想确是在一条线上发展的，然而曾子为孔子正传之说，则绝非事实。因为，曾子思想本来是思孟学派的理论来源或其萌芽形态，但不是孔子思想的真传。这就是说，曾子虽然在文字形式上‘言必称师’，而在思想实质上，则抛弃了孔学的积极成分，而片面地承继了并且扩大了孔学的消极的成分。”“思孟学说乃渊源于曾子。但曾子之走入内省论一途，只是在‘言必称师’的祖述形态上开其端绪。到了子思、孟轲，就更进一步，完成了儒学的唯心主义的放大。”① 侯著提出：“研究子思、孟轲的学派性，首先应该确定他们的著作，因此，我们的研究是以《洪范》以及《中庸》、《孟子》为范围。”“《中庸》除了有一少部分为战国末年学者所加入的东西外，大体上近于子思，其中思想也是和孟子有师承关系。”《孟子》一书为孟子学派的“凑合物”。《洪范》为战国时期作品，其作者虽“不能指定必为子思，但也可作后人‘受而传之’者看待”。也即是说《洪范》应是完成于子思后学之手，是其后学对子思思想的进一步发挥。此外，《易传》“显微阐幽”、“探颐索隐，钩深致远”的方法与思孟的方法接近，可归于秦、汉之间思孟学派所引申的思想。② 对于思孟五行，侯著也做了详尽的考察，认为实际就隐含于《中庸》与《洪范》的“五事”之中：

《中庸》	《洪范》
聪明睿知，足以有临也。	五曰思，思曰睿，睿作圣。（土）
宽裕温柔，足以有容也。	四曰听，听曰聪，聪作谋。（金）
发强刚毅，足以有执也。	二曰言，言曰从，从作乂。（火）
齐庄中正，足以有敬也。	一曰貌，貌曰恭，恭作肃。（水）
文理密察，足以有别也。	三曰视，视曰明，明作哲。（木）

侯著认为，《中庸》的“五事”和《洪范》的“五事”文句虽有不同，而义旨实无差异。从以上的对比中，可以看出《中庸》中的五行说的成分，

① 侯外庐等：《中国思想通史》，第 1 卷，364、369 页，北京，人民出版社，1957。该书最早由上海新知书店于 1947 年出版，署名侯外庐、杜守素等。

② 参见上书，371～372 页。

这两个“五事”都是从孔子知识论的“能思”学说出发，作了唯心主义的放大和肿胀。《中庸》甚至说这五事可以配天，《洪范》也说这是天赐的“彝伦攸叙”①。

六七十年代活跃于港台地区的新儒家学者，对于思孟亦给予了极大关注，是当代思孟学派研究的另一支重要学术力量。与大陆学者历史唯物主义指导下的批判继承的研究思路不同，港台新儒家学者主要承继了韩愈、宋明儒的道统说，以道统来看待、理解思孟，如牟宗三先生称：“自韩愈为此道统之说，宋明儒兴起，大体皆继承而首肯之。其所以易为人所首肯，因此说之所指本是一事实，不在韩愈说之之为‘说’也。”② 认为韩愈之道统说是有理论根据，可以成立的。所以如学者所分析的，港台新儒家“强调中国文化的‘一本性’，有其一脉相承之统绪，肯定儒家的‘道统’之说”，表现出强烈的续统意识，自居“正统”，其“所要承接的哲学传统，主要就是由孔孟至宋明儒的心性之学”③。不过牟、徐等人处在疑古风气盛行的时代，他们虽接受了孔、曾、思、孟的道统谱系，但对于宋儒所标榜的四书却持保留态度，并对其中的《中庸》、《大学》做了详细的考辨。如徐复观提出：“站在思想史的立场，首先不能不研究《中庸》成书的时代。关于这，近年来出现过不少的新说；但或来自思想的误解，或来自文献考之不精，殆无一可资采信。我过去曾……举出五证，以证明它是出于子思。即是其成书乃在孟子之前。”徐先生还认为，《中庸》“原系分为两篇”，其从今本的第一章至第二十章前半部（除了第十六至第十九章为“由礼家所杂入”者之外）的“上篇”为子思本人的著作，从第二十章后半部至第三十三章为止的“下篇”（亦即讲“诚”的部分）则“出于子思之门人”，不过“此人仍在孟子之前”④。对于《大学》，徐先生将其看做是“先秦儒家思想的综合”，是“继承孟、荀以后所应当有的发展”，认为“《大学》除其中引有‘曾子曰’一段以外，其非作于曾子，这在今日已不待多说”。朱熹是将《大学》的内容看做是“古之大学所以教人之法”，

① 侯外庐等：《中国思想通史》，375页。

② 牟宗三：《心体与性体》，第1册，191页，台北，正中书局，1968。

③ 方克立：《现代新儒家学案·代序》，见方克立、李锦全主编：《现代新儒家学案》，26页，北京，中国社会科学出版社，1995。

④ 徐复观：《中国人性论史·先秦篇》，103～109页，台北，台湾商务印书馆，1969。

"是二帝三王所积所传的道统。孔子是开始以平民担当道统的人；得孔子一贯之传的是曾子。"故有《大学》经、传分别出于孔子、曾子之说。[①] 牟宗三先生认为，"《中庸》在时间上后于孟子。就其义理言之，《中庸》首章自'天命之谓性'说到'慎独'，说到'致中和'，本是自客观而超越的天命说下来。此是属于'维天之命，於穆不已'一系之义理……此种义理决不在孟子建立性善以前，必是在孔子践仁知天，孟子尽心知性知天以后"。又说："《大学》之后出比《中庸》尤为无可疑。而且由《论》、《孟》至《中庸》、《易传》可视为一调适上遂之发展，而《大学》则更是开端别起，似是从外插进来者。《大学》一篇乃是就理想的太学制度而立言。"[②] 所以牟先生虽肯定"曾子、子思、孟子、《易传》乃本孔子之仁教而前进者也"，但对于曾子，只取《论语》中的材料；对于子思，则付之阙如。更是视《大学》为"开端别起"，"与《论语》、《孟子》、《中庸》、《易传》不是同一系者，亦不是同一层次而可以出入互讲者"[③]。这样，牟先生对于思孟只是"虚说"，视其为儒家正统的代表，而他真正重视的乃是他通过《论语》、《孟子》、《中庸》、《易传》所阐发的"心性天通一而无隔"、"立体创造"的纵贯系统。对于思孟"五行"的问题，新儒家学者亦不甚理会，如徐复观先生称，"我根本怀疑荀子不会看到后来流行的《孟子》一书，而只是在稷下时，从以阴阳为主的稷下先生们的口中，听到有关孟子的传说；所以在《非十二子》篇对子思、孟子思想的叙述中，有'案往旧造说，谓之五行'的话；在今日有关子思、孟子的文献中，无此种丝毫地形迹可寻，害得今人在这种地方，乱作附会"[④]。

1973年马王堆帛书出土，庞朴先生率先著文，将《老子》甲本卷后附录古佚书之一命名为"五行篇"，认为"应该可以得出这样一个结论，马王堆帛书老子甲本卷后古佚书之一，是'孟氏之儒'或'乐正氏之儒'的作品"。书中表达的五行思想，即是荀子在其《非十二子》中批判子思、

① 徐复观：《中国人性论史·先秦篇》，263页。
② 牟宗三：《心体与性体》，第3册，46～47页，台北，正中书局，1969。
③ 同上书，383页。
④ 徐复观：《中国人性论史·先秦篇》，237页。

孟子一派的“五行”说，思孟五行说就是“仁义礼智圣”。[①] 由此揭开了思孟五行之谜，同时将思孟学派研究向前推进一步。不过由于帛书的年代较晚，当时学者一般倾向将其看做思孟后学的作品，多少使帛书的学术价值打了折扣，加之在《五行》的理解上也存在一些问题，所以思孟学派的研究虽出现一缕曙光，但并没有得到真正的改观，有学者甚至针锋相对，提出不同意见，认为帛书“五行”与思孟无关。[②]

这一时期对思孟学派的质疑，集中地反映在任继愈主编《中国哲学发展史·先秦卷》上，该书在《孔孟之间的儒家传承》一章下专门列有《思孟学派考辨》一节，对思孟学派问题做了系统地考察。任著认为：“从孟子对曾子和子思的推崇看，孟子和曾子、子思有师承关系，是可能的。但曾子、子思均无著作传世，特别有关子思的可靠的思想资料极少，仅凭孟子对子思人格的推崇，并不能说明他们思想上的传授。孟子的思想体系是在继承孔子思想的基础上加以创新的，这种继承关系在《孟子》中是确凿有据的。从《孟子》中却看不出孟子和子思有思想继承关系。因此，说先秦有思孟学派的主张，就缺少证据了。”[③] 对于宋儒将《大学》、《中庸》归于曾子、子思的做法，任著也表示了不同意见：“《大学》、《中庸》为曾子、子思所作，乃是为了叙述儒家思想变迁方便起见，并无可靠的事实根据。其实，宋儒正是这样做的，他们为了确立理学在儒家道统中的地位，便说《大学》、《中庸》为曾子、子思所作，并传授给孟子，以此标榜理学道统是绍承孟子而来。”“《大学》、《中庸》既无法断定为曾子、子思所作，至多只能存疑，而不能以假为真。”[④]

对于庞朴先生提出的帛书“仁义礼智圣”五行说，任著也提出四点质疑：一、思孟提倡五行说，何以在他们的著作中没有论述。二、为了弥补

---

① 庞朴：《马王堆帛书解开了思孟五行说之谜——帛书〈老子〉甲本卷后古佚书之一的初步研究》，载《文物》，1977（10）；又见湖南省博物馆编：《马王堆汉墓研究》，长沙，湖南人民出版社，1981；又见《当代学者自选文库·庞朴卷》，合肥，安徽教育出版社，1999。庞朴先生此后还发表了《思孟五行新考》（载《文史》，第7辑，中华书局，1979）、《〈五行篇〉评述》等论文，并出版专著《帛书〈五行〉篇研究》（济南，齐鲁书社，1980），对此问题做了进一步探讨、研究。

② 参见赵光贤：《新五行说商榷》，载《文史》，第14辑，中华书局，1982。

③ 任继愈主编：《中国哲学发展史·先秦卷》，293页，北京，人民出版社，1983。

④ 同上书，291～292页。

《孟子》中没有五行说的困难，把《洪范》、《易传》、《礼运》等著作充做思孟或思孟学派作品，不能令人信服。因为即使有些包含阴阳五行内容的著作与孟子后学有关，亦不能笼统算在孟子头上。三、阴阳五行学说在战国末到秦汉得到发展，与封建统治者需要利用五德终始论证封建王朝建立的必然性有密切关系。如果认为思孟五行仅是五种德行，而和金木水火土无关，这种五行便失去五德终始的循环论的意义。四、荀子是唯物主义无神论者，他所指“五行”，应是哲学世界观方面的阴阳五行神秘主义。因此，荀子批评孟子五行，非指五种德行，而是指与金木水火土相配合的五德终始。而且仁义礼智圣五种德行，是荀子自己也赞成和接受的，在这方面，荀子显然是无法和孟子划清界限的。那么，既然孟子并非提倡五行说，何以荀子会给予激烈的抨击？任著认为，这可能是因为在战国末，孟子后学有与阴阳五行学派结合的情况，因而遭到荀子一派儒家的反对。基于这种认识，任著提出，“在没有新的足够的材料以前，我们认为先秦不存在有所谓思孟学派”[①]。在郭店竹简公布前，学术界出现过一些论及“思孟学派”的文章，但均未对思孟学派本身做出分析、考察，从内容来看，其所谓思孟学派往往是指孟子学派，或未对二者做出严格区分。

以上对思孟学派的考察、叙述表明，郭店竹简的发现对于思孟学派研究而言，既是一个机遇也是一种挑战，因为围绕思孟学派的分歧绝不仅仅是资料的问题，同时还是理解的问题。一代一代学者的“六经注我”、借题发挥，使思孟学派被涂上各种色彩，显得斑驳陆离、面貌驳杂，在这种情况下，李泽厚先生提出“究竟何谓‘思孟学派’，其特色为何，并不清楚”的疑问[②]，应该说并不奇怪。同时，由于道统论根深蒂固的影响，人们在讨论思孟学派时，总是自觉不自觉地将思、孟等量齐观，而忽略了从子思到孟子乃是一个具体的历史发展过程，其间有差别、有变化，这种情况在思孟学派研究之初可以说是相当普遍。人们往往认为子思、孟子继承、发展了孔子的仁，突出了“性与天道”，具有“内在性”的特点，却忽略了在儒学那里，内在的仁和外在的礼起初往往是纠缠在一起的，所谓“内在性”和“外在性”本来也只是相对而言，对思孟学派来说，其“内

---

① 任继愈主编：《中国哲学发展史·先秦卷》，296～299页。

② 李泽厚：《初读郭店竹简印象记要》，载《中国哲学》，第21辑。

在性”的一面也是逐步发展而来，一开始并不可能那么绝对、纯粹。还有，人们往往用孟、荀的差别看待早期儒学的历史，总是要在儒学内部划分出泾渭分明的不同阵营，并由此产生非此即彼的无谓争论，而忽略了儒学内部的分化乃是逐步形成的，不同阵营间也存在着相互影响和渗透。故在思孟学派研究中，历史的观念十分重要，要想揭开思孟学派的神秘面纱，还其本来面貌，就应从当时的历史背景出发，将思孟学派看做一具体的历史发展过程，而不应先入为主，持守着任何形式的“道统”论不放。同时也应肯定，孔子之后，孔门后学虽出现分化，形成不同的学派，但学术思想的发展具有内在的联系，具有自身的逻辑，而不是杂乱无序，无规律可循的。

基于这种认识，我们认为思孟学派是可以成立的，这是因为：首先，司马迁有孟子“受业于子思之门人”的记载，司马迁是汉代大史学家，其所说应该可信。子思、孟子二人既存在间接的师承关系，思想上也当有一定的联系。其次，荀子称子思、孟子“案往旧造说，谓之五行”，“子思倡之，孟轲和之”，说明子思、孟子在“五行”说上有所倡和。郭店简《五行》篇再次发现后，表明《五行》的“经”、“说”可能并不形成于同一时期，“说”也并不完全尊重“经”的原意，而是在诠释上多少添加或转移了“经”的思想重点。我们将在第七章《孟子后学对子思“五行”说的继承和发展》一节分析指出，出现这种情况，是因为《五行》“经”、“说”分别出自子思学派与孟子学派之手，反映了二者对“五行”说的理解，荀子所说确有根据。还有，学派本身就是后人的一种概括，除了具备必要的历史事实和条件——如师承关系、思想联系——外，它还反映了概括者的价值诉求和目标意向，后者同样是十分重要的。我们采用思孟学派的说法，是着眼于孔子之后儒学的发展演变，认为在这一发展演变过程中，思孟可看做与其他派别虽有联系但又有明显区别的相对独立的一派，认为思孟前后相续，代表儒学发展的一条思想路线，因而具有某种联系性和一致性，但这种一致性是“具体中的同一”，是在具体的历史中表现出来的。因此在我们这里，思孟学派没有“正统”的含义，只表示孔门后学中一个相对重要的派别。同样，韩愈“轲死，不得其传焉”的说法也是我们不能接受的，相反，若是把“道统”理解为根源的文化生命，生生不息的精神生命、文化传统，那么，任何一个儒家派别虽都有可能对此传统有所深化、创造、发展，但也都无力独自代表整个道统。在21世纪的今天，若要重建道统，复兴儒学这一伟大的历史文化传统，就应该再一次回到先秦原典，回到“子思”去，以此为基础，对先秦儒家各派，乃至汉唐儒学、宋明理学、清代学术中真正的思想创造，做一次统合，做一次再创造，以便反本开新，恢复儒学之生命力、活力，恢复中华民族精神生命的创造力。“问渠哪得清如许，为有源头活水来!”而“子思”在这里则代表了儒学内部出现了不同的发展方向、但尚未完全分化的阶段，一个儒学思想丰富的时代，也就是郭店竹简所反映的时代。

第二章

孔子的仁、礼思想与孔门后学的分化

孔子是儒学的创始者，子思、孟子都以孔子的后继者自居，历史上，思孟学派也曾被视作“道统”的传人，所以，讨论思孟学派首先应从分析孔子的思想开始。而孔子创立儒学，主要提出两个概念：仁和礼。其中仁是“爱人”、“成己”，是内在自觉、主体原则；礼是“名分”，是道德规范、伦理义务，是礼节仪式，仁、礼构成孔子思想的重要内容。虽然仁在孔子以前已经出现，但孔子创造性地赋予它全新的内涵，完成了一次“哲学的突破”，使仁成为儒学的核心概念。“孔门之学，求仁之学也。”礼在孔子之前也已存在，但孔子对三代之礼进行了“损益”，更重视当时有着广泛社会基础的“士礼”、习俗之礼，并着重探讨了礼的思想、价值、意义。孔子仁、礼并重，其目的在于以仁来说明礼，以礼来落实仁。这样，仁与礼的关系便成为儒学内部的一个基本问题，对这一基本问题的不同理解，造成孔门后学的分化，思孟学派正是在这一背景下产生的。

第一节　郭店竹简“悁”字与孔子仁学

孔子创立儒学，同提出仁密切相关，而如何理解仁却一直是有争议的问题。有学者称，“仁构成孔子学说中的一个高难问题”，“要把这个概念解释清楚，要使这个问题得到公认的解决，至今仍然是困难的”[①]。据介绍，西方关于“仁”就有 benevolence，love，altruism，kindness，charity，compassion，magnanimity，perfect virtue，goodness，true manhood，manhood at its best，human-heartedness，humaneness，humanity，man-to-manness 等不同译法，对于西方学者来说，仁是什么？一直是个令人费解的谜。讨论、训释仁，离不开字源的分析，于是《说文》“仁，亲也，从人从二”便成为前提和出发点，成为理解仁的金科玉律。然而在郭店竹简中，仁字均写作“㤅”，表明“从人从二”并非仁字的最初构形。那么，“㤅”的本义如何？“㤅”这一古字的发现为我们带来哪些新的信息？为我们理解孔子仁学又能起到哪些“去蔽”的作用？这无疑是关涉孔子及早期儒学研究的重要话题。

（一）“仁者，人也”

据学者研究，仁字出现较晚，甲骨、西周金文中还没有发现仁字，仁字也“不见于虞夏商《书》及《诗》三颂、《易》卦爻辞之内，似周初有此言而尚无此字”[②]。仁字出现于何时虽不清楚，但似与人类发展到一定阶段的自我反省和认识有关。先秦典籍中常有“仁者，人也”的说法（见《礼记·表记》、《中庸》及《孟子》等书），应是对仁之本义的基本训释。所谓“仁者，人也”是说，仁是人之为人的本质和特征，也就是说，具有了仁才能成其为人。人不同于其他动物的地方在于，他不是满足、停留于自然、本能的生活，也不仅仅是在消极地适应环境中求得自身的生存，人之为人就在于他在满足了生命的基本需求之后，更进一步对生命的意义进行追问：到底什么是人？如何才能真正成为人？这种对生命意义的探询及回答，往往决定了一文化后来的发展和方向。仁无疑就是古代先民对这一问题的初步思考，是在这一思考中提出的基本概念。孔子及其儒家在此基础做了进一步探索，通过仁提出更为系统的理论学说，从而使仁成为孔子及其儒学的核心概念，一部儒学史某种程度上即是对仁的诠释历史，“孔

---

① 王树人：《〈论语〉中仁的不同含义辨析》，载《孔子研究》，1991（1）。

② 阮元：《〈论语〉论仁论》，见《揅经室集》上册，179页，中华书局，1993。

门之学，求仁之学也”。

不过，对“人之为人”的思考，虽然随着人的自我意识的觉醒便已开始，但其具体内容却经历了一个发展、变化过程，不同时期、不同身份、不同地位的人对此可能有着不同的理解和看法。《诗经·郑风·叔于田》说：“叔于田，巷无居人。岂无居人？不如叔也。洵美且仁。”该诗描写贵族“叔”打猎、饮酒、骑马时的风姿，赞美其人品出众，无人能及。所以如有学者指出的，“洵美且仁”的“仁”似不具有道德的含义，而主要强调的是外貌英俊威武，具有男子气魄。[①] 而男子气魄之所以被称为“仁”，是因为在当时贵族看来，具有男子气魄才能算是人。《诗经·齐风·卢令》说：“卢令令，其人美且仁。”此诗描写一位猎人的风采，下面两段又分别提到“其人美且鬈”、“其人美且偲”，“鬈”，或说“读当为权，权，勇壮也”（《郑笺》）；或说“须鬓好貌”[②]。“偲”，“多才也”（《郑笺》），均说的是容貌气质和能力。“其人美且仁”的“仁”字与之对应，也应指男子气魄而言。所以《诗经》中仁字凡两见，但均与后世的用法不同，主要是指有人样子，有男子气魄，反映了当时人们对“人之为人”的理解。仁后来用作“亲”的意思在《诗经》中也有所反映，如《诗经·小雅·四月》“先祖匪人，胡宁忍予”，这里的“匪人”，并非是骂先祖不是人，而是“不仁”的意思。之所以写作“人”，可能是因为当时“有此言而尚无此字”，所以用“人”字来假借，或是“人”、“仁”在当时可以通用。《尚书·金縢》中也提到一个仁字：

> 若尔三王，是有丕子之责于天，以旦代某之身。予仁若考，能多材多艺，能事鬼神。乃元孙不若旦多材多艺，不能事鬼神。

---

① 参见屈万里：《仁字含义之史的观察》，载《民主评论》，第5卷23期，1954。［日］Teruo，Takeuchi（竹内照男）：“A Study of the Meaning of Jên（仁）Advocated by Confucius”，in Acta Asiatica，*Bulletin of the Institute of Eastern Culture*，vol. 9，The Tōhō Gakkai，Tokyo，pp. 57-77，1965.［美］Lin，Yü-sheng（林毓生）：“The Evolution of the pre-Confucian Meaning of Jen 仁 and the Confucian Concept of Moral Autonomy”，in Monumenta Serica，*Journal of Oriental Studies* 华裔学志，vol. xxxi，pp. 172-204，1974—1975。

② 朱熹：《诗经集传》，41页，上海，上海古籍出版社，1987。

这是武王姬发身患重病，周公旦告祭“三王”（注：指太王、王季、文王），要求代武王死时的言论。其中，“予仁若考”一句，后人或解释为“我周公仁能顺父”（《伪孔传》），或认为是“周公言，我仁顺祖考”[①]。但如有学者分析的，“予仁若考”一句，与“能多材多艺，能事鬼神”一样，是周公自认为优于武王，更适合侍奉祖考的原因，所以应限定于容貌、举止、能力等内容，若包括内在的德性，便有自我夸耀的嫌疑。“予仁若考”应是说，我的容貌气质很像祖考[②]，也不失为一种合理的解释。这样，《尚书》中唯一一见的仁字（不包括《古文尚书》），便可与《诗经》统一起来。不过，从仁字后来的用法看，主要还是一种道德含义。因为，“人之为人”就在于他是一种道德的动物，在于他追求一种道德的生活，并在这种生活中塑造、完善自己，正是在这一点上，人将自己与其他动物从本质上区别开来。所以由崇拜容貌、气质、力量，进一步发展为道德的自觉、自反，便是一个民族的心灵走向成熟的反映。

根据《左传》、《国语》的记载，虽然对容貌、力量的关注仍是春秋贵族间较为流行的风气[③]，但这时已不与仁发生联系。春秋时期的仁，已完全是一道德的概念，并被赋予了多重含义。如果说，西周的“德”主要还是个宗教概念，“有德”也只是少数统治者的特权的话，那么，春秋的“仁”便具有了更多的人间性，并扩及大多数人的范围之中。春秋时期关于“人之为人”的思考，主要是通过仁展开的。从文献看，当时仁常常被用来指称、评价人的行为，如：“以君成礼，弗纳于淫，仁也。”（《左传·庄公二十二年》）“不背本，仁也；不忘旧，信也。”（《左传·成公九年》）“小所以事大，信也；大所以保小，仁也。”（《左传·哀公七年》）一种行为被称为“仁”，便意味着它是被社会共同体所认可、承认的，同时也是值得人们去实践、完成的。同样，一种行为若被称为“不仁”，如：“背施，无亲；幸灾，不仁。”（《左传·僖公十四年》）“乘人之约，非仁也；灭宗

---

① 蔡沈：《书经集传》，123页，北京，中国书店，1994。

② 参见61页引Takeuchi（竹内照男）文。据宗教人类学研究，古人常常用相貌端正、与祖考有某种关系（一般是孝孙）的人作尸主，用来迎神。这也说明，相貌端正是侍奉神灵的一个必要条件。

③ 如赞叹叔虎“美而有勇力”（《左传·襄公二十一年》），“子大叔美秀而文”（《左传·襄公三十一年》），以及“叔孙穆子曰：‘楚公子美矣，君哉！’”（《左传·昭公元年》）等。

废祀，非孝也。”（《左传・定公四年》）“以怨报德，不仁。”（《国语・周语中》）便意味着它是不被人们观念所接受的，也是不应该去做的。而一种行为之所以被称为“仁”，除了所体现的人道精神外，还在于其有益于社会的整体利益。后者也是“仁”的一个重要内容，如：“夫仁者讲功……无功而祀之，非仁也。”（《国语・鲁语上》）“畜义丰功谓之仁。”（《国语・周语中》）“为仁与为国不同。为仁者，爱亲之谓仁；为国者，利国之谓仁。”（《国语・晋语一》）“度功而行，仁也；择任而往，知也。”（《左传・昭公二十年》）这说明，春秋时期的仁更多地包含了对利益的思考，有益于社会整体利益的人和行为，才可称为“仁”。孔子谈论仁，有两个明确的说法，一是“爱人”（《论语・颜渊》），一是“克己复礼，为仁”（同上）。其实这二者在孔子以前已有所反映，前者如“爱人能仁”（《国语・周语下》）、“仁人之心”（《左传・昭公元年》）等，后者如《左传・昭公十二年》记“仲尼曰：古也有《志》：克己复礼，仁也”。《志》，古书也。说明“克己复礼，仁也”乃是古已有之的观念，所谓“克己”，是说要克除己身中私欲、缺点等不利于实现仁的内容，而“复礼”则是要恢复礼乐的文明秩序。所以，春秋时期的仁是个内涵较为复杂的概念，除了指“爱人”、“利国”之外，它还表示个人自我克制、自我完善的实践过程，也就是说，仁最终要落实于个人的修养、品质之中。故在古人看来：“体仁足以长人。”（《左传・襄公九年》）只有体会、理解了仁，才能真正成长为人。所以，当时人们常常用“仁”或“不仁”来评价一个人，如“目夷长且仁，君其立之”（《左传・僖公八年》），“人谓子产不仁，吾不信也”（《左传・襄公三十一年》）。称一个人为“仁”，便是对他做人的极大肯定，认为其真正成为了人。同样，称一个人为“不仁”，便是对他的批评和否定，认为他还不配称为人。因此，“仁者，人也”的说法虽然可能是后人的概括，但其反映的思想则应该出现的更早，从西周春秋时人们对“仁”的理解来看，显然已包含了这一思想。

前面说过，仁字出现较晚，可能起初“有此言而尚无此字”，所以典籍中仁字常常也写作“人”。但当仁的含义一旦相对固定，并在语言使用中相对频繁时，便必然要造出独立的仁字。从现有的材料看，古文中用作仁字的主要有两个，一作“𡰥”，一作“⿱身心”。① 清人段玉裁对古人造字的原理有过精辟的概括：“古人之制字，有义而后有音，有音而后有形。学者之考字，因形以得音，因音、形以得其义。”② 因此，义是形的根据，字形总是根据一定时期语言中的义和音绘制的，从字形入手可以探求文字的音和义。同样，我们通过文献考察一概念含义的发展变化，也可以更好地理解表达此概念的文字的义，分析字形，“以形索义”需建立在客观词义的基础之上。在上面两个古文仁中，“𡰥”显然即后来的“仁”字，因“尸”与“人”在古文中同形，“从尸从二”后来便写作“从人从二”。后人对“仁”的分析，多从该字入手。如，《说文解字·人部》说：“仁，亲也，从人从二。”段玉裁注：“‘从人二’，会意。《中庸》曰：‘仁者，人也。’注：‘人也，读如相人偶之人。以人意相存问之言。’……‘人耦（偶）’犹言尔我亲密之词，独则无耦，耦则相亲，故其字从人二。”段氏认为“仁”乃一会意字，其中“人”当据郑玄《中庸》注，理解为“相人偶”，而“二”表示“相人偶”发生在二人之间。所谓“相人偶”是当时的特殊用语，“偶（耦）”有“匹”、“配”、“合”、“对”之意，皆强调对方、双方。两人见面相揖为礼，彼此之间互致敬意与问候，便是“相人偶”。③“相人偶”也有相敬、相亲之意，贾谊《新书·匈奴篇》：“胡婴儿得近侍侧，胡贵人更进得佐酒前，上……时人偶之。”这里的“人偶”即做“相亲”讲，故清人马瑞辰说：“汉时以相敬、相亲皆为人偶。”④ 因此，“仁”就是二人之间相亲、相敬。可以看出，“从人从二”的训释，虽然也反映了仁的基本内涵，

---

① 对于“⿱身心”字的出现，学术界有不同的看法。刘翔认为“⿱身心”即仁的本字。见刘翔：《中国传统价值观诠释学》，157～159页，上海，三联书店，1996。庞朴先生则认为，“⿱身心”是为了适应新理论、新术语的需要而出现的新文字，“它是当时子思学派将孔子的人道理论建基于人情、人心和人性，从而使儒家学说迈入新阶段的集中表现”。见所著《“仁”字臆断——从出土文献看仁字古文和仁爱思想》，载《寻根》，2001（1）。在没有更多的文字材料前，笔者倾向认为，“⿱身心”与“𡰥”可能是同时流行的两个古文仁字。

② 段玉裁：《广雅疏证·序》，北京，中华书局，2004。

③ 参见白奚：《“仁”与“相人偶”——对“仁”字的构形及其原初意义的再考察》，载《哲学研究》，2003（7）。刘文英认为，“相人偶”是一种古老的礼仪，“两个人见面，首先观顾对方，然后互相作揖，表示敬意和问候”，并认为“仁”字的构形就是“相人偶”的象形，“‘仁’的观念是由‘相人偶’礼仪产生的，这种礼仪就是‘仁’的观念的客观原形”。见所著《“仁”之观念的历史探源》，载《天府新论》，1990（6）。

④ 马瑞辰：《毛诗传笺通释·匪风》，北京，中华书局，1989。

但存在明显的偏向：一是将“仁”人际化，认为“仁”是一个表示人际关系的概念；二是认为“仁”主要是指爱人，尤其是指爱他人。

《说文解字》中还记录了“从千心”的古文仁：“忎”。郭店竹简出土后，人们意识到，所谓“忎”其实即是“𢗟”字的变形，“仁”的古文应做“𢗟”。对于该字，一些学者提出了自己的看法。如白奚先生认为，“𢗟”的构形“从身从心”，“从‘心’表明该字与思考或情感有关，从‘身’表明此种思考活动的对象是人的身体，也就是以人本身为思考对象……心中思人（广义的、抽象的人），将他人放在心上，应该就是‘爱人’和‘同类意识’这一仁字的本义。总之，‘𢗟’（‘忎’）和‘𡰥’有着完全相同的含义，传达着同样的信息，它们是‘仁’字的两种更古老的不同写法，这是古文字中典型的同字异构现象”①。廖名春注意到，在古代汉语中，“身”是指己身，“人”是指他人。这样，“从身从心”实际应该表达的是对己身的爱，而不是对他人的爱。但他由此推测，“仁”的本字应作“忈”，从人从心，写作“从身从心”的“𢗟”，应是后来的变化，理由是“先秦诸子对‘仁’字的训释，无一不落脚在‘爱人’上，可见，‘爱人’为‘（仁）’之本义无疑。‘爱人’就是心中有百姓，心中有他人，想百姓之所想，急百姓之所急，这就是‘仁’，这就是以此为核心的儒学永远充满了魅力之所在”②。可见，二人虽然对“仁”字的具体构形认识有所不同，但基本的思路却是一致的，即“‘仁’主要是指对他人的爱，而不是对己身的爱”。这说明，成见一旦形成，便会多么深地制约、影响着人们的头脑。其实，作为一形声会意字，“𢗟”字中的“身”既是声符也是形符，廖名春认为“身”是指己身，是正确的。如，《尔雅·释诂下》：“身，我也。”又：“朕、余、躬，身也。”郭璞注：“今人亦自呼为身。”但他认为儒家的“仁”仅仅是指对他人的爱，则不准确。“𢗟”字“从身从心”，即表示心中想着自己，思考着自己，用当时的话说，就是“克己”、“修己”、“成己”，用今天的话说，就是要成就自己、实现自己、完成自己。翻开早期儒家典籍，不难发现对“身”和“己”的关注，如：“曾子曰：吾日三省吾身。”（《论语·学而》）“子曰：见贤思齐焉，见不贤而内自

① 白奚：《“仁”字古文考辨》，载《中国哲学史》，2000（3）。

② 廖名春：《“仁”字探源》，载《中国学术》，第8辑，中华书局，2001。

省也。”（《论语·里仁》）所以孔子强调：“古之学者为己，今之学者为人。”（《论语·宪问》）“君子求诸己，小人求诸人。”（《论语·卫灵公》）可见，“为己”还是“为人”，乃是区别古人与今人、君子与小人的根本所在。在孔子看来：“其身正，不令而行；其身不正，虽令不从。”（《论语·子路》）“苟正其身矣，于从政乎何有？不能正其身，如正人何？”（同上）可见，要真正“爱人”、影响他人，必须首先要“立己”、“正其身”。正是在这种意义上，孔子提出“夫仁者，己欲立而立人，己欲达而达人”（《论语·雍也》）。没有“立己”何以“立人”？不能“达己”又何能“达人”？这一思想后来被子思概括为：“成己，仁也。”（《礼记·中庸》）而在先秦儒家殿军荀子那里，对此有着更为明确的说明：

> 子路入，子曰：“由！知者若何？仁者若何？”子路对曰：“知者使人知己，仁者使人爱己。”子曰：“可谓士矣。”子贡入，子曰：“赐！知者若何？仁者若何？”子贡对曰：“知者知人，仁者爱人。”子曰：“可谓士君子矣。”颜渊入，子曰：“回！知者若何？仁者若何？”颜渊对曰：“知者自知，仁者自爱。”子曰：“可谓明君子矣。”（《荀子·子道》）

“使人爱己”和“爱人”还只是单向的，而“自爱”则是双向的，包括了“爱己”和“爱人”两个方面，它才是“仁”的真正内涵所在。如果说“从人从二”的“仁”字主要反映了人/我、关系的一面，那么，“从身从心”的“𢖽”字则更多反映了心/身、内在的一面，它们共同构成了“仁”的完整内涵。由于秦代以后，“仁”行而“𢖽”废，后儒或出于观念的需要，或拘泥文字的训释，往往在“从人从二”上做文章，结果使“仁”外在、关系的一面被大大彰显，而内在、自省的一面却有意无意被忽略（这方面宋儒可能是个例外）。如清人阮元说：“凡仁，必于身所行者验之而始见，亦必有二人而仁乃见，若一人闭户斋居瞑目静坐，虽有德理在心，终不得指为圣门所谓之仁矣。必人与人相偶而仁乃见也。”[①] 当代有学者甚至

① 阮元：《〈论语〉论仁论》，见《揅经室集》上册，176 页。

认为："人是'相人偶'，也就是'人相偶'，一人不得为仁……现在来说，就是搞好'人际'关系为仁。"① 孔门仁学竟被说成是人际关系学。同时，"仁"也被仅仅理解为与他人有关。汉儒董仲舒说："春秋为仁义法，仁之法在爱人，不在爱我；义之法在正我，不在正人；我不自正，虽能正人，弗予为义；人不被其爱，虽厚自爱，不予为仁。"（《春秋繁露·仁义法》）"仁"不是爱己，而是爱人，这可以说是汉儒根深蒂固的成见。郑玄注"仁者，人也"的"人"为"相人偶"，正是从这一成见而来。其实，"相人偶"或"相亲"固然是"人之为人"的重要特征（所谓"亲亲为大"），但"人之为人"显然不限于"相亲"或"相偶"，郑玄"相人偶"的说法不能不说是十分迂曲的。而"𢡘"字的发现使我们认识到，"仁"除了"从人从二"外，还有"从身从心"的构形，兼有"人/我"和"心/身"的双重维度，孔子仁学正是从这一传统而来，包含了"成己"与"爱人"两方面的内容。

（二）"成己"与"爱人"

任何伟大的思想创造，都离不开对"己"或自我的思考，一种思想学说只有和个人的存在有关，只有解决、回答了这一人生的"终极性"问题，才能在历史上产生深远、持久的影响，故对"人之为人"的思考，必然要落实到对"己"的思考，"人之为人"实际也就是"己之为人"。不过，虽然几乎所有的思想家都可能涉及"己"或自我的问题，但具体的思考方法则是不同的。作为在西周礼乐文化传统下成长起来的思想家，孔子对"己"或自我的思考具有华夏民族的鲜明特色。在孔子看来，"己"与"（他）人"并不是截然对立的，什么是"己"或自我？并不能在遗世独立中去苦思冥想，也不可在神的启示中去获得灵感顿悟，"己"或自我的意义只有在与他人的共存、互动中，才能得到理解和说明。"鸟兽不可与同群！吾非斯人之徒与而谁与？"（《论语·微子》）人总是生活于社会中，因此，与人"相偶"便成为"己"不可摆脱的存在形式，也成为理解"己"或自我的前提和出发点。但是自然状态的"相人偶"还只是一种客观、外

① 杨向奎：《宗周社会与礼乐文明》，426页，北京，人民出版社，1997。

在的形式，还没有经过自觉的反省，还不可能有真正的自我。此时若有自我意识出现，也一定是与他人的对立相伴随的。因此，从自然状态的“相人偶”到自觉、自为的“相人偶”需经历一次伟大的文化创造活动，需经历自我意识的自觉、自反。在孔子看来，周公“制礼作乐”无疑正是这样的创造活动，礼乐不仅奠定了人类生存、交往的人伦秩序，使人类由蛮荒走向文明，其所包含的“敬德”、“保民”等德性意识还是维系当时社会的精神纽带，是早期人道精神的体现。然而春秋的“礼崩乐坏”，使周公以来的文明创制遭受到严峻考验。要重建“有道”的社会秩序，恢复礼乐的文明形式，除了肯定“君臣”、“父子”的人伦秩序外，更重要的是，要通过对“己”的自觉、自反，确立起“修己以敬”，“修己以安人”，“修己以安百姓”的人生理想和目标。也即是说，“己”的终极意义要和天下的福祉、利益联系在一起，而扶危济贫、平治天下、“吾其为东周乎”（《论语·阳货》）的人生使命，又需通过“修己”、“克己”、“为己”来实现。在这样一种信念中，人、己的对立便不复存在，“于是对己的责任感同时即表现而为对人的责任感，人的痛痒休戚同时即是己的痛痒休戚，于是根于对人的责任感而来的对人之爱，自然与根于对己的责任感而来的无限向上之心，浑而为一。经过这种反省过程而来的‘爱人’，乃出于一个人的生命中不容自已的要求，才是《论语》所说的‘仁者爱人’的真意”①。所以，孔子的“仁”是春秋末年提出的一个使“己”挺立、振作起来，关涉人生终极意义的概念，它虽然也指“爱人”，但“爱人”只有和人生的终极意义联系起来才能得到理解。

孔子谈仁，常常指一些具体的德目，如：“能行五者于天下，为仁矣……恭、宽、信、敏、惠。”（《论语·阳货》）“刚、毅、木讷，近仁。”（《论语·子路》）“樊迟问仁。子曰：居处恭，执事敬，与人忠。”（同上）这里的“恭”、“宽”、“信”、“敏”、“惠”等一方面总是对他人而言，是指对他人的“恭”、“宽”、“信”、“敏”、“惠”，但另一方面，它又落实在个人的品质上，是指“己”之“恭”、“宽”、“信”、“敏”、“惠”。只有“己”具有了“恭”、“宽”、“信”、“敏”、“惠”的品质，才有可能对他人表现出“恭”、

① 徐复观：《释〈论语〉的“仁”——孔学新论》，载《民主评论》，第6卷6期，1955；又见所著《中国思想史论集续篇》，237页，上海，上海书店，2004。

“宽”、“信”、“敏”、“惠”的德行。同样，对他人的“恭”、“宽”、“信”、“敏”、“惠”适所以成就了“己”之“恭”、“宽”、“信”、“敏”、“惠”。“居处恭”、“执事敬”、“与人忠”等也是如此。所以，“成己”与“爱人”实际是相辅相成、互为因果的，它们共同构成“仁”的基本内涵。由于“仁”代表了自我成就、自我实现的过程，故往往也表现为一种内心境况，一种自觉向上的乐观精神。颜回“其心三月不违仁”，“在陋巷，人不堪其忧，回也不改其乐”（《论语·雍也》）。“仁者不忧。”（《论语·子罕》）“君子坦荡荡，小人长戚戚。”（《论语·述而》）颜回“其心三月不违仁”，绝不是说其心在三个月里一直在想着爱人，而应是指成己、修己而言。在追求人生理想，成就、实现自己的过程中，必感到精神上的无限快乐，而不会被一时的外在境遇所困惑，这正是“孔颜之乐”的真谛所在。所以仁绝不仅仅是要消极地适应外在规范，而是一种创造力，一种不可遏止的成就、实现自己的冲动。“子曰：唯仁者能好人，能恶人。”（《论语·里仁》）仁能辨别是非、善恶，具有理性判断能力，所以在处理己与人的关系时，好恶、爱憎都是合理的。“子曰：苟志于仁矣，无恶也。”（同上）假如以仁为意志的方向，那么，一切行为都合理，不会招致人的厌恶了。仁恰恰成为主体实践的动力和原则。

孔子谈仁也常常指“爱人”，但孔子的“爱人”实际也与“己”的自觉、自反有关。孔子所谓“仁”往往与“孝悌”等血缘情感联系在一起，是以“孝悌”为心理根据的。“孝弟也者，其为仁之本与!”（《论语·学而》）弟子有若的这句话一定程度上反映了孔子的思想。需要指出的是，这句话中的“为”字是动词而非系词。“言为仁之本，非仁之本也。”“谓行仁自孝悌始。”[①] 在孔子看来，孝悌是人人具有的一种真实情感，而这种情感正是仁的根源所在，是否孝悌是判定一个人仁与不仁的标准所在。在孔子与宰我关于“三年之丧”的一段讨论中，孔子从内心的“安”与“不安”点醒宰我，要他从孝悌的自然情感中发现仁，体验仁。宰我居丧期间仍然安于食稻衣锦，完全丧失了孝悌之心，所以孔子说“予（注：宰我之名）之不仁也”（《论语·阳货》）。孔子讲“仁”，源于孝悌而又不等于孝悌，而是从孝悌出发，层层向外推广，上升为君臣间的“忠”，朋友间的

---

① 程颢、程颐：《二程集》，第1册，125、183页。

“信”，最后达到“泛爱众”，上升为普遍的人类之爱。“子曰：弟子，入则孝，出则弟，谨而信，泛爱众，而亲仁。”（《论语·学而》）“樊迟问仁。子曰：‘爱人。’”（《论语·颜渊》）“子曰：……夫仁者，己欲立而立人，己欲达而达人。”（《论语·雍也》）可见，孔子的“爱人”实际也是一“推己及人”的实践过程，“爱人”恰恰源于“己”的自觉、自反。若没有“己”的自觉、自反，便是对自己没有感觉的麻木不仁；对自己麻木不仁，对他人当然不会有休戚相关的感觉，当然更不会去爱人。所以“爱人”的实现同时即是“成己”、“立己”的过程，这即是孔子强调“己欲立而立人，己欲达而达人”的原因所在。以往学者理解这句话时，往往以为仁是在“而立人”、“而达人”上表现出来，于是无形中把立己与立人、达己与达人看做是两件事，因而在谈到仁的时候，重点自然落在立人、达人和爱人上面。“殊不知孔子这句话，是把两者说成一种必然的互相含摄的关系，在立己、达己之内须必然地含摄着立人、达人。在立人、达人之内，须必然地来自立己、达己。虽然下手是在己欲立、己欲达，但就其自身的内在关联说，实是一事的两面。”①

所以仁在内容上是指“成己”与“爱人”，而具体表现为自觉向上的道德精神。从孔子的一些论述来看，仁是一个超越性的概念。“‘克、伐、怨、欲，不行焉，可以为仁矣？’子曰：‘可以为难矣，仁则吾不知也。’”（《论语·宪问》）“仁者，必有勇；勇者，不必有仁。”（同上）令尹子文三次被任命为令尹，三次被免职，喜怒不形于色，这可以说做到了“忠”，却未必可称作仁。陈文子每到一个城邦，见有坏人当政，必违而弃之，这可以说做到了“清”，却未必可说是仁（见《论语·公冶长》）。“仁”包含了“忠”、“清”、“勇”等，但“忠”、“清”、“勇”等并不等于“仁”。所以仁是最高的德，是不断企及的理想和目标。从这一点看，它与柏拉图的“至善”倒有某些相近之处，不过柏拉图的至善是一抽象的理念，它与各种具体的善是普遍与特殊的关系。孔子的仁却不是抽象的，而是一实践超越的过程，它包括互为联系的两个方面：一是由“己”不断向外施爱，由“孝悌”到“泛爱众”，实现仁爱的普遍化；另一方面在向外施爱的基础上，反过来

① 徐复观：《中国思想史论集续篇》，243页。

成就自己、完善自己、实现自己，并最终上达天道，实现心灵的超越。

因此，仁不是一抽象的概念，而是心灵的活动和实践；它不是现成的，而是在具体的境遇中不断生成和显现；它似乎没有确切的界限和范围，而只是规定了实践的过程和方向。故孔子谈仁很少从定义入手，而是根据仁的特点随处指点。"司马牛问仁。子曰：'仁者，其言也讱。'曰：'斯言也讱，其谓之仁矣乎？'子曰：'为之难，言之得无讱乎？'"（《论语·颜渊》）据《史记·仲尼弟子列传》，司马牛"多言而躁"，故孔子要求他"其言也讱"，说话要谨慎。这表明克服了自身的缺点便可达到仁，当然"其言也讱"本身并不等于仁。"樊迟……问仁。曰：'仁者先难而后获，可谓仁矣。'"（《论语·雍也》）仁代表了"成己"、"爱人"的实践超越过程，需要"先难而后获"，不是一蹴而就的，这是就实践过程言仁。同样，"先难而后获"本身并不等于仁。所以要给"仁"下一个定义的话，可以说：仁表达、反映的是道德生命实践超越，"成己"、"爱人"的整个过程，凡属于这一过程的、凡有利于实现这一过程的，都可称作是仁。仁是全体，仁是过程。这是孔子仁的独特之处，也是理解孔子仁的关键所在。

李泽厚先生说："中国古代哲学范畴（阴阳、五行、气、道、神、理、心），无论是唯物论或唯心论，其特点大都是功能性的概念，而非实体性的概念，中国哲学重视的是事物的性质、功能、作用和关系，而不是事物构成的元素和实体。"① 仁也是如此。孔子通过仁表达的正是道德生命生生不息，"成己"、"爱人"，不断创造、发展的全体和过程，如果离开了仁的这一"功能"、"作用"，如果不能从内心去体会、理解这一"功能"、"作用"，"仁"便没有任何意义。正因为如此，孔子很少用概念、定义界说仁，而是从内心直接点拨仁、唤醒仁；不轻易许与仁，而是告诉人们如何为仁。表面上看，孔子言仁零乱而缺乏联系，让人不好理解。实际上，孔子的仁包含了一套完整的思想，是有体系、有方法的。这就是为什么孔子没有给仁下一个明确的定义，而任何一个阅读过《论语》的人，无不能体会仁、理解仁，而一旦把仁上升为人生的最高理想，便会积极地实践仁，维护仁，"无求生以害仁，有杀身以成仁。"（《论语·卫灵公》）

---

① 李泽厚：《孔子再评价》，见所著《中国古代思想史论》，33页，北京，人民出版社，1987。

（三）“仁”与“智”

在孔子那里，仁代表了道德主体“成己”、“爱人”的实践超越过程，所以一方面，仁的获得要靠自觉自反，靠直觉体悟。“子曰：仁远乎哉？我欲仁，斯仁至矣。”（《论语·述而》）这里的“至”，不是从外而至，而是由内而至，是由内而外的显现。所以从内心出发，便会体会仁，发现仁；但另一方面，孔子又认为通过学习、认知也能实现、完成仁。故孔子谈仁，也谈智，常常将二者并举，如“知者乐水，仁者乐山。知者动，仁者静。”（《论语·雍也》）“仁者安仁，知者利仁。”（《论语·里仁》）“知及之，仁守之。”（《论语·卫灵公》）孟子也称孔子为“仁且知”（《孟子·公孙丑上》）。在孔子那里，仁与智存在密切联系。

从仁、知的内容来看，二者是有差别的。仁是人的内在自觉和活动，是主体的实践能力，是人生的最高理想；而知是人的认知活动和能力，是知人论事，获取智慧。仁虽然也有判断是非善恶的能力，但它是德性之知（道德理性），用孟子的话说是良知；而知主要是闻见之知（认识理性），是对外物的认知活动。知一般说来，总要有外在对象；而仁却难以说是一种外在对象，它毋宁说是道德生命本身。不过孔子谈知，并非一般地认识外物，而主要是以“人事”为内容，包括“知人”、“知十世”、“知礼”、“知乐”、“知过”、“知言”等，是一种伦理性认知；孔子的知往往又可以写作智①，智不仅是知的完成和实现，还是对“所知”的灵活运用，是处理、解决具体问题的智慧。这种知或智显然不是以认识自然，获取知识为目的，而是与道德实践密切相关。

> 子曰：“君子食无求饱，居无求安，敏于事而慎于言，就有道而正焉，可谓好学也已。”（《论语·学而》）
>
> 哀公问：“弟子孰为好学？”孔子对曰：“有颜回者好学，不迁怒，不贰过。不幸短命死矣，今也则亡，未闻好学者也。”（《论语·雍也》）

---

① 《论语》中只有“知”字，但有些知显然当作“智”讲，如《孟子·公孙丑上》引《论语·里仁》“里仁为美，择不处仁，焉得智？”知即作“智”。

这里的“学”显然不是指获取知识，而是学习正确的行为，塑造道德人格，发明道德主体。这样，孔子的“知”、“学”便和“仁”存在密切的联系。“好仁不好学，其蔽也愚。”（《论语·阳货》）仁虽然表达的是“成己”、“爱人”的实践活动，但需要学、知的扩充、培养，否则便会产生“愚”的弊端。故在孔子看来，知可以丰富、充实仁，转化为仁；仁也可以提高、完善知。“子曰：知之者不如好之者，好之者不如乐之者。”（《论语·雍也》）“知之”是主体对客体的认知反映，是人的经验认知活动；而“好之”、“乐之”则是认知活动的升华，带有主观的情感和意志，是主体的自觉自愿。“子曰：不仁者不可以久处约，不可以长处乐。仁者安仁，知者利仁。”（《论语·里仁》）“仁者安仁”容易理解，也较少分歧，关键是“知者利仁”。以往多解说此句为：“利仁者，知仁为利而行之也。”按照这种说法，“仁者安仁”和“知者利仁”是两个不同层次，二者有高低之分。但孔子仁、知并举，往往是一种并列的关系，而不是主从的关系，可见以往的注释并未道出此句的真谛。实际上，“知者利仁”是说知者利于成仁，它和“仁者安仁”分别是指两种完成、实现仁的方法。孔子下面一段论述，可以说是此句的最好注解：

> 子曰：“知及之，仁不能守之，虽得之，必失之。知及之，仁能守之，不庄以莅之，则民不敬。知及之，仁能守之，庄以莅之，动之不以礼，未善也。”（《论语·卫灵公》）

这里“知及之”、“仁能守之”说明了知与仁的关系。孔子认为，只是认识到了（“知及之”），还没能转化为仁，为仁所把守（“仁不能守之”），那么还只是停留在“知”的阶段，是不能长久的；相反，认识到了，又转化为仁，并在容貌行为上表现出来（“庄以莅之”），行动也符合礼，这才是知的最终结果，也才称得上善。这样，仁就不仅仅是内在的自觉，同时也是实践经验，智慧结晶，包含了经验认识的成果。仁不仅如学者所指出的，“是一种内在的力量和自我认识”，是一种内在原则①，同时也可以指某种

---

① 杜维明说：“仁是一种内在的原则，‘内在’即指仁不是从外部获得的品质；它不是生物的，社会的，或者政治力量的产物……仁基本上是同个人的自我把握、自我完善、自我实现的过程联系在一起的。”见所著《人性与自我修养》，8页，北京，中国和平出版社，1988。

德行和活动，是一种规范原则[①]，如“仲弓问仁。子曰：‘出门如见大宾；使民如承大祭；己所不欲，勿施于人；在邦无怨，在家无怨。’”（《论语·颜渊》）“子贡问为仁。子曰：‘工欲善其事，必先利其器。居是邦也，事其大夫之贤者，友其士之仁者。’”（《论语·卫灵公》）仁作为道德生命实践超越的过程和全体，它的实现和完成，不仅靠内在直觉和体悟，同时也离不开外在环境和经验认知的安顿和涵养。“子曰：里仁为美。择不处仁，焉得知?”（《论语·里仁》）“子曰：人之过也，各于其党。观过，斯知仁矣。”（同上）可以说，由于孔子仁、知并举，相互含摄，使仁具有了多层次的复杂内涵。仁既是内在自觉，又包含了外在经验，是内在与外在的统一。

（四）“一以贯之”与“下学上达”

仁包含了“成己”与“爱人”，而“成己”与“爱人”又完整地统一于孔子的道德实践活动中，孔子将此形象地概括为“一以贯之”和“下学上达”。《论语·卫灵公》篇说：

> 子曰：“赐也，女以予为多学而识之者与?”对曰：“然，非与?”曰：“非也！予一以贯之。”

据《史记·孔子世家》，周敬王三十一年（公元前489年），孔子与弟子困于陈蔡之间，“绝粮。从者病，莫能兴。孔子讲诵弦歌不衰。子路愠见曰：‘君子亦有穷乎?’孔子曰：‘君子固穷，小人穷斯滥矣。’子贡色作。孔子曰：‘赐，尔以予为多学而识之者与?’曰：‘然。非与?’孔子曰：‘非也。予一以贯之。’”人们常有这样的体会，生活中的挫折、困顿既会使人颓唐萎靡，也会使人感愤振厉，甚至思想出现质的飞跃，有意外的收获，这就是所谓的顿悟、悟道。《卫灵公》篇所记，应当是孔子首次提出“一以贯

① ［美］芬格莱特（Herbert Fingarette）说：“我们决不能把《论语》中孔子的仁心理学化，认清这一点的第一步，是认识仁以及和它联系在一起的德行”；“仁是一种行为，它是把我们的注意力引向特定的人以及作为行动者的人的倾向”，“礼和仁是同一事物的两个方面，每一个方面都表现了人在扮演自己特定角色时的一种活动。”见所著《孔子：即凡而圣》，43～45页，南京，江苏人民出版社，2002。

之”时的情景，不妨称之为“陈蔡悟道”。不过，孔子虽然提出“一以贯之”，但对“一”是什么，却没有说明，给后人留下一个难解之谜。后来较早解答这个谜的是弟子曾参，他认为“一以贯之”是指“忠恕”而言。

> 子曰：“参乎！吾道一以贯之。”曾子曰：“唯。”子出，门人问曰：“何谓也?”曾子曰：“夫子之道，忠恕而已矣。”(《论语·里仁》)

对曾参这个说法，后人一直存有疑问，宋代叶适说：“余尝疑孔子既以‘一贯’语曾子，至‘唯’而止，无所问质，若素知之者……未知于‘一贯’之指果合否？曾子又自转为‘忠恕’，忠以尽己，恕以及人，虽曰内外合一，而自古圣人经纬天地之妙用，固不止于是。疑此语未经孔子是正，恐亦不便以为准也。”[①] 叶适认为用忠恕解“一贯”，只是曾参个人的理解，并没有得到孔子的首肯，是有根据的。[②] 因为据《史记·仲尼弟子列传》，曾参少孔子四十六岁，为孔子晚年弟子，陈蔡之困时曾参仅十七

---

① 叶适：《习学记言》卷13，178页，中华书局，1977。

② 由于曾参的“忠恕”不能很好地说明孔子的“一以贯之”，后代学者又提出种种不同的解释，归纳起来，大致有以下五种：(一)“一以贯之”是一种认识方法。何晏《论语集解》引《易·系辞传》云：“善有元，事有会。天下殊途而同归，百虑而一致。知其元，则众善举矣。故不待学而一知之。”认为“贯”是指贯通，“一”则是指事物的条理。清代焦循认为“一以贯之”即忠恕，也即格物。“忠恕者，挈矩也。挈矩者，格物也。物格而后致知，故无不知。由身以达乎家、国、天下，是一以贯之也。”(《孟子正义》卷五）近代章太炎对此作了进一步发挥：“心能推度曰恕，周以察物曰忠。故夫闻一以知十，举一隅而以三隅反者，恕之事也……周以察物，举其征符，而辨其骨理者，忠之事也。”(《检论·订孔》)(二)“一以贯之”指统一于天理。朱熹《论语集注》云：“贯，通也……圣人之心，浑然一理，而泛应曲当，用各不同。”认为世间事物虽然众多，但都有一个形上的根据，都是天理的显现。孔子能认识到天理，虽然有种种不同的言论，但都是对天理的反映。(三)“一以贯之”指突破认识的束缚，达到“天地一贯”的精神境界。方以智说“圣门之几本一，而本不执一，其圆如珠……不能变即是不能权；不能权，不可与几；不可与几，岂可谓之贯!”又说“一是多中之一，多是一中之多；一外无多，多外无一，此乃真一贯者也。一贯者，无碍也。”(《一贯问答》)(四)“一以贯之”指“一以行之”。王念孙据《广雅释诂》训“贯，行也”，认为“一以贯之，即一以行之也。《荀子·王制》篇云：‘为之贯之。’贯亦为也。”(《广雅疏证》)阮元亦持此说：“吾道一以贯之。此言孔子之道，皆于行事见之，非徒以文学为教也。”“一以贯之，犹言壹是皆以行事为教也。”(《揅经室集·〈论语〉一贯说》)(五)郭沫若说：“孔子曾说‘吾道一以贯之’，但他自己不曾说出所谓‘一’究竟是什么。曾子给他解释为‘忠恕’，是不是孔子的原意无从判定。但照比较可信的孔子的一些言论看来，这所谓‘一’应该就是仁了。”(《十批判书》，90页)

岁，尚未及门[①]，不了解孔子提出“一以贯之”的具体背景，以忠恕解“一贯”，只是曾子事后的推测，未必能反映孔子的思想。而且，陈蔡之困，孔子正经历人生的一次低潮，弟子的信心又发生动摇，孔子自当以精神信念与弟子相勉，使“己”挺立、振作起来，以信仰的力量战胜险恶的环境；而在孔子那里，这种“成己”、“立己”的精神力量显然非仁莫属，若提出交往原则的忠恕，便不好理解。况且，忠恕只是仁的一个方面，“古圣人经纬天地之妙用，固不止于是”，说孔子用忠恕“一以贯之”，明显不合适。还有，孔子的“一以贯之”是针对子贡误解自己“多学而识之”提出来的。前已论述，孔子的“学”并非仅仅指获取知识，而是学习正确的行为，发明道德主体，颜回“其心三月不违仁”，“在陋巷，人不堪其忧，回也不改其乐”，故在孔子眼里最为“好学”（《论语·雍也》）。子贡遇到挫折便“色作”，显然还没有真正懂得“学”，故孔子向其委婉地表示，“学”不能只停留在知识积累上，更重要的，还要有个“一以贯之”的东西。这个“一”显然应该就是仁了，“一以贯之”就是“仁以贯之”。

人们可能会有疑问，仁是如何贯穿孔子思想的始终呢？其实，只要了解仁“成己”、“立己”的特点及其在孔子思想中所处的地位，这一问题便很好理解了。前面说过，孔子的仁并非一抽象的概念和原则，而是一动态的活动和过程，它贯穿于孔子思想之中，构成孔子思想的核心，孔子的其他活动如“学”、“知”等都是围绕着这一核心展开的，是服务于这一核心的。所以，“一以贯之”并非思维上、逻辑上的“贯之”；而是实践上、方法上的“贯之”。仁并非静态地平躺于孔子的思想中，而是动态地贯穿于孔子的生命实践中，孔子的一生也就是实践仁的生命过程：“仁以为己任，不亦重乎！死而后已，不亦远乎！”（《论语·泰伯》）“无终食之间违仁，造次必于是，颠沛必于是。”（《论语·里仁》）“学而不厌，诲人不倦。”（《论语·述而》）“发愤忘食，乐以忘忧，不知老之将至云尔。”（同上）“朝闻道，夕死可矣。”（《论语·里仁》）可以说，只有仁才可以称作贯穿孔子思想的“一”，“一以贯之”形象地道出孔子仁的特点。与“一以贯

---

① 曾参入门时间不可确考，钱穆以为当在哀公十一年（公元前 484 年）孔子自卫返鲁之后（见《先秦诸子系年·孔子弟子通考》，60 页），故曾子此时尚未及门，《里仁》所记，当为孔子后来的言论。

之”相关，孔子又提出“下学上达”：

> 子曰：“莫我知也夫！”子贡曰：“何为其莫知子也？”子曰：“不怨天，不尤人，下学而上达。知我者，其天乎！”（《论语·宪问》）
>
> 子曰：“君子上达，小人下达。”（同上）

什么是“上达”呢？刘宝楠引《论语比考谶》说：“君子上达，与天合符，言君子德能与天合也。”[①] 程颐说：“盖凡下学人事，便是上达天理。”[②] 结合“知我者，其天乎”来看，应该是符合孔子思想的。[③] 故“下学”是塑造道德人格，发明道德主体；“上达”是上达天道，实现心灵超越。“下学上达”即是仁充实、发展、完善、提升的整个过程。它与“一以贯之”一样，均是对仁的超越性特点、对仁的实践过程的描述。只不过“一以贯之”是从横向说，“下学上达”是从纵向说，而仁正兼括横向和纵向而成为一“致广大而尽精微”的精神活动。因此，孔子的仁不仅是沟通己与他人的活动，同时也是沟通己与天道的活动，是与古代天命观密切相关的概念。已有学者注意到，孔子的天保留有人格神的含义：“获罪于天，无所祷也。”（《论语·八佾》）“予所否者，天厌之！天厌之！”（《论语·雍也》）“吾谁欺，欺天乎？”（《论语·子罕》）“子曰：天生德于予，恒魋其如予何？”（《论语·述而》）不过孔子之为孔子，并不在于他延续了古代的天命观念，而在于他“以仁发明此道”，认为通过仁即可上达天道，打破了自重、黎“绝地天通”以来少数贵族对天命的垄断，使天与个人发生联系，为个人成圣提供了可能。因此，仁作为心灵的自觉和活动，虽然具有某种开放性，但并非没有自身的目标和方向，而是始终以天道为归宿，是一向天道的无限超越过程。就孔子将仁与天统一起来，我们也可以说，孔子提出了道德形上学的问题，但这里所谓“形上学”，并非仅仅指“天生德于

---

① 刘宝楠：《论语正义》，见《诸子集成》，第1册，318页。

② 朱熹：《论语集注》卷7引，见《四书集注》，142页，北京，中国书店，1994。

③ 皇侃《论语义疏》释此句：“上达者，达于仁义也，下达谓达于财货。”但与上下文不符，不可取。

予”，指我的德乃是天的赋予，具有形上的根据。更重要的，乃是要通过“下学上达”，践仁知天，将作为道德禀赋的仁上达天道，后一方面才是孔子仁的实践形上学的重点所在[1]，是孔子通过仁所开启的新的精神方向。这一新的精神方向以后经由子思的“尽其性”、“尽人之性”、“尽物之性”、“赞天地之化育”，以及孟子的“尽心”、“知性”、“知天”进一步发展，成为儒家实践形上学的一个重要内容；而在这一“上达”的实践活动中，天逐渐内在化、虚位化，而仁（诚，心）则成为无所不包的精神存在，成为一自由的精神境界。

---

① 牟宗三曾区别了“道德底形上学”和“道德的形上学”，前者为“道德之形上的解析”，后者则是“由道德进路而契接的形上学”，即通过道德实践达到形上本体的形而上学理论。故“道德的形上学”亦可称“实践的形上学”。参见所著《心体与性体》，第 1 册第 3 章《自律道德与道德的形上学》。

第二节　孔子的礼学思想

礼也是孔子思想的一个重要概念，是孔子对社会人生之道的思考。如果说，孔子的仁主要是一种思想创造的话，那么，孔子的礼则更多的是一种继承，由此反映出孔子社会人生之学与六艺之学的复杂联系。礼原是指祭祀中的仪式，后又演变为人际交往中的礼仪、仪节等。周代实行分封，通过大宗、小宗的区分，确立起天子、诸侯、大夫、士的等级制度，同时又“制礼作乐”，通过朝觐享聘等一系列礼仪，规定其相互责任和义务，于是礼乃成为联系西周宗法统一体的精神力量，成为贵族交往中的行为语言。由于礼的特殊地位和作用，西周贵族非常重视礼的教育，习礼成为贵族生活的重要内容。在王室和诸侯国中往往藏有专门记录礼仪的“礼书”，以供贵族习礼之用。《周礼·春官·大宗伯》：“大祭祀，与执事卜日，戒及宿之日，与群执事，读礼书而协事，祭之日，执书以次位常。”《左传·哀公三年》：“夏，五月辛卯，司铎火。火踰公宫，桓、僖灾。救火者皆曰顾府。南宫敬叔至，命周人出御书，俟于宫……子服景伯至，命宰人出礼书，以待命。”鲁国发生火灾，子服景伯首先让人抢救礼书。说明孔子之前，礼已成为贵族所垄断的专门之学，是贵族必备的知识修养。孔子在创立自己思想时，吸取了礼的合理内涵，并对其进行了重新阐释，表达了自己对社会人生的思考；同时对三代之礼进行“损益”，归纳、总结出符合时代要求的礼仪，并运用于教学之中。这样，孔子的礼虽然主要是从周礼继承而来，但并非只是因循守旧，而是在继承中有所发挥创造，具有鲜明的时代特色。

孔子生当“礼崩乐坏”的乱世，却对“郁郁乎文哉”的周礼心向往之，对周礼的缔造者周公更是仰慕不已。在他看来，西周的礼乐制度虽然无可挽回地失败了，但礼的精神并没有过时，礼不仅在三代社会中不断因循，而且在未来仍会发挥积极作用。

> 殷因于夏礼，所损益，可知也；周因于殷礼，所损益，可知

也。其或继周者，虽百世，可知也。（《论语·为政》）

通过观察历史，孔子发现礼既是因循的，又是变化的。一方面，夏礼、殷礼、周礼存在着损益，互不相同；另一方面，它们又是继承因循，一脉相承的，礼在变化的形式下又具有不变的内在本质，所以说“其或继周者，虽百世，可知也”，礼要一代一代地延续下去，百代之后也不会改变。可见，孔子对于周礼实际是一种“抽象继承”，他将礼看做是一种社会秩序和组织原则，称作名，认为复礼就是正名。虽然具体的社会制度是可以变化的，如周代的分封制度等，但作为礼之核心的名分却是永恒的。所谓名分，用孔子的话来说，即是“君君、臣臣、父父、子子”（《论语·颜渊》）。这里“君君，臣臣”中的前一个君和臣，是指具体作为君和臣的人，后一个君和臣则是指君、臣的名和分；“君君，臣臣”是说做君的人要符合君的名分，做臣的人要符合臣的名分，“父父，子子”也是如此。所以，名分实际也就是身份人伦关系，它从名和分两个方面对每一社会成员进行了规定和认同。其中，名是具有次序的人际关系中的个体身份标志，是个人在社会关系中所处的位置，如君臣关系中的君与臣，父子关系中的父与子等，分是指具有某种身份或处于某个位置的个体所应遵守的伦理规范和所应履行的伦理义务。由于人总是生活在一定的社会关系中，每个人都应具有一定的名分，没有名分便意味着不被社会认可，不能成为社会中的一分子。同时，由于个人的名分总是在社会关系中所获得的，是相对于一定的人伦而言，所以名分和人伦又是联系在一起的，人伦构成了社会的网状结构，名分则限定了个人在社会中的位置和义务；没有人伦便不会有名分，没有名分也不会构成人伦。所以在孔子看来，要挽救“礼崩乐坏”的社会危机，就必须从正名做起，重建社会秩序，使社会每一成员都有相应的名，符合相应的分，这样，才能恢复上下有序的有道社会。否则，“名不正，则言不顺；言不顺，则事不成；事不成，则礼乐不兴；礼乐不兴，则刑罚不中；刑罚不中，则民无所措手足。”（《论语·子路》）

从孔子对礼的理解来看，他倡导正名、复礼，显然是在周代政治体制发生危机的情况下，对社会秩序的一种重新探索。他虽然推崇周礼，但并不以西周天子、诸侯的政治格局为归依，而是将其化约为君臣、父子等基本的人伦，这样，礼便具有了某种抽象性、超越性，具有适应以后社会发展的可能。以后在孔子思想的基础上，子思又提出了“君臣也、父子也、夫妇也、昆弟也、朋友之交也”的“五达道”（《中庸》），孟子提出“父子有亲，君臣有义，夫妇有别，长幼有序，朋友有信”（《孟子·滕文公上》），发展出君臣、父子、夫妇、兄弟、朋友五伦，涵盖了主要的社会关系，儒家礼学便稳定在五伦的基本形式之上，正名也主要对五伦而言。用今天的眼光看，孔子所倡导的礼重名分、重等差，主要是古代宗法等级社会的产物，与近代以来民主、平等的价值观念存在不协调的地方，但这并不意味着礼已完全过时，已无法在现代社会发挥作用。贺麟先生说：“五伦的观念是几千年来支配了我们中国人的道德生活的最有力量的传统观念之一。它是我们礼教的核心，它是维系中华民族的群体的纲纪。”[①] 对于这一“最有力量的传统观念”，自然不应简单地否定、抛弃，而应经过改造，使其精神价值、合理内核得到继承、延续。如果说传统礼学过分强调了个人的身份等级、尊卑贵贱，因而存在着历史局限的话，那么，如何在平等关系上重建人伦，“克己复礼”，便成为今天所面临的课题。从这一点看，礼经过改造仍将继续发挥作用，“虽百世，可知也”。

礼的核心是名分，其作用则是指道德规范、伦理义务，孔子的礼有时也是指此而言，如“非礼勿视，非礼勿听，非礼勿言，非礼勿动”（《论语·颜渊》）。作为规范和义务的礼，往往具有外在性、规范性的特点，一旦形成便具有相对的稳定性，不会轻易改变，相对于个人来说，它是外在的规定，是必须履行的责任和义务。同时，这种规范和义务意义上的礼与名分也存在密切联系，是在名分的基础上展开的，具体讲，是专指名分的“分”而言。它所探讨的，是身份等级下的伦理义务，而根据身份等级确立人们的道德规范和伦理义务，正是古代宗法社会的基本原则。《左传·桓公二年》：“名以制义，义以出礼，礼以体政，政以正民。”可以说是对此的最好概括。孔子在创立自己思想时，继承了古代宗法社会的这一原则，并运用到伦理关系的探讨之中。在他看来，个人在社会中的身份、角色也就是“名”虽然有所不同，但均有与其身份相应的“分”，有其要尽

---

① 贺麟：《五伦观念的新检讨》，见所著《文化与人生》，51页，北京，商务印书馆，1988。

的责任、义务，有其不可逾越的道德规范，如君仁臣忠、父慈子孝、兄友弟恭、朋友有信等。不过，孔子虽然赋予君臣、父子尊卑等级的内容，但并不将其绝对化，而是提出“君使臣以礼，臣事君以忠”（《论语·八佾》），主张一种相对的伦理关系。从这一点看，孔子的礼倒毋宁是起着限制君权的作用，与后世的法有着根本差别。

礼的另一层含义是指礼节、仪式。道德实践的高度仪式化是西周礼乐文明的一个重要特征，它不仅根据身份等级制定了相应的道德规范和义务，同时还规定了与规范、义务相伴的一整套礼节、仪式，使道德实践形式化、艺术化，呈现出“礼仪三百，威仪三千”的独特面貌。孔子推崇周礼，其中一点就是看重其所体现出的文明形式。在孔子看来：“质胜文则野，文胜质则史。文质彬彬，然后君子。”（《论语·雍也》）质朴多于文采就会流于粗野，文采胜于质朴又会显得虚浮，只有质朴、文采适当，才能成为一个君子。所以，君子不仅要重视礼所规定的责任和义务，更重要的，还要将这种责任、义务落实到具体的礼节仪式中，使其生活化，形式化。“出门如见大宾，使民如承大祭。”（《论语·颜渊》）宾礼、祭礼均是当时的重要礼仪，是表达情感的重要形式，将其运用到交友、使民中，便可能做到“文”与“质”，形式与内容的统一。

名、分、仪构成礼的三层主要内容。其中，名是身份等级，分是伦理义务、道德规范，仪是礼仪形式。名、分、仪三位一体，紧密结合在一起。由于作为“名”的身份等级主要是一种抽象原理，因而具有稳定性和延续性。而作为“分”的道德规范、伦理义务，就其所表达的“孝悌忠信”一类内容而言，也具有相对稳定性，这两者都是不能轻易改变的。在礼的三层内涵中，相对具有灵活性和变化性的是礼节仪式。“麻冕，礼也。今也纯，俭，吾从众。拜下，礼也。今拜乎上，泰也，虽违众，吾从下。”（《论语·子罕》）根据礼，应该用麻布做礼帽。但现在人们出于节俭的考虑，都用丝，我可以接受大家的做法。根据礼，臣见君，应先在堂下磕头。现在人们却在堂上磕头，这是傲慢的表现，虽然违反众人，我也要坚持在堂下磕头的做法。而对礼节仪式的这种选择和损益，往往从一个侧面反映出礼的演变和特征。

从文献记载来看，孔子虽然主张复礼，但他所重视的并不是三代之礼，不是天子、诸侯之礼，而是时俗之礼，具体讲，是具有广泛基础的士礼。据《礼记·杂记》，“哀公使孺悲之孔子学士丧礼，士丧礼于是乎书”。现《仪礼》中有《士丧礼》一篇，应即是孺悲来学时所编。另外，《仪礼》中的《既夕》、《士虞》，也属于士丧礼，三篇相加方构成完整的“三年之丧”，“《士丧礼》于是乎书”应包括这三篇。《杂记》是丧礼的传记，其言孔子编士丧礼，应有一定的根据。据沈文倬先生研究，《仪礼》一书是由孔子及其后学根据古代材料陆续编写而成，其年代上自“哀公使孺悲之孔子学士丧礼”，即鲁哀公末年鲁悼公初年，下至鲁共公十年前后。“它是在公元前五世纪中期到四世纪中期这一百多年中，由孔子的弟子、后学陆续撰作的。”[①] 故《仪礼》的内容一定程度上反映了孔子及其后学对礼的选择和理解。从《仪礼》的内容来看，它并不是对古代礼仪的全部记载，而是有所选择、有所侧重的。据《汉书·艺文志》，当时于经十七篇（即《仪礼》十七篇）之外，尚有礼古经五十六卷。“出于鲁淹中及孔氏。学（与）十七篇文相似三十九篇”，其内容“多天子、诸侯、卿大夫之制”。《仪礼》的侧重显然与此有所不同，它主要记录的是士礼。《仪礼》十七篇中属于士一级的有七篇（士冠、士昏、士相见、士丧、既夕、士虞、特牲馈食），大夫一级的有四篇（乡饮酒礼、乡射礼、少牢馈食礼、有司彻），其中的乡饮酒礼和乡射礼也通行于士一级，属于诸侯的有四篇（燕礼、大射礼、公食大夫礼、聘礼），属于天子的仅有一篇（觐礼）。另有《丧服》一篇，通涉天子、诸侯、大夫、士各级，另当别论。孔子及其后学对礼的这种选择显然不是偶然的，而是时代精神的反映。春秋以降，礼制进一步崩坏，天子、诸侯之礼如同虚设，难以为继，而士礼中的冠、昏、丧、祭，却逐步渗透到社会生活之中，成为人生的基本礼仪，故从孔子开始，孔门内部一直重视士礼的整理、记录，《仪礼》一书正是在这一背景下编纂而成。从这一点看，它所反映的显然已不是“礼乐征伐自天子出”，而是“礼下庶人了”。这也正是孔子礼学的基本精神。

---

① 沈文倬：《略论礼典的实行和〈仪礼〉书本的撰作》（上）、（下），载《文史》，第15、16辑，中华书局，1982。

第三节　孔子之后儒学的分化

孔子去世后，儒学内部发生分化，“取舍相反不同”，而都自称是真孔子，从不同侧面继承和发展了孔子思想。所谓思孟学派正是儒学分化的产物，是在这样的背景下产生的。可以说，不了解孔子之后儒学的分化，也就不能真正了解思孟学派。故在正式讨论思孟学派之前，首先要对孔门后学的分化作一番分析、考察。

（一）探讨孔门后学分化的基本原则

说到孔门后学的分化，人们往往容易想到《韩非子·显学》的“儒分为八”，认为孔子以后儒学分为八派，八派是指子张之儒、子思之儒、颜氏之儒、孟氏之儒、漆雕氏之儒、仲良氏之儒、孙氏之儒和乐正氏之儒。但韩非是战国末期人物，距离孔子生活的时代已相当遥远；韩非又属法家，对儒家素有偏见，曾将儒生列为危害社会的“五蠹”之一，这样的一个人物能否对儒学内部的发展演变有准确的了解是很有疑问的。而且，根据前面我们的分析，韩非“儒分为八”的说法也存在一些让人费解的地方，很可能它只是后人的一种模糊印象，未必可以信以为据。对于我们来说，一方面要肯定孔门后学发生了分化这一事实，另一方面又不必拘泥于“儒分为八”的说法，而应另辟蹊径，寻找新的途径和方法，并结合可靠的文献资料，以求对孔门后学的发展情况有一全面、真实的了解。

那么，在探讨孔门后学分化时，应遵循什么样的原则和方法呢？我们认为以下三点是值得注意的：第一，探讨孔门后学的分化，应该从孔子的思想出发，从孔子思想的内在矛盾来探求孔门后学分化的原因和发展的轨迹。古代思想家在创立自己学说时，往往由于其内涵的丰富性和矛盾性，具有向不同方向发展的可能性。这种可能性在他们去世后往往被后继者发展为不同学派，这在古代思想文化史上是一个较为普遍的现象，孔子创立的儒学也不例外。孔子早期重视礼学，提出“克己复礼为仁”的命题；以后又突出、强调仁在其思想中的地位，认为“吾道一以贯之”；晚年对于《易》又发生浓厚兴趣，“居则在席，行则在囊”（马王堆帛书《要》）。试图从天道的角度对仁、礼关系问题作出探讨。这样孔子的一生便表现出不同的思想倾向，而由于传授和理解的关系，这些不同倾向往往被孔门弟子加以继承和发展，形成对孔子思想的不同理解和分歧。可以说，思想的分歧是孔门分化的一个重要原因。

第二，探讨孔门后学的分化，应注意儒学以后的发展和分化，从先秦儒学思想发展的逻辑线索来探求孔门后学分化的真实情况。马克思说：“人体解剖对于猴体解剖是一把钥匙。”物种的差别和特征往往要到进化的高级阶段才能充分显现出来。因此，了解一个物种演化就不能仅仅停留在其自身，还应到更高的发展阶段去发现打开其秘密的钥匙，对于思想、学说来说也是如此。如果说，儒学一开始的分化还不明朗的话，那么到其发展的“高级”阶段，这一分化则逐渐显得清晰起来，形成孟子重视仁（心）的内在派，荀子重视礼的外在派和《易传》的天道派。这三派是早期儒学分化的结果，与其具有内在的联系，从这三派的分化中可以推测到早期儒学分化的一些情况。当然，这并不意味着早期儒学的分化与这三派只是一种简单的对应关系，实际上不同派别之间可能是在相互影响、相互渗透。

第三，说明孔门后学的分化，必须要有可靠的文献资料为依据。孔门后学的分化，是当时思想界的一件大事，不可能不被人们所注意，也不可能不以某种方式被记录下来。因此，用确切的文献资料来说明孔门后学分化是十分必要的。如果说思想分析揭示的是抽象的逻辑原则的话，那么，文献记载反映的则是具体的历史事实，将思想分析与文献记载相结合，可以避免前者所可能产生的片面性和主观性，才有可能得出符合实际的正确结论。

（二）孔门后学的分化过程

作为古代社会大变动时代的思想家，孔子创立的儒家学说是一个充满矛盾的思想体系，这些矛盾主要体现在他的仁、礼学说之中。一方面他

“以仁发明此道”，通过仁突出了实践的主体性，提出要“志于仁”、“依于仁”，以仁为最高的实践原则；另一方面，他又继承保留了周代以来的礼乐制度，要求人们“非礼勿视，非礼勿言，非礼勿听，非礼勿动”，表现出对外在礼的肯定和重视。对于孔子来说，他是想通过仁、礼范畴，说明儒家所提倡的“孝悌忠信”既来自人的内心自觉，又是客观的道德规范，从而建立起内外统一的道德学说，以满足社会的需要。但无论是孔子的仁，还是孔子的礼，都是内涵复杂的概念，由于所处时代的关系，孔子没有对二者关系作出清晰的说明。一方面，他提出“人而不仁如礼何”，肯定仁是目的，礼是仁的外在形式，另一方面，他又认为“克己复礼为仁”，礼又成为目的，仁是服从礼的。这样，孔子思想中便蕴含着一种矛盾：道德实践活动到底是来自主体的仁还是依从外在的礼？与此相应，在修养方法上，是向内反省体认还是向外观察认取？对于二者，孔子似乎都有论述、都有肯定。根据对孔子思想的不同取舍和理解，便可以发展出不同的学派来。如果说，孔子生前思想中的矛盾还没有充分暴露出来的话，那么在他去世后，这一矛盾则被他的弟子发展、凸显出来，形成了不同的派。从文献记载看，孔门弟子中最早立派的大概是有若与曾参。据《孟子·滕文公上》：

> 昔孔子没……子夏、子张、子游以有若似圣人，欲以所事孔子事之，强曾子。曾子曰：“不可，江汉以濯之，秋阳以暴之，皜皜乎不可尚已。”

这是关于孔门后学立派的一条重要材料，通过这条材料我们可以了解到孔门后学分化的一些真实情况。子夏等人以为“有若似圣人（孔子）”，表明在他们看来，有子思想接近孔子[①]，是孔子的当然接班人，他们欲尊奉有子，以有子为孔门正统。值得注意的是，子夏等人在拥立有子时曾“强曾子”，这大概是因为当时曾子在孔门中已颇有影响，并对有子的正统地位不予承认，所以才有子夏等人强迫的一幕。从上述材料看，曾子并不为子

---

① 《史记·仲尼弟子列传》：“孔子既没，弟子思慕，有若状似孔子，弟子相与共立为师，师之如夫子时也”。认为有若是因相貌与孔子相似而得到尊奉，荒诞不可信，似应有误。

夏等人所动，他的一段表白在赞扬孔子人格高大不可企及的同时，也暗讽了有子等人不自量力。从这里可以看出，孔门内部的斗争是很激烈的。

有子、曾子的立派在《论语》一书中也可找到证明。《论语》记载孔子的学生一般用字，唯独曾参和有若称子（冉有和闵子骞偶称子，又当别论）。这说明曾参、有若在孔门弟子中地位较高，是孔门弟子中较早立派者。因此，历史上一直有人主张，《论语》一书可能就是他二人的弟子纂述的。今本《论语·学而》开篇第一章记录孔子之言："子曰：学而时习之，不亦说乎？有朋自远方来，不亦乐乎？人不知而不愠，不亦君子乎?"第二章记录有子之言："有子曰：其为人也孝弟，而好犯上者，鲜矣；不好犯上，而好作乱者，未之有也。君子务本，本立而道生。孝弟也者，其为仁之本与!"第四章记录曾子之言："曾子曰：吾日三省吾身：为人谋而不忠乎？与朋友交而不信乎？传不习乎?"二人在孔门的地位由此可见一斑。另外，《泰伯》篇"曾子有疾，召门弟子"，《史记·仲尼弟子列传》也有有若弟子的记录，说明二人确曾立派。

有若，鲁国人，少孔子四十三岁（一说四十二岁），字子有，是孔门弟子中较为重要的一位。据《左传》记载，鲁哀公八年（公元前 487 年），吴国进攻鲁国，鲁国招募三百徒众，准备夜袭吴王的驻地，致使"吴子闻之，一夕三迁"。有若参加了这次行动，这对他在孔门中的地位可能会产生一定影响。有若还是孔门弟子中具有独到见解的人物，《礼记·檀弓上》记录有他与曾参关于孔子"丧欲速贫，死欲速朽"的一段争论。曾参听孔子讲过"丧欲速贫，死欲速朽"的话，便以为这是孔子自己的主张。有若却不以为然，认为不像是君子所言。曾参说自己和子游都听到过，有若便认为孔子这样讲一定是有原因的。子游听说此事后赞叹道："甚哉，有子之言似夫子也!"原来"丧欲速贫，死欲速朽"是孔子针对桓司马为自己制作石椁、南宫敬叔聚敛宝物的讽刺之论，并不是他自己的主张，曾子断章取义因而造成了误会。听了子游的解释，曾子询问有子："子何以知之?"有子曰："夫子制于中都，四寸之棺，五寸之椁，以斯知不欲速朽也。昔者夫子失鲁司寇，将之荆，盖先之以子夏，又申之以冉有，以斯知不欲速贫也。"有子对于传闻不人云亦云，而是作出自己的分析判断，可见颇具有独立思考的精神，这在孔门弟子中也是十分突出的。他能得到子夏、子张、子游等人的拥护自然也就不奇怪了。

从一些资料来看，曾子、有子的对立可能也有思想上的原因，《礼记·檀弓下》有他们关于“晏子知礼”的讨论，反映了二人对于礼的不同理解：

> 曾子曰：“晏子可谓知礼也已，恭敬之有焉。”有若曰：“晏子一狐裘三十年，遣车一乘，及墓而反。国君七个，遣车七乘，大夫五个，遣车五乘，晏子焉知礼?”曾子曰：“国无道，君子耻盈礼焉。国奢，则示之以俭，国俭，则示之以礼。”

在曾子看来，礼最为重要的是内在的恭敬之心，至于具体的仪节则可以随外在形势的变化而变化，晏子行礼时能体现出恭敬之心，所以说他是懂得礼的；有子的看法则不同，他非常重视礼的外在形式，对于“国君七个，遣车七乘，大夫五个，遣车五乘”这些等级规定尤为强调，晏子在行动中违背了这些规定，因此，不能认为他是懂得礼的。今《论语》中记载有子言论四处：“有子曰：其为人也孝悌，而好犯上者，鲜矣；不好犯上，而好作乱者，未之有也。君子务本，本立而道生。孝弟也者，其为仁之本与!”（《学而》）“有子曰：礼之用，和为贵，先王之道，斯为美；小大由之。有所不行，知和而和，不以礼节之，亦不可行也。”（同上）“有子曰：信近于义，言可复也。恭近于礼，远耻辱也。因不失其亲，亦可宗也。”（同上）“哀公问于有若曰：年饥，用不足，如之何？有若对曰：盍彻乎！曰：二，吾犹不足，如之何其彻也？对曰：百姓足，君孰与不足？百姓不足，君孰与足?”（《颜渊》）从这些言论来看，有子非常重视礼的社会、政治功能。他认为“礼之用，和为贵”，礼是用来调节人们的相互关系，达到社会的和谐；但如果只是为和谐而和谐，而不以礼规范自己的行为，那同样也是行不通的。有若对礼的这种理解，与他对晏子的评价是一致的。而曾子虽然也经常谈论礼，但他更强调内省体验，强调内心的诚敬之情，认为礼的实践应以内心的自觉为条件。曾子、有子的分歧体现了道德实践中内在性和外在性的差别，这一差别与孔子仁、礼关系的问题存在着一定联系。

有若立派不久，可能因为学识不高，难以服众，孔门后学又发生分化。据《史记·仲尼弟子列传》，有若弟子向其请教：

> “昔夫子当行，使弟子持雨具，已而果雨。弟子问曰：‘夫子何以知之?’夫子曰：‘《诗》不云乎?“月离于毕，俾滂沱矣。”昨暮月不宿毕乎?’他日，月宿毕，竟不雨。商瞿年长无子，其母为取室。孔子使之齐，瞿母请之。孔子曰：‘无忧，瞿年四十后当有五丈夫子。’已而果然。敢问夫子何以知此?”有若默然无以应。弟子起曰：“有子避之，此非子之座也。”

有子无法回答弟子提出的问题，因而遭到弟子的责难，其中“此非子之座也”一语表示对有子“宗师”地位的否定。这样，曾经支持有子的子夏等人可能后来也纷纷立派，孔门后学再一次分化。据《韩非子·显学》，“八派”中时间较早的有子张之儒、颜氏之儒、漆雕氏之儒；《荀子·非十二子》批评的“贱儒”有子夏氏、子张氏、子游氏，也当都曾立过派。荀子还常常提到子弓，如“圣人之不得执者，仲尼、子弓是也……上则法舜禹之制，下则法仲尼、子弓之义。”（《非十二子》）“通则一天下，穷则独立贵名，天不能死，地不能埋，桀纣之世不能污。非大儒莫之能立，仲尼、子弓是也。”（《儒效》）“仲尼长，子弓短。”（《非相》）荀子将仲尼、子弓并举，看做是儒学的正统，说明子弓也曾立派。据《史记·仲尼弟子列传》：“孔子传《易》于（商）瞿，瞿传楚人馯臂子弘，弘传江东人矫子庸疵……”子弘即子弓，这一派因为有专门的学术传授，因而显得与其他学派有所不同。此外，《孟子·离娄下》说曾参有弟子“从先生者七十人”，《史记·仲尼弟子列传》说澹台灭明“从弟子百人，设取予去就”，说明他们都曾立派。从这些记载来看，孔门弟子中较早立派的有有子、曾子、子夏、子游、子张、颜氏、漆雕氏、子弓等人，孔门后学的分化正是由他们开始的。

（三）孔门后学“主内”、“务外”的不同思想倾向

孔门后学立派的人虽然较多，但有些已不能详考①，有些思想上并没有多少创造，只能算是一个宗派，真正产生影响并有据可考的主要有子张、子夏、曾子、子游、子弓等人，我们探讨孔门后学的分化应主要从他们的思想入手。其中，商瞿、子弓一派主要传授《易》，《易传》的思想可能与其有一定关系，可另作讨论；就子张、子夏、曾子、子游而言，他们思想也各有侧重，反映了孔门后学分化的情况。

子张，陈国人（一说鲁人），名颛孙师，少孔子四十八岁。《论语》记载子张与孔子的问答有多处，如“子张学干禄”（《为政》），“子张问十世可知”（同上），“子张问崇德辨惑”（《颜渊》），“子张问士何如可谓之达”（同上），“子张问仁”（《卫灵公》），以及子张问“何如斯可以从政”（《尧问》）等。《论语》记载子张的言论有两处：“子张曰：士见危致命，见得思义，祭思敬，丧思哀，其可已矣。”（《子张》）“子张曰：执德不弘，信道不笃，焉能为有？焉能为亡？”（同上）谈论的都是道德修养问题，说明子张对此是十分重视的。《论语》还记载子张与子夏门人论“交”的一段文字：

> 子夏之门人问“交”于子张。子张曰：“子夏云何？”对曰：“子夏曰：‘可者与之，其不可者拒之。’”子张曰：“异乎吾所闻：‘君子尊贤而容众，嘉善而矜不能。’我之大贤与，于人何所不容。我之不贤与，人将拒我，如之何其拒人也！”（《子张》）

子夏主张可以交往的与他结交，不可以交往的则拒绝与之来往，似来自孔子的“无友不如己者”（《学而》）；而子张认为君子应该尊重贤人同时容纳大众，鼓励好人同时同情无能的人，乃是发扬孔子“躬自厚，而薄责于人”的思想。二人理解虽然不同，但反映出他们对交往之道都是很重视

---

① 如有学者认为漆雕氏即孔子弟子漆雕开，《论语》载漆雕开言论仅一条：“子使漆雕开仕。对曰：吾斯之未能信。子说。”（《公冶长》）《汉书·艺文志》记载有《漆雕子》十二篇，已佚。

的。对于子张思想的特点，孔子有个评论：

> 子贡问："师与商也孰贤？"子曰："师也过，商也不及。"曰："然则师愈与？"子曰："过犹不及。"（《先进》）

这里的"过"与"不及"，学者往往以为是指中庸，但在早期儒学那里，中庸是源于礼的概念，指日用常行，所以这里实际是对礼的实践而言。朱熹解释此句："子张才高意广，而好谓苟难，故常过中；子夏笃信谨守，而规模狭隘，故常不及。"（《论语集注》）子张一派过分强调了外在的礼节仪式，不符合生活的常道，所以说他是"过"。孔子又说：

> 柴也愚，参也鲁，师也辟，由也喭。（同上）

辟，朱熹注曰："辟，便辟也。谓习于容止，少诚实也。"可见子张的特点是重视礼容仪表，可称为孔门后学的礼容派，荀子称"弟佗其冠，神禫其辞，禹行而舜趋，是子张氏之贱儒也"（《荀子・非十二子》），应正是对此而言。子张对外在的礼容十分重视，对内在的仁却有所忽略，"曾子曰：堂堂乎张也！难与并为仁矣。"（《论语・子张》）"子游曰：吾友张也，为难能也；然而未仁。"（同上）"堂堂"、"为难能"说明子张具有与众不同的仪容，是一般人难以做到的，但在内在的仁上却有所不足，所以说他"难与并为仁"、"然而未仁"。

子夏，卫国人（一说温人），姓卜名商，少孔子四十四岁。《论语》中有关子夏的记载有十八处，在孔子晚年弟子中是最多的。孔子去世后，子夏进入三晋，讲学于西河，为魏文侯师，他创立的西河之学是当时较有影响的一派。从子夏思想看，他对于礼十分重视，把礼看做是修己成德的重要手段，这在他与孔子论诗时表现得很明显：

> 子夏问曰："'巧笑倩兮，美目盼兮，素以为绚兮'，何谓也"？子曰："绘事后素"。曰："礼后乎？"子曰："起予者，商也！始可与言《诗》已矣。"（《八佾》）

“绘事后素”和“礼后乎”的“后”都是先后的“后”，而没有“第二位”的意思。子夏所谓“礼后乎”不是说与人的先天本质相比，礼是第二位的，而是说每一个人先天的“质”都必须在后天中经过礼的熏陶和培养①，这和孔子“性相近，习相远”的思想是一致的，所以孔子对子夏大为赞赏，给予很高的评价。不过，子夏对礼的重视往往流于细枝末节。他曾与子游辩论“本”、“末”的问题，认为在道德实践中不应该区分什么“本”、“末”，而只要从“洒扫应对进退”等小事上做起就可以了，在主体性的培养上便显得有所不足。孔子曾告诫子夏：“女为君子儒，无为小人儒。”（《雍也》）应该正是对此而发。朱熹说：“孔门除曾子外，只有子夏守得规矩定，故教门人皆先洒扫应对进退。”② “子夏是个细密谨严的人。中间忒细密，于小小事上不肯放过，便有委曲周旋人情投时好之弊，所以能流入于小人之儒也。”③ 这一分析可谓切中肯綮。

与注重外在的礼仪相应，子夏的眼光侧重于向客观世界的探求，十分注重学习。他提出“日知其所亡，月无忘其所能”（《子张》），又认为“虽小道必有可观”（同上）。所谓“小道”，朱熹解释说为“农圃医卜之属”，孔子认为这是君子所不为的小人之事，但子夏却十分欣赏，认为必有可观、可取之处。子夏又说：“百工居肆以成其事，君子学以致其道。”（同上）这些都是子夏博学的表现和反映。需要指出的是，子夏主要是从伦理实践方面来谈知识的获得的，他说：“贤贤易色，事父母能竭其力，事君能致其身，与朋友交，言而有信，虽曰未学，吾必谓之学矣。”（《学而》）这和孔子的思想是一致的。可见，子夏在客观方面继承了孔子的“礼”，在主观方面则吸取了孔子的“智”，他重礼、博学的思想和孔子是一脉相承的。与此相反，他对仁则作出了自己的解释和理解：

> 博学而笃志，切问而近思，仁在其中矣。（《子张》）

---

① 程颢、程颐《河南程氏经解》卷6《八佾》：“巧笑倩兮，美质待礼以成德，犹素待绘以成绚。”二程的这个解释是准确的。

② 朱熹：《朱子语类》卷49，文渊阁四库全书本。

③ 同上，卷32。

这是以智性理解仁性，把仁归结为“博学”、“切问”、“近思”、“笃志”等认识活动，和苏格拉底“美德即知识”的命题有相似之处，这一理解虽然不能说完全没有根据，但与孔子的仁已有所不同，则是可以肯定的。

子游，吴国人（一说鲁人），名言偃，少孔子四十五岁（一说三十五岁）。《论语》提到子游有六处，两次为子游自己的言论，三次为与孔子的问答，一次为与子夏的问答。《论语》载：

> 子之武城，闻弦歌之声，夫子莞尔而笑曰：“割鸡焉用牛刀？”子游对曰：“昔者，偃也闻诸夫子曰：‘君子学道则爱人，小人学道则易使也。’”子曰：“二三子！偃之言是也，前言戏之耳！”（《阳货》）

子游为鲁国武城宰，推行乐教，孔子闻之，不禁喜形于色，他的“割鸡焉用牛刀”似在说治小邑何必用大道；而子游则引用孔子“君子学道则爱人，小人学道则易使也”的言论，说明自己的做法是有根据的。中国古代曾经“以乐为教育的中心”①，孔子对于乐也十分重视，以乐为达到政治理想的手段。“颜渊问为邦”，孔子特举出“乐则韶舞”，并将“放郑声”与“远佞人”并重（《卫灵公》）；又说：“兴于诗，立于礼，成于乐。”（《泰伯》）认定乐才是人格完成的境界。子游的乐教正是对孔子政治理想在武城这个小地方加以实验，所以孔子连忙说“前言戏之耳”，对子游表示认可。子游对于礼也很重视，并有自己的理解。《礼记・檀弓下》有他与有子的对话：

> 有子与子游立，见孺子慕者。有子谓子游曰：“予壹不知夫丧之踊也，予欲去之久矣。情在于斯，其是也夫？”子游曰：“礼有微情者，有以故兴物者。有直情而径行者，戎狄之道也。礼道则不然，人喜则斯陶，陶斯咏，咏斯犹，犹斯舞，舞斯愠，愠斯戚，戚斯叹，叹斯辟，辟斯踊矣，品节斯，斯之谓礼。”

---

① 徐复观：《中国艺术精神》，1～4 页，沈阳，春风文艺出版社，1987。

“踊”是儒家丧礼中的一种仪节，指顿脚、跳跃，是孝子最悲痛的动作。丧礼规定，孝子踊，以三为节，称为“三踊”，即每踊跳跃三次，一共九次。有子不理解为什么要规定踊的次数，所以一直想废除它。在他看来，小孩找不到父母便开始啼哭，这正是情的自然表现，丧礼为什么不能像这样呢？子游认为礼有使人的哀情得以节制减轻的，也有故意设置衰等服物使人睹物思哀的，同样是情感的表达，听任哀情直接宣泄，那是野蛮人的方式，儒家的礼道却不是这样。人的情感有一自然的流露过程，对其进行节文，这就是礼。可见，在子游看来，礼是用来表达情感的，是情感的节文。“子游曰：丧致乎哀而止。”（《子张》）居丧时充分表现悲哀就可以了，否则便是不符合礼的。所以子游谈礼不是立足于外在的政治功利，而是着眼于内在的心性，认为通过心性的陶冶、培养，便可达到天下大治，这与他的乐教思想是一致的。

子游虽然也重视礼，但与子夏等人的理解有所不同。子夏主张循序渐进，要求人们在“洒扫应对进退”等日常事务中循礼而行，这实际是把礼自外对人的约束看做成德的根本。子游的看法则不同，认为首先要确立本。《子张》篇：

> 子游曰：“子夏之门人小子，当洒扫应对进退，则可矣，抑末也。本之则无，如之何？”子夏闻之曰：“噫！言游过矣！君子之道，孰先传焉？孰后倦焉？譬诸草木，区以别矣。君子之道，焉可诬也？有始有卒者，其惟圣人乎！”

子游认为修己应当先本后末，子夏一派只注重“洒扫应对进退”等礼节仪式，是舍本逐末的表现。对于什么是本，子游没有明确的说明，但不难看出，他所谓的本应该是就内在自觉性而言。朱熹说子游“敏于闻道而不滞于形器”，“高爽疏畅，意思阔大”，正说明这一点。子夏不同意子游的观点，他认为本、末是不可以截然分开的，“孰先传焉？孰后倦焉”，要把二者截然分开，也许只有圣人才能做到。所以对于一般人来说，就不应一味地去区分什么本与末，而只要从“洒扫应对进退”做起就行了。可见，子游、子夏在如何实践礼的问题上是有分歧的，子游更重视内在性的一面，而子夏则关注具体的外在礼仪，这两派的争论对以后儒学的发展产生了深远影响。

曾参，字子舆，鲁国南武城人。少孔子四十六岁。孔子在世时，曾参由于年少，入师门较迟，未能如子路、子贡等人经常参与讨论问题，在孔门弟子中地位不高。孔子去世后，孔门弟子纷纷前往他国，而曾子却留在鲁国，并终老于此，成为洙泗之学的正宗传人，声誉、地位大大提高起来。《论语》一书记载曾子言论十三处，且十分重要。《史记·仲尼弟子列传》说孔子以为他能传孝道，故授之业，“作《孝经》。死于鲁”。《孝经》是否曾子所作，学术界有不同看法，但曾子对孝道十分重视则是事实。曾子曰：“慎终，追远，民德归厚矣。”（《学而》）慎终是指办理父母的丧事要认真慎重，追远指祭祀祖先要虔诚，两件事都属于孝的范围；做好了这两件事就可以使民风淳厚，起到移风易俗的作用。曾子又说：“吾闻诸夫子：人未有自致者也，必也亲丧乎！”（《子张》）自致是指真情的充分表露，这种真情的表露只有在亲丧时才会真正出现，朱熹引尹氏曰：“亲丧固所自尽也，于此不用其诚，恶乎用其诚。”[1] 说明孝乃是天性之诚。孔子所说的孝又往往与仁有关，仁即是孝的扩充。曾子由孝出发，对仁也十分重视。他说：“士不可以不弘毅，任重而道远。仁以为己任，不亦重乎！死而后已，不亦远乎！”（《泰伯》）把实现仁看做是值得全力以赴、生死以求的大事，表现了对仁的高度重视。又说：“君子以文会友，以友辅仁。”（《颜渊》）这是从个人进德修业的角度，说明时刻不忘追求仁。孔子说过：“志士仁人，无求生以害仁，有杀身以成仁。”（《卫灵公》）又说：“为仁由己，而由人乎哉！”（《颜渊》）可见，曾子对孔子的仁是颇有体会的，并深得其精要。曾子还以“忠恕”解释“夫子之道”，表达了他对孔子思想的独特理解。《里仁》篇载：

> 子曰：“参乎，吾道一以贯之”。曾子曰：“唯”。子出，门人问曰：“何谓也?”曾子曰：“夫子之道，忠恕而已矣!”

---

① 朱熹：《论语集注》，见《四书集注》，173 页。

“忠恕”是孔子的一个重要思想，“己所不欲，勿施与人”为“恕”，“己欲立而立人”为“忠”。我们知道，孔子“一以贯之”的“一”应该是指“仁”，并不等同曾子所说的“忠恕”，但在孔子的诸多言论中，“忠恕”又确实是较接近仁的。曾子以“忠恕”言“夫子之道”，正反映了他对孔子仁的重视。

曾子有一段著名的论述：“吾日三省吾身：为人谋不忠乎？与朋友交不信乎？传不习乎？”（《学而》）作为一种修养方法，曾子的“三省吾身”主要是通过对行为的及时检讨和反省，达到内心的自觉，它的特点是向内下功夫，而不重视外在的具体事为。孟子曾用孟施舍之勇与北宫黝之勇的不同，对此进行了说明。他说，北宫黝养勇的方法是在每一件事、每一个人面前都要做到无所畏惧；而孟施舍养勇的方法则不是这样，他只需培养“无惧”之心，有了这“无惧”之心，在每一件事上、每一个人面前自然也就无所畏惧。孟子认为“孟施舍似曾子，北宫黝似子夏”（见《孟子·公孙丑上》）。这也就是说，曾子注重在内心上下功夫，子夏却在每一件事上下功夫，曾子的方法可以称作“守约”，子夏的方法则是“博学”。曾子强调要通过内省培养人格、气节，达到崇高的精神境界。他说：“可以托六尺之孤，可以寄百里之命，临大节而不可夺也，君子人与？君子人也！”（《泰伯》）以后孟子提出的“养心”、“养气”说，这和曾子的“内省”无疑具有内在联系。后人将曾子与子思、孟子联系起来，看做是后者思想的一个来源，应该是有根据的。

（四）曾子、子游对孟、荀的不同影响

曾子、子游、子张、子夏等人代表孔门后学的分化，这一分化原因虽然很多，但从思想上来看，则可能同孔子提出仁、礼关系问题密切相关。本来，礼的实践既包含了内在性一面，又包含了外在性一面，仁也从属于礼，是与礼仪、礼节相对应的情感、意志等；但自从孔子对仁进行了创造性的发挥，赋予其道德实践的能力后，人的道德活动是侧重内在的仁，还是注重外在的礼，便成为孔门后学争论的焦点，正是在这一点上导致了他们的分化。其中曾子、子游属于孔门的内在派，子张、子夏属于孔门的外

在派，还有商瞿、子弓，他们成为孔门后学较有代表性的三派。从以后的影响来看，由于子思、孟子也主要侧重内在性的一面，所以与曾子、子游关系显然更为密切，属于同一思想发展系列，荀子说思孟后学曾推重子游，孟子也经常提及曾子，对其十分重视，说明他们之间确实存在联系，曾子、子游构成了思孟学派形成、发展的一个环节。

当然，儒学内部的分化经历了一个过程，虽然在七十二子那里已出现内在、外在的不同倾向，但这二者往往又纠缠在一起，一开始并非那么绝对。从《礼记》等文献来看，孔子以后礼的实践依然是儒学内部的重要问题，孔门弟子对于礼仪，尤其是丧葬之礼进行了重新认识、整理。在这一点上，他们态度是一致的，其分歧主要体现在如何实践礼、看待礼的问题上。所以曾子、子游虽然主要属于内在派，但并不意味着他们不关注外在的一面，不关注礼。《论语·泰伯》载：

> 曾子有疾，孟敬子问之。曾子言曰："鸟之将死，其鸣也哀；人之将死，其言也善。君子所贵乎道者三：动容貌，斯远暴慢矣；正颜色，斯近信矣；出辞气，斯远鄙倍矣。笾豆之事，则有司存。"

"动容貌"、"正颜色"、"出辞气"都是就礼上言，认为做到这三点，就可以调谐关系，少招怨尤，与有若"恭近于礼，远耻辱也"（《学而》）意思是一致的。不过曾子所说又不仅仅是一种外在礼容，因为所以"动容貌"、"正颜色"、"出辞气"的恰恰在内在精神，所以这里强调的依然主要是内在精神的培养，这便和子张一派有所不同，但在重视外在礼容上又表现出某种一致性；同时，曾子重视、突出孝，而行孝自然离不开躬行践履，离不开具体的礼仪礼节。可能是这个原因，曾子往往对于礼也很重视，在《礼记》中有他大量关于礼的论述。以往学者在评价曾子时，往往执其一端，因而多少显得不够全面。如牟宗三先生认为："孟子尝言曾子'守约'。大抵'守约'可以代表曾子之精神。"[1] 这是以孟子的观点看待曾子

---

① 牟宗三：《心体与性体》，第1册，259页。

思想，因而未必准确。与此相反，钱基博《古籍举要》称："子思称《诗》、《书》而道性情，肇启孟子，传道统；曾子善言礼而隆威仪，毗于荀卿，为儒宗。其功夫一虚一实，其文章一华一朴，故不同也。"[①] 把曾子又归于重视礼的荀子一派，同样有失偏颇。在曾子的问题上，反倒是朱熹的观点显得较为公允，据《朱子语类》："或问曾子能守约，故孔子以一以贯之语之。曰：非也，曾子又何曾守约来。只如《礼记·曾子问》一篇，他甚底事不曾理会，却道他守约。只缘孟子论三子养勇，将曾子比北宫黝与孟施舍，则曾子为守约者尔。后世不悟，却道曾子之学专一守约，别不理会他事，如此则成甚学也。"朱熹认为曾子的思想不仅仅是"守约"，同时还向外观察认取，"甚底事不曾理会"，而之所以这样，可能是因为"曾子迟钝，直是辛苦而后得之。故闻一贯之说，忽然猛省，谓这个物事元来只是恁地。如人寻一个物事不见，终岁勤动，一旦忽然撞着，遂至惊骇"[②]。按照朱熹的说法，曾子实际是经历了一个从"格物致知"到"豁然贯通"的过程。抛开其中主观发挥的成分不论，就朱熹认为曾子思想包括内在和外在两个方面，则无疑是合理的。从这一点看，曾子思想也可以说具有二元的特点——其实这也是早期儒学的普遍特点——只不过较之子张、子夏等人，更倾向内在性一面而已。

与此相应，曾子等人的影响也可能是多方面的。孟子与曾子思想上存在联系，常常借曾子之口表达自己观点，这点学者多已指出。而荀子同样对曾子十分重视，《荀子》一书共引用曾子言论七处，这在诸子著作中是较多的：

> 曾子曰："是（视）其庭（莛）可以搏鼠，恶能与我歌矣！"（《解蔽》）
>
> 曾子曰："孝子言为可闻，行为可见。言为可闻，所以说远也；行为可见，所以说近也。近者说则亲，远者说则附。亲近而附远，孝子之道也。"（《大略》）
>
> 曾子行，晏子从于郊，曰："婴闻之：君子赠人以言，庶人

---

① 转引自蒋伯潜《诸子通论》，344页，杭州，浙江古籍出版社，1985。

② 朱熹：《朱子语类》卷27，文渊阁四库全书本。

赠人以财。婴贫无财，请假于君子，赠吾子以言：乘舆之轮，太山之木也，示诸檃栝，三月五月，为帱菜敝，而不反其常。君子之檃栝，不可不谨也。慎之！兰茝槁本，渐于蜜醴，一佩易之。正君渐于香酒，可谗而得也。君子之所渐，不可不慎也。”（同上）

曾子食鱼，有余，曰：“泔之。”门人曰：“泔之伤人，不若奥之。”曾子泣涕曰：“有异心乎哉！”伤其闻之晚也。（同上）

曾子曰：“无内人之疏而外人之亲，无身不善而怨人，无刑已至而呼天。内人之疏而外人之亲，不亦远乎！身不善而怨人，不亦反乎！刑已至而呼天，不亦晚乎！诗曰：‘涓涓源水，不雝不塞。毂已破碎，乃大其辐。事已败矣，乃重大息。’其云益乎！”（《法行》）

曾子病，曾元持足，曾子曰：“元！志之！吾语汝。夫鱼鳖鼋鼍犹以渊为浅而堀其中，鹰鸢犹以山为卑而增巢其上，及其得也必以饵。故君子苟能无以利害义，则耻辱亦无由至矣。”（同上）

曾子曰：“同游而不见爱者，吾必不仁也；交而不见敬者，吾必不长也；临财而不见信者，吾必不信也。三者在身曷怨人！怨人者穷，怨天者无识。失之己而反诸人，岂不亦迂哉！”（同上）

此外，《荀子》还多引《大戴礼记》中“曾子”十篇的言论，共有八处之多，分属于《曾子立事》、《曾子本孝》、《曾子制言上》、《曾子制言中》、《曾子疾病》数篇。《汉书·艺文志》著录有“《曾子》十八篇”，《大戴礼记》的“曾子”十篇即来源于此，荀子多引其中言论，说明他与曾子一派也存在联系。不过，孟子所引的曾子言论，如“昔者曾子谓子襄曰：子好勇乎？吾尝闻大勇于夫子矣：自反而不缩，虽褐宽博，吾不惴焉。自反而缩，虽千万人吾往矣。”（《孟子·公孙丑上》）“曾子曰：晋楚之富，不可及也；彼以其富，我以吾仁；彼以其爵，我以吾义；吾何慊乎哉！”（《公孙丑下》）往往更为深刻，更具有理论深度；而荀子所引多是一般性的内容，所以与荀子相比，孟子与曾子的联系可能更为密切。

同样，子游一派重视礼乐，与荀子自然存在着联系，荀子许多论礼的言论与《礼记·礼运》篇相近，《礼运》为子游一派的作品，说明荀子确实受到其影响。不过，子游论礼乃立足于情，《礼运》篇有“夫礼，先王以承天之道，以治人之情”，“何谓人情？喜怒哀惧爱恶欲，七者，弗学而能。何谓人义？父慈，子孝，兄良，弟弟，夫义，妇听，长惠，幼顺，君仁，臣忠，十者，谓之人义。”情虽然需要“治”，但并不是恶，与礼不是对立关系，而是要求出于情达于义，达到内外的和谐统一。《礼运》的这一看法与竹简《性自命出》有相同之处，《性自命出》可能就出于子游一派，而与荀子有所不同，所以荀子批评“偷儒惮事，无廉耻而耆饮食，必曰君子固不用力，是子游氏之贱儒也”。这些都说明儒学内部的分化并非单线的，而是存在着错综复杂的联系。

第三章

思孟学派的酝酿：曾子、子游学派研究

子思与孔子年龄相差较大，孔子在世时，子思尚幼，未及受到详细教诲，子思主要是在孔子弟子的影响下成长起来的。这样，从孔子到子思、孟子实际还存在着一个过渡环节，这一过渡环节是谁，其思想主张如何，无疑也是思孟学派研究中的一个重要问题。在历史上，宋代学者往往认为这一过渡环节是曾子，并提出了孔子——曾子——子思——孟子的道统谱系，近代以来学者则多倾向认为是子游。郭店竹简公布后，除了一些学者继续维护曾子或子游说外，另有学者提出，曾子、子游实际均对子思产生过影响，如林乐昌先生认为，“子思之学远源于孔子，近源为曾子和子游，分为前后两期，分别以《中庸》和郭店楚简的《五行》为代表，是从天道向心性化方向发生转变。孟子直接承袭了子思，成为心性论的集大成者”①。蒙培元先生也肯定“子游很可能是思孟学派形成中的重要人物”，并认为“如果不是将思孟学派限定在子思、孟子二人之间，而是将其看做一个形成、发展的历史过程，那么，思孟学派的流行就有很长时间了，其中涉及的人物也就很多了，其思想内容就更加复杂了”②。所论甚是。曾子、子思交游、论学，古籍多有记载，孟子亦称“曾子、子思同道”，宋代学者据此将其列为一系，应该说是有充分根据的。同样，荀子称子思、

① 林乐昌在2000年1月陕西师范大学举办的“郭店楚简与历史文化座谈会”上发言，又见韩旭晖：《郭店楚简与早期儒家思想研究的新拓展》，载《孔子研究》，2000(5)。

② 蒙培元：《〈性自命出〉的思想特征及其与思孟学派的关系》，见《儒家思孟学派国际学术研讨会论文汇编》，22～23页。

孟子推崇子游，后儒视其为孔子、子游的传人，“以为仲尼、子游为兹厚于后世”，言之凿凿，亦不可轻易否定。一些学者用对立的眼光看问题，在曾子、子游之间，舍此取彼或取此舍彼，这种非此即彼的思维方式，恐怕还是受到韩愈、朱熹“道统”论的影响。但如果不是将思孟看做一线单传的道统传递，而是一个具体的历史发展过程，一个儒学内部的分化过程，那么，诚如蒙培元先生所说，“其中涉及的人物也就很多了”，而曾子、子游不过是其中较为重要者。这里所说的曾子、子游，也不仅仅限于曾子、子游本人，还包括了他们各自所创立的学派。这样，曾子、子游不仅与子思、孟子前后相续，同时还可能并列共存，因而呈现出更为复杂的关系。曾子、子游的思想前一章中已做了介绍，本章我们将进一步讨论《大学》、竹简《性自命出》以及《礼记·礼运》篇，以探求曾子、子游学派与思孟的相互影响及联系。

第一节 曾子与《大学》

讨论曾子的思想，不能不谈到《大学》。因为历史上《大学》曾被看做是出于曾子及其门人之手，但近代以来，许多学者又对此提出疑义，认为《大学》成书于秦汉之际，甚或在汉武帝之后。那么，《大学》的实际情况到底如何呢？是早出还是晚成？本节拟在前人研究的基础上，结合新出土的简帛材料，对这一长期悬而未决的问题作出重新探讨。

（一）《大学》晚出说之检讨

《大学》的作者和年代，学术史上一直存有争论，宋代学者多认为其成书较早，并上溯到孔子、曾子，如程颢认为“《大学》，孔氏之遗书，而初学入德之门也”①，并作《大学》定本一卷，对今本《大学》的章次进行了调整。② 后朱熹又作《大学章句》一卷，认为《大学》分为经、传两个

① 朱熹《大学章句》引，见《四书集注》，3页。
② 又名《明道先生改正大学》，见《河南程氏经说》卷5，《二程集》，第4册。

部分。其中，经“盖孔子之言，而曾子述之”，而传则是“曾子之意而门人记之也”。程朱以上的观点并没有详细的论证①，却得到宋明时期学者的普遍认同，有些学者如王阳明等，虽然与朱熹在“格物”等问题上存在较大分歧，但也都承认《大学》是圣贤所传。这可能与当时儒家学者强化道统意识，以与佛道对抗的现实需要有关。但自清代以来，《大学》出自孔、曾的观点受到普遍怀疑，多数学者认为《大学》成书是在秦汉以后，并提出种种根据予以论证。《大学》原为《礼记》中的一篇，传世文献对其作者和年代没有明确的记载，而《礼记》又是“西汉初年搜集和发现的儒家著作的汇编”，来源比较复杂，“绝大多数是先秦古文，个别有汉初成篇的”②。凭此尚无法断定其具体年代，出现争论也属正常。但综观晚出论者的种种论述，其立论并不能令人信服，且不乏武断之处，不仅没有真正解决问题，反而给人们思想带来混乱，故有必要作进一步探讨。

认为《大学》晚出，一个重要根据是认为《大学》与《礼记》中的《学记》有关，是对古代学校制度的反映，而大学制度晚出，故《大学》亦晚出。清代学者陈澧指出，《大学》与《学记》中一段文字相近，二者均论“大学之道”，有密切关系。《学记》的这段文字是：

> 古之教者，家有塾，党有庠，术（郑注：“当为‘遂’。”）有序，国有学。比年入学，中年考校。一年视离经辨志，三年视敬业乐群，五年视博习亲师，七年视论学取友，谓之小成；九年知类通达，强立而不反，谓之大成。夫然后足以化民易俗，近者说服，而远者怀之，此大学之道也。

陈澧认为：“‘知类通达’，物格知至也；‘强立不反’，意诚心正身修也；‘化民易俗，近者说服，远者怀之’，家齐国治天下平也；其‘离经辨志，敬业乐群，博习亲师，论学取友’，则格物致知之事也。”③ 陈澧将《大学》

---

① 朱熹《大学或问》有朱熹答某人问，云“无他左验”，并云“或出于古昔先民之言也，故疑之而不敢质”。

② 李学勤：《郭店简与〈礼记〉》，载《中国哲学史》，1998（4）。

③ 陈澧：《东塾读书记》。转引自张心澂《伪书通考》上册，444页，北京，商务印书馆，1939。

与大学制度联系在一起，可能是受到了朱熹的影响。朱熹在《大学章句序》中说：“《大学》之书，古之大学所以教人之法也。”但他认为大学制度形成较早，“三代之隆，其法寝备，然后王宫、国都以及闾巷，莫不有学……及其十有五年，则自天子之元子、众子以至公卿、大夫、元士之嫡子，与凡民之俊秀，皆入大学，而教之以穷理、正心、修己、治人之道”。所以他仍能够把《大学》看成先秦古籍。而陈澧以后的学者则根据《孟子·滕文公上》“夏曰校，殷曰序，周曰庠；学则三代共之”的说法，认为周以前仅有“校”、“序”、“庠”，未尝有大学，大学制度实形成于秦汉之后。这样，《大学》的成书也被推后，清代学者陆奎勋、日本学者武内义雄甚至认为《大学》作于武帝以后。①

不难发现，陈澧等人的观点实际包含两个前提：一是大学制度出现于秦汉以后；二是《大学》与《学记》一样，均是对古代学制的反映。而实际上，这两点根本不能成立，以上推断是建立在错误的前提之上。首先，大学制度是否出现于秦汉之后，本身就是有争议的。现在多数学者都认为，大学制度至少在周代已出现，如对古代学校制度进行过深入研究的杨宽先生就认为：“我国古代学校教育，起源很早。大概商代贵族已有学校。”“西周贵族教育子弟的学校，已较完备，有所谓小学和大学。”并说“西周大学不仅是贵族子弟学习之处，同时又是贵族成员集体行礼、集会、聚餐、练武、奏乐之处，兼有礼堂、会议室、俱乐部、运动场和学校的性质，实际上就是当时贵族公共活动的场所”②。杨先生的看法有文献作根据，符合古代学校的实际。如《礼记·明堂位》：“殷人设右学为大学，左学为小学，而作乐于瞽宗。”《大戴礼记·保傅》：“古者年八岁而出就外舍，学小艺焉，履小节焉；束发而就大学，学大艺焉，履大节焉。”《礼记·王制》：“天子命之教然后为学。小学在公宫南之左，大学在郊。天子曰辟雍，诸侯曰泮宫。”更重要的，甲骨文中已有“多子其徙学，返不遘大雨”（《龟甲兽骨文字》卷二）的记载。金文中也出现“小学”（《大盂

---

① 见杭世骏《续礼记集说》引，见《续修四库全书》，第102册，经部；武内义雄：《两戴记考》，见江侠庵编译：《先秦经籍考》上册，183页，北京，商务印书馆，1931。

② 杨宽：《我国古代大学的特点及其起源》，见所著《古史新探》，197～217页，北京，中华书局，1965。

鼎》)、“学宫”(《静簋》)、“辟雍”(《麦尊》)等概念。郭店竹简《唐虞之道》有“太学之中，天子亲齿，教民弟也”，明确提到大学。晚出论者可以怀疑《王制》等篇的可靠性，却无法否定甲骨、金文尤其是出土竹简中的材料，而大学晚出一旦被否定，其结论自然就站不住脚。

退一步讲，大学制度即使是秦汉以后才出现，也不意味着《大学》就一定晚出。因为所谓《大学》与《学记》内容相近，均是对大学制度的反映，本身就是后人的一种联想，并没有多少事实根据。相反，如果将二者作一比较，不难发现它们之间实际存在较大差别。《学记》所说的“大学”，从上下文来看，应是指具体的大学设施，这种大学中是以“离(注：解析)经辨志”，也即是以经学的传授为中心内容的；而《大学》一文根本就没有提及具体的学校制度，郑玄《礼记目录》说：“名曰《大学》者，以其记博学可以为政也。”郑玄的这个解释与《大学》的中心内容“修、齐、治、平”相符合，应该是《大学》的原意。因此《大学》与《学记》虽然均谈到“大学之道”，但二者并不是一回事，这一点连主张《大学》晚出的徐复观先生也不得不承认，他说《大学》“与《学记》等篇，将教学之基础建立于经典之上的也完全不同。《大学》系完全代表儒家之理想。亦即是说，由《大学》所反映的学问内容，未曾受到西汉以经典为学问中心的影响……固无俟于《学记》与之相发明。且就两书之内容、规模、气象言之，彼此间决无直接之关联”[①]。其实《大学》的“修、齐、治、平”渊源甚早(详下)，固不待于大学制度形成以后才能出现。从孔子的思想来看，他虽然没有直接使用“修、齐、治、平”的概念和语言，但他主张“修己以敬”、“修己以安人”、“修己以安百姓”(《论语·宪问》)，与这一思想也大体相符，而孔子正生活于旧的学校制度开始瓦解、新的学校制度尚未形成的时代，若按以上的观点，岂不是孔子的思想也要晚出了？晚出论者的逻辑是，只有大学制度形成和完备以后，儒家的“修、齐、治、平”思想才能够出现和产生，而我们认为“修、齐、治、平”作为儒家的一种人生理想和实践原则，与大学制度根本无关；相反，只有当这一理想独立于学校制度之外时，才能保持其生命力和活力，而一旦与学校制度相

① 徐复观：《中国人性论史·先秦卷》，第9章《先秦儒家思想的综合——大学之道》，270页。

结合，便意味着它本身的没落和衰竭。这只要将汉代以后的儒生与孔、孟作个简单的比较，便可以看得很清楚。

晚出论者的另一个根据是，《大学》的思想在相关文献中出现得较晚，因而《大学》一书亦形成较晚。《大学》的基本思想是所谓的“三纲领”“八条目”，而“八条目”中尤以“修身、齐家、治国、平天下”为核心。对于《大学》的“修、齐、治、平”，有学者认为“此一有体系之层层推阐，孔子未尝言；于孟子仅发其端”[①]。徐复观先生也说，“《大学》系以个人直通于天下国家，此必在天下为公的强烈观念之下，始能出现”[②]。所谓“孟子仅发其端”，是指《孟子·离娄上》的一段话：“孟子曰：人有恒言，皆曰：‘天下国家。’天下之本在国，国之本在家，家之本在身。”他们认为孟子始将身、家、国、天下联系在一起，故《大学》成书最早也当在《孟子》之后。不难发现，这种说法明显有误，因为孟子明确说到“人有恒言”，表明是对前人言论的引用，而这一言论一定产生较早，流传较广，所以才能够“人有恒言”。其实，在比《孟子》更早的《老子》中，也有一段与此相关的言论。《老子》第五十四章说：

> 修之于身，其德乃真；修之于家，其德乃馀；修之于乡，其德乃长；修之于邦，其德乃丰；修之于天下，其德乃普。故以身观身，以家观家，以乡观乡，以邦观邦，以天下观天下。吾何以知天下然哉？以此。

这可以说是《大学》“修、齐、治、平”思想的最早来源。以前由于人们对《老子》的成书年代存在争议，这条材料的可靠性也受到怀疑。郭店竹简《老子》的出土，证明了《老子》一书为老子所著，特别是证实了《老子》一书的早出。而楚简《老子》乙本中正好有这段材料，只是省去了助词“之”，作“修于身”、“修于家”、“修于乡”等。目前，学术界虽然在

---

① 胡止归：《〈大学〉之著作年代及其与〈中庸〉之思想同异比较研究》（上），载《大陆杂志》，第26卷9期，1963。

② 徐复观：《中国人性论史·先秦卷》，270页。

楚简《老子》是今本《老子》的节本还是全本等问题上有一些争论①，但上面这段材料为《老子》原来所有，则无可置疑。这就对晚出论者作出了有力的驳斥，同时也为《大学》的早出提供了一个旁证。另外，在《中庸》中也有多处文字与“修、齐、治、平”的思想相近，如：

> 在下位不获乎上，民不可得而治矣。获乎上有道：不信乎朋友，不获乎上矣。信乎朋友有道：不顺乎亲，不信乎朋友矣。顺乎亲有道：反诸身不诚，不顺乎亲矣。诚身有道：不明乎善，不诚乎身矣。诚者，天之道也。诚之者，人之道也。诚者，不勉而中，不思而得，从容中道，圣人也。诚之者，择善而固执之者也。（第二十章）

“诚身”意近于“修身”，“顺乎亲”近于“齐家”，“信乎朋友”、“获乎上”近于“治国”，“治民”近于“平天下”，它们之间各以前者为条件，表现为由“诚身”到“治民”的层层推进，这与《大学》的思想也是基本一致的。那么，《大学》与《中庸》的两段文字哪一个更早呢？我们认为应该是《大学》而不是《中庸》，这可以从二者关于“诚”的论述中看出来。《大学》所说的“诚”指“诚其意”，内涵比较简单，而《中庸》的“诚”则是指“不勉而中，不思而得”的道德实践能力，并对其作了“诚者”与“诚之者”的区分，与前者相比，不仅内涵更为丰富，而且更具有哲学深度。从《大学》的“诚其意”到《中庸》的“诚者”，反映了思想的认识发展过程。因此，《中庸》的这段文字可能受到《大学》的影响，并作了进一步发挥。《中庸》作于子思②，那么，《大学》的成书至少当在子思之前。以往学者认为《大学》晚出，主要是没有真正理解“修、齐、治、平”产生的历史根源，错把它与不相干的大学制度联系在一起。实际上“修、齐、治、平”的思想乃源于古代宗法社会“家国同构”的社会组织

---

① 参见邢文：《论郭店〈老子〉与今本〈老子〉不属一系》，载《中国哲学》，第 20 辑。郭沂：《从郭店楚简〈老子〉看老子其人其书》，载《哲学研究》，1998（7）。丁四新：《略论郭店简本〈老子〉甲乙丙三组的历时性差异》，载《湖北大学学报》，1999（2）。

② 参见第五章第二节：《郭店竹简与〈中庸〉》。

形式，是这种特殊的社会组织形式在人们思想观念上的反映。社会存在决定社会意识。由于古代宗法社会出现较早，与这一社会组织形式相适应的“修、齐、治、平”的社会理想因而也出现得较早，这本身十分自然，没有什么好奇怪的。

除此之外，《大学》其他一些思想也被证明出现较早。《大学》的“止于至善”，以往人们往往认为源于《荀子·解蔽》的“止诸至足”。但郭店竹简《语丛三》中有：“善日过我，我日过善，贤者唯其止也以异。”“人之性非与？止乎其孝。”说明“止”乃是先秦古义，并非自《荀子》以后才出现，《大学》的“知止”当与此有一定关系。《大学》的“静”，以前由于怀疑《老子》晚出，故往往将其追溯到《荀子·正名》的“虚壹而静”，而郭店竹简《性自命出》有：“身欲静而毋羡，虑欲渊而毋伪。”楚简《老子》甲乙丙中也有多处谈到“静”：“孰能浊以静者，将徐清。”（《老子》甲）“知以静，万物将自定。”（同上）“清静为天下定。”（《老子》乙）说明“静”的思想同样出现较早。晚出论者认为《大学》思想出现较晚，是因为他们没有看到或忽略了一些重要材料，其结论自然难以站住脚。

（二）《大学》非经、传两部分

既然《大学》晚出的结论不能成立，其作者和年代就值得重新考虑。不过在此之前，需要先对《大学》的文本作一番讨论。我们知道，朱熹曾区分《大学》为经、传两个部分，并对传进行了补充。虽然人们对朱熹的《大学》新本存在着一些争议，但其将《大学》分为经、传两个部分却得到多数学者的认可，并成为讨论《大学》必须遵循的基本前提。然而，我们认为将《大学》分为经、传两个部分，疑点颇多，值得进一步商榷。首先，传的体例不统一。被朱熹当作“传”的主要有两部分，一是所引《诗》、《书》及“子曰”，如：“《康诰》曰：克明德。”“《诗》曰：周虽旧邦，其命惟新。”“子曰：听讼，吾犹人也，必也使无讼乎！”朱熹认为这分别是经文“明明德”、“亲（新）民”及“此谓知本”的传文。二是作者的直接论述，如“所谓诚其意者……”“所谓修身在正其心者……”“所谓齐其家在修其身者……”等，这被分别看做是“诚意”“正心”“修身”的传文。朱熹把这两种不同的文体笼统说成是“传”是不合适的。实际上，前者是引文而不是传，后者是对经文的解释和发挥，同样不是传。

其次，传和经无法统一。既然《大学》包括经、传两个部分，其传文就应该与经文统一，而实际上无论怎样对《大学》的章次进行重新编排，也无法做到这一点。如“《诗》云：‘瞻彼淇澳，菉竹猗猗。有斐君子，如切如磋，如琢如磨。瑟兮僩兮，赫兮喧兮。有斐君子，终不可谖兮！’‘如切如磋’者，道学也。‘如琢如磨’者，自修也。‘瑟兮僩兮’者，恂慄也。‘赫兮喧兮’者，威仪也。‘有斐君子，终不可谖兮’者，道盛德至善，民之不能忘也。《诗》云：‘于戏，前王不忘！’君子贤其贤而亲其亲，小人乐其乐而利其利，此以没世不忘也”一段，原在“故君子必诚其意”下，朱熹将其前调，认为此章是“释止于至善”。但仔细辨析不难发现，此章主要是说“自修”、“威仪”以及“贤其贤而亲其亲”，与“止于至善”并没有直接关系。有学者注意到这一点，故又进行重新编排，认为此章是“释亲民”①，但同样也解释不通。除此之外，“是故君子先慎乎德”、“是故君子有大道”等各段同样也存在这样的问题，说明将《大学》分为经、传，值得重新考虑。

再次，《大学》文体前后连贯，不像是经、传两个部分。此点崔述已经指出，其所作《洙泗考信余录》中有《〈大学〉非曾子所作》一篇②，反对朱熹将《大学》分为经、传两个部分，并说“玩通篇之文，首尾联属，先后呼应，文体亦无参差，其出于一人之手甚明，恐不得分而二之也”。崔述认为《大学》非曾子所作，可以再讨论，但他认为《大学》原为独立的一篇，则值得认真考虑。从以上分析来看，《大学》并不像有经、传两个部分，反而倒像是一个整体。

如果说文本的分析尚不足以说明问题的话，那么，我们不妨将《大学》与帛书《五行》经、传作一比较，用出土材料进一步说明分《大学》为经、传并不能成立。1973年马王堆汉墓出土的帛书《五行》有经、传两

---

① 郭沂：《〈大学〉新论》，见《新儒家评论》，第2辑，128～157页，北京，中国广播电视出版社，1995。

② 参见《崔东壁遗书》，上海，上海古籍出版社，1983。

个部分，郭店竹简《五行》有经而无传，说明传与经可能不形成于同一时期，是后人对经的解释和阐发。帛书《五行》经传前后相抄，第二一四行以前为经，二一五行以后为传，细读《五行》的传文，不难发现其许多特点都与《大学》不同。首先，传的体例较为统一。《五行》的传每章皆是作者对经文的解释，不存在直接引用《诗》、《书》作传文的情况。如“圣之思也轻，轻则形……”一章，传文作“‘圣之思也轻’：思也者，思天也；轻者尚矣。‘轻则形’：形者，形其所思也。酉（柳）下子思轻于翟，路人如斩；酉（柳）下子见其如斩也，路人如流。言其思之轻也……”其中“圣之思也轻”、“轻则形”是对经文的引用，而以下则是对经文的解释，这种体例贯穿了“传文”的始终。值得注意的是，《五行》经文中多处引用《诗》，如“不仁，思不能清。不智，思不能长。不仁不智，未见君子，忧心不能精长；思不精长，不能悦。《诗》曰：‘未见君子，忧心惙惙，亦既见之，亦既观之，我心则悦。’此之谓也”。又如“见而知之，智也。闻而知之，圣也。明明，智也。赫赫，圣也。‘明明在下，赫赫在上，’（注：《诗·大雅·大明》之文）此之谓也”。从“此之谓也”来看，文中所引《诗》句乃是对前面文字的解释和发挥，但它是经而不是传，这对我们理解《大学》颇有启发。

其次，传与经相对应，不存在有传而无经的情况。帛书《五行》除前面几章外，每段经文皆有传，传文往往先引经文，然后加以解释，且不厌巨细，每句必解。如“不变不悦，不悦不戚，不戚不亲，不亲不爱，不爱不仁”一章，传文作“‘不变不悦’：变也者，勉也，仁气也。变而后能悦。‘不悦不戚’：悦而后能戚所戚。‘不戚不亲’：戚而后能亲之。‘不亲不爱’：亲而后能爱之。‘不爱不仁’：爱而后仁”。对于一些实在不必要解释的文句也要加上“直也”二字，表示文意自明，毋庸赘言。如“‘鸤鸠在桑’：直也”。《五行》的传文之所以每句先要引用经文，是因为经、传被分别抄在前后两个部分，如果不引用经文，就会使人们不知传文对何而发，造成混乱。而《大学》所谓的“经”、“传”也是抄在前后两个部分，若按传文体例，也当在传文前引用所要解释的经文，而《大学》的几处《诗》、《书》文字均没有指明与经文的关系，把它看做是“传”显然不合适。那么，《诗》、《书》之外“所谓修身在正其心者……”、“所谓齐其家在修其身者……”等语是否就是经文的注解呢？我们认为同样不是。因为这里的“修身在正其心”乃是对前面“欲修其身者，先正其心”、“心正而后身修”等语的概括，前文并没有“修身在正其心”一语，所以与其把它看做是传文，不如把它看做是前文的引申、发挥，“所谓齐其家在修其身者”等句的情况也是一样。更重要的是，《五行》的传基本是围绕经文而发，没有脱离经文之外的议论，而《大学》的有些“传文”很难与经文一一对应，与《五行》有很大不同。如果说，有“经”无“传”还容易理解的话，那么，有“传”而无“经”则不好解释，与传文的体例也不相符，所以把《大学》的几处文字看做是“传”显然不合适。

再次，《五行》经、传文体存在较大差异，很容易看出是两个部分。《五行》经文语言流畅，自成一体，而传文则支离破碎，很不连贯，有些纯粹是为注经而注经。这与《大学》文体首尾连贯，上下呼应也有很大不同。《五行》的传文虽然不一定就是古书的通例，但其反映的基本原则却是普遍的。由此我们断定，《大学》并非是经、传两个部分，而原来就是独立的一篇。

《大学》既然本是独立的一篇，那么，朱熹为什么要将其分为经、传两个部分，并得到多数学者的认同呢？我们认为，这可能与当时学者对经典的理解有关。前面说过，宋代儒家学者出于同佛、老争夺正统地位的需要，往往喜欢把自己的经典说成是出自孔子，以抬高地位，增加权威性，程颢认为《大学》为“孔氏之遗书”，可能就是出于这个目的。朱熹一方面赞同程颢将《大学》推源于孔子的作法，另一方面又看到笼统说《大学》出于孔子，似乎难以讲通，故提出经“盖孔子之言，而曾子述之”，传“则曾子之意而门人记之也”的说法。这样，便将原来是一个整体的《大学》分割为两个部分，而由于朱熹的权威和影响，他所改定的《大学》新本逐渐取代《大学》古本，《大学》分为经、传的说法也以讹传讹，几成定论。然而，既然朱熹的观点并不成立，他的《大学》定本对理解《大学》并没有多少可取之处；相反，值得重视的倒是程颢的《大学》定本。在朱熹之前，程颢、程颐兄弟都曾对《大学》文本作过整理，其中尤以程颢的定本为佳。朱熹在《大学章句》中称：“旧本颇有错简，今因程子所定，而更考经文，别为序次。”说明自己与二程兄弟有一定的继承关系。

但与朱熹相比，程颢改定的《大学》也有一些根本不同。首先，程颢将《大学》看做是一篇，而不是经、传两个部分。他将“大学之道，在明明德……”等三纲领以及“知止而后有定……”看做是第一段，“古之欲明明德于天下者，先治其国……”等八条目看做是第二段，然后是“所谓诚其意者……”、“所谓修身在正其心者……”、“所谓齐其家在修其身者……”、“所谓治国必先齐其家者……”、“所谓平天下在治其国者……”各段，而将“是故君子先慎乎德……”、“是故君子有大道……”分为独立的两段，看做是对以上内容的概括和总结。其次，与此相应，他将《大学》中的《诗》、《书》、“子曰”等文字看做是引文而不是“传”。如他将“《康诰》曰：克明德……”等内容放在第一段后，看做是对“明明德”等内容的发挥，而将颇有争议的“《诗》云：瞻彼淇澳……”一段放在“所谓平天下在治其国者”一段中，看做是对“上老老而民兴孝，上长长而民兴弟”的发挥，不仅合理而且显得颇为通顺。虽然程颢将《大学》看做“孔氏之遗书”有失片面，但他却由此避免了“经传”问题的干扰，因而能得出更符合实际的结论。通读程颢整理的《大学》，全文语气连贯，上下一致，浑然一体，远胜于朱熹的《大学章句》，似更应引起人们的重视（详见附论）。

（三）《大学》出于曾子弟子之手

我们既然否定了《大学》晚出，又证实《大学》并非经、传两个部分，而是一个整体，那么，历史上《大学》成于曾子及其弟子的说法便值得重视。首先，《大学》一文中明引曾子之言，说明其与曾子一派有密切关系。《大学》“所谓诚其意者”一段云：“曾子曰：十目所视，十手所指，其严乎！”李学勤先生指出，古代学者或其弟子在记其言论时，往往直呼其名，此乃是当时著书通例，如《孟子》一书为孟子与其弟子公孙丑、万章等所著，而文中则通呼“孟子”，《墨子》书中的“子墨子”、《史记》篇末的“太史公”，情况也是一样。而《大学》中既然有“曾子曰”，那么，

“朱子说《大学》系曾子所作，绝非无因”[①]。虽然《大学》中“曾子曰”仅此一见，能否就此坐实《大学》即是曾子所作还可以讨论，但与曾子有一定关系则是可以肯定的。除此之外，《大学》“孝者，所以事君也”一句，又见于《礼记·祭义》，明确肯定是“曾子曰”：

> 曾子曰：“身也者，父母之遗体也。行父母之遗体，敢不敬乎？居处不庄，非孝也；事君不忠，非孝也；莅官不敬，非孝也；朋友不信，非孝也；战阵无勇，非孝也。五者不遂，灾及于亲，敢不敬乎？”

孔子有“移孝作忠”的思想，如“子曰：《书》云：‘孝乎惟孝，友于兄弟，施于有政。’是亦为政，奚其为为政？”（《论语·为政》）曾子的“孝者，所以事君也”可能即是对这一思想的发展，反映了曾子一派对“孝”的理解。这段材料以往被学者所忽略，然而却是曾子与《大学》关系的重要旁证。

其次，《大学》思想也与曾子有一致之处。曾子以“忠恕”发明孔子“一贯之道”，“忠恕”可以说是其思想的核心。而《大学》多谈“忠恕”，如“是故君子有诸己而后求诸人，无诸己而后非诸人。所藏乎身不恕，而能喻诸人者，未之有也”。又如“所恶于上，毋以使下；所恶于下，毋以事上；所恶于前，毋以先后；所恶于后，毋以从前；所恶于右，毋以交于左；所恶于左，毋以交于右；此之谓挈矩之道”。有学者指出：“曾子曰：‘夫子之道，忠恕而已矣。’……子曰：‘夫仁者，己欲立而立人，己欲达而达人。能近取譬，可谓仁之方也已。’《大学》一篇之旨尽于此矣。”[②] 陈荣捷先生也说，《大学》之“挈矩方式，从内容论，究竟不外是以忠恕为一贯的仁”[③]。所以，《大学》出于曾子或其弟子完全可能。

再次，从学术的传承来看，《大学》也与曾子一派有密切关系。《大学》与《中庸》思想上具有一定的联系，表现出前后的承接关系。《中庸》

---

① 李学勤：《从简帛佚籍〈五行〉谈到〈大学〉》，载《孔子研究》，1998（3）。

② 任铭善：《礼记目录后案》，90页，济南，齐鲁书社，1982。

③ 陈荣捷：《初期儒家》，见《史语所集刊》1976年第47本，742页。

重视“修身”，并由此推向“治天下国家”，显然是受了《大学》“修、齐、治、平”的影响。除了前面引用的一段材料外，还有以下两条：

> 凡为天下国家有九经，曰：修身也，尊贤也，亲亲也，敬大臣也，体群臣也，子庶民也，来百工也，柔远人也，怀诸侯也。修身则道立，尊贤则不惑，亲亲则诸父昆弟不怨，敬大臣则不眩，体群臣则士之报礼重，子庶民则百姓劝，来百工则财用足，柔远人则四方归之，怀诸侯则天下畏之。（《中庸》第二十章）
>
> 子曰：好学近乎知，力行近乎仁，知耻近乎勇。知斯三者，则知所以修身。知所以修身，则知所以治人。知所以治人，则知所以治天下国家矣。（同上）

前面说过，《中庸》的思想比《大学》更为成熟，故《大学》应在《中庸》之前。以前有学者看到《大学》文字较为整齐，便认为《大学》成书较晚，是不正确的。因为文字的整齐与否，往往与文本的性质有关，而与时间的早晚关系不大。我们在第二章已说明，曾子、子思上下相承，存在思想的联系，既然《中庸》出于子思，那么，《大学》出于曾子或其弟子的可能性就很大。这一看法虽然与宋儒相同，但由于经过了重新论证，又有新材料为根据，故可称为“新证”。

附：明道先生改正《大学》

大学之道，在明明德，在亲民，在止于至善。知止而后有定，定而后能静，静而后能安，安而后能虑，虑而后能得。物有本末，事有终始。知所先后，则近道矣。《康诰》曰：“克明德。”《大甲》曰：“顾諟天之明命。”《帝典》曰：“克明峻德。”皆自明也。汤之《盘铭》曰：“苟日新，日日新，又日新。”《康诰》曰：“作新民。”《诗》曰：“周虽旧邦，其命维新。”是故君子无所不用其极。《诗》云：“邦畿千里，维民所止。”《诗》云：“缗蛮黄鸟，止于丘隅。”子曰：“于止，知其所止，可以人而不如鸟乎？”《诗》云：“穆穆文王，于缉熙敬止！”为人君，止于仁；为人臣止于敬；

为人子，止于孝；为人父，止于慈；与国人交，止于信。

古之欲明明德于天下者，先治其国。欲治其国者，先齐其家，欲齐其家者，先修其身。欲修其身者，先正其心。欲正其心者，先诚其意。欲诚其意者，先致其知。致知在格物。物格而后知至，知至而后意诚，意诚而后心正，心正而后身修，身修而后家齐，家齐而后国治，国治而后天下平。自天子以至于庶人，壹是皆以修身为本。其本乱而末治者，否矣。其所厚者薄而其所薄者厚，未之有也。此谓知本，此谓知之至也。

所谓诚其意者，毋自欺也。如恶恶臭，如好好色，此之谓自谦。故君子必慎其独也。小人闲居为不善，无所不至，见君子而后厌然，掩其不善，而著其善。人之视己，如见其肺肝然，则何益矣。此谓诚于中，形于外，故君子必慎其独也。曾子曰："十目所视，十手所指，其严乎!"富润屋，德润身，心广体胖，故君子必诚其意。

所谓修身在正其心者，身有所忿懥，则不得其正，有所恐惧，则不得其正，有所好乐，则不得其正，有所忧患，则不得其正。心不在焉，视而不见，听而不闻，食而不知其味。此谓修身在正其心。

所谓齐其家在修其身者，人之其所亲爱而辟焉，之其所贱恶而辟焉，之其所畏敬而辟焉，之其所哀矜而辟焉，之其所敖惰而辟焉。故好而知其恶，恶而知其美者，天下鲜矣。故谚有之曰："人莫知其子之恶，莫知其苗之硕。"此谓身不修不可以齐其家。

所谓治国必先齐其家者，其家不可教而能教人者无之。故君子不出家出成教于国。孝者，所以事君也；弟者，所以事长也；慈者，所以使众也。《康诰》曰："如保赤子。"心诚求之，虽不中不远矣。未有学养子而后嫁者也。一家仁，一国兴仁；一家让，一国兴让；一人贪戾，一国作乱：其机如此。此谓一言偾事，一人定国。尧、舜率天下以仁，而民从之。桀、纣率天下以暴，而民从之。其所令反其所好，而民不从。是故君子有诸己而后求诸人，无诸己而后非诸人。所藏乎身不恕，而能喻诸人者，未之有也。故治国在齐其家。《诗》云："桃之夭夭，其叶蓁蓁。之子于归，宜其家人。"宜其家人，而后可以教国人。《诗》云："宜兄宜弟。"宜兄宜弟，而后可以教国人。《诗》云："其仪不忒，正是四国。"其为父子兄弟足法，而后民法之也。此谓治国在齐其家。

所谓平天下在治其国者，上老老而民兴孝，上长长而民兴弟，上恤孤而民不倍，是以君子有挈矩之道也。所恶于上，毋以使下，所恶于下，毋以事上；所恶于前，毋以先后；所恶于后，毋以从前；所恶于右，毋以交于左；所恶于左，毋以交于右；此之谓挈矩之道。《诗》云："乐只君子，民之父母。"民之所好好之，民之所恶恶之，此之谓民之父母。《诗》云："节彼南山，维石岩岩。赫赫师尹，民具尔瞻。"有国者不可以不慎，辟则为天下僇矣。《诗》云："瞻彼淇澳，菉竹猗猗。有斐君子，如切如磋，如琢如磨。瑟兮僩兮，赫兮喧兮。有斐君子，终不可谖兮！""如切如磋"者，道学也。"如琢如磨"者，自修也。"瑟兮僩兮"者，恂慄也。"赫兮喧兮"者，威仪也。"有斐君子，终不可谖兮"者，道盛德至善，民之不能忘也。《诗》云："于戏，前王不忘！"君子贤其贤而要亲其亲，小人乐其乐而利其利，此以没世不忘也。子曰："听讼，吾犹人也。必也使无讼乎！"无情者不得尽其辞。大畏民志，此谓知本。《诗》云："殷之未丧师，克配上帝。仪监于殷，峻命不易。"道得众则得国，失众则失国。

是故君子先慎乎德。有德此有人，有人此有土，有土此有财，有财此有用。德者本也，财者末也。外本内末，争民施夺。是故财聚则民散，财散则民聚。是故言悖而出者，亦悖而入；货悖而入者，亦悖而出。《康诰》曰："惟命不于常。"道善则得之，不善则失之矣。《楚书》曰："楚国无以为宝，惟善以为宝。"舅犯曰："亡人无以为宝，仁亲以为宝。"《秦誓》曰："若有一介臣，断断兮无他技，其心休休焉，其如有容焉。人之有技，若己有之；人之彦圣，其心好之，不啻若自其口出。实能容之，以能保我子孙黎民，尚亦有利哉！人之有技，媢疾以恶之；人之彦圣，而违之俾不通，实不能容，以不能保我子孙黎民，亦曰殆哉！"唯仁人放流之，迸诸四夷，不与同中国。此谓唯仁人为能爱人，能恶人。见贤而不能举，举而不能先，命也；见不善而不能退，退而不能远，过也。好人之所恶，恶人之所好，是谓拂人之性，菑必逮夫身。

是故君子有大道，必忠信以得之，骄泰以失之。生财有大道，生之者众，食之者寡，为之者疾，用之者舒，则财恒足矣。仁者以财发身，不仁者以身发财。未有上好仁而下不好义者也，未有好义其事不终者也，未有府库财非其财者也。孟献子曰："畜马乘不察于鸡豚，伐冰之家不畜牛羊，百乘之家不畜聚敛之臣。与其有聚敛之臣，宁有盗臣。”此谓国不以利为利，以义为利也。长国家而务财用者，必自小人矣。彼为善之，小人之使为国家，菑害并至。虽有善者，亦无如之何矣！此谓国不以利为利，以义为利也。

第二节　《大学》的思想与影响

《大学》既然成书较早，形成于曾子弟子之手，那么，《大学》这一在思想史上曾产生重要影响的著作，其思想内容如何？或者说，通过《大学》我们可以对曾子一派有何种认识和了解？便是一个值得探讨的重要问题。郭店竹简中许多概念范畴与《大学》相近[①]，为探讨这一问题提供了重要材料。本节拟在前人研究的基础上，结合新出土的竹简材料，进一步对《大学》的思想及其在思想史上的影响作出考察。

（一）“三纲领”与“八条目”

《大学》一文不长，仅有短短的两千余字，然而，一篇文章的生命力，往往不在于其字数的长短，甚至也不在于其思想的高深，而在于它的思想是否适应了当时社会的需要，是否为后人留下阐释、发挥的空间，《大学》无疑做到了这一点。它在历史上产生广泛影响，也正源于此。《大学》的基本思想是所谓的“三纲领”、“八条目”，而“三纲领”与“八条目”又有着密切联系，二者是一个有机的整体。这是《大学》思想的一个重要特点，也是理解《大学》的关键所在。《大学》首章说：

> 大学之道，在明明德，在亲民，在止于至善。

“明明德”、“亲民”、“止于至善”构成了《大学》的基本思想和“纲领”。那么，什么是“明明德”呢？围绕着这一问题，学者们提出种种不同的看法。宋明理学家如朱熹、王阳明等都把“明德”理解为“虚灵不昧”的心体，认为“明明德”即是发明此本有的心性，所不同的是前者把它看做是“性”，而后者则看做是“心”。当代有些学者则往往把“明明德”与思孟

---

① 李学勤先生最早注意到这一点。见所著《郭店楚简与儒家经籍》，载《中国哲学》，第20辑。

的性善论联系起来，认为“明明德”是对《中庸》“自明诚”一语的发挥，“所谓‘明明德’，就是指通过修行，使‘明德’显明于心，并同时使性得以呈现于心”①。这些看法难以让人苟同，也未必符合《大学》的本义。因为从思想史的角度来看，“明德”的观念虽然产生较早——《大学》引《康诰》“克明德”以释“明明德”即是明证——但自人性的角度以言“明德”则是相对较晚才出现的。从《大学》全文来看，其言“明德”尚处在未与人性联系在一起的阶段，更没有将其看做是内在的性，这是《大学》“明明德”的一个重要特点，也是《大学》成书较早的一个反映。看不到这一点，恐怕不符合《大学》思想的实际。与此不同，牟宗三先生则认为“《尧典》、《康诰》言‘德’或‘峻德’皆指德行说，那时似更不能意识到本有之心性也”②。徐复观先生也说“《大学》此处的明德，大概也只能作明智的行为解释，而不是指的是心”③。从《大学》所处的时代来看，说“明德”包含“德行”、“明智的行为”的意思并不为过，但这并非《大学》“明德”的重点所在。因为《大学》全文很少提到“德行”、“明智的行为”；相反，它反复强调“正心”、“诚意”，把它看做是“明明德”的重要内容，所以把“明德”仅仅理解为“德行”、“明智的行为”，同样不够全面。其实，《大学》的“明明德”主要是针对“修身”而言，因为下文接着说：“古之欲明明德于天下者，先治其国，欲治其国者，先齐其家，欲齐其家者，先修其身。”由于以上各项是一种条件的蕴涵关系，这段话实际是说：欲明明德于天下，需要先修其身，然后齐其家、治其国、平天下。显然，“明明德”即“修其身”，而“明明德于天下”也即在修身的基础上进一步齐家、治国、平天下，使天下所有人皆能修其身。孔颖达释“明明德”为“谓身有明德而更彰显之”，正指明了这一点。既然“明明德”主要是指“修身”，那么，它就应当包括“正心”、“诚意”、“格物”、“致知”等内容，理解《大学》的“明明德”，正应从此入手。

“明明德”之后的“亲民”，学术史上一直存有争论。程颐、朱熹主张

① 郭沂：《〈大学〉新论》，见《新儒家评论》，第2辑，141～142页。

② 牟宗三：《心体与性体》，第3册，369页。

③ 徐复观：《中国人性论史·先秦篇》，第9章《先秦儒家思想的综合——大学之道》，282页。

“亲民”当作“新民”，程颐作《大学》定本一卷[①]，对《大学》文字作了两处更动，一是将“身有所忿懥，则不得其正”改为“心有所忿懥，则不得其正”，另一处即是将“亲民”改为“新民”。朱熹也认为，“今亲民云者，以文义推之则无理；新民云者，以传文考之则有据”[②]。其所作《大学章句》“亲民”下注曰：“亲，当作新。”但反对程、朱者也不乏其人，影响较大者如王阳明，曾与弟子徐爱辨“宜从旧本作‘亲民’”，列在《传习录》首章，认为“说亲民便是兼教、养意，说新民便觉偏了”，足见二者的对立。郭店简中有“教民有新（亲）也”（《唐虞之道》），“不戚不新（亲），不新（亲）不爱”（《五行》）等语，其中“亲”皆写作“新”，说明“亲”、“新”本可通用[③]，朱熹等改“亲民”为“新民”并非无据，为我们讨论“亲民”问题提供了重要线索。但要确定“亲民”是否为“新民”，仅有文字的根据还不够，因为这里实际存在两种可能性：一是“亲民”写作“新民”，但作“亲”讲。郭店简就是这种情况；一是“亲民”通“新民”。所以还须从思想内容上做进一步的分析。朱熹等改“亲民”为“新民”，主要是看到下文有“苟日新，日日新”、“作新民”等语，而没有“亲民”的内容，这就是其所说的“以传文考之则有据”；另外，则是考虑到思想上的联系，他在“新民”下注曰：“新者，革其旧之谓也，言既自明其明德，又当推以及人，使之亦有以去其旧染之污也。”在他看来，前面既已说“明明德”，下面自当是与“明德”有关的“新民”，若说是“亲民”，则“文义”多少不够连贯。朱熹认为“今亲民云者，以文义推之则无理”，多少有些夸大其词，但他把“新民”与“明明德”、“止于至善”理解为一种并列关系，则无疑是合理的。与此不同，王阳明则把“明明德”与“亲民”看做是体用的关系：“明明德者，立其天地万物一体之体也。亲民者，达其天地万物一体之用也。故明明德必在于亲民，而亲民乃所以明其明德也。”显然不符合原意，且与后面的“止于至善”无法统一，故从文义的连贯来看，“新民”无疑胜于“亲民”。但王阳明主张恢复古本的“亲民”，并非仅仅出于文义的考虑，而是对早期儒家政治理想的一种

---

① 又名《伊川先生改正大学》，见《河南程氏经说》卷5，《二程集》，第4册。

② 朱熹：《四书或问》卷1《大学》，文渊阁四库全书本。

③ 郭店简“亲”字有两种写法，除写作“新”外，又作“睾”。

承接。他认为，“说亲民便是兼教、养意，说新民便觉偏了”，所谓“偏了”，便是指偏于“教”的一面。在他看来，早期儒家往往重视民众的生养问题，主张先养后教，孔子讲“老者安之，朋友信之，少者怀之”（《论语·公冶长》），主张“富之”，“教之”（《论语·子路》），也是“养”之意大于“教”之意，所以“亲民”显然比“新民”更符合早期儒家的一贯主张。王阳明所论，可能是针对后儒“重教轻养”甚或“只教不养”的流弊而发，有其自身的价值①，但却不足以解决《大学》“亲民”、“新民”问题的争论。因为《大学》虽然提出“修、齐、治、平”的政治理想，但其主要还是属于儒学内部的“明德”系统，而不是“事功”系统（详下）。从它的一些论述来看，也是重“教”（德）甚于重“养”（财），如“德者本也，财者末也”，“是故财聚则民散，财散则民聚”，“仁者以财发身，不仁者以身发财”。所以从《大学》的思想性格看，仍是“新民”比“亲民”更接近原意。另外，从上下文看，《大学》的“亲民”主要对应的是“齐家”、“治国”，而作者在论述这些内容时，依然侧重的是“德”、“教”，如，“一家仁，一国兴仁；一家让，一国兴让；一人贪戾，一国作乱……此谓一言偾事，一人定国”，“上老老而民兴孝，上长长而民兴弟，上恤孤而民不倍”，“君子贤其贤而亲其亲，小人乐其乐而利其利”。这同样说明，《大学》的“亲民”应作“新民”。

“新民”之后的“至善”，前人往往理解为“至善之行”，如孔颖达：“在止于至善者，言大学之道在止处于至善之行。”朱熹也认为“至善，则事理当然之极也”。这种理解可能源于下面的一段文字：“为人君，止于仁；为人臣，止于敬；为人子，止于孝；为人父，止于慈；与国人交，止于信。”这里的“仁”、“敬”、“孝”、“慈”等皆是指具体的人伦行为，而这段文字又是对“止于至善”的解释、阐发，故人们往往以此来理解《大学》的“至善”。但仔细辨析，不难发现这种理解存在不少问题。首先，没有揭示出“至善”与“明明德”、“亲民”的关系，使人无法看清二者的联系；其次，先秦儒学中“仁”、“敬”、“信”等概念往往既指适用于所有人的普遍道德规范，又指具体的人伦规定，与“至善”有关的往往是前者

① 徐复观先生对此曾有很好的论述，参见《中国人性论史·先秦篇》，293～294页。

而不是后者，所以把“至善”理解为具体的“至善之行”，显然不合适。实际上，“为人君，止于仁……”及其前面的“《诗》云：邦畿千里，维民所止”、“《诗》云：缗蛮黄鸟，止于丘隅”、“子曰：于止，知其所止，可以人而不如鸟乎”等语一样，是对“止于至善”中“止”的解释，而不是对“至善”的解释，用它来理解“至善”乃是对原文的误解。王阳明说：“至善者，明德、亲民之极则也。”注意到“至善”与“明德”、“亲民”的关系，无疑胜于前面的解释，但他认为“至善是心之本体”（《传习录上》），则显然又是“六经注我”了。其实，“止于至善”就是下文的“明明德于天下”，《大学》的这两段话实具有一种内在的联系。作者先在文章的首段提出“明明德”、“新民”、“止于至善”三纲领，又在“古之欲明明德于天下”一段里，通过“修、齐、治、平”等八条目对此作了进一步阐发，前面说过，“明明德”主要是指“修身”，那么，“止于至善”显然是指修身的最终结果“明明德于天下”了。由此我们也可以知道，《大学》的三纲领与八条目实际是一个整体，后者是对前者的补充、发挥，并非在三纲领之外另有一个八条目，也并非在八条目之上还有一个三纲领，二者不过是对同一件事的不同表述。明白这一点，不仅“止于至善”等问题可以得到理解，整个《大学》的思想结构都可得以贯通。

除了内容之外，三纲领的关系同样也是《大学》研究中需要澄清的一个问题。由于《大学》的表述方式，人们往往以为由“明明德”到“止于至善”是一个渐进过程，“明明德”是始，“止于至善”是终，二者之间有一段距离。其实不然，在作者那里，“明明德”与“止于至善”实际是密不可分的，在“明明德”时便应以“止于至善”为目标，而只有确立了“止于至善”的目标，也才能真正地“明明德”。从这一点看，说《大学》是以“止于至善”为目标和出发点的，可能更为合适。在提出三纲领后，作者接着说：

> 知止而后有定，定而后能静，静而后能安，安而后能虑，虑而后能得。物有本末，事有终始。知所先后，则近道矣。

“知止”的“止”，朱熹的注释是：“所当止之地，即至善之所在也。”那么，“知止”即知道自己的人生理想和目标是“止于至善”，而这种目标一旦确立，思想就会有一定向，平静而不妄动，对自身的境遇也能够安然处之，能够正确地思虑，能够有所收获。需要指出的是，这里的“虑”显然不是一般的思虑，而主要是对如何“止于至善”的思虑，“得”也是对如何“止于至善”有所得，所以下面紧接着说：“物有本末，事有终始。知所先后，则近道矣。”朱熹注此句为：“明德为本，新民为末。知止为始，能得为终。”基本可取。这样，作为道德实践手段的“明明德”，与作为道德实践目标的“知止”便呈现一种复杂而密切的关系：一方面，从“本末”说，“明明德”是本，离开了“明明德”，“新民”、“止于至善”便无从谈起；另一方面，从“终始”说，则“知止”是始，只有“知止”，只有确立了“止于至善”的人生目标，才能真正去“明明德”，才能真正去实现这一目标。明白了这一点，才能够理解“大学之道”，也才能“近道矣”。

（二）“八条目”试析

在提出三纲领之后，作者又通过八条目对其作了进一步发挥。前面说过，三纲领与八条目乃是一个整体，二者具有一种对应关系，由此，我们可以对《大学》中长期争议的问题有一新的认识。《大学》说：

> 古之欲明明德于天下者，先治其国。欲治其国者，先齐其家。欲齐其家者，先修其身。欲修其身者，先正其心。欲正其心者，先诚其意。欲诚其意者，先致其知。致知在格物。物格而后知至，知至而后意诚，意诚而后心正，心正而后身修，身修而后家齐，家齐而后国治，国治而后天下平。自天子以至于庶人，壹是皆以修身为本。其本乱而末治者，否矣。其所厚者薄而其所薄者厚，未之有也。此谓知本，此谓知之至也。

“格物、致知、诚意、正心、修身、齐家、治国、平天下”即构成所谓的八条目，而在这八项中，以“修身”为界，又可以分为前后两个部分，八条目的主体部分应该是修身、齐家、治国、平天下，而格物、致知、诚意、正心则是对修身的补充、说明。徐复观先生说："尤其值得注意的是：在'国治而后天下平'一句之后，接着便说'自天子以至于庶人，壹是皆以修身为本'，而并未说'壹是皆以格物为本'，或'壹是皆以致知为本'；由此可知，正心、诚意、格物、致知，皆是修身的功夫。"[①] 此说甚是。因此，由"格物"到"平天下"并非"一条鞭"式的并列关系，而是一种交叉关系，《大学》的八条目应该只是四条目，"修身"以下四项，实际是对"修身"的进一步展开，严格说来，只是一项。

"修身、齐家、治国、平天下"四条目中，修身属于内在的明德，齐家、治国、平天下属于外在的事功。《大学》主张由明德到事功，把事功建立在明德的基础上，与孔子"修己以安百姓"的思想是一致的；而与后者相比，更突出了修身的作用，"壹是皆以修身为本。其本乱而末治者，否矣"。修身是本，齐家、治国、平天下是末，齐家、治国、平天下要以修身为条件，所谓"欲治其国者，先齐其家。欲齐其家者，先修其身"；而由修身出发，便有可能家齐、国治、天下平，所谓"身修而后家齐，家齐而后国治，国治而后天下平"。以往人们谈到《大学》的"修、齐、治、平"，往往从事功的角度去理解，把它看做是经世的经验和方法。其实不然，《大学》虽然提出"齐家、治国、平天下"的政治理想，对儒家的外王之学是一个发展，但它的重点是在内圣而不是外王，它不主张脱离内在的道德修养而去建功立业、经世治国；相反，而是要求把经世治国牢固地建立在明德的基础上。这可以说是《大学》思想的一个基本特点，同时经过子思、孟子的调整发展，成为儒家学者的基本立场。所以当历史上王安石、陈亮、叶适等人，因注重制度的改革，或偏重外在的事功，对明德有所忽略时，往往遭到多数儒家学者的激烈反对，认为是"末也，非本也"，其原因就在于此。

值得注意的是，《大学》说"古之欲明明德于天下者，先治其国。欲治其国者，先齐其家……"而不是说"古之欲平天下者，先治其国。欲治其国者，先齐其家……"。从《大学》的这一句式来看，在修、齐、治、

---

① 徐复观：《中国人性论史·先秦卷》，279～280页。

平之上实际还有一个更高的“明明德于天下”，而修、齐、治、平则是实现这一目标的过程和手段。“明明德于天下”与“平天下”并不相同：前者是就理想、道德实践言，后者则是就现实、政治实践言，但二者又存在密切关系，“平天下”为“明明德于天下”提供了保证，使其成为可能，而“明明德于天下”反过来又促使“平天下”的实现。因此在《大学》那里，实际形成了这样一种循环往复的道德实践过程：一方面，由修身出发，达到“家齐、国治、天下平”，而“家齐、国治、天下平”则在更大范围内使“明明德”成为可能，使社会的每一个人都能够去修其身、齐其家、治其国、平天下，使社会每一个人的道德生命都得到充分实现，而社会每一个人道德生命的实现，反过来又促使“家齐、国治、天下平”，如此延续，不断循环。而在这一过程中，“修身为本”与“止于至善”，个人与群体便在“明明德”上真正得到统一。

“修身”以下，作者提出“格物、致知、诚意、正心”四项对其作进一步阐发，而这一部分在《大学》中争议最多，有必要作专门讨论。什么是格物？向来是《大学》中最有争议的问题，可以说，在思想史上很少有哪个概念能像格物那样，产生过如此多的分歧，如此多的不同意见。其中较有影响的，如郑玄说：“格，来也。物，犹事也。其知于善深则来善物，其知于恶深则来恶物。言事缘人所好来也。”（《礼记注疏》卷六十）按这种说法，“格物”乃“致知”的结果，而不是相反，显然不符合《大学》的原意。朱熹则说：“格，至也。物，犹事也。穷至事物之理，欲其极处无不到也。”[①] 朱熹释“格物”为“穷至事物之理”，有一定道理。不过，他又认为格物的最终目的是“推极吾之知识”，即发明内心先天具有的理，显然又是主观发挥了。王阳明说“格者，正也。正其不正，以归于正也”，“格物，如孟子‘大人格君心’之‘格’。是去其心之不正，以全其本体之正。但意念所在，即要去其不正，以全其正”[②]。这个解释主观性更强，离《大学》的原意也更远。那么，格物的原意到底是什么呢？要回答这个问题，就必须回到《大学》文本中去，从上下文义的关系结构中去寻找解答。以往学者或偏重于文字训诂，或偏重于哲学阐发，都有失片面。因为

① 朱熹：《大学章句》，见《四书集注》，4页。

② 王阳明：《传习录上》，见《王阳明全集》上册，6页，上海，上海古籍出版社，1992。

“格物”的“格”，歧义颇多，不胜枚举，仅影响较大的就有“来”、“至”、“正”、“度量”（《仓颉篇》）等数义，而“物”乃“大共名”，格物一词，文献中又没有旁证，所以仅凭训诂，显然难以找到答案。同样，《大学》一些概念、命题的陈述不够明确，为后人的哲学阐发留下了空间，对思想、学术的发展虽不无裨益，但却在一定程度上模糊了人们对其原意的理解。与此不同，《大学》虽然对格物等概念缺乏明确交代，但它的结构却相当严谨，不仅三纲领与八条目自成一体，而且上下文字互相照应。所以由此出发，庶几可以找到格物的真实含义。

前面已论述，《大学》的思想是由“修身”到“明明德于天下”的不断实践过程，而修身以下格、致、诚、正又是其手段和功夫，那么，格物、致知显然不是一般的认识活动，而主要是对如何“明明德于天下”的认识活动，这可以从《大学》的表达方式看得很清楚：“古之欲明明德于天下者，先治其国……欲诚其意者，先致其知。致知在格物。物格而后知至，知至而后意诚……家齐而后国治，国治而后天下平。”这里，“格物”成为“明明德于天下”众多条件中的一个，也是最终的一个；而“格物”虽然只是修身的功夫和手段，而不是“明明德于天下”的直接功夫和手段，但它却和后者有着密切关系，是实现“明明德于天下”的一个重要条件。从这一点看，格物、致知与上文“知止而后有定，定而后能静，静而后能安，安而后能虑，虑而后能得”中的“虑”、“得”有某种相近之处，二者都是对如何“止于至善”（“知止”、“明明德于天下”意与其相近，见上文。）的思考、思虑，是对这一实践活动过程的认识，只是两段文字侧重有所不同而已。那么，《大学》是如何“止于至善”的呢？显然即是由修身到齐家、治国、平天下的实践过程，也就是上文所说的“物有本末，事有始终”，《大学》的格物显然是指此而言，是“格”“身、家、国、天下”之物，即确立“身、家、国、天下”在“止于至善”中的地位和先后顺序，以便“知所先后”，发生“修、齐、治、平”的实践活动。因此，有学者主张“格物”即是“正名”[①]，可谓切中肯綮。这不仅因为“格物”训为“正名”，有文字上的根据。如《方言》：“格，正也。”《孟子・离娄

---

① 杨柳桥：《〈大学〉的“格物”即是〈论语〉的“正名”》，载《哲学研究》，1978（12）。

上》:“惟大人为能格君心之非。”赵岐注:“格,正也。”《国语·楚语下》:“民神杂糅,不可方物。”韦昭注:“方,别也。名,物也。”“方物”就是分辨事物的名实或名分,格物与其意近,都是正名的意思;而且也符合早期儒家的一般思想,孔子说:“名不正,则言不顺;言不顺,则事不成;事不成,则礼乐不兴;礼乐不兴,则刑罚不中;刑罚不中,则民无所措手足。”(《论语·子路》)孔子把“正名”看做言顺、事成、礼乐兴、刑罚中、民措手足的条件和基础,与《大学》由格物而致知、诚意、正心、修身、齐家、治国、平天下在逻辑上是一致的。所不同的是,孔子所说的正名主要是指“君君、臣臣、父父、子子”(《论语·颜渊》)的等级名分,而《大学》的格物则说的是身、家、国、天下,但这二者并非截然对立的,只不过前者是从人伦关系讲,后者是从实践过程讲,二者在精神实质上仍是一致的。

在先秦儒学中,正名从属于礼,是礼的核心,因此《大学》的格物与礼有密切关系,把它释为“复礼”同样是讲得通的。明确了这一点,《大学》的“致知在格物”便容易理解。以往解释致知者,或认为是由内而外,“推极吾之知识”(朱熹),“致吾之良知于事事物物”(王阳明),或认为是由外而内,获取外部知识;前者属于主观发挥,明显不可取,后者虽有一定根据,但也存在不可克服的矛盾。因为从孔子开始,儒学虽有重视“学”、“知”的传统,但并不主张不加选择地认识外物。他们的认识对象既不是一般的物,也不是一般的事,而主要是指“人事”,尤其是指礼,这在早期儒学历史中表现得尤为突出。[①] 而把致知理解为“即物穷理”,获取外部知识,显然没有反映出“致知”的这一特点。另外,《大学》的“致知”与“明明德于天下”具有内在的联系,是实现“明明德于天下”的必要条件,而若按上面的理解,显然没有将这种联系揭示出来。其实,《大学》的致知主要是对“正名”,也即身、家、国、天下而言的,是对修、齐、治、平实践活动的知,而这种知在当时主要属于礼,因而它又主要是对礼的知,这即是《大学》“致知在格物”、“物格而后知至”所表达的意思所在。因为《大学》不仅讲“致知”,还讲“知止”,致知与知止既

① 参见侯外庐等:《中国思想通史》,第1卷,173页。

有联系又有区别，知止是就人生理想言，规定了致知的目标与范围，而致知则是就具体实践言，服从于知止的需要，而致知与知止正是通过格物，也即是“正名”统一起来，所以脱离知止谈论致知，把致知简单理解为对外物的认知，显然没有理解《大学》“致知在格物”、“物格而后知至”的真正含义。相反，如果理解了致知不是一般的知，而是关于修、齐、治、平之知，不仅上下文意可以豁然贯通，而且《大学》所谓“阙文”问题也可迎刃而解。《大学》在提出三纲领、八条目后，接着对其各项作了进一步阐发，而唯独对“致知在格物”没有具体说明，故朱熹认为“格物、致知之义，而今亡矣”，并专门作补传一章。朱熹的补传后人或有微词，但《大学》有阙文的意见却被多数学者接受，如冯友兰先生也认为“惟所谓致知格物，下文未详细论及”①。有学者虽然反对《大学》有阙文之说，但又试图在别的章节中寻找本章的说明文字②，实际同样承认本章下面存在阙文。其实，以上看法都是因为没有真正理解《大学》的“格物致知”所致，前面说过，《大学》的格物是“格”“身、家、国、天下”之物，致知是“致”“修、齐、治、平”之知，而《大学》一文正是对此内容的展开，“格物致知”之旨已体现在文章的整个结构之中，故不再需要专门的文字说明，若有说明，反显重复、累赘。这就是《大学》“致知在格物”下有“阙文”的原因所在。由此也可以反证，释“格物”为正名，正是《大学》的原意。

格物、致知以下，作者又提出诚意、正心二项，有学者认为“《大学》提出欲正其心者先诚其意，这是继孟子以心善言性善后的一大发展”③。在我们看来，这种说法多少有些夸大其词，《大学》不仅没有达到性善的高度，其所言心也与孟子有较大差距，这是《大学》时代特征的体现，也是理解《大学》思想的关键。那么，什么是“诚其意”呢？作者对此有明确的说明：

---

① 冯友兰：《〈大学〉为荀学说》，见《古史辨》，第4册上编，上海，上海书店（据朴社1930年版影印），1993。又见《中国哲学史》上册，第14章《秦汉之际儒家》，北京，中华书局，1961。

② 如郭沂认为“子曰：‘听讼，吾犹人也，必也使无讼乎。’无情者不得尽其辞。此谓知本，此谓知之至也”为“格物致知”的传文，详见郭沂：《〈大学〉新论》，见《新儒家评论》，第2辑，149～150页。

③ 徐复观：《中国人性论史·先秦篇》，282～283页。

> 所谓诚其意者，毋自欺也。如恶恶臭，如好好色，此之谓自谦。故君子必慎其独也。小人闲居为不善，无所不至，见君子而后厌然，掩其不善，而著其善。人之视己，如见其肺肝然，则何益矣。此谓诚于中，形于外，故君子必慎其独也。

《说文》："意，志也。""诚其意"即保持意志、意念的诚敬，不自欺欺人，就像"恶恶臭，如好好色"是出自本能一样，在作者看来，这样就做到了慎独。值得注意的是，《大学》中的慎独与《五行》相近，而与郑玄以来的理解不符。简帛《五行》说："能为一，然后能为君子，慎其独也。"帛书《五行·说》亦说："独然后一，一也者，夫五为一心也，然后得之。"慎独是指仁义礼智圣"五行"统一于心，与心为一，这与《大学》的"诚其意"意思是相近的，只不过前者是对仁义礼智圣"五行"而言，后者是对"诚"而言，但这只是概念系统的不同，究其精神实质，仍是一致的。郑玄看到上文有"小人闲居为不善"，又以为闲居是指"独处也"，故将慎独理解为"慎其闲居之所为"（《礼记注疏》卷六十），是对文义的误解。因为上文中的"小人闲居为不善"并不是"慎其独"的直接原因，而是要说明"诚于中，形于外"。它是说，小人平时喜欢做不好的事情，当他见到君子后，却试图伪装自己，"掩其不善，而著其善"。然而，人们的内心与外表往往是一致的，平时不好的意念、想法总能在行为中表现出来，"人之视己，如见其肺肝然"，伪装是伪装不了的；同样，平时好的意念和想法也可以在行为中表现出来，这就叫"诚于中，形于外"。因此，这里并不是说，因为"小人闲居为不善"而要"慎其独"，而是说因为"诚于中，形于外"所以要"慎其独"，而"小人闲居为不善"不过是作为一个例子，用以说明"诚于中，形于外"这个事实。其实，在先秦文献中，闲居也并不完全是指"独居"，如"孔子闲居，子夏侍"（《礼记·孔子闲居》）。既然有人"侍"，显然就不是独居了，所以文中的"闲居"应当理解为闲暇而居，或平时而居，从上文的内容来看，这样的理解可能更为合适。因此，《大学》中的慎独也即"诚其意"，是内在的精神状态，而与独居、独处根本无关。它表现为前后相续的两个阶段：首先，是意志、意念对"诚"念念相续的持守、把持，是真实无妄的内心状态；其次，是在

“诚其意”的基础上“诚于中，形于外”，直接发显为道德行为。因此，有学者主张《大学》的“诚”是一种道德本体，具有判断是非善恶的能力，与《中庸》的“自诚明”相似，有一定的道理。但《大学》在肯定“诚于中，形于外”的同时，又提出“欲诚其意者，先致其知”，认为“诚其意”要以“致其知”为条件，需要得到后者的补充、培养，这一思想显然又与《中庸》的“自明诚”相似。因此，《大学》的“诚其意”既是内在的精神体验，又包含了外在的实践认知，既是由内而外，又是由外而内，它后来发展为《中庸》“自诚明”和“自明诚”，而在《大学》这里，则统一在“正心”的功夫之内。“诚意”之上，作者又提出“正心”：

> 所谓修身在正其心者，身有所忿懥，则不得其正，有所恐惧，则不得其正，有所好乐，则不得其正，有所忧患，则不得其正。心不在焉，视而不见，听而不闻，食而不知其味。此谓修身在正其心。

文中的“身有所忿懥”，程颐改为“心有所忿懥”，甚是。此章讨论“正心”，主词当然应当是“心”，若是作“身”，则下一句“不得其正”是指“身”不得其正，且与后面“心不在焉”无法统一，显然难以讲通。“心有所忿懥”几句是说，“心”往往容易受生理情绪、主观情感、感官欲望的影响而“不得其正”，而“心不在（正）焉”①，经验感官便无法正常发挥作用。这里作者似乎只谈到“正心”的必要性，而对如何“正心”没有提及，其实从前面“欲正其心者，先诚其意。欲诚其意者，先致其知”来看，“正心”实际包括了“诚意”与“致知”两个方面，它要求从道德意志与实践认知两个方面发挥“心”的支配作用，将其从情绪、欲望中超拔出来，恢复其自由和主动。因此，《大学》的“正心”实际是一种二元的方法，而这一方法以后又被《中庸》、《五行》进一步发展，并分别对孟子、荀子的思想发生影响。

---

① 有学者指出，“心不在焉”的“在”当为“正”之误，因为“此章释‘正心’，所讨论的是心的‘正’与‘不正’，而不是心的‘在’与‘不在’”。见郭沂：《〈大学〉新论》，见《新儒家评论》，第2辑，154页。

(三)《大学》在思想史上的地位

《大学》的学派归属和地位如何?在思想史上也一直是一个颇有争议的问题。宋代学者多认为《大学》属于思孟的内在派,在宋儒构造的道统系统中,《大学》是与曾子联系在一起,而与子思的《中庸》,孟子的《孟子》一脉相承,前后相续。如朱熹《大学章句序》说:"及周之衰,贤圣之君不作,学校之政不修,教化陵夷,风俗颓败,时则有若孔子之圣……于是独取先王之法,诵而传之以诏后世……三千之徒,盖莫不闻其说,而曾氏之传独得其宗,于是作为传义,以发其意。及孟子没而其传泯焉,则其书虽存,而知者鲜矣!"宋明理学中的陆、王一派也持这种看法。值得注意的是,宋明理学中两派虽然都认为《大学》属于思孟的内在派,但对《大学》的理解上却存在很大差别。朱熹补《大学》"格物致知"章,实际是突出、强调了《大学》向外求索的一面,而王阳明恢复《大学》古本,释"格物"之"物"为"事",又以为"心之所发便是意","意之所在便是物"[①],则是要把《大学》重新拉向内在的一面。在宋明理学家推崇的"四书"中,《大学》一直是程朱、陆王两派争论的焦点。近代以来,学者多认为《大学》一书晚出,与此相应,对《大学》的学派属性也提出了不同看法。冯友兰曾撰《〈大学〉为荀学说》一文,认为《大学》为荀学一派著作,"《大学》中所说'大学之道',当亦用荀学之观点以解释之","盖当时荀学之势力,固较汉以后人所想象者大多多也"。冯氏认为《大学》成书于秦汉之际,虽然难以成立,但他看到《大学》与荀学之间存在一定联系,却并非完全无据[②],故其观点被许多学者接受,一时影响很大。

---

① 王阳明:《传习录》上,见《王阳明全集》上册,6页。

② 冯友兰先生认为《大学》源于荀学,主要有以下根据:(一)《大学》"止于至善",是来自《荀子·解蔽》的"止诸至足"。(二)《大学》"有诸己,而后求诸人;无诸己,而后非诸人",及"此之谓挈矩之道也",来自《荀子·不苟》"操五寸之矩,尽天下之方",《非相》"圣人者,以己度者也"。(三)《大学》言"正心",言"心不在焉,视而不见,听而不闻",来自《荀子·解蔽》"故人心譬如槃水,正错而勿动,则湛浊在下,而清明在上"一段。(四)《大学》言致知格物,来自《荀子·解蔽》"凡观物有疑,中心不定,则外物不清"一段。见《古史辨》,第4册上编,175～182页。

但也有学者持不同意见，如徐复观先生虽然肯定《大学》成书于秦汉之际，但认为"《大学》乃属于孟子以心为主宰的系统，而非属于荀子以法数为主的系统"，实具有综合孟、荀两派思想的特点。[①]

那么，如何看待关于《大学》的争论呢？我们认为，以上看法忽视了《大学》思想的复杂性和特殊性，有失之简单化的嫌疑，因而并不可取。我们知道，孔子的思想主要包括了仁、礼两个方面，这两个方面后被孟子和荀子分别加以发展，演化为两个不同的思想体系。但这一过程是逐步完成的，在孟子、荀子那里，两种思想达到成熟和独立，但在其中的过渡阶段中，两种思想则往往纠缠、交织在一起，呈现出复杂的面貌。这一特点在《大学》甚或《中庸》、《五行》中均有所表现，实际上《大学》以及《中庸》、《五行》在思想史上的地位即在于它们思想的过渡性，在于它们思想的二元倾向，在于它们对以后的孟学、荀学均有所影响。因为先秦儒学思想的发展并非是单线的，而是双向的，只是这一特点以往被忽略而已。宋代理学家受道统论的影响，认为《论语》、《大学》、《中庸》、《孟子》的思想是"一以贯之"的，体现了共同的"道"，而看不到《大学》与《孟子》之间的差别，因而是非历史的。近代以来的学者则喜欢用孟、荀的差别去看待以前的思想，结果往往各执一词，产生不必要的分歧。既然《大学》是过渡阶段的产物，那么，它对以后的孟学和荀学各有什么影响呢？我们认为，首先，《大学》强调"以修身为本"，主张由修身达到天下的治平，这种由"内圣"而"外王"的实践方法显然直接影响到孟子，而与荀子关系不大。孟子说："老吾老以及人之老，幼吾幼以及人之幼，天下可运于掌。诗云：'刑于寡妻，至于兄弟，以御于家邦。'言举斯心加诸彼而已。"（《孟子·梁惠王上》）以及"以不忍人之心，行不忍人之政，治天下可运之掌上"（《孟子·公孙丑上》），正是对前者的发展。荀子虽然也讲修身，但他的修身主要是通过实践外在的礼仪来完成，是"立外王而成就内圣"[②]，与《大学》思路并不相同。

---

① 参见徐复观：《中国人性论史·先秦篇》，276页。

② 关于孟、荀对内圣外王的不同理解，参见蒋年丰：《从思孟后学与荀子对"内圣外王"的诠释论形气的角色与义涵》，见杨儒宾主编：《中国古代思想中的气论与身体观》，台北，巨流图书公司，1994。

其次，《大学》讲“正心”，以“正心”为修身的主要手段，而“正心”又包括“诚意”与“致知”两个方面，“诚意”由内而外，“诚于中，形于外”，表现为道德主体的自觉活动；而“致知”如前面所说，主要是对礼的知，它由外而内，以外在的“知”（礼）使心得到充实、安顿。《大学》的心似具有道德心与认知心的双重内涵，前者影响了孟子，后者启发了荀子。

再次，《大学》以“明明德于天下”为“至善”，把“至善”的价值追求落实在天下每个人的“明德”之中，使其内在化、精神化，这显然与孟子一派关系密切，而与荀子重视外在的制度礼仪，以“礼义法度”为最终的归宿有所不同。

综上所述，《大学》的思想虽具有二元的倾向，对以后孟子、荀子均有所影响，但就其思想的主要性格而言，似与思孟一派关系更近，前人将其看做思孟学派的一个环节，可能正是出于这种考虑。

第三节　竹简《性自命出》与子游心性论

竹简《性自命出》以三十五简为界，可以分为前后两个部分。两部分的主旨虽各有侧重，但主要都是讨论心性问题，是一篇专门的心性论之作。它的出土，为了解儒家早期心性论提供了重要材料。目前学界对此已有不少讨论，但在认识上也存在很大分歧。关于本篇的作者，我们前面已说明，倾向认为是子游，年代应在子思所作《中庸》之前。以下我们将对《性自命出》的心性论以及论“情”的思想做出探讨，并在此基础上进一步分析其与思孟乃至荀子的复杂关系。

（一）中国早期思想中的“性”与“心”

即生言性乃是中国古代的一大传统。古训云：“性者生也。”性的原始义即为生，是由生分化而来的形声字。郭店简中性字写作“眚”，眚在甲骨文中已出现，一般用作“省”，金文既用作“省”，又可通为“生”，如舀鼎、盂鼎等。郭店简用作性，正是即生言性。在古汉语中，生有多种含义，它既可以指出生，也可以指出生以后的生命，还可以指生命的生长、成长。性源于生，说明古人是从生命的出生、生长及表现来看待、理解性。唐君毅先生说：“一具体之生命在生长变化发展中，而其生长变化发展，必有所向。此所向之所在，即其生命之性之所在。此盖即中国古代之生字所以能涵具性之义，而进一步更有单独之性字之原始。既有性字，而中国后之学者，乃多喜即生以言性。”[①] 徐复观先生也说：“就具体的生命而言，便谓之生；就此具体生命之先天禀赋而言，便谓之性。”[②] 因此，性与生密切相关，是反映生命特质、特征的概念。从文献来看，古人最早是从生命的自然特征来理解性的。《尚书·西伯戡黎》说：“惟王淫戏用自

① 唐君毅：《中国哲学原论·原性篇》，27～28页，香港，新亚研究所，1974。

② 徐复观：《中国人性论史·先秦篇》，第1章《生与性——中国人性论史的一个方法上的问题》，8页。

绝。故天弃我，不有康食，不虞天性，不迪率典。”古人认为，生命在生长、发展过程中必有所表现，其表现出来的情感、欲望、能力等即是其生命之性。因此，正如生命有其自身的生长、发展一样，性也有其自身的规定，有其自身的常态，所谓“天性”即是指性自身的常态而言，“不虞天性”即是不考虑、顾及到性自身的常态。因此，在古人那里，性虽然包含情感、欲望等内容，但并不是一个负面的概念，并不能被简单否定，而是认为要从性本身出发，符合性自身的规定。古人一般不持禁欲主义态度，但也反对过分纵欲，原因就在这里。纣淫荡嬉戏，不顾及常性，不遵从常法，结果遭到上天的抛弃，就是因纵欲过度而违背了性的一个例证。《召诰》篇则说到“节性”：

> 王先服殷御事，比介于我有周御事，节性，惟日其迈。王敬所作，不可不敬德。

召公告诫成王，要重视使用殷商旧臣，使其亲近周王室官员。对于“节性”一句，郑玄注曰：“节其性，令不失中，则道化惟日其行。”这里的“中”应该即是指性的常态而言，《礼记·中庸》郑氏注：“中为大本者，以其含喜怒哀乐，礼所由生，政教所自出也。”即是这个意思。节性的“节”应理解为“适”，先秦古籍中“节”字与“适”字常常可以互训，因“节”是达到“适”的手段。节性即“节适”其性，指保持性的常态，使不可恣纵过度，与后面的“敬德”相对。由于古人对性的这种理解，所以常有“弥尔性”的说法。《诗经·卷阿》说：

> 伴奂尔游矣，优游尔休矣。
> 岂弟君子，俾尔弥尔性，似先公酋矣。
>
> 尔土宇昄章，亦孔之厚矣。
> 岂弟君子，俾尔弥尔性，百神尔主矣。
>
> 尔受命长矣，茀禄尔康矣。

岂弟君子，俾尔弥尔性，纯嘏尔常矣。

“弥尔性”是古人常用的祝福语，金文中有“永令弥厥生，万年无疆”（《叔俅孙父簋》），“永令弥厥生，霝终。”（《蔡姞簋》）与《卷阿》意思相近。郑玄的注释是：“弥，终也”，“使女终女之性命，无困病之忧”（《毛诗正义》）。傅斯年认为“后世所谓性命者，实即今人所谓生命。此章本为祝福之语，所谓‘俾尔弥尔性’者，即谓俾尔终尔之一生，性固不可终，则此处之性字必为生字明矣。且此点可以金文证之”①。而徐复观先生则认为“《说文》无‘弥’字而有‘镾’字”，“段注：‘镾，今作弥，盖用弓部之璽代镾，而又省玉也。弥行而镾废矣。汉碑多作璽可证。镾之本义为久长；其引申之义曰大也，远也，益也，深也，满也，徧也，合也，缝也，竟也……’”“《生民》、《卷阿》两诗之弥字，皆不应训终，而应训满；《卷阿》的性字，乃指欲望而言。‘弥尔性’，即‘满足了你的欲望’；必如此而上下文始可条畅”②。生、性在古籍中虽然可以互用，但从上文的内容来看，应该是“弥尔性”而不是“弥尔生”，因“弥尔性”在文中反复出现，若作“弥尔生”，指终其一生，不仅与诗文内容联系不够密切，而且也稍显重复；相反，若作“弥尔性”，指满足、实现你的性，上下文句才显得圆顺、条畅。不过上文虽然是“弥尔性”，却不能简单地理解为“满足你的欲望”，因为在古人观念中，性是生命自然、适宜的表现，它虽然包括欲望等内容，但只有符合性的规定，适宜于生命成长、发展的欲望才能称作性；而一般所谓欲望，有适宜于生命者，也有不适宜于生命者，若笼统地说“满足你的欲望”，不仅有纵欲之嫌，且与古人观念不符。从上文的内容来看，“弥尔性”的性应该主要是指寿命、福禄等而言。《国语·周语上》祭公谋父谏周穆王：

先王之于民也，懋正其德而厚其性，阜其财求而利其器用。

---

① 傅斯年：《性命古训辨证》，见《傅孟真先生集》，第3册中编，39页，北京，商务印书馆，1948。

② 徐复观：《中国人性论史·先秦篇》，9～10页。

古人认为性源于生，是生命的内在本质和表现，这种性虽然是一种先天的禀赋，但同时需要后天的培养，需要用德以及器用来“厚其性”，也就是养性。《晋语四》：“懋穑劝分，省用足财，利器明德，以厚民性。”说的也是这个意思。这里性虽然与德相对，但主要还是一种自然人性，因周人所说的德主要是针对德行、人事而言，它是一种外在行为而不是内在善性。

在《诗经》、《尚书》中，古人已形成关于性的基本观念。这一观念到春秋时则发展为较为系统的人性理论，而这一理论的出现与当时人们对生命的理解，尤其是与古代的“六气”说密切相关。《左传·昭公二十五年》子大叔引子产云：

> 则天之明，因地之性，生其六气，用其五行。气为五味，发为五色，章为五声。淫则昏乱，民失其性。是故为礼以奉之：为六畜、五牲、三牺，以奉五味；为九文、六采、五章，以奉五色；为九歌、八风、七音、六律，以奉五声；为君臣上下，以则地义；为夫妇、外内，以经二物；为父子、兄弟、姑姊、甥舅、婚媾、姻亚，以象天明……民有好恶、喜怒、哀乐，生于六气，是故审则宜类，以制六志……哀乐不失，乃能协于天地之性，是以长久。

气是古代思想的基础概念，是“现象界中一切存在乃至机能的根源”，它不仅运行于天地间，同时也运行于人的身体中，成为生命的能量和动力。“简言之，物质、生命、精神的三个世界，也就是‘气’的呈现。”① 古人对生命的这一独特理解集中表现在春秋时期的“六气”说中。《左传·昭公元年》记医和说：“天有六气，降生五味，发为五色，徵为五声，淫生六疾。六气曰阴、阳、风、雨、晦、明也，分为四时，序为五节，过则为灾。”根据医和、子产的言论，古人认为天有阴、阳、风、雨、晦、明六气，六气的运行产生了四时、五节（杜注：五行之节。一说五声之节）的变化，在人的身体中则表现出五味、五色、五声的感性需要，如果过度，

① ［日］丸山敏秋：《中国古代“气”的特质》，见杨儒宾主编：《中国古代思想中的气论及身体观》，159页。

便会产生疾病。故需要以礼来奉养，用六畜、五牲、三牺来奉养五味，用九文、六采、五章来奉养五色，用九歌、八风、七音、六律来奉养五声，既使五味、五色、五声的感性需要得到满足，又不至于因过度而导致“民失其性”。同时，六气又可表现为好恶喜怒哀乐之情，这六种情感的表达同样要有所节制，要做到“哀乐不失”，“协于天地之性”。因此，诚如学者所言：“在‘六气’说之中，人被视为一个有机体，是一个小宇宙（microcosmos）；这个小宇宙与作为大宇宙（macrocosmos）的自然界之间，具有声气互动的关系。”[①] 在天地间，气的运行是自然、和谐的，是符合“理”的，在人的身体中也同样如此。但这种理显然已不是一般的制度、仪节，而是“天之经也，地之义”，是天地的自然秩序。

子产以六气论性，其性自然可以说是一种“气性”，但这并非是后世所谓形而下之气质之性，而恰恰是一种超越的“天地之性”，是“则天之明，因地之性”，此性具有内在的规定性，只有在此规定内的才可称作是性，否则，“淫则昏乱，民失其性”，超出了规定之外，就不能算是性了。不过，子产虽提出“天地之性”，自超越层面以言性，但并没有因此肯定性善，这主要是因为其所谓天地虽是超越者，但还不具有明显的道德含义，不具有仁义的属性，主要还是强调一种必然性、永恒性。“中国古代思想家讲‘天’或者‘天地’，主要即是强调此种永恒性、此‘天长地久’之义，而其每次将‘天’或‘天地’与人类之事物互相联系，即是希望以借重于前者之必然性、永恒性与普遍性而使人们对后者有同样的恭敬心与无法改变之‘天经地义’之感。”[②] 故子产所论，主要还是一种自然人性，是一种气性，其所要强调的，是性具有超越的根源，具有自身的规定、自身的常态，是不可违背、不可失去的。《左传・襄公十四年》载师旷之言，也提到“天地之性”：

> 天生民而立之君，使司牧之，勿使失性。有君而为之贰，使

① 黄俊杰：《孟学思想史论》，第1卷，37页，台北，东大图书公司，1991。

② ［美］顾史考：《郭店楚简儒家逸书与其对台湾儒学思孟传统的意义》，见台湾成功大学中国文学系编：《第二届台湾儒学国际学术研讨会论文集》，181页，1999-12；又见所著《郭店楚简先秦儒书宏微观》，65～112页，台北，学生书局，2006。

师保之，勿使过度……天之爱民甚矣，岂其使一人肆于民上，以从其淫，而弃天地之性？

师旷认为“天之爱民甚矣”，表明其所谓天已具有道德含义，不过天虽然“爱民甚矣”，其表现主要还是“生民而立之君，使司牧之”，似乎并没有赋予民善性，而是强调要“勿使失性”，也就是不要失去其常性。对于一般百姓，上天要选立君主来管理他们。对于君主，则要设立臣僚，教育、辅佐他，勿使其恣纵过度。故师旷虽提出“天地之性”，从超越的层面以言性，但其性的内容主要还是自然人性，指人的常性。他与子产一样，也是要强调性有自身的规定性、自身的常态，要求“勿使失性”，“勿使过度”；不过，其“天地之性”也包含了爱民的规定，这是新出现的内容。

根据以上所论，由于古代即生言性的传统，古人往往从生命物的出生、生长及其表现来看待、理解性，它包括以下几个方面：一、人由天生，性由天赋。古人认为人由上天所生。《诗·大雅·烝民》：“天生烝民，有物有则。”郭店竹简《语丛一》：“夫天生百物，人为贵。”帛书《五行》：“天生诸其人。”既然人由上天所生，那么，人的性自然也由天所赋。所以，诚如傅斯年所言：“古初以为万物之生皆由于天，凡人与万物生来之所赋，皆天生之也。故后人所谓性之一词，在昔仅表示一种具体动作所产之结果。”① 不过由于当时所谓天或者指人格神，或者指天地，故古人并不认为天赋予人的性是善性，而只是强调性有超越的根源，是一种和谐有机的存在，有自身的规定性、常态。同时，性由天赋起初只是一种潜在的观念，尚没有以明确的命题的形式表达出来。二、以气言性，性指适宜生命生长、发展的过程。气流动于身体中构成了人的生也即性，这种性虽然也是一种先天禀赋，但却并非凝固不变，而是动态、活动的。所以，诚如葛瑞汉所言，中国古代的性不应理解为“出生时的固定本质”，而应理解为“倾向、方向、路径、规范、潜能”等，因为“早期中国思想家在讨论‘性’时，除了像水这样的无生命物质外，一般很少会想到其出生时的固定本质，他们更为关注的是在没有受到伤害和得到充足滋养的情况下，实

① 傅斯年：《性命古训辨证》，78页。

现其全部潜能的自然生长过程……这与人们试图理解早期中国概念时的一般印象相一致，那就是与最接近的西方同义词相比，它们更倾向是动态的（dynamic），而一经英语翻译，它们则往往变得凝固不动。因此，最初是指'呼吸'、'空气'的气成为流动于身体并支撑其运动和成长的必不可少的能量，没有了气，身体和其他所有固态、静态的事物便会凝结，而有了气，它们则会在一定的过程中活动起来"[①]。三、性需要后天的培养，尤其需要礼的培养。性是适宜生命成长的过程，它的发展、成长需要后天的培养，养性乃是中国古代十分重要的观念。安乐哲注意到，中国古代的性与西方的 nature 虽然在词源上都源于生，但二者内涵并不完全相同。西方的 nature 是指先天禀赋和本能，是生而具有而不是后天获得的；而"在古典儒家学说中，一个人的性并不是先于文化决定的，而绝对、显然是一种文化的建构"[②]。安乐哲的这个说法多少有夸大后天因素的嫌疑，但他认为中国古代并没有将先天、后天对立起来，性不仅是先天的禀赋，同时包含了后天的塑造、培养，则无疑是合理的，这也是中国古代性的一个重要特点。

心在中国古代也占有重要地位，它"在人身之中"（《说文》），是反映主体的实践、认知能力的概念，往往表示人的意志、意念等心理活动，如"戮力同心"（《左传·成公十三年》），"心以守志"（《国语·晋语八》），"同德则同心，同心则同志"（《晋语四》），"吾尝同寮，敢不尽心乎"（《左传·文公七年》）。心还具有思维、思虑的能力，是身体的主宰，如："夫民虑之于心而宣之于口。"（《国语·周语上》）"苟中心图民，智虽弗及，必将至焉。"（《国语·鲁语上》）"不能深知君之心度。"（《国语·晋语二》）"和六律以聪耳，正七体以役心。"（《国语·郑语》）人们的道德实践活动

---

① A. C. Gramham, "The Background of the Mencian Theory of Human Nature", in his *Studies in Chinese Philosophy and Philosophical Literature*, The institute of East Asian Philosophies, 1986 , p. 8.

② Roger T. Ames, "The Mencian Conception of Ren xing（人性）：Dose it Mean 'Human Nature'? " in *Chinese Texts and Philosophical Contexts—Essays Dedicated to Angus C. Graham*, ed. Henny Sosemont, Jr. La salle：Open Court，1991，p143. 葛瑞汉与安乐哲都注意到西方的 nature 与中国古代的性在词源上都源于生，如在希腊语中 nature 一词源于 phuō（生长），拉丁语中 natura 源于 nascor（出生），但他们认为二者的内涵并不完全相同。

也是在心的指导下完成的："心率旧典者为之宗。"（《国语・楚语下》）"心不则德义之经为顽。"（《左传・僖公二十四年》）"居利思义，在约思纯，有守心而无淫行……心能制义曰度，德正应和曰莫。"（《左传・昭公二十八年》）这种心基本上是一种经验心，而不是道德本心，它虽然有道德实践能力，但主要是实践客观、外在的道德规范，而不能表现为自主、自觉的道德行为。这种心更接近于以后荀子的心，而不同于孟子的心。值得注意的是下面关于心的论述："子木有祸人之心，武有仁人之心。"（《左传・昭公元年》）"及其失之也，必有慆淫之心间之……及其得之也，必有忠信之心间之。"（《国语・周语下》）这里的"仁人之心"、"忠信之心"似有道德本心的含义，但意义尚不明确，出现次数也较少，还不是心的主要内容。此外在上面所引各种典籍中，心、性还没有被联系在一起，二者的关系也很少谈及，说明心性论此时还没有成为人们讨论的主要问题。

（二）《性自命出》的人性论

孔子虽然是儒学的创始者，但对心性问题谈论的并不多。孔子提出"性相近，习相远"（《论语・阳货》），主要谈的还是自然人性。孔子的心也主要是指情感、意志的活动，如"从心所欲不逾矩"（《为政》），"其心三月不违仁"（《雍也》）等，还没有成为一个重要的哲学概念。孔子以后，对心性问题有深入、系统讨论的，从目前资料看，当为《性自命出》：

> 凡人虽有性，心亡定志，待物而后作，待悦而后行，待习而后定。喜怒哀悲之气，性也。及其见于外，则物取之也。性自命出，命自天降。（第1—3简）

一般而言，儒家心性论不仅仅是从人自身出发来说明人的问题，同时也与中国哲学中天人关系这个基本问题存在着密切联系。竹简提出"性自命出，命自天降"，认为性来自于天，是天的赋予，把性与天、命联系在一起，正反映了这一点。由于这一命题出现在很少谈及"性与天道"的孔子之后，《诚明》“天命之谓性”之前[①]，所以显得尤为重要和引人注目。围绕于此，学术界也存在着不同的理解和看法，一种是道德形上学的，认为竹简的天是形而上的超越者，是普遍至善的，由这种天所出的性必然是善的。如有学者认为竹简“在以‘喜怒哀悲之气’和‘好恶’来界定‘性’的同时，申言此性是天命的，是内在的，实际预涵了此能好人的、能恶人的‘好恶’之‘情’即是‘仁’与‘义’的可能，‘仁’、‘义’是内在禀赋的内容”。这里虽然有“性有善有不善”的意思，却“并没有完全排拒‘情气’好恶中的‘善端’。这就为后世的性善论埋下了伏笔”[②]。另有学者虽不赞同竹简已有了性善论的思想，但认为这是因为在竹简尚没有将性、命统一起来。“‘天命之谓性’，谓天命就是性。而‘性自命出’意思自明，性是从命产生的，性是性，命是命，性、命二也。”“《中庸》合性命为一，天命善，故性必也善。《性自命出》分性命为二，故言性善，显得理论乏力。”[③] 反过来说，性命一旦合一，性自然也就成为善的了。可以看出，这种观点与前者虽有不同，但在思路上却是一致的。

与此不同，另有学者则认为：“竹简有‘天’、‘命’，却未见‘天命’连用。‘天’义含混，其中包含有非人力所可测度、控制的神秘力量，却并无人格神的性格。‘命’无神秘的道德含义，指的即是人的感性生命和生存……从而‘性自命出，命自天降’的‘性’，便是与物性相区别的自然人性。竹简非常详尽地描述喜、怒、爱、思、欲、虑、智、念、强、弱等等均出于此自然之性。这里毫无‘人性善’的道德说法。后儒直到今天的现代新儒家对‘人性’和‘天命’的道德形而上学的阐释，似乎值得重新考虑。”[④]

可见以上两种看法中，前者把天看做善性的根源，以“天命”说明善性，显然是受到宋明理学道德形上学的影响，不一定符合早期儒家的情

① 笔者认为今本《中庸》原为独立的两篇：第二章至第二十章上半部分为子思所作的《中庸》，而第一章及第二十章以下，为子思的另一篇《诚明》，它们被编在一起乃是以后的事情。详见第五章第二节：《郭店竹简与〈中庸〉》。

② 郭齐勇：《郭店儒家简与孟子心性论》，载《武汉大学学报》，1999（5）。

③ 吕绍纲：《性命说》，载《孔子研究》，1999（3）。

④ 李泽厚：《初读郭店竹简印象记要》，载《中国哲学》，第21辑。陈来先生也有类似看法，参见陈来：《荆门竹简之〈性自命出〉篇初探》，载《中国哲学》，第20辑。

况。因为宋明理学与先秦儒学虽然都重视天，都把天看做性的根源，但二者在理解方式上存在着很大差异。理学家所说的天往往是指“理”或“天理”，它是世界的本质和根源，是形而上的本体，是普遍至善的。由这种“天”所“命”的性不是经验层面的气质之性，而是与“天”、“理”同属于超越层面的义理之性。所以，在宋明儒眼里，天理、心性本是一体，在“天”曰天理，在“人”为心性，“天人本无二，更不必言合”。在这种本体论的格局下，性即是理，所谓“性即理”，自然是普遍至善的。而竹简的天，诚如论者指出的，意义含混，不具有明显的道德含义，与宋明理学的天或天理不能同日而语。从哲学的层面看，“性自命出，命自天降”主要是生成论的，而非本体论的，由这种“天”所出的“性”，不论其与天统一与否，均不必然是一种善性。

从先秦典籍来看，天虽然具有超越者、主宰者甚至人格神的含义，但古人更倾向将其看做人伦道德的立法者，而不是善性的赋予者。《诗·大雅·烝民》：“天生烝民，有物有则；民之秉彝，好是懿德。”《左传·襄公十四年》：“天生民而立之君。”郭店竹简《成之闻之》：“天降大常，以理人伦。制为君臣之义，著为父子之亲，分为夫妇之辨。”《烝民》一诗，孟子曾引作性善之证，后人便常常以为这里已有了性善的含义，“秉彝”系就天所赋予的善性。然而，诚如徐复观先生所指出的，“在周初用彝字，多指‘常法’而言，有同于春秋时代之所谓礼。‘秉彝’，是守常法，《毛传》以‘执持常道’释之，有如所谓‘守礼’……而上文之‘有物有则’，指有一事，即有一事之法则，‘民之秉彝’，即民之执持各事之法则。并未尝含有性善之意”①。所以，这里的天主要是外在礼仪、伦常的制定者，它虽然也“生民”，但其生民之性，诚如前面所言，恰恰是一种自然人性，是气性。

其实，竹简“性自命出，命自天降”乃是从前面的“天地之性”而来，是对后者思想的进一步发展。前面已说，子产、师旷等人提出了“天地之性”，把天地看做性的超越根源，以肯定性的必然性、规定性。而“性自命出，命自天降”的意义在于，它将“天地之性”所蕴涵的性由天

① 徐复观：《中国人性论史·先秦篇》，57页。

赋的思想明确表达出来，将天与性统一起来，使以前对“秉彝”、“伦常”的关注，转为对心性的关注，使心性成为人们讨论、关注的重点，为古代心性论的发展奠定了基础。

既然竹简“性自命出，命自天降”源于古代的“天地之性”思想，其性的内容如何便不取决于是否与天直接统一，而取决于天的规定，若天为道德天、义理天，已具有善的属性，则其赋予的性也自然为善；相反，若天还不明显具有善的规定，不具有仁义等属性，只是根源、源头，一超越的存在，则天所赋予的性不一定为善，而主要是强调性与天声息相通，是一种和谐、有机的存在，具有必然性和自身的规定性。所以，对于竹简“性自命出，命自天降”，固然不可以做宋儒和当代新儒家那样的道德形上学的阐释，但亦不可否认其具有形上学的内涵，故其所谈论的性即使是气性、自然人性，与后世的理解也有很大的不同。明确这一点，对于理解竹简乃至早期儒家人性论具有重要意义。

竹简上篇在提出“性自命出，命自天降”时，对性的具体内容作了说明：“喜怒哀悲之气，性也，及其见于外，则物取之也。”（第2简）“好恶，性也，所好所恶，物也。”（第4简）以气言性乃是古代人性论的一个重要内容，竹简认为“喜怒哀悲之气，性也”正是这一思想的延续。所以，这里的气并非是指物质性之气，而主要是指人的内在精神力、生命力，具体讲也就是情。不过作为性的“喜怒哀悲之气”主要是“内”的，是身体内部的存在状态，当它在外物的作用下，“见于外”，就可以说是情了。好恶是人对外物产生的主观情感，凡是人都可能具有相同的好恶之情，如“好好色，恶恶臭”等，这种相同的好恶之情也属于性的重要内容。而不论是“喜怒哀悲之气”还是“好恶”，它们均是一种自然人性，是气性。这种性自身不具有善、不善的规定，但在后天的作用、影响下，却有成为善、不善的可能。

> 善不善，性也，所善所不善，势也。（第5简）
>
> 出性者，势也。（第11简）

“善不善，性也”，是说性可以善，也可以不善，这里的“善不善”与前一句“好恶，性也”的“好恶”一样，都是作动词而不是形容词；而“所善所不善，势也”，是说使性表现为善，表现为不善的，是外在的情势。《玉篇·力部》：“势，形势也。”是指人身处于其中的环境、形势等，是人力无法抗拒的社会力量。竹简将人性的善与不善归因于外在的“势”，显然不属于性善论，而是自然人性论，这种主张在史书中也有反映。《孟子·告子上》记载了当时三种主要人性主张：它们是告子的“性无善无不善也”说，不知名氏的“性可以为善，可以为不善”说以及“有性善，有性不善”说。其中“性可以为善，可以为不善”说的内容是：“文武兴，则民好善；幽厉兴，则民好暴。”可见这一学说的特点是强调外部因素对人性的影响，认为当文武这样的贤明君主兴起时，则百姓往往变得好善，而当幽厉这样的无道暴君出现时，百姓则变得暴戾，人性的善与不善实际是由外部因素也即“势”造成的。竹简的人性论显然与此是一致的，是战国时期较为流行的三种人性理论中的一种。

然而值得注意的是，竹简下篇在谈论性时，主要已不是喜、怒、哀、悲、好恶等内容，而侧重于仁爱、忠、信，与此相应，对人性的看法也有所不同。其文说：

> 恕①，义之方也。义，敬之方也。敬，物之节也。笃，仁之方也。仁，性之方也。性或生之。忠，信之方也。信，情之方也。情出于性。
>
> 爱类七，唯性爱为近仁。智类五，唯义道为近忠。恶类三，唯恶不仁为近义。（第38—41简）

《广韵·阳韵》：“方，道也。”《论语·雍也》：“夫仁者，己欲立而立人，己欲达而达人。能近取譬，可谓仁之方也已。”郑注云：“方犹道也。”《广雅·释诂二》：“方，义也。”故“方”可以有“道义”、“准则”的意思。竹简把仁看做是“性之方”，表明作者已试图将仁与性统一起来，在它看

---

① 原作“[illegible]”，学者或释为“简”、“察”、“诲”等，白于篮释作“恕”（《郭店楚墓竹简考释（四篇）》，见李学勤、谢桂华主编：《简帛研究二〇〇一》，南宁，广西师范大学出版社，2001），今从之。

来，仁可能就是性，或者说是由性生出的，故说“性或生之”。不过从“或”一字看，尚有一丝犹豫、不肯定。① 人的爱有七种，唯有发自于性的爱为接近于仁。这里同样肯定仁来自于性，来自于性的爱，不过它只说“性爱”“近”仁，而没有说即是仁，在表达上同样有所保留。仁与前面的喜、怒、哀、悲、好恶不同，它虽然也是一种情感，但不是自然情感，而是道德情感，具有善恶的判断能力，表达、反映的是主体的意志和欲求。人具有了仁、爱、忠、信之情或性，便不再是被动地接受外在的规范和支配，而表现出主体的自觉和自由。从这个意义上说，他便是“性善”者了。

> 未言而信，有美情者也。未教而民恒，性善者也。未赏而民劝，含福者也。未刑而民畏，有心畏者也。贱而民贵之，有德者也。贫而民聚焉，有道者也。（第 51—53 简）

对于竹简的人性论，人们存在不同的看法，或认为它同于告子的“性无善无不善”说，或认为同于无名氏的“有性善，有性不善”说，还有认为竹简提出性善论在思想史上具有重要意义。其实，像竹简这样的早期儒家著作，其对人性以及其他问题的看法，往往具有含混、复杂的特点，包含了以后不同思想发展的倾向，未必像我们理解的那样绝对。从竹简的内容来看，其上篇主要是“性可以为善，可以为不善”论，而下篇则又提出“性善”论。这样，由竹简的上篇到下篇，实际呈现出由自然人性论向道德人性论的过渡。而出现这种过渡不是偶然的，乃是竹简处于儒学分化、过渡时期的反映。竹简下篇有一处讨论情的文字，由于过分突出情的作用，显得尤为引人注目：

> 凡人情为可悦也。苟以其情，虽过不恶；不以其情，虽难不贵。苟有其情，虽未之为，斯人信之矣。（第 50—51 简）

---

① 廖名春说：“‘或’为不定代词，表不肯定的意思”。见所著《郭店竹简〈性自命出〉篇校释》，见《清华简帛研究》，第 1 辑，53 页，2000。

由于类似的言论不见于传世的儒家文献，所以人们对这里的“情”具体何指，以及竹简为何如此突出情的作用？往往感到疑惑不解。可是，如果我们注意到这段文字主要见于竹简的下篇，那么就不难理解它所说的情，应该主要是对下篇的忠、信、仁爱而言，而不是指上篇的好恶之情。在这段文字前，竹简就明确表示：“慎，仁之方也，然而其过不恶。”（第49简）这段文字后又紧接着说：“恶之而不可非者，达于义者也。非之而不可恶者，笃于仁者也。”（第54—55简）“非之而不可恶者”显然就是上面所说的“虽过不恶”，而“笃于仁者也”则正说明“苟以其情”的“情”主要是对仁而言，是道德情感，而不是自然情感。而强调道德实践应该从内在的仁出发，不必拘泥于外在的固定礼仪，乃是儒家的一个基本主张，它在以后的孟子那里得到进一步发展，而竹简乃是这一思想的较早反映，并没有什么特别的地方。

综上所论，竹简的内容主要是自然人性论，但已出现向道德人性论的转化，这种转化在《诚明》那里进一步发展。由于《诚明》的天已具有了明显的道德属性，所谓“诚者，天之道也”，故已具有性善的思想，认为“自诚明，谓之性”，性具有善的功能与作用。但同时又保留了自然人性的思想，认为“喜怒哀乐之未发，谓之中；发而皆中节，谓之和。中也者，天下之大本也；和也者，天下之达道也”。由于喜怒哀乐之性来自天命，在其未与外物接触，表现于外时，是恰到好处，有和谐的秩序，这与前面的“天地之性”及竹简的思想又有某种联系。就《诚明》提出“天命之谓性”，视天命为善性的形上根据，可以说已提出了道德形上学的问题。竹简的天由于含义模糊，不具有明显的道德含义，故主要谈论的是自然人性、气性，虽具有性善的萌芽，但还不完备。竹简提出“性自命出，命自天降”，亦不是严格的道德形上学，它主要强调性有超越的根源，有自身的规定，情感的流露、表达需要服从这种根源与规定，故不妨称之为情感形上学。

（三）《性自命出》的“心”与“性”“情”论

儒家心性论不仅是个理论问题，也是一个实践问题；它不仅要探讨人的本质、本性及在自然界的地位等一系列问题，同时还要说明人如何通过心来实现性、完善性。这样，心的作用、地位如何？它与性是一种什么关系？便成为心性论的一个重要内容。

竹简开篇称："凡人虽有性，心亡定志，待物而后作，待悦而后行，待习而后定。"（第1—2简）这是说人虽然有性，但心没有固定的志向，需要待与外物交接而后起，遇欢悦之事而后行，靡渐积习而后定；也即是说，性虽然通过心表现出来，但心却没有固定的志向。但第五至七简又说："金石之有声，弗扣不鸣，人之虽有性，心弗取不出。凡心有志也，无与不可，性不可独行[①]，犹口之不可独言也。"认为心有志向，没有心的许可，性便无法单独表现出来，又肯定心对性的支配和主导。表面上看，两段论述似乎存在着一定的矛盾，但这貌似矛盾的论述正反映了竹简对心、性关系的独特理解。在竹简那里，心乃是"性"与"物"的中间环节，是沟通二者的桥梁。一方面，性需要通过心与外物的交接才能有所表现；另一方面，心在与外物的交接过程中并不是被动的，而是具有能动性，可以对外物作出判断、取舍，并反过来影响、支配性。因此，上面第一段的"心亡定志"，实际是说心自己不能确定意志的方向，不能直接表现为自主、自觉的道德行为，而必须或以外在之物，或以喜悦之事，或以后天积习为条件和依据；而第二段的"凡心有志也"，则是针对心与外物交接中的自主、能动性而言，心的选择可以决定并支配性，它与"心亡定志"不仅不矛盾，而且正好可以相互补充。这种心显然不同于以后孟子的道德本心，而更接近荀子的认知心或理智心。在心、性关系上，竹简或至少是竹简的上篇与荀子也具有某种一致性，它们都将性看做是"本始材朴"（《荀子·礼论》），是待完善、完成的对象，而心则是改造性的实践力量。可以说，重视后天的"学"与"教"乃是竹简与荀子的共同之处。

> 牛生而长，雁生而伸，其性使然，人而学或使之也。凡物无不异也者，刚之树也，刚取之也。柔之约[也]，柔取之也。

---

① 性字或补作人字。参见李零：《郭店楚简校读记》（增订本），105页。

四海之内，其性一也。其用心各异，教使然也。（第7—9简）

古人谈性不重概念抽象，而重其生命的生长过程。牛生而体形庞大，雁生而脖子长，即是它们性的体现，或者说是它们的性使然，而人却是因为学习而成其为人。从性有超越的根源来说，人们的性是相同的，“四海之内，其性一也”，但每个人的用心各不相同，则是他们所受的教育使然。竹简的“性一教异”论可能是对古代的“天地之性”与孔子的“习相远”的结合，是对二者的进一步发展。其性也主要是气性、自然人性，而不完全是道德人性。

由于重视“学”、“教”对人性的塑造、培养，竹简对性与外物的关系作了详细说明：“凡性，或动之，或逆之，或交之，或厉之，或出之，或养之，或长之。凡动性者，物也；逆性者，悦也；交性者，故也；厉性者，义也；出性者，势也；养性者，习也；长性者，道也。”（第9—12简）这是说，对于人生而所具的性来说，感应、触动它的是外在之物，迎合、顺应它的是欢悦之事，教导、改造它的是有目的的人为①，磨砺、锤炼它的是行为之义，使它表现、展示出来的是客观情势，培养、塑造它的是后天积习，增长、统率它的是人之道。而人之所以能“长性”、“养性”、“厉性”，等等，则是因为他具有心，具有主体的实践、认知能力。

道者，群物之道。凡道，心术为主。道四术，唯人道为可道也。其三术者，道之而已。（第14—15简）

天下事事物物皆有道，道即体现在事事物物之中。对于道来说，“心术”是最主要的。所谓“心术”或可理解为用心之道或用心的具体方法②，是指心的认识、判断能力而言。因为道虽然客观存在，但只有通过心才能认识、实践道，并进一步增长、培养性。道可以具体分为四种，有学者认为

---

① 刘昕岚怀疑“交”“同‘教’，即‘使’也”，参见《郭店楚简〈性自命出〉篇笺释》，《郭店楚简国际学术研讨会论文集》，333～334页；陈宁则认为“交可训为‘更’。《小尔雅·广诂》：‘交，更也。’”《〈郭店楚墓竹简〉中的儒家人性言论初探》，载《中国哲学史》，1998（4）。

② 参见赵建伟：《郭店竹简〈忠信之道〉、〈性自命出〉校释》，载《中国哲学史》，1999（2）。

可能即是竹简《尊德义》所说的“民之道”、“水之道”、“马之道”、“地之道”，而在这四种道中，只有人道可以引导、教导民众[1]，其他三道，仅仅是道而已。竹简似乎已意识到“人道”与“物道”的不同，并试图作出说明。

需要说明的是，竹简虽然重视人性的塑造、培养，但并不把性、情看做是消极、被动的，看做是仅仅有待于加工的材料，而是从古代“天地之性”的思想出发，肯定性具有自身的常态，具有自身的规定性。这样，外在的礼、道就不仅仅是对性、情的矫治、改造，更重要的，乃是出于性、情的需要。

> 道始于情，情生于性。始者近情，终者近义。知情者能出之，知义者能入之。（第 3—4 简）

如有学者指出的，竹简的“道”常常是对礼而言，是指礼道。所谓“道始于情”，是说礼的制作本始于人情，也即是竹简《语丛二》所说的“礼生于性”。对这一过程，竹简有具体说明：“礼作于情，或兴之也，当事因方而制之。其先后之序则义道也。或序则为之节文也。[2]”（第 18—20 简）这是说，礼的制作是由于情，是由情的兴发、勃兴而产生的[3]，是根据具体的事宜以及不同的人伦关系而制定的，它的先后顺序即是义，而作为先后顺序的义则是情的节文。因此在竹简这里，内在的情和外在的礼或义实际是相辅相成的。一方面，“始者近情”，礼的制作要从情出发，要符合性的需要，而不是对性的粗暴践踏；另一方面，“终者近义”，情的表达又要符合义，要受到义的节文，而不是情感的泛滥。一方面，“知情者能出之”，只有真正懂得情、理解情才能表达情；另一方面，“知义者能入之”，只有懂得了义的作用和地位才能节敛情。在情与义之间，竹简不是突出一方忽

---

① 刘昕岚认为：“‘可道也’，此处‘道’音‘导’，其义可有二解。一为训教之意……二为治理之意。”参见所著《郭店楚简〈性自命出〉篇笺释》。

② 原文作“或序为之即则度也”，李学勤先生怀疑此句抄写有误，本或当作“或序则为之即（节）度（文）也”。参见李天虹：《郭店竹简〈性自命出〉研究》，15～18 页。

③ 廖名春说：“‘兴’前当承上省略主语‘情’。兴，兴发、勃兴。”参见所著《郭店竹简〈性自命出〉篇校释》，见《清华简帛研究》，第 1 辑，53 页，2000。

略另一方，而是力图达到二者的平衡与统一。在它看来，真正的君子就应该是“美其情，贵其义，善其节，好其容，乐其道，悦其教”（第20—21简），是情感与仪节、内与外的统一。竹简的主张显然来自于古代“天地之性”的思想，而与以后的荀子有很大的不同。

由于强调情与义的统一，竹简十分重视音乐的作用，乐教在竹简中占有重要的地位。“凡声，其出于情也信，然后其入拨人之心也厚。”音乐本来就出自于情，是情感真实、自然的流露，同时又具有打动人心的深厚力量。“闻笑声，则鲜如也斯喜。闻歌谣，则陶如也斯奋。听琴瑟之声，则悸如也斯叹。观《赉》、《武》，则齐如也斯作。观《韶》、《夏》，则勉如也斯俭。”（第24—26简）听到不同的乐声，看到不同的乐舞，就会在内心产生或喜悦、或兴奋、或感慨，甚或奋作而起、或克制收敛的不同感受，音乐对人心的影响深而且久远。

> 咏思而动心，喟如也，其居次也久，其反善复始也慎，其出入也顺，始其德也。（第26—27简）

值得注意的是“反善复始”一句。竹简所说的“善”，除了下篇“性善者”一句外，一般是就善事善行而言，是一种社会的价值判断。竹简“善不善，性也”，也是说性可以表现为一般人们所认为的善或不善，是就性的具体表现而言，而不是说性自身就具有善或不善。故善往往又“与义、美同意”（《说文》）。竹简说：“义也者，群善之蕝也。”（第13简）即认为义是各种善的标准。因此，“反善复始”一句中的“反善”，或许可以参照上文的“终者近义”，理解为情的表达要符合于义，这样它即返回、达到了善；而“复始”可能是对情而言，是说情虽然受到礼、义的节文，但这种节文乃是出于情的需要，要符合于情。上文“始者近情”，与此意思相近。所以，“反善复始”实际是就音乐对心性的修养作用而言，认为它既培养了善性，又表达了真情。故下一句接着说“其出入也顺”，“出”指情感的兴发，“入”指义对情感的节敛，而在音乐的作用下，情感的兴发、节敛自然和顺，并“始其德也”，产生内心的德。但这种德显然不仅仅是“外”对“内”的改造，同时也是“内”的表现和需要。对于竹简上篇中的大段音乐论述，学者往往感到疑惑不解，甚或对竹简的内容和性质提出疑义。其实，竹简之所以重视音乐，同它对心性的理解是密切相关的，即在于音乐既能表达情，又能陶冶性，是统一情、义的最佳手段，而这又是竹简最为重视的，于是赋予音乐在心性修养中特殊的地位和作用。从儒学的发展来看，乐教的盛行往往同自然人性论、尤其是同重“情”的思想息息相关，而以后乐教走向衰落，原因虽然很多，但道德人性论的兴起，“情”被人们所忽视，显然是重要原因之一。

竹简下篇虽然没有围绕心、性关系进行专门讨论，但有关心的论述依然显示出自己的特色。其文说：“虽能其事，不能其心，不贵。求其心有伪也，弗得之矣。人之不能以伪也，可知也。”（第37—38简）虽然能做一件善事，但如果不是发自真心，就不值得推崇。如果心怀虚伪，就不能求得真心。可见，人是不能虚伪的。竹简提倡真诚，反对虚伪，同下篇突出仁爱、忠、信并将其归之于性的思想，显然存在联系。在它看来，一个人不仅在于他的行为要符合外在礼仪，更重要的，是他内心的自觉。

> 有其为人之节节如也，不有夫柬柬之心则采。有其为人之柬柬如也，不有夫恒怡之志则缦。人之巧言利词者，不有夫诎诎之心则流。人之悦然可与和安者，不有夫奋作之情则侮。（第44—47简）

节节，适度有节貌。柬柬，有学者认为同“蹇蹇”，似是形容人的诚信。[①]采，当读作“采（从忄）”，训“奸”[②]。诎诎，《广韵·物韵》：“诎，辞塞。”“子曰：刚、毅、木讷，近仁。”（《论语·子路》）诎诎意同于木讷，是孔子认为接近仁的美好品德。竹简认为，一个人行为节制有度，但如果没有真诚之心，就会转向邪恶。一个人怀有真诚之心，但如果没有自强不息的意志，就必定会怠慢。一个人能说会道，但如果没有质朴之心，就会流于浮夸。一个人内心和悦易于相处，但如果没有奋作之情，就容易招人羞辱。与外在的仪节、行为相比，竹简之所以更重视内在的“柬柬之心”、

---

① 参见李零：《郭店楚简校读记》（增订本），110页。

② 陈伟：《郭店楚简〈六德〉诸篇零释》，载《武汉大学学报》，1999（2）。

“诎诎之心”以及“恒怡之志”，显然同它突出心的地位和作用是密切相关的，竹简下篇似已提出道德心的内容，这与它性善的主张也是一致的。

前面说过，竹简下篇也谈论情，但主要是道德之情，是仁爱、忠、信之情。而仁爱、忠、信之情的最大特点是具有实践性，反映了主体自主、自觉的活动。所以，竹简下篇不仅仅是在内在之情与外在之义间寻找统一，而且常常超出外在的义而去突出内在的情。“恶之而不可非者，达于义者也。非之而不可恶者，笃于仁者也。”一个人的行为符合了义，即使心里厌恶却不能认为他不对。而一个人如果出于仁爱之心，即使行为有了过错也不会遭到人们的憎恶。可见，情、义不仅有统一，也有对立。而正是在此意义上，竹简提出“苟以其情，虽过不恶；不以其情，虽难不贵”。与此相应，竹简下篇似更重视主体的能动性，要求人们自我承担、自我表现、自我完善。“凡忧患之事欲任，乐事欲后。身欲静而毋羡，虑欲渊而毋伪，行欲勇而必至，貌欲壮而毋拔，欲柔齐而泊，喜欲智而亡末，乐欲怿而有志，忧欲俭而毋闷，怒欲盈而毋希，进欲逊而毋巧，退欲循而毋轻，欲皆度而毋伪。”（第 62—65 简）竹简下篇的这些特点，显然与其对心、情的理解密切相关。

（四）《性自命出》心性论的特点及影响

对于竹简在思想史上的地位和影响，学术界存在不同的看法，有学者将其定位于“孔孟之间”，认为属于孔门后学向内求索的一派；另有学者则认为其思想更接近以后的荀子，定位于“孔荀之间”可能更合适。[①] 如果考虑到孔子之后儒家思想的分化是一个逐步的过程，而竹简正处于这一分化、过渡中，那么，它的思想就不可能那么单纯，说它包含了以后不同的思想倾向可能更合理，也更符合竹简的实际。可是，如果说竹简包含了孟、荀不同的思想倾向，那么，它更倾向是前者还是后者？还有，孟、荀两种不同的心性论体系又是如何从早期儒学思想中分化出来的？这些无疑是我们需要认真思考的问题。

---

① 参见张茂泽：《〈性自命出〉篇心性论大不同于〈中庸〉说》，载《人文杂志》，2000（3）。

从竹简的内容来看，它主要继承了古代“天地之性”的思想，认为“性自命出，命自天降”，性是气性[①]，表现为情，故是以情言性。竹简的上篇主要谈喜、怒、哀、悲、好恶之情，属于自然人性论，心是认知心、理智心，内容主要是“交性”、“养性”、“长性”，等等，尤突出《诗》、《书》、礼乐对性情的塑造、培养；竹简的下篇主要谈仁爱、忠、信之情，属于道德人性论，与此相应，心具有了道德心的含义，并突出了情在道德实践中的作用，“苟以其情，虽过不恶”。而从以后心性论的发展来看，荀子显然更接近竹简的上篇但又有所改造，而孟子则继承了下篇又有所发展。由于竹简由上篇到下篇呈现出思想的过渡，所以它更倾向以后的孟子而不是荀子。

对于竹简论情的内容，学者给予极大关注，认为重情、以情为本是竹简的一大特色，感叹情得到前所未有的高扬等。其实，这种笼统的说法既不利于对竹简的理解，也无助于对早期儒学思想的判断和把握。从竹简的内容来看，它对情实际是有所区别，并分别对待的。如果说竹简突出了人的自然情感，提倡自然情感的自由流露，那未免把古人想得过于浪漫；如果说竹简突出了道德情感尤其是仁在道德实践中的地位和作用，那不过是儒家尤其是思孟一系的一贯主张，也并非什么新奇的东西。而从以后的发展来看，孟子突出了道德情感，更接近竹简的下篇，但又有所发展；荀子主要谈自然情感，更接近竹简的上篇，但在理解上又存在差异。

以往人们在研究中有这样一种看法，认为孟子是反对“生之谓性”的，而荀子则继承了这一传统。其实，这一看法大有疑问。孟子固然反对过告子的“生之谓性”，但这并不意味着他没有受到即生言性传统的影响。即生言性乃古人论性的一大传统，当时许多学者都在这一命题下表达自己的观点、看法。就告子而言，他主张“食色，性也”，认为“性犹湍水也，决诸东方则东流，决诸西方则西流”（《孟子·告子上》），把性仅仅理解为生理欲望，其所谈仅仅是“生之然”之性，而不是“生之所以然”之性，并不完全符合古代即生言性的传统。[②] 孟子把性不是看做抽象的本质，而

---

① 其实对于气性来说，也不仅仅是个自然的概念，马王堆帛书《五行》“传”有“仁气”、“义气”、“礼气”，说明气性同样可以具有道德属性。

② 关于“生”、“性”问题的详细分析，详见第六章第二节。

是动态的活动，有一个“生”的过程，主张“顺杞柳之性而以为桮棬”，反对“戕贼杞柳而后以为桮棬”，这一思想方法恰恰来自于古代即生言性的传统。以后荀子虽提出“生之所以然者谓之性，性之和所生，精合感应，不事而自然谓之性”这样重要的命题，对即生言性传统做了深入的概括，但随着其性恶论的提出，认为“人情甚不美”，“顺情性则不辞让矣，辞让则悖于情性矣”（《荀子·性恶》），把情性完全看做是消极、负面的，是与礼义对立的。后天教育并非是顺情性，而是“化性起伪”，是“矫饰人之情性而正之”，“扰化人之情性而导之也”（同上），其对情性的理解与古代即生言性的传统又有了区别与不同。在我们看来，竹简重情的真正意义在于，它不仅突出了道德情感的地位和作用，同时还肯定了自然情感的意义和价值。竹简虽然重视“交性”、“养性”、“长性”，但并不把喜、怒、哀、乐、好恶之情与礼、义对立起来，而是认为礼、义本身就是出自于情，是“作于情”，所以要“知情者能出之，知义者能入之”，做到“反善复始”。这样，在竹简那里，后天的教化不是对情性的“矫饰”、改造，而是出于情性的需要。后来孟子虽然突出道德情感，荀子注重自然情感，而继承了竹简这一思想的恰恰是孟子而不是荀子。所以，如果把即生言性看做古代人性论大的背景和传统的话，那么，孟子和荀子显然都受到这一传统的启发和影响，并各自做了发挥、改造。

我们说竹简的心性论更倾向以后的孟子，并不意味着竹简已包含了孟子思想中的一切。其实，从竹简到孟子，还有相当一段距离要走。孟子提出“四心”说，突出恻隐、羞恶、是非、辞让四种道德情感的地位和作用，固然是延续了竹简下篇的思想，但他又认为通过后天的扩充、培养，恻隐、羞恶、是非、辞让之心可以上升为普遍的仁义礼智之性，并上达天道。这样，在孟子那里，就不仅仅是情感的问题，同时还涉及道德理性，甚至形上本体，而正是在这些方面，显示出孟子思想的独创性。可以说，孟子一方面受到包括竹简在内的古代即生言性传统的影响，另一方面则由于他的哲学创造使其思想超出这一传统，而通过竹简使我们看到这一复杂的思想探索过程，并对思孟一系的心性学说有了更深一步的认识。相比较而言，荀子思想虽然也与竹简有许多相近之处，如自然人性论、认知心等，但这些往往是早期儒学普遍接受的内容，而在对待人性和情感的态度上，荀子与竹简则显然已有所不同；至于竹简突出道德情感，赋予其道德实践中的创造性，则更是为荀子所反对和不能接受。所以，荀子与竹简的联系是表层的，差别则是深层的，而竹简不能被荀子接受的内容，却在孟子那里得到进一步发展。

第四节 《礼运》与子游后学的“大同”、“小康”说

讨论子游学派，不能不提到《礼记·礼运》篇。因为思想史上有《礼运》作于子游的说法，而子游又被看做与思孟属于一系。如近代学者康有为说：“著《礼运》者，子游。子思出于子游，非出于曾子。颜子之外，子游第一。”[①]“子游受孔子大同之道，传之子思，而孟子受业于子思之门。”[②]郭沫若也说：“子思之儒和孟氏之儒、乐正氏之儒应该只是一系。孟氏自然就是孟轲，他是子思的私淑弟子。乐正氏当即孟子弟子乐正克。但这一系，事实上也就是子游氏之儒。”“《礼记·礼运》一篇，毫无疑问，便是子游氏之儒的主要经典。”[③] 郭店竹简出土后，一些学者重提思孟道统问题，认为子游与思孟为一系，而《礼运》（包括《礼器》、《郊特牲》等篇）当为子游所作。[④] 这样，《礼运》的作者与年代又成为人们关注的问题。近些年不断出土的竹简材料中，虽然没有发现《礼运》一篇，但其中大量论述禅让的内容却与《礼运》存在密切联系，为我们探讨《礼运》的成书提供了可能。本节拟结合新出土的竹简材料，将《礼运》放在战国禅让思潮的背景下进行考察，力图对围绕《礼运》的种种争论性问题有一根本解决。

（一）“大同”、“小康”释义

历史上，《礼运》篇之所以受到人们的关注并引起种种争议，就在于其“大同”、“小康”说，而破解其思想，首先要从这里入手。其文云：

> 大道之行也，天下为公，选贤与能，讲信修睦。故人不独亲

---

① 康有为：《万木草堂口说·礼运》，见《康有为全集》，第2册，316页。

② 康有为：《孟子微·序》，见康有为著，楼宇烈整理：《孟子微·中庸注·礼运注》。

③ 郭沫若：《十批判书·儒家八派的批判》，131～133页。

④ 参见姜广辉：《郭店楚简与〈子思子〉——兼谈郭店楚简的思想史意义》（载《哲学研究》，1998（7））及《郭店楚简与道统攸系——儒学传统重新诠释论纲》（载《中国哲学》，第21辑）。

其亲，不独子其子，使老有所终，壮有所用，幼有所长，矜寡孤独废疾者，皆有所养。男有分，女有归。货，恶其弃于地也，不必藏于己；力，恶其不出于身也，不必为己。是故，谋闭而不兴，盗窃乱贼而不作，故外户而不闭，是谓大同。

对于“天下为公”，郑玄的解释是：“公犹共也。禅位授圣，不家之。”故“天下为公”实际是指禅让而言。对于这一点，孔颖达说得更明确：“天下为公，谓天子位也。为公，谓揖让而授圣德，不私传子孙，即废朱、均而用舜、禹是也。选贤与能者，向明不私传天位，此明不世诸侯也。国不传世，唯选贤与能也。”[①] 孔颖达释“天下”为“天子位”，释“为公”为“授圣德，不私传子孙”，认为“天下为公”指天子禅让其位，而“选贤与能”指诸侯不世袭其国。这种解释虽过于具体，但基本上是符合原意的。宋末元初人陈澔说：“天下为公，言不以天下之大，私其子孙，而与天下之贤圣公共之。如尧授舜，舜授禹，但有贤能可选，即授之矣。”[②] 依然是从禅让来理解“天下为公”的。

如有学者所指出的，天下乃中国特有的“世界”观[③]，它不仅指日月所照、人迹所至的普天之下，更重要的，它还是一种政权形式，一种“中央——四方”、“天子——诸侯”、“华夏——夷狄”的政治框架[④]，故“得天下”即得天下的统治权，而“失天下”即失去对天下的统治。同时，由于儒家主张以王道得天下，天下还指天下之民，尤其指民心、民意。如：“以善养人，然后能服天下，天下不心服而王者，未之有也。”（《孟子·离

---

① 孔颖达：《礼记正义》卷 21，见阮元校刻：《十三经注疏》下册，北京，中华书局影印本，1980。

② 陈澔：《礼记集说》卷 4，185 页，北京，中国书店，1994。

③ 关于天下问题，参见梁漱溟：《中国文化要义》，见《梁漱溟学术论著自选集》，332 页，北京，北京师范大学出版社，1992。邢义田：《天下一家——中国人的天下观》，见刘岱总编：《中国文化新论根源篇——永恒的巨流》，425～478 页，台北，联经出版事业公司，1983。赵汀阳：《天下体系：帝国与世界制度》，载《世界哲学》，2003（5）。尤西林：《阐释并守护世界意义的人——人文知识分子的起源与使命》，第 4 章第 2 节《有别于国家的“天下”社会》，125～149 页，郑州，河南人民出版社，1996。

④ 孔子讲“天下有道，则礼乐征伐自天子出；天下无道，则礼乐征伐自诸侯出”（《论语·季氏》），孟子讲“以文王之德，百年而后崩，犹未洽于天下”（《孟子·公孙丑上》）。这里的“天下”不仅仅是指地理环境，同时还指政权组织和政治秩序。

娄下》）“取天下者，非负其土地而从之之谓也，道足以壹人而已矣……得百姓之力者富，得百姓之死者强，得百姓之誉者荣。三得者具而天下归之，三得者亡而天下去之。”（《荀子·王霸》）故天下实际是指领土、政权、人民三者一体的政治组织或“世界”政府。而“公”字，据学者考证，其本义可能是对贵族、诸侯的尊称，后把社会政治共同体以及与此相关的东西也称之为“公”，如“公家”（《新序·刺奢》）、“公田”（《诗经·小雅·大田》）、“公货”（《逸周书·允文解》）、“公仓”（《商君书·农战》）、“公法”（《管子·五辅》）、“公事”（《礼记·檀弓下》），等等，故“公”有与“私”相对的共同、公共、普遍之义，如“天下非有公是也，而各是其所是”（《庄子·徐无鬼》），“凡万物异则莫不相为蔽，此心术之公患也”（《荀子·解蔽》）。由此又引申出公平、公正之意，如“治事公，故国无阿党义”（《晏子春秋·内篇问上》），“故蓍龟，所以立公识也；权衡，所以立公正也……凡立公，所以弃私也”（《慎子·威德》）。《韩非子·五蠹》说：“背厶（私）谓之公，或说，分其厶以与人为公。”又说“自环者谓之私”。故“天下为公”首先是指对此“世界”或天下的统治权不“自环”、独占，而是与天下之圣贤“公共之”，具体讲，就是“禅位授圣，不家之”。在古人看来：“天下非一人之天下也，天下之天下也。”（《吕氏春秋·孟春纪·贵公》）“立天子以为天下，非立天下以为天子也。”（《慎子·威德》）故“尧有子十人，不与其子而授舜；舜有子九人，不与其子而授禹，至公也。”（《吕氏春秋·孟春纪·去私》）“古有行大公者，帝尧是也，贵为天子，富有天下，得舜而传之，不私于其子孙也，去天下若遗蹝。”（《说苑·至公》）这里的“公”是公平、公正之义，而“天下为公”或实行禅让即是公平、公正的。

由于“天下为公”，“选贤与能，讲信修睦”成为社会的基本原则，贤能之士积极投身于天下的治理，“故人不独亲其亲，不独子其子……”需要说明的是，在早期儒家那里，孝悌其实也属于“为政”活动：“或谓孔子曰：‘子奚不为政？’子曰：‘《书》云：“孝乎惟孝，友于兄弟，施于有政。”是亦为政，奚其为为政？’”（《论语·为政》）故在孔子看来，“孝乎惟孝，友于兄弟”就是为政，是平治天下的一部分。只不过在“天下为家”的时代，孝悌往往始于“亲亲”，而《礼运》则提出“不独亲其亲，不独子其子”。由于这种差别，一些学者故对这段文字产生怀疑，认为是来自墨家的兼爱思想。[①] 其实“不独”就是不仅仅，它是说人们不能仅仅停留在“亲其亲”、“子其子”之上，而要以“壮有所用，幼有所长，矜寡孤独废疾者，皆有所养”为更高的理想，这与儒家的一般主张并无本质的不同。自孔子创立儒学起，就一方面执著于孝悌的血缘情感，另一方面又将其扩充、提升为普遍的仁爱之情，将“亲亲”与“爱人”、“孝悌”与“泛爱众”统一起来，确立了由孝及仁，由身、家及天下的实践路向。所以孔门虽然强调“孝弟也者，其为仁之本与”（《论语·学而》），但也不乏“四海之内皆兄弟也”（《论语·颜渊》），以及“老者安之，朋友信之，少者怀之”（《论语·公冶长》）的社会理想。孟子主张“老吾老以及人之老，幼吾幼以及人之幼”，由仁心推及仁政，并描绘出“五亩之宅，树之以桑，五十者可以衣帛矣……谨庠序之教，申之以孝悌之义，颁白者不负戴于道路矣。老者衣帛食肉，黎民不饥不寒”的理想蓝图（《孟子·梁惠王上》）。这些都说明超越“亲其亲”、“子其子”，实现更高的社会理想，乃是儒家的共同主张，而并非《礼运》的独创。只不过《礼运》的社会理想，不是通过“亲亲”的扩充，不是经过“辟如行远必自迩，辟如登高必自卑”（《礼记·中庸》）的外推过程，而是以“天下为公，选贤与能”为条件，认为通过禅让，破除了己身、己家的“小我”，达到视天下若一家的“大我”，才有可能实现“矜寡孤独废疾者，皆有所养”的社会理想，一定程度上将“亲亲”与“泛爱众”对立起来，这样又使其具有与孔孟不同的思想特点。《礼运》的这种思想特点，可能与其重视禅让以及其所处的时代有关，而不一定要归于墨家。郭店竹简《唐虞之道》说：“尚德则天下有君而世明，授贤则民兴效而化乎道。不禅而能化民者，自生民未之有也。”认为只有实行禅让，才能使民“化于道”，达到天下大治，与《礼运》的思想倾向是一致的。《唐虞之道》为儒家著作，说明儒家确有重视禅让的思想，这种思想的形成，虽不排除与墨家的相互借鉴、影响，但它主要还是属于儒家，是儒家某一历史时期思想的反映。

根据上面的分析，“天下为公”主要是对禅让而言，指不“自环”、独

---

① 参见金德建：《〈礼运〉和墨家思想的关系》，见《先秦诸子杂考》，212～222页，郑州，中州书画社，1982。

占天下的统治权，同时它还蕴涵着天下一家，人人为公的社会理想：在政治、伦理上，“人不独亲其亲，不独子其子”；在经济上，则财富共享，“货，恶其弃于地也，不必藏于己；力，恶其不出于身也，不必为己”。对于《礼运》的这段文字，《说苑·至公》的一则故事似可作其注脚：“楚共王出猎而遗其弓，左右请求之，共王曰：‘止，楚人遗弓，楚人得之，又何求焉?’仲尼闻之，曰：‘惜乎其不大，亦曰：人遗弓，人得之而已，何必楚也!’仲尼所谓大公也。”楚共王认为“楚人遗弓，楚人得之，又何求焉”，是以楚人为“公”；孔子主张“何必楚也”，则是以天下为“公”，故孔子为“大公”。需要说明的是，这种“公”或财富共享其实也是与禅让密切相关的。竹简《唐虞之道》说：“唐虞之道，禅而不传。尧舜之王，利天下而弗利也。禅而不传，圣之盛也。利天下而弗利也，仁之至也。”可见禅让的根本精神就是“利天下而弗利”，即将利益归于天下，而不是当作一己之利。在这种精神的鼓舞下，人们不再斤斤计较一己之私利，而是关注天下之公利，货物担心它遗弃在地上，而“不必藏于己”，人人参加劳动，而“不必为己”，所以，财富、利益上的“公”也是通过禅让实现的。与“天下为公”的“大同”相对，“天下为家”的“小康”则是：

> 今大道既隐，天下为家，各亲其亲，各子其子，货力为己，大人世及以为礼，城郭沟池以为固，礼义以为纪。以正君臣，以笃父子，以睦兄弟，以和夫妇，以设制度，以立田里，以贤勇知，以功为己。故谋用是作，而兵由此起。禹、汤、文、武、成王、周公，由此其选也。此六君子者，未有不谨于礼者也。以著其义，以考其信，著有过，刑仁讲让，示民有常。如有不由此者，在执者去，众以为殃，是谓小康。

由于“天下为家”，实行世袭，在政治、伦理上，“各亲其亲，各子其子”，“城郭沟池以为固，礼义以为纪”；在经济上，“货力为己”，财产私有。面对现实，人们不再沉醉于高远的道德理想，而是选择平凡、朴实的礼对社会进行重新整合，礼成为社会的最高原则。如果违背了礼，即使是统治者也可以被驱逐。所以在放弃了禅让后，小康社会又肯定了“革命”的合法性，以作为对“大人世及（世袭）”可能产生的种种弊端的制度性防范。

综上所论，“大同”、“小康”首先是指两种不同的政权形式，其中“大同”是指“天下为公”即禅让，而“小康”是指“天下为家”即世袭。对于“天下为公”，思想史上两种不同的诠释是值得注意的。一种是与后世的民主政治联系起来，将“天下为公”解读为“大众公选”。如近代康有为说：“天下为公，选贤与能者，官天下也。夫天下国家者，为天下国家之人公共同有之器，非一人一家所得私有，当合大家公选贤能，以任其职，不得世传其子孙兄弟也。”① “公天下者莫如尧舜，选贤能以禅让，太平大同之民主也。”② 当代学者中也有人认为，《礼运》篇的思想表明儒家主张建立“民权的大同世界”③。其实，如前面分析的，“天下为公”作为一种政治理念主要是指禅让而言，而禅让与其说是一种民主选举，不如说是一种“察举”，它实质是古代部落酋长考察、选拔接班人的一种方式。历史上禅让的情况往往是：“舜耕于厉山，陶埏于河浒，立而为天子，遇尧也。”（郭店竹简《穷达以时》）“古者尧之与舜也，闻舜孝，知其能养天下之老也；闻舜弟，知其能事天下之长也；闻舜慈乎弟，知其能为民主也。”（郭店竹简《唐虞之道》）故孟子曾深有感触地说：“以天下与人易，为天下得人难。”（《孟子·滕文公上》）可见，“为天下得人”才是禅让的关键，其目的是让天下于有德的人。同时，“天下为公”虽然承认“天下为天下之天下”，但具体实现的方式则是“选贤与能”，故真正享有统治权的只是少数“贤能”之人，它更接近柏拉图式“哲学王”的政治理想，而与近代民主政治存在一定距离。与此不同，一些学者则强调“天下为公”与后世君主制度是相辅相成的，认为“中国古代的公天下论集中回答了设君之道、为君之道和择君替君之道等重大政治理论问题，它既论证了人类实行君主制度的必然性与合理性，又为君权的存在与行使设置了条件和规范”。“翻阅历代众多文献所见，在中国古代社会，不仅没有任何学派、任何思想家提出过立君旨在为一家一姓一人的观点，而且许多帝王将相也标

---

① 康有为：《礼运注·叙》，见康有为著，楼宇烈整理：《孟子微·中庸注·礼运注》。

② 康有为：《孟子微·总论第一》，见康有为著，楼宇烈整理：《孟子微·中庸注·礼运注》。

③ 参见徐顺教：《〈礼运〉大同与孙中山的“天下为公”》，见中国孔子基金会编辑：《孔子诞辰2540年纪念与学术讨论会论文集》，上海，三联书店，1992。

榜‘天下为公’。”[①] 诚然，作为一种被后世普遍接受的政治理念，公天下论也经历了一个发展演变过程，在世袭君主制度形成后，“天下为公”主要在于阐明国家、社稷重于君主，君权具有相对性；君主要维护正义，赏罚公平，平均利益和财富，等等。它虽具有规范君权、谏诤君主、品评政治、批判暴政的功能和作用，但一般并不直接涉及禅让的问题。而《礼运》的“天下为公”不仅与“天下为家”根本对立，而且具体就是指禅让而言。如果忽视了“天下为公”的这种具体内涵，而简单与后世的粉饰、标榜之辞混同起来，同样有失片面。

其次，“大同”、“小康”还指两种不同的社会形态，“大同”指“天下为公”的理想社会，“小康”指“天下为家”的现实社会。大同社会“选贤与能”，实行禅让，人人为公，“不独亲其亲，不独子其子”，人们共同劳动，财富共享，自然达到大治。小康社会“天下为家”，实行世袭，人人为己，“各亲其亲，各子其子”，财产私有，“货力为己”。不得已而“刑仁讲让”，“礼义以为纪”。需要说明的是，《礼运》虽将“大同”、“小康”分属于上古和三代，但主要还是将其作为价值理想和社会现实看待的，作者用“大道之行”和“大道既隐”分别对其加以限定，正说明了这一点。诚如有学者所分析的，“如果以‘大同’指上古之五帝，以‘小康’指三代之英之禹、汤、文、武、成王、周公，则首段显有今不如古之意矣。但下文说‘礼’之起源一段，又谓古时未有宫室、衣服、饮食，有圣人起，然后文物备而礼乐兴，则是言今胜于古也。同在一篇之中，何以前后自相矛盾至此耶？故知‘大同’者，但为一种最高的理想之政治，并非指上古五帝之世。必如此解，乃不至与下文矛盾，亦不至如老子、庄子之以上古为至德之世，为已过去之黄金时代，而直为憧憬中之乌托邦”[②]。故“大同”虽有历史事实为依托，但并非一种实有的形态。《礼运》提出“大同”，主要在于赞美古代的禅让制度及其所产生的社会效果，以与“天下为家”的“小康”形成对立，这可以说是理解“大同”、“小康”的关键所在。

---

① 张分田：《中国古代“公天下论”的构成》，载《新哲学》，第 2 辑，郑州，大象出版社，2004。

② 蒋伯潜：《诸子通考》，386～387 页，杭州，浙江古籍出版社，1985。

再次，“大同”、“小康”指两个不同的历史阶段，“大同”指“大道之行”的上古理想时代，“小康”指“大道既隐”的禹、汤、文、武、成王、周公时代。从这一点看，《礼运》与老、庄一样都持一种历史退化论，特别是《礼运》在“城郭沟池以为固，礼义以为纪……”一段提到：“故谋用是作，而兵由此起。”（郑玄注：“老子曰，法令滋章，盗贼多有。”）似乎“大道既隐”之后，着意倡导礼义反而引起社会的混乱，近于老子“失道而后德……失义而后礼。夫礼者，忠信之薄，而乱之首”（《老子·三十八章》），故历史上不少学者斥其为老、庄言论。如宋代黄震说：“篇首之意，微似老子。”[①] 元陈澔说：“大约出于老、庄之见，非先圣格言也。”[②] 清陆奎勋说：“以五帝为大同，三王为小康，盖缘汉初崇黄老，故戴氏撮录五子之大旨，而附录为圣言，不可信也。”[③] 当代学者中也有将“大同”归于道家思想的。[④] 其实如上面分析的，《礼运》“大同”主要是一种价值理想，而不是实有形态，它突出、强调的是禅让的政治理念，而道家虽然以上古为“至德之世”，但往往对禅让持批评态度，视其为虚伪、造作之举，所以《礼运》与老、庄在历史观上虽有某种相近之处，甚至就是受了其思想的影响，但绝不能将“大同”简单归于道家。至于“故谋用是作，而兵由此起”两句，据学者考证，并不见于《孔子家语·礼运》篇，所以不排除是后人搀入的可能。[⑤] 即使不是后人搀入，从《礼运》的内容看，丝毫也没有菲薄礼义的意思。《礼运》的基本思想倾向是：面对逝去的禅让“大同”时代，虽无限留恋，但又无可奈何，同时在世袭“小康”既已到来的情况下，不得不积极寻找对策，以礼作为调节社会矛盾的手段，故对礼的来源、根据、性质、作用作了集中论述。从儒学史的发展来看，《礼运》的思想虽然显得较为特殊，但它显然还是儒家作品，是儒家某一历史时期思想的反映。

---

① 黄震：《黄氏日抄》卷 18，文渊阁四库全书本。

② 陈澔：《礼记集说》卷 4，186 页。

③ 杭世骏：《续礼记集说》引。

④ 参见董楚平：《“礼运大同”考原》，见《中国文化研究集刊》，第 3 辑，上海，复旦大学出版社，1986；收入所著：《农民战争与平均主义》，125～134 页，北京，方志出版社，2003。

⑤ 参见［日］武内义雄：《礼运考》，见江侠庵编译：《先秦经籍考》上册，204～213 页，北京，商务印书馆，1931。

（二）竹简所见之战国中期的禅让思潮

既然《礼运》与禅让有关，其“大同”、“小康”说主要反映的是政权形式的问题，那么，要说明其作者和年代，首先要对禅让思想的演变做一番考察。如有学者指出的，禅让作为一种历史事件，在上古父系氏族社会中确实存在过，然而人们对禅让的回忆、记录、认识和评价，往往因观点、立场、时代的不同而不同①，禅让的“意义”和“价值”乃是层累地造成的。所以后人关于禅让的种种记载，不是也不可能是对上古禅让事件的“原样”再现，而是夹杂了记述者的主观意图和倾向，是以事实为依托的“借古讽今”，是“俱道尧舜，而取舍不同”。

作为儒学的创始者，孔子对上古的禅让事件显然有所了解。《论语·尧曰》篇说：“尧曰：‘咨！尔舜！天之历数在尔躬，允执其中。四海困穷，天禄永终。’舜亦以命禹。”何晏《论语集解》说：“天之历数在尔躬……言天位之列次当在汝身。”所以《尧曰》篇记录的正是尧禅让舜时的言论，后来舜禅让禹时也说了同样的话。孔子还称赞，“巍巍乎，舜禹之有天下而不与焉。”（《论语·泰伯》）杨伯峻先生认为“与”读四声，“这里含有‘私有’、‘享受’的意思”②。应该也包括不私传子孙，实行禅让。不过孔子虽然肯定尧舜禅让，但并不是以尧舜时代为社会理想，而是提出“郁郁乎文哉！吾从周”（《论语·八佾》）；孔子改革社会的方案也不是“天下为公”，实行禅让，而是“克己复礼”，“礼乐征伐自天子出”。孔子生活的时代，似乎还没有出现提倡、宣扬禅让的社会条件。孔子真正影响后世的是下面的言论：

> 子曰：雍也可使南面。（《论语·雍也》）

---

① 郑杰文认为，禅让学说经过了“禅让天命说”、“禅让贤德说”、“禅让德运说”三个阶段的历史演化，并指出禅让学说发展演化的原因在于社会政治形势的变化，和其所依据的理论基础的更改。见所著《禅让学说的历史演化及其原因》，载《中国文化研究》，2002春之卷。

② 杨伯峻：《论语译注》，83页，北京，中华书局，1980。

雍，孔子弟子冉雍，字仲弓。冉雍以平民身份而可以据天子位[①]，这在三代世袭社会中是难以想象的。孔子这里虽然仅仅是赞叹之词，未必可以据以为实，但显然已肯定了禅让贤能的思想。

孔子之后，平民思想家墨子更为明确地肯定了尧舜禅让：“昔者舜耕于历山，陶于河滨，渔于雷泽，灰于常阳。尧得之服泽之阳，立为天子，使接天下之政，而治天下之民。”（《墨子·尚贤下》，《尚贤上》、《尚贤中》所述略同）作为下层民众的代言人，墨子的一个重要主张就是“尚贤”：“尚贤者政之本也。”（《墨子·尚贤上》）认为“大人之务，将在于众贤”，“虽在农与工肆之人，有能则举之，高予之爵，重予之禄，任之以事，断之以令”（同上）。其具体措施是：“选择天下之贤可者，立以为天子”，“又选天下之贤可者，置立之以为三公”，更进一步，“又选择其国之贤可者，置立以为正长”（《墨子·尚同上》）。需要说明的是，尚贤的思想虽然产生较早，有“尊贤”（《左传·僖公二十四年》）、“择贤”（《左传·襄公三十一年》）、“赏其贤”（《左传·昭公元年》）、“明贤”（《国语·周语中》）、“进贤”（《国语·齐语》）、“敬贤”（《国语·晋语一》）、“推贤”（《国语·晋语四》）、“选贤良”（《国语·晋语七》）、“知贤”（《国语·晋语九》）、“求贤人”（同上），等等，但一般只适用于天子以下和择立太子，墨子则将其发展到极致，认为连天子也要通过选贤产生。所以墨子的禅让说实际是其尚贤说的延伸，二者是联系在一起的，可称为“禅让尚贤”说。墨子（约公元前479—前394）生活于新旧革替的春秋战国之际，在他之后，禅让学说经历了怎样的发展？然而令人遗憾的是，记录春秋史实的《左传》终于周贞定王二年（公元前467年），而周显王三十五年（公元前334年）六国以苏秦为纵长之后，详细的史实才记于《战国策》等典籍，“自《左传》之终以至此，凡一百三十三年，史文阙轶，考古者为之茫昧”[②]。幸而有地下竹简的出土，才使我们有可能重新了解、认识这段“茫昧”的历史。

1993年出土的郭店竹简中，有《唐虞之道》一篇，它“高扬了儒家

---

① 郑玄引包咸注：“包曰：可使南面者，言任诸侯之治。”刘向《说苑·修文》：“当孔子之时，上无明天子也，故言雍也可使南面，南面者天子也。”或说南面亦兼天子、诸侯言之。

② 顾炎武：《日知录》卷13《周末风俗》，467页，长沙，岳麓书社，1994。

'祖述尧舜'、'爱亲尊贤'、'天下为公'、'利天下而弗利'的思想，显示了先秦儒家在战国时期崇尚'禅让'政治理想、反对父子相传之'家天下'的昂扬思想风貌"[①]。竹简明确提出："禅也者，尚德授贤之谓也。"（第20简）可见较之墨家，竹简的不同之处是提出了"尚德"，其禅让说是从"尚德"与"授贤"来进行立论和说明的。竹简说："尧舜之行，爱亲尊贤。爱亲故孝，尊贤故禅。孝之杀，爱天下之民。禅之传，世亡隐德。"（第6—7简）"爱亲"与"尊贤"，是古代政治思想中的一对基本矛盾，以何者为重，往往体现为不同的治国路线。刘向《说苑·政理》云："尊贤，先疏后亲，先义后仁也。此霸者之迹也……亲亲者，先内后外，先仁后义也。此王者之迹也。"竹简主观上试图将"爱亲"与"尊贤"相统一，显示了其基本的儒家立场，但它同时又看到"爱亲"与"尊贤"可能蕴涵的矛盾，则是其时代性的反映。竹简认为"爱亲故孝"，但"孝之杀，爱天下之民"。为了天下民众的利益，适当地减杀孝也是合理和应该的。所以《唐虞之道》的"孝之杀，爱天下之民"与《礼运》的"人不独亲其亲，不独子其子"一样，都是对禅让精神的概括和颂扬。至于"尊贤故禅"，虽与墨家可能有一定联系，但这并不意味着竹简的思想可以简单归于墨家。在竹简这里，禅让不仅是"尚贤使能"的客观需要，同时还是"利天下而弗利"崇高道德精神的体现，二者相互联系，分别构成禅让的必要性和可能性，而它们又是与儒家倡导的仁、义联系在一起的："孝，仁之冕也。禅，义之至也。六帝兴于古，咸由此也。爱亲忘贤，仁而未义也。尊贤遗亲，义而未仁也。"（第7—9简）所以竹简《唐虞之道》应为儒家作品，是儒家的政治理念的反映。[②] 它的发现使我们了解到，墨子之后禅让学说在社会上有进一步发展，儒家学者也投身到对禅让的宣传、鼓动之中，同时也为其思想学说注入新的内容，如"利天下而弗利"的"大同"理想等，《唐虞之道》、《礼运》均是这一背景下的产物，反映的是儒家对于禅让的立场和态度，所以如有学者所指出的，"把天下禅让于贤才而不

---

① 李存山：《读楚简〈忠信之道〉及其他》，载《中国哲学》，第20辑。

② 《唐虞之道》属于儒家目前已得到多数学者的认同，较详细的论证，可参见王博：《关于〈唐虞之道〉的几个问题》，载《中国哲学史》，1999（2）；丁四新：《郭店楚墓竹简思想研究》，第8章第4节《爱亲与尊贤的统一——郭店简书〈唐虞之道〉思想析论》，359～387页，北京，东方出版社，2000。

是传位于子，这是利天下而不利一己之私的至圣至仁之举。这也是儒家崇尚的‘人不独亲其亲，不独子其子’，‘天下为公，选贤与能’的理想社会说之由来。很显然，‘唐虞之道’正是《礼记·礼运》篇借孔子之口描述的‘大同’社会实行的所谓‘大道’”[①]。

早在《唐虞之道》材料公布时，已有学者指出，战国中期政治思想中出现过一股禅让思潮[②]，而《上海博物馆藏战国楚竹简（二）》（下简称《上博简（二）》）的出版，无疑为这一推论增加了有力的证据。《上博简（二）》中有《容成氏》一篇，此篇是讲上古帝王传说，起于容成氏等最古的帝王（整理者估计约二十一人），止于武王伐商终克之，“三代以上，皆授贤不授子，天下艾安；三代以下，启攻益，汤伐桀，文、武图商，则禅让之道废而革命之说起。前后适成对比”[③]。其文云：

> ［容成氏、……尊］卢氏、赫胥氏、乔结氏、仓颉氏、轩辕氏、神农氏、椲丨氏、垆毕（从辵）氏之有天下也，皆不授其子而授贤。其德酋清，而上爱下，而一其志，而寝其兵，而官其材。（第1—2简）

古代学者常常通过先王来表达其政治理想，《容成氏》提出尧以上约二十多位上古帝王，“皆不授其子而授贤”，这样，禅让的政治主张不是因而有了更充足的“历史根据”吗？如果将《容成氏》的古史传说体系，与后来流传的炎黄古史传说体系作一个比较的话，不难发现二者的区别在于，一个重禅让，一个重世袭。在炎黄古史传说体系中，只有尧、舜实行禅让，其余从黄帝以下到尧以上，都是传位于子孙，而不是传贤的。[④] 在《大戴礼记·帝系》中，甚至尧、舜也被分别说成是帝喾、颛顼之后，在这种以黄帝为始祖的大一统帝王世系中，实际已排除了禅让的可能和意义。以《大戴礼记·帝系》、《五帝德》为代表的炎黄古史传说系统可能形成于战

① 彭邦本：《楚简〈唐虞之道〉初探》，见《郭店楚简国际学术研讨会论文集》，266页。

② 刘宝才：《〈唐虞之道〉的历史与理念——兼论战国时期的禅让思潮》，载《人文杂志》，2000（3）。

③ 马承源主编：《上海博物馆藏战国楚竹书（二）》，249页，上海，上海古籍出版社，2002。

④ 参见姜广辉：《〈容成氏〉的思想史意义》，载《中国社会科学院院报》，2003-01-23。

国后期，反映的是当时民族融合、国家统一的政治形势；而《容成氏》的古史传说系统则形成于战国中期以前，是与当时出现的禅让思潮相呼应的。在《唐虞之道》中，只提到“六帝兴于古，咸由此（注：指禅让）也”，而《容成氏》则将上古实行禅让的帝王扩大到二十余位，这即便是“托古改制”的需要，也说明它对禅让的肯定和认同是十分突出的。

有学者已注意到，《容成氏》（还有《唐虞之道》、《子羔》）认为三代之前有一个禅让时代，并肯定它是大同之世，与《礼运》是一致的。其实除了基本观点外，二者在许多论述上也是可以互相沟通的。例如，竹简在论述上古实行禅让的至德之世后，接着说，“于是乎喑聋执烛，鼓瑟，跛躃守门，侏儒为矢，张者卜宅，偻者数，瘿者煮盐，疣者渔泽，□弃不□。凡民俾者，教而诲之，饮而食之，思役百官而月请之。”（第2—3简）使我们了解到，原来《礼运》所谓“矜寡孤独废疾者，皆有所养”，是指让残疾之人皆能从事力所能及的工作，还要“教而诲之，饮而食之”，有专门的机构（“百官”）月月询问之，而不仅仅是一般性地施舍供养，《礼运》下文说“男有分（郑玄注：分犹职也），女有归”，看来是将“矜寡孤独废疾者”也包括在内了。竹简称：“尧戋貤而时时宾（?），不劝而民力。”（第6简）也可以证明，《礼运》“力，恶其不出于身也，不必为己”一句，是指由于实行禅让而导致的人人为公的客观效果，后人笼统地讨论《礼运》是否有公有制的思想，是不符合原文的具体语境的。[①] 至于竹简“于是乎不赏不罚，不刑不杀，邦无饥人，道路无殇死者。上下贵贱，各得其所。四海之外宾，四海之内贞。禽兽朝，鱼鳖献，有无通”（第4—5简）的论述，也可以使我们对《礼运》“是故，谋闭而不兴，盗窃乱贼而不作，故外户而不闭，是谓大同”一段，有更为直观的理解。如果将二者作个比较就可以发现，竹简主要是通过叙述历史来表达自己的观点，内容较为细致、具体，而《礼运》的“大同”、“小康”则更像是对前者的理论概括和总结，因而显得要抽象，同时，《礼运》的主要内容已转向对“小康”之世礼的论述。二者虽有这些差别，但在肯定、赞美古代禅让“大同”之世上，则是一致的。

---

① 参见董楚平：《“天下为公”原义新探》，载《文史哲》，1984（4）；收入《农民战争与平均主义》，135～145页。

《容成氏》的学派归属，目前学术界除儒家说外，还有道家、墨家不同说法。将《容成氏》归于道家，主要是《庄子・胠箧》提到的“至德之世”有容成氏、大庭氏、伯皇氏、中央氏、栗陆氏、骊畜氏、轩辕氏、赫胥氏，尊卢氏、祝融氏、伏羲氏、神农氏等，竹简的上古帝王体系与其相似。但这种相似也可能像《礼运》的情况一样，是受道家历史观影响的结果，竹简吸收、借鉴了道家的历史材料来表达自己的观点，或者“容成氏”的古史系统本来就是当时在社会上广泛流传、被大家普遍接受的公共知识体系，各家都可以用来表达自己的观点、主张。老庄通过这一知识体系表达的是“鸡犬之音相闻，民至老死而不相往来”的社会理想，且对“尚贤”的政治实践有直接批评，而《容成氏》表达的恰恰是“不授其子而授贤”的政治理念，二者的差别十分明显。至于将竹简归于墨家，虽不完全排除这种可能，但同样根据不足。[①] 在我们看来，竹简论及尧舜禅让和汤武革命，而这些都是早期儒家的基本内容[②]，将其归于儒家是可以成立的。《容成氏》与《唐虞之道》一样，都是战国时期儒家宣传禅让的作品，只不过《容成氏》采用了叙述历史的方式，在体裁上显得较为特殊而已。

在《上博简（二）》中，还有《子羔》一篇，记述了孔子答弟子子羔问禹、契、后稷“三王”和尧、舜之事。此篇在公布时，排列的简序可能有误。裘锡圭先生对简序进行了重新排列，认为 9 至 13 号诸简应移至 1 号简之前，7 号简与篇末的 14 号简可以拼合为一简。这样，《子羔》篇的基本内容是：子羔问孔子，禹、契、后稷“三王之作也”，他们是凡人所生，“其父贱不足称也与”？还是他们是天帝之子（“天子”）？孔子肯定禹、契、后稷均为天帝之子，并讲述了他们三位的降生神话。这样又引出作为凡人之子（“人子”）的舜是如何居有帝位的问题。孔子承认古代存在一个“善与善相受也”的禅让时代，尧见舜贤，故让位于舜。在传说中，禹、契、

---

① 墨家说的根据主要有：一、竹简批评桀“为桐宫”、“为瑶台”，纣“为九成之台”、“为酒池”，和墨家非乐、节用的主张一致；二、墨家在楚地广为流传；三、墨孔具道尧舜，对汤武革命也是认同的。见赵平安：《楚竹书〈容成氏〉的篇名及其性质》，载《华学》，第 6 辑，北京，紫禁城出版社，2003。

② 清末宋恕说：“儒家宗旨有二：尊尧舜以明君之宜公举也；称汤武以明臣之可废君也。三代下，二者之义不明，而在下者遂不胜其苦矣。”

后稷均为舜臣，故简文最后以“舜其可谓受命之民矣。舜，人子也，而三天子事之”（第7、14简）之语作结。“此篇主旨在说明一个人是否有资格君天下，应决定于他是否有贤德，而不应决定于出身是否高贵；跟《唐虞之道》一样，也是竭力鼓吹尚贤和禅让的。”[①] 其中谈论禅让的一段说：

> 子羔曰：“（舜）何故以得为帝？”孔子曰：“昔者而弗世也，善与善相受也，故能治天下，平万邦，使无有小大肥硗，使皆得其社稷百姓而奉守之。尧见舜之德贤，故让之。”子羔曰：“尧之得舜也，舜之德则诚善与？伊（抑）尧之德则甚明与？”孔子曰：“钧（均）也。舜啬于童土之田，则……”（第1、6、2简）[②]

所谓“弗世”也就是不世袭传子。竹简认为上古不私传子孙，而是“善与善相受也”，“故能治天下，平万邦”，显然是将其作为大同理想社会看待的。竹简还提出，尧之所以能得舜，除了舜的德“诚善”外，还因为尧之德“甚明”，二者是缺一不可的，这对于禅让说无疑是一个很好的补充。子羔在后面还问道：“如舜在今之世则何若？”（第8简）然而令人遗憾的是，这一关键的内容，却因为竹简残缺而无从了解了。《子羔》采用孔子答弟子问的形式，显然应该属于儒家，是孔门后学子羔一派宣扬禅让的作品。

从上引出土材料可以看出，战国中前期宣传禅让已不是个别现象，墨家、儒家包括纵横家都参与其中，形成一股颇有影响的思潮。至于这一时期何以出现了较为流行、较为宽松地讲论“禅让”说的大环境，李存山先生认为：“这与当时已经不再‘宗周王’，而七国之间完全靠武力来统一天下的形势也尚不明显有很大的关系；与当时‘士无定主’，孔门后学的思想更少束缚，因而更加解放、昂扬、甚至激进也有很大关系。从《容成氏》所云‘尧以天下让于贤者，天下之贤者莫之能受也。万邦之君皆以其

---

① 裘锡圭：《新出土先秦文献与古史传说》，载《北京大学中国古文献研究中心集刊》，第4辑，北京，北京大学出版社，2004；及《谈谈上博简〈子羔〉篇的简序》，见朱渊清编：《上博馆藏战国楚竹书研究》续集，上海，上海书店，2004。

② 简序依陈剑说调整，见所著《上博简〈子羔〉、〈从政〉篇的拼和与编连问题小议》，“简帛研究”网站 www.jianbo.org，2003-01-09。

邦让于贤’来看，当时儒家的‘禅让’之说除了道德理想主义的思想成分外，似也对现实寄予了通过‘禅让’而在七国中出现一个贤明的君主，从而取代周天子为王的希望。”① 需要补充的是，战国前期虽然承春秋政制，实行一种世袭的君主政体，但君主的地位和稳定性明显不及后世，并不时有君权旁落的现象出现，这一背景无疑对禅让说的流行有推波助澜的作用。这一时期的“权力转移”事件，如三家分晋（公元前403年）和田氏代齐（公元前386年），其主角都是以“德”、“贤”相号召的，客观上也需要一种禅让说为其张目。

一种思潮的兴起，往往以社会需要为条件，反过来，它又左右、影响了人们的思想行为，战国中前期的禅让思潮对当时的政治实践也产生了深刻影响。据《战国策·秦策一》，秦孝公“疾且不起（注：孝公卒于公元前338年），欲传商君，辞不受”，应是禅让的较早实践。所以法家后来虽然对禅让极尽攻击之能事，但其早期却是持肯定态度的。商鞅说：“尧舜之位天下也，非私天下之利也，为天下位天下也；论贤举能而传焉，非疏父子而亲越（远）人也，明于治乱之道也。”（《商君书·修权》）可见，禅让说在当时法家治下的秦国也有流传②，秦孝公欲行禅让，可能就是受其影响。除秦孝公外，魏惠王也欲传国于惠施。③《吕氏春秋·不屈》记载此事：“魏惠王谓惠子曰：‘上世之有国，必贤者也。今寡人实不若先生，愿得传国。’惠子辞。王又固请曰：‘寡人莫有之国于此者也，而传之贤者，民之贪争之心止矣。欲先生之以此听寡人也。’惠子曰：‘若王之言，则施不可而听矣。王固万乘之主也，以国与人犹尚可。今施，布衣也，可以有万乘之国而辞之，此其止贪争之心愈甚也。’”值得注意的是，惠施虽然谢绝了惠王的让国，但其理由并不是禅让有什么不妥，相反认为“以国与人犹尚可”，可见禅让的观念多么深入人心。不过禅让虽然讲起来容易，但真正实行却并非易事，所以惠施又提出“有万乘之国而辞之”，“止贪争之心愈甚”，这种“禅让辞让”说也是当时纵横家的重要理论。后来魏将公

① 李存山：《反思经史关系：从“启攻益”说起》，载《中国社会科学》，2004（3）。

② 此点李存山已指出，见上引李文。

③ 惠施于公元前343年初至魏国；公元前341年劝魏惠王“折节而朝齐”而得到信任；公元前322年张仪为魏相，被逐。故惠王欲传国惠施事当在公元前341年至前322年之间。

孙衍鼓动史举游说魏襄王禅位于魏相张仪，其理由就是“王让先生（注：指张仪）以国，王为尧、舜矣；而先生弗受，亦许由也”（《战国策·魏策二》）。不过当时秦孝公等人虽然都有禅让的言行，但真正将其付诸实践，在当时产生极大反响，并决定、影响了禅让思潮以后发展的，是燕王哙禅让相子之的事件。据《史记·燕召公世家》记载：“鹿毛寿谓燕王：‘不如以国让相子之。人之谓尧贤者，以其让天下于许由，许由不受，有让天下之名而实不失天下。今王以国让于子之，子之必不敢受，是王与尧同行也。’燕王因属国于子之，子之大重。”这里燕王哙被描写成毫无主见的昏庸之辈，其禅让仅仅是受了策士鹿毛寿等人的欺骗，是不够全面的。① 其实，燕王哙让国是当时禅让大环境的产物，因而有着多方面的复杂动机和原因，除了纵横家的鼓动之外，更重要的，恐怕还是想通过禅让选择一位贤明之君，使燕国在当时激烈的国际竞争中立于不败之地，所以实在是“利天下而弗利”的高尚之举。然而事实是无情的，燕王哙因禅让而身死国亡，无疑为那些宣扬禅让的人敲响了警钟，此后不仅纵横家很难再用禅让游说帝王，就是儒家学者也暂时放弃了“大同”理想②，一度轰轰烈烈的禅让思潮逐渐走向低潮。

作为经历了燕国让国事件的儒家学者，孟子对禅让的态度是有代表性的。当弟子万章问：“人有言：至于禹而德衰，不传于贤而传于子，有诸?”孟子回答：“不然也。天与贤，则与贤；天与子，则与子。”（《孟子·万章上》）孟子这里所说的天，是一种命运天，它是指人力无法抗拒

---

① 刘宝才认为“《燕世家》的那段描写是不可信的”，“反映的是中国封建社会皇帝世袭制度已成定局时人们的观念，而不是战国中期的历史真相”。见刘宝才：《〈唐虞之道〉的历史与理念——兼论战国时期的禅让思潮》，载《人文杂志》，2000（3）。

② 战国以后，禅让学说仍有所发展，如董仲舒再传弟子眭弘宣扬汉家应效尧禅位于贤人（《汉书·眭弘传》），宣帝时盖宽饶鼓吹汉当禅让（《汉书·盖宽饶传》）。昭宣以后，学者虽不再敢言禅让，但又提出“更受天命”的问题，如元帝时翼奉言迁都以“更受天命”（《汉书·翼奉传》），成帝时谷永劝帝纳贱民妇生子以承“贱人当立”的“更受命”历运（《汉书·谷永传》），哀帝时有夏贺良用其师甘忠可之说，为汉家改历，称“陈圣刘太平皇帝”以重新受命（《汉书·李寻传》）。刘向《说苑·至公》假托秦博士鲍白令之向秦始皇进言：“天下官，则让贤是也；天下家，则世继是也。故五帝以天下为官，三王以天下为家。’”这一时期的禅让学说，与当时社会上广泛流传的五德终始说（包括“灾异谴告说”）联系在一起，发展为一套关于帝王德运终始循环的学说，有学者称为“禅让德运说”。钱穆认为，“王莽失败后，变法禅贤的政治理论，从此消失，渐变为帝王万世一统的思想”。见所著《国史大纲》（修订本），上册，153页，北京，商务印书馆，1995。

的客观形势以及偶然性等[1]，所以在孟子看来，“授贤”和“传子”并非绝对的，而是随客观形势的变化而变化。当初舜让国于禹，舜死，天下之民皆从禹，所以就禅让；后来禹让国于益，但禹死，天下之民从禹之子启，而不从益，所以就传子。可见，禅让与传子只是外在形式，并非主要的。而真正重要的是行王道、仁政，得天下之民的拥护，所以说：“唐、虞禅，夏后、殷、周继，其义一也。”（同上）孟子态度的这种变化，显然是有鉴于燕国的“让国”悲剧，所以要对理想与现实、禅让与传子进行新的整合，不再强调禅让与传子的差别，而是突出了王道、仁政的作用，并认为“惟大人为能格君心之非……一正君而国定矣”（《孟子·离娄上》），将教育、引导君主作为首要问题而凸显出来。战国后期另一位儒家学者荀子也对禅让持否定态度，其《正论》篇说：“世俗之为说者曰：‘尧舜擅让。’是不然。天子者，势位至尊，无敌于天下，夫有谁与让矣？”并对“死而擅之”、“老衰而擅”一一进行了批驳，其结论是“夫曰尧舜擅让，是虚言也，是浅者之传，陋者之说也，不知逆顺之理、小大、至不至之变者也，未可与及天下之大理者也”。荀子是曾亲历了燕国的让国事件的，《韩非子·难三》说：“燕王哙贤子之而非孙卿，故身死为僇。”当时风华正茂、二十岁左右的荀子正游历燕国，目睹了燕王哙禅让的一幕[2]，其对禅让的批判显然是有感而发的。需要说明的是，在《荀子·成相》篇中有“尧让贤，以为民，泛利兼爱德施均”，“尧授能，舜遇时，尚贤推德天下治”之类肯定禅让的说法，“成相”是一种文学体裁，指演说歌谣，今本《成相》篇是荀子学派收集同类文学体裁的合集，而非一篇作品[3]，所以可能是这个原因，它保留了以前曾在社会上流传的歌谣、言论。

儒家之外，道家庄子一派对禅让也持批评态度。《庄子》一书中多有对禅让批评、讥讽的言论，如“舜以天下让其友北人无择”，北人无择：“‘又欲以其辱行漫我。吾羞见之。’因自投清泠之渊。”（《让王》）一切历史都是当代史。庄子一派的态度之所以如此激烈，显然是因为当时种种禅

---

① 孟子所说的天有道德天、命运天和自然天等不同的含义，参见第八章第二节：《竹简〈穷达以时〉与早期儒家天人观》。

② 参见拙文：《荀子行年新考》，载《陕西师范大学学报》，2000（4）。

③ 参见廖名春：《荀子新探》，台北，文津出版社，1994。

让言论已达到甚嚣尘上、无以复加的地步，庄子的态度正好说明当时确实有一个宣讲禅让的大环境存在。不过道家虽然对禅让持否定态度，也主要是因为在他们看来，禅让有虚伪、造作、不自然之处，并不等于他们肯定“天下为家”的世袭制度。与道家相似，后期法家也对禅让持否定态度。韩非曾从“唯物”的观点对禅让进行了解构，认为古代生活条件艰苦，即使贵为天子，其待遇连今天的看门人也不如；还要日夜辛劳，比劳役俘虏还辛苦。“以是言之，夫古之让天子者，是去监门之养，而离臣虏之劳也，故传天下而不足多也。”（《韩非子·五蠹》）所以禅让并非“利天下而弗利”的高尚之举，而只是特殊历史条件下的产物。既然时移势易，流行于古代的禅让在今天自然也就不适合了。韩非还将尧舜禅让归结为武力逼迫：“舜逼尧，禹逼舜，汤放桀，武王伐纣。此四王者，人臣弑其君者也，而天下誉之。”（《说疑》）韩非否定禅让是要强化专制王权，使权力牢牢掌握在君主手里，所以其肯定的显然是“天下为家”，实行世袭了。

综上所论，公元前316年燕王哙的“让国”，应是战国禅让学说发展中里程碑式的事件。在此之前，禅让说风行一时，墨、儒、法、纵横等家都大讲禅让，出现了“禅让尚贤”说（墨家）、“禅让贤德”说（儒家）、“禅让辞让”说（纵横家）等不同观点，与之相应，在政治领域也出现了禅让的种种实践。燕王哙禅让失败后，禅让学说则渐趋低潮，不仅儒家内部的孟、荀转变了对禅让的态度，道家、后期法家也对“让天下”进行了讽刺、抨击。虽然各家各派甚至是前后不同阶段，对禅让的看法大异其趣，但却“俱道尧舜”，只是“取舍不同”而已。因此，虽然根据民族学、人类学等材料，禅让作为一种历史事件在古代社会曾经普遍存在过①，但尧舜禅让的具体面貌，其所体现的“意义”、“价值”却是不断被赋予上去

---

① 对于禅让制度，学术界一般是从军事民主制来进行说明，可参见杨安平：《关于尧、舜、禹“禅让”制传说的探讨——兼谈国家形成的标志问题》，载《中国史研究》，1990（4）。此外，徐中舒根据契丹、蒙古和满族的民族学材料，认为所谓禅让制度就是原始社会的推选制度，见所著《论尧舜禅让与父系家族私有制的发生和发展》，见《徐中舒历史论文选辑》下册，971～993页，中华书局，1998。陈明引用制度经济学理论，认为金属工具尚严重短缺的冷兵器时代不具备攻城略地的实力，各方只有偃武修文，平心静气地讨论共处之道。共主只是召集人，其权力只能以同意为基础，见所著《〈唐虞之道〉与早期儒家的社会理念》，载《中国哲学》，第20辑。

的，历史事件本身与人们对其的认识、评价是既有联系又有区别的。[①] 所以战国时期出现的禅让说，并不是对古代禅让事件的直接反映，而是当时人们对于禅让问题态度的反映，是“借古讽今”的特殊表达形式。明确这一点，对于我们讨论《礼运》等篇的年代十分重要。从上引几篇文字看，竹简《唐虞之道》整篇鼓吹禅让，认为“不禅而能化民者，自生民未之有也”（第21简），如此肯定禅让的思想，显然应该产生于禅让学说处于高潮的燕王哙让国之前；《容成氏》虽以上古与三代对比，其主旨仍是鼓吹和肯定禅让，故其年代应与《唐虞之道》相近，在公元前316年以前。《礼运》篇的情况有所不同，它虽然肯定、赞美禅让的“大同”之世，但又对它的逝去无限感慨，认为“今大道既隐，天下为家”，历史已进入世袭的小康。所以在《礼运》全文中，关于“大同”的内容只在文章的开头做了简单描述，而全文更多讨论的是当禅让的时代已逝去、小康之世来临时，如何治国平天下的问题。《礼运》的这种态度不是偶然的，而是应与禅让在现实实践中的挫折密切相关，反映了燕王哙让国失败后一些儒者对禅让的反思和对现实问题的思考。《子羔》篇由于文字残缺较多，问题较复杂，其中子羔问“如舜在今之世则何若”？若孔子的回答是禅让，则其年代可能与《唐虞之道》相近；若否，则可能与《礼运》相同。以上几篇的年代虽稍有差别，但都与战国中前期出现的禅让思潮有关，是这一思潮由盛到衰的记录和反映。

（三）《礼运》的思想特征与成书年代

根据以上所论，《礼运》之所以是一篇奇特的作品，其“大同”说之所以在思想史上不断引起争议，就在于它是特定历史时期的产物，是与战国中前期的禅让思潮密切相关的。由于文献失传，这一曾影响广泛的思潮逐渐被人们遗忘，而以后的儒家学者又调整了其政治理想，故使《礼运》“大同”说显得“来历不明”，因无法与后世儒家的主张相协调而备受质疑。例如，《礼运》从禅让看待历史，故以尧舜等上古禅让之世为“大

---

① 从这一点看，“禅让贤德”说与“禅让篡逼”说虽然在价值判断上截然对立，但却都是有一定根据的。因为禅让贤能即使在历史上客观存在，在具体实行中却未必不是以实力为基础的，这在进入阶级社会时，尤为明显。只是人们根据自己的需要，作了不同的“取舍”而已。

同”，禹、汤、文、武、成王、周公世袭之世为“小康”，二者适成对比，故其眼中的历史是断裂、退化的。而以后儒家学者由于不再强调禅让与世袭的差别，而是突出王霸之辨，认为王道、仁政是由“尧以之传之舜，舜以之传之禹，禹以之传之汤，汤以之传之文武周公”（韩愈《原道》），禹、汤、文、武、成王、周公恰恰成为王道政治的代表，原来“断裂”的历史重新得到连续、统一。由于儒家历史观前后这种变化，《礼运》将禹、汤、文、武、成王、周公归于“小康”，在后人眼里便显得不可理解。所以不断有学者主张，《礼运》可能存在着错简，应将“小康”一段“禹、汤、文、武、成王、周公，由此其选也。此六君子者，未有不谨于礼者也”二十六字，移至“大同”一段“不必为己”之下，“是故谋闭而不兴”之上，这样才能文意通顺。[①] 岂不知《礼运》以禹、汤、文、武、成王、周公为“小康”，正是其时代特征的反映，若人为地改为“大同”，反而掩盖了历史的真相。又例如，《礼运》由于突出禅让，故提出“人不独亲其亲”和货“不必藏于己”，而随着禅让实践的失败，儒家学者不再执著于乌托邦理想，而是从修身、齐家、治民之产等切实可及的事务入手，逐步实现王道理想。由于政治理念的这种变化，《礼运》的“人不独亲其亲”和货“不必藏于己”便不容易被理解，甚至被怀疑为墨家或道家的思想。岂不知儒学发展史上也曾存在过一个更激进、更具理想主义的时代，《礼运》的上述言论只有从这一时代中去寻找答案，若简单地将其“著作权”转让他人，反而混淆了事实的真相。

《礼运》是特定时代的产物，是对已逝去的禅让思潮的理论总结，也是对未来社会的规划和预言。所以有关礼的论述占了全文的大多半篇幅，这一部分内容也颇具特色，有助于我们对其作者和年代做出进一步判断。《礼运》提出：“夫礼，先王以承天之道，以治人之情。”可见其谈礼，一是讲形上根据，二是讲人之情，而这两个方面也是密切相关的。在《礼运》看来，礼本来就是满足“情”的需要而产生的：

---

① 邵懿辰：《礼经通论》，见《皇清经解续篇·三礼类》，台北，艺文印书馆，1986；徐仁甫：《〈礼运·大同小康〉错简补正》，载《武汉日报》，1947-03-11；永良：《〈礼记·礼运〉首段错简应当纠正》，载《西南民族学院学报》，1996（6）。

> 夫礼之初，始诸饮食，其燔黍捭豚，污尊而抔饮，蒉桴而土鼓，犹若可以致其敬于鬼神。

礼在字源上是指古代祭祀鬼神的礼节仪式。《说文》："礼，履也。所以事神致福也。从示从豊。"而《礼运》更强调的是礼用来满足神灵的感性需要。在古人看来，鬼神、先祖与活着的人一样，有着情感、生理的需要，因此"饮食"便成为祭祀者和被祭者首先关注的问题。古代物质条件简陋，人们简单地用火烧了黍米和肉来吃，在地上挖坑蓄水用手捧着喝，抟土做鼓椎和鼓来敲，仍然可以向鬼神表达敬意。当时没有宫室，人们冬天居住在洞穴里，夏天居住在搭起的巢穴里。不会用火熟食，茹毛饮血。没有丝麻，用羽毛和兽皮遮身。后来有圣人出来，教人利用火，铸造器用，营造台榭、宫室，并发明种种熟食的方法，"以炮，以燔，以亨，以炙"；煮染丝麻织成布帛，"以养生送死，以事鬼神上帝"。因此，礼的产生并非偶然的事件，而是文明的积累和成果，是贯穿于整个生活的有机形式。但是礼"治人之情"，并非是对"情"的简单否定，更不是放纵情欲，而是效法天地的运行，呈现出秩序性与和谐性来。

> 是故夫礼，必本于大一，分而为天地，转而为阴阳，变而为四时，列而为鬼神。其降曰命，其官于天也。夫礼必本于天，动而之地，列而之事，变而从时，协于分艺，其居人也曰养，其行之以货力、辞让、饮食、冠昏、丧祭、射御、朝聘。

"大一"亦作"太一"，是指天地未判之前的宇宙本体，也即是道。[①] 孔颖达疏曰："大一者，谓天地未分，混沌之元气也。极大曰天，未分曰一，其气极大而未分，故曰大一也。"郭店竹简《老子》丙篇后有《太一生水》一篇，提到"太一生水，水反辅太一，是以成天；天反辅太一，是以成地"（第 1 简）。在"太一"与"天地"之间加入了水，提出了"水反辅太一"的思想，是当时一种较为独特的宇宙论。有学者指出，太一与老子的

---

① 《吕氏春秋·仲夏纪·大乐》："道也者，至精也，不可为形，不可为名，强为之〔名〕，谓之太一。"

道存在密切联系，是战国时期道家学者着力阐发的概念。[①]《礼运》提出太一，可能就是受到道家思想的影响，是利用道家的形上学为礼寻找根据。在其看来，太一生成万物乃是一和谐、有序的过程，人也是在这一过程中产生的，“人者，其天地之德，阴阳之交，鬼神之会，五行之秀气也”。但天地的运行是自然、“无心”的，而人生天地之间，能够自觉地取法天道，“以天地为本，以阴阳为端，以四时为柄，以日星为纪，月以为量”，体现出目的性和能动性来，“故人者，天地之心也，五行之端也，食味、别声、被色而生者也”。真可谓天地无心，而以人为心。而圣人着力倡导的礼义正是取法天道，以“治人之情”的结果：“故礼义也者，人之大端也，所以讲信修睦，而固人之肌肤之会，筋骸之束也。所以养生送死，事鬼神之大端也。所以达天道，顺人情之大窦也。”“大同”的乌托邦是破灭了，但通过礼，依然可以实现“天下一家”的社会理想：“故圣人耐以天下为一家，以中国为一人者，非意之也，必知其情，辟于其义，明于其利，达于其患，然后能为之。何谓人情？喜怒哀惧爱恶欲，七者，弗学而能。何谓人义？父慈，子孝，兄良，弟弟，夫义，妇听，长惠，幼顺，君仁，臣忠，十者，谓之人义。讲信修睦，谓之人利。争夺相杀，谓之人患。故圣人所以治人七情，修十义，讲信修睦，尚辞让，去争夺，舍礼何以治之？”

从《礼运》的内容以及有关礼的论述来看，它与历史上的子游氏之儒有一定联系，其作者可能是子游学派的不知名学者。[②] 这是因为，首先，《礼运》托名子游与孔子的问答，而托名者显然应该是子游的弟子或与其有一定关系的人。值得注意的是，《礼运》直呼子游之名“言偃”，而不称其字，与《论语》等书体例不符，这说明，它似乎不应是出于子游（约公元前 506—前 445）弟子之手，而应是子游学派后期学者所为。

---

① 许抗生认为太一源于老子的道，见所著《初读〈太一生水〉》，载《道家文化研究》，第 17 辑，北京，三联书店，1999。李学勤认为《太一生水》可能是关尹一派的著作，但又认为太一的概念，并非道家独有，《礼运》的太一是来自《易传》的太极，见所著《荆门郭店楚简所见关尹遗说》，载《中国哲学》，第 20 辑。

② ［日］武内义雄说：“《礼运》之作者不明，固不在言，谓为子游所作，殆不可靠，然而系于子游学派所作，则不难想象也。”“孔门中通礼者子游，子游之下有檀弓，其后有荀子，此是儒家礼学一派发展之路径，最为明了者也，而荀子后学之作《礼运》篇，托于子游乃极自然之事矣。”见所著《礼运考》。

其次，孔门后学中子游比较重视礼，对礼有独特的理解，《礼运》有关礼的论述，应该就是对其思想的进一步发展。据《论语》，子游反对子夏弟子只注重“洒扫应对进退”的作法，认为是“末”，而他自己更重视“本”（《子张》）。从他的有关论述来看，他所理解的“本”应该就是指礼化民易俗、平治天下的功能和作用：

> 子之武城，闻弦歌之声，夫子莞尔而笑曰：“割鸡焉用牛刀?”子游对曰：“昔者，偃也闻诸夫子曰：‘君子学道则爱人；小人学道则易使也。’”子曰：“二三子！偃之言是也。前言戏之耳!”（《阳货》）

子游用礼乐教化武城之民，正是其重视礼之“本”的反映。《礼运》篇反复强调礼的作用是“讲信修睦，尚辞让，去争夺”，显然是与此一致的。子游还十分重视情，是孔门的“性情”之儒。《礼记·檀弓下》记载了他的一段话：“子游曰：礼有微情者，有以故兴物者。有直情而径行者，戎狄之道也。礼道则不然。人喜则斯陶，陶斯咏，咏斯犹，犹斯舞，舞斯愠，愠斯戚，戚斯叹，叹斯辟，辟斯踊矣。品节斯，斯之谓礼。”子游认为，礼是出于情的需要，是情的节文。这与《礼运》礼“顺人情之大窦也”，“所以持情而合危也”的说法，显然存在前后连续的关系。

再次，郭店竹简中有《性自命出》一篇，据学者研究，应为子游氏儒的作品。[①] 如果将二者作一比较，就可以发现其思想有许多可沟通之处，如二者都重视性和情，《性自命出》提出“喜怒哀悲之气，性也”。“好恶，性也”。又认为“情生于性”；《礼运》则提出“何谓人情？喜怒哀惧爱恶欲”，二者思想基本是一致的。又比如二者都重视礼，重视礼对情的塑造、培养，《性自命出》提出“礼作于情，或兴之也”，“始者近情，终者近义”，认为一方面礼的制作要符合情，另一方面情的表达又要符合义；《礼运》则提出“礼之初，始诸饮食”，又主张“圣王修义之柄、礼之序，以

---

① 廖名春：《荆门郭店楚简与先秦儒学》，载《中国哲学》，第20辑；陈来：《儒家系谱之重建与史料困境之突破——郭店楚竹书与先秦儒学研究》，见《郭店楚简国际学术研讨会论文集》，562～570页。

治人情。故人情者，圣王之田也”。与前者思想十分相近。

此外，《礼运》中有关阴阳五行的内容，也有助于我们对其年代做出进一步判断。我们知道，阴阳与五行本属两种不同的文化体系，它们在彼此独立的状态下，各自经过了长期的发展过程，最终才走到了一起。由于古人认为四时的推移是阴阳流行的结果，故五行说要与阴阳说合流，往往选择时令作为结合点。白奚先生曾以《管子》一书为例，对阴阳五行的合流进行了考察。据他的研究，《管子》中论及阴阳五行合流的文章可分为两组：一组以《幼官》、《四时》为代表，采用了“播五行于四时”的做法，用五行配东南中西北五方，又用四时配东南西北四方。另一组以《五行》为代表，它用五行等分一岁之日，从四时的每一时里扣下若干天留给中央土，将一年分成五个七十二日，配以木火土金水五行。但不论是那一种，都是力图将阴阳和五行有机地结合起来。[1] 可以看到，《礼运》与《幼官》等篇一样，都是采用的“播五行于四时”的方法：

> 故天秉阳，垂日星；地秉阴，窍于山川。播五行于四时，和而后月生也。
>
> 故圣人作则，必以天地为本，以阴阳为端，以四时为柄，以日星为纪，月以为量，鬼神以为徒，五行以为质，礼义以为器，人情以为田，四灵以为畜。

白奚认为，《幼官》等篇应是齐宣王、湣王时期一批佚名的齐人稷下学者所作。《礼运》有与其相同的阴阳五行说，年代也应与其相近。齐宣王、湣王在位时间为公元前 319 年至前 284 年，这与前面我们关于《礼运》年代的判断基本是一致的。

前面说过，一些学者出于重建孔孟“道统”的需要，往往将《礼运》

① 白奚：《中国古代阴阳与五行说的合流——〈管子〉阴阳五行思想新探》，载《中国社会科学》，1997（5）。

"大同"归于孔子[①]，认为孔子传道于子游，故《礼运》成于子游（或其弟子）之手，建构出孔子——子游——子思——孟子的道统谱系，从康有为、孙中山、郭沫若一直到今天的一些学者，无不持这一看法。而这一新"道统"的建立，显然是要在儒家内部重新发现一个民主政治的源头，从而为维新改良、民主革命乃至呼唤民主改革寻找理论根据，可谓用心良苦，诚意可嘉。但从我们前面的考察来看，孔子虽然对禅让持肯定态度，但在其生活的时代，禅让作为一种社会思潮还没有出现。虽然儒学史上的确存在过一个宣讲禅让、"大同"的时期，但那并非仅仅是孔子倡导的结果，更主要的乃是当时的社会历史条件使然。当时宣传禅让的也不只有孔门一家，其他如墨家、早期法家、纵横家等也都参与其中。儒家内部讲禅让的也不只有子游氏一派，至少我们现在知道，子羔、子思等派也有类似的思想。更重要的，《礼运》不是对禅让、"大同"的礼赞，而是为其唱出的一曲挽歌。《礼运》的真正意义不在于其提出的"大同"理想，而在于"大同"理想遭到暂时挫折、失败后，不是消极悲观、怨天尤人、自暴自弃，而是根据时世的变化对理想做出重新选择和调整，在理想与现实之间保持一种平衡与张力，以及所表现出的通达、乐观、务实精神。这既是《礼运》时代特征的反映，也是在"全面建设小康社会"的今天，对《礼运》一种更符合其历史原意的解读。

---

① 《孔子家语·礼运》篇说："孔子为鲁司寇，与于蜡。"孔子为司寇时约五十二岁，而子游少孔子四十五岁，此时仅七岁，所以关于《礼运》"大同"思想的争论，往往是围绕孔子是否可能为子游讲述"大同"之义展开的。20世纪三四十年代，两种截然相反的意见展开激烈争论，钱穆、梁漱溟、吴虞等据《家语》，认为孔子不可能为童稚之年的子游讲论"大同"；郭沫若、吕思勉则认为"《家语》伪书，本不足据"，"孔子晚年要同门弟子谈谈大同小康的故事，是没有什么不可能的"（《十批判书·儒家八派的批判》）。六十年代古棣、任蜎亦就此展开激烈辩论（二文分别见《光明日报》，1961－05－04和1961－09－15）。高葆光、裴传永则通过详尽的考证，分别得出肯定和否定的结论。见二人所著：《礼运大同章真伪问题》，载《大陆杂志》（台湾），第15卷3期，1957；及《"礼运大同"思想之我见》，载《山东大学学报》，1999（3）。

第四章

思孟学派的形成：子思学派研究（上）

第一节　子思《五行》新探

简帛《五行》的出土和发现，是先秦儒学史研究中具有里程碑意义的事件，它不仅使长期遗失的儒家典籍重见天日，在传统的文献之外，为我们提供了新的文本资料。更重要的，它还使一度模糊不清的思孟学派开始重新被人们认识、了解。《五行》属于子思学派，已得到多数学者的认可，尚存有争论的是，《五行》到底是子思本人的作品，还是成于其后学之手，尤为关键的是，它是成书于孟子之前还是孟子之后？由于主张《五行》晚出的学者，多是从分析《五行》的思想出发，认为《五行》"推理的环节很多"，"似过于复杂和抽象"；又"折衷了孟子、荀子的思想"，不像是孟子以前的作品。[①] 这样，《五行》的年代与思想又被密切联系在一起，而后者则是《五行》研究中颇有争议的问题。因此，有必要对《五行》的思想作出进一步的探讨，并由此确定它在思孟学派中的地位。

（一）"德之行"与"行"

竹简、帛书《五行》"经"的部分，虽然内容基本相同，但也存在一

① 参见王葆玹：《郭店楚简的时代及其与子思学派的关系》，见《郭店楚简国际学术研讨会论文集》，648页。[日] 池田知久：《郭店楚简〈五行〉研究》，载《中国哲学》，第21辑。

些差别。大致说来，二者虽然各有优劣，并可以相互补充，但在结构、次序上却以帛书本为优，帛书根据的应是不同于竹简的另一个本子。为叙述方便，本书将以庞朴先生整理的帛书《五行》为蓝本[①]，同时参照竹简《五行》作适当修订，凡修订之处皆在文中标明，全文共分二十八章。《五行》首章说：

> 仁形于内谓之德之行，不形于内谓之行；义形于内谓之德之行，不形于内谓之行；礼形于内谓之德之行，不形于内谓之行；智形于内谓之德之行，不形于内谓之行；圣形于内谓之德之行，不形于内谓之（德之）行。[②] 德之行五和，谓之德；四行和，谓之善。善，人道也；德，天道也。

正如有的学者所指出的，“这一段文字是《五行篇》全篇思想的总纲”，“是其余各章的思想基础”[③]。而如何理解这段文字，也一直是《五行》研究中的重点和难点。现在学者一般认为“形于内”、“不形于内”的“内”特指“心”，“形于内”指“仁义礼智圣”形成、表现于内心，而“不形于内”指表现于外在行为。对“形于内”分歧较少，对“不形于内”则存在不同的认识。一种观点认为，“不形于内”是指“仁义礼智圣”在“形于内”的基础上又表现于外在行为，如有学者认为，“仁义礼智圣等五种美德皆在人的心中（所谓‘形于内’），称为‘德之行’；其表现在外在行为者，则称为‘行’”[④]。“这五种德行内在地和谐化了，就是天道之德。其表现在外的仁、义、礼、智之行为，相互和合，就是人道之善。”[⑤] 按照这种说法，实际是“形于内”的“德之行”表现为“不形于内”的“行”，但

---

① 参见庞朴：《竹帛〈五行〉篇校注》，见《庞朴文集》，第2卷（《古墓新知》），117～151页。

② 帛书本此段次序为仁、智、义、礼、圣。今依竹简本次序改。

③ 黄俊杰：《马王堆帛书〈五行篇〉“形于内”的意涵——孟子后学身心观中的一个关键问题》，见《孟学思想史论》，第1卷，501～511页。

④ 黄俊杰：《孟子后学对身心关系的看法——以马王堆汉墓帛书〈五行篇〉为中心》，见《孟学思想史论》，第1卷，75页。

⑤ 郭齐勇：《郭店儒家简与孟子心性论》，载《武汉大学学报》，1999（5）。

既然“行”是来自内在的“德之行”，那么它显然就已经是“形于内”的了，作者为什么还要强调它“不形于内”呢？这种解释显然不可取。

另一种观点认为，“不形于内”是指仁义礼智圣在没有“形于内”的情况下而表现于行为之中，如有学者认为“凡是未经心灵体现出来的道德行为，《五行篇》称之为‘行’，意即一般的道德行为，即道德行为尚未经由意识化或内在化的一种社会规范之行为。《五行篇》严格上说来并不是这种作为社会规范的‘行’，而是内在化、意识化的‘德之行’”①。这种看法同样存在问题。儒家一向反对“行不由衷”，所谓“未经心灵体现出来的道德行为”是让人难以理解的，至于说《五行》“严格上说来并不是这种作为社会规范的‘行’，而是内在化、意识化的‘德之行’”，也只是论者个人的理解。从《五行》的内容看，它毋宁是“德之行”与“行”并重的。

其实，上文中的“形于内”是指“仁义礼智圣”“五行”形成于内心，是一种内在规范，而“不形于内”是指其没有形成于内心，是一种外在规范。按照作者的观点，前者可称为“德之行”，后者则为“行”。对于“德”“行”，学者往往引用《周礼·地官·师氏》郑玄注的解释：“德行，内外之称，在心为德，施之为行。”但《周礼》对“行”还有更明确的说法：“以三德三行教国子……教三行：一曰孝行以亲父母，二曰友行以尊贤良，三曰顺行以事师长。”这里的“三行”即是三种伦理规范，它体现于具体的人伦关系之中，成为人们效法、遵守的准则。《五行》的“行”显然即是这种“行”，一种规定人我之际、人伦关系的“行”，当这种“行”未被人们遵从、实践时，它的确是“尚未经由意识化或内在化”的，而一旦与道德主体发生关系，成为人们的实践对象时，则它已经开始“意识化”和“内在化”，并与“形于内”的“德之行”发生联系。所以，“不形于内”的“行”，应当用《周礼》的“三行”来理解——二者的差别只是前者较抽象，后者更具体而已——而郑玄注则多少会使人产生误解，以为“行”是由“心”而来，是道德主体由内而外的直接行为。而实际上，

① 杨儒宾：《德之行与德之气——帛书〈五行篇〉、〈德圣篇〉论道德、心性与形体的关系》，见钟彩钧主编：《中国文哲研究的回顾与展望论文集》，417～448页，台北，台湾“中央研究院”中国文哲研究所筹备处，1992。

“不形于内”的“行”虽然也可以表现为一种行为，但它是道德主体实践外在规范的行为，是由外而内，而不是由内而外的。因此，《五行》的“德之行”与“行”实际是一种双重道德律，前者是内在道德律，是主体自觉，后者是外在道德律，是客观规范。《五行》说：“德之行五和，谓之德；四行和，谓之善。善，人道也；德，天道也。”“德之行五”是指“形于内”的仁义礼智圣，它所达到的和谐状态称为德；而“四行”是指“不形于内”的仁义礼智[①]，它所达到的和谐状态称为善。德具有内在的超越性，源自天道；善则具有外在的规范性，主要体现在人道，天道、人道从一个侧面反映了德、善也即德之行与行的差别。

那么，《五行》区分“德之行”与“行”的意义何在呢？它在先秦儒学思想中又居于何种地位呢？其实，《五行》的双重道德律乃是早期儒家的一个基本思想，最早提出这一主张的不是别人，而是儒家的创始者——孔子。我们知道，孔子创立儒学主要提出两个重要概念：仁与礼。孔子提出仁，把仁看做是主体自觉，所谓“我欲仁，斯仁至矣”（《论语·述而》），这里的“至”不是由外而至，而是由内而至，是由内向外的显现。因此，由仁出发，便表现为主体的自觉行为，所谓“为仁由己，而由人乎哉?”（《论语·颜渊》），“无终食之间违仁，造次必于是，颠沛必于是”（《论语·里仁》）。同时，孔子又重视礼，把礼看做是制度化、习俗化的外在规范，通过实践外在的礼，又可以转化、发明内在的仁，所谓“克己复礼为仁”（《论语·颜渊》）。因此，孔子通过仁、礼实际提出了道德实践中主体自觉与外在规范这一儒学基本问题，以后孔门后学基本是从内（仁）、外（礼、义）两个方面继续探索，并各有侧重，直至孟子、荀子分别从仁、礼对此作一总结。《五行》提出“形于内”的“德之行”与“不形于内”的“行”，显然是处于孔子到孟、荀的过渡阶段之中。从这一点看，它与郭店竹简其他篇目中的“仁内义外”说实际表达的是同一个意思。《郭店楚墓竹简·语丛一》：“人之道也，或由中出，或由外入。由中出者，仁、忠、信。由外入者，礼、义、？。仁生于人，义生于道。或生于

① 庞朴先生注此句为：“四行，仁义礼智之不形于内者。”甚是。参见所著《帛书〈五行〉篇校注》，载《中华文史论丛》，第4辑（总第12辑），上海，上海古籍出版社，1979。

内，或生于外。”《尊德义》：“故为政者，或论之，或义之，或由中出，或设之外，论列其类。”从这些材料可以看到，战国时代的“仁内义外”说是认为人们的道德规范来自两个方面，“或由中出，或由外入”，“由中出者”有“仁、忠、信”，但主要是仁；“由外入者”原文虽有残损，但从下文看当有“义”，故主要有礼或义。仁、义来源各不相同，仁“生于内”即生于内心，义“生于外”即生成于人们的习俗规范，而在政治和伦理实践中，需要从仁、义两个方面入手，“或由中出，或设之外”。这种“仁内义外”的主张，与《五行》用“形于内”与“不形于内”区分“德之行”与“行”显然具有某种一致性，只不过在《五行》中，由于仁义礼智圣被看做是一个整体，无法把其中一部分说成是内，另一部分说成是外，故只好采用目前的表达方式，一方面说它“形于内”，另一方面又说它“不形于内”，前者是德，后者是善，二者具有内、外的差别。应该说，《五行》的这种表述多少也给自己带来困难，因为“仁义礼智圣”性质各有不同，有些主要是“形于内”，有些则侧重“不形于内”，若笼统说它们既“形于内”又“不形于内”，则与五行的具体内容多少会产生矛盾，这最明显地表现在“圣”一行上。帛书本“圣”作“圣形于内谓之德之行，不形于内谓之行”，而竹简本则改作“圣形于内谓之德之行，不形于内谓之德之行”，这个改动明显反映出竹简抄写者的矛盾心理，因为从上文的表述来看，“圣不形于内”显然应该为“行”；但从下文内容看，圣主要是“形于内”的“德之行”①，若说它是“行”，则与圣的内容明显不符。竹简抄写者显然看到这一点，故对文字做了改动，但这样一来，此句与前面的表述便无法协调，且与“不形于内谓之行”的主张矛盾，所以同样存在问题。其实，上文只是一种表述形式。它虽然对仁义礼智圣分别作了“形于内”与“不形于内”的规定，但主要还是分别将其作为一个整体来看待的，讨论的是“德之行”与“行”的关系，认为二者具有内、外的差别，而这与“仁内义外”说无疑是一致的，只不过《五行》的特殊表述方式多少使这一思想显得不够明确，相反，若是将这一层点破，《五行》整篇的思想脉络便清晰可寻。

---

① 下文云：“四行和，谓之善。”四行不包括“圣”一行，正说明“圣”是“形于内”的“德之行”。

（二）“圣”与“智”

许多学者已注意到，圣、智是《五行》的一个重要内容，从第二章的“中心之智”、“中心之圣”，到第六章的“智之思也长”、“圣之思也轻”，第十三章的“不圣不智”，再到第十七、十八、十九章的“闻而知之”、“见而知之”，圣、智之论贯穿于《五行》前半部分，构成了《五行》的一个重要内容。从思想史的角度看，《五行》突出圣、智不是偶然的，而是与它双重道德律的思想密切相关。如果说，《五行》的“德之行”与“行”主要是就实践对象而言的话，那么，圣、智无疑属于实践主体，圣、智分别以“德之行”、“行”为对象，体现为两种不同的认知、实践方法。不过在《五行》中，作为圣、智的实践对象，“德之行”、“行”更多的是用另一种表述方法：君子道与贤人。按照《五行》的规定：“德之行五和，谓之德；四行和，谓之善。”“德之行”是“得之于天”而具于心者，是内在的德，它构成君子的内在品格，引发君子的道德行为，故《五行》又称其为“君子道”，“五行皆形于内而时行之，谓之君子，士有志于君子道，谓之志士”（《第三章》）。“行”是“不形于内”而体现于人伦关系之中的善，是人们普遍遵守的礼仪规范。《五行》常常通过贤人来谈论这种行，认为贤人的行为即体现了这种行。《五行》说：

> 智之思也长，长则得，得则不忘，不忘则明，明则见贤人，见贤人则玉色，玉色则形，形则智。
>
> 圣之思也轻，轻则形，形则不忘，不忘则聪，聪则闻君子道，闻君子道则玉音，玉音则形，形则圣。（《第六章》）

智是一种经验之知，具体表现为“见贤人”。“见贤人”并非一般地与贤人相见，而是见贤人的行为举止，见贤人之所以为贤人的本质所在。在《五行》中，贤人主要是指遵从礼仪规范、体现了一般社会价值取向的人。贤人的这一规定，在先秦典籍尤其是《荀子》中屡有所见：“礼之生，为贤人以下至庶民也，非为成圣也。”（《荀子·大略》）“古之贤人，贱为布衣，贫为匹夫，食则馆粥不足，衣则竖褐不完；然而非礼不进，非义不受。”（《荀子·大略》）“所谓贤人者，行中规绳而不伤于本……如此则可谓贤人矣。”（《荀子·哀公》）因此，《五行》提出贤人正是要说明“不形于内”的行，见贤人即是学习、实践外在礼仪规范的认知活动。

圣与智不同，它是一种直觉之知，具体表现为“闻君子道”。所谓“闻君子道”乃是《五行》的特殊表述方式，它源于圣、耳相通的传统说法。《说文·耳部》说：“圣，通也。从耳，呈声。”据学者考证，甲骨文中圣“像人上着大耳，从口，会意。圣之初谊为听觉官能之敏锐，故引申训为‘通’……听、声、圣三字同源，其始当本一字”[①]。因此，圣的本义就是一种神秘的听觉，它可以聆听神意，掌握宇宙的本质，起到沟通神人的作用。不过，《五行》中的“圣者、聪者不再是巫觋，也不是用音乐使神人交通的乐瞽，而是受人尊敬、文质彬彬的君子了”[②]。圣不再是用来“通神”，而是对内在道德禀赋的省察、体认，“闻君子道”即是发明、扩充内在“德之行”的过程。因此，圣、智的功能和作用是不同的，前者向内体认，后者向外求索，前者是“聪”，后者是“明”：

> 未尝闻君子道，谓之不聪。未尝见贤人，谓之不明。闻君子道而不知其君子道也，谓之不圣。见贤人而不知其有德也，谓之不智。见而知之，智也。闻而知之，圣也。明明，智也。虩虩[③]，圣也。“明明在下，虩虩在上”，此之谓也。（《第十七章》）

圣是“闻而知之”，表现为某种超凡的听觉——聪，以及对君子之道的了解、实行；智是“见而知之”，表现为某种直观的视觉——明，以及对贤人的效法、模仿。“未尝闻君子道”、“未尝见贤人”固然不能算是聪、明，而“闻君子道而不知其君子道也”、“见贤人而不知其有德也”，同样也不能算是“圣”、“智”。“不知其君子道也”，《说》的解释是“不知其天之道

① 李孝定：《甲骨文字集释》第12卷，3519页，台北，台湾“中央研究院”历史语言研究所专刊之五十，1974。

② 魏启鹏：《帛书〈德行〉校释》，95页，成都，巴蜀书社，1991。

③ 帛书本作“赫赫”。本之《诗·大明》：“明明在下，赫赫在上。”

也”，即不知道“君子之道”是天所赋予，生而具有的，用孟子的话说就是“我固有之也，弗思耳矣”（《孟子·告子上》）。因此，“闻君子道”不是向外求索，而是发明内在主体，这样才算真正“知其君子道”。“不知其有德也”，《说》的解释是“不知其所以为之”，它要求通过贤人之行而发现其内在之德，实际提出了转善成德的问题。不过这种德是通过后天努力，通过实践外在礼仪获得的。在这种意义上，它与荀子的“积善成德”（《荀子·劝学》）倒有些相近。圣、智之所以能够“知其天之道也”、“知其有德也”，与其自身的特点是密切相关的。按照《五行》的说法，智是“明明”，是“由所见知所不见也”（《说·第十七章》）的逻辑推理和理性判断，它由已知到未知，由外在伦理到内在德性，实现德、善的统一；圣是“虩虩”，应是指对天道的体悟和超越，它从道德主体出发，同时上达天道，实现对形上意义的追求。前者以人事为对象，是形下的，后者以天道为归宿，是形上的，“‘明明在下，虩虩在上’，此之谓也”。

圣、智的功能、作用不同，地位也不同，《五行》分别以五行、四行对其作了论述。按照《五行》的规定，五行和谓之德，四行和谓之善。五行、四行除了“形于内”与“不形于内”的差别外，其内部关系也是不同的，五行的核心是圣，四行的关键则是智：

> 闻君子道，聪也。闻而知之，圣也。圣人知天道也。知而行之，义[①]也。行之而时，德也……圣[②]，智、礼乐之所由生也，五行之所和也。和则乐，乐则有德，有德则邦家兴。文王之见也如此。“文王在上也，於昭于天”，此之谓也。（《第十八章》）

“闻而知之”是知君子之道，是发明内在主体，这是圣特有的功用；而“圣人知天道也”表明，具有圣的品质的圣人不仅要闻君子道，而且要使之上达天道，使内在的君子之道形上化、普遍化，使其由一己的道德潜质上升为世界的普遍意义，实际是对道德主体的提升和张扬，用孟子的话说，这乃是由尽心到知天的过程。圣不仅上达天道，而且外显为具体的道

---

① 帛书本经作“圣”，说作“义”，今据竹简本改。

② 帛书本此句脱漏，但说中有“仁气，礼乐所由生也。言礼乐生于仁义……”等。

德行为，“知而行之，义也”。义是行，是道德主体的自觉行为。行符合时宜，称为德，儒家一向重视“时”，有所谓“时中”、“时行”，孔子更是被称作“圣之时者也”。《五行》的“行之而时”显然与此有关。圣与其他三行的关系，《五行》虽没有具体论述，但从“圣，智、礼乐之所由生也”可以看出，五行实以圣为核心，义、智、礼等皆由圣派生而出，即圣→义→智→礼乐，这一动态的过程即是“和”，“和则乐，乐则有德，有德则邦家兴”。这样，由内圣又走向外王。与五行不同，四行表现为另外一种“和”：

> 见而知之，智也。知而安之，仁也。安而行之，义也。行而敬之，礼也。仁，义、礼之所由生也[①]，四行之所和也。和则同，同则善。（《第十九章》）

“见而知之”是见贤人之行，它不是发明内在主体，而是认知外在对象，这正是智的特点所在。“知而安之”是安于所知的对象，在《五行》看来，这就是仁。对仁的这种规定，在以后荀子那里也可以发现，荀子说：“唯仁之谓守，唯义之为行。”（《荀子·不苟》）所谓“守”即是主观情感对外在的规范的收敛、把守、操持，故“仁者，仁此（注：指礼）者也，义者，分此者也”（《荀子·君子》）。荀子以“守”理解仁，与《五行》的“知而安之，仁也”显然是一致的。“安而行之”是在“安”的基础上进一步实践所安的对象，这属于义。需要指出的是，“安而行之”与上面五行中的“知而行之”虽然都是行，但性质却不同。“知而行之”是道德主体的自觉行为，同于孟子的“由仁义行，非行仁义也”（《孟子·离娄下》），而“安而行之”是实践外在规范的行为，类似荀子的“唯义之为行”，“行义动静度之以礼”（《荀子·君道》）。所不同的是，荀子的“行义”主要是对礼而言，而《五行》则是对贤人之行。但我们前面已经说过，这二者的内容实际是一致的。“行而敬之，礼也”是说行义的同时又能保持敬，这便是礼了。因此，四行的关系为：智→仁→义→礼。其中，智是四行的关

---

① 帛书本此句作“仁义，礼智之所由生也”。

键，因为只有“见而知之”，仁、义、礼才能发生作用，否则后者便无从谈起，而“见而知之”之后，仁便显得十分重要，它是由外而内的转化者，只有通过仁，外部的“所知”才能转化为内部的“所安”。从这一点看，仁乃是“四行和”的主要原因，所以说“仁，义、礼所由生也，四行之所和也。和则同，同则善”。

因此，《五行》圣、智的差别不仅表现在“闻君子道”与“见贤人”上，而且也反映在五行与四行“之所和”上，前者反映了圣、智的不同作用和特点，后者则揭示了圣、智的不同实践过程，具体讲即是“为德”与“为善”的过程。按照《五行》的规定，德内在于心，是一种内在原则，善形成于外，是一种外在规范，“善弗为无近，德弗志不成”（《第四章》），为德、为善即是道德主体自主自律与外在他律的两种不同实践活动。

> 君子之为善也，有与始，有与终也。君子之为德也，有与始，无与终也。金声而玉振之，有德者也。金声，善也；玉音（振），圣也。善，人道也；德，天道也。唯有德者，然后能金声而玉振之。（《第八、九章》）

为善是针对具体的“善”而言，是在一定的时空内实践、完成的，因而是“有与始，有与终也”；为德则是针对抽象的“德”而言，此德虽然形成、具于内心，但真正实现、完成它，却是一个向天道的无限超越过程，因而是“有与始，无与终也”。为善、为德虽有不同，但又是相互补充，相互联系的，《五行》以“金声玉振”对二者关系进行了说明。孟子说：“金声也者，始条理也；玉振之也者，终条理也。”（《孟子·万章下》）古人奏乐往往始之以金声，终之以玉振，故金声玉振代表音乐的起始和终结，这里则比喻道德实践的整个过程。“金声，善也”说明善是道德实践之始，而“玉音（振），圣也”[①] 则表明圣乃是道德实践之终，不过这种“终”是以不断自我超越为特征的，因而又是有始而无终。善不包括圣一行，主要指

① “玉音”从上下文看，应作“玉振”，但帛书与竹简此句均作“玉音”（一说帛书作“王言”，见李学勤：《帛书〈五行〉与〈尚书·洪范〉》，载《学术月刊》，1986（11）），故这段文字仍有讨论的余地。

人伦规范，故是人道；德则可以通过圣上达天道，实现心灵的超越，故是天道。而道德实践就是从为善到为德，从人道到天道的整个过程，做到这一点，才能真正称为有德，“唯有德者，然后能金声而玉振之”。不过这种德显然已不是一般的德，不仅仅是“德之行五和，谓之德”的德，而是打通德、善，沟通天、人，上下同流，物我一体的自由精神境界。

（三）“形于内”的“德之行”

圣、智虽然在《五行》中占有重要地位，但毕竟不是五行的全部，所以《五行》在突出、强调圣、智的同时，对其他诸行也作了论述。这种论述与前面的“五行和”、“四行和”不同，它不是讨论五行与四行的内部相互关系，而是侧重于“德之行”与“行”的不同特点。如果说，前者主要揭示了《五行》二元的实践方法的话，那么，后者则反映了《五行》“德之行”与“行”的哲学性质和特点，这在关于“德之行”的论述中，表现得尤为突出。

在《五行》中，圣、智虽然也被作了“不形于内”的规定，但从具体内容来看，它无疑主要还是“形于内”的，《五行》并没有说明圣、智如何可以“不形于内”，以及“不形于内”的圣、智究竟具体何指。因此，就圣、智而言，所谓“不形于内”只是一种表述形式，本身并没有太大意义。然而，值得注意的是，圣、智虽然是“形于内”的，但似乎还只是一种潜在的存在，只有在一定的条件下才能充分表现出来：

> 君子无中心之忧则无中心之智，无中心之智则无中心之悦，无中心之悦则不安，不安则不乐，不乐则无德。
>
> 君子无中心之忧则无中心之圣，无中心之圣则无中心之悦，无中心之悦则不安，不安则不乐，不乐则无德。[①]（《第二章》）

这里“无中心之智”、“无中心之圣”并不是说圣、智不存在于内心之中，

---

① 竹简本无此段。

而是说如果没有中心之忧为条件，圣、智便无法由“形于内”的状态表现出来。《五行》突出、强调中心之忧，乃是古代忧患意识的反映，此点学者已多有论述。不过，《五行》在重视忧的同时，也突出了乐，它毋宁是由忧转乐，忧乐圆融的。[①] 忧是内心的焦虑与不安，是某种欲以己力突破困难而尚未突破时的心理状态，或者说是一种坚强的意志与奋发的精神，是人对自己行为的谨慎与努力，没有这种中心之忧，圣、智便无法真正表现出来，无法获得中心之悦，无法得到内心的安与乐。与忧不同，乐是内心的满足与快乐，是己力突破困难实现既定目标后的心理状态，是一种充实自信的感受和勃勃向上的信念，同时还预示着内心的“和”，“和则乐，乐则有德”，故由忧转乐才能有德，“无乐则无德”。而圣、智只有在这一具体的转化过程中才能真正实现自己，才能有“德”。《五行》又提出“思”，通过“思”对仁、圣、智作了进一步论述。《五行》的思乃是一种反思，是一种内在体验性思维，是思其在己者而不是在外者，是以内在道德禀赋为对象的，故“不仁，思不能清。不智，思不能长……不圣，思不能轻”（《第五章》）。没有“形于内”的仁、圣、智，思便不能得到清、长、轻的心理体验，便不能发挥作用，而通过思，“形于内”的仁、圣、智则可以呈现、表现出来：

> 仁之思也清，清则察，察则安，安则温，温则悦，悦则戚，戚则亲，亲则爱，爱则玉色，玉色则形，形则仁。（《第六章》）
>
> 智之思也长，长则得，得则不忘，不忘则明，明则见贤人，见贤人则玉色，玉色则形，形则智。（《第七章》）
>
> 圣之思也轻，轻则形，形则不忘，不忘则聪，聪则闻君子道，闻君子道则玉音，玉音则形，形则圣。（《第八章》）

“仁之思”的仁显然是指“形于内”的仁，它是生而具有，形于内心的，仁通过思即反求诸己可以体验到清、察、安、温、悦、戚、亲、爱等一系列的心理活动和心理感受，并由内而外，形成所谓的“玉色”。古人常以

---

① 参见庞朴：《忧乐圆融——中国的人文精神》，见所著《一分为三》，295～322页，深圳，海天出版社，1995。

玉比喻德，玉色也即道德生命圆润通透而在容貌颜色中的显现，“玉色则形，形则仁”。因此，这里所表达的乃是仁自我扩充、发展、实现的具体过程。其中，“仁之思”与“形则仁”中的仁虽然都是仁，但具体内容显然是不同的，前者是仁潜存的、“形于内”的状态，后者是仁已实现，“形”也即彰显于外的状态，而在这一过程中，仁的内容无疑得到充实和丰富，用符号可表示为：仁（A）→思（……）→爱→仁（B）。所以，这里的仁不是一抽象的概念，而是一动态的活动，是道德生命扩充、完善、实现的过程。与仁一样，圣、智也要从活动和过程去理解。智虽然是一种经验认知，是“见贤人”，但它同样要首先经过思的过程，使“形于内”的智充分表现出来，获得长、得、不忘、明的精神体验，然后“见贤人”，“见贤人则玉色，玉色则形，形则智”。因此，智同样表现为自我扩充、发展、实现的具体过程。其中，“智之思”是智的开始，它不仅仅是一种认知活动，还包含了内在的精神体验，而“形则智”则是智的完成、实现以及外在表现。这一过程可表示为：智（A）→思（……）→见贤人→智（B）。圣是直觉之知，是“闻君子道”，它本身就是以内在体验为特征的，但它同样要经过思的过程。可以说，思使圣的实践过程更加具体化了，可表示为：圣（A）→思（……）→闻君子道→圣（B）。

《五行》对于仁、圣、智的理解显然是对孔子思想的一种继承，同时又影响到以后的孟子。在孔子那里，仁就是道德生命发展、实现的全体和过程，是要通过内在体验去把握、理解的。《五行》继承了仁的这一思想，把它运用到“德之行”的理解中来。在《五行》那里，仁、圣、智等不是抽象的概念和实体，而是道德生命具体的实践过程和活动，它不仅是“形于内”的，同时还是“形”即彰显、表现于外的[①]，因此，仁、圣、智实际就是由潜存状态到实现状态的发展过程，而且只有在它们实现、完成的意义上，才能真正算是有“德”，否则便是“无德”。以后孟子把仁、义、礼、智看做是自身扩充、实现的过程，而不是抽象的概念和实体。孟子重

① 但这里的“表现于外”与前面所说的“不形于内”并不是一回事，“形于内”、“不形于内”的“形”是就存有的意义而言的，是指仁义礼智圣五行的具体存有状况；而“形则仁”、“形则圣”、“形则智”的“形”是就作用、表现而言的，是由内而外的显现，以往学者往往把这二者混同起来，因而造成对《五行》思想的误读。

视“思”，认为“仁义礼智，非由外铄我也，我固有之也，弗思耳矣”（《孟子·告子上》）。“人人有贵于己者，弗思耳矣。人之所贵者，非良贵也。”（同上）“心之官则思，思则得之，不思则不得也。”（同上）显然即是受到《五行》的影响。对于仁、义、礼，《五行》则作了稍有不同的另一种表述：

> 不变不悦，不悦不戚，不戚不亲，不亲不爱，不爱不仁。（《第十章》）
>
> 不直不肆，不肆不果，不果不简，不简不行，不行不义。（《第十一章》）
>
> 不远不敬，不敬不严，不严不尊，不尊不恭，不恭无礼。（《第十二章》）

在古代汉语中，“不……不……”的句型往往表示一种条件关系，即以前项为后项的先决条件，它也可以改为“有……方可……”，故上面第一句实际是说：有变方可有悦，有悦方可有戚，有戚方可有亲，有亲方可有爱，有爱方可有仁。下面两句也是如此，其所表达的乃是由变、直、远分别到仁、义、礼的内在情感扩充、发展的过程。其中变、直、远是先决条件，仁、义、礼则是最终结果，是由变、直、远分别开始的一系列情感活动的完成和实现。那么，什么是变、直、远呢？《五行》说：“颜色容貌温，变[①]也，以其中心与人交悦也。”（《第十四章》）应该说“颜色容貌温”本身并不是变，而是变的外在表现，但由“颜色容貌温”又可体会到内在的变，二者又是一致的。变通恋，帛书本即作恋[②]，乃是一种顾念不舍之情。这种顾念不舍之情内在于心，由此层层外推，便可达到仁。《五行》对这一过程作了具体说明：“中心悦焉，迁于兄弟，戚也。戚而信之，亲也。亲而笃之，爱也。爱父，其继爱人，仁也。”（同上）可表示为：变→

---

① 帛书本作“颜色容貌恋恋”。

② 关于“变”、“恋”字形的关系，参见荆门市博物馆编：《郭店楚墓竹简》，152页注26，北京，文物出版社，1998；国家文物局古文献研究室编：《马王堆汉墓帛书［壹］》，25页注16，北京，文物出版社，1980。

悦→戚→亲→爱→仁。

直，《五行》的解释是“中心辩然而正行之”（《第十五章》），指内心的判断以及行为，《说》形象地把它解释为“中心弗迷”、不食吁嗟之食，由直层层外推，就可达到义。[①]《五行》说：“直而遂之，肆也。肆而不畏强御，果也。不以小道害大道，简也。有大罪而大诛之，行也。贵贵，其等尊贤，义也。”（同上）可表示为：直→肆→果→简→行→义。

远是“以其外心与人交”（《第十六章》），俗话说距离产生敬畏，远即是与人交往中的距离感和敬畏感。这种远显然不是空间上的，而是心理上的，是一种内在的情感和态度。在《五行》看来，礼即是这种远的扩充和外显：“远而庄之，敬也。敬而不懈，严也。严而畏之，尊也。尊而不骄，恭也。恭而博交，礼也。”（同上）可表示为：远→敬→严→尊→恭→礼。

可以看出，这里的论述与前面的仁、圣、智形式上稍有不同。它不是说“仁之思”、“义之思”、“礼之思”，把仁、义、礼看做通过“思”的自我扩充、发展过程，而是提出了作为内在情感、心理活动的变、直、远，由变、直、远推出仁、义、礼。出现这种差别，可能是因为义、礼在一般人们的观念中往往是指外在对象而不是内在主体，若说“义之思”、“礼之思”多少不符合常理。至于仁一行，可能在《五行》看来，其性质本身就既具有与圣、智相同的一面，也具有与义、礼相近的一面，故放在两个部分来论述，同时也可能是出于表述形式的考虑，用仁、义、礼与前面的仁、智、圣相对应。但如果抛开这种形式上的差别不论，我们不难发现二者仍具有某种一致性。[②]《五行》虽然不是把仁、义、礼描述为自身扩充、发展过程，而是通过变、直、远予以说明，但变、直、远与仁、义、礼显然是密切相关的，是后者“形于内”的状态。借用孟子的话，我们不妨说

---

① 庞朴先生对“直”与义的关系作了很好的说明，参见所著《帛书五行篇研究》，115～120页，济南，齐鲁书社，1988。

② 有学者认为义、礼“无附加思、忧、中心等字眼，是否意味着……仁、圣、智三行，尤其是圣、智二行的源生与修成，较诸义、礼二行更为由‘内’”？（陈丽桂：《从郭店竹简〈五行〉检视帛书〈五行〉说文对经文的依违情况》，见《本世纪出土思想文献与中国古典哲学研究论文集》，上册，台湾辅仁大学出版社，1999；又载《哲学与文化》，第26卷5期，1999。）这种看法虽有一定道理，但并不准确。义、礼虽具有“外”的特点，这主要是由自身性质决定的。从《五行》的论述来看，依然是把它作为“形于内”看待的，认为是由内而外的显现。这与圣、智基本是一致的，只是具体论述方式稍有差别而已。

它是仁之端、义之端和礼之端，《说》分别称其为“仁气也”、“义气也”、“礼气也”，实际也是这个意思。因此，《五行》对仁、义、礼的论述与前面的仁、圣、智实际是一致的，都是将其看做道德生命扩充、发展、实现的具体过程，看做由内而外的显现；另外，仁、义、礼虽然没有谈到“思”，但其由变、直、远的外推过程实际也是建立在内在情感体验之上的，这与前面的仁、圣、智也具有一致性。

值得注意的是，《五行》对仁、义、礼的理解同样对孟子产生了深远影响，尤其表现在孟子的“四端”说上，孟子把仁、义、礼、智看做恻隐、羞恶、是非、辞让之心的扩充、显现过程，与《五行》由变、直、远推出仁、义、礼在思想上是一致的。孟子的“四端”说实际是综合了《五行》仁、圣、智与仁、义、礼二者的内容，是对后者的进一步理论概括。在《五行》这里，仁、圣、智与仁、义、礼的不同表述方式表明其思想还处在尝试、探索之中，而孟子“四端”说在理论形态上则更为成熟，更为精致，说明《五行》的成书应该是在孟子之前，是孟子发展了《五行》而不是相反。

（四）“不形于内”的“行”

《五行》前半部分主要从“形于内”的角度对仁、圣、智与仁、义、礼分别作了论述后，又在二十章对仁、义作了进一步阐发，将其看做处理案狱的方法和原则。与前面相比，《五行》的这一部分显现出不同的风格和特点。

> 不简，不行；不匿，不察于道。有大罪而大诛之，简也；有小罪而赦之，匿也。有大罪而弗大诛也，不行也；有小罪而弗赦也，不察于道也。
>
> 简之为言犹练[①]也，大而晏[②]者也；匿之为言也犹匿匿也，小

---

① 帛书本作“贺”，而《说》解释为“衡”。

② 帛书本作“罕”。

> 而轸[①]者也。简，义之方也；匿，仁之方也。强，义之方；柔，仁之方也。“不竞不浗，不刚不柔”，此之谓也。（第二十章）

对于“简”，《五行》的解释是“简之为言犹练也”，练的本义是白色熟绢，引申为实情。《礼记·王制》：“有旨无简不听。”孔颖达疏：“言犯罪者，虽有旨意，而无诚（情）实者，则不论之以为罪也。”就是作实情讲。故简是从实情出发，秉公而断，“有大罪而大诛之”，这是大的一般原则；而“行”应是针对义而言，荀子说：“唯义之为行。”（《荀子·不苟》）下文又说：“简，义之方也。”正可证明这一点。故“不简，不行”乃是说，不从实情出发，就不能真正行义，不能保证义的公正性。对于“匿”，《五行》的解释是“匿之为言也犹匿匿也”，其中前一个匿指隐匿，而后一个匿，庞朴先生认为通“慝”，指邪恶[②]，甚是。故匿是从人情出发，隐匿别人的过错，“有小罪而赦之”，这是小的具体原则。在《五行》看来，做不到这一点，同样是不懂得道。这个道显然是指仁道，儒家自孔子起即有重视仁道反对刑罚的特点，如“子为政，焉用杀？”（《论语·颜渊》）“道之以政，齐之以刑，民免而无耻；道之以德，齐之以礼，有耻且格。”（《论语·为政》）甚至主张“父为子隐，子为父隐，直在其中矣”（《论语·子路》）。孔子这一思想虽然保留了古代仁道精神，但却是以牺牲义的公正性为代价的。所以到子思时，一方面继承了孔子的仁，认为“仁者，天下之表也”（《礼记·表记》），另一方面也不完全排斥刑，而是主张礼、刑并用，“君子礼以坊德，刑以坊淫，命以坊欲”（《礼记·坊记》）。子思这一看法显然与《五行》关于简、匿的思想是一致的，同时也说明《五行》与子思一派确实存在密切关系。

需要指出的是，这里的“不简，不行”在前面第十一章也出现过，但二者的表达各有侧重，内涵并不完全相同。在第十一章中，“不简不行”

---

① 竹简本作“访”，整理者认为是“诊”字讹形。诊，借作“轸”，帛书本即作“轸”。魏启鹏认为“轸同赈，有富集、多之义也。”（《帛书〈德行〉校释，58页）庞朴据《考工记》郑玄注：“轸，舆后横木崇高也。”认为可引申为众多。（《帛书五行篇研究》，78页）帛书整理者认为：“《楚辞·惜诵》：‘心郁结于轸’，王逸注：‘轸，隐也。’”（国家文物局古文献研究室编：《马王堆汉墓帛书［壹］》，25页注26。）

② 参见庞朴：《帛书五行篇研究》，78页。

是“直”也即“中心辩然而正行之”的一个外推、显现过程，是由内而外的表现，具体内容是“不以小道害大道，简也。有大罪而大诛之，行也”；而这里的“不简，不行”是指从事实出发，对客观、公正原则的贯彻实行。故《五行》又提出“简，义之方也；匿，仁之方也”，以为匿、简是实行仁、义的方法和原则。这种对仁、义的理解显然与前面有所不同，它不是将仁、义看做内在情感自我扩充、发展的过程，而是理解为某种具体的方法和原则，用《五行》的话说，显然更具有“不形于内”的特点。由于仁、义被外在化、对象化，《五行》的下半部分不再突出、强调“思”，而是提出类比、推理的判断方法。

> 目而知之，谓之进之。喻而知之，谓之进之。譬而知之，谓之进之[①]。几而知之，天也。“上帝临汝，毋贰尔心”，此之谓也。（第二十三—二十六章）

这里的“知之”、“进之”显然是针对仁、义而言，提出了认知仁、义的不同方法。目，庞朴先生认为借为“侔”。[②] 从《说》“目之也者，比之也”的解说来看，显然是正确的。《墨子·小取》：“侔，比辞而俱行也。”孙诒让《墨子闲诂》：“《说文·人部》：‘侔，齐等也。’谓辞义齐等，比而同之。”用今天的学术语言说，侔即是对原判断的词项附加比词，从而构成一个推论形式，相当于直接推理的一种形式。《说》专门举出例证：“循草木之性，则有生焉，而无好恶。循禽兽之性，则有好恶焉，而无礼义焉。循人之性，则巍然知其好仁义也。”通过与草木之性、禽兽之性的比较，就可以发现人的独特之处是有仁义之性，这种推论方式便是侔。侔不同于思，它不是向内反求，而是注意经验观察，注意类比推理。值得注意的是，侔的方法同样被荀子所重视：“水火有气而无生，草木有生而无知，禽兽有知而无义，人有气、有生、有知、亦且有义，故最为天下贵也。”（《荀子·王制》）这里除了个别字句外，与前者基本相同。而荀子与《五

---

① 帛书本此两句次序相反。

② 参见《帛书五行篇研究》，85页。

行》后半部分之所以都重视侔[①]，显然与其将仁、义客观化、对象化有关，共同的对象决定了共同的方法，同时也说明《五行》后半部分对仁、义的理解确实与前面存在着差异。

喻，是一种类推法。《说》的解释是“自所小好喻乎所大好”，如“‘窈窕淑女，寤寐求之。’思色也。‘求之弗得，寤寐思服。’言其急也”，而“由色喻于礼，进耳”，就是一种喻的类推法。譬，同“辟”，是与侔接近的类比、比较方法。《墨子·小取》：“辟，举他物而以明之也。”《说》举了个很形象的例子：“譬丘之与山也，丘之所以不？名山者，不积也。舜有仁，我亦有仁，而不如舜之仁，不积也。舜有义，而我亦有义，而不如舜之义，不积也。譬（比）之而知吾所以不如舜，进耳。”丘不如山高大，是因为它不能积土成山；而我不如舜，同样是因为不能积累仁、义，通过譬明白这一点，便可由此进达仁、义。值得注意的是，“谓之进之”的“进”又见《荀子》，是表示后天积习的概念：“身日进于仁义而不自知也者，靡使然也。”（《荀子·性恶》）“君子敬其在己者而不慕其在天者，是以日进也。”（《天论》）“非礼不进，非义不受。”（《大略》）这说明荀子与《五行》确实具有某种联系和一致性，正如《五行》“形于内”的“德之行”影响了孟子一样，其“不形于内”的“行”同样被荀子发展和继承。不过在荀子那里，“身日进于仁义”仅仅是“化性起伪”，且与天道无关，而《五行》的“进”于仁、义，乃是为了转善成德，并且上达天道，故又提出“几而知之，天也”。对于“几”的哲学内涵，学者已多有讨论[②]，最一般的解释是：“几者，动之微，吉凶之先见者也。”（《易传·系辞》）所以几不同于侔、譬等经验认知活动，而是一种理性推理，它可以见微知著，由表及里，由内心仁、义的萌动而知达天道。《五行》又提出“集大成”：

---

① 孟子虽然也重视类比，但主要用在说明仁政等内容，对于仁义还是以“思”为主要方法。参见侯外庐等：《中国思想通史》，第1卷，第11章第7节《思孟学派的“无类”逻辑》，399～414页。

② 丁四新认为“‘几’的深沉内蕴当是指在尚未揭蔽的状态下，隐藏于事物、事件自身或其发展过程中的本质性规定……不但物有几，天地亦有几；不但天地有几，天之所命亦有几”。见《郭店楚墓竹简思想研究》，144页。

君子集大成。能进之，为君子，弗能进也，各止于其里。大而晏者，能有取焉。小而轸者，能有取焉。胥肤肤[①]达诸君子道，谓之贤者。（第二十一章）

“集大成”显然即前面的“金声而玉振之”，《说》解释此句“大成也者，金声玉振之也”，正是这样理解的。它乃是德善同流，天人一体的精神境界。能达此境界，是为君子，不能达此境界，则只能停留于其所处的某一层次和阶段。[②] 需要指出的是，前面八、九章中，集大成主要是针对善和德也即四行和五行而说的，而这里则是针对实行仁、义而言，认为“大而晏者，能有取焉。小而轸者，能有取焉”，即在大的原则和小的灵活性方面能分别遵守简、匿的原则，便可由外而内，由善及德，“胥肤肤达诸君子道”。二者出发点虽有不同，但最终目的是一致的，都是要发明内在君子之道，所以《五行》后半部分也由实践仁、义开始，而由“闻道”结束：“闻道[③]而悦者，好仁者也。闻道而畏者，好义者也。闻道而恭者，好礼者也。闻道而乐者，好德者也。”

如前面分析的，《五行》的思想是“德之行”与“行”也即德、善的二元论，而这两部分内容又分别体现在有关圣、智的论述以及《五行》前后两个部分中，明白这一点，有关《五行》心身问题的争论也可迎刃而解。马王堆帛书《五行》出土后，学术界曾就《五行》的心身观的性质展开争论，提出不同的看法。[④] 其实，《五行》的心同样具有二元的倾向，需

---

① 帛书本作“索卢卢”，魏启鹏认为“犹古汉语之‘赫昈昈’也，言贤者臻于‘集大成’之境界，故有显威而光明之貌也”。见《帛书〈德行〉校释》，23页。

② ［日］池田知久认为“关于‘仁’称为‘里’，同样的文献又见《荀子·大略篇》”。按，《荀子》原文为“仁有里，义有门；仁，非其里而处之，非仁也；义，非其门而由之，非义也。”见所著《〈马王堆汉墓帛书五行篇〉所见的身心问题》，见杨儒宾主编：《中国古代思想史中之气论及身体观》，327～353页；又见湖南省博物馆编：《马王堆汉墓研究文集——1992年马王堆汉墓国际学术讨论会论文选》，长沙，湖南人民出版社，1994。

③ 帛书本作“君子道”。

④ 黄俊杰认为“《五行篇》虽受荀学影响，但是它基本上所继承的仍是孟子心学传统”。见所著《马王堆帛书〈五行篇〉“形于内”的意涵——孟子后学身心观中的一个关键问题》，见《孟学思想史论》，第1卷，504页。而岛森哲男则认为《五行》强调心对身的支配关系，受到荀子“心者，形之君也，而神明之主也”的影响。见所著《马王堆出土儒家古佚书考》，载《东方学》（东京），第56辑，1978。

要具体分析，区别对待。前面已指出，《五行》前半部分的“中心”和“外心”乃是一种道德本心，类似于孟子的四端之心，它不仅由内而外分别表现为义、礼，同时，心的活动也可以在身上“形”也即彰显、表现出来，体现出心身不二，心身一如的特点。而《五行》的后半部分，由于过分强调心对身的支配作用，表现出与中心、外心不同的特点。

> 耳目鼻口手足六者，心之所役也。心曰唯，莫敢不唯；心曰[1]诺，莫敢不诺；心曰进，莫敢不进；心曰退[2]，莫敢不退；心曰深，莫敢不深；心曰浅，莫敢不浅。和则同，同则善。（《第二十五章》）

我们知道，孟子、荀子虽然都重视心，但在具体理解上却有所不同。孟子的心乃是道德本心，可以由内而外，表现为自觉的道德行为。所以孟子虽然区分了大体、小体，但并不将心身分为两截，而是以心摄身，心身一如。如学者所指出的，“孟子不认为身体与意识是异质的，身心毋宁是一体的两相”。在孟子看来，心的活动可以“在人的形体上显现征兆，使形体化为精神流贯区域”[3]。下面这段言论，形象地反映了孟子对心身关系的理解：“君子所性，仁义礼智根于心，其生色也睟然，见于面，盎于背，施于四体，四体不言而喻。”（《孟子·尽心上》）在心的作用下，身被精神化、意识化，心身的界限被打破，二者成为有机的整体。与此不同，荀子的心基本上是认知心或理智心，心不能自我立法，不能直接表现为道德行为，而主要是认识、实践外在礼仪规范。所以荀子对心身作了严格的区分，心是实践能力，身是被改造的对象，礼仪是完美身体的形式和法则，而通过这种“天人之分”，心对身处于支配、主导的地位，并通过实践礼仪而达到统一。

所以从思想史的系统看，上面讨论心的文字显然与孟子联系不大，而

---

① 竹简本无“心曰”二字，下同。

② 竹简本作“后”。

③ 杨儒宾：《儒家身体观的原型——以孟子的践形观与荀子的礼仪身体观为核心》，见李明辉主编：《孟子思想的哲学探讨》，224页，台北，台湾“中央研究院”中国文哲研究所筹备处，1995；及《论孟子的践形观——以持志养气为中心的功夫论面相》，载《清华学报》，新20卷1期，1990。

更直接影响了荀子。《荀子》中就有一段类似的言论："心者，形之君也，而神明之主也。出令而无所受令，自禁也，自使也，自夺也，自取也，自行也，自止也。故口可劫而使墨（默）云，形可劫而使诎申，心不可劫而使易意，是之则受，非之则辞。"（《解蔽》）除了表达稍有区别外，两段文字的思想基本一致，学者认为《五行》的心身观更接近荀子一系，并非完全没有根据。在荀子那里，心对身的支配是通过礼完成的，而上面《五行》论心的文字，又出现在讨论"不形于内"的"行"的后半部分，这绝非偶然，可以说正是这种相同的思想倾向，决定了二者的某种一致性。在《五行》那里，心的两种倾向尚处在混而不分的状态，而以后的孟子、荀子则兵分两路，各取一端，《五行》中所蕴涵的不同思想倾向也由此分化。

（五）《五行》在思想史上的地位

通过前面的分析，我们对《五行》的年代及其在思想史上的地位可以有进一步认识。首先，《五行》提出"德之行"与"行"，实际是延续着孔子以来仁、礼关系这一儒学基本问题的讨论，并试图在理论上作出说明。因此，从思想的发展脉络来看，它显然是处在孔子以后孟、荀以前的儒学分化、过渡阶段。与孟、荀相比，《五行》的思想也明显具有过渡时期的二元倾向，如它一方面提出"形于内"的"德之行"，另一方面又提出"不形于内"的"行"；一方面提出自主、自律的道德实践活动——为德，另一方面又提出外在、他律的道德实践活动——为善；一方面提出直觉之知的圣，另一方面又提出经验之知的智，等等。而这些相对的方面，在《五行》那里多少存在着某种矛盾：既然人具有先天的道德禀赋——"德之行"，并可以由内而外，直接表现为道德行为，"五行皆形于内而时行之"，那么，为什么还要由外而内，去实践作为外在规范的"行"呢？既然圣可以"闻而知之"，可以直接发明内在君子道，为什么还要通过智去"见贤人"，集善成德，并上达君子道呢？这些《五行》均没有作出说明，或在它看来根本就不成其为问题，于是这些在后儒眼里矛盾甚至对立的方面，在《五行》这里却相安无事，和平相处。而以后孟子提出四心说，认为"仁义礼智根于心"，实际是主要从内在的方面发展了"形于内"的

“德之行”，而不再关注“不形于内”的“行”；荀子突出、强调礼，主张“隆礼仪而杀《诗》《书》”，则是从外在的方面继承了“不形于内”的“行”，而否定了“形于内”的“德之行”，《五行》的不同思想倾向也由此得以分化。认为《五行》的思想比孟子复杂，不像是孟子以前的作品，可能主观感受的成分多了一些，而如果真正深入到《五行》思想的内部，理解了其思想特点，就不得不承认，与《五行》相比，孟子的思想要更为成熟、更为精致。那么，《五行》有没有可能是孟、荀的折中调和派呢？答案同样是否定的。因为从荀子对思孟的批判来看，战国后期，孟、荀两派激战正酣，形同水火，断不至于在这时出现一个折中调和派来；虽然西汉初年思想界出现了融合孟、荀的倾向，但出土竹简《五行》的乃是一战国墓，其考古年代虽可以有一定的伸缩，也绝不至于可以下拉到汉代，所以把《五行》看做孟、荀之后的折中派，同样缺乏事实根据。

其次，与思想的二元倾向相应，《五行》在先秦儒学思想史中实居于过渡、分化的特殊地位，对以后的孟子、荀子均产生过影响。孟子受《五行》的影响是多方面的，如孟子提出四心说，将仁义礼智内在化，显然即是对“形于内”的“德之行”的进一步发展；孟子重视思，把思看做反求于己的方法和手段，与《五行》也是一致的；另外，孟子提出良知、良能，与《五行》的圣也有一定联系，至少在都是一种直觉之知上，二者是一致的；在《五行》中，圣通过“闻君子道”而可以上达天道，而孟子也提出“尽心，知性，知天”，认为发明内在道德禀赋，便可上达天道，孟子与《五行》确乎表现出某种一致性来。同样，《五行》对荀子的影响也十分明显，荀子思想以礼为核心，与《五行》“不形于内”的“行”显然具有某种联系。需要指出的是，《五行》是通过“贤人”来说明“不形于内”的“行”，“见贤人”即学习、实践“不形于内”的“行”的过程，而荀子也有同样的思想：“学莫便乎近其人。礼乐法而不说，《诗》、《书》故而不切，《春秋》约而不速。方其人之习君子之说，则尊以遍矣，周于世矣。故曰：学莫便乎近其人。学之经莫速乎好其人，隆礼次之。”（《荀子·劝学》）礼乐、《诗》《书》虽各有优点，但不如“近其人”来得方便，这里的“人”显然不是一般的人，而是精通礼仪、《诗》《书》的人，也即《五行》所说的贤人。此外，荀子重视智，认为“凡以知，人之性也。可以知，物之理也”（《解蔽》），并把智的范围限定在人事尤其是礼之中，显然是对《五行》圣智之论中“智”的继承和发展。学术史上虽然并不存在一个思荀学派，但从思想的联系来看，子思的《五行》同样对荀子产生过影响和启发，人们津津乐道的思孟学派，其实只是孔子以后儒学思想分化、演变的一个方面，并不能概括历史的全部。实际情况是，子思以后儒学的分化乃是双向的，而不是单向的。

当然，从《五行》的内容来看，子思主要还是属于孔门后学中的内在派，与孟子的联系显然要更为密切，这不仅因为《五行》中“德之行”的内容要更为突出，更能反映其思想特点，同时还在于，《五行》的“行”与“德之行”是互相联系、互为转化的，“见贤人”与为善也是为了要进一步“闻君子道”与为德，这与荀子主张“化性去伪”，完全否定先天道德禀赋，便有相当的距离。因此，前人思孟并称，将其看做前后相续的同一学派，并非没有根据，思孟学派在历史上确实存在。

另外，从《五行》用“形于内”、“不形于内”来规定“德之行”与“行”来看，它与郭店竹简中的仁内义外说实际表达的是同一个意思，只不过表达方式稍显特殊而已。由此可以知道，子思这位一向披着神秘面纱的人物，原来是仁内义外说的倡导者，郭店简中出现大量仁内义外的论述不是偶然的，某种意义上可能与子思一派的主张有关，同时也是儒学分化时期的思想反映。目前学术界讨论郭店简仁内义外问题时，往往倾向将其与告子联系起来，并由此否定思孟学派的存在，是值得商榷的。其实，从《五行》以及《六德》、《尊德义》等篇的内容来看，郭店简的仁内义外说主要讨论的是仁内与义外的联系，认为道德实践需要从仁内与义外，也即“行于内”的“德之行”与“不形于内”的“行”两方面入手，做到二者的统一；而告子的仁内义外说则突出、强调仁内与义外的对立，认为“吾之弟则爱之，秦人之弟则不爱也”（《孟子·告子上》），以一种悖论的形式将仁内义外说的内在矛盾揭示出来。而孟子可能正是受到与告子辩论的启发，才对曾经被儒家学者广泛接受的仁内义外说进行了否定，并提出自己的仁义内在说。这样，从子思的仁内义外说到孟子的仁义内在说便呈现出一种思想上的前后联系，不过它并不是什么一成不变的“道统”的传授，而是学派内部思想的发展、变化。

第二节　简、帛《五行》"经文"比较

在短短二十余年的时间里，《五行》分别在马王堆汉墓和郭店楚墓中两次出土，说明这部后来曾一度遗失的典籍在当时却颇为流行，在思想界产生过重要影响；同时也使我们能够对二者的文本进行比较，以搞清《五行》的抄写、流传情况，并最大限度恢复其原貌。简、帛《五行》的最大差别是帛书有"经"、"说"两个部分，而竹简有"经"无"说"。出现这种情况，可能因为"说"是后人对"经"的解释和阐发，竹简抄写时它尚未完成，因此，"经"、"说"可以看做是两个相对独立的部分，没有必要将其混为一谈。单就"经"的部分而言，竹简与帛书在结构和次序上也存在一些差别。考虑到经文应该是一个相对稳定的整体，那么，竹简与帛书哪个更为合理，哪个更接近《五行》的原貌，无疑也是需要讨论的一个问题。

（一）帛书本优于竹简本举证

简、帛《五行》经文虽在抄写上有一些出入，但最大的差别却集中在帛书（以庞朴先生整理为准，见《帛书〈五行〉篇研究·校注》）的经十至经二十之间，也即是竹简的经十九至经三十六简之间。为讨论方便，先将帛书和竹简的次序分列于下。帛书的次序是：

【经十】不变不悦，不悦不戚，不戚不亲，不亲不爱，不爱不仁。

【经十一】不直不肆，不肆不果，不果不简，不简不行，不行不义。

【经十二】不远不敬，不敬不严，不严不尊，不尊不恭，不恭无礼。

【经十三】不聪不明，[不明不圣]，不圣不智，不智不仁，

不仁不安，不安不乐，不乐无德。

【经十四】颜色容貌温，变[1]也，以其中心与人交悦也……爱父，其继爱人，仁也。

【经十五】中心辩然而正行之，直也……不以小道害大道，简也。有大罪而大诛之，行也。贵贵，其等尊贤，义也。

【经十六】以其外心与人交，远也……恭而博交，礼也。

【经十七】未尝闻君子道，谓之不聪。未尝见贤人，谓之不明……

【经十八】闻君子道，聪也。闻而知之，圣也。……圣[2]，智礼乐之所由生也，五行之所和也。和则乐，乐则有德，有德则邦家兴……

【经十九】见而知之，智也。知而安之，仁也。安而行之，义也。行而敬之，礼也。仁义，礼智所由生也，四行之所和也。和则同，同则善。

与帛书相比，竹简的不同主要有两处：一是将原属于帛书第十三章的“不聪不明，不明不圣……”一段前提到第十章“不变不悦……”以前；二是与此相应，把原属十七、十八、十九三章的“未尝闻君子道，谓之不聪……”、“闻君子道，聪也……”、“见而知之，智也……”前提到第十四章“颜色容貌温，变也”以前。如果借用帛书的章节，竹简的次序为：经十三、经十、经十一、经十二、经十七、经十八、经十九、经十四、经十五、经十六、经二十。可以看出，这一处文本的差别在于二者对仁、义、礼与圣智的关系理解不同，帛书本先谈仁、义、礼，后谈聪明、圣智，而竹简本则先谈聪明、圣智，后谈仁、义、礼。那么，这二者哪个更为合理呢？从表面看，先谈仁、义、礼，或先谈聪明、圣智，似乎并没有一定的必然性，二者均可以成立。但如果考虑到“不聪不明，不明不圣，不圣不智，不智不仁，不仁不安，不安不乐，不乐无德”一句较特殊，特别是结尾的“不安不乐，不乐无德”在前面曾多次出现，它往往具有结论性的作

---

① 帛书本作“恋恋”，据竹简本改。

② 帛书本此句脱漏，但说中有“仁气，礼乐所由生也。言礼乐生于仁义……”等。

用，那么，帛书将它放在“不变不悦……”、“不直不肆……”、“不远不敬……”后，显然更为合适。更重要的，诚如庞朴先生所言，由于竹简将“不聪不明……”一句前提，随即将解释、说明这一句的“未尝闻君子道，谓之不聪……”、“闻君子道，聪也……”、“见而知之，智也……”等章也同时前提，而这几章分论五行和四行，实际是对前面内容的一个总结，竹简“把一个总结性的论断提到了不前不后的中间位置，便未免进退失据，露出马脚了”①。

还有一点值得注意，《五行》这一部分的一个重要内容是提出了变、直、远，由变、直、远推出仁、义、礼，那么，变、直、远具体何指，这便是需要说明的一个问题。帛书在十一、十二、十三章提出“不变不悦……”、“不直不肆……”、“不远不敬……”，接着又在第十四、十五、十六章解释何谓变、直、远，提出问题与回答问题紧连在一起，这种处理在文理和逻辑上显然是合理的。而竹简由于在二者之间插入“未尝闻君子道……”的一大段论述，则多少将原有的文义打断了，使人们不容易明白变、直、远究竟具体何指，为什么能由它推出仁、义、礼。

另外，丁四新博士的看法也值得重视：“需要指出的是，在楚简《五行》中，‘金声，善也；玉音，圣也……’与‘不聪不明，[不明不圣]，不圣不智……’二者是共章的，或者说它们被划到了一个共同的逻辑段落中。然而这样的一个段落划分并非合理，实则‘金声，善也’语段与‘不聪不明’语段，截然两分，不可缀属。这应当说是帛书编纂者改动文本的一个主要原因。但帛书的文本挪动在今天看来又是否合理呢？帛书编者将‘不变不悦，不悦不戚’语段挪前，将‘不聪不明’语段挪后，依愚见看来，实较简本更为合理，因为挪动后的文本上句‘唯有德者，然后能金声玉振之’与下句‘不变不悦，不悦不戚’，从论乐之作用来看多少可以衔接起来。这样，我们才能说二者真正可以共章了。”② 说帛书编纂者对文本进行了改动，似还可以再讨论，但认为帛书本优于竹简本，则无疑是正确的。所以，很可能是竹简本被进行了改动，而帛书本至少在这一部分则更为合理，更接近经文的原貌。

① 庞朴：《竹帛〈五行〉篇比较》，载《中国哲学》，第20辑。

② 丁四新：《郭店楚墓竹简思想研究》，128～129页。

以上所论应该说是言之有据，持之有故。但学术界也存在不同看法，如邢文先生提出：一、楚简《五行》可分为两个部分，从一号简“五行：仁形于内谓之德之行”到二十号简“唯有德者，然后能金声而玉振之”（帛书第九章）为第一部分，从二十号简“不聪不明，不圣不智”到篇末为第二部分。这两个部分都贯穿着“圣智”的线索，而第二部分的“‘聪明圣智’之论，有着承上启下、贯通全篇的核心作用，帛书作者将其置于‘仁’、‘义’、‘礼’之论后，显然未解此句‘圣智’之论的深义”。二、“不简，不行；不匿，不察于道……简，义之方也。匿，仁之方也”（帛书第二十至二十一章）与前面的“……不果不简，不简不行，不行不义”（帛书第十一章）存在思想上的联系，“或者说，仍是在解释‘不简不行，不行不义’等等的意义。显然，这些内容原本是属于‘颜色容貌温，变也’一段的内容，两者本是意义相续的一个整体”，“在楚简中，‘颜色容貌温，变也’一段与‘不简，不行’一段前后相接……是非常合理的有机整体”，而“帛书本将往复论述‘圣智’之说的‘未尝闻君子道，谓之不聪’一段，移至‘颜色容貌温，变也’段后”，“不仅割裂了‘颜色容貌温，变也’段与‘不简，不行’段之间的关系，而且支离了《五行》全篇的‘圣智’之说”。[①] 如果真如邢文先生所言，那么，竹简无疑要优于帛书，但问题是以上看法本身是有疑问的，《五行》前后两个部分并非是划在“唯有德者，然后能金声而玉振之”，而是应在帛书的十九章“见而知之，智也……和则同，同则善”。我们先来看《五行》的内容：

《五行》首章（仍以庞校本为准，因为这一部分帛书与竹简次序相同，故不作区别）提出“仁义礼智圣”“形于内”的“德之行”与“不形于内”的“行”，并将其归为“德”与“善”，这是全篇的总纲。

第二章提出“中心之智”与“中心之圣”。《五行》确实十分重视圣智之论，这同它区分“德之行”与“行”或“德”与“善”密切相关，在《五行》中，德、善往往是指实践、认知的对象，而圣、智则指实践、认知的主体，二者具有一种对应的关系。

第三、四章提出“善弗为无近，德弗志不成”，照应前面的德、善之

① 参见邢文：《〈孟子·万章〉与楚简〈五行〉》，载《中国哲学》，第20辑。

论，同时提出“思”，为下文的过渡作准备。

第五、六章通过“思”分论仁、智、圣，把仁、智、圣看做由内而外的显现过程。

第七、八章讨论“慎独”、“为善”与“为德”，第九章提出“金声而玉振之”，对德、善进行概括。

可以看出，第九章的“金声而玉振之”确实有小结的作用，但它是否就如邢文先生所言，将《五行》分为前后两个部分，是否在《五行》中已占有这样一个突出地位，却是大有疑问的。在《五行》的下半部分，也即是帛书的第二十一章，也有一段与此类似的论述：“君子集大成。能进之，为君子，弗能进也，各止于其里。”这里的“集大成”显然也即“金声而玉振之”，《说》也是这样理解的：“大成也者，金声玉振之也。”因此，“君子集大成”一段与“金声而玉振之”应当表达的是同一个意思，而它在《五行》的后半部分只起到过渡的作用，并没有总结全文。所以，单就“金声而玉振之”一段的内容而言，尚不足以成为划分《五行》的标准，这是其一。其二，“金声而玉振之”一段后，《五行》接着讨论仁、义、礼，虽然其具体论述形式与前面的仁、圣、智有所不同——这在一定程度上是由圣、智与义、礼自身不同的性质造成的——但就其都被看做由内而外的显现过程，二者则无疑是一致的。因此，《五行》有关仁、圣、智与仁、义、礼的论述应该是前后照应，处在同一个思想单元中的。更重要的，只有讨论了仁、义、礼，“五行”的内容才算是全部登场，也才能谈到“五行和”、“四行和”的问题。所以，庞朴先生主张应该按帛书本的次序，把十七、十八、十九章看做是对前面的总结，无疑是正确的。而若按竹简，“五行和”、“四行和”一段被嵌在仁、义、礼的论述之中，显然是不合适的。所以，与其说是帛书“支离了‘圣智’之说”，不如说是竹简扰乱了仁、义、礼的次序。其实，不论在帛书还是竹简中，有关圣智的论述都依然是存在的，只是次序发生变化。邢文认为帛书“失落‘圣智’大义”，主要同他对《五行》的理解有关，而如果把“聪明圣智”一段不是看做第二部分的开始，而是第一部分的总结，那么，就这一部分而言，圣智之论不仅没有失去，反而被强化了。

当然，邢文先生认为竹简优于帛书，根据不仅仅是“圣智”之论，更重要的，乃是他认为第二十章“不简，不行。不匿，不察于道”以下内容仍是在解释前面第十一章的“不简不行，不行不义”，是前面内容的延续，而这一看法同样值得商榷。其实，《五行》在第十一章提出“不直不肆，不肆不果，不果不简，不简不行，不行不义”后，紧接着在第十五章“中心辩然而正行之，直也”一段中即对此作了解释：“不以小道害大道，简也。有大罪而大诛之，行也。贵贵，其等尊贤，义也。”那么，它还有什么必要用这么大的篇幅再来对其进行说明呢？而且第二十章“不简，不行”后接着是“不匿，不察于道”，而这一内容在前面根本就没出现过，它又是在解释什么呢？人们之所以认为这一部分是前面内容的延续，主要是看到其中有个别雷同的字句。但仔细观察不难发现，《五行》这两个部分虽然都提到“不简，不行”，但在思想倾向上却存有差别。我们知道，《五行》的基本思想是将仁义礼智圣区分为“形于内”的“德之行”与“不形于内”的“行”，前者是内在道德律，是主体自觉，后者是外在道德律，是客观规范。这样，它实际是用一组概念在表达两种思想。《五行》前十九章主要谈“形于内”的“德之行”，把仁义礼智圣理解为由内而外的显现过程，其中对仁、义的论述是：“不变不悦，不悦不戚，不戚不亲，不亲不爱，不爱不仁。不直不肆，不肆不果，不果不简，不简不行，不行不义。”（第十至十一章）仁、义分别是由“变”（经文云：“颜色容貌温，变也，以其中心与人交悦也。”）“直”（“中心辩然而正行之”）的外推、显现过程。而第十一章的“不简不行”乃是义自我扩充、发展中的一个环节，是由内而外的表现，具体内容是“不以小道害大道，简也。有大罪而大诛之，行也”；第二十章以下《五行》则主要谈“不形于内”的“行”，这一部分虽然也谈到仁、义，但在具体理解上与前面已有所不同：“不简，不行；不匿，不察于道。有大罪而大诛之，简也；有小罪而赦之，匿也……简之为言犹练也，大而晏者也；匿之为言也犹匿匿（慝）也，小而轸者也。简，义之方也；匿，仁之方也。”（第二十章）“简”指从事实出发，对客观、公正原则的贯彻实行；匿则指从私情原则出发，对小的罪行的赦免。简、匿分别为义之方、仁之方，即仁、义的具体原则。作为君子就要在大的原则（“大而晏者”）和小的灵活性（“小而轸者”）方面分别从简、匿的原则出发，这样才可由外而内，集善成德，上达君子之道。可见，这里的“不简，不行”与前面是有所不同的，用《五行》的话来说，前者主要是“形于内”的，后者则更具有“不形于内”的特点，二者在《五行》整个思想体系中的位置是不同的。若不加区别，笼统地将其看做是一个部分，显然不合适。

除此之外，《五行》前后两个部分还存在着诸多差别。《五行》前半部分非常重视“思”，重视内在情感体验，论述仁、圣、智时如此，论述仁、义、礼时亦如此，只不过仁、义、礼没有直接说到“思”，而是提出作为内在情感、理性活动的变、直、远，由变、直、远推出仁、义、礼，而这同样是建立在情感体验基础之上的，与仁、圣、智的精神实质是一致的。而《五行》后半部分则提出“目（侔）而知之”、“喻而知之”、“譬而知之”的类比、归纳法，以此作为探求、认知仁、义的手段，表现出将仁、义外在化、对象化的特点；另外，《五行》前半部分多谈论圣、智，并以圣、智对五行、四行作一总结，始终贯穿着圣、智的线索。而后半部分从二十章到篇末，圣、智之论则根本没有出现，所谓帛书《五行》“支离了全篇的圣、智之说”，似值得重新考虑。因此，“不简，不行；不匿，不察于道……”以下各章并非是对前面内容的解释、发挥，而是另起一个角度对仁、义重新展开论述，《五行》前后两个部分存在着思想倾向的差异。在帛书本中，这两部分的区别是清楚的，因而它的次序更为合理，更接近《五行》的原貌；而在竹简本中，由于将“聪明圣智”之论前提，仁、义、礼的内容被一分为二，显然是改动过的痕迹。而竹简本之所以这样做，可能如邢文先生一样，是误解了二十章与十一章的关系，以为后者是对前者的解释，故不惜改变原文的结构，以使这两个部分联系在一起。但这样一来，《五行》原有的思想大义一定程度上被模糊了。为照顾开篇“形于内”、“不形于内”之论，而在前后两个部分表现出来的不同思想倾向也隐而不彰，这不能不说是竹简不及帛书、而帛书优于竹简的地方。

（二）帛书、竹简本的其他差别

除上面一段外，帛书、竹简其他部分也存在着一些差别。帛书第二章：“君子无中心之忧则无中心之智，无中心之智则无中心之悦，无中心之悦则不安，不安则不乐，不乐则无德。君子无中心之忧则无中心之圣，无中心之圣则无中心之悦，无中心之悦则不安，不安则不乐，不乐则无德。”竹简则只有前面一段，略去了后一段“君子无中心之忧则无中心之圣……”。在帛书本中，智、圣对举，显然更为合理，竹简本只谈智不谈圣，与文中的“聪明圣智”之论已不相符，所以帛书本应该是《五行》的原貌，而竹简本的缺省乃是它在抄写过程中的遗漏。

帛书首章论及仁义礼智圣五行时，称“仁形于内谓之德之行，不形于内谓之行。智形于内谓之德之行，不形于内谓之行。义形于内谓之德之行，不形于内谓之行。礼形于内谓之德之行，不形于内谓之行。圣形于内谓之德之行，不形于内谓之行”。而竹简圣一行作“圣形于内谓之德之行，不形于内谓之德之行”，与前面的表述有所不同。这可能是竹简抄写者看到，圣在《五行》中主要是指“形于内”的“德之行”，若说“不形于内谓之行”，多少与圣的内容显得矛盾，故对原文作了改动。竹简抄写者看到《五行》的表达方式与仁义礼智圣自身的性质存在矛盾，是正确的，但由此改动原文却大可不必。因为《五行》虽然对仁义礼智圣分别作了“形于内”、“不形于内”的规定，但这只是一种表述形式，不可过分拘泥。《五行》的本意是说，仁义礼智圣五行中有一些是“形于内”的，另有一些则是“不形于内”的。但是，由于它把仁义礼智圣五行看做是一个整体，已无法按其自身的性质来进行分类，而只好像目前这样，一方面说它是“形于内”的，另一方面又说它是“不形于内”的。这样，在五行概念体系与“形于内”、“不形于内”的主张间，实际存在着表述上的矛盾。因为仁义礼智圣五行中有一些如“圣”只能是“形于内”的，不可能是“不形于内”的，说它“不形于内”，只是表述上的需要。所以，《五行》在对仁义礼智圣做了“形于内”、“不形于内”的区分后，接着说“德之行五和，谓之德；四行和，谓之善”，说明自己主要还是将仁义礼智圣分别作为一个整体看待的，讨论的是“德之行”与“行”也即“德”与“善”的关系，认为二者分别具有“形于内”与“不形于内”的特点。这样，上面的表述就只是一种形式，理解它的内容才是最重要的。帛书本的表述上下一致，故是《五行》的原貌，而竹简本圣“不形于内谓之德之行”一句与前面无法协调，显然是改动的结果。另外，帛书首章论述“五行”的次序是仁、智、义、礼、圣，而竹简是仁、义、礼、智、圣，二者有明显的差别。这一点，竹简整理者已经指出。但问题是帛书与竹简哪一个是原貌？哪一个又是后来的改动？还有，这一文本的差别是否具有特殊意义？从表面看，竹简的次序显然更为合理，特别是仁义礼智以后基本成为一个固定的说法。但帛书本的次序是否就完全没有根据呢？帛书本中仁、智相连，这在先秦典籍中时有所见，如“度功而行，仁也；择任而往，知也”（《左传·昭公二十年》）。孔子也常常仁、智对举，如“仁者安仁，智者利仁”（《论语·里仁》）。“智者乐水，仁者乐山。智者动，仁者静。”（《论语·雍也》）“知及之，仁守之。”（《论语·卫灵公》）帛书的表述可能即与此有关。至于义、礼的次序，同样也常见于先秦典籍，如“夫乐以安德，义以处之，礼以行之，信以守之，仁以厉之。”（《左传·襄公十年》）“是故闲之以义，纠之以政，行之以礼，守之以信，奉之以仁。”（《左传·昭公六年》）“非礼不终年，非义不尽齿。”（《国语·晋语》）“明度量以导之义，明等级以导之礼。”（《国语·楚语》）这是否意味着帛书本的次序更早、更为原始，而竹简本乃是改动、完善的结果？当然，这仅仅是一种推测，尚不能成为定论。不过，即使认为竹简这一处次序更为合理，更接近原貌，也很难说帛书本在整体上不及竹简，至少从全文来看，这一处差别并没有实质性的意义。

《五行》靠近结尾处论“目而知之”一段，帛书与竹简本的叙述也有不同，帛书的顺序是：目而知之，譬而知之，喻而知之，几而知之；竹简的顺序是：目而知之，喻而知之，譬而知之，几而知之。譬而知之与喻而知之的次序被调换了，但这个调换诚如庞朴先生所言，“只是用语上的不同，没有什么实质上的差异……即使不是传抄之误或笔误，也很难说有优劣之分。所以似乎可以忽略不计”[①]。此外，帛书与竹简互有讹字、脱字、衍文、脱文现象，可以互相参照、补充，前人对此已多有论述[②]，故不再赘述。

---

① 庞朴：《竹帛〈五行〉篇比较》，载《中国哲学》，第20辑。

② 参见上文中引庞朴、邢文、丁四新文。

（三）帛书、竹简本与《五行》作者

对于《五行》经的部分，现多数学者倾向认为是子思的作品，或至少是子思学派的作品，这一看法应该说是有根据的。首先，早在二十年前马王堆帛书研究中，庞朴先生已指出，仁义礼智圣五行即是荀子所批判的思孟学派的“五行”[①]，揭开了思孟五行说之谜，这次《五行》与《缁衣》等相传是子思的著作相伴再次出土，无疑证实了以前的判断，并将人们的注意力引向首倡五行的子思。试想，这部名为《五行》的儒家著作，曾在战国中期以后的时间里如此广泛地流传，而子思又曾“案往旧造说，谓之五行”（《荀子·非十二子》），以至引起荀子的激烈批评，那么，虽不排除成书于他人之手的可能，但如果把它看做是子思的作品，可能性无疑是最大的。当然，要确立《五行》与子思的关系，《五行》的写作年代无疑是另一个必须考虑的问题，而前面关于《五行》经文的讨论，可以有助于这一问题的判断。现在学术界一般认为郭店一号楚墓在公元前四世纪中期至三世纪初，不晚于公元前300年[②]，考虑到《五行》流传过程中的复杂情况，特别是竹简并非《五行》最早的传本，那么，它的书写时间可能还会更早，虽不排除完成于子思弟子的可能，但基本可看做是子思（公元前483—前402）的思想。

还有一个问题需要指出，有些学者注意到荀子在《非十二子》中有“案往旧造说，谓之五行”一句，又看到郑玄在《中庸》“天命之谓性”一章后注曰：“木神则仁，金神则义，火神则礼，水神则信，土神则智”。于是认为子思的五行应该是借用了古代的思想资料，是与水木金火土相配的，而《五行》没有水木金火土的痕迹，因而只可能是子思后学的作品。其实，郑玄这里主要谈到的是仁义礼智信五常，而仁义礼智信成为固定的说法乃是较晚的事情。所以，郑玄明显是以汉人的观念附会古人的思想，对于理解子思的五行说并没有太大价值，就目前的资料来看，还是将《五行》看做子思的作品为好。

---

① 参见庞朴：《马王堆帛书解开了思孟五行说之谜》，载《文物》，1977（10）。

② 参见《荆门郭店一号楚墓》，载《文物》，1997（7）；李学勤：《先秦儒家著作的重大发现》，载《中国哲学》，第20辑。

第三节　荀子对思孟“五行”说的批判

荀子当年对思孟“五行”说的批判，给后人留下了一个难解的千古之谜：

> 略法先王而不知其统，犹然而材剧志大，闻见杂博。案往旧造说，谓之五行，甚僻违而无类，幽隐而无说，闭约而无解。案饰其辞而祗敬之曰：此真先君子之言也。子思唱之，孟轲和之，世俗之沟犹瞀儒，嚾嚾然不知其所非也，遂受而传之，以为仲尼、子游为兹厚于后世。是则子思、孟轲之罪也。（《荀子·非十二子》）

这一个谜包括两个内容：一是思孟“五行”具体何指？二是荀子批驳思孟“五行”原因何在？如果说，前一个谜随着马王堆帛书《五行》的出土已大白于天下的话，那么，后一个谜至今仍然没有被真正揭开。考虑到后者与前者密切相关，且关系到荀子对思孟的态度和理解，它无疑成为思孟学派研究中一个亟待探讨的问题。

（一）荀子非议思孟“五行”之谜

马王堆帛书《五行》出土前，荀子所批判的思孟“五行”说具体何指，一直是有争议的问题。唐人杨倞注《荀子》，释为仁义礼智信五常，而近代以来，学者又提出种种新说，或以为五行的内容即水火木金土与五常相配①，或以为思孟五行即仁义礼智诚五德②，或认为五行“就是后世所

---

① 参见章太炎：《子思孟轲五行说》，见《太炎文录初编》卷1。

② 参见郭沫若：《十批判书·儒家八派的批判》，136～138页。

谓五伦，这在《中庸》、《孟子》二书都可寻出根据”[1]，或干脆认为荀子批驳的不是子思、孟轲，而是邹衍的五行。[2] 一个学术难题的解决，往往需要有新的资料出现，思孟五行说的研究，正说明了这一点。1973 年长沙马王堆三号汉墓出土帛书《五行》经传，其中有仁义礼智圣五种“德之行”及仁义礼智“四行”。根据庞朴先生的研究，帛书中的仁义礼智圣又见于《孟子》，实际就是荀子所批评的思孟五行。原来人们争论不休的思孟五行说，既同水火木金土无关，也非仁义礼智信，更不是仁义礼智诚，而是仁义礼智圣。庞文一出，学界注目。1993 年，郭店竹简在湖北荆门一号楚墓出土，其中有《五行》“经”的部分，并标明“五行”二字，进一步证实了庞朴先生当年的判断。至此，思孟五行说的争论可以告一段落。然而，庞朴先生在揭开思孟五行之谜的同时，又留给人们另一个问题：

> 既然思孟五行只是仁义礼智圣，何以荀子斥为“甚僻违而无类，幽隐而无说，闭约而无解”？荀子自己岂不也常说仁、道义、论礼、谈智圣，何僻违、幽隐、闭约之有？[3]

可以说，这一问题与前一问题密切相关，只有回答了这一问题，思孟五行说的谜底才算被真正揭开；否则，前一个结论也会留下疑问：为什么荀子批判的一定是指仁义礼智圣，而不是其他？要知道，当时被称为五行的并不仅仅是仁义礼智圣，还有其他内容。于是，学者深入荀、孟思想的内部，或留意其概念的差别，或强调学说的不同，或突出理论上的差异，试图对荀子批驳思孟五行的原因和动机作出解释和说明。如有学者认为，荀子批判思孟五行绝不是学派门户之争，而是有其思想的原因，这些原因都深植于孟学与荀学的根本差异之中，尤其是在“心”与“道”这两个重要概念的思想内涵之中。具体讲：

---

① 谭戒甫：《思孟五行考》，见《古史辨》，第 5 册；又见《论思孟五行说的演变》，载《中国哲学》，第 4 辑，1980。

② 参见顾颉刚：《五德终始下的政治和历史》，见《古史辨》，第 5 册。

③ 庞朴：《帛书五行篇研究》，136 页。

> 以《五行篇》为代表的思孟学派，主张“仁、义、礼、智、圣”五种德行（所谓“五行”）皆源于“心”（所谓“形于内”）。从荀子的立场看来，这种“心”的概念与荀子的“心”貌同而实异。貌同者是其表象，双方皆注重“心”的自主性，但其异者则极具关键性。思孟学派强调“心”的主体性及超越性，荀子则强调“心”的社会性与政治性……所谓“僻违而无类”，就是指思、孟之偏离“可知可能之理”（《荀子·性恶》），忽视“尽制”（《荀子·解蔽》）问题而言。
>
> 荀子批判思、孟五行说的第二个原因在于“道”的思想内涵。一言以蔽之，思孟的“道”具有超越时空含义，而且强调“道”的内在化。荀子的“道”则具有强烈的时空意义，荀子所强调的是“道”的客体化，要求“道”落实到人间，达到“尽伦”、“尽制”的效果……荀子站在“道”的客体化这个立场，对于思孟学派所宣扬的那种贯通天人二界、含摄仁义圣五行的“道”，当然无法接受。①

这种解释不停留在外缘的背景上，而是深入二者学术思想的内部，从“心”、“道”两个概念来说明思孟五行的特点，寻找荀子批驳五行的原因，可以说立意较高，且有一定启发意义，但仔细品味，仍有可商榷的地方。因为荀子《非十二子》中的一段言论主要针对的是思孟五行说，“无类”、“无说”、“无解”的大帽子也是扣在五行的头上。因此，显然是五行自身具有某种“僻违”、“幽隐”、“闭约”的特点，引起荀子的不满，所以给予激烈批评。至于对“心”、“道”的不同认识和理解，虽同其批评思孟五行说有一定联系，但最多只能算是间接原因，用此来说明荀子对五行的批驳，多少显得宽泛、迂远。

另有学者注意到，荀子与孟子最明显的分歧是在人性的看法上，荀子对孟子的攻击也主要集中在性善论，于是认为荀子攻击孟子的，不在于仁

---

① 黄俊杰：《荀子非孟的思想史背景——论〈思孟五行说〉的思想内涵》，见《孟学思想史论》，第2卷，109～120页，台北，台湾“中央研究院”中国文哲研究所筹备处，1997。

义礼智圣“五行”本身，而是孟子将仁义礼智圣归之于人性的观点。孟子的性善论也就是一种仁义礼智圣为人性所有论，是一种五行出于性论。

> 笔者认为所谓思孟五行说……是指仁义礼智圣这五种德行出于人性的性善论。荀子从其“性恶则与圣王，贵礼义”的理论出发，认为“性善则去圣王，息礼义”，危害最大。所以视其为“子思、孟轲之罪”，予以了空前激烈的批判。①

人性善恶的确是荀子与思孟间最明显的分歧之一，荀子批评思孟五行时也可能包含了这方面的考虑，但若把荀子批驳思孟五行的原因完全归于性善论，也有讲不通之处。首先，《五行》将仁义礼智圣“形于内”，归于内心，确实包含有性善的倾向，但它同时又提出不形于内心而表现为外在规范的四行——仁义礼智，在《五行》中被称为善的恰恰是后者，所谓“德之行五和，谓之德；四行和，谓之善”（第一章）。所以说《五行》已具有了性善论，尚有一定的困难。以后孟子虽然提出性善论，但他说明、论证性善的主要是仁义礼智而不是仁义礼智圣，把孟子性善论同思孟五行说等同起来，同样显得牵强。况且，荀子指责五行的“三无”——“无类”、“无说”、“无解”——也看不出与性善论有什么直接关系。

于是又有学者提出，荀子所批评的思孟五行说，其深层的理论结构是一个天人关系、天道与人道或性与天道的问题，正是在这一问题上，思孟与荀学存在着尖锐的对立。

> 荀子谓思孟不知“先王之统”，“无类”，其主要原因就在于当思孟以圣人知天道时，将天人看做本原上是统一的。荀子说圣人不求知天，圣人知人道，知统类，乃以他的天人之分的观念为前提……思孟以“圣知天道”，而不知圣乃人道，“错人而思天”，是为“不知类”。不知礼义统类之道，天人混淆，无“辨合”、“符验”而不可行于天下，故言“僻违而无类，幽隐而无说，闭

① 廖名春：《思孟五行说新解》，载《哲学研究》，1994（11）。

约而无解”。[1]

这种看法与前面一样，都不是从五行自身寻找答案，而是把荀子与思孟的思想差异看做其批驳五行说的直接原因，因而同样显得宽泛，缺乏说服力。按照这种逻辑，孟、荀思想间的差异还有许多，如孟子重道德“良知”，荀子重经验“征知”；孟子由内圣而外王，荀子由外王而内圣，等等，而前者的内容多少都可以在《五行》中找到根据，岂不是都可以看做荀子批驳五行说的原因，或至少是原因之一了？岂不是又可以不断写出“思孟五行新解”的鸿篇大作来？但这对于探讨荀子批驳五行说的真正原因，显然已没有多少意义了。

（二）荀子非议思孟“五行”试析

既然荀子《非十二子》主要批驳的是思孟五行说，其“无类”、“无说”、“无解”的指责也主要是针对五行而发，那么，显然就应该深入到《五行》内部，从其思想特点中去寻找答案，而最能反映《五行》思想特点的，莫过于其第一章：

> 仁形于内谓之德之行，不形于内谓之行；义形于内谓之德之行，不形于内谓之行；礼形于内谓之德之行，不形于内谓之行；智形内谓之德之行，不形于内谓之行；圣形于内谓之德之行，不形于内谓之行。德之行五和，谓之德；四行和，谓之善。善，人道也；德，天道也。

这里“形于内”的“德之行”是指仁义礼智圣形于内心，是一种内在规范，而“不形于内”的“行”是指仁义礼智圣不形于内心，是一种外在规范，实际是提出一种双重道德律，“德之行”是内在道德律，是主体自觉，“行”是外在道德律，是客观规范。这种双重道德律的思想在早期儒家那

---

① 李景林：《思孟五行说与思孟学派》，载《吉林大学社会科学学报》，1997（1）。

里十分普遍，孔子提出仁、礼，分别将其看做内在自觉与外在规范，就是一种双重道德律；战国时期流行的“仁内义外”说，也是这种思想。然而，令人奇怪的是，《五行》并没有按仁义礼智圣自身的特点和性质，说某某“形于内”，某某“不形于内”，如“仁内义外”一样，而是一方面说其“形于内”，另一方面又说其“不形于内”，似乎仁义礼智圣分别具有两种不同的性质，似乎《五行》的作者不懂得逻辑中的矛盾律，不懂得概念、范畴的分类，“无类”。其实，《五行》的这种表述也是迫不得已，原因就在于其提出五行说，将仁义礼智圣看做一个封闭、“闭约”的整体，已不能像往常那样，按照仁义礼智圣自身的性质来进行分类，而只能像目前这样，置矛盾律于不顾，将“形于内”与“不形于内”两种截然不同的规定用在同一组概念、范畴中，结果造成“甚僻违而无类”。

由此，我们不难理解荀子批判五行的原因所在，原来仁义礼智圣虽然形成较早，但在子思之前，它们并没有被固定成一个整体，所以或内或外，表达起来十分方便。而子思套用古代的五行说，将仁义礼智圣固定为一个整体，同一组概念被用来表达两种不同的思想，这样便在五行概念体系与“形于内”、“不形于内”的主张间产生了表述上的矛盾，仁义礼智圣被分别说成是既“形于内”又“不形于内”。在子思眼里，这只是一种表述方式，可以不必深究，而在一向重视概念分类、写过《正名》的荀子看来，则根本无法容忍，故矛头所向，给予严厉批评。其实，《五行》的“无类”早在荀子以前已被人们注意到了，帛书《五行》第一章“圣形于内谓之德之行，不形于内谓之行”，竹简本则改为“圣形于内谓之德之行，不形于内谓之德之行”，这处改动显然是因为抄写者看到，圣的内容与“不形于内谓之行”的规定不符，因为下文接着说：“德之行五和，谓之德；四行和，谓之善”。“不形于内”的四行只有仁义礼智，并不包括圣，而这里又要说它“不形于内谓之行”，不正是“无类”吗？这一点连文化程度不高的竹简抄写者都注意到了[①]，作为一代儒学大师的荀子予以批驳、揭露，不正顺理成章，十分自然吗？

当然，荀子批判思孟五行说，并不仅限于表达形式上，更重要的，乃

① 据研究者称，郭店竹简抄写中时有讹误，且书写不规范，说明其抄手文化程度不高。

是因为《五行》将仁义礼智圣“形于内”，归于内心，赋予其神秘、“幽隐”的内容，而没有具体解说。《五行》有何神秘、“幽隐”呢？且看下面的内容：

> 思不清不察，思不长不得，思不轻不形，不形则不安，不安则不乐，不乐则无德。
>
> 不仁，思不能清。不智，思不能长。不仁不智，未见君子，忧心不能惙惙；既见君子，心不能悦。《诗》曰：“未见君子，忧心惙惙，亦既见之，亦既观之，我心则悦。”此之谓也。
>
> 不仁，思不能清。不圣，思不能轻。不仁不圣，未见君子，忧心不能忡忡；既见君子，心不能降。（第五至六章）

正如庞朴先生所指出的，这里“一处说思清则仁，一处说仁则思清；圣智亦然。这种循环论证的做法，不仅是逻辑上的悖论，也使人陷入神秘的气氛”[①]。不仅如此，在《五行》那里，仁义礼智圣的获得，还需要经过一个“思”的过程，需要经过内在的精神体验：

> 仁之思也清，清则察，察则安，安则温，温则悦，悦则戚，戚则亲，亲则爱，爱则玉色，玉色则形，形则仁。
>
> 智之思也长，长则得，得则不忘，不忘则明，明则见贤人，见贤人则玉色，玉色则形，形则智。
>
> 圣之思也轻，轻则形，形则不忘，不忘则聪，聪则闻君子道，闻君子道则玉音，玉音则形，形则圣。（第七章）

这里“清”、“长”、“轻”具体何指？仁、智、圣又如何能“思”出清、长、轻？《五行》均没有给出明确说明，而从表面上看，清、长、轻似乎与仁、智、圣并没有直接关系，用它说明后者难免让人费解，有神秘、“幽隐”之感。至于“清、察、安、温……”“长、得、不忘、明……”

---

① 庞朴：《帛书五行篇研究》，102页。

“轻、形、不忘、聪……”等具体内在心理体验过程，则诚如庞朴先生所言，“看起来似不清醒，且不无神秘之处”。因此，荀子所谓的“幽隐而无说”，显然是指《五行》将仁义礼智圣“形于内”，述诸内心体验，获得神秘的精神感受。而荀子虽然也说仁、道义、论礼、谈圣智，但并不是在内心的“思”上做文章，而是立足于“尽伦”、“尽制”的社会、政治现实问题。荀子的礼是制度之礼、礼法之礼，是外在圣王的具体制作；义与礼的内容基本相同，故又说礼义；仁是敬、是爱，是具体的道德操守和原则，如“亲亲、故故、庸庸、劳劳，仁之杀也”（《荀子·大略》），“贵贤，仁也”，“贱不肖亦仁也”（《荀子·非十二子》），“君子贫穷而志广，隆仁也”（《荀子·修身》）。智则是经验之知，是主观的认识能力，是以外物为对象而不是向内求取的。可以说，荀子理解的仁、义、礼、智皆是具体、现实的，是能够经验实证的，与《五行》“形于内”的“德之行”明显不同。而显然正是这种不同，使其对后者难有同情的理解，故斥之为“幽隐”，将神秘主义的大帽子扣在对方头上。

此外，《五行》前半部分谈“形于内”的“德之行”，而从第二十章以下则谈“不形于内”的“行”，与前面相比，在多处内容上都表现出不同的特点来。如作者提出“有大罪而大诛之，简也；有小罪而赦之，匿也……简之为言犹练也，大而晏者也。匿之为言也犹匿匿（慝）也，小而轸者也。简，义之方也；匿，仁之方也”（第二十章）。把仁、义看做为处理案狱的方法和原则，这与前面对仁、义的理解显然有所不同。然而，作者在表述这两种内容时，却使用的是相同的概念，而并没有具体的解释、说明，以至郭店竹简的抄写者以及今天的一些学者误解了前后两个部分的关系，错把它们当作一个整体。而造成这一切的根本原因，显然是因为仁义礼智圣被固定成五行说，成为一个封闭、“闭约”的整体，不得不用同一组概念表达两种不同的思想，而从“闭约而无解”一句来看，荀子显然已发现了问题的症结所在。李学勤先生称，荀子“《非十二子》对各派学者的批评，均能深中要害，并无枝节的指摘”[①]，从其对思孟五行说的批评来看，确实如此。

---

① 李学勤：《帛书〈五行〉与〈尚书·洪范〉》，载《学术月刊》，1986（11）。

不仅如此，为表示与思孟的区别，荀子还提出自己的“五行”说：“贵贱明，隆杀辨，和乐而不流，弟长而无遗，安燕而不乱，此五行者，是足以正身安国矣。”（《荀子·乐论》）这种五行与仁义礼智圣显然有所不同。首先，它的性质是相同的，是五种“不形于内”的“行”，因而不存在“僻违”的问题；其次，它的内容是清楚、明确的，因而不存在“幽隐”的问题；更重要的，它的所指是具体的，而不是抽象的，不会因套用“往旧”的五行说而成为一个封闭的整体，因而不存在“闭约”的问题。而这两种五行的差别，正从一个侧面反映了荀子批判思孟五行的具体所指和原因所在。

我们知道，学派内部的批判往往具有两方面的原因，一方面是对其某一具体学说不满，故揭露其思想的矛盾，找出理论的漏洞，以达到攻击对方抬高自己的目的；另一方面则是与批评者和被批评者的立场不同有关，它涉及学术内部的派别之争。前者的批评往往是直接的、表层的，后者则是深层的、本质的。荀子对五行的批判也是如此。所以，除了对五行说进行批驳外，还指斥思孟“略法先王而不知其统”，表明自己是在维护“先王之统”也即儒家正统。那么，什么是荀子所理解的“先王之统”呢？《释名·释典艺》：“统，绪也。”《正字通·糸部》：“统，系也。”故统指一脉相传的系统、传统，具体到先王之统，当指由先王而来的传统、道统，实际就是先王之道。荀子常常批评别人“其所以统之者非其道故也”（《荀子·议兵》）。反过来说，就是要以道去统，所以道也就是统。在荀子那里，先王往往是礼义的制定者，所谓“古者先王审礼以方皇周浃于天下，动无不当也”（《君道》），“礼者，其表也。先王以礼义表天下之乱”（《大略》）。所以，先王之道实际就是礼。“尚贤，使能，等贵贱，分亲疏，序长幼，此先王之道也。”“礼者，谨于治生死者也……故天子棺椁十重，诸侯五重，大夫三重，士再重……是先王之道，忠臣孝子之极也。”（《礼论》）“先王之道，礼乐正其盛者也。”（《乐论》）“先王之道，仁之隆也，比中而行之。曷谓中？曰：礼义是也。”（《儒效》）因此，荀子所谓的“不知其统”，实际是指斥思孟不懂得真正的先王之道，而自己对其的批判乃是出于维护先王之道、维护礼的需要，这可以说是荀子批判思孟五行的更深层次的原因。

前面说过，仁、礼的关系是孔门后学关注的重要问题，孔子以后儒学的分化实际也是围绕这一线索展开的。《五行》提出“形于内”的“德之行”，将其看做内在的道德主体，认为“五行皆形于内而时行之”（第三章），实际是发展了孔子仁的思想，但同时又保留了“不形于内”的“行”；以后孟子提出“仁，人心也”（《孟子·告子上》），认为“仁义礼智根于心”（《孟子·尽心上》），进一步发展了“形于内”的“德之行”，而舍弃了“不形于内”的“行”。在孟子那里，礼、义分别是“羞恶之心”、“辞让之心”的外在表现，所谓“羞恶之心，义也；辞让之心，礼也”（同上）。这样礼、义便由外在规范被拉向内在主体，从而在主体心的角度回答了仁、礼的关系问题，因此属于儒家内部的唯“心”派，也即唯“仁”派。而荀子则相反，他实际是沿着孔子的礼以及《五行》“不形于内”的“行”继续发展，突出、强调的是礼的客观性及其在社会、政治生活中的作用。在荀子那里，礼是圣王的制作，是等级制度和客观规范：“礼义法度者，是圣人之所生也。”（《荀子·性恶》）“礼者，法之大分，群类之纲纪也。”（《荀子·劝学》）“礼者，所以正身也。”（《荀子·修身》）仁是主观情感，是对外在规范的操守、把持，它将外在的礼内在化，同时上升为内在的德。故说“唯仁之为守，唯义之为行”（《荀子·不苟》），“故仁者，仁此（注：指礼）者也；义者，分此者也”（《荀子·君子》）。因此，荀子实际是通过把仁归于礼，回答了仁、礼关系问题，他的思想是以礼为核心，属于儒学内部的唯“礼”派。荀子既然与思孟立场不同，主张各异，自然对其抬高仁贬低礼的做法不能满意，故以维护先王之统为借口，给予激烈批评。

（三）荀子、思孟及儒学的基本问题

前面的分析使我们明白，原来荀子之所以批判思孟五行，既不在于对“心”、“道”等概念上的不同理解，也与性善论、天道观没有直接关系，而是在于五行概念体系与“形于内”、“不形于内”的主张间所存在的表述上的矛盾，尤其在于荀子与思孟在仁、礼关系这一儒学基本问题上的分歧。至此，思孟五行之谜才算真正被我们揭开，围绕于此的各种疑问也可由此得以澄清。对于思孟五行，曾有学者提出疑义：

> 孟荀的学说虽有分歧，但都以孔子为宗，荀子讲仁义礼乐也不下于孟子，如果思孟五行说只是仁义礼智信，或仁义礼智圣，荀子对子思、孟子采取这样的态度，依然是难以理解的。①
>
> 正是由于孟子将仁义礼智等道德范畴“纳入人心，归于人性，委诸天命”，才使得孔子的道德学说哲理化完善化了，它成为后儒道德性命修养学说之滥觞。如果把孟子这种主张归结为“僻违”、“幽隐”，恐不符荀子攻诘孟子的本意。因为在这方面，荀子是无法和孟子划清界限的。……因此，可以认为，荀子批评思孟五行说，决非指五种德行。②

这种说法显然是对儒学缺乏了解。其实，荀子与思孟的对立，并不在于他们是否都谈到仁义礼智圣，而在于他们如何理解仁义礼智圣，尤其是如何看待仁与礼的关系。对后者理解不同，对前者的看法不仅会有所不同，而且对包括人性论、天道观以及心、道等各个方面的理解，都会出现分歧。在思孟那里，仁或“德之行”是第一性的，礼或“行”是第二性的，前者不仅可以由内而外，表现为自主、自觉的道德行为，同时还可以沟通天人，上达天道，实际突出、强调的是道德主体的作用。而在荀子那里，礼是第一性的，仁是第二性的，礼被看做圣王的制作，是外在于个人的异己力量，仁只是对外在规范的操持、服从，不能进行道德创造。这样，由于荀子、思孟在儒学基本问题上的立场不同，对仁义礼智圣的理解自然也不相同，认为“荀子是无法和孟子划清界限”显然是一种误解。实际情况是，对仁、礼关系的不同理解，不仅可以对荀子与思孟作出明确区分，而且是划分儒家内部学派归属的一个基本标准。

搞清了荀子批判思孟五行的原因，有关《五行》的成书年代上的争论也可获得统一。有学者注意到，《五行》的“推理环节较多”，“似过于抽象和复杂”，认为不像是孟子以前的作品。现在看来，这一看法值得商榷。《五行》推理环节的确较多，表述上也显得较为复杂，主要是由五行概念体系造成的，而与其年代早晚并没有直接关系。相反，《五行》这种特殊

① 赵光贤：《新五行说商榷》，载《文史》，第14辑，中华书局，1982。

② 任继愈主编：《中国哲学发展史·先秦卷》，298页。

的表述方法与其“仁内义外”的思想一样，均是儒家的分化过渡时期的产物，它只能是在孟子以前，而不可能是以后。

另外，需要注意的是，《荀子·非十二子》批判思孟五行时称：“子思唱之，孟轲和之。”认为子思、孟轲前唱后和，一脉相承。但从实际情况来看，他们二人对五行的理解并不完全相同，且有一定距离。子思五行说包括两方面内容：一是“形于内”的“德之行”，二是“不形于内”的“行”。前者指仁义礼智圣五行，称为德；后者指仁义礼智四行，称为善，所谓“德之行五和，谓之德；四行和，谓之善”（第一章）。因此，子思的五行说实际是一种双重道德律，类似于当时流行的“仁内义外”说。而孟子虽然也谈五行，但由于反对“仁内义外”说，因此是主要继承了《五行》“形于内”的“德之行”，而不再关注“不形于内”的“行”，对五行的理解与子思已有所不同。此外，孟子多谈仁义礼智，故提出著名的“四心”说，而不是“五心”说。可见孟子在思想上继承了《五行》“形于内”的“德之行”，在概念上则主要使用仁义礼智四行，而后者在《五行》中却恰恰是“不形于内”的“行”。孟子也谈到仁义礼智圣五行：“仁之于父子也，义之于君臣也，礼之于宾主也，智之于贤者也，圣人之于天道也，命也，有性焉，君子不谓命也。”（《孟子·尽心下》）据庞朴先生的考证，上文“圣人”的“人”当为衍文，实际即是“圣”。[①] 退一步讲，“人”字即使不是衍文，圣人本身就是圣的人格化，二者也是可以相通的。但孟子这里虽然谈到仁义礼智圣，与《五行》的理解却有所不同。我们知道，早期儒家学者往往在两种不同的含义下使用仁义礼智等概念，一是将其看做广义、抽象的，适用于所有人的，如《五行》的“德之行”；二是将其看做具体、相对的，只分别适用于具体的人伦关系，如郭店简《六德》篇的“义者，君德也”，“忠者，臣德也”，“智也者，夫德也”，“信也者，妇德也”，“圣也者，父德也”，“仁者，子德也”等，前者的内容是广义的，在儒家思想体系中位置更为重要，后者的内容是狭义的，地位则相对次要。孟子上面关于仁义礼智圣的文字，显然更接近《六德》，而不同于《五行》。这些都表明，孟子与子思在对五行的理解和使用上确实已经有了相

① 参见庞朴：《帛书五行篇研究》，20页。

当的差距。因此很有可能，五行本是子思一个标志性的观点，孟子“受业子思之门人”，对此相当了解，并有所唱和，但由于二人的观点已有不同，主张已有变化，对五行的理解和看法也出现差异。所以，思孟前后相续，并不在于五行说本身，而在于其中“形于内”的思想。正是在这一点上，思孟之间存在思想的继承和联系。荀子批评五行时，将二人等量齐观，已明显有违事实，后人用“道统”看问题，往往只重其联系不重其差异，同样不可取。其实，不仅思孟之间思想存在着发展变化，就荀子而言，其对思孟的态度前后也不完全一样。《荀子·解蔽》篇说：

> 空石之中有人焉，其名曰觙。其为人也，善射以好思。耳目之欲接，则败其思；蚊虻之声闻，则挫其精。是以辟耳目之欲，而远蚊虻之声，闲居静思则通。思仁若是，可谓微乎？孟子恶败而出妻，可谓能自强矣。有子恶卧而焠掌，可谓能自忍矣，未及好也。辟耳目之欲，而远蚊虻之声，可谓能自危矣，未可为微也。[①] 夫微者至人也。至人也，何强！何忍！何危！故浊明外景，清明内景。圣人纵其欲，兼其情，而制焉者理矣，夫何强！何忍！何危！故仁者之行道也，无为也；圣人之行道也，无强也。仁者之思也恭，圣人之思也乐。此治心之道也。

那么，这个“空石之中”的“觙”有没有可能就是子思孔伋呢？种种迹象表明，这种猜测并非没有根据。首先，荀子将觙与孟子、有子并举，那么，这个觙也应该实有其人。有子是孔门后学最早的立派者，而孟子也洵然一大宗，与其地位相当的人数不多，而子思即是其一。其次，这个觙善于“思”，有一套“思仁”的方法，在“闲居静思”时要避免耳目与外界接触，否则便会“挫其精”。这个记载以往被注疏家看做是寓言，认为匪夷所思，不可理解。而简帛《五行》出土后，里面正好有“仁之思也清”（帛书本作“精”）的内容，说明“思仁”确是子思思想的一个特点，荀子说觙“思仁若是”，应该不会仅仅是巧合。更重要的，这个人名叫“觙”，

---

① 原文作：“辟耳目之欲，可谓能自强矣，未及思也。蚊虫之声闻则挫其精，可谓危矣，未可谓微也。”据郝懿行校补改。

而觙可能就是“伋”的讹写，所以，如果这个觙是实指的话，很可能就是孔伋。这样，上面这段材料便有了特殊的价值。退一步讲，即使这个觙不是实指，也不影响荀子以这种方式表达其对于“思仁”的看法。这对于我们理解荀子对思孟的态度，同样有着重要的意义。

根据这段资料，荀子虽对觙“思仁”的方法有所不满，但并不一概否定，而是认为其“辟耳目之欲”同孟子休妻、有子刺掌一样，是用了外在的手段，所达到的只是“浊明外景”，是一般的精神境界；而圣人“纵其欲，兼其情”，顺着情感欲望而动，又能自然符合于理，其所达到的则是“清明内景”，是精微的精神境界。所以“圣人之行道也，无强也。仁者之思也恭，圣人之思也乐”。荀子这里描述的圣人显然与他以后“积礼仪”、“措习伪”的圣人有所不同，倒是更接近思孟笔下的圣人。他所谓的“仁之思也恭”、“圣之思也乐”也与他以后反复强调的“合之以礼乐，通之以思索”（《荀子·修身》）、“礼之中焉能思索，谓之能虑”（《荀子·礼论》）、“大天而思之，孰与物畜而制之”（《荀子·天论》）存在差距，在家族关系上倒更接近思孟一系。有学者推定，《解蔽》一篇写于荀子在稷下学宫为祭酒之时。[①] 此时荀子受到思孟后学及稷下道家的影响，故吸取了其重视内在体验、重视“思”的思想。而到其晚年写《非十二子》时，由于思想已经成熟，势力已经坐大，又见各派互相指责，争论不休，故以学界泰斗的身份，对包括子思、孟子在内的“十二子”进行批驳，展开清算。以前曾暗中接受的内容，现在也成为批评的对象。

---

① 参见廖名春：《荀子新探》第二章《著作年代考》。

第五章

思孟学派的形成：子思学派研究（下）

第一节　子思《缁衣》、《表记》、《坊记》试探

《缁衣》在郭店简和上博简中两次出现，证明其确为战国时的作品且在当时流传较广，同时也使南朝沈约"《中庸》、《表记》、《坊记》、《缁衣》，皆取《子思子》"（见《隋书·音乐志》）的说法得到多数学者的认可，从而在文献的使用上为《缁衣》等篇扫清了障碍。不过，由于《缁衣》、《表记》、《坊记》三篇皆以"子曰"的形式出现，由此却产生了另外一个问题：《缁衣》等篇中的"子曰"究竟属于谁的言论？反映的是谁的思想？是孔子的，还是子思本人的？对于这一问题，学者是有着不同的理解，如一些学者认为《缁衣》等篇中的"子曰"为子思曰，但另有学者极力主张，"《缁衣》诸篇的'子曰'，当系孔子曰，而非子思或公孙尼子所曰，记录的是孔子之学"①。考虑到先秦儒家典籍中除《论语》外尚有大量的"子曰"存在，而这些"子曰"的性质、归属往往又是颇有争议的问题。这样，对《缁衣》等篇中"子曰"的考察便有了特殊的意义，它不仅影响到对《缁衣》、《表记》、《坊记》三篇的认识和理解，还关涉早期儒学

① 邢文：《楚简〈缁衣〉与先秦礼学——孔子礼学的再考察》，见《纪念孔子诞辰2550周年国际学术讨论会论文集》下册，1784页，北京，国际文化出版公司，2000；又见《郭店楚简国际学术研讨会论文集》，160页。

的思想演变、学术传播及表达形式等一系列重大理论问题。

（一）《缁衣》、《表记》、《坊记》中“子曰”的问题

今本《缁衣》、《表记》、《坊记》三篇，文体基本相似，除首章始以“子言之曰”外，其余各章一般用“子曰”或“子云”。如《缁衣》二十四章，首章用“子言之曰”，其余各章均用“子曰”。孔颖达曰：“此篇凡二十四章，唯此云‘子言之曰’，余二十三章皆云‘子曰’，以篇首宜异故也。”① 认为首章用“子言之曰”是因为处于篇首开端，与其他各章应有所区别。又如《坊记》三十九章，首章用“子言之曰”，其余各章均用“子云”。孔颖达曰：“此篇凡三十九章，此下三十八章悉言‘子云’，唯此一章称‘子言之’者，以是诸章之首，一篇总要，故重之，特称‘子言之’也。余章其意稍轻，故皆云‘子云’也。诸书皆称‘子曰’，唯此一篇皆言‘子云’，是录记者意异，无义例也。”② 认为首章的“子言之曰”有概括文意，突出、强调的作用。至于他书皆称“子曰”，唯独此一篇称“子云”，是由于记录者体例不统一造成的。稍显特殊的是《表记》，该篇共五十五章，除首章外，其他各章始以“子言子曰”者另有七处。孔颖达曰：“称‘子言之’凡有八所，皇氏云：‘皆是发端起义，事之头首，记者详之，称“子言之”，若于“子言之”下，更广开其事或曲说其理，则直称“子曰”。’今检上下体例，或如皇氏之言。”③ 所以，今本《表记》中“子言子”凡八见，多为发端起义，提要各层大义之文。当然，《表记》的分层未必完全合理，有学者对此曾提出疑义，这或许由于错简所致，或由于“传写之误”。④

对于《缁衣》、《表记》、《坊记》三篇中的“子曰”，学者一般认为是“孔子曰”，但也并非没有疑义。唐人欧阳修曾提出：“‘子曰’者，讲师之

---

① 孔颖达：《礼记正义》卷 55，见《十三经注疏》下册。
② 同上书，卷 51。
③ 同上书，卷 54。
④ 参见孙希旦：《礼记集解》下册，1297 页，北京，中华书局，1989。

言也。"[①] 认为"子曰"不独孔子之语，其他诸子、学者的言论亦可称"子曰"。欧阳修此说，主要是针对《易传》，尚不涉及《缁衣》等篇中"子曰"的问题，以后有学者则进一步提出《缁衣》等篇中的"子曰"为子思之言，而非孔子之言。如胡玉缙曾"疑所称'子云'、'子曰'、'子言之'者，皆子思之言。故《坊记》引'三年无改于父之道'两句，以《论语》为别"[②]。清代学者邵晋涵、黄以周还有一种看法，认为《缁衣》、《表记》、《坊记》三篇中的"子言之"为子思之语，而"子云"、"子曰"为孔子之语。如黄以周《子思子·内篇》卷三《表记》说："凡曰'子言之'者，皆子思子之言，表明其恉趣之所在……'子言之'与'子曰'必两人之言。而'子曰'为夫子语，则'子言之'为子思子语，更何疑乎?"当代学者中也有持这种看法者。[③] 按，《缁衣》等篇中的"子曰"应为"孔子曰"，而非"子思曰"。郭店本《缁衣》出土后，其首章始以"夫子曰"，以下各章始以"子曰"，这种称谓体例与今本基本相同，只不过将"子言之"改为了"夫子曰"。郭店本的章节与今本并不完全相同，其首章实为今本第二章："夫子曰：好美如好《缁衣》，恶恶如恶《巷伯》，则民咸力而型不顿。《诗》云：'仪刑文王，万邦作孚。'"现在学者一般认为，郭店本首章由于有"缁衣"二字，符合古代篇名的命名方式，所以更为合理，至于今本首章，则可能是错简所致。不过郭店本与今本在章节分合上虽有不同，但二者的称谓体例却基本相同，说明其首章的"夫子曰"或"子言之"确实是有意为之，它不仅是因为"篇首宜异"，同时可能还有标明身份的作用。试以《缁衣》等篇与《中庸》做一比较，可以发现《中庸》第二章至第二十章上半部分主要以"子曰"的形式出现，与《缁衣》等篇体例十分相似；而《中庸》第一章及第二十章下半部分以下主要为议论体，与《缁衣》等篇存在较大差异，之所以出现这种情况，可能是因为今本《中庸》包括了子思两篇独立的作品，其中前一部分即为原始的《中庸》，后一部分则为子思的另一篇著作《诚明》，它们被编在一起乃是后来的事

---

① 欧阳修：《易童子问》卷3，见《欧阳修全集》上册，中国书店（据世界书局1936年版影印），1986。

② 胡玉缙：《辑子思子佚文考证》，见《许庼学林》卷6，164页，北京，中华书局，1958。

③ 参见顾实：《汉书艺文志讲疏》，101页，上海，上海商务印书馆，1924。

情。[①] 而原始《中庸》的首章（今本《中庸》的第二章）为："仲尼曰：君子中庸；小人反中庸。君子之中庸也，君子而时中；小人之中庸也，小人而无忌惮也。"以下各章则始以"子曰"，故这里的"仲尼曰"和《缁衣》等篇的"子言之曰"、"夫子曰"的性质无疑是一致的，它最清楚不过地说明，《缁衣》等篇中的"子曰"应为"孔子曰"，而非"子思曰"。

不过问题的复杂性在于，围绕《缁衣》等篇的争论绝不仅仅是个称谓的问题，即使我们能够证明《缁衣》等篇中的"子曰"是"孔子曰"，而不是"子思曰"，也不能由此判定其思想的实际归属。因为，这里实际还存在着另外一种可能，即子思名义上虽然记录的是"孔子曰"，但实际表达的却是——或至少夹杂了——自己的思想。其实，这样的质疑在子思的时代已经存在。据《孔丛子·公仪》："穆公问子思曰：'子之书所记夫子之言，或者以谓子之辞。'子思曰：'臣所记臣祖之言，或亲闻之者，有闻之于人者，虽非其正辞[②]，然犹不失其意焉。其君之所疑者何？'"鲁穆公并不否认子思记录的是"夫子之言"，但却怀疑它实际表达的是子思自己的思想。这样的怀疑并不是个别的，先秦儒家的殿军荀子在总结当时学术思想时，其批评子思、孟子的一条罪名是："案饰其辞而祗敬之曰：此真先君子之言也。子思唱之，孟轲和之，世俗之沟犹瞀儒，嚾嚾然不知其所非也，遂受而传之。"（《荀子·非十二子》）可见在荀子看来，子思、孟子的错误不仅在于他们提出了"五行说"，同时还在于其创立学说时，往往将自己的言论假托于孔子[③]，认为"此真先君子之言也"，结果混淆视听，使没有见识的俗儒信以为真，"嚾嚾然不知其所非也"，在思想上造成很大混乱。战国后期的另一位著名学者韩非，甚至将这种假托先师之言的做法扩大到儒墨显学，看做是当时思想界的普遍现象。《韩非子·显学》说："孔、墨之后，儒分为八，墨离为三，取舍相反不同，而皆自谓真孔、墨。孔、墨不可复生，将谁使定世之学乎？"这里"皆自谓真孔、墨"，可能即包含有假托先师之言，借先师之言以自重的意思。所以至少在韩非看来，

---

① 参见第五章第二节：《郭店楚简与〈中庸〉》。

② 原文为"虽非正其辞"，据文意改。

③ 参见王葆玹：《晚出的"子曰"及其与孔氏家学的关系》，见《纪念孔子诞辰2550周年国际学术论文会》下册，1820页。

假托先师之言已成为“八儒”、“三墨”宣传自己思想学说的特殊形式，它显然已不是一种“实录”，而是属于思想创造的范畴。

如果说，战国时期人们对“子曰”的怀疑多少与学派纷争有关的话，那么，近代以来学者对“子曰”的理解则更多地与研究方法联系在一起。自上个世纪初“疑古”思潮兴起以来，以为只有《论语》所称引的“子曰”或“孔子曰”是可靠的，其他古书中的“子曰”或“孔子曰”都是后人的伪托，已成为长期支配学术界的一项成见。这一成见在表面上维持了学术研究所必需的严谨的同时（用“疑古”派的话说：“宁疑古而失之，不可信古而失之”），却使古书中大量的“子曰”统统陷入身份可疑，不被重用的境地。而且这一成见似乎以为，早期儒家学者在引述“子曰”时，是毫无根据、随心所欲、且有意造伪的，其不合理显而易见。在这种情况下，有学者试图打破成见，另立新说，为先秦古籍中大量的“子曰”翻案。如郭沂先生近些年提出，先秦两汉儒家典籍中大多数的“子曰”都是可靠的，是孔门弟子对孔子言论的记录。为了论证自己的观点，他提出了“《论语》类文献”的概念。郭沂先生认为今本《论语》并非孔子“门人相与辑而论纂”，因孔子死后，儒家学派即已分化，时称“儒分为八”，并且相互攻讦，怎么会坐在一起“相与辑而论纂”呢？所以今本《论语》只能是由孔门少数弟子结集、编纂，只是当时孔子言行的很少一部分。《论语》之外那些门人所记孔子言行，其性质与《论语》相同，故可称之为《论语》类文献。至于《论语》类文献的内容，郭沂认为，今本和帛书本《易传》、《孝经》、大小戴《礼记》（《缁衣》、《表记》、《坊记》包括其中）、上博简、定县竹简、《荀子》、《孔子家语》和《孔丛子》中涉及孔子言行的内容都应包括于在内。①

郭沂先生创立新说的主观意图暂且不论，但他立论的根据却存在明显的疑问。首先是《论语》的成书问题。郭沂先生认为，《论语》只是出于孔门少数弟子之手而不是集体编纂，是不符合事实的。《汉书·艺文志》说：“《论语》者，孔子应答弟子时人及弟子相与言而接闻于夫子之语也。当时弟子各有所记。夫子既卒，门人相与辑而论纂，故谓之《论语》。”

---

① 参见郭沂：《郭店竹简与先秦学术思想》，354～361 页。

《论衡·正说篇》说："夫《论语》者，弟子共纪孔子之言行。敕记之时甚多，数十百篇。"赵岐《孟子题辞》说："七十子之畴，会集夫子所言，以为《论语》。"从上述记载来看，《论语》的成书实际经历了一个复杂的过程，起初只有弟子各自对孔子言行的回忆、记录，如孔子答"子张问行"，"子张书诸绅"（《论语·卫灵公》）等，这些回忆、记录往往出自不同弟子，分散在个人之手。孔子去世后，孔门弟子广泛整理、记录了这些材料，在此基础上"相与辑而论纂"，编成《论语》一书。所以就《论语》的内容来说，它乃是孔门弟子共同记录、编纂的结果，而不可能是出于个别人之手。《论语》中常有孔子与弟子的问答，共涉及弟子有姓名者三十人，这些内容往往就是由这些弟子或其再传弟子记录而成。从《论语》涉及众多弟子的内容来看，它显然是集体的编纂，如果没有弟子的广泛参与，《论语》的成书是难以想象的。至于孔子去世后，儒家内部发生分化，也主要是基于思想的分歧，而不是出于派性，并非水火不容、无法调和。《论语》中常有子游、曾子、子张互相攻讦的言论（见《子张》），但这并不妨碍他们继续以朋友相处，那么，为什么不可以对导师的言行"相与辑而论纂"呢？其实，可能正是孔门后学的分化和分歧，才使"共纪孔子之言行"变得紧迫和必要。孔子的思想本来就博大、丰富，包含着向不同方面发展的可能，加之其"因材施教"的教学方法，自然会使弟子的认识产生分歧。随着孔子去世，这种分歧不断加剧，并演变为彼此间的争论。"弟子恐离居已后，各生异见，而圣言永灭。"[①] 于是通过"相与辑而论纂"，编纂一部各派都认可的著作，以结集的形式确立孔子的基本思想。这样的著作显然只能是由集体编纂，而不可能是出于个别弟子之手。由于《论语》的结集是由孔门弟子集体发起，集体参与，这种广泛的基础使其具有一种权威的地位，为儒家各派所尊奉。如孟子、荀子分别属于儒家"八派"中的"孟氏之儒"和"孙氏之儒"，但他们二人都承认《论语》的地位。如果《论语》不是集体结集编纂，而是出于个别人之手，它又如何能得到这种普遍的认可？正是基于这一点，汉代学者称"门人相与辑而论纂"、"弟子共纪孔子之言行"，应该说是符合事实的。

① 陆德明：《经典释文·序录》，59页，上海，上海古籍出版社，1985。

郭沂先生为了说明《论语》类文献的存在，曾引《论衡·正说篇》“敕记之时甚多，数十百篇”的说法。他认为，从汉代出现的各种《论语》看，每种只有二十篇左右，其合并本也不过三十篇，因而王充所说的《论语》应兼含《论语》类文献，所谓“数十百篇”当指若干种《论语》类文献的总篇数。其实，王充所谓“敕记之时甚多，数十百篇”是指编纂《论语》时收集到的材料，而不是指《论语》编定后的篇数。《论语》编纂时收集到的材料甚多，有“数十百篇”，而《论语》编定后的篇数则相对较少，仅二十篇左右，这一现象说明，可能在《论语》结集时，某些“子曰”的可靠性已受到了质疑，今本《论语》二十篇不过是其中被孔门弟子普遍接受、认可的部分，另有大量的“子曰”在《论语》结集时并没有被采用，而之所以不被采用，除了部分内容雷同、重复以及不能真正地反映孔子的思想外①，可能还因为存在着记录失实甚至是假托的情况。郭沂认为今本《论语》只是当时少数弟子的一个传本，在其之外还存在其他传本。但如果真是这样，为何当时流传的三个传本——《古论》、《鲁论》、《齐论》——与今本的内容基本一致，而他所说的其他传本则全无踪迹？我想这绝不是可以用“没有流传下来”来搪塞的。郭沂先生提出：“先秦两汉书中记载了大量的孔子言行，其中只有少部分见于今本《论语》，那些占绝大部分的，不见于《论语》的资料从何而来呢？”我认为主要有两个来源，一是《论语》结集时没有被收入的部分，还有就是晚出“子曰”，而不是郭沂先生所说的《论语》类文献。郭沂先生的想法是，孔门弟子曾编纂了数量庞大且有多种传本的《论语》，今本不过是其中的一种，那些不同于今本的其他传本，则成了先秦两汉书中大量“子曰”的来源。但实际情况是，孔门弟子虽记录、收集了大量的孔子言行，但只有部分被编纂进《论语》中，此外还有大量内容因各种原因而没有被采用。《论语》虽有《古论》、《鲁论》、《齐论》等传本，但内容基本相同，实际只有一种，约二十篇，为今本的前身。而且对孔子言行的记录并不限于某一时期，《论语》结集完成后仍不断有“子曰”出现，如《缁衣》、《表记》、《坊记》

① 笔者曾指出，早期儒学包括六艺之学（早期经学）和社会人生之学（子学）两个层面，《论语》所记主要是孔子社会人生之学（子学）的内容，而主要不是其关于六艺的言论。参见拙文：《早期儒学的六艺之学与社会人生之学》，载《光明日报》，2004-08-05。

所记录的内容。这些不见于《论语》的“子曰”，虽不能说全无根据，但与《论语》的内容相比，至少有两点不同：一是没有经过孔门多数弟子的认可；二是在孔门后学中不具有《论语》那样的权威地位。

这样看来，郭沂先生关于《论语》类文献的说法多少是有问题的[①]，至于他论证先秦两汉古书中大量的“子曰”都是孔子的言论，则更不可取。因此在我看来，郭沂先生虽然注意到了以往研究中“子曰”问题的症结所在，但却并没有找到根治病因的灵丹妙药。他的《论语》类文献的说法，不仅无助于澄清事实，反而造成了思想的混乱。因此，如何看待古书中的“子曰”仍是先秦思想史研究中亟待解决的问题，要解决这一问题，一种宏观的理论预设固然重要，但具体的个案研究同样必不可少。这样，《缁衣》、《表记》、《坊记》三篇便显示出其重要性，这不仅是因为这三篇的内容均以“子曰”的形式出现，同时，由于子思的特殊身份以及曾引起的争议，也使这些“子曰”备受关注。下面我们将通过分析《缁衣》等篇的思想，考察它与孔子、子思思想的复杂联系，并进一步对先秦古籍中的“子曰”以及早期儒学的思想发展、表达形式等问题做出说明和探讨。

（二）《缁衣》、《表记》、《坊记》思想试探

孔子创立儒学，主要提出两个重要概念，仁和礼。前者亲亲、爱人，内在自觉；后者等差、名分，道德规范。孔子通过仁、礼范畴实际提出了道德实践中内在自觉与外在规范的问题，并由此展开对儒学思想的论述和讨论。仁和礼在孔子思想中占有重要地位，构成其思想的基本内容，而如何理解仁与礼的关系，也成为儒学发展中面临的一个基本问题（另一个问题为天人关系或性与天道）。从《缁衣》等篇的内容看，它实际仍主要延续了孔子仁与礼关系的问题，其中《表记》主要讨论仁（包括义），《坊记》主要论述礼（涉及刑），而《缁衣》则泛论为君之道、君臣关系、君民关系等。在一些具体问题上，又较之孔子的思想有所发展，提出与孔子

① 笔者曾指出，汉代确实有《论语》类文献，这就是《汉书·艺文志》诸子略记录的《论语》类文献，包括《论语》、《孔子家语》、《孔子三朝》、《孔子徒人图法》以及各种解释《论语》的《说》和石渠《奏议》等。

不同的见解，下面将分别论述之。

一、仁、义思想

孔子谈论仁，也谈论义，却很少将仁、义联系在一起。孔子之后，讨论仁、义，仁、义并举却成为一种趋势。如《大戴礼记·曾子制言上》云："士执仁与义而明行之。"《曾子制言下》："凡行不义，则吾不事；不仁，则吾不长；奉相仁义，则吾与之聚群向尔。"郭店竹简更是提出"仁内义外"的说法，如《语丛一》云："人之道也，或由中出，或由外入。由中出者，仁、忠、信。由外入者，礼、义、 ?。仁生于人，义生于道。或生于内，或生于外。"可以看出，郭店竹简的"仁内义外"说与孔子仁与礼的问题存在密切联系，是由后者进一步发展而来。在孔子那里，义是介于仁与礼之间的概念，一方面，义与礼存在密切联系①，都有外在规范和原则的意思。同时，义的含义又相对具体，且与内在主体发生联系。如："子曰：君子义以为质，礼以行之，孙以出之，信以成之。"（《论语·卫灵公》）义可以转化为内在的品质，而礼、谦逊和诚信则实践和完成义。又如："子曰：君子之于天下也，无适也，无莫也，义之于比。"（《里仁》）这里"义之与比"一句中的"与比"，有学者认为应当即是"可与立，未可与权"（《子罕》）中的"与权"。② 这样，义便是主体的灵活原则，可根据具体情景做出裁断和抉择。由于义的这些特点，孔子提出的仁与礼的问题逐渐转化为仁与义的问题，讨论仁、义也成为孔门后学的一种趋向。

《表记》开宗明义提出："仁者，天下之表也；义者，天下之制也；报者，天下之利也。"所谓"报"，郑玄注："谓礼也。礼尚往来。"故在《表记》看来，义乃是居于仁与礼之间的概念。其中，仁是天下的表率，义是天下的尺度，而礼尚往来则是天下的大利。所以，仁与义在内容上是有所不同的，但二者又是互为联系，相反相成：

---

① 如，"君子有勇而无义为乱"（《论语·阳货》）与"勇而无礼则乱"（《论语·泰伯》）；"上好义则民莫敢不服"（《论语·子路》）与"上好礼则民易使也"（《论语·宪问》）。以上两段文字中，"义"和"礼"实际可以互换，二者含义基本相同。

② 参见陈大齐：《孔子学说中的义》，见所著《孔子学说论集》，台北，正中书局，1979。

仁者，右也；道者，左也。仁者，人也；道者，义也。厚于仁者薄于义，亲而不尊；厚于义者薄于仁，尊而不亲。道有至，（有）义，有考。至道以王，义道以霸，考道以为无失。（《表记》）

仁是右，义（道）是左，“此明仁义相须，若手之左右”①。其中，“仁者，人也”是说，仁是人之为人的内在本质。在当时的宗法社会中，当然是“亲亲为大”（《礼记·中庸》）；而“道者，义也”是说，人生活在社会中，总是要遵循一定的规范、秩序，总是要承担着相应的义务，这便是义。所以，仁是内在性的主体原则，可表现为亲亲、爱民等；义是外在性的规范原则，可表现为尊尊、尚贤等。仁和义不可偏废，“道有至，（有）义，有考”。郑玄注：“有至，谓兼仁义矣。有义，则无仁矣。有考，考，成也，能取仁义之一成之，以不失于人，非性也。”最高的道（“至道”）是仁义兼备，达到了二者的统一，而其他的道只能是“取仁义之一”也。《表记》提出仁与义，并试图将二者统一起来，是有其根据的。一方面，作为高度进化的生命存在，人之为人就在于他有主体意识和自觉，在于他不是消极地适应外在环境，而是根据自己的情感、意志做出选择、判断，并创造出其认为合理的社会秩序；另一方面，人又是生活于社会之中，不得不面对各种社会关系，不得不承担与其身份相应的道德规范与义务。这样，外在的规范和秩序与人的内在情感和自觉的关系如何，便成为人类道德实践中一个普遍而永恒的问题。当年孔子提出仁与礼，便是要面对周文的疲敝，试图通过以仁释礼，唤起人们的内在自觉，并重建合理的礼乐秩序。《表记》将仁与义分别看做是两种不同的原则，并试图将二者统一起来，无疑是承续了孔子仁与礼的关系问题，是对后者的具体和深化。

不过，《表记》虽然试图将仁与义统一起来，但却感叹：“君子之所谓仁者，其难乎！”并引《诗》“凯弟君子，民之父母”，认为“使民有父之尊，有母之亲，如此而后可以为民父母矣。非至德，其孰能如此乎”。仁（广义的）之所以为难，是因为要做到仁与义的统一，正如要为“民之父

① 孔颖达：《礼记正义》卷54，见《十三经注疏》下册。

母”，需要“有父之尊，有母之亲”一样。仁与义是不同的，仁是内在的主体原则，从内在的情感出发，最显著的莫过于“亲亲”之情；义是外在的规范原则，是由人与人之间的社会关系和身份角色所决定，表现为“尊尊”、“敬长”等。所以，仁和义虽然有着丰富的内涵，但又可具体表现为“亲亲”和“尊尊”两项基本原则。在《表记》看来，亲亲和尊尊乃是相反相成的。所谓相反，是指亲亲与尊尊性质不同，往往体现在相对的事物之中，如：“今父之亲子也，亲贤而下无能；母之亲子也，贤则亲之，无能则怜之。母，亲而不尊；父，尊而不亲。水之于民也，亲而不尊；火，尊而不亲。土之于民也，亲而不尊；天，尊而不亲。命之于民也，亲而不尊；鬼，尊而不亲。”所谓相成，则是指亲亲与尊尊需相互配合才能发挥其作用，如：“有父之尊，有母之亲，如此而后可以为民父母矣。”以及水与火、天与地（土）、命与鬼的相成相济，才能成就宇宙万物、纷纭的人事活动等。不过，如《表记》所感叹的，要真正做到这一点，可谓“其难乎”！《表记》对仁、义的这种理解，既不同于孔子对仁、义的分而论之，也不同于以后孟子将仁、义合并在一起，提出所谓的“仁义内在”说。在形式上，它更接近郭店竹简中的“仁内义外”说。郭店竹简的“仁内义外”说有几种不同的表达形式，一是分别将仁、义看做是内在和外在的道德规范。如上引《语丛一》：“仁生于人，义生于道。或生于内，或生于外。”《尊德义》：“故为政者，或论之，或义之，或由中出，或设之外，论列其类。”二是分别将仁、义看做是家族之内与家族之外的管理、统治原则。如《六德》：“仁，内也；义，外也；礼乐，共也。内立父、子、夫也，外立君、臣、妇也……门内之治恩掩义，门外之治义斩恩。”三是分别将仁、义理解为亲亲与尊贤，如《唐虞之道》：“尧舜之行，爱亲尊贤。爱亲故孝，尊贤故禅。孝之杀，爱天下之民；禅之传，世亡隐德。孝，仁之冕也；禅，义之至也……爱亲忘贤，仁而未义也；尊贤遗亲，义而未仁也。”郭店竹简的“仁内义外”说，在具体内容和表述上虽有所不同，但相互之间也存在着内在的联系。仁由于“生于内”，是发自于内心的，所以它首先体现于有血亲关系的家族之内，表现为爱亲、事亲的道德实践活动；义由于是“生于外”，产生于外在的社会关系和身份角色，它更适合处理家族之外的社会关系，表现为尊尊、尊贤等。[①] 可以看到，《表记》对仁、义的理解，与郭店竹简的“仁内义外”说尤其是其第三种说法是十分接近的，它们都将仁、义看做是两种不同的原则，同时又试图将其统一起来，只是在具体内容上有所差别而已。

在《表记》看来，亲亲与尊尊的相反相成，不仅体现在宇宙万物及人事活动中，同时也存在于历史的发展演变中。在具体的历史朝代中，要做到亲亲与尊尊的统一，同样是“其难乎”！其文云：

> 子曰：“夏道尊命，事鬼敬神而远之，近人而忠焉，先禄而后威，先赏而后罚，亲而不尊。其民之敝，惷而愚，乔而野，朴而不文。殷人尊神，率民以事神，先鬼而后礼，先罚而后赏，尊而不亲，其民之敝，荡而不静，胜而无耻。周人尊礼尚施，事鬼敬神而远之，近人而忠焉，其赏罚用爵列，亲而不尊，其民之敝，利而巧，文而不惭，贼而蔽。”
>
> 子曰：“夏道未渎辞，不求备，不大望于民，民未厌其亲。殷人未渎礼，而求备于民。周人强民，未渎神，而赏爵刑罚穷矣。”
>
> 子曰：“虞夏之道，寡怨于民；殷周之道，不胜其敝。”
>
> 子曰：“虞夏之质，殷周之文，至矣。虞夏之文不胜其质；殷周之质不胜其文。”

亲亲与尊尊是三代政治文化中两项基本原则，在促成宗族组织的和谐稳定上，二者有着共同的目标。《礼记·大传》说：“自仁率亲，等而上之至于祖。自义率祖，顺而下之至于祢。是故，人道亲亲也。亲亲故尊祖，尊祖故敬宗，敬宗故收族，收族故宗庙严，宗庙严故重社稷，重社稷故爱百姓。”所以亲亲与尊尊本是相辅相成的，但在具体的进路上，二者又有所区别。亲亲侧重于子孙的世俗世界，它由内在的血缘亲情出发，由父母推

① 这样的规定在先秦典籍中常见，如：“仁之实，事亲是也。义之实，从兄是也。”（《孟子·离娄上》）“亲亲，仁也；敬长，义也。”（《孟子·尽心上》）“亲亲、故故、庸庸、劳劳，仁之杀也；贵贵、尊尊、贤贤、老老、长长，义之伦也。”（《荀子·大略》）

及先祖，以实现宗族组织的整合、调整；尊尊则侧重于先祖的神灵世界，通过对祖神的崇拜、信仰，由先祖延及父母，以维系宗族的等级秩序。“若仁则父母重而祖轻，若义则祖重而父母轻。”① 亲亲、尊尊这两项原则在祖先崇拜的宗教信仰中本来是有机结合、二位一体的，这就是所谓“上治祖祢，尊尊也；下治子孙，亲亲也”。但在《表记》看来，夏商周三代在把这两项原则具体应用于政治时均有所偏差，均无法真正做到亲亲、尊尊的统一。“‘夏承重黎绝地天通之后，惩神人杂糅之敝，故事神敬鬼而远之，而专以人道为教。’（孙希旦《礼记集解》卷五十一）虽然也事鬼敬神，奉行祖先崇拜，但是强调的重点是子孙的世俗世界，把亲亲置于尊尊之上。这种政治的优点是‘寡怨于民’、‘民未有厌其亲’，加强了人民之间的团结。其缺点则是质朴有余而文饰不足，不能促进社会的分层，树立政治的权威，文明进化程度不高。殷人承夏之弊，反其道而行之，率民以事神，先鬼而后礼，侧重于对祖先的崇拜，把尊尊置于亲亲之上。这种政治虽然强化了权威意识，促进了等级观念，但却破坏了亲切和睦的气氛，人民放荡而不安静，务求免于刑罚而无道德上的愧耻之心。周人承殷之弊，又回到夏代的那种事鬼敬神而远之，而专以人道为教的政治，把亲亲置于尊尊之上，但是尊礼尚施，致力于文教礼法的建设，与夏代的质朴无文有所不同。这种政治，其赏罚用爵列，刑不上大夫，礼不下庶人，亲者贵者享有特权，虽然合乎祖先崇拜对子孙关怀的亲亲之义，但是人民却变得贪利取巧，不畏刑罚，文过饰非，风俗浇漓，道德虚伪，由此而产生的弊端也是非常严重的。”② 可见，后儒所赞美的三代实际并非什么理想之世，充其量只不过是做到了“亲而不尊”或“尊而不亲”，是“厚于仁者薄于义”或“厚于义者薄于仁”者也。那么，仁义并行、亲亲尊尊和谐统一的理想社会难道就无法实现了吗？非也。这就是虞舜的“大同”之世。

子言之曰：“后世虽有作者，虞帝弗可及也已矣；君天下，生无私，死不厚其子；子民如父母，有憯怛之爱，有忠利之教；

① 孔颖达：《礼记正义》卷34，见《十三经注疏》下册。

② 余敦康：《夏商周三代宗教——中国哲学思想发生的源头》，载《中国哲学》，第24辑，2002。

亲而尊，安而敬，威而爱，富而有礼，惠而能散；其君子尊仁畏义，耻费轻实，忠而不犯，义而顺，文而静，宽而有辨。《甫刑》曰：'德威惟威，德明惟明。'非虞帝其孰能为此乎?"（《表记》）

虞舜与夏商周三代最大的不同在于，后者实行的是"家天下"，传子不传贤，故在应用亲亲与尊尊的原则时，总是出现偏差，或亲而不尊，或尊而不亲，不能达到理想的境界。虞帝之德，生不将天下据为私有，死不传子而传贤，仁义并行，迭相主辅，既有憯怛之爱使社会达到高度和谐，又有忠利之教使社会维持稳定的秩序，有礼而不烦，相亲而不渎，亲亲与尊尊的原则结合得恰到好处而不流于一偏，因而是后世难以企及的最高的政治理想，"非虞帝其孰能为此乎"？可见，仁义并行，亲亲尊尊和谐统一的理想社会并非不可实现，关键在于它要以实行禅让的"大同"之世为条件，故权力公有，传贤不传子的"公天下"，才是应该追求的最高的政治理想。孔子论及三代社会时，只强调"殷因于夏礼，所损益可知也；周因于殷礼，所损益可知也。其或继周者，虽百世可知也"（《论语·为政》）。其所着眼的是礼乐所代表的社会秩序和文化精神。从"其或继周者，虽百世可知也"一句话来看，周礼实际代表了理想的政治秩序，可行之百世，具有永恒的价值。故在多数弟子眼里，孔子是以三代尤其是以周礼为最高政治理想，所谓"郁郁乎文哉！吾从周"（《论语·八佾》），而不在三代之上再设立一更高的政治形式，或者说，在孔子心目中，三代至少具有与唐虞之世相同的地位。所以，《表记》对三代的理解与孔子是不同的，而更接近竹简《唐虞之道》与《礼记·礼运》篇的观点。之所以如此，是因为战国中前期社会上出现了一个宣传禅让的思潮，《表记》与《唐虞之道》及《礼运》均产生于这样的背景之下，反映了当时人们对唐虞禅让与三代世袭的重新认识和理解，以及托古改制的需要。值得注意的是，《唐虞之道》宣扬、肯定禅让的角度虽然与《表记》有所不同，但其理论根据却都是仁、义，这种相同性可能也是其时代特征的表现吧。

综上所论，《表记》对仁、义关系，特别是对三代社会的认识、理解，与孔子思想显然是有一定差别的。这种差别只能理解为子思思想的进一步发展，虽然它仍是以"子曰"的形式出现。这说明，《表记》中的"子曰"

与《论语》的“子曰”有所不同，它不是对孔子言论的“实录”，而是包含了子思个人的思想，是子思表达其思想的特殊形式。这种表达形式，一方面内在于孔子的思想之中，是以孔子思想、观念、言论为根据，甚至沿着孔子的思想逻辑做出进一步发展，如《表记》对仁、义关系的讨论来自孔子仁与礼的关系问题等；另一方面，也会根据社会、历史条件的变化，在一些具体问题上做出与孔子不同甚至相反的理解和诠释，如《表记》批评周人“利而巧，文而不惭，贼而蔽”，不同于《论语》的“吾从周”等。因此，《表记》中“子曰”的属性、归属是比较复杂的，它可能既有对孔子言论的记叙或转述，也有子思的发挥、创造，在处理这些“子曰”时也就不可一概而论，而需要做出具体分析。如，《表记》说：“子曰：仁有三，与仁同功而异情。与仁同功，其仁未可知也；与仁同过，然后其仁可知也。仁者安仁，知者利仁，畏罪者强仁。”“安仁”、“利仁”之说也见于《论语》：“子曰：不仁者不可以久处约，不可以长处乐。仁者安仁，知者利仁。”（《里仁》）《表记》只是增加了“畏罪者强仁”。又如，《表记》说：“子曰：中心安仁者，天下一人而已矣。《大雅》曰：‘德輶如毛，民鲜克举之，我仪图之，惟仲山甫举之，爱莫助之。’《小雅》曰：‘高山仰止，景行行止。’子曰：《诗》之好仁如此，乡道而行，中道而废，忘身之老也，不知年数之不足，俛焉日有孳孳，毙而后已。”这位“中心安仁”的“天下一人”应该就是夫子自己了，而“乡道而行，中道而废”一段文字，也容易使人们想起《论语》中的“夫子自况”：“叶公问孔子于子路，子路不对。子曰：女奚不曰，其为人也，发愤忘食，乐以忘忧，不知老之将至云尔。”（《述而》）可能因为《论语》中的文字是弟子“亲闻之”夫子者，而《表记》是子思“有闻之于人者”，故二者在语境和表述上有所不同，但仍依稀可看到二者的联系。再如：“子曰：仁之为器重，其为道远，举者莫能胜也，行者莫能致也，取数多者，仁也。夫勉于仁者，不亦难乎？”《表记》的这段“子曰”很容易让人想到《论语》的下面一段文字：“士不可以不弘毅，任重而道远。仁以为己任，不亦重乎！死而后已，不亦远乎！”（《泰伯》）但这段文字在《论语》是做“曾子曰”，而不是“子曰”。子思曾问学于曾子，与曾子交往甚密，故误将“曾子曰”当作夫子语也在情理之中。

子思在回答人们对其引用“子曰”的质疑时，曾自我辩解称，“虽非其正辞，然犹不失其意焉”。然而在我们看来，这也只是子思的一面之词。子思引用的“子曰”于孔子之“意”并非没有所“失”，没有所发展。在子思之“意”与孔子之“意”之间，显然已存在着一定的差别。如果一定要说“犹不失其意”的话，那也只能说，子思之“意”是内在于孔子之“意”中，是由孔子之“意”发展而来，与后者具有内在的逻辑联系。因而，即使子思是在假托“子曰”，也并非空穴来风，毫无根据，而只不过是对孔子之“意”做了创造性的诠释，进行了新的发展，故“虽非其正辞，然犹不失其意焉”。

二、礼、刑思想

礼也是孔子思想的一个重要内容，“克己复礼”是孔子面对“礼崩乐坏”的现实发出的一声呐喊，也是他为之奋斗终生的信念和目标。不过，孔子好谈礼却讳言刑，这是因为礼的精神是敬、让，而刑的实质是强制、惩罚。礼与刑在三代以来的社会实践中虽然不是绝对排斥的，但一定程度上也存在着矛盾和对立。故鲁昭公二十九年（公元前513年）冬，晋赵鞅、荀寅铸刑鼎，“著范宣子所为刑书焉”。孔子称，“晋其亡乎，失其度矣”（《左传·昭公二十九年》）。然而这种情况在《缁衣》等篇中却有所改变，《坊记》开宗明义说：

> 子言之：“君子之道，辟则坊与？坊民之所不足者也。大为之坊，民犹逾之。故君子礼以坊德，刑以坊淫，命以坊欲。”

“君子之道，辟则坊与”无疑是个新的命题。所谓“坊”，水之堤防也。这说明，《坊记》的作者不仅关注于君子的仁义之道，同时也认识到，“失道则放辟邪侈也”（郑玄注）。所以要像河堤之防水患那样，对民进行防范。其中礼是坊民德之失，刑是坊民之淫邪，政令则是坊民的贪欲，三者相辅相成，缺一不可。对于礼与刑的关系，孔子有一段经典的论述：“子曰：道之以政，齐之以刑，民免而无耻；道之以德，齐之以礼，有耻且格。”（《为政》）这里礼与刑的关系是对立的，孔子对礼、刑的态度也存在高下取舍。值得注意的是，这段话同样也见于《缁衣》中，然而其内容却发生了微妙的变化。

> 子曰："夫民，教之以德，齐之以礼，则民有格心；教之以政，齐之以刑，则民有遁心。故君民者，子以爱之，则民亲之；信以结之，则民不倍；恭以莅之，则民有孙心。《甫刑》曰：'苗民匪用命，制以刑，惟作五虐之刑曰法。'是以民有恶德，而遂绝其世也。"

这段文字前半部分除了内容略有增加，以及在传抄过程中不可避免出现的文句变化外，其对礼、刑的看法与孔子基本是一致的。然而后半部分却笔锋一转，引《甫刑》为据，提出"是以民有恶德，而遂绝其世也"。可见，只要民有恶德，刑的作用依然不可否定。前面被贬斥的刑，后面又重新得到肯定。所以上引文字前半部分应是子思对孔子言论的转述，而后半部分则是子思对孔子观点的补充、发展，故在同一段文字中前后的主张却各有侧重甚至矛盾。而子思之所以要对夫子之言进行补充、发挥，显然是因为社会的剧烈变革，使其已意识到重礼轻刑的理想已难以实现了。在《坊记》看来："夫礼者，所以章疑别微，以为民坊者也。故贵贱有等，衣服有别，朝廷有位，则民有所让。""夫礼，坊民所淫，章民之别，使民无嫌，以为民纪者也。"然而民之贪欲、淫邪如汹涌的洪水，"大为之坊，民犹逾之"，礼已难以为继了。故《坊记》一唱三叹，反复陈述的是下面的言论："子云：父母在，不称老，言孝不言慈；闺门之内，戏而不叹。君子以此坊民，民犹薄于孝而厚于慈。""子云：祭祀之有尸也，宗庙之有主也，示民有事也。修宗庙，敬祀事，教民追孝也。以此坊民，民犹忘其亲。""子云：君不与同姓同车，与异姓同车不同服，示民不嫌也。以此坊民，民犹得同姓以弑其君。""子云：……制国不过千乘，都城不过百雉，家富不过百乘。以此坊民。诸侯犹有畔者。"从"以此坊民，民犹……"，"诸侯犹……"的感叹中，不正反映了礼的作用日渐式微，日益失去维系人心力量的现实吗？正是在这样的背景下，子思抬出刑作为礼的补充，并对乃祖的礼、刑观进行了补充和修正。所以，《坊记》中的礼、刑思想主要应属于子思而不是孔子。

前面说过，《论语》中只提到“仁者安仁，知者利仁”（《里仁》），《表记》却增加了“畏罪者强仁”。看来，这一增加也并非“无心插柳”，而是有意为之，增加者即孔子嫡孙孔伋子思也。孔子主张“为仁由己，而由人乎哉”（《论语·颜渊》）。故在其看来，仁应是发自内心的自觉而不是外在的强迫，故不会将畏惧罪过而勉强行仁也看做是仁。子思由于重视刑，主张“君子议道自己，而置法以民”（《礼记·表记》），所以要降低仁的门槛，将法律的约束也归于仁。“子言之：仁有数，义有长短小大。中心憯怛，爱人之仁也；率法而强之，资仁者也。”（同上）遵照法律勉强实行也可算作是仁。所以，子思虽然对乃祖的仁学、礼学有深切的体会，并作了积极的继承，但绝不是一般意义上的“实录”，而是根据社会时世的变化有补充、有改造、有发挥，虽然形式上采取了“子曰”的表达方式。明白了这一点就可以理解，何以“子云”与“《论语》曰”竟同时出现在《坊记》的下面一段文字中：

> 子云：“君子弛其亲之过，而敬其美。《论语》曰：‘三年无改于父之道，可谓孝矣。’高宗云：‘三年其惟不言，言乃欢。’”

有学者曾根据这段文字前面既有“子云”，后面又有“《论语》曰”，推论《坊记》等篇中的“子云”应为子思之言，而非孔子之言[①]，前面已说过是不正确的。元陈澔引石梁王氏说：“既有子云，又引《论语》曰，不应孔子自言，因知皆后人为之。”[②] 清翁方纲说：“此篇盖记礼者杂引孔子之言，而以诸经并引于内。”[③] 这些说法虽有一定道理，但也并不准确。按，《论语》编定于孔子弟子和再传弟子之手，子思可能也参与其中，对其内容应有相当的了解，而《坊记》、《缁衣》等篇也应记录、整理、编定于子思弟子之手。子思弟子记录乃师之言时，竟对其明显的不合理之处视而不见，其实正说明子思所谓“子曰”，不过是其表达思想的特殊形式，是不必言

---

① 钱大昕说：“《坊记》一篇引《春秋》者三、引《论语》者一。《春秋》孔子所作，不应孔子自引，而《论语》乃孔子没后，诸弟子所记录，更非孔子所及见，然则篇中云‘子言之’、‘子曰’者，即子思子之言，未必皆仲尼之言也。”（《论子思子》，见《潜研堂文集》卷 17）

② 陈澔：《礼记集说》卷 9，441 页。

③ 翁方纲：《礼记附记》，179 页，北京，中华书局，1985。

必有据、过分拘泥的，故连其弟子都不对其深究。当然，这也并不意味着子思引述的“子曰”都是随心所欲，毫无根据的。从《坊记》等篇的内容来看，其很多言论都是可以在《论语》中找到根据、或与其基本相似的。如《坊记》说：“子云：从命不忿，微谏不倦，劳而不怨，可谓孝矣。《诗》云：‘孝子不匮。’”《论语》说：“子曰：事父母几谏，谏志不从，又敬不违，劳而不怨。”（《里仁》）二者的观点基本一致。又如《坊记》说：“子云：小人皆能养其亲；君子不敬，何以辨?”《论语》说：“子曰：今之孝者，是谓能养。至于犬马，皆能有养；不敬，何以别乎?”（《为政》）一作“犬马”，一作“小人”，而在儒家看来，“犬马”与“小人”在道德品质上其实也相差不远。类似的例子在《坊记》、《缁衣》等篇中还有不少。所以，子思引述“子曰”的一部分还是以孔子言论为根据的，是言之有据、持之有故的。只不过在文辞和表达上出现了一些“变形”而已，而这种“变形”乃是口耳相传阶段的常见现象。而且就另一部分与孔子思想存在一定差别的“子曰”而言，那也不过是子思根据时世的变化，对孔子思想作了新的诠释和发展，说它与孔子的思想存在一定的差别可，说它与孔子的思想完全对立乃至排斥则不可。孔子重礼轻刑，固然是源自于他的理想主义和人道主义精神，但也并不意味着他完全排斥、否定刑的作用，孔子一生最重视“时”、重视“权”，若他处于子思的时代，也会对其礼、刑观做出适当调整，以顺应社会的变化。所以，如果不把孔子之“意”看做是静止、固定的，而是动态、变化的话，那么，“子曰”便无疑是表达孔子之“意”的最佳方式——某种程度上，这不仅是子思，同时也是孔门后学普遍采用“子曰”表达形式的原因所在——只不过它不是一般意义上的“实录”，而是对孔子思想的内在诠释，是对孔子思想的既继承又发展。因而在处理先秦典籍中的“子曰”时，就不可简单地停留在“信”或“疑”上，而是要根据其内容进行“释”，根据其内容做出具体分析，将其放在儒学思想发展的脉络中进行解释和说明。

三、君臣之道

作为对现实人生有深切关怀的思想家，孔子不是要做洁身自好的隐者，而是要通过积极入仕，改变混乱的社会现实，以实现“吾其为东周乎”（《论语·阳货》）的社会理想，故君臣之道也是孔子思想的一个重要内容。

在孔子看来："鸟兽不可与同群！吾非斯人之徒与而谁与？天下有道，丘不与易也。"（《微子》）"君子之仕也，行其义也。道之不行，已知之矣！"（同上，子路语，但应也反映了孔子的思想）人不可能与禽兽相处，他的选择只能是对置身于其中的社会进行完善和改造，故君子出仕，不过是实现其理想而已。然而现实的复杂性在于，既然是出仕，就面临着对君主的选择问题。如果所事的君主不明，或是乱臣贼子当道，则理想不仅无法实现，而且会身遭刑戮，陷入危险的境地。所以孔子虽然主张积极出仕，但并不否定隐的合理性，而是对于仕与隐采取两可的态度。"子曰：笃信好学，守死善道。危邦不入，乱邦不居，天下有道则见，无道则隐。邦有道，贫且贱焉，耻也；邦无道，富且贵焉，耻也。"（《泰伯》）"子谓南容，邦有道，不废；邦无道，免于刑戮。以其兄之子妻之。"（《公冶长》）"子曰：道不行，乘桴浮于海。"（同上）在对于事君上，孔子虽然主张"勿欺也，而犯之"（《宪问》），但又认为"所谓大臣者，以道事君，不可则止"（《先进》）。对于君主的批评还是有条件的。然而，这种情况在《缁衣》等篇中却有所改变：

> 子曰："事君可贵可贱，可富可贫，可生可杀，而不可使为乱。"（《表记》）
>
> 子曰："事君，军旅不辟难，朝廷不辞贱。处其位而不履其事，则乱也。故君使其臣得志，则慎虑而从之；否，则孰虑而从之，终事而退，臣之厚也。《易》曰：'不事王侯，高尚其事。'"（同上）
>
> 子曰："唯天子受命于天，士受命于君。故君命顺则臣有顺命；君命逆则臣有逆命。《诗》曰：'鹊之姜姜，鹑之贲贲；人之无良，我以为君。'"（同上）

事君即使贱、贫、被杀，也"不可使为乱"。"君命逆则臣有逆命"，对君主的批评由有条件发展到无条件。虽然主张"终事而退，臣之厚也"，但这不同于孔子的"道不行，乘桴浮于海"，不是为了"免于刑戮"，而是为了“不事王侯，高尚其事”，是为了维护人格的独立与尊严。结合子思“恒称其君之恶者，可谓忠臣矣”（《郭店竹简·鲁穆公问子思》）的主张，不得不承认，以上言论的所有权应该属于子思而不是孔子，是子思对孔子臣道思想的进一步发展。而子思之所以能够将儒家的批判、抗议精神推进一步，显然与其所处的时代以及士人地位的提高密切相关。子思自己对此有过很好的说明：“曾子谓子思曰：‘昔者吾从夫子巡守于诸侯，夫子未尝失人臣之礼，而犹圣道不行。今吾观子有傲世主之心，无乃不容乎。’子思曰：‘时移世异，人有宜也。当吾先君，周制虽毁，君臣固位，上下相持，若一体然。夫欲行其道，不执礼以求之，则不能入也。今天下诸侯方欲力争，竞招英雄以自辅翼，此乃得士则昌、失士则凶之秋也。伋于此时不自高，人将下吾；不自贵，人将贱吾。舜禹揖让，汤武用师，非故相诡，乃各时也。’”（《孔丛子·居卫》）的确，与孔子相比，子思无疑更具有“傲世主之心”，而这也正如子思所言，是“时移世异，人有宜也”。当孔子之时，“周制虽毁”，但“君臣固位”，上下等级森严，“夫子未尝失人臣之礼，而犹圣道不行”。而生活于“今天下诸侯方欲力争，竞招英雄以自辅翼”时代的子思，有着宽松的言论空间和优越的地位，“昔者鲁缪公无人乎子思之侧，则不能安子思”（《孟子·公孙丑下》）。孔子、子思不同的精神风貌和主张，显然只能从其所处的时代和个人的境遇中得到解释和说明。

在《论语》中，孔子主张“事君，敬其事而后其食”（《卫灵公》）。“事君，能致其身”（《学而》）。而《表记》则说：“子言之：事君先资其言，拜自献其身，以成其信。是故君有责于其臣，臣有死于其言。故受禄不诬，其受罪益寡。”“子曰：事君大言入则望大利，小言入则望小利；故君子不以小言受大禄，不以大言受小禄。《易》曰：‘不家食吉。’”一个重视“事”，一个重视“言”。看来，这个差别也不是偶然的，而是孔子、子思不同思想性格的反映。究其原因，就在于当孔子之时，“欲行其道，不执礼以求之，则不能入也”。故孔子强调要“敬其事”，尽臣子的职分赢得君主的信任。“子使漆雕开仕。对曰：‘吾斯之未能信。’子说。”（《公冶长》）这里，“吾斯之未能信”是指对出仕没有信心，也就是尚不能做到“敬其事”。可见，孔子是以“敬其事”为出仕的条件的。子思的情况则不同："缪公之于子思也，亟问，亟馈鼎肉，子思不悦；于卒也，摽使者出诸大门之外，北面稽首再拜而不受，曰：'今而后，知君之犬马畜伋！'"（《孟子·万章下》）对于享受着君主厚待的子思来说，重要的是自己的言论、主张能够被采用，"先籍其言以告君"，"度君之能用我言焉而后进"[①]。自己获取利禄也是因为进献的言论、主张的缘故，否则，便是像犬马一样被人蓄养。可以说，不同的地位和处境使孔子、子思在事君的态度上存在一定的差别。

综上所述，《表记》等篇中君臣之道的论述并不都是孔子的言论，有些可能包含了子思的思想，是子思对孔子臣道思想的发展，虽然它们都是以"子曰"的形式出现。但这并不意味着《表记》等篇中的"子曰"都是假托，都毫无根据。在子思和孔子那里，依然存在着某种"一以贯之"的东西，这便是孔子倡导的"君子之仕也，行其义也"（《论语·微子》）的信念和理想。子思的一生正是在实践、完成这一信念和理想，只不过根据时世的变化对其内容做了调整和变化而已。所以，子思对于孔子的言论就不仅仅是假托、伪造的问题，同时还包含了接受和继承。子思与孔子的言论也往往交织在一起，很难做出非此即彼的区分。如："子曰：事君不下达，不尚辞，非其人弗自。《小雅》曰：'靖共尔位，正直是与。神之听之，式穀以女。'"（《表记》）"子曰：事君远而谏，则陷也；近而不谏，则尸利也。"（同上）"子曰：事君欲谏不欲陈。《诗》云：'心乎爱矣，瑕不谓矣；中心藏之，何日忘之。'"（同上）"子曰：事君难进而易退，则位有序，易进而难退则乱也。故君子三揖而进，一辞而退，以远乱也。"（同上）"子曰：事君三违而不出竟，则利禄也，人虽曰不要，吾弗信也。"（同上）"子曰：事君慎始而敬终。"（同上）这些言论，很难说哪些是孔子的，哪些是子思的，要说也只能说它们是孔子、子思都可以接受的，是孔子、子思共同具有的思想，要对《表记》等篇中的每条"子曰"都做出区分，是既无必要也不可能的。我们要强调的是，"子曰"作为子思一种特殊的表达形式，虽然有孔子的思想、言论为根据，但并不是严格意义的"实录"，同时也包含了子思个人的观点、主张，是既内在于孔子思想之

---

① 孙希旦：《礼记集解》，下册，1312页，北京，中华书局，1989。

中，又做了主观的诠释、创造。

（三）“子曰”与儒学的内在诠释问题

如果说，上个世纪初兴起的疑古思潮使人们对“子曰”产生普遍怀疑的话，那么，重新审视、考察先秦两汉典籍中的“子曰”，则无疑与“走出疑古”的提出密切相关。不过，“走出疑古”虽已成为目前学术界多数学者的共识，而如何“走出疑古”，或“走出疑古”之后将何去何从，仍是个颇有争议的问题。上个世纪三十年代，冯友兰先生曾撰文指出：“中国现在之史学界有三种趋势，即信古、疑古及释古。”“释古一派，不如信古一派之尽信古书，亦非如疑古一派之全然推翻古代传说”，“须知历史旧说，固未可尽信，而其‘事出有因’，亦不可一概抹煞”①。冯氏视“释古”为史学研究的新趋势、新方向，这一点曾被学界广泛接受。然而近些年来，有学者却对“释古”之说提出质疑。如廖名春先生认为，“‘信古’也好，‘疑古’也好，都是指对记载中国上古史的古书的认识。这种认识实质就是对作为中国上古史传统史料的古书的可靠性的认定。而‘释古’虽然说是‘信古’与‘疑古’‘这两种态度的折衷’，认为‘历史旧说，固未可尽信，而其“事出有因”，亦不可一概抹煞’，但落实到具体问题上，到底是‘信’还是‘疑’，总得有个说法。因此，‘释古’离不开‘信’或‘疑’，没有对古书的‘信’或‘疑’，‘释古’就无从‘释’起”。“‘释古’与‘信古’、‘疑古’并非同一层次上的同类问题，不具可比性”②。郭沂先生也认为：“‘释古’这个概念本身就有问题，它和‘信古’、‘疑古’并不是一个层面上的问题。所谓‘信古’和‘疑古’，都是对传统古史学可靠性的判断，而从‘释古’一词本身则看不出这种判断。当然，冯对这个词是作过定义的，‘即是将史料融会贯通’。我不禁要问，有哪一种史料研究不是‘将史料融会贯通’呢？难道‘信古’不是‘释’古，不是‘将史料

---

① 冯友兰：《冯序》，见《古史辨》，第6册，上海，上海书店（据开明书店1938年版影印），1993；《中国近年研究史学之新趋势》，载《世界日报》，1935-05-14。

② 廖名春：《试论冯友兰的“释古”》，载《原道》，第6辑，贵阳，贵州人民出版社，2000年；又见所著《中国学术史新证》，成都，四川大学出版社，2005。

融会贯通'？难道'疑古'不是'释'古，不是'将史料融会贯通'？"在郭沂先生看来，正确的提法应该是"正古"，"所谓'正古'，就是'修正'传统古史学。'修正'传统古史学，一方面意味着传统古史学基本上是可靠的，只需'修正'；另一方面意味着它也有缺陷，所以需要'修正'。这其实已包含了对传统古史学可靠性判断的意义，因而可以同'信古'、'疑古'相提并论"①。看来，以什么样的态度看待"古"，是"正"，是"释"，是"疑"？仍是个需要认真探讨的问题。

如学者指出的，"疑古"或"信古"的"古"字并非笼统地指过去的东西，而是指"古史"，具体讲是指先秦历史。进一步追究，"古史"又包含两层含义：一是先秦时期的历史过程本身，二是关于先秦历史的记述和阐释，即"古史学"。事实上，通常所指的"古"是指古史学。而由于先秦历史的特殊性——年代久远，文献流传不易——历史知识的两个特点，即有限性和不确定性，在古史学中表现得尤为突出。所谓有限性，是指历史上的人物、事件由于种种原因只有有限的部分被记录、流传下来，因而我们对历史事实的了解是有限的，不全面的；所谓不确定性，是指历史知识往往带有记录者的主观理解、价值判断，因而同样的人物、事件在不同身份、不同时代的记载者那里，往往又呈现出不同的形象和面貌。所以，历史知识虽然具有时间、地点、人物（指人物的存在）和制度等这些"客观"因素，但人们由这些"客观"因素来构造、认识历史时，往往又带有"主观"的形式。因而对于古史学而言，简单的"信"和"疑"都不可取，正确的态度只能是"释"。所谓"释古"，在我看来，首先，是指古史学本身就是古人解释、认识历史的产物，它虽然包含有时间、地点等"客观"因素，但又明显经过记录者的"主观"选择和剪裁。其次，它要求我们今人对于古史学不能采取简单"疑"或"信"的态度，而是利用其提供的材料去解释、理解、说明古代历史的一般发展，同时在对古代历史的认识、理解之上，对古史学的具体内容进行分析、评判，搞清历史旧说的"事出之因"，"将史料融会贯通"。因此，"释古"不是要脱离了具体的历史过程来进行抽象的"史料审查"，相反，它是要在具体的历史过程与反映该过

① 郭沂：《从"疑古"走向"正古"》，载《光明日报》，2002-07-16；全文又载《孔子研究》，2002（4）。

程的古史学之间建立起辩证的联系。李学勤先生在提出“走出疑古”时，多次谈到唯物史观传入的重要作用①，究其原因，就在于后者借助民族人类学的材料，一定程度上帮助我们认识、了解了古代社会的组织结构和发展演变，而认识、了解了古代社会的组织结构，如部落联盟共推军事首领等，又使古史学中的某些记载，如尧舜禅让等，有了历史的根据。因此，将文献、考古、民族人类学的材料三者贯通，三者结合，去探寻古代历史的一般发展，才是“释古”的真正内涵所在，事实上也是“走出疑古”之后史学研究的趋势和方向。

廖名春认为“‘释古’离不开‘信’或‘疑’”，郭沂认为“释古”一词看不出对古史学可靠性的判断，在我看来，都是没有真正理解“释古”的内涵所致。古史学涉及的范围如此之广，怎么可以简单地说是可信或可疑呢？正确的态度只能是该信则信，该疑则疑，根据证据去信，根据证据去疑。所以“释古”对于古史学的态度是“释”——通过解释、分析对其具体内容做出判断——而不是简单地去“信”或“疑”。郭沂认为“信古”、“疑古”也都是在“释”古，也都是“将史料融会贯通”，但在我看来，“信古”、“疑古”的“释”只是技术操作层面的，它们对古史学的态度则分别是“信”和“疑”，而“释古”的“释”则不仅仅是技术操作层面的，同时还包含了对古史学的认识和态度——古史学是古人记录、认识、理解历史的产物，它虽然包含某些客观性的内容，但也夹杂了记录者的价值判断、主观选择、假托附会甚至以讹传讹。更重要的，“释古”不仅是指对历史史料的“释”，同时也是对历史活动和过程的“释”，是在二者之间进行“释”，这都是其高出或超出“信古”和“疑古”的地方所在。廖名春、郭沂二先生都十分重视王国维的“二重证据法”，强调要用“地下之新材料”以“补正纸上之材料”，但“二重证据法”可能只适用于诸如古籍的成书、事件的年代、地点以及制度等客观性较强的内容，而对于那些涉及主观形式的部分却未必有效。郭店简《缁衣》出土后，其记录的

---

① 李学勤：《走出疑古时代》，载《中国文化》，第7辑，1993；又见所著《走出疑古时代》，沈阳，辽宁大学出版社，1995。《谈“信古、疑古和释古”》，载《原道》，第1辑，北京，中国社会科学出版社，1994；又见所著《古文献丛论》，上海，上海远东出版社，1996。值得注意的是，廖、郭两文均忽略了唯物史观这一点，究其原因，就在于他们都将史学理解为狭义的史料学。

言论前均标明“子曰”而不是“子思曰”，难道就可以证明这些言论都属于孔子而与子思无关吗？上博简《容成氏》中有“［容成氏、……尊］卢氏、赫胥氏、乔结氏、仓颉氏、轩辕氏、神农氏、椲丨氏、垆毕（从辵）氏”的帝王世系，难道因为它是出自地下就可以证明这一帝王世系是真实可靠的吗？如果要“证古”的话，也只能证明战国时期流行的古史系统确实有后人附会增加的内容，而这恰恰是疑古派顾颉刚的观点。可见，“二重证据法”虽然重要，但并非万能。所以正确的方法只能是“释”，通过解释、分析以判断古史学中所记载的具体内容的可信与否，并通过解释、分析以说明这一记载的“事出之因”，及所折射的史影。

郭沂先生以“正古”看问题，自然认为先秦两汉典籍中多数的“子曰”“基本上是可靠的”，是孔子的言论。但在我们看来，先秦两汉典籍中特别是孔门后学所记录的“子曰”，虽不能说全无根据，但由于主观、客观的原因，它并不是严格意义上的“实录”，而是包含了记录者对孔子思想的诠释和理解，表达了记录者的主观意图和愿望。所以对于同样一件事，在不同时代人们引述的“子曰”中，却往往表达了不同的意见和看法。例如，对于尧舜禅让，在战国初年由孔门弟子编定的《论语》中，只有“尧曰：‘咨！尔舜！天之历数在尔躬，允执其中。四海困穷，天禄永终。’舜亦以命禹”（《尧曰》）的客观叙述，以及“子曰：巍巍乎，舜禹之有天下而不与焉”（《泰伯》）的一般肯定。而生活于战国中前期禅让思潮背景下的子思却称：“子言之曰：后世虽有作者，虞帝弗可及也已矣；君天下，生无私，死不厚其子；子民如父母，有憯怛之爱，有忠利之教……非虞帝其孰能为此乎？”（《礼记·表记》）以“子曰”的形式对实行禅让的虞帝舜给予高度评价。而到了燕王哙让国失败，禅让思潮转入低潮之时，孟子引述的“子曰”却是另一种情况：“万章问曰：‘人有言：至于禹而德衰，不传于贤而传于子，有诸？’孟子曰：‘否，不然也。天与贤，则与贤；天与子，则与子……孔子曰：“唐、虞禅，夏后、殷、周继，其义一也。”’”（《孟子·万章上》）在子思那里被推崇、肯定的禅让，到了孟子这里，却与世袭“其义一也”。而这种判断、评价的变化，显然只能从孔子、子思、孟子所处的不同历史环境中去寻找答案。又比如，对于谏诤的态度，《论语》记载的是：“子曰：事父母几谏，谏志不从，又敬不违，劳而不怨。”（《里仁》）强调的是“敬不违”。到了成于乐正子春弟子之手的《孝经》那里，其记载的却是：“子曰：……父有争子，则身不陷于不义。故当不义，则子不可不争于父……故当不义，则争之；从父之令，又焉得为孝乎?”（《谏诤章》）突出的是“不可不争”。在《荀子》那里，对“争”则做了进一步强调：“孔子曰：……昔万乘之国，有争臣四人，则封疆不削；千乘之国，有争臣三人，则社稷不危；百乘之家，有争臣二人，则宗庙不毁。父有争子，不行无礼；士有争友，不为不义。”（《子道》）所以战国时期，不仅孔、墨显学“俱道尧、舜，而取舍不同”，孔子之后，孔门后学也俱言“子曰”，而主张不同。这样，“子曰”便不仅仅是在记录，同时也是在诠释、创造，“子曰”的不断出现、形成也就是儒学思想的延续和发展。故在我看来，所谓“层累地造成的古史观”是只可以作为一个思想史的命题来看待的，即人们对历史事实的回忆、记录、认识和描述往往因观点、立场的不同而不同，历史事实的“意义”和“价值”是层累地造成的，这即是孔、墨“俱道尧舜，而取舍不同”，以及孔门后学俱言“子曰”，而主张不同的原因所在。疑古派由这种记录、描述的不同，转而怀疑事实本身的“有无”（如尧舜禅让是否存在），这可以说是导致其片面“疑古”，并最终走向历史虚无主义的原因所在。而“正古派”根据近些年来地下出土文献及对古史学内容的有限证明（主要限于古籍的成书年代），转而推论古史学所记录的内容“基本上是可靠的”，先秦两汉典籍中多数的“子曰”都是孔子的言论，同样也失之片面。

其实，“子曰”的问题之所以复杂并引起人们的争论，就在于它具有一种权威的地位，当人们提出一种主张、观点时，往往会将其附会到“子曰”之上，所以在孔门后学中，借用“子曰”以表达其思想主张已成为较为普遍的做法。一种是直接假托孔子的言论，如《孝经》的内容为孔子与弟子曾子的问答，但据学者研究，其对孝的理解与孔子有较大差别，实际应成书于乐正子春弟子之手[①]，反映了乐正子春一派对孝的理解和看法。又如《礼记》中《礼运》一篇，为孔子与弟子子游的问答，但其对“大同”、“小康”的区分，以及感叹“今大道既隐，天下为家”，实际反映的

---

① 参见第八章第三节：《“仁”与“孝”——思孟学派的一个诠释向度》。

是燕王哙让国失败后，战国中前期的禅让思潮走向低潮之时，一部分儒者的思想和看法。[1] 另一种是自称传闻于孔子，如《大戴礼记·曾子大孝》主要记载了乐正子春关于孝的思想，但文中乐正子春称："吾闻之曾子，曾子闻诸夫子曰：'天之所生，地之所养，人为大矣。父母全而生之，子全而归之，可谓孝矣；不亏其体，可谓全矣。故君子顷步之不敢忘也。'"认为自己关于孝的论述是闻之于曾子，而曾子又是闻之于孔子。还有一种情况是由于具体语言环境发生变化，引述"子曰"的内涵也发生变化。如《孟子·告子上》："公都子曰：'告子曰："性无善无不善也。"或曰："性可以为善，可以为不善……"今曰"性善"，然则彼皆非与？'孟子曰：'乃若其情，则可以为善矣，乃所谓善也……《诗》曰："天生烝民，有物有则。民之秉彝，好是懿德。"孔子曰："为此诗者，其知道乎！故有物有则。民之秉彝也，故好是懿德。"'"孔子即使肯定"为此诗者，其知道乎"，也一定不是指性善而言，而这里却被用来论证性善。这些都说明先秦两汉典籍中引述的"子曰"，虽然并非与孔子全无干系，但确实包含了引述者的创造、发挥、诠释、理解，已属于儒学思想发展的内容。

这一点在那些喜欢引用"子曰"的人们中间，可能已并非什么秘密，故对"子曰"的分析、判定、鉴别，在孔门后学那里很早便已开始。据《孟子·万章上》，"咸丘蒙问曰：'语云："盛德之士，君不得而臣，父不得而子。舜南面而立，尧帅诸侯北面而朝之，瞽瞍亦北面而朝之，舜见瞽瞍，其容有蹙。"孔子曰："于斯时也，天下殆哉岌岌乎！"不识此语诚然乎哉？'孟子曰：'否。此非君子之言，齐东野人之语也。'"儒家重视君臣父子之序，同时又主张"尚贤"，这样，"盛德之士"与君主、父母如何相处，便成为需要讨论的问题。《孟子》的上述内容也见于其他典籍，《墨子·非儒》："孔某与其门弟子闲坐，曰：'夫舜见瞽叟蹴然，此时天下圾乎！'"《韩非子·忠孝》："记曰：舜见瞽瞍，其容造焉。孔子曰：'当是时也危哉，天下岌岌！有道者，父固不得而子，君固不得而臣也。'"可见，"盛德之士，君不得而臣，父不得而子"已成为当时一种较为流行的"子曰"，但孟子经过分析，则斥之为"齐东野人之语也"。又据《荀子·儒

---

① 参见第三章第四节：《〈礼运〉与子游后学的"大同"、"小康"说》。

效》："客有道曰：孔子曰：'周公其盛乎，身贵而愈恭，家富而愈俭，胜敌而愈戒。'应之曰：'是殆非周公之行，非孔子之言也。武王崩，成王幼，周公屏成王而及武王，履天子之籍，负扆而坐，诸侯趋走堂下，当是时也，夫又谁为恭矣哉！兼制天下，立七十一国，姬姓独居五十三人焉，周之子孙苟不狂惑者，莫不为天下之显诸侯，孰谓周公俭哉！武王之诛纣也，行之日以兵忌，东面而迎太岁……四海之内莫不变心易虑以化顺之，故外阖不闭，跨天下而无蕲，当是时也，夫又谁为戒矣哉。'"周公"身贵而愈恭，家富而愈俭，胜敌而愈戒"与儒家的道德标准完全一致，说孔子有这样的言论并非没有可能，而荀子则通过分析周公代成王摄政时的政治、军事形势，得出了相反的结论。荀子的结论正确与否暂且不论，但他不停留于"子曰"的外在形式，而是将"子曰"的内容放置于其所产生的历史背景中来进行解释、判断、分析，荀子的这种"释古"较之于那些非"信"即"疑"的简单做法显然更为合理，也更值得我们学习、借鉴。所以对于典籍以及出土文献中的"子曰"，与其急于将其归于孔子，以放大孔子的思想，塑造新的孔子形象，不如通过"释"——具体的解释、分析，以区分众多"子曰"的真正归属，并在"子曰"的形式下探求儒学思想的发展演变。

第二节　郭店竹简与《中庸》

研究子思的思想，不能不讨论《中庸》，因为《中庸》乃子思所作，古籍有明确记载。但对于《中庸》的成书，历史上一直有争议，成为思想史上的一大公案。争论集中在两点：（一）《中庸》是否为子思所作；（二）《中庸》是否为一个整体，是否有后人增饰的成分。围绕着这两个问题，人们发表各自不同的看法，笔墨官司打了近千年，且有愈演愈烈之势。综观以往的争论，由于缺乏对子思思想的整体了解，人们只是就《中庸》谈《中庸》，难免有盲人摸象之感；而郭店竹简中子思佚籍的发现，使以往模糊不清的子思学派重新浮出水面，为我们重新审视、探讨这一学术公案提供了可能。

（一）《中庸》成书之谜

《中庸》是否为子思所作，在宋代以前并不成为问题，当时大多数学者对此都持肯定态度。如，司马迁《史记·孔子世家》说“尝困于宋。子思作《中庸》”。《孔丛子》也有子思“困于宋”，作“《中庸》之书四十九篇”的说法，与《史记》记载的应该是同一件事情。郑玄认为《中庸》是“孔子之孙子思伋作之，以昭明圣祖之德”（《礼记正义》卷五十二引郑玄《目录》）。朱熹也说《中庸》是“子思子忧道学之失传而作也”[①]。较早对《中庸》提出疑义的是宋代欧阳修，他认为《中庸》中有“自诚明谓之性”等语，与孔子自称“学而知之者”不符：“孔子必须学，则《中庸》所谓自诚而明，不学而知者，谁可以当之欤?”欧阳修看到子思与孔子思想有不一致的地方，是正确的，但他由此怀疑《中庸》“传之谬也”[②]，则并不可取。以后清代学者袁枚、叶酉、俞樾等人根据《中庸》中有“载华岳而不重”、“车同轨，书同文”等语，怀疑《中庸》一书晚出，非子思所作。

① 朱熹：《中庸章句序》，见《四书集注》，15页。
② 欧阳修：《问进士策（三）》，见《欧阳修全集》，上册。

华岳，按照传统的说法，是指华山与吴岳，战国时均在秦国境内，而根据史书记载，子思主要在邹鲁宋齐一带活动，足迹未尝入秦；至于“车同轨，书同文”，与《史记·秦始皇本纪》记始皇二十六年“一法度衡石丈尺，车同轨，书同文字”、琅琊刻石“器械一，同书文字”相似，明显是秦国统一后的用语，由此认为《中庸》成书当在秦统一以后乃至西汉时期。[①] 这一观点由于有具说服力的材料支持，在当代学者中影响很大；而那些主张《中庸》早出的学者，也都把上述材料当作最大障碍，试图对其作出重新解释。[②] 现在看来，上面两种作法都有欠妥当之处，主要因为他们对古书的形成和流传缺乏了解。李学勤先生说：“古书的形成每每要有很长的过程。除了少数书籍立于学官，或有官本，一般都要经过改动变化。很多书在写定前，还有一段口传的过程。尤其在民间流传的，变动尤甚。”[③] 所以，在有各种资料明确记载《中庸》是子思所作的情况下，仅仅根据一两句言论，便断定《中庸》一书晚出，显然难以成立。而那些论证子思作《中庸》的人的做法，也显得过于机械。在他们看来，古书一定是纯正的，不会也不可能有后人的言论，如果有可疑的言论，一定要证明它是古人已有的，他们的出发点同样不足取。

学术史上还有另一种观点，认为《中庸》虽是子思所作（至少是部分），但今本《中庸》却并不是一个整体，而是包括了两个部分。较早提出这一看法的是宋代的王柏[④]，他在《古中庸·跋》中说：

> 愚滞之见，常举其文势时有断续，语脉时有交互，思而不敢

---

① 参见蒋伯潜：《诸子通考》，332～333 页。

② 参见徐复观：《中国人性论史·先秦篇》，《补记》第 3 页及第五章《从性到命——〈中庸〉的性命思想》，142～145 页。作者引《史记·封禅书》，说明“秦时之华山，不在五岳之数”，为齐国内之山，与今华山无关。陈槃则认为秦以前已有车同轨、书同文。见所著《中庸辨疑》，载《民主评论》，第 5 卷 24 期，1954。

③ 李学勤：《对古书的反思》，见上海大学历史系编：《中国传统文化的再估计》，上海，上海人民出版社，1987。

④ 北宋晁说之有《中庸传》一卷，其后记云：“近世学者以‘中庸’为二事，其说是书皆穿凿而贰之。”但他所说的“二事”是指对中庸的理解，而与分篇没有关系，故其在传文中说“以是知先儒说用中为常道是也，近世说中说庸非所知也”。又说“是一物而不得二名也”。有学者以为晁说之早于王柏提出《中庸》包括两篇，误。

> 言也，疑而不敢问也。一日偶见西汉《艺文志》有曰："《中庸说》二篇。"颜师古注曰："今《礼记》有《中庸》一篇。"而不言其亡也。惕然有感，然后知班固时尚见其初为二也。合而乱，其出于小戴氏之手乎?①

按照王柏的意见，《中庸》可以二十一章为界分为"中庸"和"诚明"两个部分，二十一章以下为"诚明"，以前为"中庸"。虽然全文以中庸为题，但其核心部分则应当为诚明。"中庸二字为道之目，未可为纲，诚明二字可以为纲，不可为目。"王柏立论的根据有两点：一是"其文势时有断续，语脉时有交互"，即语言风格与思路前后不统一；二是《汉书·艺文志》中有《中庸说》二篇，他认为这与今本《中庸》实际是同一个东西，而今本《中庸》只有一篇，所以它当是糅合了以前的两篇而成。王柏自称自己的观点受到了颜师古的启发，颜师古在《汉书·艺文志》、《中庸说》二篇下注曰："今《礼记》有《中庸》一篇，亦非本《礼经》，盖此之流。"但颜师古所谓"盖此之流"，是说《中庸》与《中庸说》一样，都是《礼经》的传记，属于同一类性质，并不是说《中庸》即等同于《中庸说》。王柏是误解了颜师古的意思，还是有别的什么根据，我们不得而知。但《中庸》是否即等同于《中庸说》二篇，学术史上是存在不同看法的。王鸣盛《蛾术篇·说录》说："《汉志》、《中庸说》二篇，与上《记》百三十一篇，各为一条，则今之《中庸》，乃百三十一篇之一，而《中庸说》二篇，其解诂也。不知何人所作。惜其书不传。师古乃云：'今《礼记》有《中庸》一篇，亦非本《礼经》，盖此之流。'反以《中庸》为《说》之流；师古虚浮无当，往往如此。"王鸣盛认为《中庸》是《艺文志》"《记》百三十一篇"中的一篇，而《中庸说》在《艺文志》中另列一条，二者不应该是同一个东西，且性质也不相同，后者是前者的"说"，也即"解诂"，所以批评颜师古"虚浮无当，往往如此"。这样看来，王柏在立论上多少有些问题，但由于他的观点来自平时的感受，且有一定的根据，因而得到后人的响应。

---

① 转引自张心澂：《伪书通考》，上册，448页。

冯友兰受王柏启发，也认为《中庸》可分为两个部分。其中《中庸》首章（以朱熹《集注》本为准，下同）“天命之谓性”及二十章下半段“在下位不获乎上”以下是一个部分，此段“多言人与宇宙之关系，似就孟子哲学中之神秘主义之倾向，加以发挥。其文体亦大概为论著体裁”。第二章“仲尼曰：君子中庸”到第二十章上半段“道前定则不穷”是一个部分，此段“多言人事，似就孔子之学说，加以发挥。其文体亦大概为记言体裁”。而传统所说的子思作《中庸》即指这一部分。冯友兰虽然自称受到王柏“不少提示”，但他不同意把《中庸》等同于《中庸说》二篇，而是接受王鸣盛的观点，认为后者为《中庸》的解诂，今本《中庸》实包括原始的《中庸》与后来搀入的《中庸说》两个部分，除了子思所作的《中庸》外，“首末二段，乃后来儒者所加，即《汉书·艺文志》‘凡礼十三家’中之《中庸说》二篇之类也。‘今天下车同轨’等言，皆在后段，更可见矣”[①]。可见，冯先生怀疑今本《中庸》有后人的搀入，一定程度上考虑到“车同轨”等语句的问题，认为这样正可将其排除在外，实际是综合了王柏与袁枚两人的观点。

后日本学者武内义雄、台湾学者徐复观也相继撰文，论证《中庸》包含两个部分。武内义雄认为“《中庸》之原始的部分，想是由第二章仲尼曰起，至第十九章为止”，而“《中庸》之首章与下半，乃韩非、始皇之倾，是子思学派之人所敷演之部分，非子思原始的部分”。并认为“《中庸》此等部分，恐即由《中庸说》所搀入”[②]。徐复观则力证今本《中庸》确由《中庸说》二篇构成，他提出两条证据：（一）钱大昕《廿二史考异》说：“《月令》三篇（按外加《明堂位》与《乐记》），小戴入之《礼记》。而《明堂阴阳》与《乐记》，仍各自为书。亦犹《三年问》出于《荀子》，《中庸》、《缁衣》出于《子思子》，其本书无妨单行也。”徐复观由此推论：“所谓《中庸说》二篇者，实即《礼记》四十九篇中之一的《中庸》的单行本，二者实为一书。此书若非原书系单行，则当它尚未在思想上特别受

---

① 冯友兰：《中国哲学史》，上册，447～448 页，北京，中华书局，1961。

② ［日］武内义雄：《子思子考》，见江侠庵编译《先秦经籍考》中册，121～123 页，北京，商务印书馆，1931。

到重视时，《史记》及伪《孔丛子》恐不会单独加以提出。”[①]（二）王应麟《汉书·艺文志考证》在《中庸说》条下说：“孔子之孙子思伋作《中庸》。程氏曰：《中庸》之书，是孔门传授，成于子思，传于孟子。《白虎通》谓之《礼中庸记》。”徐复观认为“是王氏固以三者为一书”，并云“《孔子世家》称《中庸》，《汉志》称《中庸说》，《白虎通》谓《礼中庸记》，古人对传记之称谓，并不严格，三者皆可视作一书之名称”[②]。徐先生认为今本《中庸》实即《中庸说》二篇，与王柏看法相近，但他在提出自己观点时作了重新论证，并非对前者的简单重复。另外，郭沂也认为《中庸》一书包含两个部分，其中有“子曰”的部分是原始《论语》的佚文，而其余的部分则是子思所作的《中庸》[③]，与上说稍有不同。

在学术史上，怀疑一部书晚出或有伪常有其事，但怀疑一部书是由两部分组成，则并不多见，也绝非偶然。这说明今本《中庸》确实有其特殊之处，值得认真对待。综观以上各家所说，其观点虽对后人不乏启示，但具体论证并不能让人满意。查其立论的根据，一是《中庸说》二篇的线索。但《中庸说》与《中庸》是一种什么关系，尚不能确定，以上各家对此的认识也不尽相同，或认为今本《中庸》即《中庸说》二篇（王柏、徐复观），或认为《中庸说》只是今本《中庸》的一部分（冯友兰、武内义雄）。不论哪一种观点，均只是一种推断。因此，这条线索虽有参考价值，却不能作为最终根据。二是文体、思想线索。以上各家看到今本《中庸》前后部分存在文体和思想的差异，无疑是正确的。但在对子思思想缺乏更多了解的情况下，仅靠文体、思想的差异来推断《中庸》的成书，根据并不充分，而且会产生新的问题。如，今本《中庸》内部的这种差异反映的是子思个人思想的变化，还是子思后学思想的发展？对于这些问题，在没

---

① 徐先生的这个推论多少有些问题，钱大昕认为《月令》、《明堂位》、《乐记》三篇入于《礼记》，但这三篇仍然单行，根据是《汉书·艺文志》于《记》外，又别出有《明堂阴阳》三十三篇，（班固注：“古明堂遗事。”）《明堂阴阳说》五篇，《乐记》二十三篇，此与《礼记》内所收，当系同一文献。《艺文志》因其单独别行，故又另出其目。但钱氏说“亦犹《三年问》出于《荀子》，《中庸》、《缁衣》出于《子思子》，其本书无妨单行也”。这里所说无妨单行的“本书”，应该是指《荀子》和《子思子》，而不是指《三年问》与《中庸》、《缁衣》。徐先生对此理解可能有误。此点郭沂已指出，见所著《〈中庸〉成书辨证》，载《孔子研究》，1995（4）。

② 徐复观：《中国人性论史·先秦篇》，105～106页。

③ 参见郭沂：《〈中庸〉成书辨证》，载《孔子研究》，1995（4）。

有其他旁证材料的情况下，种种解释只能算是一种猜测和假设。因此，虽经前人的努力，今本《中庸》一书多少显出其庐山真面目，但最后的面纱仍没有被揭开，而要揭开这一学术之秘，了断这一学术公案，获得更多有关子思的材料，显然是一个必不可少的先决条件，而郭店竹简正好为我们提供了这方面的材料。

附录：历代学者对《中庸》上下部分的意见

	上半部	作者	下半部	作者
王柏	前二十章	子思	二十一章以下	子思
冯友兰	第二章至第二十章上半段“道前定则不穷”止	子思	首章及二十章后半段“在下位不获乎上”以下	孟子后学
武内义雄	第二章至第十九章	子思	首章及二十章以下	子思后学
徐复观	首章至第二十章上半段“道前定则不穷”止	子思	第二十章后半段“在下位不获乎上”以下（部分为礼家杂入）	子思或其后学（孟子之前）
郭沂	有“子曰”的部分	孔子（门人所记）	“子曰”以外的部分	子思

（二）《中庸》前后部分文体的差异

郭店竹简儒家十四篇中，哪些是属于子思的作品，学术界尚有争论，目前可以确定且意见比较一致的应当有《缁衣》、《五行》、《子思见鲁穆公》等篇。其中，《缁衣》一篇出于《子思》，史书曾有明确记载。《隋书·音乐志上》引沈约之言：“《中庸》、《表记》、《坊记》、《缁衣》，皆取《子思子》。”唐陆德明《经典释文》则引南齐刘瓛称“《缁衣》是公孙尼子所制”。近代以来由于疑古风气的影响，许多学者对沈约、刘瓛说持怀疑态度，甚至认为《缁衣》等篇为秦汉之际儒生所作。楚简《缁衣》篇的发现，证明《缁衣》等篇的年代要早，基本在子思（公元前 483—前 402）生活年代之内。至于刘瓛称“《缁衣》是公孙尼子所制”，可能是所谓的“同文重见”现象，由于《缁衣》主要记孔子之言，被子思、公孙尼子同时收入其著作中。不过“重见”的只有《缁衣》一篇，《表记》、《坊记》则只见于《子思子》，不见于《公孙尼子》，故《缁衣》、《表记》、《坊记》三篇应是子思作品中较为特殊的一类。

《五行》篇早在20年前马王堆汉墓中曾被发现过，在“经”之外还有“说”，魏启鹏先生曾根据其思想特点断定为“战国前期子思氏之儒的作品”[①]，庞朴先生则指出文中“仁义礼智圣”即是荀子在《非十二子》中所批判子思“案往旧造说，谓之五行”的“五行”[②]，揭开了思孟五行说之谜。但由于马王堆汉墓年代较晚，又没有更多材料可分别“经”、“说”的著作年代，故当时学者往往将其作为一个整体看待，倾向认为是孟子后学的作品，年代约在战国后期，甚或在西汉初期。这次出土的楚简《五行》，与帛书《五行》相比，有“经”而无“说”，说明《五行》“经”的部分成书年代应当更早，将其归为子思的作品完全可能。

如果我们把《缁衣》、《表记》、《坊记》与《五行》均看做子思作品的话，就不难发现这两类作品在文体和内容上存在着较大的差别。[③]《缁衣》、《表记》、《坊记》三篇在形式上主要记述孔子的言论，每章皆冠以“子曰”或“子言之”，体例类似《论语》，每篇除了一个基本主题外，涉及内容往往较为广泛，属于杂记的性质。如《缁衣》篇，郑玄《礼记目录》说“名曰《缁衣》者，善其好贤者也。《缁衣》，郑诗也”。但从内容上看，实际主要讨论君臣关系，以及君民关系、交友之道、言行之要等，好贤仅为其中一小部分；《坊记》篇主要讨论礼、刑对人们的行为的防范，同时涉及祭祀、交往之道等；《表记》主要记录有关仁的议论，还涉及君子持身之道、言行之要、卜筮等。另外，篇中多引《诗》、《书》、《易》、《春秋》等，而尤以引《诗》为多，这些都是和《论语》相似的。而《五行》则主要阐发论证作者自己的思想和见解，是一篇独立的哲学论文，全文主要围绕仁义礼智圣“形于内”的“德之行”，与“不形于内”的“行”，步步展开，层层递进，各段之间，具有严格的逻辑关系，很少有脱离主题的议论，更没有一处引用“子曰”的地方，文中虽也有引《诗》的地方，但仅

① 魏启鹏：《〈德行〉校释》，105页，成都，巴蜀书社，1991。
② 庞朴：《马王堆帛书解开了思孟五行说之谜》，载《文物》，1977（10）。
③ 《子思见鲁穆公》为对话体，另当别论。

限于个别章节，与《缁衣》等篇几乎每章多次引用《诗》、《书》的情况有很大不同。另外，《五行》具有很高的理论思辨色彩，与《缁衣》等篇文句简单，多为一些格言、警句，形成鲜明对照，这可以说是二者最大的差别。《五行》与《缁衣》等篇的这种差别不是偶然的，可能是子思思想发展、变化的反映。由此推想，子思的思想可能经历了两个阶段：前一个阶段，他主要祖述孔子的言论，同时加以发挥。① 这在文献中也有反映，《孔丛子·公仪》："穆公问子思曰：'子之书所记夫子之言，或者以谓子之辞。'子思曰：'臣所记臣祖之言，或亲闻之者，有闻之于人者，虽非其正辞，然犹不失其意焉。其君之所疑者何？'"可见，子思常常把自己的言论与孔子混同起来，以致引起当时人们的怀疑。而后一个阶段，他则系统提出自己的观点，与以前相比，具有较高的理论思辨色彩，这一时期可以看做他的成熟时期。耐人寻味的是，上面两类作品的不同特点在今本《中庸》都有所反映。武内义雄说"《中庸》与《累德》②、《表记》、《缁衣》、《坊记》四篇有关系，极当考究，此四篇之文体，与《中庸》上半相似"，可谓抓住了问题的实质。需要补充的是，《五行》一篇与《中庸》下半相似，这一点也同样"极当考究"。从这一点看，今本《中庸》上下部分在文体、内容、思想等方面确实存在着差别，表现出不同的思想旨趣。

今本《中庸》上半部分应包括第二章到第二十章上半段"所以行之者一也"。这一部分主要记述孔子的言论，除了第十二章外，每章均有"子曰"出现，与《缁衣》等篇体例接近，属于记言体。除第二至第九章论"中庸"外，第十章记孔子答"子路问强"，第十一至十五章论"君子之道"，第十六至十九章论"鬼神之为德"及舜、文王、武王、周公祭祀宗庙之事，而第二十章则记孔子答"哀公问政"，涉及内容较为广泛，应属于杂记性质，这与《缁衣》等篇也是接近的。今本《中庸》下半部分包括第一章以及第二十章"凡事豫则立"以下。这一部分主要记述作者的议

① 武内义雄曾对《表记》与《论语》中有关仁的言论进行比较，认为前者对后者有发展；而魏启鹏则指出子思礼、刑并重，不同于孔子。参见上文中引二人文、书。

② 《后汉书·王良传论》曰："语曰：同言而信，则信在言前；同令而行，则诚在令外。圣人在上，民迁如化。"注曰："此皆《子思子·累德篇》之言。"《意林》所录《子思子》，亦有此条；而此条前后，又有三条，不知篇名，皆列于所录《表记》文之前。黄以周辑《累德篇》，列于《表记》之前。参见武内义雄《子思子考》。

论，与《五行》篇体例接近，它主要围绕“诚明”的思想层层展开，从“天命之谓性”开始，经过“尽人之性”、“尽物之性”，最后“赞天地之化育”，“与天地参”，由“天命”而到“性”，由“尽性”而回到“天道”，是一篇内容完整，逻辑严谨的议论文。除了第二十八章有两处“子曰”外，其余部分均没有“子曰”出现，而第二十八章正好有“生乎今之世，反古之道。如此者，灾及其身者也”及“今天下车同轨，书同文”等文字，因而可能是错简，可以排除不计。以前有学者为论证《中庸》早出，总是想把这处文字说成是战国时的言论，并不可取。可见，今本《中庸》内部存在着文体的差异，而把这两种不同的文体组织在一起显然是不合适的，在先秦古籍中也鲜见其例，前人怀疑今本《中庸》包含两个部分，并非没有根据。

今本《中庸》上半部分也有与《缁衣》等篇体例不同的地方。《缁衣》、《表记》、《坊记》三篇首章均作“子言之”，而首章以下作“子曰”或“子云”，间或也有“子言之”的情况出现。而《中庸》上半部分第二章作“仲尼曰”，以下到第二十章皆作“子曰”。《中庸》的这个“仲尼曰”仅此一见，在《缁衣》等篇也无其例，值得认真考察。对于《缁衣》等篇“子言之”与“子曰”的差别，有学者认为可能是子思与孔子不同的言论，如顾实《汉书艺文志讲疏》说：“《表记》、《坊记》、《缁衣》，开端皆称‘子言之’，盖子思语而弟子述之也。称‘子云’、‘子曰’者，引孔子语也。”① 这种观点忽视了子思思想的特点，难以让人接受。查其立论的根据，是子思或其门人有意要将其言论与孔子区别开来，所以才采取了不同的记言方法。但从《孔丛子》所记子思与鲁穆公的对话看，子思毋宁是要强调自己的言论实即来自“夫子”，至少是“不失其意焉”。所以《缁衣》等篇的“子言之”应该还是指孔子，它们之所以不同于“子曰”或“子云”，并被置于每篇的首章，实际是一种突出、强调的作用。这可以由楚简《缁衣》篇得到证明。楚简《缁衣》首章作“夫子曰”，以下皆作“子曰”，这个“夫子”显然就是指孔子，它被置于篇首，和“子言之”的作用无疑是相同的。明白了这一点，《中庸》第二章的“仲尼曰”便容易理

---

① 顾实：《汉书艺文志讲疏》，101页。此说本于邵晋涵、黄以周，参见武内义雄《子思子考》。

解了。我们认为，这可能与《中庸》是《子思子》的首篇有关。《孔丛子·居卫》：子思"撰《中庸》之书四十九篇"。清代学者翟灏认为，古书有举首篇代替全书之例，如邹衍所作有四十九篇，而《史记·孟子荀卿列传》仅说作《主运》；屈原有许多作品，但《离骚》为屈原赋的首篇，所以《史记·屈原贾生列传》就说"乃作《离骚》之赋"。同样，《中庸》为《子思子》的首篇，故用来作为全书的称谓，称"《中庸》之书四十九篇"①。这个说法是可信的，因为《中庸》一书另有四十七篇的说法。李翱《复性书》："子思，仲尼之孙，得其祖之道，述《中庸》四十七篇。"晁说之《中庸传》："是书本四十七篇。"郑樵《六经奥论》也说："《中庸》四十七篇。"武内义雄由此推断《子思子》二十三篇，每篇分上下二篇，另加一篇序录，即成《中庸》四十七篇。可见，"《中庸》四十七篇"不过是《子思子》二十三篇的另一种说法，说《中庸》是《子思子》的首篇是有根据的。因此，《中庸》第二章的"仲尼曰"，可能是子思看到人们对自己的言论表示怀疑，故在"撰《中庸》之书四十九篇"时，特意在其首篇首章标明"仲尼曰"三字，说明自己所记均为孔子之言，具有绝对的权威性，不容怀疑。而在以下《缁衣》等篇，也在其首章专门用"子言之曰"或"夫子曰"予以突出、强调，这或许就是今本《中庸》第二章出现一个"仲尼曰"的原因所在。由此也可以知道，原始《中庸》是从今本的第二章开始的，而第一章及后一部分是后来加上去的。

（三）《中庸》前后部分思想的差异

今本《中庸》上下两个部分在思想上存在着差异，甚至对立，把它们放在一起是不合适的，这是我们怀疑《中庸》原是两个部分最主要的原因。《中庸》上半部分主要讨论"中庸"。关于"中庸"，前人有不同的解释，郑玄《礼记目录》："名为中庸者，以其记中和之为用也。庸，用也。"二程则认为中庸是一种方法，"不偏之谓中，不易之谓庸"②。郑玄认为中庸即第一章喜怒哀乐"未发"与"已发"的"中和"，是为了把原来没有

---

① 翟灏：《四书考异》。转引自蒋伯潜《诸子通考》，329 页。

② 朱熹：《中庸章句》引，见《四书集注》，17 页。

直接关系的两个概念联系在一起，并不足取。而二程把中庸仅仅看做是一种方法，多少违背了中庸的原意。那么，中庸的本义到底是指什么呢？《说文》："中，内也；从口、丨，上下通。"其中"口、丨"应指礼器一类，有学者将其释为"徽帜"、"册簿"或"旗鼓"[①]，都是讲得通的。古时每逢大事，君王需要祭天，执"中"以"通上下"，表示"君命神授"，"受命于天"。因此，"中"的原意是指沟通天人的礼仪、礼器之类。由于礼在古代社会中具有崇高神圣的地位，有无限威力，它渗透到政治、军事、文化思想的方方面面，成为人们思想行为的准则与标准，而"中"在文献中也具有这一含义。《礼记·仲尼燕居》："子贡越席而对曰：'敢问将何以为此中者也？'子曰：'礼乎礼！夫礼所以制中也。'"《荀子·儒效》："先王之道，仁之隆也，比中而行之。曷谓中？曰：礼义是也。"《周礼·地官·大司徒》："以五礼防万民之伪，而教之中。"显然，这个"教之中"的"中"即是指礼。君王祭天，民众必自四方而至，久而久之，引申出中心的"中"，象征君位所在，所谓"王者必居天下之中，礼也"（《荀子·大略》）。又引申出正中、中间之义。《尚书·大禹谟》："允执厥中。"《论语·尧曰》："允执其中。""中"皆表示正中、中间、不偏不倚。二程说"不偏之谓中"，有一定的道理，但"偏"与"不偏"需要一个标准，这个标准即是礼，如果看不到这一点，难免有失片面。"庸"有"常"的意思，《尔雅·释诂上》："庸，常也。"具体指常行、常道。所以，中庸的本义应为中道和常道，也即日用常行。那么，子思生活的时代什么可以称作"日用常行"呢？显然只有礼了。可见，中庸一词实是由礼转化而来，是礼的理论化和哲学化。《汉书·艺文志》记载有"《中庸说》二篇"，列入六艺略礼类，说明中庸与礼有密切关系，乃是当时人们的普遍观念。明白这一点，《中庸》这一部分的内容便容易理解了。

今本《中庸》第二章开宗明义提出"中庸"，把它看做君子的一种德行。"仲尼曰：君子中庸，小人反中庸，君子之中庸也，君子而时中；小人之反中庸也，小人而无忌惮也。"以往人们解释此章，往往把它与第一章"天命之谓性"、"中和"等问题纠缠在一起，认为中庸乃天命所赋人之

---

① 胡念耕：《孔子"中庸"新解》，载《社会科学战线》，1997（2）。

性，“顺着各人之性所发出来的，即是‘中庸’之道”[①]。又认为中庸也即中和，“‘以性情言之，则曰中和；以德行言之，则曰中庸是也。’然中庸之中，实兼中和之义”[②]。这样一来，一个本来简单的问题反而被搞复杂了。实际上，所谓“君子中庸”是说君子能够恪守中道，也即恪守礼，而小人不遵守礼仪，故肆无忌惮，与“天命之谓性”、“喜怒哀乐”之“中和”并没有什么关系。因为从《中庸》第二章到第二十章上半部分没有一处谈到“性”，更没有谈到“中和”。相反，它谈中庸多从外部入手，把中庸看做外在的习俗和规范，表现出由外而内的致思方向：

子曰：人皆曰予知，驱而纳诸罟擭陷阱之中，而莫之知辟也。人皆曰予知，择乎中庸，而不能期月守也。（第七章）

子曰：回之为人也，择乎中庸，得一善，则拳拳服膺，弗失之矣。（第八章）

“择乎中庸”说明中庸的客观外在性，而“期月守也”则表明中庸的完成与实现需要经过一定时间的持守，将其由外在规范转化为内在自觉。颜回可以说是这方面的典范，他“择乎中庸，得一善，则拳拳服膺，弗失之矣”，而一般民众则“鲜能久矣”。在孔门弟子中，颜回以“克己复礼”著称，他“一箪食，一瓢饮，在陋巷”（《论语·雍也》），“非礼勿视，非礼勿听，非礼勿言，非礼勿动”（《论语·颜渊》）。他的这一品格无疑是他能够“择乎中庸”的根本原因，同时也说明中庸乃是和礼密切相关的概念，而与“天命之谓性”没有关系。中庸来自礼，礼的一个重要内容即是君臣父子人伦关系，而中庸也包含这方面内容：

君子之道费而隐。夫妇之愚，可以与知焉，及其至也，虽圣人亦有所不知焉……君子之道四，丘未能一焉：所求乎子，以事父未能也；所求乎臣，以事君未能也；所求乎弟，以事兄未能也；所求乎朋友，先施之未能也。（第十二至十三章）

---

① 徐复观：《中国人性论史·先秦篇》，119 页。

② 朱熹：《中庸章句》，见《四书集注》，19 页。

这里的“君子之道”即中庸之道，在作者看来，道并非不可捉摸之物，它内在于普通的人伦关系及日用常行之中，并通过“事父”、“事君”、“事兄”与“求乎朋友”的礼仪形式而展现出来，所以它是平凡无奇的，“夫妇之愚，可以与知焉”，“夫妇之不肖，可以能行焉”。但要完全实现它，却是连圣人都难以做到的，“及其至也，虽圣人亦有所不能知焉”。可见，道是既平凡又超越，“极高明而道中庸”的，但这种超越是立足于人伦的超越，是即日用而超越日用，亦即在日用常行中寻找超越，它可以说是一种世俗化的超越，与今本《中庸》后半部分心性的超越有所不同。不仅如此，由于道体现于人伦日用之中，生活的价值、意义需要从人伦日用本身中去发现、寻找，一切超出人伦日用本身的行为都会被视为“素隐行怪”。因此，“庸德之行，庸言之谨；有所不足，不敢不勉，有余不敢尽”（第十三章）成为今本《中庸》上半部分的主调。它所要求的，不是积极进取有所作为，“制天命以用之”，改变个人的处境与命运，而是满足现状，自我平衡，安贫乐道。

> 君子素其位而行，不愿乎其外。素富贵，行乎富贵；素贫贱，行乎贫贱；素夷狄，行乎夷狄；素患难，行乎患难，君子无入而不自得焉。（十四章）

素，平素，既往。君子身处其位则安于其位，不作本位以外的非分之想。身处富贵就安于富贵，身处贫贱就安于贫贱，身处夷狄就安于夷狄，身处患难就安于患难，这样便无处不安然自得。可见，中庸和礼一样，都是要求人们自我约束、自我限制、自我克制。所不同的是，礼强调的是制度仪节，而中庸反映的则是制度仪节背后的价值观念和思想方法。

> 子曰：道之不行也，我知之矣：知者过之；愚者不及也。道之不明也，我知之矣：贤者过之；不肖者不及也。（第四章）

这里的“道”显然是指中庸之道，人们之所以违背它，是因为“知者过之；愚者不及也”。可见，“中庸”确实有方法的含义，但这种方法是在日用常行即礼的基础上推衍出来的，起初它只是要求人们“不偏”、“不易”，避免“过与不及”的错误，逐渐又形成较为丰富的内容，“执其两端，用其中于民”、“忠恕违道不远”等。因此，说中庸来自于礼，是对礼的哲学化、理论化，并非面壁虚构，而是有确凿的事实根据。搞清了这一点，以往关于《中庸》上半部分内容的争议也可得到澄清。《中庸》第十七、十八、十九章谈论鬼神祭祀，前人多认为是错简，与“中庸”本文无关。这种观点没有看到中庸与礼的联系，是不足取的。因为祭祀乃礼的一个重要内容，甚至可以说是它的核心，以上三章虽然没有谈到中庸，但却多处谈到礼：“上祀先公以天子之礼。”“斯礼也，达乎诸侯大夫，及士庶人。”（第十八章）“宗庙之礼，所以序昭穆也。”“践其位，行其礼，奏其乐。”“明乎郊社之礼、禘尝之义，治国其如示诸掌乎！”（第十九章）因此，它们被收录在这里可能正是基于这种考虑。这种表述形式与《缁衣》等篇的情况是一致的，而与《中庸》下半部分有很大差别。

《中庸》下半部分包括第一章及二十章“凡事豫则立”以下部分，是一篇观点明确、逻辑严谨的议论文。因为它主要谈论“诚明”，我们不妨称之为《诚明》篇。它开篇起手提出了一组富有哲学意味的命题：

天命之谓性，率性之谓道，修道之谓教。（第一章）

“天命之谓性”，是说天所命于人的即是性。“率性之谓道”，郑玄、朱熹皆注“率，循也”，指循性而行即是道。但又有学者主张“‘率’应训为统率、率领。‘率性之谓道’是说统率性的是道……楚简‘长性者，道也。’‘长’就是率”[1]。若依前说，则“道”是内在之道，“修道之谓教”是指以后天的修习发明此内在之道；若依后说，则“道”是外在之道，“修道之谓教”是指以此外在之道改造人先天的本性。可见，“率性”是“循性”还是“长性”，不仅关系到“修道之谓教”的理解，同时也关系到整个《诚明》的思想。其实，《中庸》二十一章对以上两句有明确的解释：

① 廖名春：《荆门郭店楚简与先秦儒学》，载《中国哲学》，第20辑。

自诚明，谓之性。自明诚，谓之教。

“自诚明，谓之性”是说由内在的诚而达到对是非善恶的明觉，便可称作是发自本性的。这是以功能、作用言性，而不是给性下一定义。“自明诚，谓之教”是说由明觉的认知活动而发明内在的诚，便可称为教。“教”与“性”相对，前者先天本能，后者后天教化，二者出发点虽有不同，但目的则是一样的，故又说“诚则明矣，明则诚矣”。以上两句中，“自诚明，谓之性”显然即“率性之谓道”，因为下面第二十五章接着说“诚者自成也，而道自道也”。“诚”即是“道”，和“率性之谓道”是一致的[①]；而“自明诚，谓之教”也即“修道之谓教”，因为在作者看来，虽然人们具有内在的“诚”，但并非每个人都能将其直接表现出来，故还需要经过后天的教化培养，这即是“自明诚”和“修道”作为“教”的意义所在。可见，作者一方面肯定人具有先天的道德禀赋；另一方面又强调后天教化的重要，这个多少有些矛盾的观点构成了《诚明》的一个基本思想。在二十章下半段，作者还有与此相关的一段论述：

诚者，天之道也；诚之者，人之道也。诚者，不勉而中，不思而得，从容中道，圣人也；诚之者，择善而固执之者也。

以往学者由于受宋明理学家的影响，往往从本体与功夫的角度看待“诚者”与“诚之者”的关系，把“诚者”看做是形上的本体，而把“诚之者”看做发明此本体的后天实践活动，结果造成理解上的偏差。其实，这里的“诚者”和“诚之者”主要是指两种不同的实践能力和方法。“诚者，天之道”是说“诚者”不借后天的努力和思考而自然而然表现出来，也即“诚者不勉而中，不思而得，从容中道”，他是先天自然的，故说“天之道”；而“诚之者，人之道”是说“诚之者”需经过对“善”的学习和掌握以发明内在的“诚”，他是后天人为的，需要经过一个学习实践的过程。所以在上面一段后又接着说：“博学之，审问之，慎思之，明辨之，笃行

① 杨亶骅《中庸本解》注此章云：“道，即‘率性之谓道’‘道’字。”

之……人一能之，己百之。人十能之，己千之。”因此，“诚者，天之道；诚之者，人之道”与“自诚明，谓之性。自明诚，谓之教”二者思想是一致的，均是对第一章“率性之谓道，修道之谓教”的解释和阐发。由此可见，今本《中庸》第一章与第二十章下半段以下具有一种内在的联系，作者先在第一章提出“率性之谓道，修道之谓教”的命题，接着又在第二十章下半段及第二十一章对以上命题作了进一步解释，二者上下呼应，思想连贯。而第二章以下关于“中庸”内容的插入，多少将这种联系打断了，同时也给人们的理解带来分歧和困难；相反，如果将“中庸”的部分拿去，那么原来的思想脉络便清晰可寻。这进一步说明，今本《中庸》是经过后人改动的，“诚明”与“中庸”原来各自独立，并非一个整体。

既然性是诚明之性，是自觉能动之性，那么，“率性”自然就是“循性”了，“率性之谓道”不是外在的道，而是一种内在的道，故作者在“天命之谓性”三句后接着说：

> 道也者，不可须臾离也，可离非道也。是故君子戒慎乎其所不睹，恐惧乎其所不闻。莫见乎隐，莫显乎微，故君子慎其独也。（第一章）

“道”内在于性中，循性而行即是道，所以它是一刻也不能分离的，如果能够分离，就不能算是道了。这个“道”显然不同于前面所说的中庸之道，而是“自诚”之道，它不是要求人们不偏不易、恪守既定的常道，而是要求内心时时保持着诚，在闲居、独处时仍能恐惧、戒慎，不敢有一丝的松懈，这样便做到了慎独。以往人们往往根据郑玄的说法，把慎独理解为“慎其闲居之所为”，不完全符合作者的原意。其实，慎独的“独”不仅仅是指独居、独处，它还指内心的“一”。楚简和帛书《五行》说：“能为一，然后能为君子，慎其独也。”帛书《五行·说》对此解释道“独然后一，一也者，夫五为一心也，然后得之”。慎独是指仁义礼智圣“五行”统一于心，与心为一。这与《诚明》强调心不可离道的思想是一致的。因此，《诚明》中的慎独不仅仅是指“戒慎乎其所不睹，恐惧乎其所不闻”，更重要的，它是强调在“不睹”、“不闻”时内心仍要时时保持着诚，“不可须臾离也”，这才是《诚明》所言慎独的重点所在。诚不仅体现在慎独上，同时，它还体现在“尽性”的实践过程之中：

> 唯天下至诚，为能尽其性；能尽其性，则能尽人之性；能尽人之性，则能尽物之性；能尽物之性，则可以赞天地之化育；可以赞天地之化育，则可以与天地参矣。（第二十二章）

“尽”，扩充、发用。“尽其性”也即扩充、发用自己的诚性。在作者看来，诚存在于万物之中，构成万物之性，天地万物本质上乃是一道德存在，天地万物的成长也是一道德精神的发育过程，而“至诚”之人在“尽其性”的同时，也感通、作用他人之性，感通、作用万物之性，赞助天地的生化发育，在宇宙间具有与天、地同等的地位，“与天地参”。这样，诚被看做世界意义的体现，“尽性”成为一种准宗教性的精神体验活动，它要求人们自我扩充、自我膨胀，以达到与天地等同的精神境界，而这与“庸德之行，庸言之谨”的中庸所表现出的自我约束、自我克制何其不同！诚不仅能“赞天地之化育”，它还表现在具体的事物中：

> 其次致曲。曲能有诚，诚则形，形则著，著则明，明则动，动则变，变则化。唯天下至诚为能化。（第二十三章）

“致”，推致；“曲”，一隅，指具体。“致曲”也就是把诚运用到对象化的具体事物之中，使其由内而外逐步显现出来，并转化为具体的行动，感化、影响到他人。这里，诚不是赋予世界以意义，而是主体自觉、能动的道德实践活动；它不是以既有的道德规范为准绳，而是自我规定、自我主宰，“诚则形，形则著，著则明，明则动，动则变”；它不仅完善、成就自我，同时还造就、实现外物，所以说“诚者非自成己而已也，所以成物也。成己，仁也；成物，知也。性之德也，合外内之道也”（第二十五章）。而诚的这种自我开拓、积极进取的实践精神与中庸的随众趋俗、安于现状、消极保守多少是不太协调的。这也再一次说明，今本《中庸》中“诚明”与“中庸”在内容上并不是一个整体，把它们组合在一起是后来的事情。

根据以上分析，不难发现“中庸”与“诚明”在许多方面都存在着差异：首先，二者的内容不同。中庸即日用常行，它是从礼转化而来，是对礼的理论化和哲学化。它要求人们恪守常道，“庸德之行，庸言之谨”，达到行为的程式化、大众化、无个性化。它同时也是一种方法，强调“择其两端”，反对“过与不及”，但归根结底还是要符合常道，关注的是现实社会秩序。而诚明则是主体的一种道德实践能力，反映的是主体的自主、自觉、能动的实践活动。从这一点看，它和仁在内在精神上倒是一致的，是对仁的继承和发展。它夸大道德主体的作用，认为只要内心做到“至诚”就自然可以“从容中道”，甚至“可以前知”（第二十四章）。它同样也是一种修养方法，强调“慎独”，即保持内心的诚，因而主要体现为内在的心性活动。

其次，二者都谈到了“道”，但所谈“道”的内容不同。中庸之道是一种外在之道，它体现在人伦关系之中，通过传统和习俗的力量来规范、调节人们的行为，表现出实用、具体、凡俗的特征；而诚明之道则是一种内在之道，它体现在性之中，“率性之谓道”，成为道德实践的内在动力和主宰，表现出自主、自律、自觉的特征。

再次，二者都涉及超越性的问题，但具体内容有所不同。中庸在关注现实的同时，还提出自近而远、自卑而高的超越过程，“君子之道，辟如行远必自迩，辟如登高必自卑”（第十五章）。但这种超越是建立在人伦日用之上的，对后者的关注往往弱化了前者，使超越性淹没在世俗性中。而诚明所谈的则是一种内在的心性超越：“故至诚无息。不息则久，久则征，征则悠远，悠远则博厚，博厚则高明。博厚，所以载物也；高明，所以覆物也；悠久，所以成物也。博厚配地，高明配天，悠久无疆。”（第二十五章）它通过诚向外的扩充，赋予世界以意义，达到与天地并立的精神境界，最终走向准宗教的神秘体验。

《中庸》与《诚明》的这种差别，可能与《缁衣》等篇与《五行》的情况一样，是子思思想的发展、变化的反映，而由这些差别我们可以肯定，《中庸》与《诚明》原来可能并不是一个整体。

（四）《中庸》前后部分的不同影响

以上我们从文献和思想两个方面对今本《中庸》的成书进行了分析，认为它应该包括原来独立的两篇：《中庸》和《诚明》。今本《中庸》的这两个部分在以后产生的影响也是不同的。这同样说明，它们被编在一起乃是后来的事情。子思之后，最先引用过今本《中庸》的是孟子。《孟子·离娄上》说：

> 孟子曰：居下位而不获于上，民不可得而治也。获于上有道：不信于友，弗获于上矣；信于友有道：事亲弗悦，弗信于友矣；悦亲有道：反身不诚，不悦于亲矣；诚身有道：不明乎善，不诚其身矣。是故，诚者，天之道也；思诚者，人之道也。至诚而不动者，未之有也；不诚，未有能动者也。

这段文字与《中庸》第二十章下半段，除了少数字句外基本相同，有学者已经论证这段文字晚于《中庸》，是《孟子》引用《中庸》而不是相反。[①]除此之外，《孟子》还有多处受到《中庸》的影响。如《尽心上》：

> 孟子曰：万物皆备于我矣。反身而诚，乐莫大焉。强恕而行，求仁莫近焉。

孟子这段话显然是从《中庸》第二十五章“故至诚无息。不息则久，久则征，征则悠远，悠远则博厚，博厚则高明。博厚，所以载物也”变化而来。以往人们对如何理解孟子的“万物皆备于我”有过种种争论，成为研究中的一个难点。其实，它和《中庸》第二十五章可以相互发明，均是指内在的诚扩充、显现过程，以及所达到的精神境界，只不过《中庸》交代了其中的具体过程，因而显得清楚、明白，而《孟子》只说明了最终的结

① 参见徐复观：《中国人性论史》，107～109页。

果，则多少有些突兀，而若能将二者参照起来，则《孟子》的思想就容易理解了。此外，《离娄下》篇谈论“明”，与《中庸》也有一定的联系：

孟子曰：舜明于庶物，察于人伦，由仁义行，非行仁义也。

“由仁义行，非行仁义也”强调道德行为的自主性、能动性，与《中庸》第二十三章“诚则形，形则著，著则明，明则动，动则变”在思想上也是一致的。不同的只是《中庸》是说“诚”，而《孟子》是说“仁义”。但前面我们说过，《中庸》的“诚”本来就是对孔门仁学的继承和发展，所以它们仍是一致的。

从以上材料看，与孟子思想有关的主要是今本《中庸》的“诚明”部分，而对中庸，整部《孟子》不仅没有明确提及，甚至连与中庸有关的礼也很少谈起。[①] 这除了思想倾向的差异外，同时也说明可能此时《中庸》与《诚明》两篇还没有被编撰在一起。人们常说“子思作《中庸》”，而孟子又曾“学于子思之弟子”，但真正影响孟子的并不是子思所作的《中庸》，而是与此不同的另一篇《诚明》。

孟子之后，荀子所作《不苟》篇与今本《中庸》也有密切关系，但与孟子不同的是，荀子不仅说到中庸而且说到诚，表现出把二者融合在一起的倾向。据学者考证，《不苟》篇是荀子“年五十始游于齐”以前的作品，“在《荀子》诸篇中，当是最早的”[②]。关于“不苟”，作者在篇首有一个明确交代：

君子行不贵苟难，说不贵苟察，名不贵苟传，唯其当之为贵。

可见，“不苟”就是不苟且，也就是要做到“当”，即下文的“礼义之中”。不过，这里的“礼义之中”侧重的是日用常行，而不是制度仪节。以上四

① 孟子所说的礼主要是指由“恻隐之心”所发的礼节仪式，与《中庸》作为习俗、伦理规范的礼有很大不同。

② 参见廖名春：《荀子新探》第二章《著作年代考》。

句后作者接着说："故怀负石而赴河，是行之难为者也，而申徒狄能之，然而君子不贵者，非礼义之中也。山渊平，天地比，齐秦袭，入乎耳，出乎口，钩有须，卵有毛，是说之难持者也，而惠施、邓析能之，然而君子不贵者，非礼义之中也。"申徒狄、惠施、邓析等人有常人难以做到的行为、言论，但这些行为、言论既没有实际的用途，又违背了生活的常规，因而是君子所不为的。荀子这一思想显然受到《中庸》反对"素隐行怪"的影响。《中庸》十一章说："子曰：素隐行怪，后世有述焉，吾弗为之矣。君子遵道而行，半涂而废，吾弗能已矣。君子依乎中庸，遁世不见知而不悔，唯圣者能之。"君子应当"遵道而行"，也就是要"依乎中庸"，即使不被理解、重视，也不应哗众取宠，以古怪的行为见闻于世。可见，二者的思想是一致的。因此，荀子所说的"礼义之中"实际也就是中庸。他的这段言论即受到《中庸》的启发，是在后者的基础上发展而来的。

《不苟》第二至第八自然段（以梁启雄《荀子简释》为准，下同）讨论君子与小人，指出了二者的差别：

> 君子、小人之反也：君子大心则敬天而道，小心则畏义而节……小人则不然，大心则慢而暴，小心则淫而倾……

这段文字与今本《中庸》第二章"仲尼曰：君子中庸，小人反中庸，君子之中庸也，君子而时中；小人之反中庸也，小人而无忌惮也"的思想是一致的，其中"君子大心则敬天而道，小心则畏义而节"显然即"君子中庸"，而"小人则不然"一段明显是对"小人反中庸，小人而无忌惮也"的发挥。前面我们已论证，"仲尼曰"一段原为《中庸》的首章，而《不苟》的一个基本思想就是强调君子、小人的对立。除了以上几段外，下面几段仍然反复陈述这一思想，它受《中庸》的影响是十分明显的。在第十一自然段，也有一段与《中庸》有关的文字：

> 庸言必信之，庸行必慎之，畏法流俗，而不敢以其所独甚，若是，则可谓悫士矣。言无常信，行无常贞，唯利所在，无所不倾，若是，则可谓小人矣。

《说文》说："悫，谨也。"悫士也即谨慎之士，他与小人相对，当然属于作者肯定的对象。这段论述与《中庸》第十三章从思想到文句都十分接近："庸德之行，庸言之谨；有所不足，不敢不勉；有余，不敢尽。言顾行，行顾言。君子胡不慥慥尔。"其中"庸言必信之，庸行必慎之"显然即《中庸》的"庸德之行，庸言之谨"，"不敢以其所独是"与"有所不足，不敢不勉；有余，不敢尽"思想也是一致的，说明荀子确曾看到过《中庸》，并受到其思想的影响。荀子重视礼，他的学说以礼为核心与此也有一定的关系。由此可见，今本《中庸》在思想史上的作用和地位是不同的。其中"诚明"部分影响了孟子，而"中庸"则影响了荀子。如果它们是同一篇作品，为什么会产生如此不同的结果呢？显然答案只能有一个，即它们原来是不同的两部作品，被编撰在一起乃是后来的事情。"中庸"之外，《不苟》第九自然段也有一段关于"诚"的论述：

> 君子养心莫善于诚，致诚则无它事矣。唯仁之为守，唯义之为行。诚心守仁则形，形则神，神则能化矣。诚心行义则理，理则明，明则能变矣。变化代兴，谓之天德。天不言而人推高焉，地不言而人推厚焉，四时不言而百姓期焉，夫此有常，以至其诚者也。君子至德，嘿然而喻，未施而亲，不怒而威，夫此顺命，以慎其独者也。善之为道者，不诚则不独，不独则不形，不形则虽作于心，见于色，出于言，民犹若未从也，虽从必疑。天地为大矣，不诚则不能化万物。圣人为知矣，不诚则不能化万民。父子为亲矣，不诚则疏。君上为尊矣，不诚则卑。夫诚者，君子之所守也，而政事之本也，唯所居以其类至。操之则得之，舍之则失之，操而得之则轻，轻则独行，独行而不舍，则济矣。济而材尽，长迁而不反其初，则化矣。

这段文字与《诚明》的思想比较接近，有些字句明显就是抄自《诚明》，学者对此已有论述。荀子既然在《不苟》篇中同时提到"中庸"和"诚"两方面的内容，那么，这是否意味着今本《中庸》原来就是一个整体呢？答案是否定的。因为，我们从上面的材料可以看到：一、荀子写《不苟》

篇时，《诚明》和《中庸》尚是两篇独立的著作；二、荀子虽然提到“中庸”和“诚”，但他是在试图把两种不同的思想融合在一起，而不表示它们原来就是一个整体。

首先，从荀子对“慎独”的理解来看，他所看到的《诚明》并非今本《中庸》的一个部分，而是独立的一篇。上引材料中有一段谈到了慎独，其中说“不诚则不独”，说明荀子是从内在的“诚”来理解“慎独”的。在他看来，慎独是由诚所达到的一种精神状态，而与外在的行为举止关系不大，所以说“君子至德，嘿然而喻，未施而亲，不怒而威，夫此顺命，以慎其独者也”。相反，只要慎独，保持内心的诚，就可以做到“化万物”、“化万民”，一切矛盾都可以迎刃而解。荀子把慎独看做内心诚，看做内心的专一状态，这种理解和《五行》思想接近，而和后人对《中庸》慎独的理解有很大不同。此外，刘向《说苑·敬慎》也说：“存亡祸福，其要在身，圣人重诫，敬慎所忽。《中庸》曰：‘莫见乎隐，莫显乎微；故君子能慎其独也。’谚曰：‘诫无垢，思无辱。’夫不诚不思而以存身全国者亦难矣。《诗》曰：‘战战兢兢，如临深渊，如履薄冰。’此之谓也。”这里明确提到《中庸》，说明刘向所说的就是《中庸》中的慎独。然而值得注意的是，刘向和荀子一样，都是从“诚”来理解慎独。而今本《中庸》在第一章提出慎独后，除在第十六章说到一个“诚”字外，到第二十章以下才对“诚”展开论述，所以根据今本《中庸》的结构，是很难将慎独与诚联系在一起的。而荀子、刘向能够直接用“诚”解释慎独，说明他们看到的《诚明》尚没有加入“中庸”的部分，文章原来的理路是清楚的，所以能够把今本《中庸》的第一章与第二十章联系在一起，直接用第二十章的“诚”来解释第一章的“慎独”。而到了郑玄时，由于原来的结构已被打乱，“慎独”与第二章以下有关“中庸”的内容联系在一起，意思也从“不诚则不独”变为“慎其闲居所为”。所以，荀子虽然同时提到“中庸”与“诚”，但并不意味着它们原来是一个整体。相反，仔细分析它们的内容，则可以发现它们原来是各自独立的。

其次，荀子在接受《诚明》思想影响的同时，对其夸大“诚”的作用的内容作了改造，使其与“礼仪之中”的思想统一起来。这说明荀子是在试图把原来对立甚至矛盾的内容结合在一起，而不是照搬同一部作品中的两部分内容。《不苟》论“诚”的一段文字明显受到今本《中庸》二十三章的影响，但不是对后者的简单重复，而是作了改造、发挥，以往学者只看到二者相同的一面，而没有看到差别的一面，是不全面的。我们不妨将二者作一个对比：

> 君子养心莫善于诚，致诚则无它事矣。唯仁之为守，唯义之为行。诚心守仁则形，形则神，神则能化矣。诚心行义则理，理则明，明则能变矣。变化代兴，谓之天德。（《不苟》）
>
> 曲能有诚，诚则形，形则著，著则明，明则动，动则变，变则化。唯天下至诚为能化。（《诚明》）

不难发现，除了个别文字外，《不苟》与《诚明》最大的差别是它在描述“诚”的实践过程中加入了“仁”、“义”两个概念，提出了“唯仁之为守，唯义之为行”的命题。《诚明》篇认为，内在的“诚”经过“形”、“著”、“明”、“动”、“变”、“化”等一系列过程，直接表现为由内而外的道德行为，反映的是道德实践的能动性和自主性，孟子将这一思想概括为“由仁义行，非行仁义也”（《孟子·离娄下》）。而荀子则把诚看做实践仁、义的手段，认为“诚心守仁则形”，“诚心行义则理”。这样，荀子的“诚”恰恰是“行仁义也”，而不是“由仁义行”，是他律的道德活动而不是自律道德行为。我们知道，在荀子那里，仁不具有道德创造性，不能直接表现为道德行为，而只是对外在规范的持守、把持，所以说“唯仁之为守”；义则是一个与礼密切相关的概念，同时又指主体的实践原则。“仁，爱也，故亲；义，理也，故行。”（《荀子·大略》）但荀子的“行义”不同于孟子的“由仁义行”，它不是主体的自我决断、自我发用，而是实践外在的道德规范，用他的话说：“行义动静度之以礼。”（《荀子·君道》）“夫义者，内节于人而外节于物者也，上安于主而下调于民者也，内外上下节者，义之情也。”（《荀子·强国》）义既节内又节外，是节内与节外的统一，但它不是以内节外，而是以外节内。所以，《不苟》虽然也使用了与《诚明》相近的“形”、“著”、“明”、“动”、“变”、“化”等概念，但二者的思想却不尽相同。后者“诚则形，形则著，著则明，明则动，动则变，变则化”，由内而外，自主自律；而前者则需“唯仁之为守，唯义之为行”，经过一个向外的求索过程，将客观规范内在化，然后才能“诚心守仁则形”，“诚心行义则理”，因而是他律的、由外而内的。荀子对“诚”所作的这种改造，显然是对《诚明》及孟子夸大主观实践能力的否定。他的“唯仁之为守，唯义之为行”可以说是孟子“由仁义行，非行仁义也”的反命题。从这一点看，荀子的思想更接近“自明诚”，而不同于“自诚明”。但在《诚明》那里，“自明诚”是实现“自诚明”的手段，其最终目的还是要发明内在的诚；而荀子则根本否定了“自诚明”，他并非要发明什么内在的“诚”，而是要做到“礼仪之中”。因此，荀子对“诚”的改造并非是无意的，而是明显表现出将中庸与诚明这两种本来对立的思想统一起来的企图，使“诚”成为一种修养方法，为君子的“唯其当”也就是“礼仪之中”服务。而从荀子对“诚”的改造来看，“中庸”与“诚”原来并不是联系在一起的。

另外，与此相关，荀子对《诚明》“不诚无物”的命题也作了改造，抛弃了其中精神体验的神秘成分，而走向经验、实证。学者已经指出，《不苟》篇“天地为大矣，不诚则不能化万物。圣人为知矣，不诚则不能化万民。父子为亲矣，不诚则疏。君上为尊矣，不诚则卑。夫诚者，君子之所守也，而政事之本也，唯所居以其类至”一段，是对今本《中庸》第二十五章“不诚无物。是故君子诚之为贵。诚者，非自成己而已也，所以成物也”所作的解释和阐发，但二者相比，又有很大差别。《诚明》的“成物”是在“参赞天地化育”的意义上说的，因而更具形上意味，而《不苟》则把“诚”看做维护天地、圣人、君臣、父子的手段，显得朴实、平易，更接近日常经验，同时也与前面的“礼仪之中”统一起来，这同样说明，荀子是在试图统一两种不同的思想，而不是征引同一部作品的内容。

需要指出的是，荀子试图将“中庸”与“诚明”统一在一起，并非完全没有根据。因为《中庸》与《诚明》思想上虽然存在着较大分歧，但它们终归同为子思的作品，二者也有可沟通的地方。《诚明》在突出由内而外的“自诚明”的同时，又保留了自外而内的“自明诚”，提出要“博学之，审问之，慎思之，明辨之，笃行之”，而儒家一般所说的“学问”往往是以道德行为等“人事”为内容的，这就多少为作为日用常行的中庸留下了位置。《诚明》有一处提到中庸："尊德性而道问学"，"极高明而道中庸"，可能也正是这个原因。但在《诚明》篇中，其核心是"高明"而不是"中庸"，经过荀子的改造，"道中庸"被大大膨胀起来，而"极高明"却被弱化。而从孟子突出内在的"诚明"却很少谈及外在的"中庸"，荀子改造"诚明"以便统一于"中庸"来看，《中庸》与《诚明》原来是单独存在而非完整的一篇。

附：《中庸》与《诚明》

《中庸》

仲尼曰："君子中庸，小人反中庸，君子之中庸也，君子而时中；小人之反中庸也，小人而无忌惮也。"

子曰："中庸其至矣乎！民鲜能久矣！"

子曰："道之不行也，我知之矣：知者过之，愚者不及也；道之不明也，我知之矣：贤者过之，不肖者不及也。人莫不饮食也，鲜能知味也。"

子曰："道其不行矣夫！"

子曰："舜其大知也与！舜好问而好察迩言，隐恶而扬善，执其两端，用其中于民，其斯以为舜乎！"

子曰："人皆曰予知，驱而纳诸罟擭陷阱之中，而莫之知辟也。人皆曰予知，择乎中庸，而不能期月守也。"

子曰："回之为人也，择乎中庸，得一善，则拳拳服膺弗失之矣。"

子曰："天下国家可均也，爵禄可辞也，白刃可蹈也，中庸不可能也。"

子路问强。子曰："南方之强与？北方之强与？抑而强与？宽柔以教，不报无道，南方之强也，君子居之。衽金革，死而不厌，北方之强也，而强者居之。故君子和而不流，强哉矫！中立而不倚，强哉矫！国有道，不变塞焉，强哉矫！国无道，至死不变，强哉矫！"

子曰："素隐行怪，后世有述焉，吾弗为之矣。君子遵道而行，半涂而废，吾弗能已矣。君子依乎中庸，遁世不见知而不悔，唯圣者能之。

君子之道费而隐。夫妇之愚，可以与知焉，及其至也，虽圣人亦有所不知焉。夫妇之不肖，可以能行焉；及其至也，虽圣人亦有所不能焉。天地之大也，人犹有所憾。故君子语大，天下莫能载焉；语小，天下莫能破焉。《诗》云：'鸢飞戾天，鱼跃于渊。'言其上下察也。君子之道，造端乎夫妇，及其至也，察乎天地。"

子曰："道不远人，人之为道而远人，不可以为道。《诗》云：'伐柯，伐柯，其则不远。'执柯以伐柯，睨而视之，犹以为远。故君子以人治人，改而止。忠恕违道不远，施诸己而不愿，亦勿施于人。君子之道四，丘未能一焉，所求乎子，以事父，未能也；所求乎臣，以事君，未能也；所求乎弟，以事兄，未能也；所求乎朋友，先施之，未能也。庸德之行，庸言之谨；有所不足，不敢不勉，有余不敢尽；言顾行，行顾言，君子胡不慥慥尔！

君子素其位而行，不愿乎其外。素富贵，行乎富贵；素贫贱，行乎贫贱；素夷狄，行乎夷狄；素患难，行乎患难，君子无入而不自得焉。在上位不陵下，在下位不援上，正己而不求于人，则无怨。上不怨天，下不尤人。故君子居易以俟命，小人行险以徼幸。"

子曰："射有似乎君子，失诸正鹄，反求诸其身。君子之道，辟如行远必自迩，辟如登高必自卑。《诗》曰：'妻子好合，如鼓瑟琴。兄弟既翕，和乐且耽。宜尔室家，乐尔妻帑。'"

子曰："父母其顺矣乎！"

子曰："鬼神之为德，其盛矣乎?！视之而弗见，听之而弗闻，体物而不可遗，使天下之人齐明盛服，以承祭祀。洋洋乎如在其上，如在其左右。《诗》曰：'神之格思，不可度思！矧可射思！'夫微之显，诚之不可掩如此夫。"

子曰："舜其大孝也与！德为圣人，尊为天子，富有四海之内。宗庙飨之，子孙保之。故大德必得其位，必得其禄，必得其名，必得其寿。故天之生物，必因其材而笃焉。故栽者培之，倾者覆之。《诗》曰：'嘉乐君子，宪宪令德。宜民宜人，受禄于天。保佑命之，自天申之。'故大德者必受命。"

子曰："无忧者，其惟文王乎！以王季为父，以武王为子，父作之，子述之。武王缵大王、王季、文王之绪，一戎衣而有天下。身不失天下之显名，尊为天子，富有四海之内。宗庙飨之，子孙保之。武王未受命，周公成文、武之德，追王大王、王季，上祀先公以天子之礼。斯礼也，达乎诸侯大夫，及士庶人。父为大夫，子为士，葬以大夫，祭以士。父为士，子为大夫，葬以士，祭以大夫。期之丧，达乎大夫。三年之丧，达乎天子。父母之丧，无贵贱，一也。”

子曰：“武王、周公，其达孝矣乎！夫孝者，善继人之志，善述人之事者也。春秋修其祖庙，陈其宗器，设其裳衣，荐其时食。宗庙之礼，所以序昭穆也。序爵，所以辨贵贱也。序事，所以辨贤也。旅酬下为上，所以逮贱也。燕毛，所以序齿也。践其位，行其礼，奏其乐，敬其所尊，爱其所亲，事死如事生，事亡如事存，孝之至也。郊社之礼，所以事上帝也。宗庙之礼，所以祀乎其先也。明乎郊社之礼、禘尝之义，治国其如示诸掌乎！”

哀公问政。子曰：“文武之政，布在方策。其人存，则其政举；其人亡，则其政息。人道敏政，地道敏树。夫政也者，蒲卢也。故为政在人，取人以身，修身以道，修道以仁。仁者人也。亲亲为大；义者宜也。尊贤为大。亲亲之杀，尊贤之等，礼所生也。在下位不获乎上，民不可得而治矣！故君子不可以不修身；思修身，不可以不事亲；思事亲，不可以不知人，思知人，不可以不知天。

天下之达道五，所以行之者三。曰：君臣也，父子也，夫妇也，昆弟也，朋友之交也，五者天下之达道也。知，仁，勇，三者天下之达德也，所以行之者一也。或生而知之，或学而知之，或困而知之，及其知之，一也。或安而行之，或利而行之，或勉强而行之，及其成功，一也。子曰：好学近乎知，力行近乎仁，知耻近乎勇。知斯三者，则知所以修身；知所以修身，则知所以治人；知所以治人，则知所以治天下国家矣。

凡为天下国家有九经，曰：修身也，尊贤也，亲亲也，敬大臣也，体群臣也，子庶民也，来百工也，柔远人也，怀诸侯也。修身则道立，尊贤则不惑，亲亲则诸父昆弟不怨，敬大臣则不眩，体群臣则士之报礼重，子庶民则百姓劝，来百工则财用足，柔远人则四方归之，怀诸侯则天下畏之。齐明盛服，非礼不动，所以修身也；去谗远色，贱货而贵德，所以劝贤也；尊其位，重其禄，同其好恶，所以劝亲亲也；官盛任使，所以劝大臣也；忠信重禄，所以劝士也；时使薄敛，所以劝百姓也；日省月试，既禀称事，所以劝百工也；送往迎来，嘉善而矜不能，所以柔远人也；继绝世，举废国，治乱持危，朝聘以时，厚往而薄来，所以怀诸侯也。凡为天下国家有九经，所以行之者一也。”

《诚明》

天命之谓性，率性之谓道，修道之谓教。道也者，不可须臾离也，可离非道也。是故君子戒慎乎其所不睹，恐惧乎其所不闻。莫见乎隐，莫显乎微，故君子慎其独也。喜怒哀乐之未发，谓之中；发而皆中节，谓之和。中也者，天下之大本也；和也者，天下之达道也。致中和，天地位焉，万物育焉。

凡事豫则立，不豫则废。言前定则不跲，事前定则不困，行前定则不疚，道前定则不穷。在下位不获乎上，民不可得而治矣。获乎上有道，不信乎朋友，不获乎上矣；信乎朋友有道，不顺乎亲，不信乎朋友矣；顺乎亲有道，反诸身不诚，不顺乎亲矣；诚身有道，不明乎善，不诚乎身矣。

诚者，天之道也；诚之者，人之道也。诚者不勉而中，不思而得，从容中道，圣人也。诚之者，择善而固执之者也。

博学之，审问之，慎思之，明辨之，笃行之。有弗学，学之弗能，弗措也；有弗问，问之弗知，弗措也；有弗思，思之弗得，弗措也；有弗辨，辨之弗明，弗措也；有弗行，行之弗笃，弗措也。人一能之己百之，人十能之己千之。果能此道矣，虽愚必明，虽柔必强。

自诚明，谓之性。自明诚，谓之教。诚则明矣，明则诚矣。

唯天下至诚，为能尽其性；能尽其性，则能尽人之性；能尽人之性，则能尽物之性；能尽物之性，则可以赞天地之化育；可以赞天地之化育，则可以与天地参矣。

其次致曲。曲能有诚，诚则形，形则著，著则明，明则动，动则变，变则化。唯天下至诚为能化。

至诚之道，可以前知。国家将兴，必有祯祥；国家将亡，必有妖孽。

见乎蓍龟，动乎四体。祸福将至，善，必先知之；不善，必先知之。故至诚如神。

诚者自成也，而道自道也。诚者物之终始，不诚无物。是故君子诚之为贵。诚者非自成己而已也，所以成物也。成己，仁也；成物，知也。性之德也，合外内之道也，故时措之宜也。

故至诚无息。不息则久，久则征，征则悠远，悠远则博厚，博厚则高明。博厚，所以载物也；高明，所以覆物也；悠久，所以成物也。博厚配地，高明配天，悠久无疆。如此者，不见而章，不动而变，无为而成。天地之道，可一言而尽也。其为物不贰，则其生物不测。天地之道：博也，厚也，高也，明也，悠也，久也。今夫天，斯昭昭之多，及其无穷也，日月星辰系焉，万物覆焉。今夫地，一撮土之多。及其广厚，载华岳而不重，振河海而不泄，万物载焉。今夫山，一卷石之多，及其广大，草木生之，禽兽居之，宝藏兴焉。今夫水，一勺之多，及其不测，鼋、鼍、蛟龙、鱼鳖生焉，货财殖焉。《诗》云："惟天之命，于穆不已！"盖曰天之所以为天也。"於乎不显，文王之德之纯！"盖曰文王之所以为文也，纯亦不已。

大哉圣人之道！洋洋乎！发育万物，峻极于天。优优大哉！礼仪三百，威仪三千。待其人而后行。故曰：苟不至德，至道不凝焉。故君子尊德性而道问学，致广大而尽精微，极高明而道中庸。温故而知新，敦厚以崇礼。是故居上不骄，为下不倍；国有道，其言足以兴；国无道，其默足以容。《诗》曰："既明且哲，以保其身。"其此之谓与！

子曰："愚而好自用，贱而好自专，生乎今之世，反古之道。如此者，灾及其身者也。"非天子，不议礼，不制度，不考文。今天下车同轨，书同文，行同伦。虽有其位，苟无其德，不敢作礼乐焉；虽有其德，苟无其位，亦不敢作礼乐焉。子曰："吾说夏礼，杞不足征也。吾学殷礼，有宋存焉。吾学周礼，今用之，吾从周。"（此段为衍文，当删去。）

王天下有三重焉，其寡过矣乎！上焉者虽善无征，无征不信，不信民弗从。下焉者虽善不尊，不尊不信，不信民弗从。故君子之道，本诸身，征诸庶民，考诸三王而不缪，建诸天地而不悖，质诸鬼神而无疑，百世以俟圣人而不惑。质诸鬼神而无疑，知天也；百世以俟圣人而不惑，知人也。是故君子动而世为天下道，行而世为天下法，言而世为天下则。远之则有望，近之则不厌。《诗》曰：“在彼无恶，在此无射。庶几夙夜，以永终誉！”君子未有不如此而蚤有誉于天下者也。

仲尼祖述尧舜，宪章文武；上律天时，下袭水土。辟如天地之无不持载，无不覆帱，辟如四时之错行，如日月之代明。万物并育而不相害，道并行而不相悖，小德川流，大德敦化，此天地之这所以为大也。

唯天下至圣，为能聪明睿知，足以有临也；宽裕温柔，足以有容也；发强刚毅，足以有执也；齐庄中正，足以有敬也；文理密察，足以有别也。溥博渊泉，而时出之。溥博如天，渊泉如渊。见而民莫不敬，言而民莫不信，行而民莫不说。是以声名洋溢乎中国，施及蛮貊；舟车所至，人力所通；天之所覆，地之所载，日月所照，霜露所队；凡有血气者，莫不尊亲，故曰配天。

唯天下至诚，为能经纶天下之大经，立天下之大本，知天地之化育。夫焉有所倚？肫肫其仁！渊渊其渊！浩浩其天！苟不固聪明圣知达天德者，其孰能知之？

《诗》曰：“衣锦尚絅”，恶其文之著也。故君子之道，暗然而日章；小人之道，的然而日亡。君子之道，淡而不厌，简而文，温而理，知远之近，知风之自，知微之显，可与入德矣。《诗》云：“潜虽伏矣，亦孔之昭！”故君子内省不疚，无恶于志。君子之所不可及者，其唯人之所不见乎！《诗》云：“相在尔室，尚不愧于屋漏。”故君子不动而敬，不言而信。《诗》曰：“奏假无言，时靡有争。”是故君子不赏而民劝，不怒而民威于铁钺。《诗》曰：“不显惟德！百辟其刑之。”是故君子笃恭而天下平。《诗》云：“予怀明德，不大声以色。”子曰：“声色之于以化民，末也。”《诗》曰：“德輶如毛。”毛犹有伦。“上天之载，无声无臭。”至矣！

第三节 郭店竹简与“君子慎独”

简帛《五行》出土后，其中有关“慎独”的内容引起学者的兴趣和关注，考虑到《大学》、《中庸》中也存在着一个慎独，它便成为思孟学派研究中的一个重要问题。在以往研究中，学者往往侧重于《五行》与《大学》、《中庸》慎独的差别，并以此为线索来了解慎独含义的发展变化。其实，简帛《五行》的意义还在于，它为我们理解慎独的原意提供了重要的资料，并由此澄清以往的某些错误认识。与前者相比，后者可能更为重要。

（一）慎独即“诚其意”

简帛《五行》出土前，人们一般把慎独理解为“在独处无人注意时，自己的行为也要谨慎不苟”[①]，或“在独处时能谨慎不苟”[②]。这一看法源于郑玄对《中庸》的注解，在《中庸》“故君子慎其独也”一语后，郑玄注曰：“慎独者，慎其闲居之所为。小人于隐者动作言语自以为不见睹、不见闻，则必肆尽其情也。若有占听之者，是为显见，甚于众人之中为之。”在他看来，当个人独居、独处时，由于舆论压力的暂时取消，道德品质不好的人往往容易偏离道德规范的约束，作出平时不敢做出的事情来。所谓慎独，就是要求人们在独处之际，仍能保持道德操守，独善其身。郑玄这个理解，合乎逻辑，文字上也讲得通顺，千百年来被广泛接受，很少有人表示怀疑。然而，上个世纪七十年代出土的马王堆帛书《五行》经传和九十年代出土的郭店竹简《五行》，都提到一个慎独，其内容却与人们以往的理解大相径庭。其文云：

> “鸤鸠在桑，其子七兮。淑人君子，其仪一兮。”能为一，然

---

① 《辞海》，上册，1637页，北京，中华书局辞海编辑所，1965。

② 《辞源》，624页，北京，商务印书馆，1997。

后能为君子，君子慎其独也。（第八章）

对于这个慎独，传文的解释是："能为一者，言能以多为一；以多为一也者，言能以夫五为一也。""慎其独也者，言舍夫五而慎其心之谓也。独然后一，一也者，夫五为□（疑为"一"）心也，然后得之。"这里所说的"五"，是指"仁义礼智圣"，按照《五行》的规定，它是五种"形于内"的"德之行"。在《五行》的作者看来，仁义礼智圣虽然"形于内"、形成于内心，但它还有"多"的嫌疑，还没有真正统一于心，故需要舍弃仁义礼智圣形式上的外在差别，将其看做一个有机整体，使其真正统一于内心，故说"一也者，夫五为一心也"。因此，这里的慎独实际是指内心的专注、专一，具体讲，是指内心专注于仁义礼智圣五种"德之行"的状态。《五行》又说：

"燕燕于飞，差池其羽。之子于归，远送于野。瞻望弗及，泣涕如雨。"能差池其羽，然后能至哀。君子慎其独也。（同上）

传文的解释是："差池者，言不在衰绖。不在衰绖也，然后能至哀。夫丧，正绖修领而哀杀矣，言至内者之不在外也，是之谓独。独也者，舍体也。"世间的事情往往是这样，当人们过分关注外在的形式，内心的真情反而无法自然表达，所以真正懂得丧礼的人能够超越丧服（衰绖）的外在形式，而关注内心的真情，"言至内者之不在外也"。在传文作者看来，这即是"独"，也即是"舍体"。所谓"舍体"，即舍弃身体感官对外物的知觉、感受，回到内在的意志、意念。所以慎独的"独"并非空间上的独居、独处，而是心理上的"未发"或未与外物接触，指内心的意志、意念。"独"的这种含义也见于先秦典籍之中，如《庄子·大宗师》说：

三日而后能外天下；已外天下矣，吾又守之，七日而后能外物；已外物矣，吾又守之，九日而后能外生；已外生矣，而后能朝彻；朝彻而后能见独；见独而后能无古今；无古今而后能入于不死不生。

庄子所描绘的“见独”颇类似于现象学中的先验还原，即舍弃对世界的自然态度和固有看法，回到纯粹的先验意识，“见独”即发现内在、先验的心理状态。这里的“独”与《五行》一样，都是在“舍体”的意义上使用的。所以庄子的“见独”与儒家的慎独虽然在内容上有所不同，但就二者是指内心的精神状态而言，则是一致的，这种一致性显然是建立在他们对“独”的共同理解之上。“独”也可以做动词，作“内”讲。《五行》传文解释“君子之为德也，有与始，无与终”（第九章）一句时说：“有与始者，言与其体始；无与终者，言舍其体而独其心也。”这里的“独”即作“内”讲，“独其心”即内其心。“内心”的说法也见于先秦典籍，并与慎独联系在一起，如《礼记·礼器》说：

> 礼之以少为贵者，以其内心者也。德产之致也精微，观天下之物，无可以称其德者，如此则得不以少为贵乎？是故君子慎其独也。

对于“内心”，郑玄的注释是“用心于内，尚其德在内”。《礼器》以“内心”理解慎独，与《五行》显然是一致的，这应该即是慎独的本来含义。那么，到底什么是慎独呢?《尔雅》云：“慎，诚也。”而据《五行》传文，独是指“舍体”，也即内在的意志、意念，故慎独即是诚其意。只不过慎独在当时已成为一个专用名词，其内涵已广为人知，所以人们往往从不同角度对其进行解释和说明，如《五行》的“能为一”、《礼器》的“内心”，等等。但不论是“能为一”还是“内心”，其实都是指诚其意，只是具体表述上有所不同而已。

（二）《大学》朱注质疑

《五行》中的慎独是指“能为一”或“诚其意”，这显然与以往人们对《大学》、《中庸》慎独的理解有所不同。那么，如何看待这种差别呢？学术界一般认为，它们乃是两种不同的慎独，并征引其他文献，认为先秦文献中，慎独具有不同的含义。这种解释在暂时缓解了已出现的矛盾的同时，却在我们内心留下更大的疑团。因为《五行》乃出于子思学派，这为多数学者所认可，而《中庸》又是子思所作，那么，为什么在同一学派甚至是同一个人的作品中，会出现两种不同的慎独呢？古代思想家往往会在不同的角度使用同一概念，但却很少会赋予同一个概念以不同的内涵，所以两种慎独的说法很难讲得通。看来，郑玄以来人们对慎独的理解可能存在问题，有必要对其重新作出检讨。先看《大学》中的慎独：

> 所谓诚其意者：毋自欺也，如恶恶臭，如好好色，此之谓自谦，故君子必慎其独也。小人闲居为不善，无所不至，见君子而后厌然，掩其不善，而著其善。人之视己，如见其肺肝然，则何益矣。此谓诚于中，形于外，故君子必慎其独也。

这里出现两个"故君子必慎其独也"，前一个"慎其独"是对"诚其意"而言，显然是指内心的精神状态，而与独居、独处没有关系；后一个"慎其独"前，由于有"小人闲居为不善"一段，容易使人产生误解，二者关系如何，是理解这段文字的关键。朱熹的解释是："闲居，独处也……此言小人阴为不善，而阳欲掩之，则是非不知善之当为与恶之当去也；但不能实用其力以至此耳。然欲掩其恶而卒不可掩，欲诈为善而卒不可诈，则亦何益之有哉！此君子所以重以为戒，而必谨其独也。"[①] 按照朱熹的理解，这段话是说，小人独自一人的时候，常常干出不好的事情来。然而，从他见到君子后试图掩盖自己恶行来看，他并非不知道应该为善去恶，只是一到一人独处，无人监督时，便故态萌发，无力做到这一点。然而，既然伪装并不能真正掩盖自己，那么就应当引以为戒，"慎其独"，过好独居这一关。但稍一留意就可发现，朱熹的解释并不正确。在原文中，"小人闲居为不善"并不是"慎其独"的直接原因，而是要说明"诚于中，形于外"。它是说，小人平时喜欢做不好的事情，当他见到君子后，却试图伪装自己，"掩其不善，而著其善"。然而，人们的内心与外表往往是一致的，平时不好的意念、想法总能在行为中表现出来，"人之视己，如见其

① 朱熹：《大学章句》，见《四书集注》，7页。

肺肝然”，勉强在形迹上伪装是伪装不了的，只有“诚于中”，才能“形于外”，所以“慎独”必须落实在“诚于中”上。因此，这里并不是说，因为“小人闲居为不善”而要“慎其独”，而是说因为“诚于中，形于外”所以才要“慎其独”，而“小人闲居为不善”不过是作为一个例子，用以说明“诚于中，形于外”这个事实。所以后面的“慎其独”应当与前面一样，也是指“诚其意”，指内心的精神状态，而与独居、独处没有什么关系。

不仅如此，下文接着说“曾子曰：‘十目所视，十手所指，其严乎！’富润屋，德润身，心广体胖，故君子必诚其意”。朱熹对此的解释是：“言虽幽独之中，而其善恶之不可掩如此。可畏之甚也。”这个理解更有问题。“十目所视，十指所指”明明是大庭广众，是舆论关注的焦点，怎么能说是“幽独之中”呢？上面这段话实际是说，我们的内在的意志、意念一旦表现出来，就会受到大众舆论的监督、评判，所以更应慎独，更应“诚其意”，它与独居、独处不仅没有关系，而且意思正好相反。朱熹由于把“闲居”理解为“独居”，先入为主，结果造成误解。其实，在先秦文献中，闲居也并不完全是指“独居”，如“孔子闲居，子夏侍”（《礼记·孔子闲居》）。既然有人“侍”，显然就不是独居了。所以，文中的“闲居”应当理解为闲暇而居，或平时而居，从上文的内容来看，这样理解可能更合适。

根据上面的分析，《大学》中的慎独主要是对“诚其意”而言，它表现为前后相续的两个阶段：首先是“诚”对意志念念相续的持守、把持，是真实无妄的内心状态；其次是在“诚其意”的基础上而“诚于中，形于外”，表现为外在的道德行为。在这两个阶段均没有提到独居、独处，相反，它强调在“形于外”的状态下，由于人们的行为暴露在大庭广众之下，受到舆论广泛关注，所以更应该在平时“诚其意”，“慎其独”。朱熹把慎独的“独”理解为：“独者，人所不知而己所独知之地也。”又在注文中略去了“诚于中，形于外”一句，致使原文的含义发生变化。朱熹为何这样理解，可以进一步讨论[①]，但有一点可以肯定，由于朱熹《大学章句》

---

① 从朱熹与弟子的讨论中看，他对慎独的理解也是十分灵活的，如“问：谨独莫只是十目所视，十手所指处也，与那暗室不欺时一般否？”先生是之。又云：“这独也又不是恁地独时，如与众人对坐，自心中发一念，或正或不正，此亦是独处。”见《朱子四书语类》，983页，上海，上海古籍出版社，1992。

的广泛影响，进一步造成人们对慎独的误解。

（三）《中庸》慎独辨正

既然《大学》中的慎独与独居、独处没有关系，那么，《中庸》慎独的内容又如何呢？历史上《大学》、《中庸》往往被看做具有密切的联系，郑玄、朱熹注释经文时对二者的内容也做了相互参考。因此，《中庸》中慎独的本意如何便显得十分重要。《中庸》首章云：

> 天命之谓性，率性之谓道，修道之谓教。道也者，不可须臾离也，可离非道也。是故君子戒慎乎其所不睹，恐惧乎其所不闻；莫见乎隐，莫显乎微，故君子慎其独也。

这段文字中，作者提出“道也者，不可须臾离也，可离非道也”，下面“故君子戒慎乎其所不睹，恐惧乎其所不闻”、“故君子慎其独也”均是对此的进一步说明，因此，这里的“道”具体是指什么，便成为理解慎独的关键。由于本段以下，文章接着讨论中庸，又有“仲尼曰：君子中庸，小人反中庸，君子之中庸也，君子而时中；小人之反中庸也，小人而无忌惮也”等论述，往往使人们容易认为这里的“道”是指中庸之道，或至少与中庸有关，而慎独就是指在独居时谨慎其所为。但是根据我们前面的论证，今本《中庸》实际包括两个部分，从第二章到第二十章上半段“所以行之者一也”为一个部分，第一章以及第二十章“凡事豫则立”以下为另一部分；前一部分主要谈论中庸，后一部分主要谈论诚明，它们被编纂在一起乃是后来的事情。所以第一章“道也者，不可须臾离也”的“道”，不应是第二章以下，而应是第二十章以下所谈论的道，也即是第二十章“诚者，天之道”的道，第二十一章“诚者自成也，而道自道也”的道，是指诚而言。“道也者，不可须臾离也”就是要时时保持内心的诚，它与《大学》的“诚其意”实际是一个意思。

如果说，上面关于《中庸》慎独内容的讨论，主要还是建立在文本的分析和理解之上，多少带有推测的话，那么，我们不妨再来看先秦及汉代典籍中与《中庸》有关的内容，进一步说明《中庸》中的慎独确实是对诚而言。《荀子·不苟》云：

> 君子养心莫善于诚，致诚则无它事矣……君子至德，嘿然而喻，未施而亲，不怒而威，夫此顺命，以慎其独者也。善之为道者，不诚则不独，不独则不形，不形则虽作于心，见于色，出于言，民犹若未从也，虽从必疑。天地为大矣，不诚则不能化万物。圣人为知矣，不诚则不能化万民。

有学者已经指出，《荀子·不苟》的这段文字与《中庸》存在密切的关系，有些字句明显就是抄自《中庸》，所以荀子虽然对思孟持批判态度，但也曾受到思孟的影响，《不苟》篇正是这一思想的反映。既然荀子曾看到《中庸》并受其影响，那么，他对慎独的理解，便自然能反映出慎独的本来含义。荀子认为"不诚则不独"，说明他是从内在的"诚"来理解"慎独"的。在他看来，慎独是诚所达到的一种精神状态，而与外在的行为举止关系不大，所以说"君子至德，嘿然而喻，未施而亲，不怒而威，夫此顺命，以慎其独者也"。相反，只要慎独，保持内心的诚，就可以做到"化万物"、"化万民"，一切矛盾都可以迎刃而解。荀子把慎独看做是内心的诚，与《五行》的思想比较接近，而与郑玄以来的理解有很大不同。荀子的时代，可能《中庸》与《诚明》还没有被编纂在一起，文章原有的理路是清楚的，所以他的理解应该更符合慎独的本义。而到了郑玄时，由于原来的结构已被打乱，"慎独"与第二章以下的"中庸"被联系在一起，意思也从"不诚则不独"变为"慎其闲居所为"，造成人们的误解。如果说《荀子》还不够说服力的话，那么，我们不妨再来看刘向《说苑·敬慎》的一段材料：

> 存亡祸福，其要在身，圣人重诚，敬慎所忽。《中庸》曰："莫见乎隐，莫显乎微；故君子能慎其独也。"谚曰："诚无垢，思无辱。"夫不诚不思而以存身全国者亦难矣。《诗》曰："战战兢兢，如临深渊，如履薄冰。"此之谓也。

这里明确提到《中庸》，说明它谈论的正是《中庸》中的慎独。然而值得注意的是，这里虽然只引了与独居、独处有关的“莫见乎隐，莫显乎微”一句，而略去了前面的“道也者，不可须臾离也”，但在下面接着引时谚曰：“诚无垢，思无辱。”又说“夫不诚不思而以存身全国者亦难矣”，这说明《中庸》中的慎独主要作诚讲，乃是当时人所共知的事实，同时也说明我们对《中庸》文本的分析，是确实能够成立的。

因此，《中庸》中的慎独实际同《大学》一样，都是指内心的专一，指内心的诚及外在表现，而与“小人闲居为不善”根本没有关系。所不同的是，《中庸》不是强调大庭广众对慎独的影响，而是提出“莫见乎隐，莫显乎微”，认为在“隐，暗处”（朱熹语）也即独居、独处时个人的修养更为重要，更需戒慎恐惧，“诚其意”。不过，这里虽然提到独居、独处，但它同《大学》的大庭广众一样，均是对慎独的强调和说明，而慎独的主要含义仍然是指“不可离”“道”也即“诚其意”，而不是什么“慎其闲居之所为”。郑玄由于受今本《中庸》的影响，把“诚其意”的内在精神修养理解为“慎其闲居之所为”的外在行为，把作为内在精神的“独”理解为外在的独居、独处，使慎独的含义发生根本改变。而朱熹虽然注意到慎独“诚其意”的一面，并将其分为“未发”、“已发”两个阶段，但由于他把慎独的“独”理解为“人所不知而己所独知之地”，而在已发的状态下，这种“独”只能是指独居、独处，所以与慎独的本义仍然存在距离。[①]

由此我们发现了慎独的本义，找到了它们的内在联系。因此，并非如学者所主张的，《五行》与《大学》、《中庸》是两种不同的慎独，而是在同一个慎独的基本内涵下，存在不同的侧重和差别而已。这种差别首先表现在，虽然都是指内心的专一，指内心的真实状态，但《大学》、《中庸》中的慎独是对“诚”而言，而《五行》则是对“仁义礼智圣”，但根据《五行》的规定，“德之行五和，谓之德”（第一章），“形于内”的五行也就是一种内心之德，它与“诚”在精神实质上仍是一致的。其次，这种差别还表现在，《大学》、《中庸》在强调“诚其意”的同时，还注意到特殊景况对慎独的影响，如《大学》的“十目所视，十手所指”，《中庸》的

① 关于朱熹对于慎独的理解，可参阅拙文：《朱熹对“慎独”的误读及其在经学诠释中的意义》，载《哲学研究》，2003（3）。

“莫见乎隐，莫显乎微”，而《五行》则只提到“能为一”，或者说它综括了前者的两个方面。再次，《大学》、《中庸》在强调精神专一的同时，还注意到慎独的外在效果，《大学》所谓“诚于中，形于外”，《中庸》“笃恭而天下平”等，而《五行》则将慎独更加精神化、内在化了。《大学》、《中庸》与《五行》慎独的差别，反映古代学术思想的变化，使人们对慎独有了一个更具体、深入的了解；但这种差别乃是学派内部的差别，是同中之异，在都是指内心的诚、指内心的专一这一点上，它们则是一致的。所以根据《大学》、《中庸》、《五行》等篇的内容，我们可以将慎独理解为：不论在独处还是在大庭广众之下，均应“诚其意”，保持内心的诚，保持内心的专一。

第六章

思孟学派的完成：孟子学派研究（上）

第一节　孟子“四心”说的形成及其意义

“四心”说是孟子思想的一个重要内容，也是他对儒学理论的一个重要贡献。孟子的性善论、仁义论、仁政论等都与“四心”说有关，是围绕“四心”说展开的。可以说，“四心”说的提出，才真正标志着孟子思想的成熟。但在以往的研究中，人们对“四心”说形成的背景及时间这样重要的问题却很少涉及，与孟子研究文献汗牛充栋的现象形成强烈的反差，这不能不说是一个缺憾。有鉴于此，本节将首先对此问题作一讨论。

（一）孟子、告子辩论时间、地点的推测

孟子的“四心”是指：恻隐之心，羞恶之心，辞让之心，是非之心。孟子认为恻隐、羞恶、辞让、是非之心与仁义礼智存在密切联系，仁义礼智即来自恻隐、羞恶、辞让、是非之心。《孟子》一书中共有两章谈到“四心”：一是在《公孙丑上》，为一般性的论述，没有涉及“四心”说形成的背景和原因；二是在《告子上》，其文说：

公都子曰：“告子曰：性无善无不善也。或曰：性可以为善，

> 可以为不善。是故文武兴，则民好善；幽厉兴，则民好暴。或曰：有性善，有性不善。是故以尧为君而有象；以瞽叟为父而有舜；以纣为兄之子，且以为君，而有微子启、王子比干。今曰性善，然则彼皆非与?”
>
> 孟子曰：“乃若其情，则可以为善矣，乃所谓善也。若夫为不善，非才之罪也。恻隐之心，人皆有之；羞恶之心，人皆有之；恭敬之心，人皆有之；是非之心，人皆有之。恻隐之心，仁也；羞恶之心，义也；恭敬之心，礼也；是非之心，智也。仁义礼智，非由外铄我也，我固有之也，弗思耳矣。故曰：‘求则得之，舍则失之。’或相倍蓰而无算者，不能尽其才者也。”

从这次谈话看，孟子提出“四心”说同当时人性善恶的争论、尤其是同告子的辩论密切相关。孟子主张性善论，故提出“四心”说予以论证，同时对告子等人的观点进行批驳。那么，孟子与告子辩论是在什么时间？这无疑是我们讨论“四心”说时首先要回答的问题。现在学者多认为这次辩论是在孟子首次到齐国时，时间大概是在齐威王二十七年（公元前 330 年）左右，如张秉楠说：“这场人性问题的争论当发生在齐国。其时间亦当在孟子来齐之初。因为告子亦为稷下早期学者，他的人性论和另外几种人性理论在当时较有影响，重视人性之辩的孟子一到齐国稷下，就不可能不对这个问题表明自己的态度。”① 我们认为这一看法基本可取，下面再作几点补充：

首先，是告子的身份。张秉楠认为告子是齐国稷下先生，是根据郭沫若的说法。郭沫若曾将告子“不得于言，勿求于心；不得于心，勿求于气”（《孟子·公孙丑上》）的修养方法与宋钘、尹文作比较，认为告子的这两句话“分明就是《内业》篇所说的‘不以物乱官，不以官乱心’”，是对后者的发挥改造。因此，“告子也是一位宋钘、尹文派的学者”②。而宋钘、尹文是著名的齐国稷下先生，二人均长期活动于稷下，告子受到他们二人的影响，也应该到过齐国，孟子与他在齐国会面十分自然。另外，告

① 张秉楠：《稷下钩沉》，289 页，上海，上海古籍出版社，1991。
② 郭沫若：《十批判书·稷下黄老学派的批判》，167 页。

子的思想特点也反映出他是稷下学者。稷下学者的一个特点是博采众家之长，融合儒、墨、道、法等不同思想。告子的思想也具有这一特点。据《墨子·公孟》篇，告子曾为墨子弟子，但他却“毁墨行”，对墨子提出批评；他曾与孟子辩论人性善恶，却不否定仁义；他又受到道家的影响，表现出道家的思想倾向，可以说是“非儒非墨或亦儒亦墨”[①]。根据告子的思想倾向，认为他是一名稷下学者完全可能。

其次，从孟子的游历来看，他与告子在齐国会面可能性最大。《史记·孟轲荀卿列传》关于孟子的记录十分简略，只提到他曾来到过齐国、魏国，且多有错误。但自宋元以来，不断有学者对孟子的生平进行考订，特别是经过清代及现代学者的努力，现在大致已经弄清楚孟子生平活动。[②]孟子出生于公元前 372 年（周烈王四年）左右，40 岁以前主要在邹鲁一带活动，40 岁以后开始在诸侯国间游历，先后来到过齐国、宋国、滕国、魏国。其中，曾分别在齐威王、齐宣王时两次来到齐国，先后停留八年之久。而在宋国、魏国分别只有两年，在滕国也不过三四年。孟子既然在齐国停留的时间最长，他与告子在此相遇的可能性也最大。

再次，更重要的，齐国稷下学宫是战国时期学术研究、文化交流中心，是学者云集的重要场所。由于齐国采取开放的思想文化政策，许多著名学者，如淳于髡、田骈、宋钘、慎到、环渊、捷子、季真、邹衍、邹奭、田巴、王斗等都曾来到稷下，上说下教，争鸣驳难，呈现出百家争鸣的生动局面。虽然礼贤下士是战国时期的普遍现象，孟子曾经到过的滕国、魏国也都有过设官开馆、招徕人才的事例，但影响与规模均无法同齐国相比。孟子来到齐国时正是稷下学宫的繁荣时期，所以他在这里与告子相遇并展开辩论是完全可能的。

既然孟子与告子的辩论最有可能发生在齐国，那么，这次辩论是在孟子第一次来齐国的齐威王时，还是第二次来齐国的齐宣王时呢？在没有旁证材料的情况下，我们不妨通过孟子和告子的年龄作一大致推断。孟子的

---

① 庞朴：《告子小探》，载《文史》，第 1 辑，北京，中华书局，1962 年。

② 有关孟子年谱，较早的有元代程复心的《孟子（轲）年谱》，较著名的则有阎若璩《孟子生卒年月考》、周广业《孟子四考》、狄子奇《孟子编年》、崔述《孟子事实考》及近人钱穆《先秦诸子系年》、罗根泽《孟子传论》（见所著《诸子考索》，人民出版社，1958）等。

年龄前人多有考证，比较普遍的看法是孟子约生于公元前 372 年，卒于公元前 289 年，约活了 83 岁。[①] 而告子在《孟子》一书只有了了几笔，仅凭此尚无法确定其准确年龄。然而庆幸的是，《墨子・公孟》篇中也有一个告子，据学者考证，他与《孟子》中的告子实为同一人[②]：

> 二三子复于子墨子曰："告子曰：'（墨子）言义而行甚恶。'请弃之！"子墨子曰："不可。称我言以毁我行，愈于亡。有人于此，翟甚不仁，尊天事鬼爱人，甚不仁，独愈于亡也。今告子言谈甚辨，言仁义而不吾毁。告子毁，犹愈亡也。"
>
> 二三子复于子墨子曰："告子胜为仁。"子墨子曰："未必然也。告子为仁，譬犹跂以为长，隐以为广，不可久也。"
>
> 告子谓子墨子曰："我治国为政。"子墨子曰："政者，口言之，身必行之。今子口言之，而身不行，是子之身乱也。子不能治子之身，恶能治国政？子姑亡，子之身乱之矣。"

根据《公孟》篇的记载，告子曾上及见墨子[③]，从他敢于批评墨子及墨门弟子称其"胜为仁"等情况来看，他在墨门有一定的影响。墨子去世时，他至少也当在 20 岁左右。前人考订墨子的年代约为公元前 468 年至前 387 年[④]，则告子当出生于公元前 407 年左右。孟子首次到齐国的时间，钱穆认为在齐威王二十四年（公元前 333 年）前[⑤]，狄子奇《孟子编年》则列于齐威王二十八年（公元前 329），虽相差四年，但关系不大，今暂从狄氏之说。则孟子到齐国时已约 43 岁，而告子为 78 岁。孟子第二次来齐国约

---

① 此说最早由元代程复心《孟子年谱》提出，孟子生卒另有几种说法，大致有十年出入，但对我们这里的讨论影响不大，故不一一列出。

② 参见郭沫若：《青铜时代・宋钘尹文遗著考》、《十批判书・名辩思潮批判》；钱穆：《先秦诸子系年考辨・孟子弟子通考》；庞朴：《告子小探》。其中以庞朴考辨最为详尽。

③ 赵岐在《孟子注》中说告子"兼治儒墨之道"，当亦指此而言，但他认为告子为孟子弟子，则有误。显然，他并未曾对告子详加考订，只是想其当然。

④ 参见孙诒让：《墨子闲诂・墨子后语上》，见《诸子集成》，第 4 册。

⑤ 参见钱穆：《先秦诸子系年・孟子在齐威王时先已游秦考》，314～317 页。

为齐宣王二年（公元前318年）①，此时孟子约五十四岁，而告子已年近九十，可谓垂垂老矣。因此从年龄上看，孟子第一次到齐国与告子相遇的可能性较大，若说孟子第二次到齐国才与年近九十的告子辩论，似乎很难讲得通。由此我们可以知道，这场先秦思想史上的著名辩论原来是在壮年的孟子与暮年的告子之间展开的，孟子的能言善辩、咄咄逼人与告子的反应迟钝正是这一背景的反映。虽然对这场辩论的地点、时间我们只能做出大致的推断②，但从孟子、告子的年龄关系来看，它应当发生在孟子周游诸侯的早期则是可以肯定的，这对我们下面的讨论已经足够了。

（二）孟子、告子辩论内容的分析

孟子、告子辩论时，“四心”说是否已经形成了呢？以往人们往往根据《孟子·告子上》“公都子曰”章，认为“四心”说是针对告子提出来的，在孟、告辩论时这一思想已经形成。情况果真如此吗？那么，首先还是让我们对孟、告辩论的内容作一番分析。从《告子上》的记载来看，孟子与告子的辩论主要包括三个方面的内容：一、“生之谓性”。二、“仁内义外”。三、“人性善恶”。这三个问题又存在着相互联系，其核心则是“仁内义外”的问题。

其中，“生之谓性”的问题我们将在下一节详细讨论，此不赘述。先来看“仁内义外”。

> 告子曰：“食色，性也。仁，内也，非外也；义，外也，非内也。”
>
> 孟子曰：“何以谓仁内义外也？”
>
> 曰：“彼长而我长之，非有长于我也；犹彼白而我白之，从其白于外也，故谓之外也。”

---

① 《孟子·尽心上》“齐宣王欲短丧”，则孟子到齐国时，齐宣王即位不久，故孟子这次到齐国的时间分歧较少。参见狄子奇《孟子编年》，钱穆《先秦诸子系年·孟子自梁返齐考》。

② 孙以楷曾指出，《孟子·告子上》“牛山之木尝美矣”的牛山位于齐国附近，以此推断孟子、告子的辩论是在齐国，但“牛山之木”一章是否即是孟子与告子的谈话，尚不能肯定，故仍只能是推测。见所著《稷下人物考辨》，载《齐鲁学刊》，1983（2）。

曰："［异于］白马之白也，无以异于白人之白也；不识长马之长也，无以异于长人之长与？且谓长者义乎？长之者义乎？"

曰："吾弟则爱之，秦人之弟则不爱也，是以我为悦者也，故谓之内。长楚人之长，亦长吾之长，是以长为悦者也，故谓之外也。"

曰："嗜秦人之炙，无以异于嗜吾炙，夫物则亦有然者也，然则嗜炙亦有外欤？"（《告子上》）

"仁内义外"与"生之谓性"一样，是当时学术界普遍关注的问题。除《孟子·告子上》章外，《管子·戒篇》、《墨子·经下》都谈到"仁内义外"。而郭店竹简的发现，使我们更清楚认识到"仁内义外"曾经是孟子以前儒家学者普遍接受的观念。① 按照这种观念，有些道德意识和原则是人内心具有的，例如仁；而有些则是由外部规定的，例如义。两种道德意识和原则虽有所不同，但在人的成德过程中具有同等的地位和作用。告子的"仁内义外"则与此有所不同，他更强调仁、义的相互对立和冲突。在他看来，因为一个人年长，我去尊敬他，这种尊敬不是发自内心的，就像我们称一个东西为白色的，是因为它的外表是白色的一样，所以说是外在的。对于告子的这一看法，孟子进行了批驳。在他看来，告子用白色是外在的来说明"义外"是不恰当的，白马的白和白人的白可能没有什么不同，但对马和人的怜悯心则是不同的，如果告子主张"义外"，那么，他所说的义是存在于老者呢？还是存在于恭敬老者的人呢？显然，孟子的意思是说，如果说义是外在的，那么，对马的怜悯之心难道不是来自于人而是取决于马吗？对于孟子的质疑，告子则指出"吾弟则爱之，秦人之弟则不爱也"，表明自己所说的"仁内义外"是针对人而言，不应和禽兽轻易混同在一起。同样是针对人，爱也是不同的，我的兄弟便爱他，这是我发自内心的，所以说是"内"的；而恭敬楚国的老者，也恭敬乡里的老者，这是因为他处在老者地位的缘故，但不一定是发自我内心的，所以说是"外"的。可以看出，告子是从血缘情感来理解仁的，认为对自己亲属的

① 《郭店楚墓竹简》中《六德》、《语丛一》等均提到"仁内义外"，学者对此已有涉及，但更为深入的讨论尚有待进行。

爱是内在的，同时他把义理解为对外人的义务，认为这种义是外在的，不是发自内心的。对于告子的问题，孟子以“嗜炙”之心进行了论证。他认为喜欢吃秦人的肉和吃自己的肉没有什么区别，这说明喜欢吃肉之心是内在的，由此类推，仁、义也是内在的，不可能是外在的。如果认为仁、义是外在的，岂不是认为喜欢吃肉之心也是由外在引起的？但孟子的这个比喻是缺乏说服力的，因为喜欢吃肉也完全可以看做是由外在的肉引起的，从这个角度看，正好可以说明告子的观点。而且喜欢吃秦人的肉，同样喜欢吃自己的肉，前提条件必须是两种肉没有差别。否则，“嗜炙”之心便会不一样，而告子主张义外，正是针对不同的对象——“秦人之弟”与“吾弟”——而言的。所以，孟子的论证不具有说服力。《告子上》篇中还记载有“仁内义外”的一次讨论，孟子的论述同样是失败的：

> 孟季子问公都子曰：“何以谓义内也？”曰：“行吾敬，故谓之内也。”“乡人长于伯兄一岁，则谁敬？”曰：“敬兄。”“酌则谁先？”曰：“先酌乡人。”“所敬在此，所长在彼，果在外，非由内也。”
>
> 公都子不能答，以告孟子。孟子曰：“敬叔父乎？敬弟乎？彼将曰：‘敬叔父。’曰：‘弟为尸，则谁敬？’彼将曰：‘敬弟。’子曰：‘恶在其敬叔父也？’彼将曰：‘在位故也。’子亦曰：‘在位故也。庸敬在兄，斯须之敬在乡人。’”
>
> 季子闻之，曰：“敬叔父则敬，敬弟则敬，果在外，非由内也。”公都子曰：“冬日则饮汤，夏日则饮水，然则饮食亦在外也？”

这场辩论可能与上面的辩论时间相差不久。公都子受老师孟子的影响，主张“义内”说，故孟季子提出疑问，让他解释什么是“义内”。公都子认为恭敬是从我内心发出的，所以说是“内”。而孟季子则以平时从内心恭敬自己的兄弟，而在一块饮酒时却要先给同乡年长者斟酒为例，说明“义”并不都是从内心发出来的，有时也可以是由外在原因决定的，故说是“义外”。对于孟季子的质问，公都子无法回答，只好向孟子请教。

孟子的回答是，先向年长的乡人敬酒，是因为乡人处在受恭敬的地位，“在位故也”，这就像内心本来是先恭敬叔父，后恭敬兄弟，但当兄弟作为受祭的尸主时，则需先恭敬兄弟一样。猛一看孟子的陈述，很难搞清他是在论证“义内”还是在论证“义外”，因为，“在位故也”不正说明义是外在的吗？孟子这样回答，可能是为了解释孟季子“所敬在此，所长在彼”的疑问，但这实际上已承认了义是外在的。对于孟季子来说，他当然不只是想要知道为什么会“所敬在此，所长在彼”，而是想要知道如何能从“义内”说明“所敬在此，所长在彼”。孟子的这个回答显然难以让人满意，且有帮对方立论的嫌疑，所以在听了公都子的转述后，孟季子马上表示“果在外，非在内也”，认为孟子实际是论证了自己的观点。对此，公都子只好重弹“饮食亦在外乎”的老调，而我们在前面已经说明，这种类比本身就是缺乏说服力的。

以上分析可知，在与告子辩论时，孟子尚不能对其观点作出反驳。出现这种情况并不奇怪，因为“仁内义外”说曾经是儒家学者普遍接受的观点，是宗法血缘伦理的特殊表现形态。郭店竹简《六德》篇说：“仁，内也；义，外也……门内之治恩掩义，门外之治义斩恩。”就是认为仁是处理家族内部事物与关系的原则，义是处理家族之外事物与关系的原则，故在处理家族内部事物时，要“恩掩义”，仁重于义；处理家族之外事物时，则要“义斩恩”，为义牺牲仁。这样的原则显然是孟子自己也承认和接受的，只不过告子以一种特殊的表述方式将“仁内”与“义外”之间所蕴含的矛盾凸现出来，使孟子意识到，仁、义虽然作为具体的伦理原则，可以有不同的伦理对象，但必须肯定它们有共同的来源，是“内”而不是“外”的。但这一探索过程是逐步完成的，在与告子辩论时，孟子的“四心”说尚未形成，故他在辩论中时有类推不当、偷换命题的错误。后来，随着“四心”说的形成，他才以“羞恶”、“辞让”等不同于宗法血缘情感的更为普遍的人类情感对人的道德实践活动进行了说明、论证，以“辞让之心，义也”的命题，说明作为道德准则的“义”乃是植根于人的“辞让之心”中，是“内”而不是“外”的。同时又提出“居仁由义”，论证了“仁义内在”，这时，他才在理论上真正对“义外”说作出有力批驳，同时将先秦儒学理论发展到一个新的阶段。除了以上问题外，孟子还与告子就人性善恶问题进行了讨论。

> 告子曰："性犹杞柳也，义犹桮棬也；以人性为仁义，犹以杞柳为桮棬。"
>
> 孟子曰："子能顺杞柳之性而以为桮棬乎？将戕贼杞柳而后以为桮棬也？如将戕贼杞柳而以为桮棬，则亦将戕贼人以为仁义与？率天下之人而祸仁义者，必子之言夫！"（《告子上》）

> 告子曰："性犹湍水也，决诸东方则东流，决诸西方则西流。人性之无分于善不善也，犹水之无分于东西也。"
>
> 孟子曰："水信无分于东西，无分于上下乎？人性之善也，犹水之就下也。人无有不善，水无有不下。今夫水，搏而跃之，可使过颡；激而行之，可使在山。是岂水之性哉？其势则然也。人之可使为不善，其性亦犹是也。"（同上）

告子主张性无善无恶说，便举出两个比喻，用杞柳作成桮棬，没有固定的本质，说明人性也和杞柳一样，取决于后天的加工，而不在于先天的品质；又以水流无分东西，没有固定方向，说明人性如水，在于后天的引导，没有先天的善性。而孟子则针锋相对，指出制作桮棬只能顺从杞柳的本性，而不能戕害杞柳的本性。由此类推，仁义也是顺从人性而来，而不能看做是对人性的强制。同样，水确实无分东西，然而能不分高下吗？人之性善就像水流向下，是其本性所然；而人为不善则像水流向上，是环境和外力的结果，并非出自本性。从孟子的这段话来看，显然他此时已相信性善，并从性善的立场对告子的无善无恶论提出反驳。那么，这是否意味着此时孟子的"四心"说已经形成了呢？恐怕不能。因为性善与"四心"说虽然存在联系，但二者并不是一回事。性善是人们对人性的一种看法，它的来源甚早，竹简《性自命出》"未教而民恒，性善者也"，已有了初步的性善论思想，而"四心"说则是孟子对性善作出的具体解释和说明，是孟子独特的理论创造。就孟子来说，他主张性善可以很早，也相对容易，而对性善作出理论说明则需要一个探索的过程。所以，不能因为孟子主张性善就认为"四心"说已经形成，就像不能因为孟子反对"义外"就认为孟子在理论上已经解决了"义外"的问题一样。从这一点看，孟子的性善论实际也有一个形成、发展的过程，终归孟子在这里只是对性善作了一种外在的类比，并没有作出正面的论述。而这种类比论证的最终结果只能是谁也说服不了谁，这场辩论也只好不了了之，宣告结束。

根据以上的分析，我们可以知道，在与告子辩论时，孟子虽然在仁义论、人性论等问题上已形成了自己的看法，如反对"义外"，主张"性善"等，但作为他思想核心的"四心"说可能此时尚未形成。《孟子》"公都子曰"一章在记录孟子的"四心"说时虽然提到告子，但从该章文字来看，显然是事后的概括，尚不能作为"四心"说已经形成的证据。所以，我们以前可能对《孟子》"公都子曰"一章理解有误，并非孟子用"四心"说对告子进行了批驳，相反，可能是与告子的辩论促使孟子"四心"说的形成。前者是因，后者是果，而不是相反。

（三）孟子"四心"说的形成

如果说，仅从孟子、告子的辩论中尚不足以判定"四心"说是否形成的话，那么，我们不妨再对孟子的游历作一番考察，看看他那著名的"四心"说到底是在什么时候形成的。《孟子》一书中容易确定时间的往往是孟子游说诸侯的各章，这些章节虽然不是直接讨论抽象的人性问题，但在孟子那里，人性论与仁政论存在着有机的联系。孟子提出"四心"说，一个重要目的就是要为他宣扬仁政寻找理论根据，所以孟子在游说诸侯时是否涉及有关"四心"的内容，便是判定"四心"说形成的一个重要根据。

孟子的生平，前人多有考证，谭贞默《孟子编年略》说："孟子四十以前，讲学设教；六十以后，归老著书。其传食诸侯当在四十以外。"是符合事实的，得到多数学者的认可。40岁以前，孟子主要在邹鲁一带活动。《孟子·梁惠王下》"邹与鲁哄"一章可能是记载孟子最早的活动了。周广业《孟子四考》说："孟子之仕，自邹始也。时方隐居乐道……会与鲁哄，有司多死者，公问如何而可？孟子以仁政勉之。"根据这章的记载，邹国与鲁国发生争斗，邹国的长官（有司）被打死三十多人，而邹国的百姓却在一旁视若无睹，不去救助。邹穆公便向孟子请教，该如何处置这些人。孟子对邹穆公分析说，邹国的长官平时缺乏仁爱之心，对百姓的死活不闻不问，现在的结果是他们咎由自取。于是，他劝邹穆公“行仁政”。贾谊《新书》中记载邹穆公行仁政的故事，可能就是受到孟子的影响。不过，孟子这里虽然提出了仁政的思想，但对如何施行仁政却没有具体说明。前人往往根据孟子“先王有不忍人之心，斯有不忍人之政矣。以不忍人之心，行不忍人之政”（《公孙丑上》）的言论，以为孟子的“四心”说与仁政说是同时形成的，二者是一个有机整体。实际情况是，孟子的仁政说形成在前，“四心”说形成在后，二者是一种先后关系。出现这种情况并不奇怪，虽然仁政说到孟子这里才发展到一个高峰，但“爱民”、“保民”的思想却由来已久，而“四心”说作为探讨“爱民”、“保民”的内在心理基础和依据，则是孟子在宣扬仁政的实践过程中逐步形成的，二者存在时间上的先后十分正常。

孟子在邹国时还曾到过鲁国的平陆[①]，见大夫孔距心，对其宣扬自己的仁政学说。《公孙丑下》记录了这次会面：

> 孟子之平陆，谓其大夫曰：“子之持戟之士，一日而三失伍，则去之否乎？”
>
> 曰：“不待三。”
>
> “然则子之失伍也亦多矣。凶年饥岁，子之民，老羸转于沟壑，壮者散而之四方者，几千人矣。”
>
> 曰：“此非距心之所得为也。”
>
> 曰：“今有受人之牛羊而为之牧之者，则必为之求牧与刍矣。求牧与刍而不得，则反诸其人乎？抑亦立而视其死与？”曰：“此则距心之罪也。”

---

① 狄子奇《孟子编年》云：“平陆为古厥国，即鲁之中都。在今汶上县，与邹相近。”列“之平陆”于见邹穆公后。一说平陆为齐国边境邑名，“之平陆”为孟子自齐返鲁后事。（参见孙开泰：《孟子事迹考辨》，载《中国哲学》，第10辑，北京，三联书店，1983）但为孟子早期的活动则是可以肯定的。

孟子在这里连续用了两个类比推理，指责孔距心不行仁政的过错。一个是用某个战士一天三次失职，类推孔距心不行仁政使百姓“转于沟壑”、“散而之四方”，同样是失职；当孔距心为自己辩解时，孟子又以替人放牧为例，说明既然受人之命，就应该尽心尽职，否则就是自己的过错了。孟子游历的早期，常常用这种类推方式说明推行仁政的必要，这与他后来把仁政看做是不忍人之心、恻隐之心的外在表现是不同的。前者是一种外在的逻辑类比，意在用相关而特殊的事件说明推行仁政的必要，而后者则是一种心理分析，强调的是仁政的可能性和内在根据，这种论证方式的差别可能不是偶然的，而可能是孟子思想发展、成熟的一种反映。

孟子在邹鲁活动一段时间后，约于齐威王二十八年（公元前 329 年）首次来到齐国，与告子进行了著名的“仁内义外”的辩论，由于此时孟子的思想还不够成熟，故在辩论中多有错误。另外，《孟子》一书所记载的孟子与匡章交游（《离娄下》），劝蚳蛙向齐王进谏（《公孙丑上》），齐王派储子窥视孟子（《离娄下》），均发生在这一时期。不过，《孟子》一书中并没有记载孟子与齐威王的言论，可能是因为孟子此时影响还不太大。但是，孟子在离开齐国时，齐威王曾“馈兼金一百”，但孟子以“未有处也（注：没有理由）”而拒绝接受（《公孙丑下》）。

孟子在齐国时，听说宋偃王欲行仁政（《滕文公下》：“万章问曰：‘宋，小国也，今将行王政。”），感到十分高兴，于是来到宋国，对施行仁政发表了自己的看法。他认为施行仁政的关键是靠外部力量对宋君进行感化，而宋君偃身边只有薛居州、戴不胜等少数几个仁人善士，仅靠他们的力量是远远不够的，于是建议在宋君周围大量安排善士，对宋君施加影响，这样仁政才有可能实现。可见，这时孟子对仁政的思考主要还停留在外部因素之上，至于宋君是否具有恻隐等“四心”，是否具有实行仁政的可能和要求，孟子则只字未提。孟子在文中称宋君偃为“宋王”，可知他到宋国是在宋君偃称王以后。据钱穆考证，宋君偃称王为周显王四十一年（公元前 328 年）[①]，孟子来到宋国，当在此时稍后。不过，事情并没有朝着孟子希望的方向发展。由于宋偃王对仁政缺乏诚意，孟子的许多主张都

① 参见钱穆：《先秦诸子系年・宋偃王称王为周显王四十一年非慎靓王三年辨》，317 页。

没有被采纳，于是孟子离开宋国，途经薛，回到邹国。

孟子回到邹国后，有叫曹交的人来拜访，问："人皆可以为尧舜，有诸?"孟子回答可以，并说："尧舜之道，孝弟而已矣，子服尧之服，诵尧之言，行尧之行，是尧而已矣。"（《告子下》）孟子认为尧舜之道是孝悌，并主张"服尧之服，诵尧之言，行尧之行"，可能是受到了曾子一派重视孝悌的影响，是他早期思想的反映。如果把它和孟子后来的论述作一比较，不难发现其间存在的差别："舜之居深山之中，与木石居，与鹿豕游，其所以异于深山之野人者几希；及其闻一善言，见一善行，若决江河，沛然莫之能御也。"（《尽心上》）"尧舜，性之也。"（同上）显然后者认为，尧舜的特殊之处并不在于其外在的形式，而在于能发挥其内在的异于禽兽的"几希"即"四心"，使之"沛然莫之能御"，所谓"性之也"即是这个意思。这两种不同的表述应当不是偶然的，而是孟子不同时期思想的反映。后者可能是孟子"四心"说已经形成时的论述，而孟子见曹交时，"四心"说可能尚未形成。曹交听了孟子的话，十分高兴，欲"得见邹君，可以假馆"，想留在孟子门下学习，由此可知这件事是发生在邹国。

孟子回到邹国不久，滕文公派人来看望他。孟子在宋国的时候，曾与还是世子的滕文公见过面，有过两次深入的交谈。《滕文公上》："滕文公为世子，将之楚，过宋而见孟子。孟子道性善，言必称尧、舜。世子自楚反，复见孟子。"滕文公深受启发。这时滕定公去世，滕文公即位，便派然友到邹国，向孟子征求滕定公丧礼的意见。孟子于是讲了一番施行三年之丧的必要性，劝滕文公实行三年之丧。滕文公即位以后，孟子从邹国来到滕国，帮助滕文公推行仁政。这一时期，孟子与滕文公多次谈到施行仁政，特别强调要"治民之产"、重视"民事"等（《滕文公上》），但对如何施行仁政，只说要以太王居邠为榜样，"强为善而已"。孟子在滕国推行仁政，在社会上产生一定的影响。农家学派的许行，儒家学派的陈相此时也来到滕国，但孟子的理想是要把仁政推行于整个天下，这仅靠滕国的力量是绝对办不到的，加之这时齐国在滕国附近的薛筑城，滕国面临被吞并的危险，孟子于是便离开滕国来到魏国。据学者考证，齐人筑薛的时间是在齐威王三十五年（公元前 322 年）十月[①]，孟子离开滕国当在此时稍后，这是我们所知道的孟子生平时间较为准确的一条。

孟子来到魏国，与梁惠王多次会面，劝其推行仁政。他反复强调“仁者无敌”，用历史经验说明与民同欲者王天下，同时通过类比的方式使梁惠王认识到不行仁政的错误，如，以五十步笑百步为喻，对梁惠王自称“寡人之于国也，尽心焉耳矣”（《梁惠王上》）进行了辛辣的嘲讽；又以“杀人以梃与刃，有以异乎”，说明梁惠王不行仁政，“率兽而食人”，同以刀枪杀人无异（同上）。从这些论证方式来看，此时孟子的“四心”说可能还没有形成。后梁惠王去世，梁襄王即位，孟子发现他根本不像个国君的样子（《梁惠王上》），于是便离开魏国，重返齐国。在路过范这个地方时，孟子看见从此经过的齐王子，感叹道：“居移气，养移体，大哉居乎！夫非尽人之子与?”（《尽心上》）认为环境对人太重要了，同样是儿子，齐王的儿子就显得与众不同。孟子来到齐国后，与齐宣王会面，在这里我们看到那个著名的关于“恻隐之心”的故事：

> 齐宣王问曰：“齐桓晋文之事，可得闻乎?”
>
> 孟子对曰：“仲尼之徒，无道桓文之事者，是以后世无传焉，臣未之闻也。无以，则王乎?”
>
> 曰：“德何如则可以王矣?”
>
> 曰：“保民而王，莫之能御也。”
>
> 曰：“若寡人者，可以保民乎哉?”
>
> 曰：“可。”
>
> 曰：“何由知吾可也?”
>
> 曰：“臣闻之胡龁曰：‘王坐于堂上，有牵牛而过堂下者，王见之，曰：“牛何之?”对曰：“将以衅钟。”王曰：“舍之！吾不忍其觳觫，若无罪而就死地。”对曰：“然则废衅钟与?”曰：“何可废也？以羊易之。”’不识有诸?”
>
> 曰：“有之。”

① 参见钱穆：《先秦诸子系年·靖郭君相齐威王宣王与湣王不同时辨》，342～343 页。

曰："是心足以王矣。百姓皆以王为爱也，臣固知王之不忍也。"（《梁惠王上》）

孟子劝齐宣王推行仁政，"保民而王"，认为齐宣王完全能做到这一点，根据就是齐宣王连对牛都有恻隐之心，见到将要用来祭钟的牛浑身哆嗦，便叫人放了它，"是心足以王矣"。显然，这个"心"就是"恻隐"之心。这是《孟子》一书中第一次比较明确地用恻隐之心来说明推行仁政的可能性。由此可见，至迟此时"四心"说已经形成，并被用在政治实践中。我们可以对这个时间作一个大致的判断，《尽心上》说："齐宣王欲短丧。"则孟子由魏国到齐国时，齐宣王刚即位不久。而《梁惠王上》又说："孟子见梁襄王。"则孟子离开魏国前又曾及见梁襄王。梁襄王元年为公元前318年，为齐宣王二年，孟子既在齐宣王即位不久来到齐国，又在来齐国前见到过新即位的梁襄王，那么，他来到齐国只能是在梁襄王元年，这是我们可以确定的孟子"四心"说形成的下限。有人可能会有疑问，孟子五十余岁时"四心"说才形成，是否太晚了呢？其实不然，古代思想家大多思想成熟较晚，像孔子年近五十岁时才对《周易》发生兴趣，他曾感叹"五十以学《易》，可以无大过矣"（《论语・述而》）。马王堆帛书《要》也提到孔子晚年学《易》："夫子老而好《易》，居则在席，行则在囊。"有学者推断孔子晚年思想有一个转变，哲学意味浓厚的《易传》部分内容就是他晚年思想的反映。[①] 荀子"五十始来游学于齐"（《史记・孟轲荀卿列传》），他的一些主要思想也是在五十岁以后形成的。由此可见，与孔、荀相比，孟子的情况应属正常，不必大惊小怪。

（四）"四心"说在孟子思想中的地位

"四心"说形成的曲折经历，使我们对孟子的思想有了更深的理解，同时也看到"四心"说在孟子思想中所占有的重要地位。首先，"四心"说是对儒学理论在新形势下遇到冲击和挑战的回应，是对儒家仁学理论的

① 参见李学勤：《"五十以学〈易〉"问题考辨》，见所著《〈周易〉经传溯源》，50页，长春，长春出版社，1992。

一种发展。我们知道，孔子创造性地提出了仁，从而创立了儒家学说，而他的仁又是以宗法亲情为出发点，建立在“孝悌”的心理情感之上的。孔子弟子有若说：“孝弟也者，其为仁之本与。”（《论语·学而》）孔子自己也说：“君子笃于亲，则民兴于仁。”（《论语·泰伯》）“弟子，入则孝，出则弟，谨而信，泛爱众，而亲仁。”（《论语·学而》）说明他自己也把“孝悌”看做是“为仁之本”，强调为仁要从孝悌开始。在他看来，“孝悌”是人人具有的一种真实自然的心理情感，而这种情感正是仁的根源所在，是否具有“孝悌”也是判定一个人仁与不仁的标准所在。在孔子与宰我关于三年之丧的讨论中，孔子从内心的“安”与“不安”点醒宰我，要他从孝悌的自然情感中发现仁，体验仁。而宰我居丧期间仍然安于食稻衣锦，完全丧失了孝悌之心，所以孔子说“予（注：宰我之名）之不仁也”（《论语·阳货》）。这表明孔子的仁和孝悌有密切的关系，他的仁是建立在孝悌的心理情感之上，但是仁源于孝悌而又不等同于孝悌。它从孝悌出发，层层向外推广，上升为君臣间的“忠”、朋友间的“信”，最后达到“泛爱众”，上升为人类的普遍之爱。孔子的这一思想，有其合理一面，一定程度上也是符合当时社会的实际。因为人的社会化过程也就是由家庭到社会的过程，特别是在古代，家族在人的社会化中可能起着更大的作用。这就使家族伦理与社会伦理之间，“孝悌”与“忠信”、“爱人”之间具有某种统一性；同时，由于中国古代在进入文明社会时，没有像西方那样经过个体私有制阶段，把家族的宗法血缘组织彻底破坏，而是把它带入到文明社会中来，“家”和“国”在中国古代便具有了特殊的意义：家是国的基础，国是家的扩大。中国社会“家国同构”的这一特点为孔子的仁提供了现实基础，使其找到了生存的土壤，或者说孔子的仁就是植根于中国社会的这一特点的，儒学之所以具有强大的生命力，之所以能在中国社会长期存在，根本原因就在这里。但是，“亲亲”与“爱人”之间，家族伦理与社会伦理之间又存在着矛盾、对立的一面，对“亲亲”的过分强调，就可能意味着对“爱人（他人）”的漠视，对家族伦理的维护，也可能造成与社会伦理的冲突。孔子虽然一定程度上也看到了这种矛盾和对立，所以主张对“孝悌”的外推和超越，由“孝悌”而及“爱人”；但另一方面，他又不愿看到作为“仁之端”的血亲之爱被破坏，当二者发生冲突时，他毋宁更倾向维护前者，主张“父为子隐，子为父隐，直在其中矣”（《论语·子路》）。这样，孔子思想中“亲亲”和“爱人”之间又隐含着一种深刻的矛盾，如何解决这一矛盾，便成为以后儒学发展中面临的重要问题。

如果说，在孔子的时代，由于宗法血缘关系在社会中占据主导地位，人们面对的是和自己有各种或远或近血缘关系的家族成员，内在自觉和外在义务还不至于发生对立和冲突，二者借助血缘亲情达到一种和谐与统一的话，那么，随着生产的发展，交往的扩大，血缘关系的进一步瓦解，“楚人居于越，越人居于楚”的地缘关系逐步建立，人们之间的关系便变得复杂、多样。除了血缘关系外，还出现了政治关系和社会关系（君臣、朋友），而且后者的地位和作用越来越重要。在这种复杂的社会关系面前，内心自觉和外在义务已不能像以往那样保持统一，正是在这种背景下，出现了所谓的“仁内义外”说。从郭店竹简的资料来看，儒家所主张的“仁内义外”，是强调“仁内”与“义外”的统一，认为道德实践需要从“仁内”与“义外”两个方面入手。在他们看来，在“夫妇、父子、君臣”的人伦关系中，“父”、“子”、“夫”三者因为具有血缘关系，是“内”的；而“君”、“臣”、“妇”三者不具有直接的血缘关系，是“外”的。由于“内”“外”不同，道德关系也表现出不同的特征，“门内之治恩掩义，门外之治义斩恩”（《六德》）。所以要用仁、义两种道德范畴来处理“门内”（家族）“门外”（社会）不同的社会关系。“仁，内也；义，外也；礼乐，共也。内立父、子、夫也，外立君、臣、妇也。”（同上）郭店竹简的“仁内义外”说是儒学理论在发展过程中的一个特殊形态。告子的“仁内义外”说则与此不同，他强调的是“仁内”与“义外”的对立，认为对家族以内人的爱是自觉的，是发自内心的；而对家族以外人的爱是不自觉的，是由外部强制的。告子的这种看法同他把仁理解为血缘亲情密切相关，从血缘亲情出发，自然是“吾弟则爱之，秦人之弟则不爱也”；血缘亲情是人人具有的内在自然情感，所以说它是“内”的。同时，他又把义理解为对长者（或他人）的义务，这种义务是由我与他人之间的身份关系决定的，从这一点看，它是“外”的。告子对仁、义的这种理解，不一定符合孔子以来儒家的思想，它却将其中隐含的内在矛盾揭示出来。孟子对告子进行批驳，也正是由此而来。

根据我们前面的分析，在与告子辩论时，孟子尚无力对其作出有力反驳，这是因为告子的“仁内义外”说本身就是植根于儒学理论的内在矛盾之中，而这一矛盾是孟子自己自觉不自觉也承认的。试看下面这段材料：“有人于此，越人关弓而射之，则己谈笑而道之；无他，疏之也。其兄关弓而射之，则己垂涕泣而道之；无他，戚之也。”（《孟子·告子下》）孟子这段言论完全可以作为告子“仁内义外”说的注脚，只不过它不是一种明确的主张，而是一种无意识的表述而已。然而，可能正是与告子的辩论，使孟子意识到早期儒学理论中的内在矛盾，意识到必须突破宗法血亲的狭隘藩篱，为儒学理论寻找新的理论基石。而正是在这一背景下，孟子提出他著名的“四心”说，把仁的基点由血亲孝悌转换到“恻隐”、“羞恶”、“辞让”、“是非”等更为普遍的道德情感中去。他提出“仁，人心也”（《公孙丑上》），以人心言仁（广义的），仁在横的方面兼摄仁义礼智而成为最高范畴，在纵的方面则包含了由“四心”到四德（仁义礼智）的发展过程，融道德情感与道德理性于一体，成为主体实践的内在根源和动力；而“义”不过是“辞让之心”的外在表现，是仁（心）的一个方面，它是内而不是外的。人们之所以产生“仁内义外”的错误看法，就在于没有真正理解仁，因此必须打破血缘亲情的狭隘限制，树立起主体自觉，这样才能克服“仁内义外”的矛盾。可以说，直到这时，孟子才真正从理论上完成了对告子的批判，同时把儒学理论推向一个新的发展阶段。由此可见，孟子“四心”说的提出，在儒学发展史上无疑是一场深刻的革命。这场革命是由孟子完成的，而告子则起到了外在的促进作用。因此，我们不妨说，告子在思想史上的地位在于，由于他注意并强调了早期儒学理论中所蕴涵的矛盾，并以一种极端的方式将其凸显出来，从而引起了人们的关注，并试图从理论上给以解决，结果从一个侧面促进了儒学理论的发展。

如果说，与告子的辩论是“四心”说形成的思想原因的话，那么，孟子周游诸侯，推行仁政则是“四心”说形成的现实社会原因。“四心”说形成于孟子周游诸侯的晚期绝不是偶然的，古代哲人尤其是儒家学者大都具有积极的入世精神，表现出对现实的强烈关注，孟子也不例外。如果没有游历诸侯各国的经历，没有目睹当时人民的苦难，孟子的“四心”说也许不可能提出来，或者是另外一种形态了。孟子生活的战国中期，正是诸侯国兼并战争最为激烈的时期。以孟子曾游历过的魏国为例，在短短的十余年时间里，“东败于齐，长子死焉，西丧地于秦七百里，南辱于楚”（《梁惠王上》），发生了一系列大规模的战争。即便如此，那个自称“寡人之于国也，尽心焉耳矣”的梁惠王仍不肯罢休，念念不忘继续发动战争：“寡人耻之，愿比死者一洒之，如之何则可？”（同上）根本不以涂炭生灵为戒。连年的战争，致使百姓流离失所，“民有饥色，野有饿莩”（《滕文公下》），“父母冻饿，兄弟妻子离散”（《梁惠王上》），演出了一幕幕的人间悲剧。因此，孟子的“四心”说绝不是来自书斋里的玄思冥想，而是出于对现实的关注和思索。《说文》说：“恻，痛也。”赵岐注：“隐，痛也。”恻隐一词实表示因他人的不幸、危难境遇而产生的哀痛、同情之情。在下面一段中，孟子则把“四心”与先王的“不忍人之政”联系起来，把它看做“不忍人之政”的先决条件：

> 孟子曰：“人皆有不忍人之心。先王有不忍人之心，斯有不忍人之政矣。以不忍人之心，行不忍人之政，治天下可运之掌上……凡有四端于我者，知皆扩而充之矣，若火之始然，泉之始达。苟能充之，足以保四海；苟不充之，不足以事父母。”（《公孙丑上》）

这段言论与上引孟子与齐宣王的对话思想相近，可能属于同一时期。孟子认为，“四心”或四端之心是人人具有的，这就决定了施行仁政是完全可能的，能不能最终实现，则取决于个人态度如何，“苟能充之，足以保四海；苟不充之，不足以事父母”。而那些不行仁政，置人民死活于不顾的人，一定是“自贼者也”，是不配称作人的。可见，孟子的“四心”说既是针对统治者而发，又是对独夫民贼的激烈批判，他把仁政寄托在统治者的“恻隐之心”上，用今天的眼光看来，可能有空想不切实际的地方。但孟子提倡仁政，反对暴政，在当时无疑是一种进步思想，在历史的长河中也始终不绝如缕，发挥着积极的作用。

第二节 即生言性的传统与孟子性善论

即生言性乃古代人性论的大传统，这一传统常常被概括为“生之谓性”。由于受牟宗三、徐复观等港台新儒家的影响，学术界往往认为即生言性是自生理欲望以言性，是一个旧传统，而孔子之后，子思、孟子所开启的则是自德或理以言性，是超越之性、义理之性，是一个新传统；前者“是儒家人性论之消极面，不是儒家所特有”，后者则“是儒家人性论之积极面，亦是儒家所特有之人性论”[①]。这样，孟子的性善论与其之前的即生言性便是新与旧、积极与消极的对立关系。然而值得注意的是，同样是属于新儒家阵营的唐君毅先生，其对即生言性的理解却与牟、徐二先生有所不同，他不仅注意到孟子性善论与其以前即生言性传统的“异”，同时也观察到二者之间的“续”，相比较而言，其立论更为公允。本节即在唐君毅等先生研究的基础之上，结合近年新出土的竹简材料，对即生言性传统及由这一传统衍生出的不同命题表述，特别是孟子、告子关于“生之谓性”辩论中所纠缠的种种问题做一分析、梳理，并进而探求孟子性善论与即生言性传统的复杂关系。

（一）即生言性的意蕴及其不同命题表述

在古汉语中，“生”、“性”乃同源字。甲骨文、金文等古文字材料中，只有“生”字而无“性”字，“性”字是从“生”字派生而来。徐灏《说文解字笺》：“生，古性字，书传往往互用。《周礼》大司徒‘辨五土之物生’，杜子春读为性。《左氏》昭八年传，‘民力雕尽，怨讟并作，莫保其性。’言莫保其生也。”故古文中先有“生”字，后有加心旁的“性”字，“生”、“性”二字的含义，存在密切的联系。所以即生言性从字源的角度看，乃表示“性”字源自于“生”字；从思想的角度看，则表示古人

---

① 牟宗三：《心体与性体》，第1册，216页。亦可参见徐复观：《中国人性论史·先秦篇》，第三章第五节《性字之流行及向人性论的进展》。

是从“生”来理解“性”。由于“生”、“性”的这种密切联系，古代思想家往往通过“生”来理解“性”，如告子的“生之谓性”。

不过，告子虽提出“生之谓性”，却没有对其内涵做出具体说明。从字面看，“生之谓性”乃是以上之“生”解下之“性”，换一种句式，也可以表述为：性，生也。而“生”字在古语中的含义十分丰富，作为动词，它可指出生、生长，作为名词，可指出生以后的生命，以及生命所表现的生理欲望等①，而如何理解“生”或在何种意义上理解“生”，往往又会影响到如何理解“性”。所以，“生之谓性”实际只是一个形式的命题，它只是表明“性”就是“生”，但“性”何以是“生”，或在何种意义上是“生”，还需要做进一步说明。根据《孟子·告子上》，告子关于人性的看法主要有以下几点：

> 告子曰：“生之谓性。”
>
> 告子曰：“食色，性也。”
>
> 告子曰：“性无善无不善也。”……“性犹湍水也，决诸东方则东流，决诸西方则西流。人性之无分于善不善也，犹水之无分于东西也。”

从告子的论述来看，他是从“食色”等自然生理欲望来理解性的，故他所谓“生之谓性”的“生”，应是指天生、出生，同时也指生理欲望。徐复观先生分析说：“告子的人性论，是以‘生之谓性’为出发点。生之谓性，即是说凡生而即有的欲望，便是性。生而即有的欲望中最显著的莫如食与色，所以他便说‘食色性也’。食色的本身，既不可称之为善，亦不可称之为恶，所以公都子引他的话说‘性无善无不善也’。因为性无善无不善，所以他便说‘性犹湍水也，决诸东方则东流，决诸西方则西流。人性之无分于善不善也，犹水之无分于东西也’。”② 如果具体一下，告子的“生之谓性”可以表述为“生之然之谓性”。而告子提出“生之谓性”，显然是源

① 《吕氏春秋·仲春纪第二·贵生》：“全生为上，亏生次之……所谓全生者，六欲皆得其宜也。所谓亏生者，六欲分得其宜也。”这里的“生”即有“欲”之意。

② 徐复观：《中国人性论史·先秦篇》，163页。

于古代即生言性的传统。

由于“生”、“性”具有密切联系，而“生之谓性”又只是一个形式命题，所以古代思想家往往通过对“生”、“性”的关系做进一步说明，以表达其对“性”的理解。如《荀子·正名》云：

> 生之所以然者谓之性。性之和所生，精合感应，不事而自然谓之性。

这里，荀子对于“性”下了两个定义：一是“生之所以然者谓之性”，一是“性之和所生，精合感应，不事而自然谓之性”。其中前一个定义显然是对“生”、“性”关系的进一步解释和说明，所以学术界往往认为，荀子对性的理解与告子的“生之谓性”是一脉相承的。不过，荀子与告子的思想虽有一致之处，但其“生之所以然者谓之性”的定义，与告子对“性”的理解却并非属于同一个层面。有学者将“生之所以然”改为“生之所已然”，认为“生之所以然者谓之性”就是说“生来就是这样的叫做性”①。改字解经，并不可取。盖荀子对“性”的定义是“生之所以然”，而非“生之然”或“生之所然”，更非“生之所已然”。“生之然”或“生之所然”是就生之表现、现象言，而“生之所以然”是就生之现象、表现更进一步求生之原因、根据；“生之然”或“生之所然”是情、是欲，而“生之所以然”则是理。所以黄彰健先生认为，“《荀子》所言‘生之所以然者谓之性’，也只是说‘生之所然的那个道理’，或者是‘所以生之理’谓之性而已”②。徐复观先生更进一步，认为“此处‘生之所以然者谓之性’的‘生之所以然’，乃是求生的根据，这是从生理现象推进一层的说法。此一说法，与孔子的‘性与天道’及孟子‘尽其心者知其性也’的性，在同一个层次，这是孔子以来，新传统的最根本的说法”③。徐先生认为“生之所以然”是从生理现象推进一层的说法，是正确的。但他将其等同于孟子的

---

① 张岱年：《中国伦理思想研究》，96页，上海，上海人民出版社，1989。北京大学《荀子》注释组：《荀子新注》，北京，中华书局，1979。

② 黄彰健：《孟子性论之研究》，载《台湾“中央研究院”历史语言研究所集刊》，第26本，1955。

③ 徐复观：《中国人性论史·先秦篇》，203页。

道德义理之性，则不正确，盖混淆了两种不同理的缘故。廖名春先生根据对语义的分析，认为“生之所以然者谓之性”即“生之所以生者谓之性”，“生之所以生者谓之性”，变换一下句式，可作“性者，生之所以生也”（引者注，严格说来，应表述为“性者，生之所以为生也”），无疑对理解荀子的定义很有启发。但他认为“生之所以为生”的“性”是指人的形体器官，包括目、耳、口、鼻、身等，则失之偏颇。①

按，盖古人意识到不同生命物皆有其生，如草木有草木之生，禽兽有禽兽之生，人亦有人之生。草木之下，花草有花草之生，树木有树木之生；禽兽之下，犬有犬之生，牛有牛之生等。并进一步由不同生命物的生，联想到其有不同的性。郭店竹简《性自命出》云：

> 牛生而长，雁生而伸，其性使然；人而学或使之也。

长，同“胀”。牛生体形庞大，雁生脖子长，即是它们的性使然。正是即生言性。故唐君毅先生说：“一具体之生命在生长变化发展中，而其生长变化发展，必有所向。此所向之所在，即其生命之性之所在。此盖即中国古代之生字所以能涵具性之义，而进一步更有单独之性字之原始。既有性字，而中国后之学者，乃多喜即生以言性。”② 生乃一具体生命之存在，而此生命之所以如此生，即是其性。即生言性之含义，包括有生即有性，性由生见之意。所以古人言性，不是通过概括、抽象，以求客观存在之性质、性相，如圆性、方性等，而是重生命物之生，并从其生来理解其性。如草木之生长可开花结果，即可说草木有开花结果之性，当草木未开花结果时，可说其有开花结果之性向；当草木开花结果时，则可说其实现了性。所以古人所言之性，不是抽象的本质、定义，不是“属加种差”，而是倾向、趋势、活动、过程，是动态的，而非静止的。用今天的话说，性不是一事物之所以为该事物的内在本质，而是一生命物之所以生长为该生命物的内在倾向、趋势、活动和规定。

由于性是一生命物之所以如此生长的内在规定，而生命物的生长也往

① 参见廖名春：《荀子新探》，98页。

② 唐君毅：《中国哲学原论·原性篇》，27～28页，香港，新亚研究所，1974。

往体现在其形色、形体中，所以性也可以兼指形色、形体。如孟子所谓“形色，天性也”（《孟子·尽心上》），即是说“我固有之”的仁义礼智之性“见于面，盎于背，施于四体”，体现于形色之中，故形色也可以被看做是性。又如，《吕氏春秋·壅塞》：“夫登山而视牛若羊，视羊若豚。牛之性不若羊，羊之性不若豚，所自视之势过也，而因怒于牛羊之小也，此狂夫之大者。”高诱注：“性犹体也。”牛生体大，羊生体小，其性使然。故“牛之性”、“羊之性”即“牛之体”、“羊之体”，这是以“性”为“形体”的例子。《淮南子·修务训》：“曼颊皓齿形夸骨佳，不待脂粉芳泽而性可悦者，西施、阳文也。”高诱注：“性犹姿也。”姿色往往取决于性之生，故性也可作姿色讲，这是以“性”为“姿色”的例子。《孔丛子·居卫》：“人之贤圣在德，岂在貌乎！且吾性无须眉，而天下王侯不以此损其敬。由是言之，伋（注：子思）徒患德之不邵，不病毛鬓之不茂也。”“性无须眉”即“身无须眉”，这是以“性”为“身体”的例子。廖名春先生认为形体是生之所以生的物质载体，所以荀子的性是指形体，乃是倒因为果，颠倒了性与形体的关系。了解了古代即生言性的传统，荀子关于性的第一个定义便容易理解了。“生之所以然者谓之性”，翻译过来就是：“（一生命物）之所以生长为这样的原因就是性。”这里的“生”主要是生长、成长之意。

荀子关于性的第二个定义，也颇有费解之处，主要在于“性之和所生”一句。对于该句，杨倞的注释是：“和，阴阳冲和气也……言人之性和气所生。”目前的《荀子》注本和涉及荀子人性论的论著，一般将该句理解为：“本性是由阴阳二气相和产生的”，或“本性的阴阳二气相和所产生的”。按前一种理解，该句实际应为“性，和之所生也”，而不是“性之和所生”。后一种理解，则颇有增字解经之嫌，亦不可取。按，该句的“和”应是对“性”的限制、修订，“性之和所生”就是性在和谐状态下产生的，和下一句“不事而自然谓之性”是一致的。这样，荀子关于性的第二个定义是说，性在和谐状态下，精神与外物相合感应，不经过人为努力或后天教化，自然产生出来的就是性。这一定义下的性，与前一定义下的性显然有所不同，二者属于两个不同的层面。前一定义下的性，前面已说过，是从生理现象推进一层，是求“生之所以然”的根据，实际是理。不过它不是道德仁义之理，而是自然之理，是事物的形构之理。后一定义下的性，则是前一种性的作用和表现，是从生理现象以言性。故“性之和所生，精合感应，不事而自然谓之性”中的前一个性，是“生之所以然谓之性”的性，是作为生之根据和原因的性；后一个性则是前一个性“所生”，也就是前一个性的作用和表现。荀子在一个定义中，前后使用了两个性字，其内涵实际是不一样的。严格说来，告子“食色，性也”的性，只能算是荀子第二个定义下的性，而不是第一个定义下的性。

不过仔细推敲，即使在第二个定义下，荀子对性的理解仍与告子有所不同。荀子强调“性之和所生”、“不事而自然谓之性”，把性限定在先天的自然状态，认为未经后天努力或社会教化的才能算是性，后天对性的塑造和培养则是伪，已不能算是性。告子则认为“性犹湍水也，决诸东方则东流，决诸西方则西流”，这里的“决诸东方”、“决诸西方”便意味着后天的加工和改造，根据告子的比喻，水“决诸东方”、“决诸西方”后仍是水，那么，性经过后天的塑造、培养也仍然算是性。荀子把性限定在未经人为的自然状态，与他天人之分或性伪之分的哲学主张有关，可能只是他个人的见解。从当时情况看，多数学者未必都对性做出先天、后天的严格区分。《孟子·告子上》孟子弟子公都子引用当时一种流行的人性论观点说：“性可以为善，可以为不善。是故文武兴，则民好善；幽厉兴，则民好暴。”这里的“文武兴”、“幽厉兴”即表示一种客观的社会环境，“民好善”、“民好暴”则是受此环境影响的结果。按荀子的看法，这只能算是伪，而不能算是性；但在当时人们看来，它们依然是性。所以虽然荀子对“生”、“性”关系的理解更为全面、更为合理，但在性综合了先天、后天因素这一点上，倒是告子的看法更接近古代人性论的一般看法，也更符合即生言性的传统。这表明，即生言性或“生之谓性”虽然为当时多数学者所接受，但在对这一问题的理解上，不同学者则可能由于其思想主张的不同而存在着一定的差别。

汉代大儒董仲舒对即生言性的理解，也反应了这一点。其云：“性之名，非生与？如其生之自然之资谓之性。性者，质也。”（《春秋繁露·深察名号》）董子将性理解为质，认为若其天生而具有的自然之资质便是性。质是材质、质地之意，故说“性者，天质之朴也。”（《实性》）“质朴之谓性。”（《董子文集·贤良策三》）此“质”构成事物的内在规定，同时也决定其以后的生长、发展。从这一点看，其对性的理解与荀子关于性的第一个定义有相近之处，二者属于同一个层面。不过其所谓“自然之资”却是包括善端和仁性的，如：“人受命于天，有善善恶恶之性，可养而不可改，可豫而不可去。”（《春秋繁露·玉杯》）“人之诚有贪有仁，仁贪之气两在于身……天两，有阴阳之施；身亦两，有贪仁之性。”（《春秋繁露·深察明号》）这点与告子、荀子不同，反倒更接近孟子。故其“自然”主要是指“不事而自然”，是未加人为的意思，而不是指生理自然。另外，董子所说的“生”是指上天所生，实际是蕴涵了一个有目的、有意志的神学天，如：“天生民性，有善质而未能善，于是为之立王以善之，此天意也。”（同上）这与告子、孟子、荀子均有所不同。这些都说明，不同学者对“生”、“性”关系的理解，会受到其学说思想的影响，因而呈现复杂的情况。

综上所论，即生言性乃古代人性论的大传统，这一传统又可概括为“生之谓性”。它既表示“性”字是源自“生”字，也说明古人是从“生”来理解“性”，而如何从“生”来理解“性”，不同思想家的见解与看法则可能存在一定的差别。所以，“生之谓性”只是一形式命题，要使其成为一个有效命题，还需对“生”、“性”关系做进一步限定和说明，这样，由即生言性或“生之谓性”便衍生出以下命题形式：一、“生之所以然者谓之性”或“生之自然之资谓之性”，指生命物之所以如此生长的根据、原因或生而所具的自然本质为性，这是对性的实质规定，唯有具有了此规定，以上命题才能成为一个有效命题，才能对不同事物做出区分与规定。二、“生之然之谓性”，或“性，生而然者也”（《论衡·本性》），指生而所具的生理欲望或生理现象为性，也就是前一种性的作用、表现为性，这是对性的形式规定。告子虽提出“生之谓性”，但其具体所要表达的却是这一层含义。而“生之谓性”之所以可以包含这一层含义，是因为当时人们主要是从自然生命来理解性的，而谈自然生命不能不谈其具体表现，故“食色，性也”便成为“生之谓性”的当有之意。至于董子将善端、仁性也包括在“生之自然之资”中，则可能是一种后起的看法，是对孟子性善论的一种回应；而在孟子之前，“生之谓性”主要是针对自然生命而言的。由此可见，由古代即生言性传统引申出的以上两种不同命题表述，前一种更为根本、重要，后一命题则相对次要。而告子的“生之谓性”实际表达的只是后一命题的含义，而不具有前一命题的含义，其对性的理解是不够全面、准确的。相比较而言，荀子对性的理解则更为全面，虽然他对“性”、“伪”做出严格区分，未必符合当时学者的一般看法，但他将性区分为“生之所以然”和“性之和所生”，从生理现象背后的根据及生理现象两个层面来理解“性”，确实符合古代即生言性的传统，其观点更值得关注与重视。

（二）孟、告“生之谓性”之辩疏解

了解了“生之谓性”的命题形式及其复杂的思想内涵，可对孟子、告子“生之谓性”的辩论做出分析和检讨。因该辩论实反映了孟子对“生之谓性”的态度和理解，而以往学者的解读往往有不准确之处，并未真正理解孟子的用意。根据《孟子·告子上》，孟、告辩论的具体内容是：

> 告子曰：“生之谓性。”
> 孟子曰：“生之谓性，犹白之谓白与？”
> 曰：“然。”
> “白羽之白也，犹白雪之白；白雪之白犹白玉之白与？”
> 曰：“然。”
> “然则犬之性犹牛之性，牛之性犹人之性与？”

历史上，学者对于这段文字存在思想和逻辑的不同解读。从思想出发，往往将孟、告之辩与其各自的人性论主张联系在一起，以论证孟子性善论之是，告子性无善无不善说之非。如东汉赵岐在“生之谓性”一句下注曰：“凡物生同类者皆同性。”在“白雪之白犹白玉之白与”一段下，赵岐注曰：“孟子以为羽性轻，雪性消，玉性坚，虽俱白，其性不同。问告子，子以三白之性同邪？”在最后一句下注曰：“孟子言犬之性，岂与牛同所欲？牛之性，岂与人同所欲乎？”并总结该章章旨曰：“言物虽有性，性各

殊异，惟人之性与善俱生，赤子入井以发其诚。告子一之，知其粗矣；孟子精之，是在其中。”焦循亦曰：“孟子此章，明辨人物之性不同，人之性善，物之性不善。盖浑人物而言，则性有善有不善；专以人言，则无不善。”① 理学兴起后，由于提出气质之性与义理之性，对性做形上、形下的区分，对该段文字的解释更为清楚明白。如朱熹在“生之谓性”一句下注曰：“生，指人物之所以知觉运动者而言。告子论性，前后四章，语虽不同，然其大指不外乎此，与近世佛氏所谓作用是性者略相似。”在“生之谓性，犹白之谓白”至“白雪之白犹白玉之白与”一段后注曰：“白之谓白，犹言凡物之白者，同谓之白，更无差别也。白羽以下，孟子再问而告子曰然，则是谓凡有生者同是一性矣。”“孟子又言若果如此，则犬牛与人皆有知觉，皆能运动，其性皆无以异矣，于是告子自知其说之非而不能对也。”并加按语曰：“性者，人之所得于天之理也；生者，人之所得于天之气也。性，形而上者也；气，形而下者也。人物之生，莫不有是性，亦莫不有是气。然以气言之，则知觉运动，人与物若不异也；以理言之，则仁义礼智之禀，岂物之所得而全哉？此人之性所以无不善，而为万物之灵也。告子……徒知知觉运动之蠢然者，人与物同；而不知仁义礼智之粹然者，人与物异也。孟子以是折之，其义精矣。”②

另有学者则提出孟子的推理是否合理的问题，如北宋司马光曾做《疑孟》，对孟子多所驳难、质疑，其“疑曰：孟子云，白羽之白犹白雪之白，白雪之白犹白玉之白？告子当应之云：色则同矣，性则殊矣，羽性轻，雪性弱，玉性坚。而告子亦皆然之，此所以来犬、牛、人之难也。孟子亦可谓以辨胜人矣”③。认为孟子实际是“以辨胜人”，其推理在逻辑上未必成立。近代以来，由于受到形式逻辑的训练，学者的分析更为细致、严密。如牟宗三先生认为，孟子的推理实际存在“两步跳跃或滑转”，盖因为“‘生之谓性’并不同于‘白之谓白’，告子辨别不清而答曰‘是’（即认为生之谓性同于白之谓白），实则非是。这是孟子的误解（想得太快），把‘生之谓性’（性者生也）误解为像‘白之谓白’（白说为是

---

① 焦循：《孟子正义》卷11，见《诸子集成》，第1册，435页。

② 朱熹：《孟子集注》卷11，见《四书集注》，302页。

③ 司马光：《疑孟下》，文渊阁四库全书本。

白，白者白也）一样。这是第一步错误。至于白羽之白犹白雪之白，白雪之白犹白玉之白，这是无问题的……但由此亦推不到犬之性犹牛之性，牛之性犹人之性……这是孟子的第二步错误”①。杨祖汉先生也认为：“告子提出‘生之谓性’此说性之原则以之规定人性的意义，孟子即加以诘问之，曰‘生之谓性，犹白之谓白与？’告子曰：‘然。’此下的推论并不严谨。‘生之谓性’是就生命存在的自然之质说性，这并非是说生等于性，生与性仍可有不同的意义。而白之谓白，是白即是白，那是同语重复。而生之谓性并非同语重复，故不同于白之谓白，孟子之问与告子之答都是不恰当的，他们都没有分辨出二句并不是同类型之句子。后文孟子问‘白羽之白也……犹白玉之白与’，告子答曰‘然’，这回答则是恰当的……但最后孟子问：‘然则犬之性犹牛之性，牛之性犹人之性与’，便不恰当。白是一个体之一普遍之属性、共相，而‘生之谓性’中之‘生’字是就个体生命或个体存在说，这不是一属性，‘性’字是‘如其生之自然之质谓之性’中的‘性’，是就个体之种种自然之质而总说，此亦不是一属性……孟子这最后的反诘是不对的，就告子生之谓性之立场，仍可说犬、牛、人之性不同，因事实上不同类之生命自然之种种征象并不同故也。只是告子对于名理分辨不清，故到最后而词穷……孟子不能因告子主张生之谓性，便推论到告子会混同犬性、牛性、人性。”不过杨先生又认为，“虽则孟子在此处推论不当，但孟子的含义亦是很合理的。纵使你说就生命之自然之质处说性，仍可有类之不同，但这并不能显出人之所以为人的价值”②。牟宗三先生也认为：“孟子之推论虽不合逻辑，然而其心中所想人之所以与牛犬异者仍然对；依其所想之异而断‘性者生也’之说之不足以表示出此‘异’，这亦依然成立。”③ 这样便出现一个奇怪的现象：孟子的推理虽不合逻辑，但其结论却是正确的。

按，以上思想、逻辑两种分析，其实都强调孟子性善论与告子“生之谓性”说的差异，并肯定性善论凸显“人之异于禽兽者”的积极意义。只

---

① 牟宗三：《圆善论》，见《牟宗三先生全集》，第22卷，7～8页，台北，经联出版公司，2003。

② 王邦雄、曾昭旭、杨祖汉：《孟子义理疏解》贰《心性论》，29～31页，台北，鹅湖出版社，1982。其“心性论”部分由杨祖汉先生撰写。

③ 牟宗三：《圆善论》。

不过逻辑的分析提出了孟子的推理是否合理的问题，在这一点上，显然较之前者有所深入，其观点也被学术界广泛接受，几乎成为一种定论。[①] 不过上引牟、杨二先生的分析，是否符合孟、告之辩的具体语境，是否揭示了“生之谓性”的复杂含义，仍是个值得探讨的问题。因为根据前面的分析，“生之谓性”其实只是一个形式命题，要确定其含义还需对其做进一步解释、说明，故典籍中关于“生”、“性”关系的论述常常也是既有联系又有区别，如：“生之所以然者谓之性。”（《荀子・正名》）“性者，生之质也。”（《庄子・庚桑楚》）“性，生而然者也。”（《论衡・本性》）这里“生之所以然者谓之性”与“性，生而然者也”显然不属于同一层次的内容，后者是就生而所具的生理现象（主要表现为自然本能、生理欲望等）而言，前者则是从生理现象推进一层，求“生之所以然”的根据。所以孟子对告子的驳难，实际是针对其“生之谓性”具体理解的驳难，其发问、推论方式也是针对这种具体理解提出的，这一点，却恰恰被牟、杨二先生所忽略。

在孟、告的辩论中，关键的是“生之谓性，犹白之谓白”一句，这句既是孟子的设问，又是以下推论的前提，后面的结论便是由此推导而出。若将该句看做是类推，确实如牟、杨二先生所言，是把两种不同类型的句子放在一起，存在着推理的错误。不过在原文的语境中，孟子并不是要作一类推判断，而是提出一设问，孟子之所以有此设问，又与告子对“生之谓性”的理解密切相关。盖因为告子是从“生之然之谓性”，而不是从“生之所以然者之谓性”来理解“生之谓性”，“生之然”或生而即有的生理欲望只是生命物的生理现象、外在表现，并不足以概括其全部的特质、

① 就笔者所见，唯有岑溢成先生对这种观点表示异议。按其理解，“‘生之谓性’的意思是：凡天生的就算是性。这论题只表达了区别是性不是性的形式标准。犬之性、牛之性、人之性都是符合这标准的事例。把这标准应用于这些事例上面，只可以形式地决定这三者之性‘同是’性，但无法说明这三者之性在实质上是否相同以及有何相同不同之处。这正是孟子提出问题丙（引者注：指‘然则犬之性犹牛之性，牛之性犹人之性与?’）来诘难告子所要揭露的‘生之谓性’的缺失……也是孟子认为论‘性’不能单作形式的决定而必须作实质的决定或说明的理由，也是孟子认为‘生之谓性’的缺失所在”。见所著《“生之谓性”释论》，载《鹅湖学志》，1988（1）。岑先生把“生之谓性”理解为“凡天生的就算是性”，认为只是性的形式标准，这是他个人的看法，与古人的理解并不完全相同。这正说明，对于“生之谓性”，不同学者可作不同理解，古代如此，今日亦然。

特征，所以还需要由“生之然”进一步推论其“所以然”，由生理现象推论其背后的原因、根据，这便是“生之所以然者之谓性”命题的含义所在，告子的思想缺乏这一层面，其对“性”的理解显然是不够全面的。孟子曾与其就人性善恶进行辩论，对这一点显然有所了解。所以孟子可能已注意到“生之谓性”只是一形式的命题，并不能反映一个人的完整观点，还需做出进一步的说明，所以要问：你是在什么意义下来理解“生之谓性”的？“生之谓性，犹白之谓白”一句的“犹”，是“好比”的意思，它表示一种比喻，而不是类推。它是说，你所说的“生之谓性”好比“白之谓白”吗？因告子主张“食色，性也”，从自然欲望、生理现象来理解性，凡生而所具的“食色”等生理欲望表现都可称为性，正好比凡具有白色外表或属性的都可称为白一样。孟子的这个比喻式判断本身并没有什么问题，只不过它不是孟子个人的主张，而是对告子观点的比喻式说明，意在使其观点明确起来。所以孟子的这一设问并不是其“想得太快”，是一种“误解”，告子答曰“然”，也不是其“辨别不清”，而是题中应有之意。若是在以上第一个命题即“生之所以然者之谓性”的意义上，“生之谓性”确实与“白之谓白”不等值，二者的确不可以进行类推；但若是在以上第二个命题即“生之然之谓性”的意义上，“生之谓性”与“白之谓白”又是等值的，二者可以进行类推，孟子的设问与告子答曰“然”皆由此来。

下一句“白羽之白也，犹白雪之白；白雪之白犹白玉之白与”中的“犹”，是“如同”的意思，表示类推。该句中的两个类推是由“白之谓白”而来，而不是由“生之谓性，犹白之谓白”而来。再下一句“然则犬之性犹牛之性，牛之性犹人之性与”，虽是由上一句“白羽之白，犹白雪之白……”顺带而出，但其推理的根据则是“生之谓性，犹白之谓白”，告子既承认这一点，则必然推出“犬之性犹牛之性，牛之性犹人之性”的结论。所以孟子这里实际使用的是归谬法，是从告子自己认可的主张推出告子自己也无法接受的结论，以批驳其仅仅从“生之然”、从生理欲望来理解性。焦循在“凡物生同类者皆同性”一句下注曰：“赵氏盖探孟子之旨而言之，非告子意也。”认为“物生同类者皆同性”实际是孟子的主张，告子的“生之谓性”反倒不包含这一层含义，无疑是很有见地的。以往学者在论及孟、告之辩时，往往要联系孟子的性善论，认为孟子是从性善论来批驳告子的性无善恶论。不过，从当时的具体语境来看，孟、告之辩的焦点并不在于人性善恶的问题，而在于如何看待、理解“生之谓性”。孟子强调的是，不能从“白之谓白”的意义上理解“生之谓性”，即不能仅仅从生理欲望来理解性，认为这样势必会混同犬性、牛性与人性，因犬、牛、人均有“食色”等生理欲望，但却不意味着他们有相同的性。而且即使从犬、牛、羊的生理欲望有表现之不同，来区分其有不同的性，也依然不能成立。因这种不同是量上的，而不是质上的，不影响其同为性，正如白羽之白、白雪之白、白玉之白可能有量上的差别（“别白”），但不影响其同为白一样。所以，还要从“生之然”进一步推求其“生之所以然”，以确立人之为人的独特性及价值和尊严。至于人之为人的独特性在于其有善性，虽可能已蕴涵在孟子的思想中，但却并不是其驳倒告子的必要条件。

（三）孟子性善论与即生言性传统

从孟、告之辩来看，孟子对于即生言性传统并非一概否定，而只是对告子关于“生之谓性”的具体理解提出批评。在儒学史上，即生言性亦不是儒家人性论的消极面，而是后者一个不容忽视的重要内容。由于即生言性是从“生”来理解“性”，“性”指生之所以为生，此“性”非抽象的本质，而是动态的活动和过程，即生言性即包含有“性”有生长、成长之意。故“性”具体表现为生命物的材质、质地，此质既非材料之材质，亦非抽象之形式，而毋宁是有形式的材质，它非静态的质地义，而是动态的活动义，生长义。所以古人谈“性”，不是将本质、现象，形式、质料截然区分开来，而是将二者联系在一起，盖因为其重“生”也。由于“性”有“生”，其在“生”的过程中必然产生种种需要、种种表现，由于这些需要是“性之和所生”，是“性”在自然和谐中产生的，故满足这些需要乃是“天之经，地之义”也，是天所赋予人的权利。如“性”有“食色”之表现和需要，便应“制民之产”、设媒妁之言，以满足其生理欲望之需要；“性”有“喜怒哀乐”之表现和需要，便应使民交往，制礼作乐，以满足其情感表达之需要，“重生”、“养性”乃早期儒学的重要特征。郭店竹简《唐虞之道》云："禹治水，益治火，后稷治土，足民养生。夫唯顺乎肌肤血气之情，养性命之正。安命而弗夭，养生而弗伤。""养生"也就是"养性"，因为有生即有性，性规定了生之所以为生，"生"的过程也就是性的实现过程。而性需要养，恰恰是因为其有"生"，正如树木需要培养，是因为其有生长一样。若性是抽象的本质，是脱离内容的形式，养性便不好理解，因为性改变，事物的性质也发生改变。

需要说明的是，作为古代人性论的传统，即生言性主要是从自然生命来理解生和性的，上引竹简称"顺乎肌肤血气之情"，便是认为生命的本质在于血气的运行，血气乃自然生命的内在基础与动力。所以古人提出，要从"生之然"（主要表现为"食色"等生理欲望）进一步推求"生之所以然"，从生命物不同的"生"来理解其有不同的"性"，如牛之性在于其生而体型庞大，雁之性在于其生而脖子长等。顺此思路，亦可以说，人之性在于其生而两足直立。不过，虽然从人与禽兽有不同的"生"，也可以区别其有不同的"性"，但这种区别乃是形式、外在的，是纯粹生理、型构上的，还不足以真正反映出人之为人之所在，不足以真正对人与禽兽做出区别。故人之为人的特殊性在哪里？人与禽兽的真正区别在哪里？便成为古代哲人不断思考的问题，"人禽之辨"成为早期儒学的一个重要内容。前引竹简《性自命出》在谈到"牛生而长，雁生而伸，其性使然"后，接着说"人而学或使之也"，便是认为人与禽兽的区别在于前者自觉，后者不自觉。所以人与禽兽虽然都有"生"，但禽兽之"生"只是一种自然本能，而人之"生"则是一种自觉的选择和创造，故人之特殊性在于其能自觉地塑造、完成、实现其性，能"动性"、"逆性"、"实性"、"厉性"、"出性"、"养性"、"长性"（《性自命出》），正因为如此，人有自由，而禽兽没有自由。

作为儒学的创立者，孔子对人禽之别也做出了思考，在他看来，人之为人就在于其有道德意识、道德自觉。"子曰：今之孝者，是谓能养。至于犬马，皆能有养，不敬，何以别乎？"（《论语·为政》）孔子提出"仁"也是要揭示人的道德意识与道德生命，故"仁"也成为人之为人之所在。自称"乃所愿，则学孔子"（《孟子·公孙丑上》）的孟子，其谈"性"自然不限于自然人性，不限于人的自然生命，而是直接承继孔子所开启的仁性、德性，更关注于人的道德生命。但在对人性的理解上，又不能不受到古代即生言性传统的影响，所以孟子一方面超越了即生言性的传统，另一方面又袭取了即生言性的思维方式，故是从道德生命的“生”而不仅仅是从自然生命的“生”来理解人的“性”。孟子性善论及作为性善论核心的“四心”（四端之心）说，即来自于此。在孟子看来：“仁，人心也。”（《告子上》）仁的道德意识体现于心之中，是通过心表现出来的，所以人之为人之所在，不仅在于其有四体之“生”，同时还在于其有心之“生”。“人之所以异于禽兽者几希。”（《离娄下》）从生而所具的禀赋来看，人与禽兽是相差不远的，虽然人有恻隐、羞恶、辞让、是非之心，而禽兽没有此四心，但差别其实只有那么一点点。人之为人之所在，人与禽兽的真正区别，只有在四端之心的生长、扩充、实现中，才能充分显现出来。

> 孟子曰：舜之居深山之中，与木石居，与鹿豕游，其所以异于深山之野人者几希；及其闻一善言，见一善行，若决江河，沛然莫之能御也。（《尽心上》）

“若决江河，沛然莫之能御”说明作为道德禀赋的四心其实是自生、自成，具有内在的需要和动力。所以四端之心虽然只是道德意识、道德生命的根芽、幼苗，但却蕴含着道德生命生长、发展的全部可能性，正如树木的幼苗蕴含着成长为参天大树的可能性一样。自然，这种可能性是要在后天的扩充、培养中才能真正实现、完成的。

> 凡有四端于我者，知皆扩而充之矣，若火之始然，泉之始达。苟能充之，足以保四海；苟不充之，不足以事父母。（《公孙丑上》）

这是说扩充、培养四端之心，实现其“生”，才可以“事父母”、“保四海”，施仁政于家庭、天下。其中“火之始然，泉之始达”，形象地说明四端之心有一个“生”的过程。

君子所性，仁义礼智根于心，其生色也睟然，见于面，盎于背，施于四体，四体不言而喻。（《尽心上》）

这是说“根于心”的仁义礼智有一个“生”的过程，并将其“生”体现于形色和行为之中。其中“根于心”、“生色也睟然”，形象地道出仁义礼智“生”的特点。

孟子曰：五谷者，种之美者也；苟为不熟，不如荑稗。夫仁，亦在乎熟之而已矣。”（《告子上》）

这是以谷物的生长为例，说明仁也有一个“生”的过程，若没有培养成熟，仁也不成其为德。故孟子又有“粪心”之说：“孟子曰：人知粪其田，莫知粪其心；粪田莫过利苗得粟，粪心易行而得其所欲。何谓粪心？博学多闻。何谓易行？一性止淫也。”（《说苑·建本》）而之所以要“粪心”，显然是因为心中的恻隐、羞恶、辞让、是非四心有“生”，正如“粪田”是因为田中的禾苗有“生”一样。明白了这一点，就可以理解孟子何以常常将四心也称为“才”。如：“乃若其情，则可以为善矣，乃所谓善也。若夫为不善，非才之罪也。恻隐之心，人皆有之；羞恶之心，人皆有之……或相倍蓰而无算者，不能尽其才者也。”（《孟子·告子上》）“富岁，子弟多赖；凶岁，子弟多暴，非天之降才尔殊也，其所以陷溺其心者然也。”（同上）“人见其禽兽也，而以为未尝有才焉者，是岂人之情也哉？”（同上）这里的“才”均非才能之“才”，而是材质、质地之“才”，具体讲，即是指四心或良知良能。“才”之本意是初生之幼苗，孟子用“才”表示天赋予人的材质、质地，此材质非静止的，而是动态的，有生义、能义，是有形式的材质。从孟子以“才”称四心或良知良能，仍可以看出其与即生言性传统的复杂联系。

所以孟子并非一概地否定即生言性传统，而毋宁说是超越、发展了即生言性传统。孟子虽然即心言性，从心之生来理解人之性，但在孟子那里，心与身并不是截然对立的，而是“大体”与“小体”的区别。孟子虽然也讲“生”与“义”、自然生命与道德生命的冲突与对立，但那往往是在鱼与熊掌不可兼得的两难境地，是“杀生成仁”、“舍生取义”的特殊选择，这并不意味着他不重视“生”与“利”。孟子虽然重视良知良能，重视道德生命，但道德生命与自然生命并不是对立的关系，而毋宁是超越的关系，是低层次需要与高层次需要的关系。从自然生命的“生”固然可以引出财产的需要，交往的需要，健康快乐的需要，而从道德生命（四端之心）的“生”同样可以引出不食嗟来之食、维护人格尊严的需要，“处士衡议”、社会批判的需要，乃至“尽心、知性、知天”，实现终极关怀的需要，它们共同构成人格健全发展也就是人实现其“生”的全部内容。

第三节　孟子“道性善”的内在理路及其思想意义

孟子“道性善”是当时思想界的一件大事，而如何理解孟子性善论也是当今学术界颇有争议的问题。在汉语学界，有孟子是“性善论”还是“向善论”的争论[①]；在英语学界，围绕 A. C. 格瑞汉关于孟子的“性”与西方“nature”差异的哲学洞见[②]，展开了长期而热烈的讨论，至今仍不时有新的论点出现。[③] 正如有学者所指出的，孟子性善论对于今天的学者来说，已成为了一个谜。上个世纪三十年代，写出西方第一部孟子专著的理查兹曾指出：“西方传统提供了一套精致的概念，它包括：共相、殊相；实体、属性；抽象、具体；一般性、特殊性……等等。而我们知道孟子思想中根本没有这套东西，也根本没有确定的替代品。我们除了太容易随这套概念而带进的形而上学之外，还有一个实际的问题——运用这套概念会使孟子思想变形……应当谨防的是不能把一种结构（我们西方的特殊训练使我们极易操作这种结构），例如，唯心主义、现实主义、实证主义、马克思主义等，强加于可能根本没有这种结构的思维模式之上，而后者可能无法用这种逻辑概念来进行分析。”[④] 然而令人遗憾的是，一个世纪以来的孟子研究，恰恰是不断“西学化”的过程，实用主义、新实在论、马克思

---

① 性向善说可参见陈大齐：《孟子性善说与荀子性恶说的比较研究》，9 页，台北，中央文物供应社，1953；傅佩荣：《儒家哲学新论》第三章《人性向善论》、第七章《人性向善论的理据与效应》，台北，台湾业强出版社，1993。对性向善论的反驳，可见李明辉：《康德伦理学与孟子道德思考之重建》第八章《对于孟子“性善说”的误解及其澄清》，台北，台湾“中央研究院”中国文哲研究所筹备处，1994。

② See A. C. Gramham, *The background of the Mencian Theory of Human Nature*.

③ 参见 Roger T. Ames（安乐哲），“The Mencian Conception of Ren Xing: Does It Mean ‘Human Nature’?” in *Chinese Texts and Philosophical Contexts: Essays Dedicated to Angus C. Graham*, ed. Henry Rosemont, Jr. , LaSalle, Illinois: Open Court, 1991, pp. 158～178; Irene Bloom（华蔼仁），“Mencian Arguments on Human Nature (Jen-hsing)”, in Philosophy East and West , Vol. 44, No. 1, Jan1994, pp. 19～53. Kwong-loi Shun（信广来），“Mencius on Jen-hsing”, in *Philosophy East and West*, Vol. 47, Issue 1, Jan 1997, pp. 1～20。

④ I. A . Richards, Mencius on the Mind: Experiments in Multiple Definition, Oxford, England: Harcourt, Brace, 1932, pp. 86～92.

主义、康德、海德格尔等各种版本的孟子粉墨登场，各领风骚数十载。而这些“以西释中”的种种尝试，对于理解孟子，虽不无裨益，但终归反映的不是孟子思想自身，而是自觉不自觉将某种外在的理论框架强加给孟子，结果造成孟子思想的扭曲和变形，并引起关于孟子性善论的种种分歧与争议。

既然“以西释中”，简单地套用西方理论并无助于真正理解孟子，尤其是无助于解开孟子性善之谜，那么，我们就应该尝试回到孟子那里去，“以孟释孟”，从孟子的内在理路、思维方式去理解孟子自己。虽然现代诠释学认为，人不可能完全避免自己的思想介入解释活动之中，解释者自身的想法及时代概念都会影响到诠释过程，故单一且永不改变的原意是不存在也无法获得的。但这并不意味着解释没有了客观标准，没有了“合理”、“不合理”的差别。对于以揭示和解释经典本义以及古人之意的学术研究而言，还是应承认，文本及其作者的概念、命题是具有相对稳定的原意，其思想观点、主张也存在内在的理路和逻辑。西方某家某派的哲学理论，对于我们理解古人的概念、命题乃至其思想观点、主张，可能有借鉴、启发甚至是提示的作用，但却不可简单地套用在古人思想之上，故其作用只能是间接的，而不是直接的。而进入古人的思想之中，把握其特殊的思维方式，揭示其概念、命题的含义，进而发现其思想观点、主张的内在理路与逻辑，才是哲学、思想史研究的主要目的。

（一）孟子以前的论性方式及孟子对“善”、“性”的独特理解

孟子“道性善”，其直接的现实关怀是“距杨、墨”，确立儒学的价值理想；从思想的发展来看，则是对他以前论性方式及人性观点的超越。人们之所以对孟子性善论产生种种误解，往往也是因为将孟子“道性善”与其以前的论性方式混同起来。故在讨论孟子性善论前，先要了解孟子以前论性的方式与特点。据《孟子·告子上》：

> 公都子曰：“告子曰：‘性无善无不善也。’或曰：‘性可以为善，可以为不善。’是故，文武兴，则民好善，幽厉兴，则民好

暴。或曰：‘有性善，有性不善。’是故，以尧为君而有象（注：舜同父异母弟），以瞽瞍为父而有舜，以纣为兄之子，且以为君，而有微子启、王子比干。今曰性善，然则彼皆非与？”

公都子在这里列举了孟子以前三种不同的人性主张，分别是告子的“性无善无不善”说，无名氏的“性可以为善，可以为不善”说，以及同为无名氏的“有性善，有性不善”说。可以看到，这三种人性论有一共同特点，即它们都是将“性”看做为一客观对象、事实，根据性的种种具体表现，对其作经验性的描述、概括，类似一种科学实证的研究方法。由于观察、分析的角度不同，其具体结论也有所不同。告子由于着眼于性的具体内容，认为“食色，性也”，而“食色”本身无所谓善与不善，关键在于外界的引导，故认为“性犹湍水也，决诸东方则东流，决诸西方则西流。人性之无分于善不善也，犹水之无分于东西也”（同上）。第二种人性论关注于环境与人性的关系，注意到当文王、武王这样的贤君出现，社会得到治理时，百姓往往乐于为善；当幽王、厉王这样的暴君出现，社会陷入混乱时，百姓则往往变得残暴。故认为人性可以为善，也可以为恶，关键在于环境的影响。第三种人性论则注意到，人性之善恶似乎并不完全是由外因所决定，如，有尧这样的贤明君主，却有象这样坏的百姓；有瞽叟这样坏的父亲，却有舜这样好的儿子；有纣这样邪恶的侄儿，且为君主，却有微子启、王子比干这样的贤臣。所以合理的解释只能是，有些人性善，有些人性不善。以上三种人性主张，虽然具体观点有所不同，但其论性方式则是相同的，其中有些观点也是可以协调、相通的，例如告子的“性无善无不善”说，若着眼于“决诸东方则东流，决诸西方则西流”的结果，也可以说是同于“性可以为善，可以为不善”。

对于以上的言性方式，孟子并不一概反对，孟子说：“富岁，子弟多赖（懒）；凶岁，子弟多暴。”即是承认，人性之善恶与环境有着密切的关系。孟子亦承认，对于一般民众来说，“无恒产，因无恒心。苟无恒心，放辟邪侈，无不为已”（《孟子·梁惠王上》）。认为物质财产对于一般民众的道德水准，起着基础性的决定作用。但以上言性方式，只是对性的一种外在概括和描述，不足以突出人的道德主体性，无法确立人生的信念和目标，不能给人以精神的方向和指导，更不能安顿生命，满足人的终极关怀。故孟子言性，不采取以上的进路，而是另辟蹊径，提出了他对“善”与“性”的独特理解。

> 孟子曰：“乃若其情，则可以为善矣，乃所谓善也。若夫为不善，非才之罪也。恻隐之心，人皆有之；羞恶之心，人皆有之；恭敬之心，人皆有之；是非之心，人皆有之。恻隐之心，仁也；羞恶之心，义也；恭敬之心，礼也；是非之心，智也。仁义礼智，非由外铄我也，我固有之也，弗思耳矣。故曰：‘求则得之，舍则失之。’或相倍蓰而无算者，不能尽其才者也。”（《告子上》）

公都子前面既问人性的问题，则孟子“乃若其情”的“其”，也当是指人性而言，但它不是指一般的人性，而应是指下文的“才”，也就是“恻隐”、“羞恶”、“恭敬”、“是非”之心或仁、义、礼、智。“乃若其情”的“情”应训为“实”，指实情。下面“则可以为善矣，乃所谓善也”两句中，分别出现两个“善”字，但具体所指又有所不同。其中前一个“善”是就具体的善行而言，如见孺子将入于井，必生“怵惕恻隐之心”，而援之以手；见长者必生“恭敬之心”，为其“折枝”，等等；后一个“善”是就人性自身而言，是对“其”也就是性所作的判断和说明。这三句话是说，至于恻隐、羞恶、恭敬、是非之心的实情，可以表现为具体的善行，这就是所说的善。所以孟子实际是即心言性，认为恻隐、羞恶、恭敬、是非之心可以表现为具体的善行，所以是善的，并进一步由心善肯定性善。这里，“其”既是指“性”也是指“心”，而孟子都称其为“才”。对于善，孟子还有一个定义：

> 可欲之谓善，有诸己之谓信，充实之谓美，充实而有光辉之谓大，大而化之之谓圣，圣而不可知之之谓神。（《尽心下》）

“可欲”也就是可欲求、可求，是孟子特有的概念，所以要了解什么是

“可欲之谓善”，首先要了解什么是“可欲”。对此，孟子有明确的说明：

> 孟子曰：“求则得之，舍则失之，是求有益于得也，求在我者也；求之有道，得之有命，是求无益于得也，求在外者也。”（《尽心上》）

孟子在这里区分了两种“求”：“求在我者”与“求在外者”。前者是可以由我控制、决定的，得与不得，完全取决于我，所以是可求的；后者则不是可以由我控制、掌握的，得与不得，要受到“道”和“命”的限制，所以是不可求的。那么具体讲，什么是“可求”、什么又是“不可求”的呢？孟子对此亦有说明：

> 孟子曰：“口之于味也，目之于色也，耳之于声也，鼻之于臭也，四肢之于安佚也，性也，有命焉，君子不谓性也。仁之于父子也，义之于君臣也，礼之于宾主也，知之于贤者也，圣人之于天道也，命也，有性焉，君子不谓命也。”（《尽心下》）

孟子认为，“口之甘美味，目之好美色，耳之乐音声，鼻之喜芬香”，四肢贪图安逸，这些声色欲望及其对世俗富贵显达的追求，能否实现，要受到外在条件的限制，故君子将其看做是“命”，而不是“性”；而仁义礼智这些内在的德性，能否实现，完全取决于自己，故君子将其看做是“性”，而不是“命”。显然在孟子看来，声色欲望、富贵显达是不可欲、不可求的，而内在道德禀赋，恻隐、羞恶、辞让、是非之心是可欲、可求的。故“可欲之谓善”实际是说，不受外在条件的限制，能充分体现人的意志自由，完全可以由我欲求、控制、掌握的即是善。这种“善”当然只存在于道德实践的领域，具体讲，也就是人生而所具的恻隐、羞恶、辞让、是非之心或仁义礼智是善。

由此可见，孟子以上对“善”的两个定义是密切相关的，“可欲之谓善”是就内在的禀赋而言，是说内在的恻隐、羞恶、辞让、是非之心或仁义礼智是“可欲”、“可求”的，因而是善的。“乃若其情，可以为善，乃所谓善也”则是就功能、作用言，是说内在的恻隐、羞恶、辞让、是非之心，能够表现出具体的善行，就是所谓的善。但是孟子只强调“可以”，认为只要“可以为善”，就算是善；假如因为种种原因而没有表现出善，仍不影响内在禀赋本身仍为善。这里，“可以”是“能”的意思，表示一种能力。[①] 所以，“可欲之谓善”是对善的本质规定，对于孟子而言，善首先是指“可欲”、“可求”，也就是不受任何外在条件的限制，完全可以由我控制、掌握，能真正体现人的意志自由，实际就是对恻隐、羞恶、辞让、是非之心或仁义礼智内在道德禀赋的欲求。恰如康德所言，只有对善的意志才可以无任何限制而被称为善，孟子亦认为，只有对仁义礼智的欲求才可以无任何限制而被称为善。“乃若其情，可以为善，乃所谓善也”则是对善的补充性规定，是说“可欲”、“可求”的恻隐、羞恶、辞让、是非之心“可以为善”，能够表现出具体的善行，就是善。但恻隐、羞恶、辞让、是非之心只是“可以为善”的必要条件，而非充分条件。故孟子实际是以内在道德品质、道德禀赋为善，这种道德禀赋即是“才”，即是“心”。“心”可以表现为具体的善行，因而是善。

孟子对善的这种理解，较之于前人显然是一种发展与创造。孟子以前，善作为一个名词，往往是指善人、善事、善行等，而善人、善事、善行之所以被称为“善”，乃是因为其符合社会、民众的一般认识，所以如果将善定义为“人与人之间适当关系之实现”的话，那么，它显然反映的是社会、习俗的外在标准。孟子之前人们谈论性善性恶，也是以这种外在标准为标准，凡符合这一标准者即为善，与这一标准相反者即为不善。《孟子》书中虽然也保留了善的这种用法，但孟子“道性善”却不是指这种意义的善，而是以内在的道德品质、道德禀赋为善，此道德品质、道德禀赋可以表现为具体的善行，因而是善，所以反映的是主体自主、自觉的内在标准，孟子的善可定义为：己之道德禀赋及己与他人适当关系的实现。

孟子不仅对“善”的理解与前人有所不同，对“性”的看法也有不一致之处。孟子之前，人们往往是把性看做一客观的对象与事实，孟子则不

---

① 参见信广来：《〈孟子·告子上〉第六章疏解》，见李明辉主编：《孟子思想的哲学探讨》，104～108 页。

然。前引孟子曰："口之于味也，目之于色也，耳之于声也，鼻之于臭也，四肢之于安佚也，性也，有命焉，君子不谓性也。"表明孟子亦承认"口之于味"、"目之于色"、"耳之于声"、"鼻之于臭"、"四肢之于安佚"事实上也是一种性，但又认为君子并不将其看做是性。这里前一个"性也"，是一个事实判断；后面的"不谓性也"，则是一个价值判断。孟子又认为，仁义礼智的实现，虽然一定程度上也要受到命的限制，但"有性焉，君子不谓命也"。这里的"不谓命也"，同样是一个价值判断。所以如学者所指出的，孟子论性"最大的特色即在于摆脱经验、实然的观点，不再顺自然生活种种机能、欲望来识取'人性'。他从人具体、真实的生命活动着眼，指出贯穿这一切生命活动背后的，实际上存在着一种不为生理本能限制的道德意识——'心'，并就'心'之自觉自主的践仁行义，来肯定人之所以为人的'真性'所在"[①]。在孟子看来，人生而具有恻隐、羞恶、辞让、是非之心，此四心作为一种内在的道德禀赋与品质，"求则得之，舍则失之"，是"可欲"、"可求"的，同时可以由内而外表现为具体的善行，因而是善的。恻隐、羞恶、辞让、是非之心虽非人性之全部，但它们是人之异于禽兽者，是人之"真性"所在，人当以此为性，人之为人就在于充分扩充、实现此善性。所以孟子性善论实际是以善为性论，孟子性善论的核心并不在于性为什么是善的——因为"把善看做是性"与"性是善的"，二者是同义反复，实际是一致的，而在于为什么要把善看做是性，以及人是否有善性存在。

（二）善性之证成：形上预设与"示例"

关于人有善性，孟子主要是从两个方面予以说明。首先是承继了"天命之谓性"的传统，将善性溯源于形上、超越的层面，认为是天的赋予。前引《告子上》孟子称，"仁义礼智，非由外铄我也，我固有之也"，即是认为仁义礼智不是通过学习、实践从外部获得的，而是本来即有的。本来即有，实际也就是上天赋予的，故孟子又引《诗》予以说明：

---

① 袁保新：《孟子三辨之学的历史省察与现代诠释》，48～49页，台北，文津出版社，1992。

《诗》曰："天生烝民，有物有则。民之秉彝，好是懿德。"孔子曰："为此诗者，其知道乎！故有物必有则。民之秉彝也，故好是懿德。"（《告子上》）

对于孟子所引《大雅·烝民》，徐复观先生曾分析说："在周初用彝字，多指'常法'而言，有同于春秋时代之所谓礼。'秉彝'，是守常法，《毛传》以'执持常道'释之，有如所谓'守礼'……而上文之'有物有则'，指有一事，即有一事之法则，'民之秉彝'，即民之执持各事之法则。并未尝含有性善之意。"[①] 但孟子既引用此《诗》作为性善之证，自然就不应从《诗》的原意去理解，而应从孟子的引用意去理解，按照孟子的理解，"秉彝"显然是就人性本身而言。以上四句是说，天降生众民，赋予其善性，有一事必有一事之法则；民既然秉持其善性，必喜好这美德。故在孟子看来，善性是来自天，是天的赋予。

孟子又说："心之官则思，思则得之，不思则不得也。此天之所与我者。"（同上）"心之官"即心之器官，是就心的经验层面而言，"得之"则是得心所具有的仁义，而此仁义即是"天之所与我者"。由于仁义来自于形上、超越的天，故能不受感性欲望、生理机能的限制与束缚，"思则得之"，"求则得之"，是"可欲"、"可求"的，因而是善的。所以，对于孟子而言，由于人皆有"天之所与我者"，因而也皆有善性。不过，天赋予人善性或"此天之所与我者"乃是一个超越的命题，而不是知识的命题；其所反映的是理性的事实，而不是经验的事实。而孟子论性，虽然不限于感性层、实然层，同时也上升至超越的当然层，但并不是将其分为两截，而是看做连续性存有之整体。故孟子在溯源于天，肯定善有形上、超越的源头之后，又强调人有善性亦有着事实的根据，可以在经验世界中得到显现与证明。

孟子曰："人皆有不忍人之心……所以谓人皆有不忍人之心者：今人乍见孺子将入于井，皆有怵惕恻隐之心。非所以内交于

---

① 徐复观：《中国人性论史·先秦篇》，57页。

孺子之父母也，非所以要誉于乡党朋友也，非恶其声而然也。由是观之，无恻隐之心，非人也；无羞恶之心，非人也；无辞让之心，非人也；无是非之心，非人也。”（《公孙丑上》）

以上文字常常被学者看做是孟子对性善的证明，此乃大误。人性善乃是对人性的全称判断，是说人性的全部内容及表现都是善，而这显然是不能靠有限的举例来证明的，若要举人性可以为善之例来证明性善，同样也可以举人性可以为不善之例来证明性恶，这样的举例可以是无限的，故对于证明性善实际没有任何意义。其实，孟子以上论述只是要证明“人皆有不忍人之心”，也就是人皆有善性，而人皆有善性与人性是善虽有联系，但所指显然是不同的。人皆有善性是说人性中皆有善的品质和禀赋，皆有为善的能力，但不排除人性中还有其他的内容，所以即使为不善，也不能否认善性的存在。人皆有善性当然也不可以通过有限的举例来证明，但由于它近乎一种事实，实际上是任何人都难以否认的，故孟子举出“今人乍见孺子将入于井”这一特殊事例，以说明人确有本心、良心或善性的存在。大凡一个人的善行无非有两种可能，一是发自于内，是本心、良心的呈现；二是来自于外，是为了达到某种世俗、现实的目的。前者是真正的善，由这种具体的善行可以反推它一定有内在的根源、根据，也就是善性存在；后者虽符合一般人们对善的理解，即“人与人之间适当关系的实现”，但道德力量却大打折扣，不属于孟子所理解的善。而孟子上文所说的“怵悌恻隐之心”，是在“乍见”“孺子将入于井”，也就是在没有任何目的，没有任何预期的心理状态下突然发生的，它显然是发自于内，而不是来自于外；是发自“不忍人之心”、内在善性，而不是出于外在世俗目的，不是为了讨好孩子的父母，不是为了邀取乡党的美誉，也不是讨厌孩子的哭哭啼啼。所以，从“怵悌恻隐之心”的显露，最足以说明人确有“不忍人之心”也就是内在善性的存在。而孟子举出此例，其用意在于使每个人都可以置身其中，设身处地，反省到自己亦必生“怵惕恻隐之心”，并援之以手，更进一步反省到自己以往的生活中亦有过众多类似的经历，从而洞见到内在善性的存在。的确，任何人在其生活中都会有本心、良心的呈现，这恐怕是谁也否定不了的。既然否定不了，那就应该承认，人确实皆有善性存在。孟子只需要通过一“启发性的示例”，将此点明、显现出来即可，故孟子上文所举，乃是一项“示例”，而不是一个例证。面对这一“示例”，假如有人认为自己确实从没有产生过同情心、羞恶心、是非心、恭敬心，那么孟子的回答是，“非人也”，认为他已不是严格意义上的人了，故不在讨论的范围之内。除了上文外，孟子还讲了“古人葬其亲”的故事，同样是“示例”。

> 盖上世尝有不葬其亲者，其亲死，则举而委之于壑。他日过之，狐狸食之，蝇蚋姑嘬之。其颡有泚，睨而不视。夫泚也，非为人泚，中心达于面目。盖归，反虆梩而掩之。掩之诚是也，则孝子仁人之掩其亲，亦必有道矣。(《滕文公上》)

这一故事不必有事实的根据，其目的在于通过这一“示例”，说明羞恶之心也就是善性的存在。上古尝有不葬其亲者，后看到被自己抛弃的亲人尸体，在沟壑中被狐狸吃，蚊蝇叮，头上不由冒出冷汗，侧过头去，不敢正视。头上的冷汗，不是流给别人看的，而是“中心达于面目”，是内在的羞恶之心在面容上的显现。面对这一“示例”，每个人都会发觉自己也有过类似的经历，从而确信人皆有善性存在。

人之善性可以在特殊情景中呈现、流露，于此可以说明善性的存在，但在孟子看来，最能体现人的价值与尊严，最能反映人之特殊性的，莫过于人可以为了价值理想，为了善而牺牲自我。故“生死关头的抉择”、“生死关头的醒悟”，也是孟子说明人皆有善性的重要“示例”。孟子曰：“鱼，我所欲也，熊掌，亦我所欲也；二者不可得兼，舍鱼而取熊掌者也。生亦我所欲也，义亦我所欲也；二者不可得兼，舍生而取义者也。生亦我所欲，所欲有甚于生者，故不为苟得也；死亦我所恶，所恶有甚于死者，故患有所不辟也。”生命是每个人所渴求的，死亡是每个人所厌恶的，但是在生死攸关的一刻，为什么会有人挺身而出，“杀身成仁，舍生取义”？这不正足以说明，人性中还有比自然本能、生理欲望更高的要求，也就是对仁义礼智的要求，所以抵死也要维护人性的理想与尊严。而且“舍生取义”，“非独贤者有是心也，人皆有之，贤者能无丧耳”。即便一个穷困潦倒的路人，即将倒毙的乞丐，如果对其没有起码的尊重，“嘑尔而与之”，“蹴尔而与之”，则“行道之人弗受”，“乞人不屑也”（《告子上》）。可见，羞恶之心以及对尊严的渴求，是人皆有之，只是保存的程度有所不同而已。这除了说明“仁义礼智”，“我固有之”外，恐怕再找不到其他合适的理由了。

所以，孟子一方面从形上的层面预设了善性的存在，认为“此天之所与我者”；另一方面又强调，“此天之所与我”的善性是可以在经验世界具体呈现的。形上的预设保证了善性的普遍性，经验世界的呈现则证明了善性的真实性，二者相结合，说明了人皆有善性的合理性与有效性。故孟子“此天之所与我者”或天赋予人善性虽是一个超越的命题，但并不是没有事实的根据，并不是不可以在经验世界得到检验与证明。一些研究孟子的学者，往往只强调孟子“性”超越、先验的一面，认为孟子将性由“感性层、实然层，上升至超越的当然层”；孟子把性看做“一项不受个别经验否证，却必须承担所有道德生活、价值经验的意义解释的形上概念”。这固然有其合理的一面，但自觉不自觉将西方的两层存有论带入孟子思想中，而孟子言性的最大特色，便是不将形上、形下，先天、经验，超越、内在分为两截，而是彻上彻下，一体贯通。这尤其体现在他对于“四心”、“四德”及其“才”的理解上。

（三）善性之分析——“四心”、“四德”与“才”

对于孟子性善论，学术界往往认为孟子是即心言性，以心善言性善，这固然不错。但也应注意到，孟子所谓善性有时是直接就仁义礼智“四德”而言，而恻隐、羞恶、恭敬（或辞让）、是非“四心”与仁义礼智“四德”的关系，也是学术界颇有争议的问题，故需要专门讨论。《孟子》一书中，对于“四心”与“四德”有两处不同的论述，分别见于《告子上》与《公孙丑下》，为了讨论方便，我们将其再次引用于下：

> 《告子上》：“恻隐之心，人皆有之；羞恶之心，人皆有之；恭敬之心，人皆有之；是非之心，人皆有之。恻隐之心，仁也；

> 羞恶之心，义也；恭敬之心，礼也；是非之心，智也。仁义礼智，非由外铄我也，我固有之也，弗思耳矣……《诗》曰：'天生烝民，有物有则。民之秉彝，好是懿德。'"
>
> 《公孙丑上》："今人乍见孺子将入于井，皆有怵惕恻隐之心……由是观之，无恻隐之心，非人也；无羞恶之心，非人也；无辞让之心，非人也；无是非之心，非人也。恻隐之心，仁之端也；羞恶之心，义之端也；辞让之心，礼之端也；是非之心，智之端也。人之有是四端也，犹其有四体也……凡有四端于我者，知皆扩而充之矣，若火之始然，泉之始达。苟能充之，足以保四海；苟不充之，不足以事父母。"

在《告子上》中，孟子认为恻隐、羞恶、恭敬、是非"四心"即是仁义礼智"四德"，二者是一种等同关系。在《公孙丑上》中，孟子则认为恻隐、羞恶、辞让、是非"四心"只是仁义礼智"四德"之端，二者并非直接等同关系。孟子的两处不同表述引起学者的分歧与争议，也成为孟子研究中的焦点与难点问题。如杨泽波先生认为："端为初生、开始义。孟子认为恻隐、羞恶、辞让、是非，分别为仁义礼智的初生开始，而不是仁义礼智的最终完成，因此需要扩而充之，不断发展。""《公孙丑上》第六章即四端的说法和孟子的一贯思想一致，比较准确地反映了孟子的思想，而《告子上》第六章行文有省略，即'恻隐之心，仁也'只是'恻隐之心，仁之端也'的省略。"并认为孟子性善论不是"'性本善论'、'性善完成论'，而是'心有善端可以为善论'"①。与此不同，李明辉先生则提出："所谓'四端之心'之'端'亦是就良知之呈现而说，故此'端'是'端倪'或'端绪'之义，谓良知于此呈露也。故每个人心中呈现的恻隐之心即是圣人之天心（羞恶之心等亦同），在质上原无差别。"②"仁、义、礼、智为本心所制定之理（法则），四端之心为本心自求实现的力量所表现之相。此处之'端'仍可解为'端绪'，但此'端绪'是就本心所表现之相而言；本心有多少理，即有多少相，故曰'恻隐之心，仁之端也'云云……此

---

① 杨泽波：《孟子性善论研究》，43～46页，北京，中国社会科学出版社，1995。

② 李明辉：《康德伦理学与孟子道德思考之重建》，114页。

'端'不可解作'发端'义。否则说：恻隐之心为仁之发端，岂合乎孟子本意？'发端'即含'未完足'之义，而孟子明明说：'仁义礼智，非由外铄我也，我固有之也。'既已固有之矣，又视恻隐之心仅为其发端，岂非使性善之义落空？"①

其实，仔细观察不难发现，孟子以上两段论述是就不同语境而言，不仅不矛盾，而且是互补的。《告子上》是就超越、先天的层面而言，是从"体"上说的，故强调恻隐、羞恶、恭敬、是非之心，"人皆有之"；"仁义礼智，非由外铄我，我固有之"，是着眼于其超越的来源与存有。而从超越的层面、从"体"上看，恻隐、羞恶、辞让、是非之心与仁、义、礼、智可以是一致、等同的，因为二者的差别是量上的，而不是质上的。就好比幼苗与大树具有相同的树之理，理在幼苗中只是潜在的倾向、趋势，在大树中则是完成、实现，故从理论上、从"体"上也可以说幼苗与大树是等同、一致的。《公孙丑上》则是就经验、事实的层面而言，是从作用、"相"上说的，故强调"乍见孺子将入于井，皆有怵惕恻隐之心"，此"怵惕恻隐之心"是作用、表现，是具体的"相"。"无恻隐之心"，也是指没有恻隐之心的流露、表现，"无羞恶之心"、"无是非之心"、"无辞让之心"依然。而恻隐之心的具体表现显然不能等同于仁本身，故只能是"仁之端"，此"端"是开端、发端之意，故还需要"扩而充之，若火之始然，泉之始达"。就好比在理论上，虽可说幼苗与大树是相同的，但在事实上，幼苗还只是大树的起始、开端，从幼苗到大树还有一个具体的生长过程。所以，孟子的以上论述实际涉及两个层面，在超越、先天的层面，他肯定恻隐、羞恶、恭敬、是非之心与仁、义、礼、智是一致的；在经验、事实的层面，他则强调恻隐、羞恶、恭敬、是非之心只是仁、义、礼、智之端。超越、先天层面的一致性保证了经验、事实层面的可能性，也就是说只有首先肯定"恻隐之心，仁也"，才可以说"恻隐之心，仁之端也"。就好比只有首先肯定幼苗与大树是一致的，属于同一种属，才可以说幼苗是大树的起始、开端。故孟子以上两个表述实际是相互配合、相互补充的，是针对两个不同的层面而言。不过在孟子那里，所谓超越、先天与经验、

① 李明辉：《儒家与康德》，78页，台北，经联出版社，1990。

事实两个层面的区分，只有逻辑、认识的意义，而没有存在的意义，并不是说孟子将心分成了形上、形下两个层面，最多只能说，孟子的心包含了这两个层面的内容，而孟子强调，这两个层面实际是一个整体，故又用“才”予以表示。

在《孟子》中，“才”有两种用法，一是指才能或有才能的人，如“其为人也小有才，未闻君子之大道也”（《尽心下》），“中也养不中，才也养不才”（《离娄下》），“尊贤育才，以彰有德”（《告子下》）。这是“才”的一般用法，还不是一个哲学概念。二是指先天的禀赋，这是孟子的特殊用法，是一个专门的哲学概念。孟子用这种意义的“才”表示恻隐、羞恶、恭敬、是非四心，故通过“才”，可以进一步了解孟子的心也就是善性的特质、特征。

> 孟子曰：“富岁，子弟多赖；凶岁，子弟多暴。非天之降才尔殊也，其所以陷溺其心者然也。今夫麰麦，播种而耰之，其地同，树之时又同，浡然而生，至于日至之时，皆熟矣。虽有不同，则地有肥硗，雨露之养、人事之不齐也。故凡同类者，举相似也，何独至于人而疑之？圣人，与我同类者……故曰，口之于味也，有同耆焉；耳之于声也，有同听焉；目之于色也，有同美焉。至于心，独无所同然乎？心之所同然者何也？谓理也，义也。圣人先得我心之所同然耳。”（《告子上》）

“非天之降才殊也”的“才”是指先天的禀赋，具体到人，是指“心”也就是四端之心，故有学者认为孟子的才是指先天的本质。但问题是，孟子的才并不是抽象的形式，不是个纯粹形而上的概念，倒毋宁是有形式的材质，是形式与材质的统一，此材质非静止的，而是动态的，有生长意、活动意。《说文解字》云：“才，草木之初也。从丨上贯一。将生枝叶也。一，地也。凡才之属皆从才。”段玉裁注：“引申为凡始之称……一谓上画也，将生枝叶谓下画。才有茎出地而枝叶未出，故曰将。”徐锴曰：“上一，初生歧枝也；下一，地也。”“才”是“草木之初”，也就是初生之幼苗，仔细分析，它又包括两个方面，一是形式，二是材质。幼苗具有草木之形式也就是生之所以然之理，所以有成长为草木的可能。但此形式又存在于材质之中，是通过材质的生长、发展来实现、完成的，故“才”是有形式的材质，是形式与材质的统一。以辫麦为例，辫麦之幼苗也就是“才”具有辫麦之形式，所以可以成长为辫麦而不是其他植物，但辫麦之“才”并不仅仅是形式，是理，同时还是材质，其材质在生长过程中，由于“地有肥硗，雨露之养、人事之不齐”，又会表现出不同的特征。所以，如果把“才”看做事物的“类”本质、“类”规定性的话，那么，“才”之形式的一面决定了事物的相同性，属于同一类；“才”之材质的一面又允许个体事物间的差别性，故说“凡同类，举相似也”，同类事物间只是相似，而不是绝对的一致。

对于人也是一样，草木之初为才，人之初生之质亦为才，孟子以“才”论“心”，其心亦具有形式与材质，也就是理性与情感两方面的内容。孟子所谓心大致有三方面含义，一是指日常经验心，指心的意识活动及意志、意愿等[①]，如“于心终不忘”（《滕文公上》），“必先苦其心志”（《告子下》），等等，这是心的一般用法，还不是一个哲学概念，“才”也不是指这种意义的心。二是指恻隐、羞恶、恭敬、是非之心，主要是情感心，但包括理性的形式。三是指仁义之心，道德本心，主要是理性心，但又具有情感的内容。孟子的“才”主要是指第二种心，即四端之心，但与第三种心即道德本心、仁义之心存在密切联系，因为后者是从前者发展而来的。所以孟子虽然肯定“心之所同然者”，“谓理也，义也”，但此“理”、“义”需要在具体的实践活动中去实现和完成，是过程之理、创造之理，故又说“义，人路也”，理、义是人在成德过程中所应遵循的途径、理则，是所当然之理，是价值理想之理，虽然我们每个人都具有“心之所

---

① 袁保新针对牟宗三等人将孟子的心理解为道德本心，视“思”为本心的本质作用，提出：“如果‘思’是本心的本质作用，那么本心如何能够‘不思’呢？‘不思’的本心还能够被视为是‘本心’吗？如果仍旧可以视为‘本心’，那‘本心’不是同时成为善与不善的根据了吗？”认为“孟子并未将‘心’一概念严格的限定在‘先验道德我’的意义下来使用……孟子在仁义本心之外，另外默许了一个常态生活中载沉载浮的行动决意的主宰机能，它可以为正，也可以为不正，它可以‘随躯壳起念’，也可以摆脱一切来自形躯方面的干扰，完全依照自己内在先天的理则而动”。并称前者为“道德心”，后者为“实存心”。见所著《孟子三辨之学的历史省察与现代诠释》，74、79～80页。

同然”，都有实现、完成此理、义的可能，但由于环境、教育因素的影响，每个人实现、完成的情况又有所不同，而圣人则是先于我们充分实现、完成此理、义的典范、榜样。故孟子一方面肯定“圣人，与我同类”，承认人有共同的“类”本质，但同时又认为实际生活中每个人又存在一定的差别，并非都能充分实现自己的本心良心，“或相倍蓰而无算者，不能尽其才者也”，甚至有为不善的可能。

> 孟子曰：“牛山之木尝美矣，以其郊于大国也，斧斤伐之，可以为美乎？是其日夜之所息，雨露之所润，非无萌蘖之生焉，牛羊又从而牧之，是以若彼濯濯也。人见其濯濯也，以为未尝有材焉，此岂山之性也哉？虽存乎人者，岂无仁义之心哉？其所以放其良心者，亦犹斧斤之于木也，旦旦而伐之，可以为美乎？……人见其禽兽也，而以为未尝有才焉者，是岂人之情也哉？故苟得其养，无物不长；苟失其养，无物不消。孔子曰：‘操则存，舍则亡；出入无时，莫知其乡。’惟心之谓与？”（同上）

这里，“以为未尝有才”的“才”是指四端之心，此四端之心与道德本心、仁义之心在“体”上、“理”上虽然是一致的，但在作用、表现上，在“相”上，仍有一定的差别，从前者到后者有一个发展的过程。所以孟子虽然肯定道德本心的存在，但此道德本心并非只是形而上的先验心，只是理，同时还是形而下的情感心、经验心，道德理性不能脱离情感经验而存在。如学者指出的：“孟子所说的心，从根本上说就是仁义之心或‘良心’。它既是心理情感，又具有自我超越性，是基于情感而又超越情感的普遍的道德理性。这是一种内在的超越，因而具有极大的主体能动性。”“所谓‘四端’之情，虽出于心理情感或心理本能，但一旦‘扩充’而提高，升华为仁、义、礼、智之性，便成为自觉的道德意识而具有形而上的必然性。”[①] 故孟子的道德本心、仁义之心实际体现于由恻隐、羞恶、恭

① 蒙培元：《中国心性论》，8～30页，台北，学生书局，1990。

敬、是非之心到仁、义、礼、智的发展之中，表现为由情及理的活动与过程。其中，恻隐、羞恶、恭敬、是非之心是情，是道德情感，但又具有理性形式，故有发展为仁、义、礼、智的可能；仁、义、礼、智是理，是道德理性，但又以道德情感为基础。谈论孟子的道德本心，不能离开这一从“四心”到“四德”的发展过程，正如谈论什么是树，只有从其具体的生长过程才能得到理解一样，孟子的道德本心，亦只有从“四心”到“四德”的扩充、发展过程中才能得到理解和说明。由过程说明存在，由功能说明本体，这正是孟子论“四心”或“才”的本来意义。

正是由于这个缘故，孟子的“四心”或“才”虽是先天的禀赋，但不排斥后天的培养，相反，只有“苟得其养”，“四心”或“才”才能得到充分的实现与滋长；如果不重视培养，“旦旦而伐之”，则会流失、陷溺，甚至消亡。这是因为，孟子的“四心”或“才”不只是形式、理则，同时也是材质、情感。形式、理则虽是形而上者，但不能离开形而下之物，只能在形而下的材质、情感中存在。“形而上者”只具有认识意义，却不是存在本身。存在就是具体事物的存在，时空中的存在。故只有“苟得其养”，形式才可以通过材质的生长得以实现；而一旦“苟失其养”，则形式与材质一并归于消亡。明白了这一点，有关孟子性善论的种种争议便可迎刃而解。

主张孟子是心有善端论者，主要是着眼于孟子心的“未完足”义，认为孟子的心有一个扩充、发展的过程，故只有善之端，而不是善的完成与实现。这固然有其合理的一面，但自觉不自觉地却忽略了孟子的恻隐、羞恶、是非、恭敬之心，虽是情感，但又具有理性的形式，具有发展为仁、义、礼、智的全部可能，正如树木的幼苗蕴涵着树之理，具有成长为参天大树的可能一样。正是在这种意义上，孟子强调恻隐、羞恶、是非、恭敬之心即是仁、义、礼、智，二者在“体”上、“理”上是一致的，若没有这种一致，则为善的可能便无从谈起，孟子“由仁义行，非行仁义也”、“若决江河，沛然莫之能御”等描述善性充足自显的言论便没有了着落，甚或流入荀子式的“化性起伪”。故孟子的心最多只能说有“未完成”义，而不可说有“未完足”义，“未完成”义也是就其材质、情感方面言，而不是就形式、理则而言。不过，在孟子那里，形式、理则又是存在于材质、情感中，是通过材质、情感的活动而实现的。

主张孟子是性本善论者，则关注于孟子的心形式、理则的一面，把孟子的心看做是超越心、先验心，是圆满自足的，由于孟子即心言性，故只能是性本善，而不是性有善端或性向善。但这样一来却有意无意地将形式、材质，理则、情感分为两截，而在孟子那里，形式、理则与材质、情感是不可分离的，是一个有机的整体。故孟子的心既非先验、形式心，亦非经验、情感心，而是形上、形下，理性、情感相统一的存在心，是一个活动、发展的过程。此过程一方面体现为由四心到四德的提升、超越，另一方面则表现为"四端"之心由近及远，由家人父母到四海天下的扩充、培养。而性本善论者则显然忽略了这一点，其对四心、四德关系的理解也有不准确之处，只谈本质而不谈过程，脱离活动谈存在，可以说是此说的最大不足。

更有甚者，有学者提出孟子是性向善论，将善定义为"人与人之间适当关系之实现"，"如此界说的'善'当然不可能与生俱有，因此不宜说人性本善，只宜说人性向善"，"人的本性，既非本恶也非本善，而是具有行善之潜能，亦即向善，只需存养扩充之"。孟子认为"作为仁义礼智根源的四心可以'去'或'存'，就表示人的心是活泼的、能动的，可以自觉也可以不自觉，亦即没有一定的所谓'本善'的质素"①。此说的最大问题是没有顾及孟子对善的独特理解，其所说的善实际是"义外"之善，而不是"义内"之善，"向善"也主要强调的是人心的自由选择能力。性向也是针对整个早期儒学，而不限孟子一家，也许荀子更符合其所说的性向善。但此说竟产生一定的影响，原因就在于孟子的"四心"或"才"有一个成长、发展的过程，容易使人产生"性向善"的错觉，但根据孟子对善的理解和定义，其学说显然应该是"性善"论，而不是"性向善"论，尽管其对"性善"有独特的理解。A. C. 格瑞汉注意到孟子的性是动态的，而非固定的本质，可谓卓见！但却由此认为孟子实际并不主张性善，则陷入了非此即彼的思维之中。凡此种种，都是因为没有从孟子自身的理路出发，没有掌握孟子独特的智慧，而要解开孟子性善之谜，恐怕还要回到孟

① 参见傅佩荣：《儒家哲学新论》，188～189、193页，台北，业强出版社，1993。

子那里去，从孟子的思维、理路去理解孟子不可。

（四）性善之成立：理由、根据及意义

孟子肯定了人皆有善性后，进一步需要说明，人为什么要把善性看做是真正的性。对此，孟子又从“人禽之辨”、“性命之分”、“大体小体之别”三个方面做了论证。先看“人禽之辨”：

> 孟子曰：“人之所以异于禽兽者几希，庶民去之，君子存之。舜明于庶物，察于人伦，由仁义行，非行仁义也。”（《离娄下》）
>
> 孟子曰：“舜之居深山之中，与木石居，与鹿豕游，其所以异于深山之野人者几希；及其闻一善言，见一善行，若决江河，沛然莫之能御也。”（《尽心上》）

张岱年先生分析说：“孟子亦尝说：……‘人之所以异于禽兽者几希’，则孟子以为人之与禽兽，所异者不若所同者之多，是孟子并不否认人有不善的性质即与禽兽相同的性质。又谓‘无教，则近于禽兽’，便更可以见了。然则何以仍讲性善？此由于孟子所谓性者，实有其特殊意谓。孟子所谓性者，正指人之所以异于禽兽之特殊性徵。人之所同于禽兽者，不可谓人之性；所谓人之性，乃专指人之所以为人者，实即是人之‘特性’。而任何一物之性，亦即该物所以为该物者。所以孟子讲性，最注重物类之不同。”[①] 徐复观先生亦说：“孟子这几句话的意思是说人与一般禽兽，在渴饮饥食等一般的生理刺激反应上，都是相同的；只在一点点（几希）的地方与禽兽不同。这是意味着要了解人之所以为人的本性，只能从这一点点上去加以把握……孟子不是从人身的一切本能而言性善，而只是从异于禽兽的几希处言性善。几希是生而即有的，所以可称之为性；几希即是仁义之端，本来是善的，所以可称之为性善。因此，孟子所说的性善之性的范围，比一般所说的性的范围要小。”[②] 在现实生活中，谁都不愿被骂为畜

① 张岱年：《中国哲学大纲》，184～185页，北京，中国社会科学出版社，1982。
② 徐复观：《中国人性论史·先秦篇》，165页。

生，不愿意与禽兽为伍，这最清楚不过地说明，人还有不同于、高于禽兽的特性，这些特性才能真正显示出人之不同于禽兽之所在，显现出人之为人的价值与尊严。所以，如果不是把“性”看做是对生命活动、生理现象的客观描述，而是看做一个凸显人的主体性、能动性，确立人的价值与尊严的概念，那么，当然就应该以人之不同于禽兽的特性，也就是仁义礼智为性，而不应以人与禽兽都具有的自然本能、生理欲望为性。

再说“性命之分”。这方面，孟子继承了前人的天人之分思想，并做了进一步发展，从外在限定与内在自由的角度论证了人当以善性为性，而不应以生理欲望及对富贵显达的欲求为性。竹简《穷达以时》的出土，帮我们了解到孟子以前的“天人之分”思想：“有天有人，天人有分。察天人之分，而知所行矣。”（第1—2简）竹简认为，关系世间穷达的，不仅有人而且有天，天人各有其分。天人之分就是说天人各有其职分、作用、范围，二者互不相同。在竹简看来，穷达祸福取决于时运，是“可遇而不可求”，非人力所能控制、掌握的，这些都属于天不属于人；而一个人的德行如何则取决于自己，与天无关，所以积极行善，完善德行才是人的职分所在，才是人应该努力追求的目标。明白了这种“天人之分”，就不应汲汲于现实的际遇，而应“敦于反己”，只关心属于自己职分的德行，“尽人事以待天命”。孟子受到这种天人之分思想的影响，并将其发展为性命之分。孟子认为，“口之于味也，目之于色也，耳之于声也，鼻之于臭也，四肢之于安佚”，这些感官欲望与仁义礼智虽然都属于性，但二者有着根本的区别。仁义礼智内在于性，由于人有意志自由，“求则得之，舍则失之”，能否得到完全在于自己，与命运无关，所以是“在我者也”；而感官欲望以及对富贵显达的追求等虽然也出于性，但“求之有道，得之有命”，能否实现取决于命，所以是“在外者也”。仁义礼智体现了人的意志自由，不受外在条件的限制，所以应看做是“性”；感官欲望、求名求利，能否实现不是由我控制、掌握，所以只能看做是“命”。不难看出，孟子的“性命之分”实际就是来自竹简的天人之分，是对后者的进一步发展。① 而孟子通过这种“性命之分”，也就是内在自由与外在限定的区分，说明人

---

① 关于竹简“天人之分”与孟子“性命之分”的关系，参见第八章第二节：《竹简〈穷达以时〉与早期儒家天人观》。

当以仁义礼智也就是善性为性，而不应以感官欲望为性。

还有“大体小体之别”。孟子弟子公都子曾问：同样是人，为什么有的人成为有德的大人，有的人成为无德的小人？孟子认为，这是因为人有“大体”、“小体”的区别，“从其大体为大人，从其小体为小人”。并分析了为什么有人会从其大体，有人会从其小体：

> 耳目之官不思，而蔽于物。物交物，则引之而已矣。心之官则思，思则得之，不思则不得也。此天之所与我者。先立乎其大者，则其小者不能夺也。此为大人而已矣。（《告子上》）

小体指“耳目之官”，大体则指“心”，二者具有不同的性质与作用。耳目之官不能“思”，也就是不具有自主性，只能以外物的作用为作用，故当其与外物接触时，便会受到遮蔽与引诱。心之官则不同，它可以“思”，此“思”为反思、为逆觉体证，故心之官一方面会受到外物的干扰、引诱，另一方面又可以通过“思”，反求诸己，发现“天之所与我”的仁义礼智，具有自主性、能动性。因此，只要首先将心中的仁义确立起来，耳目之欲才不会扰乱、夺取它，这样便成为有德的大人君子。既然“大体”、“心之官”能“思”，具有自主性，其仁义来自天的赋予，反映了人的内在本质；“小体”、“耳目之官”不能“思”，不具有自主性，其耳目之欲来自外物的作用，不能反映人的自由意志，那么，自然应当将心之官所具有的仁义也就是善性看做是性，而不应将耳目之官所产生的耳目之欲看做是性。

所以，孟子以善为性，虽然是一种价值选择、价值判断，但并非没有事实为依据，并非没有充分的理由与根据。孟子以善为性，也并非只是出于自我论证的需要，而是具有重要的思想意义。因为孟子“道性善”，本身就不在于对性做客观的描述与分析，而在于将性看做人之为人之所在，通过对性的自觉、反省，确立人生信念，安顿精神生命，实现终极关怀。故孟子又从“天爵、人爵”、人生之乐、人格平等、“尽心、知性、知天”几个方面，进一步说明性善对人之存在的价值与意义。

一、“天爵、人爵”。人生在世，其价值、意义何在？除了财富、权势、地位这些世俗的价值外，还有没有一种更为根本、更能体现人之为人的价值存在？孟子通过“天爵、人爵”对此做了回答。

> 孟子曰：“有天爵者，有人爵者。仁义忠信，乐善不倦，此天爵也。公卿大夫，此人爵也。古之人修其天爵，而人爵从之。今之人修其天爵，以要人爵；既得人爵，而弃其天爵，则惑之甚者也，终亦必亡而已矣。”（同上）

人爵指“公卿大夫”，即现实中的权势、地位；天爵指“仁义忠信，乐善不倦”，即内在的善性和对此善性的自觉、喜好。天爵的“天”有二义，一是指尊贵；二是指“此天之所与我也”。故天爵具有超越的来源，高于现实的人爵。古代的人将天爵置于人爵之上，“修其天爵，而人爵从之”，体现了天爵、人爵的价值秩序；而今天的人修其天爵，是为了获取人爵，获取了人爵，便抛弃天爵，完全违背了天爵高于人爵的价值原则。所以在孟子看来，人的价值、意义不在于权势、地位，而在于善性、德性。人爵只有少数人可以获得到，而天爵则是人人都具有的，是天对我们每一个人的赋予，这就保证了每个人都有与生俱来的价值与尊严，都有实现其价值与尊严的可能，从而确立起人生的信念与方向。“孟子曰：欲贵者，人之同心也。人人有贵于己者，弗思耳矣。”（同上）现实中，每个人都想获得尊贵，都希望得到社会和他人的尊重与认可，但往往忽略了自己本来就具有比生命还尊贵的善性，忘记了人的价值、意义首先是在于善性、德性；如果试图通过追求权势、地位获得尊贵，更有甚者，为了人爵放弃天爵，其结果只能是适得其反。

> 夫仁，天之尊爵也，人之安宅也……不仁不智，无礼无义，人役也。人役而耻为役，由（犹）弓人而耻为弓。矢人而耻为矢也。如耻之，莫如为仁。仁者如射：射者正己而后发，发而不中，不怨胜己者，反求诸己而已矣。（《公孙丑上》）

仁是天赋予我们的尊贵爵位，是人居住于其中的安宅。在一个公正、合理的社会中，人爵服从于天爵，只要我们尊崇仁义，扩充、培养我们的善性，堂堂正正做人，自然便会获得相应的社会地位，赢得他人的尊重。所以我们想要改变自己的处境，实现自我的价值，就应当反求诸己，从“修其天爵”、培养自己的善性做起，同时维护天爵、人爵的价值秩序。所以在孟子那里，性善不仅是人生的信念与方向，同时还是社会公正的基础。

二、人格平等。在现实中，人与人是不平等的，这便是人爵得以产生的原因所在；但在不平等的现实面前，人们一直没有放弃对平等的向往与追求，所以古往今来许多思想家对平等做出深入思考与理论探讨。在儒家内部，首先对平等问题做出思考的是孟子，而孟子肯定人格平等，又是建立在性善论的信仰之上。

> 成瞷谓齐景公曰：“彼，丈夫也；我，丈夫也，吾何畏彼哉！”颜渊曰：“舜何人也？予何人也？有为者亦若是！”（《滕文公上》）

> 曹交问曰：“人皆可以为尧舜，有诸？”
>
> 孟子曰：“然。”（《告子下》）

> 故凡同类者，举相似也，何独于人而疑之？圣人与我同类者。（《告子上》）

> 尧舜与人同耳。（《离娄下》）

> 孟子曰：“说大人，则藐之，勿视其巍巍然。堂高数仞，榱题数尺，我得志，弗为也。食前方丈，侍妾数百人，我得志，弗为也。般乐饮酒，驱骋田猎，后车千乘，我得志，弗为也。在彼者，皆我所不为也；在我者，皆古之制也，吾何畏彼哉？”（《尽心下》）

孟子将善性看做是人的价值与意义之所在，而善性又是天平等地赋予我们每一个人的，只要扩充、培养我们的善性，“人皆可以为尧舜”，这样便从根本上保障了人与人之间平等的可能。虽然“夫物之不齐，物之情也”（《滕文公上》），人与人之间存在能力、才智的差别，存在着财富、地位甚至是阶级的不平等，但在人格上又是绝对平等的。现实中的达官贵人往往以堂屋之高、饮食之美、饮酒纵欲、驰骋田猎之乐炫耀于世，以显示他们的特殊与尊贵，然而这些"皆我所不为也"，不是我所追求的；我所追求的是充分实现自己的善性，是成为尧舜那样的圣人。我的所作所为符合古代的理想之制，符合天爵高于人爵的价值秩序，所以即使面对在财富、地位上优于我的达官显贵，我也无所畏惧，依然可以获得一种平等感。孟子的人格平等，是一种内在平等，一种精神上的平等，不同于法律、制度上的外在平等，近代以来的法律面前人人平等，但它可以转化为追求外在平等的精神动力，可以为法律、制度上的平等提供精神、信仰上的支持。

三、人生之乐。性善论不仅保证了人格的平等，同时还使我们获得人生之乐，这是孟子向我们揭示的人性中最神奇、最奥妙之处。

> 孟子曰："乐（音 yuè）之实，乐（音 lè）斯二者（注：指仁、义），乐则生矣；生则恶可已也，恶可已，则不知足之蹈之，手之舞之。"（《离娄上》）
>
> 孟子曰："反身而诚，乐莫大焉。"（《尽心上》）
>
> 君子所性，仁义礼智根于心，其生色也睟然，见于面，盎于背，施于四体，四体不言而喻。（《尽心上》）

人们都有这样的经验，当我们积极行善的时候，总能感到一种"乐"，这种"乐"油然而生，情不自禁，"不知足之蹈之，手之舞之"。这最能说明善才是我们真正的性，虽然成为君子、善人还需经过后天的努力，但成为君子、善人是符合我们本性的，是我们扩充、实现善性的结果，用孟子的比喻，是"顺杞柳之性而以为桮棬"，相反，为恶则会戕害人性，使人感到不自然、快乐，成为小人、恶人只能是"戕贼杞柳而后以为桮棬"的结果。这样的例子在现实生活中比比皆是，如一个人做坏事，内心会扭曲，人格无法得到健康发展。现代心理学也证明，当人积极行善，处在友善的环境中，往往有利于生理、心理的健康发展，相反，若处在猜疑、敌视的环境中，则会出现心理失调，发育缓慢等不良后果。这些都说明，人生之乐、人生的价值意义只有在扩充、实现我们善性中才能实现、获得，而一味追求食色欲望并由此而为恶是不符合人性的，也不可能得到真正的人生之乐。对于统治者而言，教化和治理的主要任务不是强迫人们服从规范和教条，而是让人们“尽性”，尽情地发展、实现自己的善性；不是用严刑峻法威吓民众，而是“制民之产”，在提供基本生活物质保障的基础上，使每一个个体尽可能地充分实现自己的性，这一点在今天仍具有无比重大的现实意义。

四、“尽心、知性、知天”。人生活在世界中，不仅面对人与人的关系，同时还面临人与超越者——在儒家这里是天——的关系，存在着“天道性命相贯通”的问题，后者涉及人生信仰、终极关怀等一系列问题，对人之存在具有更为根本的意义。孟子“道性善”亦包括对这些问题的理解与思考：“孟子曰：尽其心者，知其性也，知其性，则知天矣。存其心，养其性，所以事天也。”（《尽心上》）在孟子那里，天虽然是超越者，但它不是外在于人发号施令，而是内在于人之中，赋予我们心与性。所以扩充我们的心，实现我们的性，便可理解天，理解天的意志所在。同样，保存我们的心，养护我们的性，便是在侍奉天，是在尽我们的“天职”。这样，扩充、完成我们的善性便不仅仅是一种伦理活动，同时还是对超越者——天的回应，这种回应又反过来塑造了人们的日常生活，赋予我们存在的终极意义，使我们在“上下与天地同流”的精神活动中，感受到自身的价值与尊严，意识到自己的职责与使命，产生出“富贵不能淫，贫贱不能移，威武不能屈”（《滕文公下》）的坚定信念。诚如牟宗三先生所言：“孟子性善论，一方面为儒家成德之教提供了人性论的可能依据，另一方面也为儒家‘天道性命相贯通’的形上信仰，建立了一套‘即内在而超越’的理解形态。”[①] 所以孟子“道性善”虽然是一种人性论，但同时还关涉到与超越者——天的关系，是在天人关系的维度下展开的，可以说，孟子通过肯定性善保证了天与人的内在联系，使人与天的沟通、交流成为可能，从而为解决人生信仰，实现终极关怀提供了一个独特的进路，其性善论又具有宗教性的功能与作用。

---

① 牟宗三：《中国哲学的特质》，60～67页，上海，上海古籍出版社，1997。

以上所论，便是孟子“道性善”的基本内容，包括了孟子对人性的内容与作用、人的价值与意义、人的终极关怀等一系列问题的思考。人们之所以对孟子性善论感到不好理解，并产生种种误解，其中一个原因便是没有从孟子自身的理路出发，没有用孟子的思维方式来思考问题，而是将后人的思维带入其中。例如，很多学者将“孟子道性善”理解为“孟子认为人性是善的”①，实际上《孟子》一书中只说“孟子道性善”、“言性善”，而“道性善”、“言性善”是宣传、言说关于性善的一种学说、理论，是不能直接等同于“人性是善的”。“人性是善的”是一个命题，是对人性的直言判断，而“性善”则是孟子对人性的独特理解，是基于孟子特殊生活经历的一种体验与智慧，是一种意味深长、富有启发意义的道理。理解孟子性善论，固然要重视孟子提出的种种理由与根据，更为重要的则是要对孟子“道性善”的深刻意蕴有一种“觉悟”，而这种深刻意蕴绝不是“人性是善的”这样一个命题所能表达的了得。如果一定要用命题表述的话，孟子“道性善”也应表述为：人皆有善性；人应当以此善性为性；人的价值、意义即在于其充分扩充、实现自己的性。

所以孟子“道性善”并非提出一种人性假说或理论预设，而是发现了人性中的一个基本“真理”，即“恻隐之心，人皆有之；羞恶之心，人皆有之……”，也就是人皆有善性，并进一步指出人只有扩充、实现自己的善性，才能获得人的价值与尊严，才能获得人格平等，才能获得人生之乐，才能实现“尽心、知性、知天”的终极关怀，从而确立起人生的目标与方向，为中国人提供了基本的生活“样式”，在思想史上产生了深远影响。故唐宋以来，不断有学者称赞孟子“道性善”“功不在禹下”，认为“求观圣人之道，必自孟子始”，“孟氏醇乎其醇也”。② 从这些对孟子的称赞来看，当时的学者显然尚能理解孟子“道性善”的真实意蕴，及其在道德、政治实践中的现实意义。现代学者由于“以西释中”，不从孟子自身

---

① 这种误解可能始于东汉王充，其《论衡·本性篇》云：“孟子作性善之篇，以为‘人性皆善，及其不善，物乱之也’。”

② 韩愈：《送王秀才序》、《读荀》，见《韩愈全集》，212、128页，上海，上海古籍出版社，1997。

的理路出发，不体会孟子“道性善”的真实意图，结果将孟子性善论看做难解之谜，并陷入琐碎的概念争论之中。而要揭开孟子性善之谜，了解孟子“道性善”的真实意蕴，就必须“回到孟子去”，从孟子的内在理路出发，体会孟子倡导性善的良苦用心和真实意图，庶几方可得之。

第七章

思孟学派的完成：孟子学派研究（下）

第一节　竹简《性自命出》与《孟子》“天下之言性”章

《孟子·离娄下》“天下之言性”章是孟子讨论人性的一段重要言论，但是由于个别文字难以训释，其内容一直不被人们理解，影响了孟子研究的进一步深入。新近出土的郭店竹简《性自命出》中，一些文句与“天下之言性”章有可沟通之处，为我们破解该章内容提供了重要材料。本节拟就结合新出土的竹简材料对该章文字进行训释，并由字义训释进一步对孟子性善论做出探讨。

（一）《孟子》“天下之言性”章旧注举疑

读过《孟子》的人都知道，其《离娄下》“天下之言性”章非常难解，千百年来使注疏者费尽了心机。其文云：

> 孟子曰：“天下之言性也，则故而已矣。故者，以利为本。所恶于智者，为其凿也。如智者若禹之行水也，则无恶于智矣。禹之行水也，行其所无事也。如智者亦行其所无事，则智亦大

> 矣。天之高也，星辰之远也，苟求其故，千岁之日至，可坐而致也。”

此章难解，就在“天下之言性也，则故而已矣”这一“故”字。此章下文又说，“苟求其故，千岁之日至，可坐而致也”。此两个“故”字应为同义，所以以往学者往往根据“苟求其故”的“故”字来推测“则故而已矣”这一“故”字的含义。如汉赵岐《孟子章句》说：“天虽高，星辰虽远，诚能推求其故常之行，千岁日至之日，可坐知也。”了解了星辰过去的运行，千年之内的日至都可以推算出来。释“故”为“故常之行”，即星辰自身的运动规律。与此相应，释“故而已矣”的“故”为性的常态和特点：

> 言天下万物之情性，常顺其故则利之也。改戾其性则失其利矣。若以杞柳为桮棬，非杞柳之性也。恶人欲用智而妄穿凿，不顺物之性而改道以养之。禹之用智，决江疏河，因水之性，因地之宜，引之就下，行其空虚无事之处。如用智者不妄改作，作事循理，若禹行水于无事之处，则为大智也。

顺从性的常态和特点则有利，穿凿妄为，改变性的常态和特点则失其利。所以下面又说：“能修性守故，天道可知；妄智改常，必与道乖。性命之旨也。”赵岐注释此章时，联系到孟子“顺杞柳之性以为桮棬”的观点，是其可取之处，对我们理解该章极有参考价值。不过从“天下之言性也”一句看，孟子是引述当时人们的观点，并加以评论，而赵岐注显然没有反映出这一点。另外，其对“故”字的训释也显得含混、不够明确。

宋代以后，理学兴起，《孟子》因列入“四书”而备受关注，故理学家对此章多有讨论。如朱熹《孟子集注》说：

> 性者，人物所得以生之理也。故者，其已然之迹，若所谓天下之故者也。利，犹顺也，语其自然之势也。言事物之理，虽若无形而难知；然其发见之已然，则必有迹而易见。故天下之言性

> 者，但言其故而理自明，犹所谓善言天者必有验于人也。然其所谓故者，又必本其自然之势；如人之善、水之下，非有所矫揉造作而然者也。若人之为恶、水之在山，则非自然之故矣。①

朱熹释“性”为“人物所得以生之理”，而释“故”为“已然之迹”。按照朱熹的看法，理属于形而上，是“若无形而难知”，但它可以在具体事物中表现出来，“然其发见之已然，则必有迹而易见”，所以天下讨论性的人，根据性的“已然之迹”就可以了解到性本身，就像从星辰的“已然之迹”，就可以知其运行规律一样。朱熹的这个解释是建立在他“理”“气”、“未发”“已发”的理学观念之上，更多的是一种哲学创造，它与孟子思想存在着一定距离，是学界公认的事实。

宋代著名理学家、心学派代表人物陆九渊对《孟子》此章亦有解释，其《象山语录》云：

> “天下之言性也，则故而已矣”，此段人多不明其首尾文义。中间“所恶于智者”至“智亦大矣”，文义亦自明，不失孟子本旨。据某所见，当以《庄子》“去智与故”解之。观《庄子》中有此故字，则知古人言语文字，必常有此字。《易·杂卦》中“随无故也”，即是此故字。当孟子时天下无能知其性者，其言性者，大抵据陈迹言之，实非知性之本，往往以利害推说耳，是反以利为本也。夫子赞《易》，“治历明时”，在《革》之《象》。盖历本测候，常须改法。观革之义，则千岁之日至，无可坐致之理明矣。孟子言“千岁之日至，可坐而致也”，正是言不可坐而致，以此明不可求其故也。②

陆九渊释“故”为“陈迹”，是取“故旧”之义。但这样一来，下文“苟求其故”的“故”字便不好理解。所以陆九渊实际是把上面一章分为三个不同的部分，认为前面是孟子对当时人性论的评论，批评当时之人据陈迹

---

① 朱熹：《四书集注》，274 页。

② 陆九渊：《陆九渊集》，415 页，北京，中华书局，1980。

言性，以利害相推算，忘记了性的根本；中间一段是孟子关于“智”的观点，并认为其“文义亦自明”；后面则是讲“赞历明易，治历明时”，并根据“历本测侯，常须改法”，改“千岁之日至，可坐而致也”为“不可坐而致”。陆九渊素以不读书自诩，且主张“苟得于心，《六经》皆我注脚”，故常常妄改经义，此章即是一例。

清代考据学流行，许多学者对孟子此章进行解释，如毛奇龄释“故”为“智”，认为“是以孟子言，天下言性不过智计耳。顺智亦何害，但当以通利不穿凿为主。夫所恶于智者，为穿凿也。如不穿凿，则行水治历，智亦大矣”[①]。焦循认为“孟子此章自明其道性善之旨”，并将“故”释为“已往之事”，认为“当时言性者，多据往事为说”，“孟子独于故中指出利字，利即《周易》元亨利贞之利……利以能变化，言于故事中，审其能变化，则知其性之善”[②]。当代学者中也有对此章进行注释者，如杨伯峻先生译此章云：

> 孟子说：“天下的讨论人性，只要能推求其所以然便行了。推求其所以然，基础在于顺其自然之理。我们厌恶使用聪明，就是因为聪明容易陷于穿凿附会。假若聪明人像禹的使水运行一样，就不必对聪明有所厌恶了。禹的使水运行，就是行其所无事，[顺其自然，因势利导。]假设聪明人也能行其所无事，[不违反其所以然而努力实行，]那聪明也就不小了。天极高，星辰极远，只要能推求其所以然，以后一千年的冬至，都可以坐着推算出来。”[③]

杨注《孟子》以简洁、明了著称，但此章却很难说做到了这一点，这也反映了“故”字理解上的难度。《孟子》一书谈论性的地方很多，但系统发表对性的看法，却仅此一章，是理解孟子人性论不可多得的重要材料。但

---

① 毛奇龄：《四书賸言补》，见《孟子正义》卷8引。

② 焦循：《孟子正义》卷8，见《诸子集成》，第1册，344页。

③ 杨伯峻：《孟子译注》，上册，196页，北京，中华书局，1960。关于该章的训释，可参见徐圣心：《〈孟子〉“天下之言性”章异疏会诠及其人性论原则》，《成功大学中文学报》（台湾），2005（13）。

由于“故”字得不到训释，此章的含义也就含混不清。“天下之言性也，则故而已矣”到底表达了什么意思？它与孟子是一种什么关系？是孟子赞同的，还是要批判的？对于这些存在着不同的理解，且一直难有定论。所以一方面，尽管此章内容十分重要，但另一方面，在以往讨论孟子尤其是其人性论的著作中，却很少有引用这段材料的①，这不能不说是一种遗憾。这种局面，直到郭店简的出土发现才有所改变。

（二）《孟子》“天下之言性”章试释

郭店竹简《性自命出》中有大量讨论人性论的内容，其中明确提到“节性者，故也”，将“性”、“故”联系在一起，并对“故”字作了专门解说。《性自命出》年代在孟子以前，反映的正是当时“天下之言性也”的情况，为破解《孟子》“天下之言性”章提供了重要材料。竹简说：

> 凡性，或动之，或逆之，或节之，或厉之，或出之，或养之，或长之。凡动性者，物也；逆性者，悦也；节性者，故也；厉性者，义也；出性者，势也；养性者，习也；长性者，道也。（第9—12简）

如学者指出的，重视“学”、“教”对人性的塑造、培养，是竹简的一个重要特点，竹简提出“动性”、“逆性”、“节性”、“厉性”、“出性”、“养性”、“长性”，正反映了这一点。值得注意的是，竹简中有“节性者，故也”一句，与孟子“天下之言性也，则故而已矣”显然有某种联系，故需要重点讨论。其中“节性”的“节”，郭店简整理者曾释为“交”，有学者认为同“教”，意为“使”；也有学者引《小尔雅·广诂》：“交，更也。”认为

---

① 据台湾“中央研究院”院士黄彰健先生告知，傅斯年先生当年写《性命古训辨证》时，就因为读不懂此章的内容，而没有将其收入。黄先生后写有《释〈孟子〉“天下之言性也则故而已矣”章》（见所著《经学理学文存》，台北，商务印书馆，1976），释“故”为“有所事，有所穿凿”，认为此章是孟子批评杨朱“全性葆真”的自利思想，受到傅先生的赞赏。当黄先生得知我准备写作此文时，主动将其著作赠送于我。读黄文后，使我获益匪浅，但在对该章的理解上，我与黄先生仍存在较大分歧，这也从一个侧面反映了对于该章的艰难探索过程。

“交”可以训为“更”。[①] 裘锡圭先生则认为，上博简《性情论》中与“交”相应的字，实作“室”下加“心”之形，可知“交性”应改释为“室性”。因“交”、“室”形近，被郭店简抄书者写走了样，致使误释。这个可加“心”旁的“室”字，裘先生认为应读为与“室”音近的“实”。[②] 后又在《由郭店简〈性自命出〉的“室性者故也”说到〈孟子〉的“天下之言性也”章》（下简称《“天下之言性也”章》）一文提出，“‘室’是书母质部字，‘节’是精母质部字，上古音的确相当接近……它们所代表的那个词，有可能是音、义都跟节制的‘节’非常相近的一个词，也有可能就是节制的‘节’”[③]。从文意看，“节性”的说法可能更合理，裘先生的论证也较为充分，故暂从其说。关于该字的训释，文字学家还可作进一步讨论，但不论最终结论如何，它都是指塑造、培养性的活动和行为，所以对我们以下的讨论影响不会太大。至于“故”字，下文说“有为也之谓故”。所谓“有为也”就是指有特定的目的或用意，这里的“为”读去声（第四声）。竹简说：“《诗》、《书》、礼乐，其始出皆生于人。《诗》，有为为之也；《书》，有为言之也；礼乐，有为举之也。”（第15—16简）就是指《诗》、《书》、礼乐是根据一定的意图和目的创造出来的。“故”也可以作名词，指有意识、有目的的行为。如：“牛马四足，是谓天；落马首，穿牛鼻，是谓人。故曰：无以人灭天，无以故灭命。”（《庄子·秋水》）“真其实知，不以故自持。”（《庄子·知北游》）这里的“故”就是指有意的人为。值得注意的是，当时人们谈论这种“故”时，常常与“知”（智）联系在一起。

---

① 参见刘昕岚：《郭店楚简〈性自命出〉篇笺释》，见《郭店楚简国际学术研讨会论文集》，334页；陈宁：《〈郭店楚墓竹简〉中的儒家人性言论初探》，载《中国哲学史》，1998（4）。

② 参见裘锡圭：《谈谈上博简和郭店简中的错别字》，载《新出楚简与儒学思想国际学术研讨会论文集》，清华大学，2002年3月。

③ 见《第四届国际中国古文字学研讨会论文集》，香港中文大学，2003。笔者曾在2002年清华大学“新出楚简与儒学思想”国际学术会议上宣读本节文字，时裘锡圭先生在座。不久裘先生写出《由郭店简〈性自命出〉的“室性者故也”说到〈孟子〉的“天下之言性也”章》一文，是对拙文的一个回应。裘文认为笔者联系竹简《性自命出》有关文字解读《孟子》“天下之言性”章很有见地，非常正确，肯定了笔者对“故”字的解释，但对《孟子》该章文字提出了不同的理解。读裘文后，其对“故”字的训释使我大获其益，虽然仍坚持自己的观点，但对原文做了较大修改，后正式发表于《中国哲学史》，2004（4）。裘先生写作其文时，曾托其学生向我借阅上引黄彰健《经学理学文存》一书（据笔者查阅，国图、北大图书馆均未收藏该书），其严谨的治学态度令人敬佩。

如："去知与故，遁天之理。"（《庄子·刻意》）"恬愉无为，去智与故。"（《管子·心术上》）这可能是因为，有意的人为总是和思虑、谋划联系在一起，所以有"故"也就有"智"。

裘锡圭先生在《"天下之言性也"章》一文中曾引《荀子·性恶》中的"圣人积思虑，习伪故，以生礼义而起法度"一语，指出"'习伪故'与'积思虑'为对文。'思'、'虑'义近，'伪'、'故'之义亦应相近……'故'字在古书中的用法，跟'伪'颇有相似之处"，是很有道理的。不过"伪"和"故"除了裘先生所强调的"人为"的意思外，似乎还有积习、习惯等一层意思。如，"情然而心为之择谓之虑。心虑而能为之动谓之伪。虑积焉，能习焉，而后成谓之伪"（《荀子·正名》）。这里前一个"伪"是指"人为"，后一个"伪"则是指经过"人为"而形成的能力、积习等。荀子讲"性伪之分"，也主要是针对后一种"伪"而言。"不可学，不可事而在人（注：或疑当为'天'）者，谓之性；可学而能，可事而成之在人者，谓之伪。是性伪之分也。"（《荀子·性恶》）所以在荀子看来，性与伪虽然不同，但二者又是相互依赖的："无性则伪之无所加，无伪则性不能自美。性伪合，然后成圣人之名。"（《荀子·礼论》）所以主张"化性起伪"，要求以"礼义法度"改造先天本性。"人之性恶，其善者伪也。"（《荀子·性恶》）而先天的本性之所以能形成"伪"，主要是由于后天的环境和"人为"的影响。"居楚而楚，居越而越，居夏而夏，是非天性也，积靡使然也，故人知谨注错，慎习俗，大积靡。"（《荀子·儒效》）人们所处的环境不同，所形成的积习、习惯也不同。这种习惯不是出于天性，而是靠"积靡"（注：靡，借为"摩"，指切磋、研究）后天形成的。所以荀子主张性恶，但又认为"涂之人可以为禹"，"身日进于仁义而不自知也者，靡使然也"，"圣人者，人之所积而致也"（《荀子·性恶》）。他所说的仁义就是指后天的积习、习惯而言。"故"与"伪"相近，所以也有积习、习惯的含义。《庄子·达生》云：

> 吾生于陵而安于陵，故也；长于水而安于水，性也；不知吾所以然而然，命也。

对于“故”字，成玄英疏云：“我初始生于陵陆，遂与陵陆为故旧也。”不可取。其实这里的“故”就是指在具体环境下形成的能力、积习等，曹础基释为“习惯”是正确的。[1] 这种“故”虽然是后天形成的，但又“习而成性”，与性成为一个有机整体，并达到“不知吾所以然而然”的精妙境地，故说“吾始乎故，长乎性，成乎命”。可见，道家虽然反对“伪”与“故”，但这主要是针对“落马首，穿牛鼻”之类的“有为也”而言的，如果能“循天之理”，从事物的本性出发，这样的“故”他们同样是肯定的。

“故”由“有为也”又可引申出成例、规范、制度等含义，这就是典籍中所说的“故事”、“旧典”、“故俗”等义，它们是古人“有为为之”，所以也称为“故”。对于“节性者，故也”，现在学术界一般即取“故”的这种含义，认为是指合乎儒家思想的各种礼制和伦理道德规范。但作为外在规范的“故”之所以能够“节性”，显然是靠“化性起伪”，是靠积习、习惯的力量来实现的。“故”成例、规范的含义，与积习、习惯的含义其实是联系在一起的。上面一段竹简文字翻译过来就是：对于人性来说，感应、触动它的是外在之物；迎合、顺应它的是欢悦之事；节制、完善它的是礼义典故；磨砺、锤炼它的是行为之义；使它表现、展示出来的是客观情势；培养、塑造它的是后天的修习；增长、统率它的是人之道。

竹简如此看重性的塑造、培养，不是偶然的，而是古代人性论的一个基本特征。古人即生言性，性并非抽象的实体和本质，而是动态的活动和过程，是生命之成长的倾向、趋势和规定，此性需要经过后天的塑造和培养，养性乃是古人的一个重要观念。作为儒学的创始者，孔子提出“性相近，习相远”（《论语·阳货》），认为人的性相近，而后天的积习却相差很远，将“性”与“习”的问题明确提了出来。竹简在此基础上作了进一步探讨，其文云：“牛生而长，雁生而伸，其性使然，人而学或使之也。凡物无不异也者，刚之树也，刚取之也；柔之约也，柔取之也。四海之内，其性一也；其用心各异，教使然也。”（第7—9简）在竹简看来，人不同于动物的地方在于，动物总是本能地听命于性的支配，而人却是因为学而成其为人。四海之内，人的性是一致的，但由于教育的缘故，每个人的

---

① 参见曹础基：《庄子浅注》，278页，北京，中华书局，2000。

性——通过心——的表现却各不相同。因此，孟子以前，人们往往是将“性”和“习”联系在一起的，认为虽然“性自命出，命自天降”，性是上天的赋予，先天的禀赋，但还需要经过后天的塑造和培养，这可以说是当时的一个普遍观念，为儒、道各家所认可。孟子说“天下之言性也，则故而已矣”，应当正是对此而言。不过孟子所说的“故”，似乎不应简单地根据“节性者，故也”一句，“理解为人为的规范、准则”[①]。性与“人为的规范、准则”是完全不同的东西，思想史上也没有人将性理解为规范、准则的。“故而已矣”的“故”只能是规范、准则“节性”的结果，是指积习、习惯而言，上引竹简就是将“习”看做“性”的。所以“天下之言性者，故而已矣”是说，人们谈论的性不过是指积习、习惯而言。这是当时人们的看法。

“故者，以利为本”一句，向来有两种不同的理解，一种是理解为孟子的正面言论，释“利”为有利，赵岐、朱熹、焦循等持这种看法；一种与此相反，是理解为孟子反对的言论，释“利”为自利、利害，陆九渊、黄彰健等持这种看法。裘先生同意后一说，并批评笔者释“利”为“顺”是有问题的。但经过仔细思考，笔者认为，“以利为本”的利，可能还是应释为有利或顺，因为下文“禹之行水也，行其所无事也”、“苟求其故”，讲的都是顺应事物的本性、规律的问题，“利”如何训释，显然应该根据这些内容作出判断。相反，如果将利释为自私自利，“故者，以利为本”一句便与下文无法发生联系，势必将文意完整的一章内容，分割为互不关联的三个部分，这是取“自私自利”说者始终无法回避的困境所在。在这一点上，裘先生也不例外。另外，从上引竹简的内容看，似乎也可找到训“利”为“顺”的旁证：“刚之树也，刚取之也；柔之约也，柔取之也。”刚物树立为柱，柔物用于缠束，是顺应事物本性的结果。竹简的比喻正是要说明，后天的加工、塑造要顺应先天本性。“故者，以利为本”与其应是同一个意思。它是说，积习的塑造、培养要顺从人的本性也即是仁义之性为根本。这是孟子的观点和看法。

由于谈到“故”或“习”，必然要涉及“智”，所以下面又有关于

---

① 裘锡圭：《由郭店简〈性自命出〉的“室性者故也”说到〈孟子〉的“天下之言性也”章》。

“智”的论述。不过孟子这里所谓的“智”，不同于他平时所说的“是非之心，智也”之智，不是指良知判断，而是指经验认知。因为“有为也”的“故”总是和认知活动联系在一起的，上引竹简在“道者，群物之道”一段后说，“凡道，心术为主”，认为道虽然客观存在，但只有通过心才能认识、实践道，并进一步增长、培养性。这里的“心术”就是指心的认知能力，同于这里所说的智。孟子生活的时代存在着这样一种观点，认为智是不利于性的。所谓上古之世，“人虽有知，无所用之，此之谓至一”，“逮德下衰”，“然后去性而从于心，心与心识，而不足以定天下”（《庄子·缮性》）。智本身是道德衰落的产物，过分运用智会导致人失去本性，故主张“去智与故，循天之理”（《庄子·刻意》），“以恬养知，知生而无以知为也”（《庄子·缮性》）。孟子则认为，问题并不在于智本身，而在于人们如何看待、运用智。人们之所以厌恶智，是因为有人穿凿附会，不从事物本身出发，如果能像大禹治水一样，根据水的习性采取相应的治理办法，“行其所无事”，那么智就不仅不应该被反对，而且作用是非常大的，就像了解了星辰的运行，其千年之内的日至可以轻易推算出来一样。可见，从事物本身出发，顺应事物的本性才是运用智的关键所在。此章前后两个“故”字，虽然都是“有为也”，但前一个“故”是指积习、习惯；后一个“故”则是指星辰固有的运行规律，二者在文义上存在着细微差别。今试将此章翻译如下：

人们所谈论的性，往往不过是指积习、习惯而已。积习、习惯的培养要以顺从人的本性为根本，人们之所以厌恶智，是因为用智的人往往穿凿附会［不从事物本身出发］。如果用智的人能像大禹治水一样，那么人们就不会厌恶智了。大禹治水［顺从水的本性，采用疏导的办法］，不有意多事。如果用智的人也不有意多事，那么智的作用就大了。天极高，星辰极远，如果了解它们的运行规律，千年之内的日至，坐着都可以推算出来。

（三）从“天下之言性”章看孟子性善论

《孟子》“天下之言性”章的解读，使我们对孟子人性论有了更深一层的理解。我们知道，孟子“道性善”是儒学发展史上的重要事件，而如何理解孟子性善论，也一直是儒学研究中具有挑战性的重大课题。从孟子的有关论述来看，他是即心言性，认为恻隐、羞恶、是非、辞让之心可以表现为具体的善行，所以是善的，并进一步由心善论证性善。不过孟子虽然认为恻隐、羞恶、辞让、是非之心在“体”上、“理”上与仁义礼智具有内在的一致性，具有发展为仁义礼智的全部可能，但在“相”上、作用上，还有一个具体的发展过程，故说：“恻隐之心，仁之端也；羞恶之心，义之端也；辞让之心，礼之端也；是非之心，智之端也。”（《公孙丑上》）一个“端”字道出孟子思想的奥秘。端，在古文中写作“耑”，像幼苗初生之形。《说文》云：“耑，物初生之题（段注：题者额也，人体额为最上，物之初见即其额也，古发端字作此）也，上象生形，下象其根也。”换言之，“端”即事物的萌芽、开始。“端”表明恻隐、羞恶、辞让、是非之心并非既定、完成的事实，而是有待充实、发展的。从恻隐、羞恶、辞让、是非之心到仁、义、礼、智有一个生长、发展的过程，正如树苗到树木有一个生长、发展的过程一样。由于孟子即心言性，其性就不是一种抽象的本质，而表现为一动态的活动与过程：

> 君子所性，仁义礼智根于心，其生色也睟然，见于面，盎于背，施于四体，四体不言而喻。（《尽心上》）

在古汉语中，“所”常常用在动词的前面，组成“所”字结构，在句子中充当主、谓、宾、补等各种成分。据学者对《易经》、《尚书》、《诗经》、《左传》等二十一部先秦古籍的考察，在共出现的 6 484 例“所”字中，用作“所”字结构的有 6 252 次之多。“需要特别指出的是，与‘所’字相结合的词，动词自不必说，即使非动词的其他各类词，一旦与‘所’相结合以后，都可具备动词的性质。”所以有学者主张，凡与“所”相结合的词，一律可称作动词。[①] 因此，“君子所性”的“性”用作动词，指性的活动。在上面一段中，“君子所性”与“仁义礼智根于心……”一段是同位语，后者是对性的解释和说明。所以孟子所说的“性”，实际是由四端之心到仁义礼智，并进一步表现于形色和行为的整个实践过程，一个“根”字形象地道出孟子性的特点。

由于孟子将性看做一动态、发展的过程，而不是固定的抽象本质，其人性论与修习论便具有一种内在的联系，二者构成一个有机整体。《荀子·性恶》说：“孟子曰：人之学者，其性善。”杨倞注：“孟子言人之有学，适所以成其天性之善，非矫也。与告子所论者是也。”大凡一个人的观点，往往在他的批评者那里最能真实反映出来。荀子在人性论上与孟子针锋相对，对孟子思想有过认真研究，他的概括应该是准确的。根据荀子所说，孟子的人性论实际是一种性善修习论，认为“学”和“性善”具有一种因果联系，因为“性善”，所以要“学”；或者说，“学”促使了“性善”的完成，就好比树木的成长需要灌溉培养，而灌溉培养适促成树木的生长一样。所以孟子虽然“道性善”，但并不意味着他所说的善性仅仅是先天的，与后天积习无关，相反，只有经过不断的塑造、培养、完善，性善才能真正实现。

《孟子》“天下之言性”章，显然正是针对性的这一特点而发。学术界有一种看法，认为孟子“道性善”，故只重视内省，重视“思”，而不重视后天的积习，不重视经验认知，这显然有失片面。从“天下之言性”章的内容来看，孟子对后天积习也是很重视的，他所说的“故”，就是一种积习、习惯，这种积习是和“学”等认知活动密切相关的。在《孟子》一书中，也不乏有关“学”的论述，如孟子认为“夫人幼而学之，壮而欲行之”，如果有人说“姑舍女所学而从我”（《梁惠王下》），那一定是办不到的，说明一个人的所学对其是十分重要的。孟子又说：“汤之于依尹，学焉而后臣之，故不劳而王。桓公之于管仲，学焉而后臣之，故不劳而霸。”而当今的君主“好臣其所教，而不好臣其所受教”（《公孙丑下》），认为

① 参见王克仲：《关于先秦“所”字词性的调查报告》，见《古汉语研究论文集》，69～102页，北京，北京出版社，1982。李人鉴：《略谈“所”字结构和有关的一些问题》，载《中国语文》，1982（6）。朱德熙：《自指和转指》，载《方言》，1983（1）。

"学"是区别君主贤明与否的一个重要标准。还有，"滕文公问为国"，孟子的一个重要主张就是要"设为庠序学校以教之"，认为学校"三代共之，皆所以明人伦也"（《滕文公上》）。又说"上无礼，下无学，贼民兴，丧无日矣"（《离娄上》）。"学"关系到一个国家的兴亡，可见其在孟子思想中的重要。孟子还引孔子曰："圣则吾不能。我学不厌而教不倦也。"引子贡曰："学不厌，智也；教不倦，仁也。仁且智，夫子既圣矣。"（《公孙丑上》）认为"学"乃成圣的重要一环。甚或生而所具之善端的呈现，也往往需要以闻见"善言"、"善行"为机缘："孟子曰：舜之居深山之中，与木石居，与鹿豕游，其所以异于深山之野人者几希；及其闻一善言，见一善行，若决江河，沛然莫之能御也。"（《尽心上》）这些都说明，"学"在孟子思想中占有重要地位，认为孟子不重视经验认知显然有失片面。

不过由于孟子即心言性，性具有自身的规定性，具有自身的生长过程，所以他强调后天积习的塑造、培养必需"以利为本"，以顺从性的发展为根本。他提出"所恶于智者"，也主要是针对有人穿凿附会，不顺从事物的本性而发。在《孟子》一书中，类似的论述还有不少，如"一暴十寒"："孟子曰：无或乎王之不智也。虽有天下易生之物也，一日暴之，十日寒之，未有能生者也。吾见亦罕矣，吾退而寒之者至矣，吾如有萌焉何哉?"（《告子上》）此章是以植物的生长类比人性的培养。孟子认为，纵使有天下容易生长的植物，如果"一日暴之，十日寒之"，它一样无法生长。同样，王虽然具有善的本性，但如果"退而寒之"，不及时加以培养，它同样难以表现出来。又如"拔苗助长"："宋人有闵其苗之不长而揠之者，芒芒然归，谓其人曰：'今日病矣，予助苗长矣。'其子趋而往视之，苗则槁矣。天下之不助苗长者寡矣。以为无益而舍之者，不耘苗者也；助之长者，揠苗者也。非徒无益，而又害之。"（《公孙丑上》）可见，不论是"一暴十寒"还是"拔苗助长"，都不是从事物本性出发，不是"以利为本"，而是穿凿用智的结果，所以是孟子所批评和反对的。但如果能像大禹治水一样，不事穿凿，从事物的本性出发，那么诚如孟子所说，智的作用"亦大矣"。所以孟子并非一般地反对"学"和经验认知，而是强调不能将"学"和经验认知看做简单的经验积累，不能以其自身为目的，而是要"适所以成其天性之善"，要服务于心、性的发展和需要，故说"学问之道无他，求其放心而已矣”（《告子上》）。《孟子》“天下之言性”章可以说表达的正是这一思想，其中“故者，以利为本”乃是这一思想的核心。只不过由于本章中的文字没有得到训释，其所含的深义一直不被人们理解。而通过竹简，不仅使其含义大白于天下，也使我们对孟子性善论有一个更为深入的认识。

第二节 孟子的“仁义内在”说

孟子“四心”说的提出，在儒学思想史上具有重要意义，它不仅发展了孔子仁学，同时也否定了“仁内义外”说，论证了“仁义内在”说，将先秦儒学理论发展到一个新的阶段。如果说，前面关于“四心”说形成的论述使我们看到孟子思想探索的艰苦历程，那么，考察“仁义内在”说，则可以使我们进一步了解孟子对发展儒学理论所作出的贡献。

（一）“仁，人心也”

孟子自称“私淑于孔子”，又曾“学于子思之门人”，他主要从内在一面发展了孔子的仁学，并在此基础上对“仁义内在”作出了理论说明。所以，首先来看孟子对仁的理解。孟子关于仁的第一个命题是：“恻隐之心，仁也。”以恻隐之心言仁是孟子仁学的独特之处。《说文》说：“恻，痛也。”赵岐注：“隐，痛也。”恻隐一词是表示对他人的不幸、危难境遇而产生的哀痛、同情之情。孟子认为，恻隐之心人皆有之，例如看见孩童要掉入井中，必然会产生怵惕恻隐之心，这种恻隐之心不是为了任何功利目的，而完全是情感的真实流露，将恻隐之心“扩而充之”即是仁。孟子也常以“不忍人之心”言仁：“人皆有所不忍，达之于其所忍，仁也。”（《孟子·尽心下》）“不忍”和恻隐一样，都是对他人特殊境遇下的不幸而产生的哀痛、同情之情；“所忍”则是一般情境下的仁爱之情。孟子认为，仁实际是一种“以其不忍达于其所忍”的扩充过程，即把对特殊境遇下的恻隐、哀痛扩充起来，使之上升为一般情景和普遍意义上的仁民爱物的过程。

孔子言仁的一个重要特点，是以血缘宗法的孝悌为基点，通过层层外推，达到普遍意义的“泛爱众”，故有子将其概括为“孝弟也者，其为仁之本矣”。而孟子则是把“恻隐之心”、“不忍人之心”、“不欲害人之心”看做仁的基础、根源，与孔子相比，无疑是一个重大变化。孟子言仁更多地倾注了对民众疾苦的同情和关注，如仁政、民本，而不仅仅是以维护宗法血缘为重心。孟子甚至对仁民和亲亲作了区分，把仁界定为对民众的一种普遍情感："君子之于物也，爱之而弗仁；于民也，仁之而弗亲。亲亲而仁民，仁民而爱物。"（《尽心上》）"爱"是对于万物的一种情感，"仁"是对于民众的一种情感，"亲"是对于亲属的一种情感，三者互不相同，有严格的区别。对于一个君子来说，就是要由亲爱亲人达到仁爱民众，由仁爱民众达到泛爱万物。孟子把仁界定为对民众的真实情感，而与亲亲区分开来，表明他在一定程度上突破了宗法血缘的狭隘范围，赋予了仁更为广泛的社会内容。不过，孟子在提出以上富有创造性命题的同时，依然保留着一些旧的观念，如："亲亲，仁也。"（《尽心上》）"仁之实，事亲是也。"（《离娄上》）这说明，孟子一定程度上还是受到当时宗法血缘关系的影响，同时也有可能，后者是孟子早期继承前人的观点，前者则是孟子"四心"说形成后新的思想创造。

孟子关于仁另一个重要命题是："仁者，人心也"。恻隐之心意义上的仁，只是一种道德情感，相当于孔子的"仁者，爱人"。在孟子那里，与孔子的仁相当的则是后一命题中的仁，即"仁者，人心也"意义上的仁。

心是孟子的一个重要概念。《孟子》一书中，心字共出现121次（三处用于人名的不计在内）。从这些场合的使用来看，心字的含义较复杂，它既指道德本心，如"良心"、"本心"，也指具体的恻隐、羞恶等之心等。那么，孟子"仁，人心也"是哪一种心呢？如果是指恻隐之心，那么，"仁，人心也"只是"恻隐之心，仁也"的重复，并没有新的内容；但如果是指道德本心，那么，仁就等同于道德主体心，并获得全新的含义。可见，对心的理解不同，对这一命题的理解也不同。我们认为，孟子这里所说的心是道德本心，即"良心"、"本心"。这是因为，仁在孟子那里是一个非常重要的概念，它被看做人之为人的标准，被看做是"道"，"仁也者，人也，合而言之，道也。"（《尽心下》）因此，"仁，人心也"的"心"显然不仅仅是指恻隐之心，而应该是指道德本心。这可由下面一段材料证明："由是观之，无恻隐之心，非人也；无羞恶之心，非人也；无辞让之心，非人也；无是非之心，非人也。"（《公孙丑上》）恻隐、羞恶、辞让、是非之心合而构成人之为人，说明"仁，人心也"确实是针对指道德本心而言，孟子的仁具有比恻隐之心更广泛的含义。此其一。

其二，孟子在提出“仁，人心也”之后，紧接着又谈到“求放心”的问题。“仁，人心也；义，人路也。舍其路而弗由，放其心而不知求，哀哉……学问之道无他，求其放心而已矣。”（《告子上》）孟子认为学问的根本就在于“求放心”。这里的“放心”当和本篇第八章的“放其良心”，第十章的“失其本心”同义，都是指道德本心。而“仁，人心也”与“求放心”实际说的是同一个心，都是指道德心。这里需要说明一点，孟子在“仁，人心也”之后，又提出“义，人路也”，似乎表示仁、义是一种并列的关系，仁并不包括义。实际情况并非如此，这只需要说明作为“人心”的仁与作为“人路”的义是一种什么关系就可以了。孟子义论的一个重要特点是将义归于主体心，把义看做主体心的外在表现。因此，这里的仁、义并不是并列关系而是从属关系。孟子的意思是，作为“人心”的仁具有高度的理性自觉，作为“人路”的义即来自于仁，掌握了仁也就掌握了义。正因为如此，孟子只言“求放心”，而不言寻失路。

孟子通过“仁，人心也”的命题，将仁与主体的本心、良心等同起来，赋予仁丰富的内涵。了解孟子的仁先要了解孟子的心，了解了孟子的心也就了解了孟子的仁。首先，与孟子心有广义（良心、本心）、狭义（恻隐之心等）之分相应，孟子的仁也有广义、狭义之分。从狭义上说，仁只是恻隐之心；从广义上讲，仁则包括恻隐、羞恶、辞让、是非之心全体；从狭义上讲，仁只是“仁民爱物”之仁；从广义上说，仁则统摄仁、义、礼、智全体，既是情又是理，是道德情感与道德理性的统一。

其次，与孟子区分“四心”与道德本心相应，孟子的仁包含了由情及理，由恻隐、羞恶、辞让、是非之心到仁、义、礼、智的全部发展过程。孟子说：“恻隐之心，仁之端也；羞恶之心，义之端也；辞让之心，礼之端也；是非之心，智之端也，人有是四端也，犹其有四体也。”（《公孙丑上》）“端”字本作“耑”，许慎《说文解字》：“耑，物初生之题（题犹额也，端也）也，上象生形，下象其根也。”换言之，“端”即事物的萌芽、开始。“端”表明恻隐、羞恶、辞让、是非不是一种既定、完成的东西，从恻隐、羞恶、辞让、是非到仁、义、礼、智有一个生长、发展的过程，正如树苗到树木有一个生长、发展的过程一样。所以，孟子说“仁义礼智根于心”（《尽心上》），一个“根”字形象地说明了孟子思想的特点。

最后，孟子以心言仁，仁成为实践主体，成为道德实践的内在根源和动力，通过仁，孟子建立起自律的道德哲学。孟子对此有明确的说明：

> 舜明于庶物，察于人伦，由仁义行，非行仁义也。（《离娄下》）
>
> 自反而缩，虽褐宽博，吾不惴焉；自反而不缩，虽千万人，吾往矣。（《公孙丑上》）
>
> 君子所性，仁义礼智根于心，其生色也睟然，见于面，盎于背，施于四体，四体不言而喻。（《尽心上》）

“由仁义行，非行仁义”形象地说明道德活动的自律特征。在这里，仁义是内在的，而非外在的，它是道德行为的内在根源、动力，而不是外在目的；“自反而缩”属于知，是本心、良心的内在活动，“吾往矣”则属于行，是本心、良心的外在表现。在这里，知与行，内与外得到统一，而统一的基础则是仁、是心；“仁义礼智根于心”说明心的本质和结构，而“见于面，盎于背，施于四体”则表明此心又决定、影响了人们的气质、容貌以及行为，成为道德实践的根源和动力。孟子继承了孔子的仁，使之得到进一步发展，并大大地突出了主体的作用，反映了士的自觉、人格的独立和社会地位的提高。孟子提出“仁义内在”说，正是建立在他对仁的独特理解之上的。

（二）“恭敬之心，礼也”与“羞恶之心，义也”

孟子提出主体的心，以心言仁，赋予心道德实践中的创造作用，这便决定了他主要是从主体心来统一内、外关系，论证“仁义内在”说的。我们知道，在孔子那里，仁、礼还存在着内、外的差别，仁是内在主体，礼是外在规范。礼之外，孔子还谈义，义与礼密切相关，也具有外在的特点。子思在此基础上接受了当时流行的“仁内义外”说，将仁义礼智圣一方面说成是“形于内”的“德之行”，另一方面又说成是“不形于内”的“行”，并提出“为德”与“为善”的道德实践方法。这样，从孔子到子思，仁与礼（义）、内与外的关系不仅没有得到统一，反而呈现对立的趋势，直到告子以极端的形式将其内在矛盾揭示出来，迫使孟子不得不作出理论的回答和说明：

> 恻隐之心，人皆有之；羞恶之心，人皆有之；恭敬之心，人皆有之；是非之心，人皆有之。恻隐之心，仁也；羞恶之心，义也；恭敬之心，礼也；是非之心，智也。仁义礼智，非由外烁我也，我固有之也。（《孟子·告子上》）

仁义礼智是“我固有之”，或者说是“形于内”的，它们内在于心，可以由内而外显现出来，与《五行》的“德之行”是一致的。不过，孟子在继承《五行》“德之行”的同时，已不再关注“不形于内”的“行”。在他看来，仁、智固然内在于心，是源自“恻隐之心”与“是非之心”，而礼、义也同样来自内在的“恭敬之心”与“羞恶之心”。因此，仁、义、礼、智性质相同，都内在于心，并不存在内、外的差异，也不需要作出“形于内”、“不形于内”的区分。孟子说：“辞让之心，礼之端也。”（《公孙丑上》）礼本来就是由辞让之心即恭敬、尊重的心理情感扩充而来，因此，实践礼是为了满足内心的需要，而非服从外在的强制，它是内而不是外的。人们之所以产生外的看法，主要是不懂得礼的真正来源，不懂得道德实践的主体性原则。因此，只有将礼与辞让之心联系起来，将其看做辞让之心的表现，才能完成由外向内的转变，实现内、外的统一。

由于把礼归于辞让之心，孟子礼的内涵大大缩小。孔子的礼具有等级制度、道德规范和礼仪形式等多种内涵，而孟子的礼则主要是指礼仪形式：

> 事君无义，进退无礼。（《离娄上》）
>
> 仁之于父子也，义之于君臣也，礼之于宾主也，智之于贤者也……命也，有性焉，君子不谓命也。（《尽心下》）
>
> 动容周旋中礼者，盛德之至。（同上）

上面三段材料中，礼均是指“进退”、“动容周旋”的礼仪形式，《孟子》一书中的礼主要即是这种含义。这一方面说明孟子生活的时代，礼的作用和地位已大大降低，同时也表明孟子的辞让之心无力对儒家所倡导的礼的全部内容做出合理说明。辞让之心能推出“动容周旋”的礼仪礼节，却无法说明等级名分、社会制度、伦理规范的合理性，由辞让之心显然无法推出这些内容。因此，孟子实际通过缩减礼的内涵，消除礼的客观性而完成仁、礼的统一。这样，礼的内涵不仅缩小，地位也大大降低。在孔子那里，礼与仁并举，是其思想的一个重要内容；子思提出五行，礼成为五行之一，但他突出“不形于内”的“行”，实际仍然是发展了孔子的礼；孟子则把礼看做四德之一，使其从属于仁。“仁，人心也；义，人路也。”（《告子上》）“夫义，路也；礼，门也。唯能由是路，出入是门也。”（《万章下》）在这里，仁是最高的道德理想，义是通向仁的必由之路，而礼则是进入仁、义所要经过的大门，礼从属于仁、义。“仁之实，事亲是也，义之实，从兄是也，智之实，知斯二者弗去是也，礼之实，节文斯二者是也。”（《离娄上》）礼的作用仅仅是“节文斯二者（仁、义）”。这都表明，礼在孟子那里已下降为一个较为次要的概念，这与孔子形成鲜明的对照。

在把礼由外向内转换的同时，孟子对义也作了说明，提出“羞恶之心，义也”（《告子上》）。“羞恶之心”指人们的“羞”、“恶”两种既联系又区别的情感活动。羞，指羞愧、羞耻、内疚；恶，指憎恶、嫌恶、讨厌、不满，等等。二者往往联系在一起，不能截然分开。恶由羞产生、引起，而恶又能强化羞的心理感受。“羞恶之心，义也”表明，义的规范作用是以羞恶的情感活动为基础，通过羞恶的情感体验及其心理活动来实现的；同时也表明，义和内在主体发生联系，成为主体的作用和表现。值得注意的是，作为一种心理情感，羞恶并非直接与义相关，相反，它是人们违反义时所产生的诸如内疚、惭愧、羞耻、自责等情感活动。但在孟子看来，羞恶之心本来就是善的表现，当一个人违背义的时候，能够表现出羞恶之心，正表明他对义的尊重和理解。因此，羞恶虽然与“不义”直接相关，但却构成“义”的根源和基础。在羞恶之心的作用下，人必然会对自己的行为进行调整、矫正和弥补，使之合乎义的规范。孟子对此进行了说明：

> 人皆有所不忍，达之于其所忍，仁也；人皆有所不为，达之于其所为，义也。人能充无欲害人之心，而仁不可胜用也；人能充无穿踰之心，而义不可胜用也；人能充无受尔汝之实，无所往而不为义也。（《尽心下》）

“不为”是羞恶之心的作用和表现，但它还只是一种消极的表现，将消极意义的“不为”转化为积极意义的“为”，这便是义了。就好比人们知道不应该穿洞跳墙，如果这样做，内心便会感到羞愧、不安，将这种心理活动培养、扩充起来，内心便会源源不断地产生出义来。可见，与由“不忍”的恻隐之心推出“所忍”的仁一样，孟子言义，也是由“不为”的羞恶之心推出“所为”的义。恻隐、羞恶反映的都是特殊境遇和境况的心理情感活动，它们往往由特殊事件引起，并由特殊事件强化，比起“所忍”、“所为”的仁、义来更具有真实性和自发性。孟子正是看到这一点，才分别以它们为仁之端、义之端，说明仁、义“非由外铄我，我固有之也”。

需要指出的是，在孟子那里，羞恶之心还只是一种道德情感，它虽然具有理性的形式，具有发展为义的全部可能，但它还只是“义之端”，还需要经过扩而充之的发展过程。按照孟子的情理哲学，义既是情又是理，包含了由情及理的发展过程；它一方面来自羞恶之心，另一方面又由羞恶上升为普遍的道德理性。孟子说：

> 心之所同然者何也？谓理也，义也。圣人先得我心之所同然耳。故理义之悦我心，犹刍豢之悦我口。（《告子上》）

“义”是“理”，是“心之所同然者”，是普遍的道德理性，肯定心具有理义也即肯定人具有内在的道德观念，具有判断是非善恶的道德标准，由“义之端”的羞恶之心到“心之所同然者”的“理”、“义”，即是孟子对义的基本规定，义即代表了这一由情及理的发展过程。不仅如此，孟子还将义看做具体的行为规范，提出“义，人路也”的命题。路指道路，引申为准则、规范，这里孟子用形象的语言把义作为行为规范、处事准则的内涵揭示出来。这样，义既是内在根据又是外在准则，通过义，孟子将主体和客体、内和外统一起来。因此，孟子常常仁、义并举，把仁、义联系在一起："仁，人之安宅也；义，人之正路也。"（《公孙丑上》）"仁，人心也；义，人路也。"（《告子上》）"居恶在，仁是也；路恶在，义是也。居仁由义，大人之事备矣。"（同上）从孟子的论述来看，这里的仁、义显然是一种从属关系，而不是并列关系。在孟子看来，仁是人心，义是人路，有人心指导，方可行路；仁是安宅，义是正路，有安宅归居，行路才有必要。这样仁、义均内在于心，成为道德实践的内在原则和根据。就仁是"人心"、是最高的概念而言，仁可以说包含了义；就义是具体的行为准则和规范而言，仁又产生出义。因此，"居仁由义"实际表达的是一种道德自律的思想。康德认为，自律的一个意义就是作为实践理性的意志自我立法，换言之，道德法则源于道德主体自身。他将实践理性的第三条原则概括为："个个有理性者的意志都是颁定普遍律的意志。"并说"根据这个法则，一切与意志是颁定普遍律者这个观念不相容的行为格准都要排除掉。所以意志不特要服从规律，并且因为一定要认意志自己为颁定这个规律而服从，意志也只为这个理由，才服从这个规律"[①]。孟子把义看做来自道德本心（仁），把道德实践看做服从主体的法则自身，无疑具有意志自我立法的特征。当然，孟子的"居仁由义"和康德的意志自律也有很大不同，被康德看做道德主体的实践理性是排斥情感的。康德认为意志自律必须来自理性自身的立法原则，感性法则不仅不可能是自律的原则，相反，它是地地道道的他律原则。而孟子的主体心（仁）虽排斥情欲，但不排斥情感（道德情感），相反，它本身就是道德理性与道德情感的混合体，是情理；另外，孟子的义主要指君臣、父子间的孝悌忠信，这和康德适用于一切有理性者的"单纯普遍的立法形式"也有很大区别。我们把孟子和康德相比较，只是想说明孟子在自己的哲学传统内，通过道德自律论证了"仁义内在"，否定了"仁内义外"，建立起新的思想体系。

---

① ［德］康德著，唐钺重译：《道德形上学探本》，45～46页，北京，商务印书馆，1959。着重号为原文所加。

（三）“仁义内在”说及其思想意义

与“仁义内在”说相应，孟子常常使用“仁义”一范畴。《孟子》一书中“仁义”一词共出现24次（其中“仁义忠信”、“仁义礼智 ”不包括在内），成为孟子的一个重要概念。需要指出的是，仁义一词并不始于孟子，据张岱年先生的考证，在孟子之前，墨子已使用仁义一词了。如《墨子·尚同下》的“中情将欲为仁义”，《非攻下》的“今欲为仁义”。另外，《老子》十八章“大道废，有仁义”，《庄子·齐物论》“仁义之端，是非之涂”，也都使用了仁义一词。从这些情况看，仁义似乎是当时人们常用的词语。按照古代语言单字词在前，复合词在后的原则，在一定时期，以前曾单独出现的单字词如仁、义，被组合成一个新的复合词，如仁义，并被较为普遍地使用，应该说是正常的现象。这样看来，孟子的仁义似乎并没有特殊意义。但问题是，人们开始使用仁义概念时，并不关心它的确切内容。就前面所举的例子而论，《墨子》、《老子》、《庄子》等都没有对仁、义的关系作具体的说明和论证，二者在他们那里只是形式的联系，而缺乏理论的自觉。孟子的仁义则不同，是建立在对仁、义关系的理解和认识之上，是伴随着“居仁由义”、“仁义内在”的思想而提出来的，因而具有不同于以往的意义。张岱年先生说：“仁是孟子所宣扬的最高道德原则，而孟子道德学说的核心则是仁义。”① 这种观点代表了学术界的一种普遍的看法。我们认为，孟子的思想的核心应当是仁，尤其是“仁，人心也”意义上的仁（广义的仁）。孟子把仁义礼智统一于心，又以心言仁，只有仁才能反映他思想的本质。综观《孟子》一书，仁义一词主要有下面三种意义：一、指抽象的思想、学术、原则、法则等。如：“齐人无以仁义与王言者，岂以仁义为不美乎？”（《公孙丑下》）齐人不把仁义这种思想或学说告诉大王，难道是因为仁义这种思想、学说不好吗？这里的“仁义”即是指思想、学说。孟子还常常把仁义与利对举：“去利，怀仁义以相接则王。”（《告子下》）这里的仁义指道德原则，它和孔子义利之辩中的义是接

① 张岱年：《中国古典哲学概念范畴要论》，64页，北京，中国社会科学出版社，1987。

近的。二、指意志的法则、准则。曰："何谓尚志？曰：仁义而已矣。"（《尽心上》）仁义是意志遵循的法则。三、指道德实践的内在根据。"由仁义行，非行仁义也。"（《离娄下》）仁义是道德实践的内在根源而非外在形式。从以上内容来看，仁义无论在内容和使用上都没有超出仁。因此，把仁看做孟子思想的核心可能更合适。不过，孟子提出"仁义"具有重要意义，它表明孟子在理论上已成功地将仁、义统一起来，完成了"义外"到"义内"的转变。

孟子提出"仁义内在"说，总结了以前的"仁内义外"说，完成儒学思想理论的一次深刻转变，而促使这一转变的关键人物则是告子。以往学术界在谈到"仁内义外"说，总是要将它看做告子的专利，认为孟子既然批判过告子的"仁内义外"说，那么，子思、孟子自然不会与"仁内义外"说有什么关系。这一看法显然有简单化的嫌疑，未必符合历史的实际。从郭店竹简大量有关仁内义外的论述来看，"仁内义外"说其实是早期儒家普遍接受的观点。郭店竹简的"仁内义外"说有几种不同的表达形式：一是分别将仁、义看做是内在道德律和外在道德律。如竹简《语丛一》："人之道也，或由中出，或由外入。由中出者，仁、忠、信。由外入者，礼、义、?。仁生于人，义生于道。或生于内，或生于外。"竹简《尊德义》："故为政者，或论之，或义之，或由中出，或设之外，论列其类。"二是分别将仁、义看做是家族之内与家族之外的组织、管理原则。如竹简《六德》："仁，内也；义，外也；礼乐，共也。内立父、子、夫也，外立君、臣、妇也……门内之治恩掩义，门外之治义斩恩。"三是分别将仁、义理解为亲亲与尊贤。如竹简《唐虞之道》："尧舜之行，爱亲尊贤。爱亲故孝，尊贤故禅……孝，仁之冕也；禅，义之至也……爱亲忘贤，仁而未义也；尊贤遗亲，义而未仁也。"孟子、告子之间的辩论主要是针对"仁内义外"的第一个方面，也就是内在道德律与外在道德律而展开的，对于其他两个方面，孟子不仅不反对，甚至一定程度上是可以接受的。如《孟子·尽心上》的一段论述，就可以说是对以上"仁内义外"说第二个方面的形象说明：

桃应问曰："舜为天子，皋陶为士，瞽瞍杀人，则如之何？"

孟子曰："执之而已矣。"

"然则舜不禁与？"

曰："夫舜恶得而禁之？夫有所受之也。"

"然则舜如之何？"

曰："舜视弃天下犹弃敝屣也。窃负而逃，遵海滨而处，终身䜣然，乐而忘天下。"

舜面对其父瞽叟杀人，为什么前后会有两种不同的选择呢？关键就在于其身份、角色的变化。当舜作为天子时，其面对的是"门外之治"，故自然应该"义斩恩"，为道义牺牲亲情；可是当舜回到家庭，作为一个儿子时，其面对的又是"门内之治"，则应该"恩掩义"，视亲情重于道义。所以孟子笔下的舜，恰恰是"门内之治恩掩义，门外之治义斩恩"，也就是"仁内义外"的实践者。至于将仁、义分别联系于亲亲与尊贤，如《中庸》"仁者，人也，亲亲为大。义者，宜也，尊贤为大"，乃是儒家通义，自然不会为孟子所反对。

所以，笼统地将"仁内义外"看做是告子的专利，认为孟子与其是完全对立的，并不符合事实。其实，仔细考察孟子、告子之间的辩论，亦可发现此说实际是不能成立的：

告子曰："……仁，内也，非外也；义，外也，非内也。"

孟子曰："何以谓仁内义外也？"

曰："彼长而我长之，非有长于我也；犹彼白而我白之，从其白于外也，故谓之外也……吾弟则爱之，秦人之弟则不爱也，是以我为悦者也，故谓之内。"（《告子上》）

值得注意的是，告子提出"仁内义外"的主张后，孟子接着问"何以谓仁内义外也"？"仁内义外"说在战国时期非常流行，几乎形成了一个思潮，孟子自然不会不知道。不过孟子注意到，当时学者往往在"仁内义外"的命题下表达各自的思想，赋予其不同的含义，所以要求告子首先回答他是如何理解"仁内义外"说的。从孟子的问话来看，当时主张"仁内义外"

说的显然不只告子一个人，告子的看法不过是当时“仁内义外”说中的一种。孟子对告子的批判，起初也只是对“仁内义外”说一种具体理解的批判，而不是一般的批判。孟子在与告子辩论时，作为其思想主要内容的“四心”说尚没有形成，故在辩论中多有舛误。但可能正是这一辩论启发了孟子，促成其“四心”说的形成，并提出“仁义内在”说，这时他也由对告子的具体批判转向对“仁内义外”说的否定。

第三节　孟子后学对子思“五行”说的继承和发展

孟子之后，其后学思想有哪些发展？这无疑是思孟学派研究中值得关注的问题，帛书《五行》“说”正好为我们提供了这方面的材料。帛书《五行》出土于马王堆三号汉墓中，除了“经”外还有“说”，当时多数学者根据其内容推定为孟子后学的作品。时隔二十年之后，竹简《五行》再次在郭店一号楚墓中出土，有“经”而无“说”，说明《五行》“说”出现较晚，与“经”不是形成于同一时期。我们同意庞朴等学者的看法，认为《五行》“经”应为子思学派的作品，而“说”则可能完成于孟子后学之手。[①] 以往学者将帛书《五行》看做是孟子后学的作品并非完全没有根据，只不过没有将“经”与“说”区别开来，故有失之笼统。从简帛《五行》“经”到帛书《五行》“说”正反映了“子思唱之，孟轲和之”的情况[②]，不过，由于帛书《五行》“说”并不严格遵循经文的原意，“在诠释上多少添加或转移了原‘经’的思想重点”[③]，所以正确的表述应为“子思唱之，孟轲作之”。荀子由于站在学派外部，只留心孟子学派对子思学派“述”的一面，而没有注意到前者对后者还有“作”的一面，故其表述是不够准确的。实际情况是，从子思到孟子，不仅其思想学说存在一定的发展、变化，而且即使对“五行”说而言，子思之儒与孟氏之儒也存在不同的理解与看法，这具体表现在《五行》的经文与说文的关系上。以下将通过对经文与说文的细致分析、比较，来阐发、说明之。

（一）从“为德”、“为善”的并重到偏重“为德”

《五行》经文的思想集中体现于其首章中，该章提出，仁义礼智圣分

---

① 参见庞朴：《竹帛〈五行〉篇与思孟“五行”说》，载《哲学与文化》，第 26 卷 5 期，1999；又见《庞朴文集》，第 2 卷（《古墓新知》），152～160 页。

② 古人所谓的子思、孟轲等实际也包括了其弟子。

③ 陈丽桂：《从郭店竹简〈五行〉检视帛书〈五行〉说文对经文的依违情况》，载《哲学与文化》，第 26 卷 5 期，1999。

别“形于内谓之德之行”，“不形于内谓之行”。其中，仁义礼智圣“德之行五和，谓之德”，仁义礼智“四行和，谓之善”。并认为“善，人道也；德，天道也”。这里，“形于内”是指仁义礼智圣五行形于内心，是一种内在规范；“不形于内”是指仁义礼智四行没有形于内心，是一种外在规范。经文将“形于内”、“不行于内”并举，与郭店简其他篇中的“仁内义外”说实际表达的是同一个意思，只不过在《五行》中，由于仁义礼智圣被看做是一个整体，无法把其中一部分说成是内，另一部分说成是外，故只好采用目前的表述方法，一方面说它“形于内”，另一方面又说它“不形于内”，在表述方式上显得较为特殊而已。[①] 然而值得注意的是，这段作为《五行》全篇总纲的文字，在“说”中却没有相应的解说。对此，学术界一般以“阙文”视之，认为该章说文在传抄中失载。细察帛书《五行》说文，其所解释的经文实始于第六章，该章三段文字“仁之思也精……”、“智之思也长……”、“圣之思也轻……”，“说”只解释“圣之思也轻”一段，而不解释前面两段文字，多少显得不合情理，认为其存在阙文，并非没有可能。不过，帛书《五行》的经文与说文合抄于《老子》甲本卷后，自第170行至第214行，为经文部分；自第215行提行另段开始，至末尾第350行，为说文部分。两部分之间，帛书并没有脱烂的痕迹，说抄写者“无意”抄漏了这么一大段的说文文字，实在难以讲得通。所以合理的解释是，要么抄写者的底本残缺，在抄写中不得不略去了一大段文字——不过这种可能性极小，因为如果是那样的话，抄写者似应做出一定的记号或说明；要么是说文的作者“有意”回避了对前面经文的解说，而之所以这么做，是因为其对经文第一章的观点已有了不同的理解和主张，这在说文中似也有所反映。因为从说文的内容来看，其与经文的最大不同，便是“已不再像简书《五行》第一大部分那样拘泥于计较形内、形外五行、四行所和之德、善分别，而是力图将它们进一步拉入形内，系之于心性学的理论框架中来思考，并以五行之心与五行之气将身心内外统一起来”[②]。所以，帛书说文为何略去了对经文前面几章文字的解说，尚可以继续讨论，但说文已不满意经文对“形于内”、“不形于内”以及“为德”、“为善”的

---

① 参见第四章第一节：《子思〈五行〉新探》。

② 丁四新：《郭店楚墓竹简思想研究》，146页。

区分，并试图对其做出改造、调整，则是可以肯定的。这在以下各章中鲜明地反映出来。

根据经文的规定，“形于内”的“德之行”，其和谐状态称为“德”；“不形于内”的“行”，其和谐状态称为“善”。德内在于心，是意志的对象；善外在于人伦、社会关系之中，是行为的对象。“善弗为无近，德弗志不成。”（《五行·经第四章》）经文将“为德”与“为善”并举，实际提出一种二元的道德实践方法。一方面，“五行皆形于内而时行之，谓之君子”（《五行·经第三章》）。君子由内在的“德之行”可以直接表现为具体的道德行为。另一方面，通过实践“不形于内”的“行”，或是“见贤人”，可以由外而内去发明内在的德。从这一点看，《五行》的“为德”、“为善”与《中庸》的“自诚明”、“自明诚”实际表达的是一个意思，“为德”类似于“自诚明”，“为善”类似于“自明诚”，二者的差别仅在于所使用的概念有所不同而已。不过，对于子思学派的这一基本主张，说文的作者却似乎已有所不满，并试图对其做出调整、改造，将为德、为善并重拉向偏重为德，将“形于内”、“不形于内”的二元道德律拉向“形于内”的内在道德律，将“善”拉向“德”，用“德”统一“善”。经文第八章说：

> 君子之为善也，有与始，有与终也。君子之为德也，有与始，无与终也。

善体现于具体的人伦、社会关系之中，需要君子身体力行之，故“为善”乃是一种具体的伦理实践，是有始、有终的。而德内在于君子的心中，“为德”乃是一向天道的无限超越过程，故是有始而无终的。这里，经文虽然对“为德”、“为善”作了区分，但主要仍是将其同等看待，谈论的是“为德”、“为善”的相互转化，以及其在道德实践中的作用和地位。对此，说文的解释是：“‘君子之为善也，有与始，有与终。’言与其体始，与其体终也。‘君子之为德也，有与始，无与终。’‘有与始’者，言与其体始；‘无与终’者，言舍其体而独其心也。”说文将“有与终”、“无与终”落实在了身体上，认为“为善”是与身体的实践伴随始终，而“为德”之“无与终”者，则是要“舍其体而独其心”，独，内也，“独其心”即内其心，故是以突出心灵性、内在性为最终目的。说文的这一解释显然将经文内、外并举，为德、为善并重的思想拉向了内在的一面。经文第九章又说：

> 金声而玉振之，有德者也。金声，善也；玉振，圣也。善，人道也；德，天道也。唯有德者然后能金声而玉振之。

古人奏乐始之于金声，终之于玉振，故金声玉振在这里实际代表了道德实践的整个过程。经文认为“金声，善也；玉振，圣也”，其中“圣”在《五行》中为“形于内”的五行所有，“不形于内”的四行所无，也是五行区别于四行之所在。“经”第十八章说“闻而知之，圣也。圣人知天道也”，故圣是知天道，也即是发明内在的德，所以金声而玉振便是由善及圣，并最终达至德的实践过程。而“唯有德者然后能金声而玉振之”则表明，只有真正的“有德者”才能够由善及圣，去发明内在的德。这里虽然将“有德”看做是道德实践的最终实现和完成，但德的实现仍离不开善，所以是德、善并举，相辅相成的。第九章的说文残缺较多，不过“金声而玉振之”一句的解说仍依稀可辨。“‘唯有德者然后能金声而玉振之。’金声而玉振之者，动□于中而形善于外，有德者之□。”这里虽然残缺了若干字，但根据文义，前面四字的后三字似可补为“于中而”[①]，故突出、强调的仍是由内而外“为德”的一面，说文的作者似认为只要具有了内在的德，便可由内而外直接表现为具体的善行，说文对“为德”的过分强调，多少使经文中由外而内“为善”的一面显得多余和没有必要。

经文前半部分在从“形于内”的角度对五行做了论述后，又在第二十章对仁、义作了进一步阐发，将其看做处理案狱的方法和原则，认为“有大罪而大诛之，简也。有小罪而赦之，匿也”，“简之为言犹练也，大而晏者也。匿之为言也犹匿匿也，小而轸者也。简，义之方也。匿，仁之方也”.简是从实情出发，“有大罪而大诛之”，是大的一般的原则；匿是隐匿

---

① 池田知久补为“动□，而后能形善于外”，但其对文义的理解与笔者基本相同。见［日］池田知久著，王启发译：《马王堆汉墓帛书五行研究》，213页，北京，中国社会科学出版社，2005。

别人的过错，“有小罪而赦之”，是小的具体原则；简是实现义的方法，匿是实现仁的方法。经文对仁、义的这种理解，显然与前面几章将仁、义看做内在情感的自我扩充、发展过程有所不同，所以它实际是以仁、义为例，对“不形于内”的四行做了论述。在仁、义之后，经文又提出了“集大成”：

> 君子集大成。能进之，为君子，弗能进也，各止于其里。大而晏者，能有取焉。小而轸者，能有取焉。胥肤肤达诸君子道，谓之贤者。（第二十一章）

“集大成”也即前面的“金声而玉振之”,说文的解释是：“大成也者，金声玉振之也。唯金声而玉振之者，然后己仁而以人仁，己义而以人义。大成至矣，神耳矣！”也是这样理解的。集大成的实现需要“能进之”，也即下文的“能有取焉”，指通过实践仁、义的基本原则以达至内在的德。需要指出的是，“进”也是荀子常常使用的概念，如“君子敬其在己者而不慕其在天者，是以日进也”（《荀子·天论》)。“身日进于仁义而不自知也者，靡使然也。”（《荀子·性恶》）靡，借为“摩”，指切磋、研究。故“能进之”是指通过后天的切磋、实践而达至的有德境界。而荀子之所以与《五行》的后半部分有类似的说法，显然是因为其重视外在的礼义与《五行》“不形于内”的“行”存在某种一致，相同的研习、实践对象导致了类似的结论与观点。对于“能进之”一段，说文的解释是：“‘能进之，为君子，弗能进，各止于其里。’能进端，能充端，则为君子耳矣。弗能进，各止于其里。不藏欲害人，仁之理也；不受吁嗟者，义之理也。弗能进也，则各止于其里耳矣。充其不［藏］欲害人之心，而仁覆四海；充其不受吁嗟之心，而义襄天下。仁覆四海，义襄天下，而诚由中心行之，亦君子已！”说文释“能进之”为“能进端”，显然是以孟子的“四端说”来阐释、理解这段可能与以后荀学存在更为密切联系的经文文字。《孟子·尽心下》也有一段与说文类似的文字：“孟子曰：人皆有所不忍，达之于其所忍，仁也；人皆有所不为，达之于其所为，义也。人能充无欲害人之心，而仁不可胜用也；人能充无穿逾之心，而义不可胜用也；人能充无受尔汝之实，无所往而不为义也。”对于《孟子》的这段文字，说文的作者显然是谙熟于心，故转述于此作为经文的解说。但这样一来，经文由外而内“为善”的实践路向，被转化为由内而外“为德”的实践路向，经文文义也由此发生扭转、变化。在经文中，其强调的是“大而晏者，能有取焉。小而轸者，能有取焉”，即在大的原则和小的灵活性方面能分别遵守简、匿的原则，便可由外而内，由善及德，“胥肤肤达诸君子道”。而说文则认为“能有取焉者也，能行之也”，“能仁义而遂达于君子道”，但其所谓“能行之”、“能仁义”实乃能充仁、义之端，也即是“诚由中心行之”，所以是由内而外的路向。本来经文对仁、义等做了“形于内”、“不形于内”的区分，并由此提出“为德”、“为善”的不同实践方法。而说文则强调“其所以行之义之一心也”（第七章），认为“义”不过都是“一心”的作用和表现，其“形于内”、“不形于内”虽有形式的差别，但已无实质的不同。

《五行》说文与经文的不一致表明，说文作者确如学者所言，在诠释中并不是严格遵循经文的原意，而是自觉不自觉地根据自己的思想主张、义理格局对经文文字做出修改、调整，而这一情况的出现，显然与儒学内部学术思想的发展密切相关。我们知道，孔子创立儒学，主要提出仁与礼两个重要概念，一方面他主张“为仁由己，而由人乎哉?”（《论语·颜渊》）“吾欲仁，斯仁至矣。”（《论语·述而》）另一方面他又继承了“克己复礼为仁”的传统观点，主张“多闻，择其善者而从之；多见而识之”（同上）。这样，在孔子的思想中实际蕴涵着两种不同的实践路向，一是向内反省，发明道德主体，以确立君子人格和特立独行的精神；一是向外体认，“博学于文，约之以礼”（《论语·颜渊》），以塑造、完善君子之行。孔子思想中的这两种路向到七十二子那里进一步分化，形成了“守约”与“博学”的不同实践方法，前者以颜回“其心三月不违仁”（《论语·雍也》）、曾子“吾日三省吾身”（《论语·学而》）为代表，后者则以子夏“礼后乎”（《论语·八佾》）及其“门人小子，当洒扫应对进退，则可矣”（《论语·子张》）为典型。而到了子思，则明确提出“自诚明”、“自明诚”与“为德”、“为善”双重的实践方法。按照子思的规定，所谓“自诚明”是由内在的诚——“天命之谓性”，天所赋予的诚德——达到对是非善恶的明，是由内而外的路向；而“自明诚”是通过对是非善恶的明——“见贤人，明也”（《五行·经第十八章》），“明也者，智之藏于目者”（《五行·说第十八章》），即对象化的经验认知——来发明内在的诚，是由外而内的路向。虽然“自明诚”是以发明内在的诚为目的，但要经过“博学之，审问之，慎思之，明辨之，笃行之”的“道问学”的实践过程，故与“尊德性”为特征的“自诚明”仍有着区别和不同，而如何理解、处理“自诚明”与“自明诚”的关系也成为子思思想中的一个重要问题。子思在《五行》中提出“为德”与“为善”与此情况大体相同。本来，“自诚明”与“自明诚”或“为德”与“为善”不过是道德实践一体之两面，是相辅相成的，所谓“诚则明矣；明则诚矣”。但如何从哲学的高度对二者的关系做出合理的说明，寻找出二者的统一性，仍是儒学思想发展中面临的重要课题。子思之后，孟子由于否定了早期儒学的“仁内义外”说，而提出了“仁义内在”说，认为“仁义礼智，非由外铄我也，我固有之也”（《孟子·告子上》），实际是否定了“不形于内”的“行”，而继承了“形于内”的“德之行”。所以在孟子眼里，仁义并非外在的规范与对象，而是道德实践的内在根源和动力，所谓“由仁义行，非行仁义也”（《孟子·离娄下》），所以是主要继承了子思的“自诚明”与“为德”，而不再关注“自明诚”与“为善”。

由于孟子思想的这种变化，其对善的理解与以往已有所不同。在孟子以前，善作为一个名词，往往是指善人、善事、善行等，如“举善而教不能”（《论语·为政》），“嘉善而矜不能”（《论语·子张》）——以上指善人；“见善如不及，见不善如探汤”（《论语·季氏》），“祸福将至，善必先知之；不善，必先知之”（《中庸》）——以上指善事；“愿无伐善”（《论语·公冶长》），“乐道人之善”（《论语·季氏》），“隐恶而扬善”（《中庸》），“择善而固执之”（同上）——以上指善行。而善人、善事、善行之所以被称为“善”，是因为其符合社会、民众的一般认识，所以善作为形容词，表示一种价值判断，反映的是社会、习俗的一般标准。[①] 孟子由于

---

① 其实对作为社会、习俗一般标准的“善”的反思，在孟子之前已有所表现，如《老子》“圣人常无心，以百姓心为心。善者，吾善之；不善者，吾亦善之”（第四十九章）。“天下皆知美之为美，斯恶已。皆知善之为善，斯不善已。”（第二章）这里“善者”、“不善者”以及“皆知善之为善”中的“善”即是针对一般世俗的标准而言，而“吾善之”、“吾亦善之”以及“斯不善也”则表达了老子对“善”的理解，只不过老子并没有对善做出明确的界定。

提出了“仁义内在”说，突出了心的作用，主张“乃若其情，则可以为善矣，乃所谓善也”（《孟子·告子上》），认为由四端之心直接表现出的具体善行，就是所谓的善。所以在孟子那里，善是指自主自律的道德行为，是由内而外的善行。《五行》说文主张“动□于中而形善于外”，显然是承继孟子思想而来，其“形善于外”同于孟子的“可以为善”，而不同于经文的“为善”。同样，说文突出心，强调“能进端，能充端”，认为仁、义不过都是“一心”的作用和表现，其观点显然是沿着孟子的“仁义内在”说继续发展，而与经文对德、善做“形于内”、“不形于内”的区分有所不同。

由于孟氏之儒思想已发生变化，其在解释经文时又不完全尊重经文的原意，而是自觉不自觉地将自己的思想贯穿其中；以往学者在解读《五行》时，又不对经文与说文做出明确的区分，这样便往往造成认识上的分歧与混乱。例如，有学者认为，“‘德之行五和，谓之德；四行和，谓之善。’两者是位阶的不同，而不是种类的不同——至于位阶不同是否需要一种质的飞跃，这是另一回事——‘德’与‘善’同样是指‘德形于内’的状态，只是一个需要勉强以赴，有明确的自觉意识；一个从容中道，行所无事，因此，前者以‘人道’称呼之，后者则称呼之以‘天道’……放在《孟子》的脉络讲，也就是‘善’仍在‘可欲’阶段，而‘德’则在‘大而化之’。前者犹是‘反之者’，后者则是‘性之者’”[①]。经文明明对“五行”与“四行”、“德”与“善”做了“形于内”与“不行于内”的区分，怎么可以说都是“指‘德形于内’的状态”呢？如果说马王堆时代由于认识的局限，学者尚不能自觉对说文与经文做出明确区分，往往是用说文去理解经文因而造成误读的话，那么，到了郭店的时代，对经文、说文思想上的差异做出细致的辨析和区分，并以此探讨思孟学派内部的思想发展，便成为学术发展的必然和当前的一项重要课题。

① 杨儒宾：《德之行与德之气——帛书〈五行篇〉、〈德圣篇〉论道德、心性与形体的关系》，见钟彩君主编：《中国文哲研究的回顾与展望论文集》，432～433页。

（二）从超越、内在的天人关系到内在、同一的天人关系

《五行》经文首章提出："仁形于内谓之德之行，不形于内谓之行；义形于内谓之德之行，不形于内谓之行；礼形于内谓之德之行，不形于内谓之行；智形内谓之德之行，不形于内谓之行；圣形于内谓之德之行，不形于内谓之行。德之行五和，谓之德；四行和，谓之善。善，人道也。德，天道也。"对于这段纲领性的文字，庞朴先生认为它实际蕴涵着天的存在。"原来在《易传》中，形而上的道是隐于人外的，现在却被安排到了人心之中，即所谓的形于内。这样的形于内，看来至少包含两层意思：一是从人心方面说，形于内意味着人对于道的体验或理解，也就是对道有了得——德；再从人性方面说，形于内意味着人性为天之所命或显现……这样的心、性两个方面，都是天道之所形，只是一个着眼于人之于天，一个着眼于天之于人，一个是主观——客观，一个是客体——主体。"[①] 按照庞朴先生的说法，所谓"形于内"实际是指天使仁义礼智圣五种"德之行"形于内，故下文说"德之行五和，谓之德……德，天道也"，这里"德，天道也"即包含有天道是德的根源的意思。庞朴先生的说法在经文二十七章中也可找到根据，其文云：

> 天施诸其人，天也；其人施诸人，狎也。其人施诸人，不得其人不为法。

"天施诸其人"其实就是天将德赋予于人，因为经文二十八章接着讲"闻君子道而悦者[②]，好仁者也。闻道而畏者，好义者也……"而在《五行》中，"君子道"实际就是"德"的同义语，"闻君子道"也就是有德。因此岛森哲男认为，"'天'在这一篇中仍是人类以外的东西，和天的一致是最终的到达点。'天施诸其人，天也'这一语句尽管可以感觉到与'天命之谓性'的近似性，但是这只限于'其人'即'如文王者'。而没有达到如

---

① 庞朴：《〈五行篇〉评述》，载《文史哲》，1988（1）。

② 据帛书本，竹简本无"君子"二字。

《中庸》那样地把‘天’的内在化从起初就明确地规定于一般的人类”[1]。岛森哲男认为“天施诸其人，天也”近似于《中庸》的“天命之谓性”，颇有见地。但他根据说文的解释，认为“天施诸其人”仅限于“如文王者也”等少数人，而不涉及一般的人类，却引起争议。如池田知久认为，《五行》的经文一般只提出抽象的命题，而说文则举出具体的人名作为解说，类似的例子有“第六章说的‘西下子’、‘孔子’，第十一章说的‘孟贲’，第二十章说的‘世子’……这些都是在经文中没有出现而只在说文中出现的固有名词。而且还有，‘如’这一文字并不是比喻的意思，而是举出实例的意思，这种情况大概也是应该引起注意的。那么，以本篇的整体为背景来考虑的话，本章经、说讲的‘天施诸其人’的‘其人’，不应该理解为只限定于‘如文王者’的特殊意义，而应该理解为是对于一般人类当中的杰出者的明确的原理性规定”[2]。所以“天施诸其人，天也”应是与“天命之谓性”类似的命题[3]，其所谓天对于人一方面是外在的超越者、主宰者，另一方面又将仁义礼智圣等“形于内”，内在于“其人”之中，成为人之为人的内在依据，是既超越又内在的。所以《五行》经文一方面讲，“德，天道也”，认为德是得自于天；另一方面又讲，“君子之为德也，有与始，无与终也”，认为“为德”乃是一向天道的无限超越过程，故在经文那里，天与人（德）之间尚存在一定的距离，二者并不是直接的等同关系。然而经文中这种既超越又内在的天人关系，在说文中也似乎发生一定的转折与变化。

除了经文第一章外，说文对经文中论及天或天道的内容都有详细解释、说明。如对于经文第九章“金声而玉振之，有德者也。金声，善也；玉音，圣也。善，人道也；德，天道也”一段，说文的解释是“……善也者，有事焉者，可以刚柔多铪为。故曰善，人道也。‘德，天道也。’天道也者，已有弗为而美者也”。有事，指有所行动、作为。《荀子·正名》：

① ［日］岛森哲男：《马王堆出土儒家古佚书考》，载《东方学》，第56辑，1978。

② ［日］池田知久著，王启发译：《马王堆汉墓帛书五行研究》，487页。

③ 《中庸》“天命之谓性”虽为一般性的命题，而没有限定具体对象，但其下文又说“诚者，不勉而中，不思而得，从容中道，圣人也”，实际也肯定只有圣人才可以做到“不思而得，从容中道”。

“不事而自然谓之性。”杨倞注：“事，任使也。”铪，学者认为当读为合，指融洽。所以在说文看来，善是指通过有所行动、作为所达到仁义（刚柔）的和谐状态。因为有人为参与其中，故称为人道。而“己有弗为而美者也”一句，至少包含两层含义，一是“己有”，指生而具有，内在于己之中；二是“弗为而美”，指不假人为即可达到美好和谐的状态。前一层意思是指天然、天生，后一层意思是指自然、自发。这即是说文所理解的天或天道的基本含义，这种意义上的天或天道，与经文相比显然更具有内在化的特点。所以在解释“君子慎其独”一句时，说文提出：“慎其独也者，言舍夫五而慎其心之谓也。独然后一，一也者，夫五为□一心也，然后得之。一也，乃德已。德犹天也，天乃德已。”舍弃仁义礼智圣五种“德之行”形式上的外在差别，使其调和、统一于内心之中，成为一个有机的整体，这即是德。而“德犹天也，天乃德已”，德如同天，天也就是德，天与德被直接统一起来。所以诚如学者所言，《五行》中所谓天道，乃是指“‘仁、知、义、礼、圣’的‘五行’以及作为其调和、统一的‘德’被赋予于人的内在的先天性、自然性”[①]。不过需要说明的是，这种对天道的理解可能更适合于说文，而不一定适合经文。在经文那里，天与德之间尚存在一定的距离，二者并不是完全的等同关系。所以一方面，“天施诸其人”，天将仁义礼智信“形于内”，赋予人的内在之中；另一方面，“形于内”的仁义礼智信五行则要通过“思”的过程，使自己充分扩充、展现出来。以“圣”为例，经文第六章说：

> 圣之思也轻，轻则形，形则不忘，不忘则聪，聪则闻君子道，闻君子道则玉音，玉音则形，形则圣。

需要说明的是，前一句“圣之思也轻”的圣，与后一句“形则圣”的圣，虽然都是圣，但在具体内涵上却是有所不同的。前者是圣潜存、形于内的状态，后者则是圣充分实现，彰显于外的状态。所以圣所表达的乃是其自我扩充、发展、实现的过程，并最终上达天道，所谓“圣人知天道也”

---

① ［日］池田知久著，王启发译：《马王堆汉墓帛书五行研究》，99页。

（《经第十八章》）。仁、义、礼、智等“德之行”也是如此。[1] 正是在这种意义上，经文强调“君子之为德，有与始，无与终也”。认为只有经过持续不断地扩充、实践过程，才能最终上达天道，与天一致。说文在解释“圣之思也轻”一句时说：“思也者，思天也；轻者尚矣。”这里所谓思乃是指反思，也即是反求诸己，而反求诸己也就是“思天”。这里的“天”显然是在“己有”的意义上使用的，仁义礼智圣五行内在于己的先天状态就是天。所以对于“聪则闻君子道”一句，说文解释说：“道者，天道也，闻君子道之志耳而知之也。”认为君子道也就是天道，是一种内在之道。经文第十三章又说：

> 不聪不明，[不明不圣]，不圣不智，不智不仁，不仁不安，不安不乐，不乐无德。

在古汉语中，“不……不……”的句式往往表示一种条件关系，即以前项为后项的先决条件，故上面一段乃是表示由聪、明开始，并进而达致圣、智、仁、安、乐、德的心理体验与实践过程。说文在解释这一段文字时说，“‘不仁不安’，仁而能安，天道也。”认为由体验仁并进而安于仁，就是天道。这里的天道显然是指“弗为而美”而言，是自然、自发的意思。这表明，由于说文将天或天道内在化，而不再预设一外在、超越的天，仁义礼智圣“德之行”的活动本身就是天道，天与人（德）彻底地同一了。说文的这种天人观，在第十八章中也充分表现出来。经文第十八章云：

> 闻君子道，聪也。闻而知之，圣也。圣人知天道也。知而行之，义也……见贤人，明也。见而知之，智也。知而安之，仁也。安而敬之，礼也。圣智[2]，礼乐之所由生也，五行之所和也。和则乐，乐则有德，有德则邦家兴。文王之见也如此。“文王在上也，於昭于天”，此之谓也。

---

① 参见第四章第一节：《子思〈五行〉新探》。

② 帛书本此句脱漏，据说文，可补为“仁义，礼乐所由生也……”等。据竹简本，则应补为“圣智，礼乐所由生也……”等。

“闻君子道”即发明“形于内”的“德之行”，“见贤人”则是指学习、实践“不行于内”的“行”，这两种活动分别是由圣或聪（“聪者，圣之藏于耳者也。”《说第六章》）以及知或明（“明也者，智之藏于目者也。”《说第十三章》）来实现、完成的。因而圣、智就成为礼乐所由生、五行之所和的关键所在，并且进一步表现为“和”、“乐”、“有德”、“邦家兴”的实践过程。所以“圣人知天道也”就不仅仅是要反求诸己，同时还要经过扩而充之、由内而外的实践过程，并上达天道。而只有像文王那样内圣外王兼备的杰出者，才能真正做到“於昭于天”，上达天道。故上面这段文字所反映的乃是经文超越、内在的天人关系。说文在解释上面一段文字时则提出：

> “闻君子道，聪也。”同此闻也，独色然辩于君子道，聪也。①聪也者，圣之藏于耳者也。
>
> “闻而知之，圣也。”闻之而遂知其天之道也，是圣矣。
>
> “圣人知天之道。”道者，所道也。
>
> “知而行之，义也。”知君子之所道而㩁然行之，义气也。

在说文看来，“闻君子道”，“色然辩于君子道”，于是便知其为“天之道”也，这正是圣的功能与作用。又引“圣人知天道”为“圣人知天之道”，认为“道者，所道也”。这样，“圣人知天道也”便是“圣人知天之所道也”。需要说明的是，“天道”与“天之所道”在语义上是有所区别的。“天道”有终极存在的含义，它可以是主宰者、超越者，而“天之所道”则有自然流行意，主要指天的运行、变化。而按照说文的理解，“天之所道”其实也就是“君子之所道”，这从其释下一句“知而行之”为“知君子之所道而㩁然行之”可以得到证明。因此，说文以“天之所道”释“天道”，实际是将经文超越性的天拉向内在性的天。内在的君子道不需经过扩充、提升的实践过程才能够上达天道，与天一致。而是“君子之所道”本身即是“天之所道”，天与人（君子道、德）达到内在的和谐与

① “聪也”原文误做“道者”，据文意及经文改。

同一。

要了解说文对经文天人关系的发展、改造，就需要对早期儒学的天人观做出分梳和说明。[①] 孔子创立儒学，一方面承继了周代以来的天命观念，主张“天生德于予”（《论语·述而》），认为自己的德来自于天，是天的赋予，要求在对越天命中承担起传播“斯文”的责任与使命；另一方面又提出“下学而上达”（《论语·宪问》），在外在、超越天命的形式下，突出了内在道德主体的作用，对传统的天命观做出重大发展。所以在孔子那里，一方面，天以外在于人的姿态为人垂则、立范，要求人们敬天、法天、畏天。“巍巍乎唯天为大，唯尧则之。”（《论语·泰伯》）“天将以夫子为木铎。”（《论语·八佾》）“君子有三畏：畏天命，畏大人，畏圣人之言。”（《论语·季氏》）另一方面，内在的德或仁又得到充分重视与强调，在“下学上达”，践仁知天的实践活动中，天反成为所企求和达致的境界与目标。前者由天而人，后者由人及天。孔子之后，《易传》一派以外在的天为出发点，由天道推演人道，走的是由天而人的路线。思孟一派虽然也谈天，却将天内化于心与性，强调的是“尽心，知性，知天”，走的是孔子“下学上达”的路线。荀子一派，则发展了孔子思想中自然之天的萌芽（《论语·阳货》：“子曰：天何言哉！四时行焉，百物生焉。天何言哉！”），认为“天行有常，不为尧存，不为桀亡”，天是自然、客观的存在与活动，不为人的意志所改变。同时人又可以遵循天之法则，“制天命以用之”（《荀子·天论》），此乃与前两派鼎立之“天人之分”思想。就思孟一派而言，子思虽提出“天命之谓性”（《中庸·第一章》），将孔子“天生德于予”具体到性，将天命与性联系在一起；但又主张，“唯天下至诚，为能尽其性；能尽其性，则能尽人之性；能尽人之性，则能尽物之性；能尽物之性，则可以赞天地之化育；可以赞天地之化育，则可以与天地参矣”（第二十二章）。突出了“尽其性”、“尽人之性”、“尽物之性”、“赞天地化育”、“与天地参”的“上达”的实践活动，后者在《中庸》的思想中实占有更为重要的地位。所以，虽然

① 早期儒学孔、思、孟、荀等人所说的天含义比较复杂，有道德或义理天、命运天、自然天等不同内涵，与之相应，其天人观也往往表现为不同的面向。这里主要讨论的是人与道德或义理天的关系。参见第八章第二节：《竹简〈穷达以时〉与早期儒家天人观》。

“天命之谓性”，天赋予了人之性，但如何通过“尽其性”的实践活动，将天所赋予的性扩充、提升、发展，并上达“与天地参”的精神境界才是《中庸》思想的核心与重点所在。天或天地在《中庸》那里，既具有超越、外在的特点，又内在于性，是既超越又内在的。这点与《五行》经文是一致的。与之相应，《中庸》也谈到“天之道”：

> 诚者，天之道也；诚之者，人之道也。诚者，不勉而中，不思而得，从容中道，圣人也。诚之者，择善而固执之者也。（第二十章）

这里“诚者，天之道也”不仅仅是说诚是形而上的天道，是天之法则与属性，更重要的，它乃是强调“诚”是“不勉而中，不思而得”，即不假人为努力而“从容中道”的自然、和谐状态，“天之道”有自然、自发的意思。这说明，由于《中庸》将天命与性联系在一起，天一定程度上被等同于性（诚），性（诚）的自然、自发活动本身就是天之道。不过，由于在《中庸》那里，“从容中道”仅仅是圣人的权利，同时其所谓天还具有超越、外在的一面，如，“天地之道，可一言而尽也，其为物不贰，则其生物不测。天地之道，博也、厚也、高也、明也、悠也、久也……《诗》云：‘维天之命，於穆不已。’盖曰天之所以为天也”（第二十六章）。所以其天与人（诚）还不是直接的同一关系，由内在的诚达到天尚需要经过提升、扩充的实践过程。“故至诚无息。不息则久，久则征，征则悠远，悠远则博厚，博厚则高明。博厚，所以载物也；高明，所以覆物也；悠久，所以成物也。博厚，配地；高明，配天；悠久，无疆。”（同上）这点也与《五行》经文一致而与说文有所不同。

子思之后，孟子提出“仁义礼智，非由外铄我也，我固有之也”（《孟子·告子上》），认为仁义礼智乃“天之所与我者”，是上天的赋予，而非在后天的实践中所获得。不过天所赋予的仁义礼智还只是一种起始、潜存的状态，是一种端，所谓“恻隐之心，仁之端也；羞恶之心，义之端也；辞让之心，礼之端也；是非之心，智之端也”（《公孙丑上》）。将此“四端”“扩而充之”并上达天道，还需经过“尽心”、“知性”的实践过程。故孟子说："尽其心者，知其性也；知其性，则知天矣。存其心，养其性，所以事天也。"（《尽心上》）尽，极也。"尽其心"即充分扩充、发用其四端之心，这样便可以"知其性"，这是即心言性，以心来理解性。而"知其性"也就"知天矣"，这是以心、性来理解天，所以孟子所谓"知天"，并非仅仅是说知"我固有之"的仁义礼智是来自于天，是天的赋予，而是说在我尽心、知性的实践活动中仁义礼智的种种具体呈现其实就属于天，是天之律则的表现。也就是说，天虽然是形上的价值根源，但天之所以为天，天的价值与意义恰恰是在尽心、知性的实践过程中才向人们呈现、敞开，才被人们所认识、理解，所以"知天"的"知"并非对象化的经验认知，而是"成己，仁也；成物，知也"（《中庸·第二十五章》）的"知"，是一种意向性的知；"知天"也并非仅仅是知一外在客观的对象，而是"合外内之道也"（同上），是主客交融、天人合一的精神境界。所以孟子所延续的仍是孔子、子思"下学上达"，由人及天的实践路向。不过在孟子那里，其天虽然较之孔子、子思而言，客观、外在的一面有所削弱，但并没有直接等同于心，虽然"尽心"、"知性"便可"知天"，但由"尽心"到"知天"还需经过"扩而充之"的实践过程。另外，孟子的天还具有超越、外在的一面，往往表现为超验的道德律则，如："天之生斯民也，使先知觉后知，使先觉觉后觉。"（《孟子·万章下》）"天下有道，小德役大德，小贤役大贤；天下无道，小役大，弱役强。斯二者天也，顺天者存，逆天者亡。"（《离娄上》）"夫仁，天之尊爵也，人之安宅也。"（《公孙丑上》）所以孟子又讲"事天"，认为保存其心，养护其性便是在侍奉天，是在奉行天之使命。故在孟子那里，其天与人依然是超越、内在的关系。只有到了作为孟子后学作品的《五行》说文那里，天与人才真正统一在一起。《五行》说文认为，"天道也者，己有弗为而美者也"。生而具有的仁义礼智圣五行自然、自发的和谐状态就是天道，天完全被内在化了，内在的德也就是天，君子道也就是天道，君子之所道也就是天之所道也。而说文的这种看法与观点又是早期儒家天人观发展的必然结果。

本来在孔子那里，"自天而人"与"自人而天"是相辅相成的，二者分别构成道德实践的不同路向。但是在具体的实践中，突出天还是突出人（心、性），实际会导致不同方法，产生不同结果。突出天的地位，以天为本体，必然把目光投向外部的形上世界，在仰观俯察中以求“明于天之道”，“战战兢兢，如临深渊，如履薄冰”，“极深而研几”以顺从天，侍奉天，并最终合于天。而突出心（性）的地位，以心（性）为本体，必转而向内求索，“尽其性”、“尽人之性”、“尽物之性”、“与天地参”，“万物皆备于我”，最终是主观吞没客观，人等同于天。思孟一派走的是“下学上达”、由人及天的路向，故突出了主体性的心与性，而消解了超越、客观性的天。不过，这一过程又是逐步完成的。前面说过，子思虽然保留了超越、客观性的天，但他更重视的是内在的心与性。《五行》经文首段提出仁义礼智圣“形于内，谓之德之行”，虽然蕴含了超越、客观性的天的存在，但在文字中却并没有明确点出一个“天”字来，这正说明其更重视的是人（德、君子道）的一面，天不过是形式上的前提预设而已。而且将《五行》经文与《中庸》做一个比较，一个明显的不同便是，《五行》的天较之《中庸》的天其客观性已有所削弱，基本没有像《中庸》那样对天的直接描述，这也反映了由于对人的内在性的强调，天的客观性一面相应而发生了变化。子思之后，孟子进一步突出了心的地位，认为仁心是“天之尊爵”，“人之安宅”（《孟子·公孙丑上》），“苟能充之，足以保四海”（同上），“平治天下”，“舍我其谁”（《公孙丑下》）。在孟子那里，天的客观、外在性虽然已大大削弱，但仍并没有完全等同于心，天依然以其超越的姿态向人垂则、立法。只是到了完成于孟子后学的《五行》说文那里，逻辑起点才走到逻辑终点，人最终同一于天，或者说天终于内在、同一于人。[①]所以在思孟学派内部，不仅子思、孟子之间存在着思想的差异，而且就孟氏之儒而言，孟子与其后学对具体问题的理解也并非完全相同，天人观即是其中的一个具体方面。因此围绕《五行》经、说，可能纠缠着更为复杂的思想系统，需要做出细致的分析、梳理，而不可简单地将其同等看待，整齐划一。

---

① 可以比较的是，同样都是重视心，理学中心学一派的陆九渊虽明确提出一个“心本体”，但同时又自觉不自觉保留着一个“天本体”或“理本体”；王阳明则通过“心外无理”消解了客观的“天本体”或“理本体”，做到了心与理的同一。参见赵士林：《心学与美学》，北京，中国社会科学出版社，1992。

（三）从“德之行”到“德之气”

《五行》经文提出仁义礼智圣五种“形于内”的“德之行”，即形成、表现于内心的五种道德规范，不过，这里所谓规范并非抽象、固定的教条，而是动态的活动和过程。杨儒宾先生曾根据郭沫若对《庄子·天下》篇“语心之容，命之曰心之行”一段文字的分析指出，“《五行篇》开宗明义所说的‘德之行’就是‘心术’或‘心之行’的另一种更具体的规定。《五行篇》说到‘仁形于内，谓之德之行……智形于内，谓之德之行……义形于内，谓之德之行……礼形于内，谓之德之行……圣形于内，谓之德之行’，意指仁、义、礼、智、圣体现于心中时，其心灵即化为仁、义、礼、智、圣诸德之流行。‘形’是彰著之意，‘德之行’则指道德体现于心灵时的一种模态”①。应该说是基本准确的。《五行》说文在解释“德之行”时却提出了仁气、义气、礼气等概念，故说文的“德之气”与经文的“德之行”是一种什么关系？是对后者的合理延伸和发展，还是理解中的曲折和误读？这便成为《五行》研究中的一个重要问题。

对此，杨儒宾先生的看法是：“任一行的‘德之行’都会带来与之一致的‘德之气’。比如，仁之行即有仁气，义之行即有义气等等。”“在‘德之行’与‘德之气’之间，我们发现‘志’扮演相当重要的角色，只要志之所向，气即可随之流行。”按照杨先生的说法，“德之气”是伴随着“德之行”而产生的，并认为“这比较符合孟子学的一项重要设定：‘志至之，气次之’，亦即有什么道德意识所及之处，即有与之相应的气跟着流行”②。对于此，我们是表示疑问的。实际上，说文的“德之气”不仅不可以与孟子的“以志帅气”简单地相提并论，而且它本身就是针对后者“志、气二分”所面临的矛盾和困境而提出的，是孟子后学对孟子思想中业已出现的另一种气论的合理延伸和发展。为说明这一点，我们先对说文中的“德之气”做出分析和梳理。说文有关“德之气”的论述最先出现于第十、十一、十二章，该三章经文分别对仁、义、礼做了细致的描述。其

---

①② 杨儒宾：《德之行与德之气——帛书〈五行篇〉、〈德圣篇〉论道德、心性与形体的关系》，见钟彩君主编：《中国文史研究的回顾与展望论文集》，432～433页。

文云：

> 不变不悦，不悦不戚，不戚不亲，不亲不爱，不爱不仁。（《经·第十章》）
>
> 不直不肆，不肆不果，不果不简，不简不行，不行不义。（《经·第十一章》）
>
> 不远不敬，不敬不严，不严不尊，不尊不恭，不恭无礼。（《经·第十二章》）

这里分别将仁、义、礼看做变、直、远由内而外的自我体验、扩充、发展过程，故它与前面六、七、八章的“仁之思也清……”、“智之思也长……”、“圣之思也轻……”，分别把仁、智、圣看做是通过“思”的自我扩充、发展过程在精神实质上是一致的。二者之所以在表述形式上有所不同，可能是因为义、礼在一般人们的观念中往往是指外在对象而不是内在主体，若说“义之思”、“礼之思”多少显得不合常理，故分别提出作为仁、义、礼内在心理依据的变、直、远，由变、直、远推出仁、义、礼。[①]而说文正是在解释变、直、远时，提出了仁气、义气、礼气的概念：

> “不变不悦。”变也者，勉也，仁气也。变而后能悦。（《说·第十章》）
>
> “不直不肆。”直也者，直其中心也，义气也。直而后能肆。肆也者，终之者也；弗受于众人，受之于孟贲，未肆也。（《说·第十一章》）
>
> “不远不敬。”远心也者，礼气也……远者，动敬心，作敬心者也。（《说·第十二章》）

变通恋，帛书本即作恋，乃是一种顾念不舍之情，说文释为“勉”也是这个意思，而变或恋在说文看来，就是仁气。同样，直是“直其中心也”，

① 参见第四章第一节：《子思〈五行〉新探》。

是内心的一种正直感，这种正直感即是一种义气。远，是对人的恭敬之心，而恭敬之心就是一种礼气。所以，说文并非在“德之行”之外又提出了“德之气”，而是把“德之行”具体化为“德之气”，“德之气”成为道德生命的内在基础和动力，其活动、发展即体现为“德之行”。这在说文解释第十二章“不尊不恭”一句时表现得尤为明显：“‘不尊不恭’，恭也者，用上敬下也。恭而后礼也，有以礼气也。”尊、恭、敬等之所以会与礼存在内在的联系，是因为“有以礼气也”，即身心中有礼气的运行、活动，而远、敬、严、尊、恭等不过是礼气的具体面相和表现而已。同样，变、悦、戚、亲、爱、仁以及直、肆、果、简、行、义也分别是仁气、义气的具体面相和表现，统一于仁气、义气之中。如果说在经文中，由于其特殊的表述方式，变（……）、直（……）、远（……）与仁、义、礼的关系多少显得不够明确、清晰的话，那么，由于说文仁气、义气、礼气的提出，则使其分别具有了内在的统一形式，某种意义上，这也是说文提出仁气、义气、礼气的原因和目的所在。

在经文中，仁义礼智圣不仅是五种“德之行”，同时它还是一种“和”，是一个统一的有机整体，所谓“德之行五和，谓之德”也。对此，说文也从气的角度给予解释和说明。如对于第十九章“见而知之，智也。知而安之，仁也。安而行之，义也。行而敬之，礼也。仁，义礼所由生也[1]，四行之所和也。和则同，同则善”，说文的解释是：

> “见而知之，智也。”见者，口也；智者，言由所见知所不见也。
>
> “知而安之，仁也。”知君子所道而嬢然安之者，仁气也。
>
> “安而行之，义也。”既安之矣，而摋然行之，义气也。
>
> “行而敬之，礼也。”既行之矣，又愀愀然敬之者，礼气也。

“见而知之”主要指见贤人之行，这正是智的特点所在。说文则强调“由所见知所不见也”，即由所见的贤人之行进一步去知所不见的君子之道。

① 帛书本此句作“仁义，礼智之所由生也”。

而“知君子所道而嫖然安之者”，便是仁气；“既安之矣，而摋然行之”，是义气；“既行之矣，又愀愀然敬之者”，是礼气。可见，仁气、义气、礼气又是相互联系、相互转化的，而转化的依据便是它们都是一种气，是道德生命的内在基础与动力，仁气、义气、礼气不过是其具体表现而已。这样，“四行之所和”、“和则同”便得到很好的解释和说明：“和者，有犹五声之和也。同者，守约也，与心若一也，言舍夫四也，而四者同于善心也。同，善之至也。”“和”是四行相互联系和补充，成为一有机整体，“犹五声之和也”；“同”则是舍弃四行形式上的差别，“与心若一”，同一于心。而四行之所以能同一于善心，显然与其是一种德之气是密切相关的。需要说明的是，经文十九章本来讨论的是“不行于内”的“四行”，其“见而知之”是见贤人之行，是认知外在对象，“知而安之”是安于所知的对象，故是由外而内，而不是由内外的。而说文提出德之气，认为“知而安之”、“安而行之”、“行而敬之”分别来自于身心中仁气、义气、礼气的活动和作用，这样便将经文中“不形于内”的四行拉向了“形于内”，也使四行与五行没有了实质性的区别，这同样是说文提出仁气、义气、礼气的原因和目的所在。

不过，从思想史的角度看，说文“德之气”的提出就不仅仅是出于经典诠释的需要，不仅仅是要将经文的“不形于内”拉向“形于内”，同时还是对古代气论思想的一大发展，为孟子语焉不详的“浩然之气”提供了理论基础和说明。从文献记载来看，古人较早用来解释、说明生命活动的是“血气”一词。据《国语·鲁语上》，鲁国大臣夏父弗忌担任负责祭祀的宗伯一职，要将鲁僖公的享祀之位升于闵公之上（此事在鲁文公二年，公元前 625 年）。这是一种“逆祀”的行为，故鲁大夫展禽认为“夏父弗忌必有殃”。侍者问：“若有殃，焉在?”展禽回答：“未可知也。若血气强固，将寿宠得没，虽寿而没，不为无殃。”据学者考证，这是“血气”一词首次见于现存的史籍。展禽虽然认为夏父弗忌必定会有灾殃，但这主要是针对人事祸福而言，所以又承认其健康状况、寿命长短是由其血气决定的。可见，这里的血气主要指人以及动物自然生命的内在基础与动力。又据《左传·襄公二十一年》（公元前 552 年），“楚子使薳子冯为令尹”，薳子冯假借生病不愿接受，“楚子使医视之。复曰：‘瘠则殃，而血气未动。’”这是史籍所见医家首次使用“血气”概念。一个人尽管很瘦，但只要“血气未动”，就不会危及整个生命的存在，这依然是从自然生命的角度来理解、使用血气一词的。人有自然生命便会有各种生理欲望以及由此产生的生理冲动，在古人看来，这主要也是由血气决定的。《左传·昭公十年》（公元前532年）记晏婴言：“凡有血气，皆有争心，故利不可强，思义为愈。”《国语·周语中》记晋大夫随会言：“夫戎、狄冒没轻儳，贪而不让。其血气不治，若禽兽焉。”这些都是说明听任血气的流露，就会产生“争心”、“贪而不让”，故要求“思义为愈”，治血气，并以能否治血气为人与禽兽的重要区别。不过古人所谓治血气并不是否定血气的存在，而是让其在人身体内合理、自然地运行流动。郭店竹简《唐虞之道》说：“禹治水，益治火，后稷治土，足民养生。夫唯顺乎肌肤血气之情，养性命之正。”这里的“顺乎肌肤血气之情”，最能反映古人对于血气的认识和理解。所以如学者指出的，古人认为生命在于身体内血气的运动。如果劳逸结合，生活有节制，人体内的血气就宣达畅通；反之，人体内的血气就壅聚堵塞，这样就会产生疾病。[①] 所以古人又有“导血气”的说法，如《管子·中匡》借管仲之口说：“道（导）血气以求长年、长心、长德。此为身也。”《管子·内业》也说：“气道（导）乃生。”这一思想以后成为中医和养生实践的理论基础，在历史上产生了深远影响。春秋时期，人们还认识到生命之气与自然界物质间的相互转化和影响关系。《左传·昭公九年》（公元前533年）载膳宰（厨师）屠蒯言：“味以行气，气以实志，志以定言，言以出令。”这是认为食物（五味）可以补充身体内的气，气又影响了人的意志，而意志又决定着言辞、政令，影响着社会道德的好坏，实际是提出了“饮食——血气——道德”的致思路向。《国语·周语下》记载周卿士单穆公的一段话，将这种关系讲的更为清楚：“口内味而耳内声，声味生气。气在口为言，在目为明……若视听不和，而有震眩，则味入不精，不精则

① 李存山：《中国气论探源与发微》，47页，北京，中国社会科学出版社，1990。本节关于血气的论述多吸收李著的成果。关于古代气论思想，还可参见［日］小野泽精一、福永光司、山井涌编著，李庆译：《气的思想——中国自然观和人的观念的发展》，上海，上海人民出版社，1990；杨儒宾主编：《中国古代思想中的气论及身体观》，台北，巨流图书公司，1993。杨儒宾、祝平次编：《儒学的气论与功夫论》（东亚文明研究丛书52），台北，台湾大学出版中心，2005。

气佚，气佚则不和。于是乎有狂悖之言，有眩惑之明……出令不信，刑政放纷，民无据依，不知所力，各有离心。”口喜味，耳听声，声味生成气。气在身体内流行、运动，影响人的视听、言论。如果视听不和，内心震动迷惑，又会影响到味的摄取，导致气的遗失和不和谐，于是产生“狂悖之言”、“眩惑之明”，并最终影响到社会政治的稳定。味和气的作用竟得到如此充分的肯定和强调。

作为儒学的创立者，孔子也曾受到“气以实志”思想的影响。《大戴礼记·四代》载孔子言：“食为味，味为气，气为志，发志为言，发言定名，名以出信，信载义而行之。”这里“味为气，气为志”与“味以行气，气以实志”表达的是同一个意思，说明孔子对于“味”、“气”对于“志”的影响给予了充分重视。所以孔子对于饮食很注意节制，“肉虽多，不使胜食气；惟酒无量，不及乱”（《论语·乡党》）。“食气”指五谷之气，“人食肉多，则食气为肉所胜，而或以伤人”[①]（焦循：《孟子正义》卷十三）。孔子对于饮食也很讲究，甚至挑剔，“食不厌精，脍不厌细。食饐而餲、鱼馁而肉败不食。色恶不食，臭恶不食。失饪不食，不时不食。割不正不食，不得其酱不食”（《论语·乡党》）。之所以会如此，原因就在于饮食是周礼的一项重要内容，在当时被看做君子道德修养的体现，同时也因为“味以行气，气以实志”，饮食直接关乎人的意志活动。重视对食物的节制，保持气在身体内的动态平衡，有其合理的一面，特别是对于养生而言。但过分夸大“味”、“气”对于“志”的影响，便会取消“志”的主动性，发展为道家一派自然无为，反对以心使气（《老子·五十五章》：“心使气曰强。”《庄子·人间世》：“无听之以心而听之以气。”）的思想，而这恰恰是孔子反对和不能接受的。所以孔子在思想史上的地位，并不在于他延续了“气以实志”的传统思想，而在于他突出了人的理智活动，主张根据血气的特点对其掌控、调配。“孔子曰：君子有三戒：少之时，血气未定，戒之在色；及其壮也，血气方刚，戒之在斗；及其老也，血气既衰，戒之在得。”（《论语·季氏》）这里的“三戒”便是要对血气进行适当的节制、干预，使其纳入理性的轨道，实际包含着“以志帅气”的思想。以后

① 焦循：《孟子正义》卷13，见《诸子集成》，第1册，222页。

孟子提出“夫志，气之帅也”（《孟子·公孙丑上》），荀子提出“治气养心之术，血气刚强，则柔之以调和。知虑渐深，则一之以易良……凡治气养心之术，莫径由礼，莫要得师，莫神一好”（《荀子·修身》），均是对孔子“三戒”思想的进一步发展。孔子还提出仁，主张“为仁由己，而由人乎哉”（《论语·颜渊》），“我欲仁，斯仁至矣”（《述而》），“仁以为己任，不亦重乎！死而后已，不亦远乎”（《泰伯》），“朝闻道，夕死可矣”（《里仁》）。仁是自主、自觉的道德意识，也是人生的终极目标和理想；仁一旦落实在生命中，便会产生崇高的使命感和不可动摇的自信心，即使牺牲生命也在所不惜。“三军可夺帅也，匹夫不可夺志也。”（《子罕》）“君子无终食之间违仁，造次必于是，颠沛必于是。”（《里仁》）“志士仁人，无求生以害仁，有杀身以成仁。”（《卫灵公》）可以说，在孔子那里，仁不同于智且高于智，只是仁与气的关系如何，还是一个没有被论及的问题。

在上引《周语下》的文字里，单穆公除“味”之外还提到“声”，认为“声味生气”。如果说“味”补充生命能量，更多的是与血气联系在一起的话，那么，“声”则影响到人的情感变化，主要是与喜怒哀乐等情感活动联系在一起。在古人看来，这也是一种气。郭店竹简《性自命出》说：“喜怒哀悲之气，性也。及其见于外，则物取之也。”可见，喜怒哀悲也是一种气。这种气主要指情感活动的基础和动力，可称为情气。竹简《语丛一》说：“凡有血气者，皆有喜有怒，有慎有庄。”说明血气与情气既存在联系，又有层次的差别。喜怒哀乐虽然是一种自然情感，但往往与礼乐的伦理实践联系在一起。竹简《性自命出》说：“道始于情”，“礼作于情”。即是认为礼是根据喜怒哀乐等情感制定的。但又主张“始者近情，终者近义”，要求在情感与礼仪之间达到平衡。子思说“喜怒哀乐之未发，谓之中；发而皆中节，谓之和”（《中庸》），表达的也是这个意思。可见古人不仅要使血气在身体内达到动态的平衡，同时也要使情气得到自然的抒发和表达，做到“发乎情，止乎礼仪”，而实现这一点，便要靠“心”、“志”的理性能力以及礼乐的伦理实践。

作为思孟学派的集大成者，孟子对“志”、“气”的问题进行了深入讨论，并提出他著名的“浩然之气”说，这集中体现在《孟子·公孙丑上》的“知言、养气”章。在该章中，围绕“不动心有道乎”的问题，孟子首先评论了北宫黝、孟施舍通过“养勇”、曾子通过“守约”以及告子通过“义外”而达到的“不动心”，接着又对“志”、“气”问题展开了讨论。孟子认为：

> 夫志，气之帅也；气，体之充也。夫志至焉，气次焉。故曰：“持其志，无暴其气。”

孟子这里的“志”乃是结合着心而言，实际指人的理性能力。赵岐注为“心所念虑也”，朱熹释为“心之所之”，均指明了这一点。而气则应是指血气、情气，赵岐注曰：“气，所以充满形体为喜怒也。”（《孟子章句》卷三）基本是正确的。不过孟子虽然肯定“志”对“气”的优先地位，认为志“为气之将帅”，而气“为志之卒徒者也”①，“志之所至，气即随之而止”②。但这里的“志”与“气”仍是二分、对立的关系，故其修养方法也是“持其志，无暴其气”两项，而不是“持其志”一项。对此，公孙丑表示不解③，故提出：“既曰：‘志至焉，气次焉。’又曰：‘持其志，无暴其气’者，何也?”孟子解释说：

> 志壹则动气，气壹则动志也。今夫蹶者、趋者，是气也，而反动其心。

在孟子看来，“志”虽然可以支配、调控“气”，但“志”与“气”仍是二不是一，“以志帅气”终归是从“气”之外来控制“气”，故时时有中断之虞。当“志”专注如一时，固然可以决定、影响“气”，而当“志”有所松懈，或“气”被外物扰动，专注于一点时，又可以动摇、影响到“志”，

---

① 朱熹：《孟子集注》卷 2，见《四书集注》，209 页。

② 焦循：《孟子正义》卷 3，见《诸子集成》，第 1 册，116 页。

③ 当代学者也有对此表示疑问者，如陈拱先生认为：“孟子既然以志为统帅或至极，气为从属而必次于志，则功夫必只在持志；人能尽此持志的功夫，则气自然可矣无暴；何以又须再言无暴其气？而事实上……‘无暴其气’一语，只是孟子循心、志与气之分解方式而来的一种虚说。”见所著《论孟子之不动心与养气》，载《东海学报》，第 5 卷 1 期，1963 (06)。

“如人颠蹶、趋走，则气专在是，而反动其心焉”[①]。所以在“持其志”的功夫之外，还需要有另一套功夫，自“气”以制“气”，这样才能真正做到“无暴其气”，才能从根本上解决“志”、“气”对立、二分的问题。正是在这样的语境下，孟子进一步提出了他的“浩然之气”说。公孙丑问：

> “敢问夫子恶乎长？”
>
> 曰：“我知言，我善养吾浩然之气。”
>
> “敢问何谓浩然之气？”
>
> 曰：“难言也。其为气也，至大至刚；以直养而无害，则塞于天地之间。其为气也，配义与道；无是，馁也。是集义所生者，非义袭而取之也。行有不慊于心，则馁矣。我故曰：‘告子未尝知义。’以其外之也。”

历史上，学者在解释“浩然之气”时，往往将其与前面“体之充”之“气”等同起来，如朱熹说：“浩然，盛大流行之貌。气即所谓体之充者，本自浩然，失养故馁。惟孟子为善养之，以复其初也。”[②] 当代学者中也不乏持这种观点者。但孟子强调“浩然之气”“至大至刚”，“配义与道”，具有伦理的内涵，所以它不应等同于“志之徒卒”的血气、情气，而应是发自心、志的德气，是“得（德）既（气）塞于天地”（上博简《民之父母》）之气[③]，是发自于仁义之心，贯穿于形体，充塞于天地之间的气。这种气与血气、情气虽有联系，但又有区别，是更高层次的气，是道德情感、理智活动的基础和动力。不过孟子论述“浩然之气”时，也确有委曲、婉转之词，易使人产生误解。如他一则说，“其为气也，配义与道”，“配”借为“妃”。《周易·丰》：“遇其配主。”《释文》云：“郑作妃。”《左传·桓公二年》：“嘉耦曰妃。”“耦”通“偶”。故赵岐注曰：“言此气与道、义配偶俱行。”朱熹注曰：“配者，合而有助之意。义者，人心之裁

---

①② 朱熹：《孟子集注》卷3，见《四书集注》，210页。

③ 上博简《民之父母》原文作“而得既塞于四海矣”，整理者释“既”为“气”，学者或认为“得既”即“德气”。与竹简内容基本相同的《礼记·孔子闲居》作“志气塞乎天地”，《孔子家语·论礼》作“志气塞于天地”。

制。”这样，气与道、义似乎是二不是一，不是气本身就具有道、义的属性，而是“人心之裁制”的结果。一则又说，“是集义所生者，非义袭而取之也”。赵岐注：“集，杂也。密声取敌曰袭。言此浩然之气，与义杂生，从内而出，人生受气所自有者。”焦循正义：“古杂、集二字皆训合。与义杂生，即与义合生也。”[①] 这是训“集”为“合”。与此不同，朱熹认为：“集义，犹言积善，盖欲事事皆合于义也……言气虽可以配乎道义，而其养之之始，乃由事皆合义，自反常直，是以无所愧怍，而此气自然发生于中。”[②] 这是训“集”为“集聚”。“集义”是要“事事皆合于义”，以此作用、影响气。当代学者也多认为“集义”是指通过理性的凝聚以逐渐作用、渗透于气，使气日趋于伦理化，由自然存在上升为道德存在。[③] 其实，从孟子的思想与义理格局来看，此处所言的气与义当是一不是二，并非是用义来“裁制”、影响气，而是义本身就是一种气，二者不过是一体之不同面相而已。所以“配义与道”应是指“其为气也”本身就具有道、义的属性，“集义所生”也应是指气与义同时而生（“合生”），义是内心的义理、法则，是“义内”之义。“‘义袭而取之’则是意谓：客观之‘义’自外强加于心，以求统御气，俨如自外掩袭而夺气。”[④] 这样，“浩然之气”便是与仁义（赵岐注：“义谓仁义，可以立德之本也。”）同时相伴而生的德气，所以它“至大至刚”，“塞于天地之间”，具有与血气、情气不同的来源与特点。孟子之所以没有点明这一点，主要是由于他还没有形成仁气、义气的概念，故在表达中尚有“滞辞”存在。因此，孟子所谓“难言也”，不仅是因为“浩然之气”要诉诸内心体验，难以用形式、逻辑化的

---

① 焦循：《孟子正义》卷3，见《诸子集成》，第1册，119页。

② 朱熹：《孟子集注》卷3，见《四书集注》，211页。

③ 持这种观点的学者很多，如徐复观：《孟子知言养气章试释》，见所著《中国思想史论集》，台北，学生书局，1983；黄俊杰：《孟学思想史论》，第1卷，第二章《孟子思想中的生命观》，台北，东大图书公司，1991；李明辉：《〈孟子〉知言养气章的义理结构》，见李明辉主编：《孟子思想的哲学探讨》。一些学者虽然肯定“孟子所谓浩然之气，必是一种与心、志合一之气。必与心、志合一之气，即亦必为心、志所融摄而成为一种与心、志一体的至善之气”，“是精神心志之气而非生物之气”。“是在强烈道德感支配下出现的一种至大至刚的豪迈无比的精神状态。”但没有与前面的“体之充”之气做出区分与比较，见前引陈拱文，及张奇伟：《孟子“浩然之气”辨正》，《中国哲学史》，2001（2）；晁福林：《孟子“浩然之气”说探论》，《文史哲》，2004（2）等。

④ 李明辉主编：《孟子思想的哲学探讨》，149页。

语言予以描述，同时也因为他还没有明确肯定仁义就是气，故没有合适的概念对其进行概括、说明。但是，从孟子的思想来看，他确实需要承认有德气的存在，需要承认仁义礼智也分别是一种气，唯有此，他的“浩然之气”包括其他一些思想也才能得到合理的疏解。如，孟子说：“君子所性，仁义礼智根于心，其生色也睟然，见于面，盎于背，施于四体，四体不言而喻”（《孟子·尽心上》）。“根于心”的仁义礼智何以会“生色”润泽，表现于面，充溢于背，“其背盎盎然，盛流于四体”（赵岐：《孟子章句》卷三）？最好的解释就是仁义礼智本身就是气，该气贯穿于形躯之中，渗透在容貌、四肢之上，使身体精神化、道德化。可见，仁义礼智之所以能够“生色也睟然”实际是需要以气为媒介的。又如，“孟子曰：形色，天性也；惟圣人然后可以践形”（《尽心上》）。“践形”意指“充分实现学者的身体”①，也即是上文的“生色也睟然”，它同样需要承认德气的存在。这些都说明，孟子确实需要承认仁义礼智本身就是气，需要承认身心中还有不同于血气、情气的德气存在，孟子没有点明这一点，实际成为他思想中的一个不足。

然而，这一点在孟子后学那里被弥补上了。完成于孟子后学的《五行》说文，明确肯定仁、义、礼等均是一种气②，这些气发动于心，贯穿于身，将心——身、大体——小体统一为有机的整体。在解释经文第十三章“不仁不安，不安不乐，不乐无德”一段时，说文称：“‘不安不乐’，安也者，言与其体偕安也，安而后能乐。‘不乐无德’，乐也者流体，机然忘塞，忘塞，德之至也，乐而后有德。”由“仁”而获得的“安”不仅是心安，同时也“与其体偕安也”，这样才能得到“乐”。这种“乐”是因为德气流动于身体，生机勃勃，没有闭塞。③没有闭塞，便是最高的德了。

---

① “践形”的问题，可参见杨儒宾：《论孟子的践形观》，载《清华学报》（台湾），新第20卷1期，1990；《儒家身体观的原型——以孟子的践形观及荀子的礼仪身体观为核心》，见李明辉主编：《孟子思想的哲学探讨》；《支离与践形——论先秦思想里的两种身体观》，见杨儒宾主编：《中国古代思想中的气论及身体观》。

② 《五行》说文只提到仁气、义气、礼气，没有圣气、智气，但在马王堆帛书《五行篇》后附录的《德圣篇》中，有“四行形，圣气作”，故学者一般认为圣与智也应分别是一种气。

③ 庞朴认为：“忘即亡，中心之亡，‘心’为形符。”《竹帛〈五行〉篇校注》，见《庞朴文集》，第2卷，132页。池田知久译此句为：“忘记了从前闭塞（在身体中的）状态。”见《马王堆汉墓帛书五行研究》，256页。

这里虽然没有点出一个气字，但结合上下文来看，“流体”显然是指德气在身体中的流动。德气贯穿、流动于身体，涵盖、融摄、带动、提升“体之充”的血气、情气，使后者与己逐渐融为一体，这样便打破了心——身、大体——小体的分界与对立，“‘和则同’，和也者，小体便便然不患于心也，和于仁义。仁义，心[也]。同者，与心若一也，[至]约也，同于仁[义]。”（《说·第二十二章》）如果说“以志帅气”，“志”与“气”尚是二不是一，“志”对“气”的控制时时有中断之虞的话，那么，扩充、培养内心的德气（“浩然之气”），以“气”（德气）来制“气”（血气、情气），才能打破心、身的对立与二分，才能做到“小体便便然不患于心也”，才能“与心若一也”。所以，在孟子一派那里，其所谓气实际包含复杂的含义，它不仅指血气、情气，同时还指德气。他们不仅继承了孔子的“三戒”思想，主张“以志帅气”，同时还发展了孔子仁的思想，提出发自仁义之心的“浩然之气”，其修养方法也包括“持其志”与“养浩然之气”两个方面，而不同于荀子的“治气养心之术 ”，强调培养理智之心来克制血气，只有“以志帅气”一个方面。在孟子那里，由于还没有合适的概念对“浩然之气”做出概括与说明，以致孟子有“难言”之慨，到了孟子后学，则明确提出仁气、义气、礼气，承认有德气的存在。而根据孟子后学的观点，我们才可以断定孟子的“浩然之气”确实是发自仁义之心的德气，所以它“至大至刚”，“塞于天地之间”，具有不同于血气、情气且能涵盖、融摄血气、情气的性质与功能，因而“养吾浩然之气”便成为孟子乃至以后中华民族有志之士培养崇高气节，树立坚定信念，挺立道德人格的重要方法，在历史上发生长期、深远的影响，而孟子的“浩然之气”要结合其后学的“德气”，才能得到合理的解释和说明。

根据以上所论，简帛《五行》经文与说文在思想上是有一定差异的，在道德实践上，经文“德之行”与“行”并举，“为德”与“为善”并重，而说文则试图将“不形于内”的“行”拉向“形于内”的“德之行”，更突出了“为德”的地位与作用。在天人关系上，经文的天虽然内在于人，表现为“德”或“君子道”，但又有超越、外在的一面，是一种内在超越的关系。说文则将天进一步拉向了人，认为“德犹天也，天乃德已”，君子之所道也就是天之所道，二者是直接等同关系。另外，经文没有明确提到气，说文则提出仁气、义气、礼气，用德之气来说明经文的德之行，完善并发展了孟子一派的“浩然之气”思想。《五行》经文与说文的差异表明，其二者可能并非完成于同一人之手，而应是虽有一定学术传承，但其内部又有思想发展变化的同一学派的作品。学术界将其归为思孟学派，认为经文为子思之儒的作品，而说文完成于孟子后学之手，并非没有根据。不过这里所谓思孟学派，可能不是如以往人们所想象的，是从子思之儒到孟氏之儒“一以贯之”道的传承，而是在思想继承基础上的不断深化、发展的过程。孟子后学对《五行》经文的关注，显示其与子思之儒思想上的内在联系，而在一些具体问题的不同理解，则反映了二者之间的某种差异。从《五行》经文到《五行》说文，正好从一个侧面向我们揭示了思孟学派内部的思想发展变化。

第八章

思孟学派与早期儒学

第一节　竹简《鲁穆公问子思》与早期儒学的政治理念

早期儒学的政治理念如何？在历史上发挥了怎样的作用？一直是颇有争议的问题。有学者斥之为“王权至尊”和“圣人至上”，认为儒家政治思想“大体上便是围绕着这两大观念怪物或以这两大观念怪物为中心形成的”。亦有学者认为，“内圣外王”乃儒家整个政治思想的核心，它既是“一种特殊的政治思维方式，又是一种现实的政治实践模式”，“对中国政治哲学、政治制度的演变产生了相当大的负面影响”。然而郭店竹简中有《鲁穆公问子思》一篇，其中有子思曰：“恒称其君之恶者，可谓忠臣矣。”由此产生的问题是：“恒称其君之恶”的精神动力何在？所谓“忠臣”具体何指？围绕这些问题，又可对早期儒学的政治理念做出哪些检讨与反省？这些无疑是早期儒学特别是思孟学派研究中不可回避的重大理论问题。

（一）“士”的政治哲学

儒家政治思想脱胎于周人的宗教天命观，是在后者的基础上进一步发展起来的。周人以“小邑周”的地位灭了“大邑商”之后，为适应形势的变化，在宗教观念上也进行了变革，一是提出天命靡常，认为“天不可信”；二是突出了民的地位，主张敬德、保民。原来在殷人的观念中，天乃神秘的外在力量，是历史与命运的主宰，它赐予并决定人世王朝的统治权力和政治寿命。当初殷人灭夏，就是遵行天的意志，“有夏多罪，天命殛之”（《尚书·汤誓》），“予畏上帝，不敢不正”（同上）。殷人获得天命后，便会受到天的恩宠，并长久地保持之。“天其永我命于兹新邑。”（《盘庚》）所以当纣王身陷内外交困，不是及时自我反省，而是感慨：“呜呼！我生不有命于天?”（《西伯戡黎》）周人汲取了殷人的教训，不再一味地依赖天命，而是认为“皇天无亲，惟德是辅”（《左传·僖公五年》引《周书》），“天不可信，我道惟宁王（注：文王）德延”（《尚书·君奭》）。天不可能长久地眷顾一族一姓，天曾降命、眷顾于夏人、殷人，但因其“惟不敬厥德，乃早坠厥命”（《尚书·召诰》）。所以，“我不可不监于有夏，亦不可不监于有殷”，只有像文王一样地敬德，才能保住天降于周人的大命。可见，获得天命的关键在于敬德，而敬德又主要体现为保民。在周人看来，“天惟时求民主”（《尚书·多方》），“天佑下民，作之君，作之师，惟其克相上帝，宠绥四方”（《尚书·泰誓》）。也就是说，天赋予了君管理、统治民的权力，但这种“为民之主”的政治权力又主要体现为“保民”、“佑民”的责任与义务。这是因为“惟天惠民”，“天矜于民，民之所欲，天必从之”，“天视自我民视，天听自我民听”（《尚书·泰誓》）。天是民意的代表，是根据民意主张、行事的。既然天惠顾、同情民，那么，天所选立的君主自然也应该根据天的意志——实际也就是民的意志来进行统治，否则，便得不到天的认可，不具有统治的合法性。

与殷人的宗教观相比，周人是在前者天、君的二分结构中增加了民这一因素，突出了民意在宗教、政治中的作用，故陈来先生称之为“民意论”的天命观，认为是世界文化史上十分独特的现象。“在这样一种类似泛神论结构的民意论中，殷商以前不可捉摸的皇天上帝的意志，被由人间社会投射去的人民意志所形塑，上天的意志不再是喜怒无常的，而被认为有了明确的伦理内涵，成了民意的终极支持者和最高代表。”① 对于周人天、君、民的三分结构，李存山先生曾设一比喻，认为其中实际潜含着三

① 陈来：《古代宗教与伦理——儒家思想的根源》，184页，北京，三联书店，1996。

权分立的观念。“因为天的意志代表民的意志，而王又须按照天的意志来执政，那么民似乎具有立法权，王则行使行政权，而对王的选举、监督和罢免权则属于天……在此结构中，人民并没有真正的政治权利，其意志的实现要靠统治者对‘天’的敬畏、信仰或尧、舜、禹、汤、文、武等‘圣王’的道德自觉。”① 无疑是有一定道理的。所以与殷人相比，周人的天命观表现出一定的进步性，主要是突出了民的地位和作用，将殷人的自然宗教发展为了伦理宗教。但随着时代的发展，周人的天命观也逐渐暴露出其不足，一是周人的天主要被少数统治者垄断，是其统治合法性的根据，而没有与个人发生联系，没有成为个人的终极信仰和精神动力；二是周人虽然突出了民意，但民还是一消极、被动的存在，不具有政治上的独立地位，其意志、意愿要靠神秘莫测的天来表达。特别是随着春秋战国的“礼崩乐坏”，周天子的权威名存实亡，天的观念逐渐受到怀疑甚至否定，统治者的私欲越发膨胀，民虽然逐渐成为一支重要的社会力量，但并没有获得相应的政治权利，其生命、财产因诸侯间的连年征战而受到极大威胁。这时，周人的天命观已难以为继，在天、君、民的结构之外，一种新的社会力量出现了，这就是以孔子儒家为代表的“士”。作为新生的社会力量，他们一方面承继周人的天命观，将其中的“敬德”、“保民”转化为明确的政治理念——“仁”，将周人的政治伦理宗教转化为人生伦理宗教；另一方面，他们以“仁”的思想启发、教导君主，“以不忍人之心，行不忍人之政”（《孟子·公孙丑上》）。希望通过“格君心之非”，做到“君仁莫不仁，君义莫不义……一正君而国定矣”（《孟子·离娄上》）。同时为民的利益大声呐喊、呼吁，对暴君污吏的种种“残民”、“害民”等不义之举进行猛烈的抨击和抗议。可以说，孔子儒家是在神权衰落、王纲失序，君与民日益分离乃至对立的情况下，试图倡导仁政德治，将君、民重新联系在一起。对于君，他们是“师”也是“臣”；对于民，他们则是其代言人，是维护其利益的“民之父母”。由于孔子儒家是以“士”的身份登上政治舞台，是从“士”的角度思考、理解政治问题的，故儒家政治哲学也可以称之为“士”的政治哲学。

---

① 李存山：《儒家的民本与人权》，载《孔子研究》，2001（6）。

关于“士”，学术界已有了很多讨论，如余英时先生认为，“士”阶层的出现，“一个最重要的方面是起于当时社会阶级的流动，即上层贵族的下降和下层庶民的上升。由于士阶层适处于贵族与庶人之间，是上下流动的汇合之所，士的人数遂不免随之大增。这就导使士阶层在社会性格上发生了基本的改变”。余先生特别强调，孔子儒家所代表的士，绝不仅仅只是一特殊的社会阶层，是一群“劳心者”，更重要的是，他们以道自任，能够超越个人的私利去关注国家、民众的普遍利益。[①]“无恒产而有恒心者，惟士为能。”（《孟子·梁惠王上》）士“传食”于诸侯之间，没有固定的财产来源，但并不因此便为他人所“御用”，而是肩负着超越其个人利益的价值理念和人生理想。孔子首先揭示的“士志于道”，便已规定“士”是基本价值的维护者，是“社会的良心”；曾参发挥师教，讲得更明白：“士不可以不弘毅，任重而道远。仁以为己任，不亦重乎，死而后已，不亦远乎。”（《论语·泰伯》）孟子明确肯定，士应该“尚志”，而“尚志”就是“仁义而已矣”（《孟子·尽心上》）。这些都说明，在儒家心目中，“士”首先代表一种精神信仰，一种责任担当，他们关注于人间的政治秩序和普遍利益，具有类似于近代“知识分子”的基本性格。当然，作为一个阶层，“士”也有其特殊身份与角色，“士者，事也，任事之称”（《白虎通·爵》）。士有自己的事业，他们以“仕”显身，成为职业的政治家、管理者，故“士之仕也，犹农夫之耕也”（《孟子·滕文公下》）。士人出仕如同农夫耕田，都是一种职业。但是，“君子之仕也，行其义也”（《论语·微子》）。君子对于出仕，又有着自己的道义与原则，他们“见危致命，见得思义”（《论语·子张》），“危邦不入，乱邦不居。天下有道则见，无道则隐”（《论语·泰伯》）。自由地游走于庙堂与江湖之间，“在本朝则美政，在下位则美俗”（《荀子·儒效》）。这样，士又不仅仅是一种职业，是一种谋生的手段，同时还代表一种政治理念、社会理想，而士人选择出仕，不过是要将这一理念付诸实践而已。

---

① 参见余英时：《士与中国文化》，12～13页，上海，上海人民出版社，1987。

（二）“立君以为民”：政权的合法性基础

士是“道”、政治理念的维护者，这种政治理念主要包括政权的合法性基础、政治的正义性原则以及士的为政原则等。原来在周人的天命观中，一方面认为“天佑下民，作之君”，另一方面又主张“民惟邦本”（《古文尚书·五子之歌》），认为“后（注：君）非众，无与守邦”（《尚书·大禹谟》），突出了民在国家政治中的地位与作用。在此基础上，儒家进一步提出，“天之生民，非为君也；天之立君，以为民也”（《荀子·大略》），明确肯定设立政权、“立君”的最终目的是为了民，从“天下为公”与“民为贵”两个方面，对政权的合法性基础做出了规定和说明。

从人类的历史经验出发，儒家不否认“立君”的合理性，孔子主张“天下有道，则礼乐征伐自天子出”（《论语·季氏》），便是肯定一个统一的王权对于维护社会秩序的巨大作用。孟子将“禹抑洪水”、“周公兼夷狄，驱猛兽”（《孟子·滕文公下》）看做文明史上的大事，也是着眼于君在领导民众应对自然灾害、抵御外族入侵中的作用与贡献。但孔孟等儒者也清楚地看到，君的“无道”同样会给人民生活、社会秩序造成巨大危害，所以他们虽然主张设立君，但又站在民的立场来限制君，规定了立君的根据与目的，体现了对政治问题的独特思考。自人类有君以来，立君的形式大致有两种：尧舜的禅让和禹汤、文武的世袭，这种差别一定程度上反映了权力共有与私有的不同。“仲尼祖述尧舜，宪章文武。”（《礼记·中庸》）似乎对于这种差别并没有给予特别的强调，而孔子之后的子游一派，则极力强调这种立君形式的不同，并以此对政权的合法性基础做出思考。成书于子游一派的《礼运》篇云：

> 大道之行也，天下为公，选贤与能，讲信修睦……是故，谋闭而不兴，盗窃乱贼而不作，故外户而不闭，是谓大同。

这里的“天下”指天子位，也就是最高政治权力。“为公”的“公”，郑玄的解释是：“公犹共也。”就是公共的，而非私有的。所以“天下为公”就是最高政治权力归天下人共有，而非个人私有，“天下非一人之天下也，天下之天下也”。那么，如何实现权力共有呢？《礼运》主张“选贤与能”，即选择贤能之人，授予天子之位，由其代天下人民行使最高权力。“选贤与能”的主体，文中虽没有明说，但从当时的情况看，应是指天子，即由天子来选贤与能，但也包含着人民可以选贤与能，人民的意见应得到充分重视的意思。下一句“讲信修睦”，王夫之认为“‘讲信’者，讲说期约而自践之”[1]，也就是最高权力按期约有秩序地交替。《礼运》虽只说到天子之位，但“天位尚不为己有，诸侯、公卿、大夫之位灼然与天下共之”[2]，也就是一切政治权力归天下人共有，一切公共职位均由选贤与能产生。《礼运》讲“大道之行也”，即表示“天下为公”、权力共有是公正、合理的，是符合“道”的理想政权形式。与之相对，《礼运》又提出：“今大道既隐，天下为家，各亲其亲，各子其子，货力为己，大人世及以为礼……是谓小康。”显然是认为“天下为家”、权力私有、传子不传贤是“大道既隐”后次一等的、非合理的政权形式。而通过“大同”、“小康”的对比，《礼运》的作者强调，天下为公、权力公有是公正、合理的，而天下为家、权力私有则是不公正、不合理的。

《礼运》篇的成书与战国中前期兴起的禅让思潮密切相关[3]，反映了子游一派对于政权形式的思考。他们以“天下为公”为政权的合法性基础，主张权力公有，天子之位为天下人之公器，最高权力属于天下人民；实行选贤与能的制度，选择贤能之人，授予最高政治权力，天子之位传贤不传子，最高政治权力按期约有秩序地交接等等。故天下为公的“大同”社会虽设有天子，但天子是由选贤与能而产生，并按期约让位传贤，所以虽有天子之名，而无君主专制、世袭之实。天子不过是最高领袖和管理者而已。《礼运》称：

> 故君者所明也，非明人者也；君者所养也，非养人者也；君者所事也，非事人者也。故君明人则有过，养人则不足，事人则

---

① 王夫之：《礼记章句》卷9，《船山全书》第4册，537页，长沙，岳麓书社，1996。

② 孔颖达：《礼记正义》卷21。

③ 参加第三章第四节：《〈礼运〉与子游后学的“大同”、“小康”说》。

失位。故百姓则君以自治也，养君以自安也，事君以自显也，故礼达而分定，故人皆爱其死而患其生。

自郑玄以来，学者往往释“明”为“尊”，认为“‘君者所明也’者，‘明’犹‘尊’也。谓在下百姓所尊奉君，使之光显尊明”①，迂腐不堪。其实《礼运》是说，君是被别人教导、明白的，而不是去教导别人，使别人明白的。君的身份、地位不同于民，君是专门的管理者，是被别人奉养的，不必参加具体的生产劳动；君是领袖，是被别人服侍的，而不应去服侍他人。如果君去教导别人，就会产生过错；去奉养别人，就会财物不足；去服侍别人，就会失去君位。所以人民效法君，是为了自己管理自己；奉养君，是为了使自己生活安定；侍奉君，是为了使自己显贵。可见，民是主而君是客，民虽然奉养、服侍君，但并不是君的奴仆、使役，君应虚心纳谏，听从人民的意见、建议。《礼运》对君、民关系的理解，显然与其“天下为公”的政治理念是密切相关的。

如果说《礼运》是在战国中前期禅让思潮的背景下，从“天下为公”、“选贤与能”对“立君以为民”做了规定和说明的话，那么，随着禅让思潮的退去，孟子则主要从民本、仁政对政权的合法性基础做出了探讨，提出了著名的“民贵君轻”说：

孟子曰：“民为贵，社稷次之，君为轻。是故得乎丘民而为天子，得乎天子为诸侯，得乎诸侯为大夫。诸侯危社稷，则变置。牺牲既成，粢盛既絜，祭祀以时，然而旱干水溢，则变置社稷。”（《孟子·尽心下》）

“民为贵”的“贵”，是贵重、尊贵之意，相当于今天所说“最为重要”、“最有价值”。故以上是说，人民与社稷、君主相比是最为重要、最有价值的。孟子提出“民贵君轻”，首先是从国家治理的重要程度来讲的，是对“水能载舟，亦能覆舟”的概括总结。孟子从长期的历史经验中认识到

① 孔颖达：《礼记正义》卷21。

“得乎丘民而为天子”，民心的向背往往决定着政权的兴衰得失，故认为得民心者得天下，民心对于国家政权是最为重要的。孟子说：“桀、纣之失天下也，失其民也；失其民者，失其心也。得天下有道，得其民，斯得天下矣；得其民有道，得其心，斯得民矣；得其心有道，所欲与之聚之，所恶勿施尔也。民之归仁也，犹水之就下，兽之走圹也。”（《离娄上》）同时，孟子的“民贵”说也包含了对政权合法性的思考，认为人民的利益构成君主权力的基础，人民的生命、财产是最为珍贵的，是设立国家、君主的唯一理由与根据，君主应尽职保障人民的生命与财产，否则便不具有合法性。“民贵”说的前一个方面，是对历史经验的概括和总结，可称为“民心”说，主要是针对君主、统治者而讲的；后一个方面，则是在长期历史发展中形成的人道主义思想，是对“争地以战，杀人盈野；争城之战，杀人盈城”（同上）兼并战争的否定，是对“庖有肥肉，厩有肥马，民有饥色，野有饿莩”（《梁惠王上》）的不合理现实的抗议，是一种价值理念与信仰，是孟子抨击暴政，“处士横议”的精神根源和动力，也是孟子政治思想中最核心、最有价值的部分。

与“民为贵”相应，孟子提出了“仁政”说，主张“制民之产”，施行仁政，结束战乱，使人民过上安定、富裕的生活。具体讲，就是要“正经界”，均井田；“薄税敛”，“省刑罚”；“去关市之征”，废除市场税等。孟子说：“人皆有不忍人之心。先王有不忍人之心，斯有不忍人之政矣。以不忍人之心，行不忍人之政，治天下可运之掌上。”（《公孙丑上》）“不忍人之心”即“恻隐之心”，也就是人皆生而即有的仁爱、同情心。“先王”指尧舜和三代之王，孟子认为“先王”将生而即有的“不忍人之心”施之于社会政治中，于是就有了“不忍人之政”，即“仁政”。今之君王与古之“先王”一样，也都有仁爱、同情之心，故也应当像古之先王一样推行仁政。孟子将仁政寄托在君主的不忍人之心上，似天真、不切实际，如后人所批评的，是“迂远而阔于事情”。但孟子以不忍人之心启发君王，不过是一种进言的策略，是在当时历史条件下的无奈之举。孟子提倡仁政，其根本原因并不在于相信君王的不忍人之心，而在于坚信“民为贵”，认为人民的生命、财产是最为珍贵的，故以人民代言人的身份登上当时的政治舞台，要求统治者放下屠刀，实行仁政，解民倒悬，救民水火；并告诫统治者只有实行仁政，才能得到人民的拥护、爱戴，其政权才具有合法性。

由于目睹了燕王哙“让国”失败的惨状，孟子不再主张国君应选贤与能，实行禅让。当弟子万章问：“尧以天下与舜，有诸?”孟子回答：“否。天子不能以天下与人。”认为天子之位是“天与之”(《万章上》)，这样便回到了传统的“君权天授”思想。孟子说：“唐、虞禅，夏后、殷、周继，其义一也。”(同上) 表明他不再看重禅让与世袭的差别，在《礼运》那里，被认为存在根本差别且分别是“大同”、“小康”的政治原则，却被孟子说成是“其义一也”。这说明，出于现实的考虑，孟子一定程度上放弃了“选贤与能”的政治理想，不再主张权力公有，只强调“民本”、“民为贵”，主张实行仁政，而仁政的实现，又要靠君主的“不忍人之心”，靠君主的道德自觉，而始终缺乏制度的保障。从这一点看，孟子的政治思想与《礼运》相比，无疑是一个退步。不过孟子虽然不再坚持“选贤与能”的政治理想，但仍肯定人民在国家中的主体地位，肯定“民为贵”，认为人民的好恶决定政治的具体内容，君主在治理国家的过程中，应充分考察民意；认为君主的权力根本上仍是由人民赋予的。孟子通过舜继尧位说明，天子之位既来自天，也来自民，是“天与之”、“人与之”。

> (孟子) 曰：“天子能荐人于天，不能使天与之天下，诸侯能荐人于天子，不能使天子与之诸侯；大夫能荐人于诸侯，不能使诸侯与之大夫。昔者尧荐舜于天而天受之，暴（注：音 pù，显）之于民而民受之。故曰：‘天不言，以行与事示之而已矣。’”
>
> 曰：“敢问：‘荐之于天而天受之，暴之于民而民受之’，如何?”
>
> 曰：“使之主祭而百神享之，是天受之；使之主事而事治，百姓安之，是民受之也。天与之，人与之。故曰：‘天子不能以天下与人。’”(《万章上》)

“天子能荐人于天，不能使天与之天下”，从这一点看，最高权力是掌握在天的手里，给谁不给谁应由天说了算，而不能由天子私自决定。但“天不言，以行与事示之而已矣”，天是根据人们的行为和事件表示天命授予的。尧使舜“主祭而百神享之，是天受之；使之主事而事治，百姓安之，是民受之也”。所以舜的天子之位既是天赋予的，也是人民给予的。天只是形式，人民的意志、意愿才是最高目的，真可谓“天视自我民视，天听自我民听”。孟子认为“天子不能以天下与人”，而应经过天与人民的认可，表明天下并非天子个人的私有物，“这种区分的内在含义，在于肯定天下非天子个人的天下，而是天下之人或天下之民的天下。”① 故在孟子看来，天子不过是受“天”与“民”委托的管理者，只具有管理、行政权，而不具有对天下的所有权。以官吏的任免而言，其进其退，都不能仅仅听取少数人的一面之词，而应以人民的意志、意愿为根据。“左右皆曰贤，未可也；诸大夫皆曰贤，未可也；国人皆曰贤，然后察之，见贤焉，然后用之。”(《梁惠王下》）更进一步，君主自身的统治，也应当得到“民”的认可。虽然孟子并不认为君主的权力是直接来自于民，而是保留了“君权天授”的形式，但其思想中显然也包含了对君主统治合法性的思考，认为唯有被“民”接受和支持，君主的统治才具有合法的形式。换言之，民众的认可和接受，构成了判断、衡量君主统治合法性的尺度。正因为如此，孟子肯定了汤武革命的合理性，不把君主的地位看做是绝对的，认为如果君主不能保民、“施仁政于民”，便可易位，甚至诛之、杀之。

可以看到，在肯定“立君以为民”、以民为国家之主体上，孟子与《礼运》无疑是一致的。但孟子不是将民的主体地位落实在“天下为公”、“选贤与能”的政治原则上，而是体现为“民贵君轻”的价值原则以及仁政王道的政治实践上。故在孟子那里，民虽然是国家的价值主体，但非政治的权利主体。孟子主要强调的是人民的生命权、财产权，也就是生存权以及受教育权，而不是直接的政治参与权。诚如梁启超所言：“孟子仅言‘保民’，言‘牧民’，言‘民之父母’，而未尝言民自为治，近世所谓 Of people、For people、By people 之三原则，孟子仅发明 of 与 for 之两义，而未能发明 by 义。”② 本来“天下为公”、“选贤与能”与民本、仁政是相辅相成，缺一不可的。只有坚持“天下为公”、权力公有，才可逐渐发展出主权在民的思想，才可在 of people（民有）、for people（民享）之上，

---

① 杨国荣：《儒家政治哲学的多重面向——以孟子为中心的思考》，载《浙江学刊》，2005 (5)。

② 梁启超：《老孔墨以后学派概观》，见《饮冰室合集》8册，原《饮冰室专集》40卷，37页，北京，中华书局，1989影印版。

进一步发展出 by people（民治），人民才可以由价值主体进一步上升为政治主体，民本政治也才有可能转化为民主政治。同时，也只有肯定“民为贵”，倡导仁政王道，“天下为公”、权力公有才可能具有实质的内容，而不是流于外在的形式。然而令人遗憾的是，早期儒学的两大政治理念，不是互相促进，协同发展，而是相互背离，分道扬镳。结果不仅“天下为公”、“选贤与能”不可能得到真正的落实和发展，民本、仁政也由于缺乏前者的支持，由于缺乏主权在民、权力公有这重要一环而无法得到真正地实现，只能成为一种政治期望和说教。所以，虽然“民为贵”，但人民不能直接参与国家的政治管理，不具有监督、节制和罢免君主的权利。虽然“君为轻”，但君主又具有种种特权地位，天子即位之后，除非残暴“若桀、纣者”，否则也不会轻易被废弃。而一般的人想要成为天子，“德必若舜、禹，而又有天子荐之者”，才可以实现（见《孟子·万章上》）。结果所谓“民为贵”，实际只是一种价值理想，是孟子等儒者站在“士”的立场对民的关爱和同情，它是风行草上之德，而非草根小民之权，孟子政治思想中还存在着有待克服的不足和局限。这说明，早期儒学的两大政治理念在实际的历史发展中出现了“错位”，这种“错位”不仅是儒家政治思想，也是中国政治文化的一大不幸，对中国古代政治实践产生了极大的消极影响。不过历史的“错位”是由具体的历史环境以及时代因素造成的，属于以往的事实，而早期儒学所孕育出的“天下为公”、“选贤与能”和民本、仁政两大政治理念则具有超越性，在逻辑上也具有相结合的必要与可能。故在新的历史条件下，早期儒学的两大政治理念如何由“错位”走向“融合”，如何去吸收、借鉴西方民主政治思想的精华，如何为民在国家中的主体地位——政治主体和价值主体——作出合理的论证和说明，又向我们展现出儒家政治思想发展的广阔前景。

（三）“以义为利”：政治的正义性原则

朱子说：“义利之说，乃儒者第一义。”“义利之辨”之所以在儒学中占有如此重要的地位，不仅是因为涉及伦理学上道德与利益这一普遍问题，更重要的是，它还关涉政治学上权力与正义的问题。具体讲，就是政治权力（包括制度与行为）是应追求公正、正义，还是物质利益。孔孟等儒者认为，政治权力当然应当首先追求“义”而不应是“利”，但其所谓“义”实际又落实于民众的“利”，认为凡符合于民众的“利”才是真正的“义”。反之，若只是为了少数执政者的“利”，则是不“义”，故“义利之辨”某种意义上也就是公利与私利之辨。《孟子》开篇的一段文字，对这种关系作了生动的说明。

> 孟子见梁惠王，王曰：“叟！不远千里而来，亦将有以利吾国乎？”
>
> 孟子对曰：“王何必曰利，亦有仁义而已矣。王曰，‘何以利吾国？’大夫曰，‘何以利吾家？’士庶人曰，‘何以利吾身？’上下交征利而国危矣。万乘之国，弑其君者，必千乘之家；千乘之国，弑其君者，必百乘之家。万取千焉，千取百焉，不为不多矣。苟为后义而先利，不夺不餍。未有仁而遗其亲者也，未有义而后其君者也。王亦曰仁义而已矣，何必曰利？”（《梁惠王上》）

这段文字被置于《孟子》的开篇，可能不是偶然的[①]，一定程度上是当时社会趋“利”若鹜，而孟子却独树一帜，倡导仁义的反映。孟子主张“何必曰利，亦有仁义而已亦”，此语被后人做抽象理解，成为儒家“重义轻利”的罪证。但问题是，孟子“何必曰利”的“利”并非一般意义上的利，而是具体的利，实际也就是梁惠王“欲辟土地，朝秦楚，莅中国，而抚四夷也”的“大欲”，是一己之私利。孟子认为如果执政者都追求这种利，“天下交征利”，那么，必然发生弑君、篡国的悲剧，危及公正、正义与政治秩序。更重要的是，这种“利”乃是君之利而非民之利，是利于君而害于民的。“孟子曰：今之事君者皆曰：‘我能为君辟土地，充府库。’

---

① 如在《史记》中，司马迁多次提到孟子与梁惠王间的这段著名对话，《史记·孟轲荀卿列传》：“（孟子）适梁，梁惠王不果所言，则见以为迂远而阔于事情。”《史记·六国年表》梁惠王三十五年：“孟子来，王问利国，对曰：‘君不可言利。’”《史记·魏世家》：“邹衍、淳于髡、孟轲皆至梁。梁惠王曰：‘……叟不远千里，辱幸至弊邑之廷，将何以利吾国？’孟轲曰：‘君不可言利若是。夫君欲利则大夫欲利，大夫欲利则庶人欲利，上下争利，国则危矣。为人君，仁义而已矣，何以利为！’”

今之所谓良臣，古之所谓民贼也。君不乡道，不志于仁，而求富之，是富桀也。”（《告子下》）所以为君的关键在于仁义，如果君主不向往道、志于仁，却为其“辟土地，充府库”，那么实际便是在帮助桀纣，只能算是民贼而已。对于他们，最好的选择便是“何必曰利，亦有仁义而已亦”。这里的“仁义”既是一种道义原则、道德品质，同时还关涉着天下的公利，包含着对政治正义性的思考。《孔丛子》中子思与孟轲的一段“对话”，对义、利的这种关系讲得更为清楚。

> 孟轲问牧民何先，子思曰：“先利之。”
>
> 曰：“君子之所以教民亦仁义，固所以利之乎?”
>
> 子思曰：“上不仁则下不得其所，上不义则下乐为乱也，此为不利大矣。故《易》曰：‘利者，义之和也。’又曰：‘利用安身，以崇德也。’此皆利之大者也。”（《杂训》）

这段文字可能出自子思后学之手，不必有事实的根据，但其思想却是符合早期儒家的一贯主张的。孟子主张“何必曰利”，这里“子思”却教导其“先利之”，固然是要回答人们对于“君子之所以教民亦仁义，固所以利之乎”的疑问，更重要的，它是强调“义”和“利”本来就是统一的。《孟子》上文中的“利”是指君王的“大欲”，故孟子主张“何必曰利”，而此段文字中的“利”是指民众的利益，故“子思”主张“先利之”。[1] 在早期儒家学者看来，“夫王人者，将导利而布之上下者也”（《国语·周语上》）。

---

① 对于《孟子》与《孔丛子》两段文字的关系，学术界存在不同的看法，司马光《资治通鉴》卷二引上面两段文字后，评述说：“子思、孟子之言，一也。夫唯仁者为知仁义之为利，不仁者不知也。故孟子对梁王，直以仁义而不及利者，所与言之人异故也。”（《周纪二》显王三十三年）李明辉先生则认为：“子思的观点有异于孟子的观点，因为子思并未正视‘义’与‘利’之异质性……就现实经验而言，义、利之间未必始终一致；一旦两者之间有所冲突时，我们应当如何抉择呢？子思似乎未考虑到这种现实的可能性，而在理论上假定义、利之间必然一致……反之，孟子则视义、利为异质的，强调‘先义后利’。”李先生更重视“义利之辨”对于凸显人格尊严的意义，认为“人格尊严之维护亦属于‘义’的范围。否定了义利之辨，则人格之尊严与现实的利害便可按照同一尺度去衡量，尊严也就不成其为尊严了”。（见所著《儒家视野下的政治思想》，60、62页，北京，北京大学出版社，2005。）按，儒家“义利之辨”涉及不同的面相，不可一概而论。上面两段文字主要讨论物质利益与正义、道义的问题，“子思”、孟子立论的不同，是由于他们针对“民”与“君”不同的对象，从深层看，二人的观点仍是一致的。

在上的执政者本来就是要为天下百姓创造、谋取利的，执政者若奉行仁，遵守义，百姓安居乐业，各得其所，“此皆利之大者也”；若执政者放弃了仁，违背了义，百姓的生活得不到保障，流离失所，甚至铤而走险，“此为不利大矣”。所以，义和利实际是统一的，或者说应该是统一的，“义”是指道义原则和公正、正义，“利”则是指社会的整体利益，是百姓民众的利。早期儒家的义利统一观并非子思、孟子等儒者的天才发明，而是来自于古代先哲的政治实践，是对后者政治智慧的概括和总结。翻开《左传》、《国语》等古籍，不难发现古代先哲关于义、利的精辟论述。如：“德、义，利之本也。”（《左传·僖公二十七年》）“礼以行义，义以生利，利以平民，政之大节也。”（《成公二年》）“义以建利。”（《成公十六年》）“利，义之和也。”（《襄公八年》）“夫义所以生利也。”（《国语·周语中》）“言义必及利。”（《周语下》）“义以生利，利以丰民。”（《晋语一》）“义以导利，利以阜姓。”（《晋语四》）“利而不义，其利淫矣。”（《周语下》）“夫义者利之足也……废义则利不立。”（《晋语二》）这些论述一方面强调“言义必及利”，反对脱离了“利”（主要指百姓民众的利）去谈抽象的“义”，另一方面又主张“义以导利”，要求以“义”去节制、引导“利”（主要指执政者的利）。在这些真知灼见的基础上，曾子一派提出了“以义为利”，对义、利在政治中的关系作了明确的说明。

> 未有上好仁而下不好义者也，未有好义其事不终者也，未有府库财非其财者也。孟献子曰：“畜马乘，不察于鸡豚；伐冰之家，不畜牛羊；百乘之家，不畜聚敛之臣。与其有聚敛之臣，宁有盗臣。”此谓国不以利为利，以义为利也。（《大学》）

“未有上好仁而下不好义者”，强调的是执政者对于建立道德伦理秩序的重要性，用荀子的话说，是“上重义则义克利，上重利则利克义”（《荀子·大略》），其伦理道德的意味较浓，而“未有府库财非其财者”，则涉及利益的分配问题。君主不把府库中的财物看做一己的私有，而是拿出来与民共享，以获得民众的拥护，这样天下的财物都可为其所用、归其所有。它实际强调的是与民同利，而不与民争利。故“不察于鸡豚”、“不畜牛羊”、

“不畜聚敛之臣”，就是要从制度上对利益分配关系进行调整，防止执政者对利益的独占。荀子对此说的更为明白：“有国之君不息牛羊，错质之臣不息鸡豚，冢卿不修币，大夫不为场园，从士以上皆羞利而不与民争业，乐分施而耻积藏。”（《荀子·大略》）可见，义利之辨的政治学含义实际源自于执政者的私利与百姓民众的公利的紧张，它表达的是对制度（君主行为）之“私利”化、“专利”化趋势的否定。曾子一派主张“国不以利为利，以义为利也”，就是要求国家、执政者不应垄断、独占天下之利，而应与百姓民众共享之。这里的“义”是指公正、正义，而在早期儒家看来，关注民众的利益就是公正、正义的。

综上所论，“义利之辨”中的“义”实际具有政治学中公正、正义的含义，而“利”指物质利益或功利、效果，包括执政者的私利和百姓民众的公利等。儒家“义利之辨”强调，政治制度和行为只有符合民众的普遍利益才是公正、合理的，反之，若只是满足少数执政者的私利，则是不公正、合理的。它一方面对君主提出了基本的政治责任和道德要求，告诫其应关注民众的普遍利益，只有与民众同利、同欲，“民之所好好之，民之所恶恶之”（《大学》），“乐民之乐者……忧民之忧者……乐以天下，忧以天下。”（《孟子·梁惠王下》）这样，才能获得“王”天下的大利：“今王与百姓同乐，则王矣。”（同上）另一方面则对民的利益表示了到极大的关注，以其是否得到实现作为衡量政治制度与行为正义性的标准，但主要是物质利益，而不是政治权利。而作为特殊身份的士，则是“义利之辨”价值原则的倡导者和维护者，故应超越自身的物质利益，对任何不“义”的行为进行批判、抗议，抵死维护儒家政治理念的尊严与神圣性。明白了这一点，便可对子思“恒称其君之恶”的主张有了更深一步的理解。

> （鲁穆）公曰：“乡者吾问忠臣于子思，子思曰：‘恒称其君之恶者，可谓忠臣矣。’寡人惑焉，而未之得也。”成孙弋曰：“噫，善哉言乎！夫为其君之故杀其身者，尝有之矣；恒称其君之恶，未之有也。夫为其［君］之故杀其身者，效禄爵者也。恒称其君之恶者，远禄爵者［也］。为义而远禄爵，非子思，吾恶闻之矣。”（竹简《鲁穆公问子思》第3—8简）

“为其君之故杀其身者”，效忠的对象是君主，目的是为了爵禄；而“恒称其君之恶者”，则是为了更高的“义”，是为了政治的公正、正义，是为了民众的普遍利益，所以即使牺牲了个人的物质利益乃至生命也在所不惜。而子思乃是这一批判精神的倡导者，并身体力行儒者人生信念与政治理想的典范与代表。

（四）“从道不从君”：士的为政原则

孔孟等儒家学者不仅是儒家政治理念的倡导者，同时还是其积极的实践者。不过从孔子开始，儒家不是自己建立组织，并依托此组织以伸张其思想主义，而是选择了“仕”，希望通过出仕将其思想主张贯彻到政治实践中去。这样，儒家与当时的政权、执政者之间便存在着一种特殊的依附关系。儒者一旦进入官场，便已不是纯粹的士子、读书人，而成为一臣子，与君主之间存在着“君臣之义”，需要承担相应的责任与义务。故孔子主张“事君，能致其身”（《论语·学而》），要求“事君尽礼”（《八佾》），“事君以忠”（同上）。对于君，亦抱有极大的敬意：“君在，踧踖如也，与与如也。”“君召使摈，色勃如也，足躩如也……宾退，必复命，曰：‘宾不顾矣。’”“入公门，鞠躬如也，如不容。”（《乡党》）不过，儒者选择仕，不是为了个人的利禄，而是“行其义也”（《微子》），是为了实现其政治理念与人生理想，故在“君”之上，他们还安置了更高的“道”，以道为人间的价值原则和政治理想，而自视为道的维护和实践者。在君与民之间，他们亦不因为受雇于前者，便无条件地为其俯首效忠，而是自觉地以民众利益代言人自居。所以从孔子起，便主张“以道事君，不可则止”（《先进》），要求“勿欺也，而犯之”（《宪问》），体现了“以仕行道”的价值取向。

不过儒家的政治选择，也使其陷入一种不可避免的两难境地：一方面他们虽然遵循“不仕无义”的政治理想，希望通过出仕来改造“无道”的政治秩序和社会现实，但另一方面，“以仕行道”又必须以“得君”为条件，如果昏君当道，明主不遇，不仅“行道”无法实现，自己的人格乃至生命还会受到威胁和伤害。面对这一困境，孔子提出“天下有道则见，无道则隐”（《泰伯》），“邦有道，则仕；邦无道，则可卷而怀之”（《卫灵公》），“道不行，乘桴浮于海”（《公冶长》）。在“仕”之外，又保留了“隐”，主张“隐居以求其志，行义以达其道”（《季氏》）。“仕”是积极意义上的推行、实现道，而“隐”是消极意义上的坚守、维护道，故“行道”才是儒者的最高目标和理想，而“出仕”不过是实现这一目标的手段而已；如果“行义”不得，宁可“隐居”以保持意志的独立，亦不可为了利禄而放弃儒者的原则与理想。做不到这一点，便不配做一名儒者，便会受到孔门的抨击和讨伐。“季氏富于周公，而求（注：孔子弟子冉有）也为之聚敛而附益之。子曰：‘非吾徒也，小子鸣鼓而攻之可也！’”（《先进》）正说明了这一点。不过，“隐”虽然一定程度上缓解了“出仕”与“行道”之间的紧张，使儒者在“行道”不得时，可以暂时从官场中脱身而出，以不合作的方式维护人格的完整，同时表达对执政者的抗议，但它终归是在消极的意义上寻求解决之道。更重要的是，如果“出仕”是为了“行道”，而它本身又必须以“天下有道”为条件，否则只能退隐，这不能不说是一个矛盾，也是“以仕行道”需要克服的局限。所以当“天下无道”时，儒者应采取什么样的态度和选择，仍是一个需要探索的问题。孔子之后，曾子一派一方面继承了“以仕行道”的思想，主张“国有道，则突若入焉；国无道，则突若出焉，如此之谓义”（《大戴礼记·曾子制言下》，另一方面则提出“循道而行”、“直言直行”，试图以士的独立人格和批评精神来对抗“天下无道”。“曾子曰：天下有道，则君子訢然以交同；天下无道，则衡言不革；诸侯不听，则不干其土；听而不贤，则不践其朝。”（同上）“君子直言直行，不宛言而取富，不屈行而取位……天下无道，循道而行，衡涂而偾，手足不揜，四支不被……此则非士之罪也，有士者之羞也。”（《曾子制言中》）当“天下无道”时，他们不是“卷而怀之”，而是“衡言不革”，“循道而行”，坚持主张，不会改变；遵从道义，身体力行，甚至牺牲了生命也在所不惜，体现了以身殉道的大无畏精神。子思一派也提出：“事君可贵可贱，可富可贫，可生可杀，而不可使为乱。”（《礼记·表记》）“故君命顺则臣有顺命，君命逆则臣有逆命。”（同上）主张“与屈己以富贵，不若抗志以贫贱。屈己则制于人，抗志则不愧于道”（《孔丛子·抗志》），甚至“恒称其君之恶”。与曾子学派一样，他们也是将“道”置于“君”之上，“为社会大群建立理想，悬为奋斗目标”，并以一种知其不可为而为之的“宗教热忱”来维护、实现“道”。由于曾子、子思主要试图以士的道德精神来面对“天下无道”，故他们的主张可称为道德解决方案。

与曾子、子思不同，子游一派则提出了“大道”的概念，在他们看来，道不仅仅是一种政治秩序和道德原则，更重要的，它还指政治制度和权力所有。所以天下的“有道”、“无道”主要不在于君主个人品性的好坏，而在于实行什么样的制度，在于是权力共有还是私有。他们认为，“天下为公”、权力公有才是符合“大道”的，其具体的制度是“选贤与能”，即根据贤能推举产生天子乃至各级执政者。只有在“大道之行”的条件下，“男有分，女有归”，人们各得其所，积极地从事政治、经济活动，才可以实现政治清明和共同富裕的“大同”社会。反之，在“大道既隐”，“天下为家”、权力私有的条件下，虽然通过“礼义以为纪”，“以正君臣，以笃父子，以睦兄弟，以和夫妇”（《礼记·礼运》），亦可达到“小康”，但终归是次一等的、非理想的社会。而“大同”、“小康”之分的潜在含义是，要想真正实现“大道”，就必须从政治制度入手，实行权力公有、“选贤与能”，故它所揭示的实际是一套政治解决方案。

子游一派将“行道”不是寄托于君主身上，而是着眼于政治制度本身，一定程度上超出了“以仕行道”的局限，其思想无疑更有深度。然而令人遗憾的是，随着燕王哙“让国”的失败，这一倡导“天下为公”、权力共有的思想暂时遭到了挫折，没有得到进一步的发展。故此后的孟子主要是回到了曾子、子思的道德解决方案，并对其作了进一步的发展。“孟子曰：天下有道，以道殉身；天下无道，以身殉道。未闻以道殉乎人者也。”（《孟子·尽心上》）“以身殉道”表明，道才是儒者所追求的最高理想，具有比君主更高的地位，所以抵死也要维护、坚守之。孟子说：“君子之事君也，务引其君以当道，志于仁而已。”（《告子下》）认为出仕的目的就是要引导君主服从道，而不可使其违背道。又称“惟大人为能格君心之非。君仁莫不仁，君义莫不义，君正莫不正，一正君而国定矣”（《离娄上》），认为君主的行为决定国家的治乱，“一正君而国定矣”。这表明孟子主要是从“格君心之非”，而不是从政治制度本身来思考“天下无道”的。

从这一点看，与子游一派相比，孟子在思想深度上似有所不足，但他发展了儒家的批判、抗议精神，肯定人民的革命权、反抗权，则是一大贡献。在孟子看来，士一旦选择出仕，便进入了既定的等级秩序中，便会产生君臣的上下关系。但是士既然是“志于道也”，是为了“行道”，那么他同时又具有“道”和“德”上的优越地位。“以位，则子君也，我臣也，何敢与君友也？以德，则子事我者也，奚可以与我友？”（《万章下》）既然“道”高于“位”，当君违背了道，或与道发生冲突时，士就应坚定地站在“道”的一边，以道抗位。所以，他反对对于君主的一味顺从，认为“以顺为正者，妾妇之道也”（《滕文公下》），主张“说大人，则藐之，勿视其巍巍然”（《尽心下》）。他向齐宣王进言：“君之视臣如手足，则臣视君如腹心；君之视臣如犬马，则臣视君如国人；君之视臣如土芥，则臣视君如寇雠。”（《离娄下》）臣不应无条件地服从于君，对于“贵戚之卿”来说，“君有大过则谏，反复之而不听，则易位”；对于“异姓之卿”来说，“君有过则谏，反复之而不听，则去”（《万章下》）。与君位相比，士更应关注人民的利益与福祉，应该“守先王之道”（《滕文公下》），“乐其道而忘人之势”（《尽心上》），直言进谏，为民请命。而对于桀纣之类的暴君来说，杀之、诛之亦完全合理。

> 齐宣王问曰：“汤放桀，武王伐纣，有诸？”
>
> 孟子对曰：“于《传》有之。”
>
> 曰：“臣弑其君可乎？”
>
> 曰：“贼仁者谓之贼，贼义者谓之残；残贼之人，谓之一夫。闻诛一夫纣矣。未闻弑君也。”（《梁惠王下》）

诚如学者所言：“孟子之政治思想，遂成为针对虐政之永久抗议。”“专制时代忠君不二之论，诚非孟子所能许可。”[1] 而孟子倡导的“富贵不能淫，贫贱不能移，威武不能屈”的“大丈夫”精神（《滕文公下》），“穷不失义，达不离道”的独立人格（《尽心上》），也成为批判专制、抗议暴政的

① 萧公权：《中国政治思想史》1册，87～88页，沈阳，辽宁教育出版社，1998。

强大精神力量。正是在此基础上，荀子将“从道不从君”看做是“人之大行也”（《荀子·子道》），是儒者为政的基本原则。主张面对不同素质的君主，采取不同的臣道，“事圣君者，有听从无谏争；事中君者，有谏争无谄谀；事暴君者，有补削无挢拂”（同上）。在出仕、为政的态度上，荀子与孔、曾、思、孟基本上仍是一致的。

可以看到，面对“天下无道”，早期儒家学者不论是选择“循道而行”、“以身殉道”，还是寻求制度的根本变革，他们都不是把君看做最高的，而是认为君之上还有更高的道，并把“行道”看做儒者的终极使命和理想。在曾子、子思、孟子那里，道主要体现为政治秩序和仁道原则；而在子游一派那里，则体现为政治制度，体现为“天下为公，选贤与能”的权力公有。二者虽有层次的差别，但也存在融合、互补的可能。因为君臣有义、博施济众同样是“天下为公”的目标，甚或可以说，只有在“大道既行”、“天下为公”的条件下，君臣有义、博施济民才有可能得到真正的实现。儒者关注人间的政治秩序，希望通过积极的出仕来改变“无道”的社会现实，亦有其积极意义。所以无论是曾子、子思的道德解决方案，还是子游学派的政治解决方案，都凝结了古代儒者为“殉道”、“行道”所做的种种尝试和努力，是他们政治智慧和道德人格的反映和写照，在历史上自有其不可否认的价值和意义。但道德和政治解决方案只有结合在一起，才能走出“以仕行道”的困境和局限，才能在未来儒家政治文化的重建中发挥积极作用。

（五）早期儒学政治理念的检讨与反省

根据前面的分析，我们可对早期儒学的政治理念做出分析、批判、检讨、反省，并对学术界的有关论点做出辨析和澄清。如一些学者从主观印象出发，将儒学等同于专制主义，视为君主驯化民众的工具，认为“王权至尊”乃是儒学政治思想的核心。然而如我们前面分析的，不论是周人的宗教天命观，还是后来的儒家思想，都不是将君看做最高的，孔孟等儒者都坚持在人君的上面，另外还要拿出一个“天”或“道”压在他头上，使人君不能自有其意志，必须以“天”或“道”——实际也就是民的意志为意志；否则不配做人君，而可对其“革命”和“易位”。诚如徐复观先生所言，“人君上面的神，人君所凭借的国，以及人君的本身，在中国思想正统的儒家看来，都是为民的存在……可以说神、国、君，都是政治中的虚位，而民才是实体”，“即就是从统治者的角度来看，不仅那些残民以逞的暴君污吏没有政治上的主体地位，而那些不能‘以一人养天下’，而要‘以天下养一人’的为统治而统治的统治者，中国正统的思想亦皆不承认其政治上的地位。”① 也就是说中国传统政治中不仅存在着君这样的政治主体，而且还存在着超越其上的以“天意”、“民心”、“道”所表现出来的道德主体与人民主体。这种主体虽然隐而不显，但实际上却是历史观念的真正主宰，也是历史评价的真正标准。儒家肯定、承认君在政治中的地位，在当时的历史条件下应属正常，并不奇怪；特殊的是他们在肯定君的地位的同时，又拿出民置于君之上，认为“立君”、“置君”的目的都是为了民，君如果不能“保民”、“养民”、“安民”，便不具有合法性。这，才是儒家政治思想中特别值得关注的地方。中国历史上的政治之所以没有完全走向由申、韩等法家所代表的极权政治，之所以没有完全漆黑一团，不能不说与儒家的这一政治理念密切相关，是儒家以其道德主体性与人民主体性相抗衡的结果。给儒学贴上专制主义、“王权至尊”的标签，如果不是有意歪曲，也是极大的误解。

亦有学者认为，儒家政治思想的核心是圣王崇拜，由此发展出“内圣外王”的政治思维模式，“开创了一种崇拜圣王统治的政治文化传统”，使中国古代政治走上了与近代民主法治完全不同的道路。他们认为儒家的圣王理想使其错误地以为：“政治权力可由内在德性的培养去转化，而非由外在制度的建立去防范。”“因为原始儒家从一开始便坚持一个信念：既然人有体现至善，成圣成贤的可能，政治权力就应该交在已经体现至善的圣贤手里，让德性与智能来指导和驾驭政治权力。这就是所谓的‘圣王’和‘德治’思想，这就是先秦儒家解决政治问题的基本途径。”这也是“中国传统为什么开不出民主宪政的一部分结症”②。孔孟的确崇拜尧舜圣王，圣

---

① 徐复观：《儒家对中国历史命运挣扎之一例——西汉政治与董仲舒》，见所著《学术与政治之间》，51～52页，台北，台湾学生书局，1985。

② 张灏：《幽暗意识与民主传统》，40～41页，北京，新星出版社，2006。

王崇拜也是早期儒学的一个重要内容，但尧舜在儒家那里，乃是一价值理想而非一实有存在，其地位类似于idea，类似于道，是可以表达不同的政治理念与思想。他们既可以用来宣扬禅让，表达儒者寻求制度变革的努力和尝试（如竹简《唐虞之道》），也可以被描述为平治水土、关注父子人伦的德治形象（如孟子）。所以儒家虽崇拜尧舜圣王，但绝少将现实的君王等同于古代圣王。孔子修订《春秋》，对其中的国君非“刺”即“贬”，而称为圣贤者寥寥无几；子思有“傲世主之心”，主张“恒称其君之恶”；“孟子三见宣王，不言事……曰：‘吾先攻其邪心’”（《荀子·大略》），“见梁襄王。出语人曰：‘望之不似人君’”（《孟子·梁惠王上》）。这些都说明，在现实君王与古代圣王之间，孔孟等儒者实际是存有一分界的。所以，与其说圣王崇拜是相信君主可以成圣成贤的结果，不如说是孔孟等儒者看到现实君王的不理想、不完满，对有深刻的“幽暗意识”，故抬出尧舜圣王，对其予以政治批判的结果。尧舜圣王的存在，一方面使君王们意识到在他们之上还有一更高的权威，一个不得不努力追求的目标与榜样；另一方面也使其如芒在背，时时感到道义的权威与压力，不得不保持必要的敬畏之心，而不至于残民以逞、肆意妄为。而且儒家也并非不重视制度对君王的规约，子游一派的最高政治理想便是“天下为公”、“选贤与能”，便是要从政治制度本身解决“天子位”的问题。孔子讲“正名”，讲“君君、臣臣”，要求君要像个君、臣要像个臣；主张“克己复礼”，这里的“礼”就是一种制度，只不过它不同于近代的民主制度。但既然民主制度是“近代”的，又怎么能要求“古代”的孔子儒家呢？生活在古代的儒家学者，何尝不知道现实政治的种种弊病，何尝不清楚现实政治距离其圣王理想相去甚远。只是在寻求制度变革失败之后，他们对于君王所能施加的影响，除了造成一种道义的力量，力求其尽可能的开明一些，已别无选择。①

所以，早期儒学政治思想的根本问题既不在于所谓的“王权至尊”，也不在于“圣王崇拜”或“内圣外王”的思维方式，而在于孔孟生活的时代，虽然有“士”的自觉，但还没有经过一个“民”的自觉阶段，民没有

---

① 参见胡平：《儒家人性论与民主宪政——与张灏教授商榷》，《中国论坛》（台北），1992(5)；后收入所著：《从自由出发》，台北，风云时代出版公司，1994。

成为独立的政治力量，无法在政治舞台上表达自己的意见、主张。在君、士、民的关系中，虽然“民贵君轻”，但民没有实际的政治权利，其利益、要求要靠士来维护、主张，统治权则完全掌握在君的手中。这一状况造成早期儒家政治思想，一是缺乏政治上的平等观念，二是缺乏普遍的权利思想。所以孟子虽然倡导民本，主张“民为贵”，但其“劳心”、“劳力”说又否定了民（“劳力者”）的政治权利，肯定了人在政治上的不平等。孟子云：“劳心者治人，劳力者治于人；治于人者食人，治人者食于人，天下之通义也。”（《滕文公上》）如果说“劳心”、“劳力”只是经济学意义上的劳动分工以及彼此间的“通功易食”——“治于人者食人，治人者食于人”，这种划分尚有有合理之处的话，那么，孟子将其与政治学意义上的社会等级混同在一起，并用前者论证后者的合理性，则走向了偏差。按照这样的规定，“治人”或政治管理就成了少数“劳心者”的特权，而广大的“劳力者”只能“治于人”，而不能积极地去“治人”，不能参与到社会的管理决策中去。而现代民主政治的基本原则之一，便是肯定每一合乎法定要求的社会成员都具有参与社会决策的权利，它的前提，是承认每一社会成员在社会政治结构中具有平等的地位。在这一点上，儒家政治思想显然存在着历史的局限。与之相关，儒家没有建立起普遍的权利思想。对于民，只重视其生存权、财产权以及受教育权，而不承认其有参政、议政权，以及其他一些权利；对于士，肯定其有参政、议政权，言论、批评权，而不重视或超越了其财产、经济权；对于君，则肯定其有管理、统治权，以及生活中的某些特权（如“寡人好色”等）。君、士、民不是被看做抽象的“人”而具有相同的权利，而是因为身份不同，分配的权利也不同，这也不同于近代意义上的主权在民，法律（权利）面前人人平等。

早期儒家倡导民本、仁政，重视民的生存权、财产权在当时无疑有积极的意义，但“就文化全体而论，究竟缺少了个体自觉的一阶段。而就政治思想而论，则缺少了治于人者的自觉的一阶段”。因此民不能提出政治上的独立要求，不能真正掌握自己的命运，而只能被动地接受执政者的同情和怜悯。诚如梁启超所言：“我先民极知民意之当尊重，惟民意如何而始能实现，则始终未尝当作一问题以从事研究。故执政若违反民意，除却到恶贯满盈群起革命外，在平时更无相当的制裁之法。此吾国政治思想中之最大缺点也。”[①] 孔孟等儒者虽然始终站在民的立场，要求统治者“以不忍人之心行不忍人之政”，“保民”、“安民”、“养民”。但因政治的主体未立，政治的发动力完全在朝廷而不在社会，他们所祖述的思想，“总是居于统治者的地位来为被统治者想办法，总是居于统治者的地位以求解决政治问题，而很少以被统治者的地位，去规定统治者的政治行动，很少站在被统治者的地位来谋解决政治问题”。从道德的角度看，“其德是一种被覆之德，是一种风行草上之德。而人民始终处于一种消极被动的地位：尽管以民为本，而总不能跳出一步，达到以民为主”[②]。鲁迅先生曾以悲愤的心情将中国的历史划分为“想做奴隶而不得的时代”和“暂时坐稳了奴隶的时代”，认为“中国人向来就没有争到过‘人’的价格，至多不过是奴隶”[③]，可以说正是对“民”在中国两千年历史上政治地位的真实概括。同样，孔孟等儒者虽然怀抱“士志于道”的政治理想，试图通过“以仕行道”改变“滔滔者天下皆是”的无道现实，但由于没有可以依靠的社会力量，无法对君权形成抗衡、制约，只能成为民的利益代言人，而不能成为民的政治代表。他们对君主的批判，也只限于精神和道义方面，而无法对其形成制度、权力的制衡。他们所能成就，也只是“忠臣义士”而已。从这一点看，“我国历史，也可以说是一部忠臣义士的流血流泪史。这些忠臣义士，一方面说明了他们以生命坚持了天下的是非；另一方面，则是汉以后‘君臣之义’的牺牲品”[④]。所以虽有一代代儒者的不懈努力，中国古代政治仍陷入了一治一乱的恶性循环；虽有无数儒者的呼吁、呐喊，依然没有为民争到做人的资格，没有创造出鲁迅所期待的“中国历史上未曾有过的第三样时代”，儒学政治理念确乎从一开始就存在着局限与不足。

这样讲，并不是要苛求古人，而是从现代性的角度对古人思想的一种反省和检讨；孔孟政治思想的局限与不足，也并非孔孟个人的品质和智力的问题，而是源自于时代因素，是时代因素限制了儒学政治思想的进一步发展。如，孟子倡导“民贵君轻”，要求“格君心之非”，端正君主的思想

---

① 梁启超：《先秦政治思想史》，39页，北京，东方出版社，1996。

② 徐复观：《儒家政治思想的构造及其转进》，见《学术与政治之间》，51～55页。

③ 鲁迅：《灯下漫笔》，见《鲁迅全集》第1卷，197页，北京，人民文学出版社，1981。

④ 徐复观：《儒家对中国历史命运挣扎之一例——西汉政治与董仲舒》，见《学术与政治之间》，387页。

与行为，按照正常的逻辑，自然就应该赋予民以参政、议政的权利，设计出三权分立的政治制度，对君主的思想、行为予以限制与监督，使其不得不为善而不敢为恶。孟子没有这样做，而是着眼于对君主的道德熏陶与教化，主要是因为当时还没有出现实行民主政治的历史条件①，维护民众的基本生存才是儒者的主要任务，思想的逻辑不能超越历史的条件。但从思想的发展来看，早期儒家"立君以为民"、"从道不从君"的政治理念客观上又需要一个主权在民、三权分立的民主政治制度，或者说只有在民主政治制度的框架下，孟子"民贵君轻"、"格君心之非"的政治主张才能得到真正的落实和实现。早期儒家将"天下为公"、"选贤与能"看做最高的政治理想，并投身到当时宣传禅让的政治思潮中去，一定程度上也是朝着这个方向努力，只是由于政治实践的失败，这一努力遭到了挫折而已。所以早期儒家的政治理念虽然与现代民主政治存在一定的距离，甚至个别主张还存在着矛盾和对立，但二者之间并不是完全的排斥关系，随着历史条件的成熟，早期儒学的政治理念又存在着向民主观念转化的趋势。余英时先生曾指出，清朝末年，康有为、王韬等深受儒家思想熏陶的读书人，当他们接触到西方民主政治的实践思想时，立即大表赞美，并认为是早期儒家尤其是孟子思想中已有的观念②，一定程度上就说明了这一点。

早期儒家的政治理念本身也存在着向民主政治思想转化的基础与可能，孔孟倡导"民本"、"民为贵"，把人民看做国家的价值主体，把"保民"、"安民"、"养民"看做政治的最高目的，把人民答应不答应、同意不同意看做判断国家治理的政治标准，认为只有符合这样的价值、政治法则，统治才具有合法性。"正是基于这样的合法性观念，儒家得以通过义利之辨来抑制统治者的特权利益，在王霸之争上贵王贱霸，在君臣之际上

---

① 有学者提出，民主政治的产生需要有一系列横向的现实条件和纵向的历史条件，横向的现实条件包括：(1) 血缘纽带的冲破；(2) 公共领域的形成；(3) 公民社会的诞生。纵向历史条件是指：(1) 从农业经济向商业经济的过渡；(2) 交通工具或者信息传播工具的发达；(3) 新型公共权威的形成。认为在这些条件尚未到来的情况下，即使是再高明的思想家也不可能把民主当作政治制度的理想。参见方朝晖：《民主、市民社会与儒学社会政治思想的现代意义》，载《中国思想史研究通讯》，2005 (3)。

② Ying-shih Yu, "Democracy, Human Rights and Confucian Culture", *The Fifth Huang Hsing Foundation Hsueh Chun-tu Distinguished Lecture in Asian Studies*, Oxford: Asian Studies Centre, St. Antony's College, University of Oxford, 2000 , p. 6.

提倡从道不从君。"[①] 子游一派把"大道之行也，天下为公"看做最高的政治理想，更是进一步涉及了权力公有与"选贤与能"的制度安排。早期儒学的两大政治理念虽然还不完全等同后世的民主政治思想，但在精神上与后者又是相通的，所以两大政治理念的相结合，并在一定的历史条件下，确乎存在着向民主政治思想转化的可能。

更重要的是，早期儒学虽然在社会、政治的层面肯定"劳心"、"劳力者"的不平等，但同时又在哲学的层面提出一套人性平等的心性论思想，后者在儒学思想中占有更为基础和重要的地位，这便为政治上的平等、权利之论提供了宗教与道德的保障。众所周知，西方基督教、斯多葛主义的道德观念对近代的自由民主思想产生过深远影响，有了宗教与道德方面的平等基点，乃有西方近代推出政治社会上的平等，以及人的基本权利。儒家心性道德之论亦可起到同样的作用。[②] 据学者研究，孔子的"性相近"，郭店竹简的"四海之内，其性一也"（《性自命出》）已蕴涵了人性平等的思想[③]，而子思的"天命之谓性"则将其提升到一个新的高度，它不仅为人性提供了一个超越的、普遍的终极依据，同时，"使人感觉到，自己的性，是由天所命，与天有内在的关联；因而人与天，乃至万物与天，是同质的，因而也是平等的。天的无限价值，即具备于自己的性之中，而成为自己生命的根源，所以在生命之自身，在生命活动所关涉到的现世，即可以实现人生崇高的价值"[④]。在此基础上，孟子进一步提出性善说，肯定人皆有恻隐、羞恶、辞让、是非之心，人皆有善性。此善性乃是天颁给人的爵位，是天爵；而"公卿大夫"不过是人颁给人的爵位，是人爵。天爵是先天的、内在的、不可剥夺的人的价值与尊严，相比之下，官爵则是后天的、外在的、可以剥夺的"价值"与"尊严"。从官爵来看，人与人是不平等的，存在着权力、身份、地位的差别；但从天爵看，人与人又是绝对平等的，存在着相同的价值与尊严。所以"舜，人也；我，亦人也"（《离

---

① 夏勇：《中国民权哲学》，7～8页，北京，三联书店，2004。

② 参见何信全：《儒学与现代民主》，116～117页，北京，中国社会科学出版社，2001。

③ 关于早起儒学人性平等的问题，参见 Ning Chen（陈宁）："The Ideological Background of the Mencian Discussion of Human Nature", in *Mencius Contexts and Interpretations*, *edited* by Alan Chan, University of Hawaii Press, 2002, pp. 1-17。

④ 徐复观：《中国人性论史·先秦篇》，117～118页。

娄下》)，“尧舜与人同耳”（同上），“人皆可以为尧舜”（《告子下》）。诚如学者所言：“原始儒家人性思想的核心，是人性源于天道、天赋人性本善、天赋人性平等。这一思想的实践意义，是肯定人的内在价值、尊严、及其平等、及其不可剥夺，并为之提供形上的终极依据。”[①] 正因为如此，“原始儒家的人性平等、人格平等的思想，乃是涵盖人类全体，而不分阶级差别，不分男女差别。‘四海之内皆兄弟’，表示人道面前人人平等。‘有教无类’，表示教育面前人人平等，而不分阶级……‘人皆可以为尧舜’，表示道德面前人人平等。这些思想，皆潜在地和显性地表示人类平等而不分阶级”[②]。早期儒学的人性平等、人格平等虽然主要是就个人的成德而言的，但也包含了权利的思想，因为既然“人皆可以为尧舜”，那么自然也就意味着人皆具有参政、议政的权利。而且根据我们的研究，早期儒家包括孟子人性论与古代即生言性的传统存在密切联系，其“性”非抽象的本质，而是动态的活动与过程，是形式与材质的统一，是理性与情感的统一。[③] 由于“性”有“生”，“性”在“生”的过程中产生种种需要，如自然生命的“生”产生出财产的需要，交往的需要，健康快乐的需要，而道德生命（四端之心）的“生”则产生出不食嗟来之食、维护人格尊严的需要，“处士衡议”、社会批判的需要，乃至“尽心、知性、知天”，实现终极关怀的需要，这些需要在一定的条件下就可表达为权利的诉求，早期儒家心性论中实际也存在着权利的萌芽与种子，只是囿于时代的因素没有得到充分发展而已。[④] 所以在早期儒家政治理念的基础上，如何由“士”的自觉走向“人”的自觉，如何由德性主体发展出权利主体，便成为儒学在当代面临的一大挑战，也是儒学需要解决的重大理论问题。

---

① 邓小军：《儒家思想与民主思想的逻辑结合》，239页，成都，四川人民出版社，1995。

② 同上书，233页。

③ 参见第二章第六节：《即生言性的传统与孟子性善论》。

④ 邓小军先生认为：“儒家思想在从人性思想到政治思想的核心逻辑中，缺少了天赋人权这一关键环节，缺少了权利观念。这正是儒家思想未能开出民主的关键所在。这同时并表明，儒家思想自身亦缺乏足够产生和运用权利观念的知性理性思维模式、知性理性方法。”（见上引书，421页）这是有一定道理的。但也应注意，即使在西方，权利作为一个明确的概念也是近代的产物，天赋人权的观念亦是如此。早期儒学中仅存在着权利思想的萌芽，其之所以没有得到发展，主要是历史条件的限制。

第二节 竹简《穷达以时》与早期儒家天人观

长期以来，学术界存在这样一种看法，认为中国古代思想尤其是儒家思想是以天人合一为基本特征的，天人之分到战国末期才由荀子提出。在儒家内部，孟子讲道德天，主张天人合一；荀子讲自然天，主张天人之分，二者思想是对立的。然而郭店竹简《穷达以时》一篇中，明确提到了天人之分。据发掘报告，竹简的年代在荀子以前。这样看来，天人之分并非始于荀子，而可能是早期儒家的一个基本看法。那么，竹简天人之分的内容如何？与孟子、荀子是一种什么关系？在思想史上具有何种地位？通过竹简，我们将对儒家天人关系产生哪些新的认识？这无疑是思孟学派研究中的重要问题。

（一）《穷达以时》"天人之分"的基本内涵

《穷达以时》简长26.4厘米，两端修成梯形。竹简现存15支，有两支已残损。从其内容看，可能与孔子"陈蔡之困"有关，类似记载又见《论语》、《庄子》、《荀子》等文献。李学勤先生曾排列了其先后顺序：《穷达以时》→《庄子·让王》→《荀子·宥坐》→《吕氏春秋·慎人》→《韩诗外传》卷七→《说苑·杂言》→《风俗通义·穷通》→《孔子家语·在厄》。[①]《穷达以时》的特殊之处在于它明确提出了天人之分：

> 有天有人，天人有分。察天人之分，而知所行矣。有其人，无其世，虽贤弗行矣。苟有其世，何难之有哉？（第1—2简）

人为什么有的穷困潦倒，有的显达富贵？面对穷达，又应该采取什么样的态度？千百年来一直是无数哲人关注和思考的问题。当年孔子"厄于陈蔡

---

① 参见李学勤：《天人之分》，见郑万耕主编：《中国传统哲学新论》，239～244页，北京，九州出版社，1999。

之间”，就与弟子对此展开过讨论，其内容也被不断铺陈、发挥，形成互有联系又有差别的不同版本。在竹简看来，关系世间穷达的，不仅有人而且有天，天人各有其分。《礼记·礼运》郑玄注：“分犹职也。”故天人之分是说天人各有其职分、作用、范围，二者互不相同。而明白了哪些属于人，哪些属于天，便知道哪些该为，哪些不该为，便知道该如何行为了。竹简《语丛一》：“知天所为，知人所为，然后知道，知道然后知命。”（第29—30简）这里的“天所为”、“人所为”就是其职分和作用，也就是天人之分。

竹简虽然对天人作了区分，但在人世的显达上，似乎更看重天的作用，认为没有天的相助，即使圣贤也寸步难行；一旦得到天的垂青，名显于世便唾手可得。作为佐证，竹简举出传说和历史上圣贤穷达的事例，如舜曾耕于厉山，遇尧而为天子；邵繇（注：当为傅说之误）曾为苦役，遇武丁而得以辅佐天子；同样，虞丘起初隐名不显[①]，后来名扬天下，并非因为德性增加；伍子胥曾经建功累累，后来却性命不保，也并非因为智力衰退，这些都是时运变化的缘故。甚或骥这样的良马，也只有当遇到造父时，才能驰骋千里，纵横天下。否则，只能落得个“骈死于槽枥之间，不以千里称也”的下场。竹简之所以如此看重天的作用，除了作者个人的立场外，与其对天的理解也密切相关。

遇不遇，天也。（第11简）

这种“遇不遇”的天既非上古有意志、有目的的神学天，也不同于后来“不为尧存，不为桀亡”的自然天，而是一种命运天，具体到个人，又可称为命，合称为天命。古人在生活中意识到，人虽然以主宰者的身份独步世上，但并非无所不能，而是时时受到外部力量的束缚和限制，这种力量既可以是必然性的，表现为社会的“合力”或“势”，也可以是偶然性的，表现为出人意料的某种机遇或巧合，等等，这些统统可称作天。这种天往

① 池田知久据《韩诗外传》卷七“虞丘名闻于天下，以为令尹，让于孙叔敖，则遇楚庄王也”，认为第8第9号简之间可能存在着叙述“虞丘”遇“楚庄”的句子。见所著《郭店楚简〈穷达以时〉之研究》（上），载《古今论衡》（台湾），2000（4）。

往对人世的穷达祸福发挥着巨大作用，或者说穷达祸福本来就属于天，是“可遇而不可求”，是非人力所能控制、掌握的。所以竹简感叹“时”、“遇”的重要，认为“有其人，无其世，虽贤弗行矣”，往往就是针对这些内容而言，所谓“谋事在人，成事在天”也。既然天的作用如此之大，那么，是否意味着人便无所作为，只能听从于命运的摆布了吗？答案是否定的，这又回到了天人之分：

> 动非为达也，故穷而不怨，学非为名也，故莫之知而不怜。芷兰生于林中，不为人莫嗅而不芳。无茖根于包山石，不为无人不……善否己也，穷达以时；德行一也，誉毁在旁；听之弋之，母白不釐。[①] 穷达以时，幽明不再。故君子敦于反己。（第11—15简）

在竹简看来，穷达取决于时运，毁誉在于旁人，这些都属于天不属于人；而一个人的德行如何，则取决于自己，与天无关，所以积极行善、完善德行才是人的职分所在，才是人应该努力追求的目标。明白了这种“天人之分”，就不应汲汲于个人的穷达祸福和现实际遇，而应“敦于反己”，只关心属于自己职分的德行，“尽人事以待天命”。所以，竹简虽然强调天对个人际遇的影响，但并没有因此取消人的活动和作用。相反，正是通过天、人之分甚至对立，才显现出人之为人的无上价值和尊严。

（二）《穷达以时》“天人之分”的思想来源

从思想史的发展来看，竹简天人之分的提出不是偶然的，它是古代天命思想长期发展的产物，是对古代天人合一思想的一种反动。我们知道，三代以来尤其是周代主要信奉的是一种有意志、有目的的神学天，这种天

---

① 原文作“听之弋母，之白不釐”。陈剑认为“母之”二字系误抄，应断为“听之弋之”，读为“圣之贼之”，意为旁人对同一个人毁誉不同，或以之为圣，或以之为贼。见所著《郭店简〈穷达以时〉〈语丛四〉的几处简序调整》，载《国际简帛研究通讯》，第2卷5期，2002-06。

既是自然天时的主宰者，掌管着雨、风、云和收成的好坏，也是人间祸福的决定者，可以保佑人王，也可以降祸人间。天的命令称为天命，是人间的最高指示，也是王朝更替和族姓兴废的依据。在古代天命思想的发展中，周人“以德配天”的提出具有重要意义，反映了天人关系的新阶段。周人认为“天惟时求民主”（《尚书·多方》），天曾分别选中夏人和商人作统治者，但因为其“惟不敬厥德，乃早坠厥命”，从夏、商相继灭亡的经验教训来看，天不会永远眷顾某一族姓，“天命靡常”，“天不可信”（《君奭》），周人想要保住所受的天命，就必须“王其疾敬德”（《召诰》），因为“皇天无亲，惟德是辅”（《左传·僖公五年》引《周书》），上天不是根据祭祀行为，而是根据德行的好坏选择统治者，有德的统治者不仅能得到上天的眷顾、保佑，死后也可以上达帝廷，“在帝之侧”。从天人关系的角度来看，周人肯定天的道德品格，将其看做道德法则的设定者，具有奖善罚恶的能力，并且认为通过“敬天”、“保民”、“疾敬德”就可以“受天命”，可以说反映了一种天人合一的思想，同时也包含了对命运问题的思考，其观点可称作道德定命论。不过周人的天命往往具有集体的性质，反映的是一族一姓的政权得失，在当时主要还是个政治概念。① 个人意义上的命运观可能要到周末春秋才出现，这一观念的形成，同当时“怨天”、“骂天”的思潮密切相关。

本来在周人的观念中，天是有意志、有目的的，可以按照行为的善恶进行赏罚，然而人们在生活中却发现，天并非那么绝对公正，行善者未必会有好报，作恶者也不一定会受到惩罚，天的公正性、权威性开始发生动摇。“瞻印昊天，则不我惠。”（《诗·大雅·瞻印》）“旻天疾威，天笃降丧。”（《召旻》）“天生烝民，其命匪湛。”（《荡》）与对天的责难和怀疑相应，一种盲目命运观开始出现，人们不再认为命运与个人德行有必然联系，而是将其归之于不可控制的外部力量，由传统的主宰之天中分化出命运之天。这种天在《诗经·国风》中不时可以看到其影子，如“夙夜在公，实命不同”，“抱衾与裯，实命不犹”（《小星》）；“大而无信，不知命也”（《蝃蝀）。此外像“何辜于天？我罪伊何？……天之生我，我辰安在”

① 参见陈宁：《中国古代命运观的现代诠释》，25～26页，沈阳，辽宁教育出版社，1999。

(《小雅·小弁》);"我生不辰，逢天俾怒"(《大雅·桑柔》)。其中"我辰安在"、"我生不辰"均反映了对个人命运时遇的关注。与此同时，自然之天的观念也开始出现，如见于《诗》、《书》的"苍天":"悠悠苍天，此何人哉!"(《国风·黍离》)"苍天苍天，视彼骄人，矜彼良人。"(《小雅·巷伯》)此外还有"天地":"惟天地，万物之母。"(《尚书·泰誓》)"寅亮天地。"(《周官》)不过起初的苍天、天地可能还不同于今人所谓的自然之天，到了春秋时期，自然之天的观念才逐渐增强。在此基础上，"天道远，人道迩，非相及也"(子产语，见《左传·昭公十八年》)的观念开始出现，传统的主宰天进一步遭到怀疑、否定。从古代天论的发展来看，主宰天乃是古人较早的观念，由这一观念衍生出自然之天与命运之天，而后者之间又存在密切联系：自然之天否定了传统的天命论，不再将命运归之于天的赏善罚恶，命运之天则试图对命运作出重新解释。

作为儒学的创始者，孔子对于天给予极大关注，同时由于所处的时代，他所说的天往往具有多种含义。孔子的天一定程度上保留了传统主宰天的含义，这为学界所公认，如"获罪于天，无所祷也"(《论语·八佾》),"吾谁欺,欺天乎?"(《子罕》)"予所否者，天厌之！天厌之!"(《雍也》)"不怨天，不尤人，下学而上达，知我者其天乎?"(《宪问》)不过由于孔子提出了仁，以仁遥启天道，突出人的主体性，从而使天与个人发生联系。此外孔子还谈到自然天,"子曰：天何言哉！四时行焉，百物生焉。天何言哉!"(《阳货》)当然也谈到命运天："子曰：道之将行也与？命也。道之将废也与？命也。公伯寮其如命何!"(《宪问》)"伯牛有疾，子问之，自牖执其手，曰：'亡之，命矣夫！斯人也有斯疾也!'"(《雍也》)"子夏曰：商闻之矣：'死生有命，富贵在天。'"(《颜渊》)一项事业的"行"、"废"是由不可抗拒的外部力量所决定，是个人无可奈何的，这种力量就是命。此外像生死、富贵等都属于天和命。这里所说的显然是一种命运天，是春秋以来命运观念的延续。但孔子之所以为孔子，并不在于他延续了传统的命运观，而在于他提出"知天命"，确立起人面对命运的态度。

子曰："吾十有五而志于学，三十而立，四十而不惑，五十而知天命，六十而耳顺，七十而从心所欲不逾矩。"(《为政》)

如学者指出的，孔子的“知天命”不应是“旧义中天所垂示或直接命于人之‘则’、之‘道’之义”①，因为此一内容的天命是《诗》、《书》以来的通义，孔子不当言五十而知之。同样，“知天命”也不应是求签占卜式地探问吉凶祸福，因为这与孔子“不占而已矣”（《子路》）的主张不符。“知天命”应该是对命运有一种达观的理解，知道如何去对待、面对它。史华兹说：“当孔子告诉我们，他五十知天命或天所命其什么事的时候，他或许是说他已清楚地明白什么是他所不能控制的，同时也明白什么是真正自己范围内所能控制的。”② 史氏的这个说法是深刻、准确的。我们知道，孔子以及儒家所说的“知”主要是一种主体性的认知活动，它不只是要反映、认知一客观对象，同时还包含了主体的愿望和态度。孔子说：“不知命，无以为君子也。不知礼，无以立也。不知言，无以知人也。”（《尧曰》）这里的“知礼”、“知言”均是就如何对待外在礼仪和他人言论而言，实际包含了主体的态度和方法，“知命”也是如此。从孔子的论述来看，他十五岁有志于学。三十岁掌握了各种基本礼仪，可以“立于礼”（《泰伯》），自立于社会。四十岁可以不再困惑，那么，人生中什么最易使人困惑呢？显然是欲行道于天下而不得，身处穷困而不被世人理解。这里的“惑”与“不惑”主要是人生论的，而不是知识论的。孔子认为自己不再困惑，表明他可能已认识到，道的“行”与“不行”以及个人的遭遇如何，均不是个人所能控制的。对于个人来说，只要完善德行，做一个有德的君子便可以无愧于心。所以由“四十而不惑”进一步便是“知天命”，知道什么是自己所不能控制的，什么是自己控制范围之内的。到六十岁便可以“耳顺”，听到世间种种穷达祸福、沉浮变化之事，可以从容待之，不会触逆于心，不会被烦扰。这里的“耳顺”与“不惑”一样，均是就人生而言，是对待人生命运的一种态度和境界。朱熹注“声入心通，无所违逆，知之之至，不思而得也”③，庶几近之。不过，孔子这里并不仅仅是要认知天理，同时也是要知如何对待命运。同样，“从心所欲不逾矩”也是

---

① 唐君毅：《先秦思想中之天命观》，载《新亚学报》，第2卷2期，1957。

② Schwartz, *The World of Thought in Ancient China*. Cambridge: Harvard University Press, 1985, p. 126.

③ 朱熹：《论语集注》，见《四书集注》，49页。

建立在“知天命”之上，是区分了自己所能控制的和不能控制的范围，是由道德实践所达到的一种自由境界。因此，“知天命”作为孔子人生修养的一个重要阶段，实际讨论的是如何面对命运的问题，明白什么是自己能够做到的，什么是自己不能控制的，以消解因穷达祸福而带来的种种困惑。所以，孔子在人生面临挫折和危机时，常常喜欢谈天、说命，以获得心理的舒泰与安宁，并根据时运的变化对行为作出调整，得势积极进取，不得势则独善其身。“子曰：……天下有道则见，无道则隐。”（《泰伯》）“子曰：道不行，乘桴浮于海。”（《公冶长》）“子曰：富而可求也，虽执鞭之士，吾亦为之。如不可求，从吾所好。”（同上）这里的“可求”、“不可求”，显然是就富贵在根本上是由什么所决定的而说的，孔子虽然没有对此作出明确回答，但从他一贯的态度来看，显然是认为富贵主要是由外部原因决定的，而“吾所好”也即“仁”、“学”等则是由自己决定的。所以孔子的思想实际蕴涵着一种天人之分，只是这一思想尚处于形成之中，还没有明确表达出来而已。而竹简则在孔子思想之上发展一步，明确提出“天人之分”。原来在周人的天人合一中，天的赏善罚恶处于中心位置，行为合于义就得福，不合则遭祸；竹简的天人之分则将行为和祸福分离，行善不再是为了躲避惩罚或乞求福报，而是尽人之为人的职分，就哲学的尺度看，这一分离乃是外在限定与内在自觉之分，是道德的觉醒与思想的进步。

（三）《穷达以时》与孟子“性命之分”的联系

竹简《穷达以时》出土后，由于其中的天人之分，人们往往首先想到的是荀子，并对二者关系展开讨论。其实在先秦儒学史上，与竹简天人之分更为密切的应该是孟子而不是荀子。竹简的真正意义在于，它使人们发现孟子原来也讲天人之分，并纠正在天人关系上将孟、荀简单对立的看法。

以往学者认为，孟子的天虽然具有多种含义，但主要谈论的还是道德天，孟子的天人合一就是在天与人（心）的道德意义上提出来的。其实，孟子不仅重道德天，也重命运天，后者在孟子思想中同样占据着重要地位。据《孟子·梁惠王下》，鲁平公欲见孟子，嬖人臧仓却从中作梗，孟子评论此事说："（鲁侯）行，或使之；止，或尼之，行止非人所能也。吾之不遇鲁侯，天也。臧氏之子，焉能使子不遇哉！"君臣的知遇与否，不是某一个人所能决定，而是有一种外在的神秘力量在起作用。这种力量，孟子即称之为天，这种天显然是一种命运天。又比如，舜辅佐尧，禹辅佐舜时间都很长，恩泽施及百姓，而益辅佐禹的时间短，所施恩泽不及舜、禹，加之尧、舜的儿子都不肖，而禹的儿子启贤。这样，舜、禹都做了天子，而益却失位于启。孟子解释这种差别的根源时说："舜、禹、益相去久远，其子之贤不肖，皆天也，非人之所能为也。"（《万章上》）一个人在位时间的长短，其后代的贤与不肖，都是由天决定的，不是人力所能控制的。孟子由此对天、命作出自己的规定："莫之为而为者，天也；莫之致而至者，命也。"（同上）我们所生活的世界中，似乎并没有一个主宰者在发号施令，但又确实存在着一种人力所无可奈何的力量，它作用于每个人身上，使其或穷或达、或福或贵、或寿或夭，表现出不同的人生际遇，这种力量就是天，落实到个人就是命。与竹简一样，孟子提出命运天，并不是要人无所作为，而是要通过"察天人之分"，更好地发挥人的作用。所不同的是，孟子已不停留在天人之分上，而是更进一步，提出"性命之分"：

> 孟子曰："口之于味也，目之于色也，耳之于声也，鼻之于臭也，四肢之于安佚也，性也，有命焉，君子不谓性也。仁之于父子也，义之于君臣也，礼之于宾主也，知之于贤者也，圣（人）之于天道也①，命也，有性焉，君子不谓命也。"（《尽心下》）

孟子认为，"口之甘美味，目之好美色，耳之乐音声，鼻之喜芬香"，四肢贪图安逸，这都是人的本性，然而能否实现，往往由命运决定，所以君子不将其看做是性；而"仁者得以恩爱施于父子，义者得以义理施于君臣，

① 原作"圣人"，庞朴根据马王堆帛书认为"人"为衍文。见《帛书〈五行〉篇研究》，19～20页。

好礼者得以礼敬施于宾主，知者得以明知知贤达善，圣人得以天道王于天下”（赵岐《孟子章句》卷十四），虽然能否实现，一定程度上也依赖于施行者的时遇等，但由于仁义礼智本身就根植于人性，所以君子不将其看做是命。不难看出，孟子的“性命之分”实际就是来于自竹简的“天人之分”，是对后者的进一步发展。只不过竹简由于着眼于天人关系，所以只强调人的职分在于德行，而将穷达祸福归之于天；孟子则由于提出性，将“人”具体到性，便不得不承认，原来被竹简归之于天的感官欲望以及由此而来的对显达富贵的追求，其实也是性的一个内容，也是人的一种需要。这样他便将感官欲望以及仁义礼智这些原来分属于天和人的内容，重新统一到性之中，并对二者关系作出说明。孟子认为，感官欲望与仁义礼智虽然都属于性，但二者有根本区别，这种区别就在与天、命的关系上。“孟子曰：求则得之，舍则失之，是求有益于得也，求在我者也；求之有道，得之有命，是求无益于得也，求在外者也。”（《尽心上》）仁义礼智内在于性，由于人有意志自由，“求则得之，舍则失之”，能否得到完全在于自己，与命运无关，所以是“在我者也”；而感官欲望以及希望富贵显达等虽然也出于性，但“求之有道，得之有命”，能否实现取决于命，所以只能看做是“在外者也”。这样孟子一方面承认口之于味、目之于色等感官欲望也属于性，另一方面又将其归之于外在的命，将竹简中的天人关系具体为性命关系，提出与之有密切联系的“性命之分”：

> 孟子曰：“广土众民，君子欲之，所乐不存焉；中天下而立，定四海之民，君子乐之，所性不存焉。君子所性，虽大行不加焉，虽穷居不损焉，分定故也。君子所性，仁义礼智根于心，其生色也睟然，见于面，盎于背，施于四体，四体不言而喻。”（同上）

对于“广土众民”、“定四海之民”这些世间的富贵显达，君子虽然也“欲之”、“乐之”，但并不把它看做是性。君子“所性”在于仁义礼智，它不会因个人穷达与否而轻易改变，这是因为“分定故也”。对于“分定故也”一句，以往学者往往宥于天人合一的成见，认为“分者，所得于天之全体，故不以穷达而有异”[①]。“分者，盖所受分于道之命也。既分得人之性，自有人所当为之职分。”[②] 其实这里的“分定故也”主要还是从天人之分或性命之分来立论的，“分”就是“天人之分”的“分”，也就是职分的“分”。上面一段是说，天人或性命各有其职分，“广土众民”、“定四海之民”能否实现取决于天，所以是天和命的职分所在；而仁义礼智根植于心，是我的性分所在，确立了这种天人或性命之分，就不当为外在的际遇所左右，而孜孜于我性分内的仁义礼智，“虽大行不加焉，虽穷居不损焉”。所以，孟子的思想实际也包含着一种天人之分，“分定故也”及孟子其他一些论述，只有放在天人之分下才可以得到理解。

我们知道，孟子以及儒家常常将人力无法控制、无法预知的事件称作天，如“君子创业垂统，为可继也。若夫成功，则天也”（《梁惠王下》）。这种天和命不同于古希腊的“莫依拉”（Moira），不是一种前定的、人力无法改变的命运力量，而只是强调人的活动会受到一定限制，人不能超出这种限制之外。所以儒家虽然谈天、讲命，但并不会因此走向宿命论，同时由于其主张一种天人之分，肯定人有意志自由，强调人的道德实践不受命运的束缚，从而突出了人的主体地位。这一点，可以说随着孟子提出性命之分，被大大加强了。

> 孟子曰：“莫非命也，顺受其正。是故知命者不立乎严墙之下。尽其道而死者，正命也；桎梏死者，非正命也。”（《尽心上》）

在孟子看来，人世的穷达祸福寿夭等虽然无一不是受制于命，但应该顺应和接受命运的正常状态，不能因为人的寿夭是由天和命所决定，便对生命采取无所谓的态度，故意立于危墙之下，或者铤而走险，以身试法，这些都不能算是“知命”，所获得的也都不是“正命”。但还有一种情况，当一个人面临道义的抉择时，尽管他知道这样会牺牲自己的生命，尽管他知道保存生命“有性焉”，是人的一种本能，但他依然会从容就死，“杀身以成

---

① 朱熹：《孟子集注》卷 13，见《四书集注》，329 页。
② 焦循：《孟子正义》卷 13，见《诸子集成》，第 1 册，534 页。

仁”，“舍生以取义”，这才是真正的“知命”，所获得的也才是“正命”。孟子的“知命”与孔子的“知天命”一样，都不是要预测吉凶祸福，而是要知如何对待命运，确立对待命运的正确态度，这种态度显然是以“天人之分”或“性命之分”为基本内容的。而孟子的“正命”是指正确、正常的命运，是人应该追求的命运。它不仅要求对于寿夭祸福这些本质上属于天的内容，在人力可及的范围内应积极争取最佳的结果，不可听天由命，无所作为；更为重要的，乃是要求超出穷达祸福之外，不以现实际遇，而是以是否“尽道”、尽人的职分看待人的命运。一个人为了道义、理想牺牲了现实的富贵显达乃至生命，仍可以说他获得了“正命”。因此，命运虽然是人不能控制的，但如何面对命运却是可以选择的，孟子的“知命”、“正命”表达的正是对命运的选择、评价、判断，在人与命运的对立中确立起人之为人的主体地位和尊严。

近世学者刘师培说：“惟中国旧说论命多歧，即如孟子‘莫非命也’，又曰‘知命者不立乎严墙之下’，与前说背。话出一人之口，前后不同，此何故耶？诸君将此说研究清楚，则命之有无可以决，然于中国学术前途亦有莫大之利益。”① 刘氏不懂得孟子命的内涵，尤其不懂得孟子思想包括一种天人之分，故有此皮相之论。而通过竹简，则使我们看到孟子“性命之分”的来源和根据，并使其种种言论得到解释、说明，这虽不敢说对中国学术前途“有莫大之利益”，但对恢复孟子的本来面目，了解早期儒学的思想，恐怕不无裨益吧！

（四）《穷达以时》与荀子“天人之分”的区别

竹简《穷达以时》公布后，学界曾就其中天人之分与荀子天人之分的关系展开热烈讨论。然而在讨论这一问题时，人们往往忽略了一点，即荀子的天人之分内涵较为复杂，其本身就是个需要澄清的问题。《荀子·天论》说：

---

① 刘师培：《定命论》，见《刘申叔先生遗书》下册，1703页，南京，江苏古籍出版社，1997。

> 天行有常，不为尧存，不为桀亡。应之以治则吉，应之以乱则凶。强本而节用，则天不能贫。养备而动时，则天不能病。修道而不贰，则天不能祸。故水旱不能使之饥渴，寒暑不能使之疾，妖怪不能使之凶。本荒而用侈，则天不能使之富。养略而动罕，则天不能使之全。倍道而妄行，则天不能使之吉。故水旱未至而饥，寒暑未薄而疾，妖怪未至而凶。受时与治世同，而殃祸与治世异，不可以怨天，其道然也。故明于天人之分，则可谓至人矣。

以往学者往往将荀子的天理解为自然界，认为荀子提出"明于天人之分"，把"自然、物质和客观世界是第一位的，社会、精神和主观世界是第二位的"这一唯物主义哲学的"最主要的命题明确地树立起来"[①]。或认为荀子的天命是指自然规律，认为天人之分是说"自然规律不依人们意志为转移，因而不能用自然现象来解释社会的治乱；人的职分在于建立合理的社会秩序，利用规律以控制自然"[②]。这些看法虽有一定道理，但也有失片面，没有准确、全面反映出荀子天人之分的思想。在上面一段后，荀子接着说：

> 不为而成，不求而得，夫是之谓天职。如是者，虽深，其人不加虑焉；虽大，不加能焉；虽精，不加察焉；夫是之谓不与天争职……
>
> 列星随旋，日月递照，四时代御，阴阳大化，风雨博施。万物各得其和以生，各得其养以成，不见其事而见其功，夫是之谓神。皆知其所以成，莫知其无形，夫是之谓天。唯圣人为不求知天。

这里提出了天职、天功，以说明天生成万物的功能和作用。在荀子看来，天之所以生成万物既不是上帝或神意的体现，也不是人为的结果，而是一

① 冯友兰：《中国哲学史新编》，第2册，369页，北京，人民出版社，1984。

② 冯契：《中国古代哲学的逻辑发展》，上册，266～267页，上海，上海人民出版社，1983。

个自然过程，所谓“天地合而万物生，阴阳接而变化起”（《礼论》），他将这称作是天职；同时，他将星辰的旋转变化，日月的交替出现，四时的季节更替，阴阳的相互作用以及万物在这一过程中所得以出生、成长，称作是天功。天职、天功即天的职能和功用，也即是天的职分，故荀子天人之分的一个重要内容就是对天职、天功说的。如果天职、天功也可以称作是“规律”的话，那么，荀子显然不主张认识、利用这些“规律”以控制自然，因为他明确表示“唯圣人为不求知天”，这里的“天”就是对天职、天功而言。

但在万物产生以后，其自身往往具有某种特征、规律，如“财非其类以养其类，夫是之谓天养。顺其类者谓之福，逆其类者谓之祸，夫是之谓天政”。据杨倞注，“财与裁同。”人类能裁割、利用自然物质为自己服务，就是天养；利用的正确是福，利用的不正确是祸，这就是天政。这里之所以称天养、天政，就是因为它们具有自然法则、规律的意思，但这种法则、规律本身就是对人而言的，是人应该遵从、实行的，从这个意义上说，它实际又是天人合一的。

因此，荀子的天人之分实际包含着不同含义，一方面对天职、天功，也就是对天如何产生自然万物而言，荀子认为这是天的作用和职分，人是无法了解也不必了解的，故主张“虽深，其人不加虑焉；虽大，不加能焉；虽精，不加察焉”，认为这是不与天争功；另一方面，对于天养、天政，也即是自然界所具有的法则、规律而言，他主张积极利用这些规律来造福人类。荀子那段脍炙人口的名言：“大天而思之，孰与物畜而制之”从天而颂之，孰与制天命而用之！望时而待之，孰与应时而使之”就是在这种意义上提出来的。在前一种情况下，天人之分是强调天人互不相干，人不必去求天、知天，“分”有分开、互不干预的意思；后一种情况则是说，天的活动有自身规律，不依人的意志为改变，“分”主要是职分的意思。在“大天而思之”一段后，荀子接着说：“愿于物之所以生，孰与有物之所以成！故错人而思天，则失万物之情。”所以荀子的天人之分，只是在“物之所以生”即万物之所以产生上，反对“错人而思天”；而在“物之所以成”即万物之所以运行生成上，他则毋宁是主张人应该去认识和顺应天，这样他实际由天人之分又走向天人合一。除了上面两种情况外，荀子还用天人之分说明人的自然属性和社会属性的关系：

> 天职既立，天功既成，形具而神生，好恶喜怒哀乐臧焉，夫是之谓天情。耳目鼻口形能各有接而不相能也，夫是之谓天官。心居中虚，以治五官，夫是之谓天君。

这里“天情”、“天官”、“天君”的“天”，是指天生、天然、未加人为的意思。荀子认为，人本身是自然界的一部分，除了社会属性外，还具有自然属性，人自身也存在着天人之分，他常常用“性伪之分”加以说明：“凡性者，天之就也，不可学，不可事。礼义者，圣人之所生也，人之所学而能，所事而成者也。不可学，不可事，而在人（注：当为‘天’之误）者，谓之性；可学而能，可事而成之在人者，谓之伪。是性伪之分也。”（《性恶》）荀子的“性伪之分”可以说是“天人之分”的分命题，是天人之分在人性领域的具体运用。在荀子看来，“生之所以然者谓之性”，“不事而自然谓之性”（《正名》）。性是指天生的，没有后天加工的本然状态和能力等，包括自然生理欲望以及“思虑”、“求知”等内容，所以“目好色，耳好声，口好味，心好利，骨体肤理好愉佚，是皆生于人之情性者也”（《性恶》）。“凡以知，人之性”（《解蔽》）。而“仁义”等道德观念和行为皆是“伪”，是后天教化、人为的结果，与性存在着根本区别。而忽视了这种区别，就会像孟子一样，将本属于“伪”的仁义看做是“性”，犯下混淆天人的错误。但在强调性伪之分的同时，荀子又认为“无性则伪之无所加，无伪则性不能自美。性伪合，然后成圣人之名”，“性伪合而天下治”（《礼论》）。这样实际与前面的天养、天政一样，也是由“分”走向了“合”。所不同的是，前者强调人应合于天，应顺应自然规律；后者则认为性应合于伪，故提出“化性起伪”。可见，如果把荀子的天人之分理解为人与自然关系的话，那么，二者的具体关系则是较为复杂的，并非如某些学者所理解的那样简单。

根据以上分析，荀子的天主要是一种自然天，指自然界产生、存在、变化的有机过程，作为这一有机过程的片段和侧面，它具体指：一、自然万物之所以产生和运动，这种意义上的天往往是指自然的、非人力所及的。如天职、天功，就是一种自然的作用和表现，超出了人力之外。二、自然万物的运行和生成，这种意义上的天往往是指客观的、合规律的。如天养、天政，就是自然界所具有的养育功能和应遵循的客观秩序。三、天生、天然、未加人工的。如天情、天官、天君等。与之相应，荀子的人主要是一种社会人，指人的社会属性及行为，荀子的天人之分就是在此基础上提出来的。它与《穷达以时》的天人之分显然有所不同：首先，竹简的天是一种命运天，天人之分主要讨论的是天命与人事的关系，认为世间有些事情如“时”、“遇”等，是人所不能掌握的，只能看做是命或天；有些事情如德行等，能否实现则完全取决于人，与天无关。荀子的天则是一种自然天，其天人之分的内涵虽然较为复杂，但主要是认为万物的生成及运行是一个自然过程，不会因人的意志而改变，人应该“知其所为知其所不为”（《天论》），不必殚精竭虑于万物之所以生成，而应关注自然界与人事相关的法则、规律，“制天命而用之”。同时强调通过后天教化，实践礼仪，以改造人的内在自然——性。

其次，竹简认为“穷达以时”、“遇不遇，天也”，要求人们不必注目于世间的穷达祸福，而应“敦于反己”，只关注自己的德行，讨论的是时运与德行也即福与德的关系问题。而荀子提出“清其天君，正其天官，备其天养，顺其天政，养其天情，以全其天功”，认为“夫是之谓知天”（同上），除了德行外，还提出要顺应自然、改造自然，反映的是广义的人与自然的关系问题。

再次，竹简与荀子第一种意义上的天虽然都有“非人力所及”的意思，但二者内容并不相同。[①] 竹简认为“时”、“遇”可遇而不可求，只可归于天，而不可作为人生追求的目标。荀子则认为，万物之所以生成乃是一个自然过程，将其看做天的职能和作用就可以了，而不必费心求索，二者差别一目了然。所以有学者提出，竹简与荀子的天人之分实际是两种不同的类型，无疑是正确的。[②] 人们之所以将二者等同起来，主要是看到

---

① 有学者提出，竹简与荀子的都认为“人为所及范围之外的事象为‘天’，相反的，人为所及范围之内的事象为‘人’”，并由此认为二者天人之分的内容基本是相同的，似难以成立。参见池田知久：《郭店楚简〈穷达以时〉之研究》（下），载《古今论衡》（台湾），2000（5）。

② 参见庞朴：《孔孟之间——郭店楚简中的儒家心性说》，载《中国哲学》，第20辑。

《天论》篇中下面一段文字：

> 楚王后车千乘，非知也；君子啜菽饮水，非愚也。是节然也。若夫志意修[①]，德行厚，知虑明，生于今而志乎古，则是其在我者也。故君子敬其在己者，而不慕其在天者；小人错其在己者，而慕其在天者。君子敬其在己者而不慕其在天者，是以日进也；小人错其在己者而慕其在天者，是以日退也。故君子之所以日进，与小人之所以日退，一也。君子小人之所以相悬者在此耳！

这里的“节然也”有两种解释，一是杨倞注曰：“节谓所遇之时命也。”刘台拱引《正名》篇“节遇谓之命”证之。二是俞樾认为“节犹适也”，“是节然也，犹曰是其适然也”[②]。若按前一种理解，那么这段文字与竹简一样，都是将穷达归于时遇，而它反复强调“敬其在己者而不慕其在天者”，也同于竹简的“敦于反己”，似乎与竹简的天人之分是一致的。[③] 其实这是一种误解。荀子固然可以有“节遇谓之命”的思想，也可以赋予天以时运的内容，但问题是，作为荀子思想核心的天人之分究竟是在何种意义上提出来的。就在这段文字前，荀子有更为明确的论述：“天不为人之恶寒也，辍冬；地不为人之恶辽远也，辍广；君子不为小人之匈匈也，辍行。天有常道矣，地有常数矣，君子有常体矣。君子道其常，而小人计其功。《诗》曰：‘何恤人之言兮。’此之谓也。”这里的天显然就是前面的自然天，而君子之所以“敬其在己者而不慕其在天者”，是因为“天不为人之恶寒也，辍冬；地不为人之恶辽远也，辍广”，也即“天行有常，不为尧存，不为桀亡”，而并非因为时运可遇而不可求，所以这段文字仍然是在人与自然关系的框架下展开的，是前面天人之分内容的延续。

---

① 原作“心意修”，兹从王念孙校改。

② 王先谦：《荀子集解》，见《诸子集成》，第2册，208页。

③ 参见王治平：《郭店楚简〈穷达以时〉丛考》，长沙，吴简与出土简帛国际会议论文，2001。

(五)“天人之分”与“天人合一”

通过对竹简以及孟、荀思想的讨论，使我们对先秦儒家的天人关系有了新的认识。首先，先秦儒家的天往往具有多种含义，与之相应，其天人关系也具有不同层面。冯友兰先生曾认为，在古典文献中，“天”一词至少有五种含义：物质之天，主宰之天或意志天，命运之天，自然之天，义理之天或道德之天。[①] 对于儒家而言，主要有主宰之天，命运之天，自然之天和道德之天。其中道德之天是一种新的观念，它与主宰之天一样，都将天看做道德活动的形上根据，但又否定了其神学的内容，而视其为终极的超越者，如孟子所说的“知其性，则知天矣”(《孟子·尽心上》)。需要指出的是，以上几种天的内容，在孟、荀思想中都有可能出现，并形成不同层面的天人关系，但它们的地位和作用却是不同的。对于孟子来说，他重视的主要是命运之天和道德之天，他对天人关系的探讨，就是围绕这两种天展开的，但他同时也承认自然之天的存在，如孟子认为，“七八月之间旱，则苗槁矣。天油然作云，沛然下雨，则苗浡然兴之矣”(《梁惠王上》)。这种“油然作云”的天显然即是自然之天。作为自然之天，其运动变化往往具有规律性，“天之高也，星辰之远也，苟求其故，千岁之日至，可坐而致也”(《离娄下》)。这里的“故”，即是天的运行规律。由于天具有“故”，人可以通过认识规律进行类推，由近及远，由今及古，获得广泛的知识。同时，在孟子看来，自然界有其自身的规律，是不能违背的：“不违农时，谷不可胜食也；数罟不入洿池，鱼鳖不可胜食也；斧斤以时入山林，材木不可胜用也；谷与鱼鳖不可胜食，材木不可胜用。”(《梁惠王上》)“一日暴之，十日寒之，未有能生者也。”(《告子上》)孟子又举例说明，天人各有其特定的功能，是不能互相替代的，“宋人有闵其苗之不长而揠之者”，结果苗都枯死了(见《公孙丑上》)。因此有学者提出，孟子的思想中实际也存在着一种类似于荀子的天人之分[②]，无疑是有一定道

---

① 参见冯友兰：《中国哲学史》，上册，35页，上海，华东师范大学出版社，2000。

② 参见高晨阳：《孟荀天人关系思想异同比较》，见赵宗正等编：《孔孟荀比较研究》，1～13页，济南，山东大学出版社，1989。

理的。但荀子的天人之分在其思想中具有核心地位，是其他各种思想的前提和基础；而孟子上述言论要么是举例论证，要么是一般提及，只能算是一种“事实”的罗列，尚不构成其思想的必要内容或环节，二者地位不可同日而语。

同样，荀子主要重视的是自然之天和道德之天，但他也谈到命运之天：“故人之命在天，国之命在礼。”（《荀子·强国》）“节遇谓之命。”（《正名》）在《荀子》一书中也有一段与竹简近似的文字：

> 孔子南适楚，厄于陈蔡之间，七日不火食，藜羹不糂，弟子皆有饥色。子路进而问之曰：“由闻之：为善者天报之以福，为不善者天报之以祸，今夫子累德积义怀美，行之日久矣，奚居之隐也?”孔子曰：“由不识，吾语女。女以知者为必用邪？……夫贤不肖者，材也；为不为者，人也；遇不遇者，时也；死生者，命也。今有其人不遇其时，虽贤，其能行乎？苟遇其时，何难之有！故君子博学深谋，修身端行，以俟其时。”（《宥坐》）

这里，荀子对“为不为”与“遇不遇”作了区分，并主张“修身端行，以俟其时”，与竹简的思想无疑是相近的。从这一点看，可以说荀子思想中也蕴涵着类似于竹简的天人之分，竹简与荀子也存在一定联系。不过这种天人之分在荀子思想中只处于从属、次要的位置，无法与孟子相提并论。上文中有一处不同于竹简和其他文献的地方，即子路在问话中提到“为善者天报之以福，为不善者天报之以祸”这种传统道德定命的思想。荀子提出自然天，认为“天行有常，不为尧存，不为桀亡”，正是要对此进行批判、否定。但荀子在否定意志天的同时，又不得不对人的命运做出解释、说明，故提出“节遇之谓命”，用盲目命运观取代传统的道德定命论。所以如我们前面所分析的，荀子的天人之分主要是在人与自然的关系上提出来的，“节遇之谓命”只是对其进行了补充和说明，尚不构成其思想的主要内容。

其次，与天人关系的多种层面相应，孟、荀实际都是既讲天人之分，也讲天人合一，只是在具体层面上有所不同而已。由于儒家的天具有多种含义，其天人关系至少可以分为人与命运天、人与自然天、人与道德天等不同层面，这些不同层面既可以是天人之分，也可以是天人合一。前面说过，孟子在人与命运天的层面上主张一种天人之分或性命之分，通过性命的区分，要求人们不必在意于外部的祸福得失，而专注于性分内的仁义礼智，突出了人的道德主体性。在此基础上，他进一步将仁义礼智与天道统一起来：

> 孟子曰："尽其心者，知其性也；知其性，则知天矣。存其心，养其性，所以事天也。夭寿不贰，修身以俟之，所以立命也。"（《孟子·尽心上》）

"知天"的"天"是一种义理之天，"尽其心"、"知其性"、"知其天"既是要知道仁义礼智来自于天，也是要将其上达天道，上升为宇宙的普遍本质。这样，心、性、天被统一起来，"存其心"、"养其性"也就是"事天"，所以是天人合一的。但这种天人合一与性命之分又是密切相关的，所以下面接着说"夭寿不贰，修身以俟之，所以立命也"，对仁义礼智的扩充、培养，不会因为个人的寿夭祸福而改变，修身以待命运的降临，这就是"立命"。孟子的"立命"和"知命"一样，都是要确立对待命运的正确态度，这种态度我们前面说过，是以性命之分为其基本内容的。这样，孟子实际是由性命之分走向了天人合一，二者构成其思想的内在逻辑。以往学者在讨论上面一章时，往往忽略了后一句与前面的联系，因而不能对孟子思想有全面的把握；而通过竹简与孟子思想的联系，则可以发现，天人之分乃是孟子思想的一个必然环节，它与天人合一有层次的差别，但又属于同一整体。

同样，荀子在人与自然之天的层面上提出天人之分，并赋予其多种含义，同时在命运之天的层面上保留了与竹简类似的天人之分，作为对前者的补充。由于天人之分在荀子思想中具有一种核心地位，所以人们常常用天人之分概括荀子的思想。但如我们前面分析的，天人之分只是荀子天人关系的一个层面——尽管是十分重要的层面，并不能代表荀子思想的全部，在其他层面上，荀子也可以是主张天人合一的。如荀子十分推崇礼，常常把礼看做是沟通天人并将二者联系在一起的原理、原则。荀子说："礼有三本，天地者，生之本也。"(《荀子·礼论》)礼根据天道而设立，它不仅是人类社会的原则，也是宇宙自然的原则，所谓"君臣、父子、兄弟、夫妇，始则终，终则始，与天地同理"(《王制》)。荀子还有一段话说得更清楚："天地以合，日月以明，四时以序，星辰以行，江河以流，万物以昌（以上说'天'），好恶以节，喜怒以当，以为下则顺，以为上则明（以上说'人'），万物变而不乱，贰之则丧也。礼岂不至矣哉！"(《礼论》)天人共同依据礼而存在变化，表现为某种共同的秩序和规律，因而是天人合一的。这与孟子的思想在某种意义上是一致的，只不过孟子统一天人的主要是仁，而荀子则是礼。此外，荀子还喜欢谈"参"，如"天有其时，地有其财，人有其治，夫是之谓能参"（《天论》)，"君子理天地，君子者，天地之参也"(《王制》)，"专心一致，思索孰察，加日县久，积善而不息，则通于神明，参于天地矣"(《性恶》)。天人虽然各有其职分，不能互相替代，但从更大的范围看，天人又是一体的，人的活动可以参赞天地的变化。所以荀子既讲天人之分，也讲天人合一，二者构成其思想的整体。

长期以来，学术界存在着这样一种看法，认为天人合一是中国古代思想尤其是儒家思想的基本特征，这一特征早在先秦时期已经形成，在以后的长期发展中，则逐渐强化和积淀为中国古代思想的基本观念之一，并且渗入政治、艺术、科学以及日常习俗、心理底层等各个领域。而天人之分的观念却长期被人们忽视，没有形成一股足以与天人合一相抗衡的思想洪流。由于天人合一重道德、轻认识，重综合、轻分析，重直觉、轻逻辑，结果导致了对认识自然的轻视，严重影响了近代自然科学的产生，造成了中国在近代历史上落后挨打的被动局面。但根据竹简的内容，天人之分其实也有深刻的历史渊源，而且从思想史的发展来看，天人之分与天人合一总是相伴而生的，没有不讲天人之分的天人合一，也没有不讲天人合一的天人之分。但不论是竹简还是荀子，其天人之分都不是以认识自然为价值取向，竹简的天人之分主要讨论的是如何面对命运的问题，因而是人生论的而不是认识论的；荀子虽然涉及人与自然的问题，并提出要"制天命而用之"，但在万物之所以生成的问题上，却主张"不求知天"，这就从根本上堵住了探求自然奥秘的可能。中国古代思想尤其是儒家思想的问题是，它始终没有产生出将主体与客体严格区分开，并以认识自然为价值取向的天人之分思想。从这一点看，真正影响近代自然科学产生的，与其说是天人合一，不如说是天人之分。

第三节 “仁”与“孝”——思孟学派的一个诠释向度

在宋儒构造的“道统”谱系中，曾子、子思、孟子前后相续，一脉相传。但历史地看，一个学派或思想家的影响往往并非单向的，而是存在向不同方向发展的可能。据《韩非子·显学》，儒家分化的八派中，有乐正氏之儒而无曾氏之儒。乐正氏即曾子弟子乐正子春，这说明曾子之后又有乐正子春一派兴起，其影响甚至压倒曾子。这样，曾子在先秦儒学中便具有非常特殊的地位，它不仅影响了后来的思孟学派，同时还发展出了一个乐正子春学派。以上两派虽然代表了先秦儒学两个不同的发展方向，但都与曾子思想存在渊源关系。本节拟结合《大戴礼记·曾子》及《孝经》等文献，勾勒出从曾子到乐正氏之儒思想的发展演变，同时说明思孟在“道统”选择上的艰难探索过程。

（一）上博简《内礼》与《大戴礼记·曾子》

今人讨论曾子的思想，往往仅根据《论语》中的材料，然而据记载，历史上还曾有《曾子》一书。如《汉书·艺文志》有“《曾子》十八篇，名参，孔子弟子”，《隋书·经籍志》有“《曾子》二卷，《目》一卷，鲁国曾参撰”，《旧唐书·经籍志》、《唐书·艺文志》、《宋史·艺文志》也著录“《曾子》二卷”。按照古书体例，这部名为《曾子》的著作，应是曾子及其门人言论的记录，它同样是了解曾子思想的重要文献。但据学者考证，十八篇的《曾子》唐代时可能已散佚、失传，后来流传的二卷本《曾子》似另有来源。宋晁公武《郡斋读书志》说：“今此书（注：指《曾子》）亦二卷，凡十篇，盖唐本也。视汉亡八篇，视隋亡目一篇。考其书已见于《大戴礼》。”可见晁氏所见《曾子》已是二卷十篇，他认为“盖唐本也”，说明唐代情况亦是如此。今本《大戴礼记》中有篇名标有“曾子”的文章十篇，分别为《曾子立事》、《曾子本孝》、《曾子立孝》、《曾子大孝》、《曾子事父母》、《曾子制言上、中、下》、《曾子疾病》、《曾子天圆》，所以唐宋以来流传的十篇本《曾子》可能即是从《大戴礼记》中辑出的。钟肇鹏先生曾检索历史上引用“曾子”的情况，发现唐代以前所引，或见于这十篇之中，或不见于十篇，前者如董仲舒引用曾子二则（见《春秋繁露·竹林》和《天人三策》），分见于《曾子制言》和《曾子疾病》；后者如汉刘向《说苑》引曾子数则（见《说丛》、《杂言》），徐幹《中论》引曾子二则（见《修本》、《贵验》），晋张华《博物志·杂说上》引曾子二则，南朝梁萧绎《金楼子·立言》引曾子一则，却不见于这十篇。而唐代书籍《群书治要》及马总《意林》所引，均见于此十篇之中。[①] 这说明《曾子》一书经历了散佚、失传和重新辑佚的过程，今天所见《曾子》主要是依靠《大戴礼记》保存下来的。

由于《曾子》一书的复杂性，宋代以来，不断有学者对其提出质疑。如，宋朱熹说：“世传《曾子》书者，乃独取《大戴礼记》之十篇以充之，其言语气象，视《论》、《孟》、《檀弓》等篇所载相去远甚。”[②] 黄震也说：“《曾子》之书，不知谁所依仿而为之?”并提出非曾子所作的四点证据：一是皆世俗委曲之言；二是若乐正子下堂伤足之事；三是所言“良贾深藏如虚”，近于老子之学，不类曾子弘毅气象；四是特以天圆地方之说为非。[③] 明方孝孺说：“意者出于门人弟子所传闻而成于汉儒之手者也，故其说间有不纯。”[④] 近代梁启超也认为：“《大戴》所载十篇，文字浅薄，不似春秋末的曾子所作，反似汉初诸篇。”[⑤] 但也有不少学者认为《曾子》一书不伪，它形成于战国中期以前，反映的是曾子学派的思想。[⑥] 那么，《曾子》一书的情况究竟如何？要回答这一问题首先要说明：一、《大戴礼记》中的“曾子”十篇是否即来自《艺文志》中的《曾子》十八篇？二、《曾

---

① 参见钟肇鹏：《曾子学派的孝治思想》，见所著《求是斋丛稿》，359～379页，成都，巴蜀书社，2001。钟先生推测，《曾子》十八篇亡佚于六朝之末。

② 朱熹：《书刘子澄所编曾子后》，见《晦庵集》卷81。

③ 参见黄震：《读曾子》，见《黄氏日抄》卷55。

④ 方孝孺：《逊志斋集》卷4。

⑤ 梁启超：《古书真伪及其年代》，见陈引驰编校：《梁启超国学讲录二种》，235页，北京，中国社会科学出版社，1997。

⑥ 参见王铁：《〈曾子〉著作时代考》，载《中国哲学史研究》，1987（1）；罗新惠：《郭店楚简与〈曾子〉》，载《管子学刊》，1999（3）；钟肇鹏：《曾子学派的孝治思想》，见所著《求是斋丛稿》。

子》是否形成于战国时期？其中，前一点又涉及《礼记》的成书问题。

我们知道，大小戴《礼记》是西汉前期收集和发现的儒家著作的汇编，据郑玄《六艺论》："汉兴，高堂生得《礼》十七篇；后孔子壁中得古文《礼》五十七篇，其十七篇与前同而字多异。"（《礼记正义》卷五十六《奔丧》引）"传《礼》者十三家，惟高堂生及五传弟子戴德、戴圣名在也。""今《礼》行于世者，戴德、戴圣之学也。""戴德传《记》八十五篇，则大戴《礼》是也；戴圣传《记》四十九篇，则此《礼记》是也。"（《礼记正义》卷一引）可知《礼记》往往又称《记》，《汉书·艺文志》有"《记》百三十一篇"，除了出自孔壁外，还有河间献王所献，而大戴、小戴则是对其传人的称呼。又，汉人所说《礼记》，内涵实较驳杂，有些本来是经不是记，如《小戴礼记》的《奔丧》、《投壶》等，有一些则是将子书的单篇收入其中，如，小戴中的《缁衣》、《表记》、《坊记》、《中庸》四篇出自《子思子》，《月令》出自《吕氏春秋》，《乐记》出自《艺文志》的《乐记》二十三篇，《三年问》出自《荀子·礼论篇》，等等。《大戴礼记》的情况亦是如此，沈钦韩《汉书疏证》说："今《大戴礼》有《千乘》、《四代》、《虞戴德》、《诰志》、《小辨》、《周兵》、《少闲》七篇。刘向《别录》曰：'孔子三见哀公，作《三朝记》七篇。'今在《大戴记》是也。"故《大戴礼记》中的《千乘》、《四代》等七篇是取自《三朝记》，这是《大戴礼记》抄入他书的明确记载。此外如《礼三本篇》出《荀子·礼论》篇；《劝学篇》取《荀子》首篇，同时附以《宥坐篇》末"见大水"一则；《哀公问五义》即《荀子·哀公》篇的首段；《礼察》（部分）、《保傅》出自贾谊《新书》，等等，从这些情况看，《大戴礼记》收入《曾子》十篇是完全可能的。至于为何出现这种情况，李学勤先生认为，这主要是因为"当时简帛流传不易，书籍常以单篇行世，不管是孔壁所出，还是河间献王所得，必有许多书的单篇，都被二戴分别编入《礼记》"①。近些年出土的简帛中，也多见子书的单篇，一般是持有者根据需要选择抄写，而较少将整书抄入的，这在郭店简中尤为明显，李先生所论可谓有见。同时由于当时流行的书籍单篇多是阐发儒家理论尤其是礼的思想，与礼存在一定的

① 李学勤：《郭店简与〈礼记〉》，载《中国哲学史》，1998（4）。

联系，故往往被编入《礼记》，并被归于其中的“通论”部分。

值得注意的是，阮元说：“《大戴》十篇皆冠以‘曾子’者，戴氏取《曾子》之书入于杂记之中，识之以别于他篇也。”[①] 阮元认为十篇中的“曾子”是保留了原来的书名，而非篇名，是有一定道理的。按照古书体例，篇名往往取篇中文字或根据文义而定，而很少再加以人名的，所以《曾子立事》的篇名应该是“立事”，取文中多谈为人处世之意；《曾子本孝》的篇名应该是“本孝”，源于文中“忠者，其孝之本与”一句；《曾子立孝》的篇名应该是“立孝”，取文中首句“曾子曰：君子立孝，其忠之用，礼之贵”的“立孝”二字。用标点符号表示，应是《曾子·立事》、《曾子·本孝》、《曾子·立孝》，等等。这也说明，《曾子立事》等十篇确实是来自《曾子》一书。

最近公布的《上海博物馆藏楚竹书（四）》中，有《内礼》一篇，其内容多与《曾子立孝》等篇有关，为我们利用“二重证据法”探讨《曾子》的成书提供了更为直接的材料。其首段说：

> 君子之立孝，爱是用，礼是贵。故为人君者，言人之君之不能使其臣者，不与言人之臣之不能事其君者；故为人臣者，言人之臣之不能事其君者，不与言人之君之不能使其臣者。故为人父者，言人之父之不能畜子者，不与言人之子之不孝者；故为人子者，言人之子之不孝者，不与言人之父之不能畜子者。故为人兄者，言人之兄之不能慈弟者，不与言人之弟之不能承兄者；故为人弟者，言人之弟之不能承兄者，不与言人之兄之不能慈弟者。故曰：与君言，言使臣；与臣言，言使君。与父言，言畜子；与子言，言孝父。与兄言，言慈弟；与弟言，言承兄。反此乱也。（第1—6简）

此段又见于《曾子立孝》而文辞略有异，除了第一句《曾子立孝》作“君

---

① 阮元：《曾子十篇·叙录》，2页，北京，中华书局影印本，1985。

子立孝，其忠之用，礼之贵"，"爱"写作"忠"[①]，及最后一句作"君子之孝也，忠爱以敬，反是乱也"，多出"君子之孝也，忠爱以敬"几字外，二者的主要区别是，《曾子立孝》略去了"故为人君者……"、"故为人父者……"、"故为人兄者……"等内容。竹简整理者李朝远先生说：《曾子立孝》"仅记'为人子'、'为人弟'、'为人臣'者，简文中的'为人君'、'为人父'、'为人兄'句，文献失载，且君臣、父子、兄弟的顺序也不同于现存文献。简文更体现了儒家'君君、臣臣、父父、子子'以及'兄兄、弟弟'的思想"[②]。廖名春认为，"简文'为人君者'与'为人臣者'、'为人父者'与'为人子者'、'为人兄者'与'为人弟者'是相对待的关系：讲'为人君者'没有离开'为人臣者'，讲'为人臣者'也没有离开'为人君者'；……它讲'君子之立孝，爱是用，礼是贵'，既要求'为人君者'，又要求'为人臣者'；……说明这里的'爱'就不是下对上（子对父、弟对兄、臣对君）单向的，而是下与上（子与父、弟与兄、臣与君）双向的、相对待的互'爱'；这里的'礼'也不是下对上（子对父、弟对兄、臣对君）单向的，而是下与上（子与父、弟与兄、臣与君）双向的、相对待的互'礼'"[③]。《曾子立孝》略去有关君、父、兄的内容，实际是将竹简中君臣、父子、兄弟间双向的、相互对待的"爱"和义务关系，转变为臣、子、弟下对上片面的职责，"颇有'为尊者讳'的意涵"。不过，由于《曾子立孝》保留了"故与父言，言畜子；……与兄言，言顺弟；……与君言，言使臣……"一段文字，仍依稀可以看到前面曾有讨论君、父、兄职责和义务的内容。所以《曾子立孝》"为人君"、"为人父"、"为人兄"三句应是在后来流传中被删除，而被删除的原因可能与后来儒家君臣父子关系被绝对化，竹简要求君臣父子互"爱"、互"礼"的观点显得不合时宜、难以被接受有关。《内礼》下文又说：

---

① 廖名春认为，"爱"写作"忠"是同义换读，因"忠"、"爱"在古文献中含义接近，故常常并称。如《管子·五辅》："薄税敛，毋苟于民，待以忠爱，而民可使亲。"《礼记·王制》："悉其聪明、致其忠爱以尽之。"《逸周书·官人》："忠爱以事亲，驩以敬之。"《吕氏春秋·慎大览·权勋》高诱注："忠，爱也。"见所著《楚竹书〈内礼〉与〈曾子立孝〉首章的对比研究》，载《中国思想史研究通讯》，2005（2）。

② 马承源主编：《上海博物馆战国楚竹书（四）》，220页，上海，上海古籍出版社，2004。

③ 廖名春：《楚竹书〈内礼〉与〈曾子立孝〉首章的对比研究》，载《中国思想史研究通讯》，2005（2）。

君子事父母，亡私乐，亡私忧。父母所乐乐之，父母所忧忧之。善则从之，不善则止之；止之而不可，隐而任之，如从己起。君子曰：孝子，父母有疾，冠不力，行不颂（容），不卒立，不庶语。（第6、8简）[①]

这段文字则多与《曾子事父母》有关。其中，竹简“君子事父母”一段也见于《曾子事父母》，作“孝子无私乐，父母所忧忧之，父母所乐乐之”，少“无私忧”三字，以前清代学者曾怀疑这三字为阙文，惜无直接的证据，现在有了竹简，这一问题便清楚了。[②]竹简主张对父母“善则从之，不善则止之”，《曾子事父母》则说：“父母之行若中道，则从；若不中道，则谏；谏而不用，行之如由己。”二者内容基本是一致的。不过从《内礼》与《曾子》的相关文字看，它们之间并不是一种直接的对应关系，而更像是对某种相同观念和思想的记录和叙述。之所以出现这种情况，可能是因为早期儒家学者没有著书立说的习惯，其言论往往由弟子记录、流传下来，所以一开始并没有固定的传本，《内礼》与《曾子》是当时流传的不同传本。或者当时虽已有固定传本，但人们可以根据自己的需要选择摘录，《内礼》是其摘录本，其中也包括了《曾子》的言论。但不论是哪种情况，《内礼》与《曾子》存在一定的联系则是可以肯定的。

据整理者的介绍，该篇“第一简背有篇题‘内豊（礼）’。‘内礼’一词，文献中未见。《礼记》中有《内则》，篇题郑玄注云：‘以其记男女居室事父母舅姑之法。’《内礼》或与《内则》有关”[③]。不过，从《内则》的内容来看，《内则》的“内”应是“门内之治”的“内”，指家族之内，“内则”即“男女居室事父母舅姑之法”，而“内礼”的“内”则应是指内心而言。《曾子事父母》说：“兄之行若中道，则兄事之；兄之行若不中道，则养之；养之内，不养于外，则是越之也；养之外，不养于内，则是疏之也；是故君子

① 这里的简序根据魏宜辉、董珊的意见作了重新调整，见魏宜辉：《读上博简楚简（四）劄记》，简帛研究网站（http://www.bamboosilk.org/），2005-02-15；董珊：《读〈上博藏战国楚竹书（四）〉杂记》，简帛研究网站，2005-02-20。

② 参见曹建敦：《用新出竹书校读传世古籍札记一则——上博简〈内豊〉校读〈大戴礼记〉一则》，简帛研究网站，2005-03-06。

③ 马承源主编：《上海博物馆战国楚竹书（四）》，219页。

内外养之也。”王聘珍注：“‘养’读若‘中心养养’，忧念也。内谓心，外谓貌。……内外养之，谓忧诚于中，形于外，冀感悟之也。”故“养之内”，是指从内心忧念之，而“养之外”，则是从容貌礼节上忧念之。《曾子事父母》主张“君子内外养之也”，实际也是“内礼”一词所要表达的含义。故“内礼”是说，孝既要有内心的忠爱之情，也要有外在的礼节形式，它实际是对该篇首句“君子之立孝，爱是用，礼是贵”的概括和总结。

随着《内礼》的发现，前人关于《曾子》的种种怀疑已不能成立，《曾子》至少在战国时已经成书。至于其年代，已有学者指出，子思、孟子、荀子等都曾引用其言论（详见附录），其中有些是明引，有些是暗引，说明《曾子》当成书于《子思子》、《孟子》之前。此外，《曾子》为记言体，体例类似《论语》，文字质朴简短，一些概念如“忠”是指人内心的真诚状态[①]，而不仅仅指忠君，这些都是其成书较早的证据。钟肇鹏先生说：“曾子卒后，他的第二、三代弟子结集《曾子》书，亦如孔子卒后，其二、三传弟子结集《论语》。《曾子》的结集，盖略晚于《论语》，其时代当在战国早期。”王铁先生具体推定为公元前400年前后的数十年间。[②] 由于《曾子》中载有乐正子春与弟子的问答，故《曾子》的结集可能完成于乐正子春弟子之手。

附录：先秦典籍引用《曾子》表：

《曾子》篇目	原文	征引文献	引文
《曾子立事》	“君子既学之，患其不博也；既博之，患其不习也；既习之，患其无知也；既知之，患其不能行也；既能行之，贵其能让也；君子之学，致此五者而已矣。”	《中庸》	“博学之，审问之，慎思之，明辨之，笃行之。有弗学，学之弗能弗措也。有弗问，问之弗知弗措也。有弗思，思之弗得，弗措也。有弗辨，辨之弗明，弗措也。有弗行，行之弗笃，弗措也。”

① 如《曾子立事》：“君子不绝人之欢，不尽人之礼；……去之不谤，就之不赂；亦可谓忠矣。”《曾子本孝》：“忠者，其孝之本与。”

② 参见钟肇鹏：《曾子学派的孝治思想》，见所著《求是斋丛稿》；王铁：《〈曾子〉著作时代考》，载《中国哲学史研究》，1987（1）。王铁认为《曾子天圆》一篇写作时间可能略晚，但不会晚于邹衍的时代。

续前表

《曾子》篇目	原文	征引文献	引文
《曾子本孝》	“故孝子之事亲也，居易以俟命，不兴险行以徼幸。”	《中庸》	“故君子居易以俟命，小人行险以徼幸。”
《曾子立事》	“人信其言，从之以行，人信其行，从之以复；复宜其类，类宜其年，亦可谓外内合矣。”	《缁衣》	“子曰：君子道人以言，而禁人以行（竹简作“恒以行”）。故言必虑其所终，而行必稽其所敝；则民谨于言而慎于行。”
《曾子立事》	“君子患难除之，财色远之，流言灭之……君子不唱流言。”	《缁衣》	“子曰：王言如丝，其出如纶，王言如纶；其出如綍。故大人不倡游言。”
《曾子大孝》	“父母爱之，喜而不忘；父母恶之，惧而无怨；父母有过，谏而不逆；父母既殁，以哀祀之加之。如此，谓礼终矣。”	《孟子·万章上》	“万章问曰：‘舜往于田，号泣旻天。何为其号也？’孟子曰：‘怨慕也。’万章曰：‘父母爱之，喜而不忘；父母恶之，劳而不怨。然则舜怨乎？’”
《曾子大孝》	“曾子曰：孝有三：大孝尊亲，其次不辱，其下能养。”	《孟子·万章上》	“孟子曰：……孝子之至，莫大乎尊亲；尊亲之至，莫大乎以天下养。”
《曾子制言》	“蓬生麻中，不扶自直；白沙在泥，与之皆黑。”	《荀子·解蔽》	“蓬生麻中，不扶而直；白沙在涅，与之俱黑。”
《曾子立事》	“君子恭而不难，安而不舒，逊而不谄，宽而不纵，惠而不俭，直而不径，亦可谓知矣。”	《荀子·君道》	“君子恭而不难，敬而不巩，贫穷而不约，富贵而不骄，并遇变态而不穷，审之礼也。”
《曾子立事》	“君子疑则不言，未问则不言，两问则不行其难者。……多知而无亲，博学而无方，好多而无定者，君子弗与也。君子多知而择焉，博学而算焉，多言而慎焉。……其少不讽诵，其壮不论议，其老不教诲，亦可谓无业之人矣。”	《荀子·大略》	“君子疑则不言，未问则不言，道远日益矣。多知而无亲，博学而无方，好多而无定者，君子不与。少不讽诵，壮不论议，虽可，未成也。”
《曾子立事》	“无益而食厚禄，窃也；好道烦言，乱也；杀人而不戚焉，贼也。”	《荀子·大略》	“无益而厚受之，窃也。学者非必为仕，而仕者必如学。”

续前表

《曾子》篇目	原文	征引文献	引文
《曾子立事》	“赐与其宫室，亦犹庆赏于国也；忿怒其臣妾，亦犹用刑罚于万民也。……君子之于子也，爱而勿面也，使而勿貌也，导之以道而勿强也。”	《荀子·大略》	“赐予其宫室，犹用庆赏于国家也；忿怒其臣妾，犹用刑罚于万民也。……君子之于子，爱之而勿面，使之而勿视，道之以道而勿强。”
《曾子本孝》	“孝子恶言死焉，流言止焉，美言兴焉，故恶言不出于口，烦言不及于己。”	《荀子·大略》	“是非疑，则度之以远事，验之以近物，参之以平心，流言止焉，恶言死焉。”
《曾子制言中》	“曾子曰：君子进则能达，退则能静……故君子进则能益上之誉，而损下之忧；不得志，不安贵位，不怀厚禄，负耜而行道，冻饿而守仁，则君子之义也，有知之，则愿也；莫之知，苟无自知也。”	《荀子·大略》	“君子进则益上之誉，而损下之忧。不能而居之，诬也；无益而厚受之，窃也。学者非必为仕，而仕者必如学。”
《曾子疾病》	“曾子疾病，曾元抑首，曾华抱足。曾子曰：“微乎！吾无夫颜氏之言，吾何以语汝哉！然而君子之务，尽有之矣；夫华繁而实寡者天也，言多而行寡者人也；鹰�以山为卑，而曾巢其上，鱼鳖鼋鼍以渊为浅，而蹶穴其中，卒其所以得之者，饵也；是故君子苟无以利害义，则辱何由至哉？”	《荀子·法行》	“曾子病，曾元持足，曾子曰：‘元！志之！吾语汝：夫鱼鳖鼋鼍犹以渊为浅而堀其中，鹰鸢犹以山为卑而增巢其上，及其得也必以饵。故君子能无以利害义，则耻辱亦无由至矣。’”
《曾子大孝》	“曾子曰：……身者，亲之遗体也。行亲之遗体，敢不敬乎？故居处不庄，非孝也；事君不忠，非孝也；莅官不敬，非孝也；朋友不信，非孝也；战陈无勇，非孝也。五者不遂，灾及乎身，敢不敬乎？”	《吕氏春秋·孝行览》	“曾子曰：身者，父母之遗体也。行父母之遗体，敢不敬乎？居处不庄，非孝也；莅官不敬，非孝也；朋友不笃，非孝也；战阵无勇，非孝也。五行不遂，灾及乎亲，敢不敬乎？”

续前表

《曾子》篇目	原文	征引文献	引文
《曾子大孝》	“乐正子春下堂而伤其足，伤瘳，数月不出，……今予忘夫孝之道矣，予是以有忧色。	《吕氏春秋·孝行览》	“乐正子春下堂而伤足，瘳而数月不出，……余忘孝道，是以忧。”
《曾子大孝》	“民之本教曰孝，其行之曰养。养可能也，敬为难；敬可能也，安为难；安可能也，久为难；久可能也，卒为难。父母既殁，慎行其身，不遗父母恶名，可谓能终也。夫仁者，仁此者也；义者，宜此者也；忠者，中此者也；信者，信此者也；礼者，体此者也；行者，行此者也；强者，强此者也；乐自顺此生，刑自反此作。”	《吕氏春秋·孝行览》	“民之本教曰孝，其行孝曰养，养可能也，敬为难；敬可能也，安为难；安可能也，卒为难。父母既殁，敬行其身，无遗父母恶名，可谓能终矣。[仁者，仁此者也，] 礼者，履此者也；义者，宜此者也；信者，信此者也。强者，强此者也。乐自顺此生也，刑自逆此作也。”
《曾子大孝》	“夫孝，置之而塞于天地，衡之而衡于四海，施诸后世而无朝夕。”	《淮南子·原道训》	“夫道者，植之而塞于天地，横之而弥于四海，施之无穷而无所朝夕。”
《曾子天圆》	“曾子曰：……参尝闻之夫子曰：‘天道曰圆，地道曰方，方曰幽而圆曰明。明者吐气者也，是故外景；幽者含气者也，是故内景，故火日外景，而金水内景，吐气者施而含气者化，是以阳施而阴化也。”	《淮南子·天文训》	“天道曰圆，地道曰方。方者主幽，圆者主明。圆者吐气者也，是故火曰外景；幽者含气者也，是故水曰内景。吐气者施，含气者化，是故阳施阴化。”
《曾子制言上》	“富以苟，不如贫以誉；生以辱，不如死以荣。辱可避，避之而已矣；及其不可避也，君子视死若归。”	《春秋繁露·竹林》	“曾子曰：辱若可避，避之而已；及其不可避，君子视死如归。”“君子生以辱，不如死以荣，正是之谓也。”
《曾子疾病》	“君子尊其所闻，则高明矣；行其所闻，则广大矣，高明广大，不在于他，在加之志而已矣。”	《汉书·董仲舒传》载《对策》引	“曾子曰：尊其所闻，则高明矣；行其所知，则光大矣。高明光大，不在于它，在乎加之意而已。”

（二）《孝经》的成书与作者

根据汉代学者的记述，与曾子有关的还有《孝经》一书。司马迁说："曾参……孔子以为能通孝道，故授之业，作《孝经》。"（《史记·仲尼弟子列传》）班固说："《孝经》者，孔子为曾子陈孝道也。"（《汉书·艺文志》）按照这种说法，《孝经》是曾子对孔子"孝道"思想的记录和发挥。但据研究，《孝经》与孔子的思想存在一定的差距，故后世学者对此多持怀疑态度，又提出了曾子弟子说、子思说、孟子门人说、汉儒杂凑说等。认为《孝经》作于子思，见王应麟《困学纪闻》引冯椅说，虽然近年有学者继续申论此说①，但证据不足，只能算是个推论而已。清人陈澧曾说："《孟子》七篇中，与《孝经》相发明者甚多。"② 王正己进一步提出，《孝经》的思想有些与孟子相同，不过是文字略有变化而已，由此认为，《孝经》大概是孟子门人所作。③ 不难看出，此说同样缺乏足够的证据。因为即使孟子与《孝经》思想具有某些相同之处，其原因也是多方面的，甚至可能是孟子曾受到过《孝经》思想的影响，若由此推断作《孝经》的是孟子门人，则显然难以成立。另外，由于《孝经》中的文字已被《吕氏春秋》引用，认为《孝经》成书于汉代同样证据不足。④

这样看来，关于《孝经》的作者，真正值得重视的应该是曾子弟子说。认为《孝经》作于曾子弟子，至少有以下根据：一、《孝经》一文为"孔子为曾子陈孝道也"，且称曾参为曾子，如果它不是实录，而是假托的话，那么，假托者应该就是曾子弟子。晁公武说："今首章云'仲尼居'，则非孔子所著矣。当是曾子弟子所为书。"⑤ 二、曾子以重孝著名，而《孝经》阐发孝的思想，后者应是在前者的基础上发展而来，是曾子弟子论述

---

① 彭林：《子思作〈孝经〉说新论》，载《中国哲学史》，2000（3）。

② 陈澧：《东塾读书记》卷1，北京，三联书店，1998。

③ 参见王正己：《孝经今考》，见《古史辨》，第4册。

④ 姚际恒称："按是书来历出于汉儒，不惟非孔子作，并非周秦之言也。"见所著《古今伪书考》，6页，北京，朴社，1933。蔡汝堃对此说作了详细论证，见所著《孝经通考》，北京，商务印书馆，1937。

⑤ 晁公武：《郡斋读书志》，上海，上海商务印书馆影印，1933。

孝的作品。三、《孝经》与前面提到的《曾子》十篇在文句、思想上多有相近之处，是在后者基础上的进一步发展。如《孝经·开宗明义章》说："夫孝，德之本也，教之所由生。"而《曾子大孝》说："民之本教曰孝"，二者极其相似。《孝经·开宗明义章》说："身体发肤，受之父母，不敢毁伤。"《曾子大孝》则说："身者，亲之遗体也。行亲之遗体，敢不敬乎？"《孝经·三才章》说："夫孝，天之经也，地之义也，民之行也。"而《曾子大孝》说："夫孝者，天下之大经也。"《孝经·圣治章》说："子曰：天地之性，惟人为贵。"《曾子大孝》说："天之所生，地之所养，人为大矣。"这些都是二者思想相同的例证，所以不少学者认为，《孝经》应为曾子弟子的作品。四、《孝经》常引用《左传》中的文句，似对其内容较为熟悉。如《左传·昭公二十五年》："夫礼，天之经也，地之义也，民之行也。"《孝经·三才章》引用此段，仅将"礼"字改为"孝"字。又《左传·宣公十三年》"进思尽忠，退思补过"，《孝经·事君章》照抄。又《左传·襄公三十一年》"进退可度，周旋可则，容止可观"等语，《孝经·圣治章》改为"作事可法，容止可观，进退可度"。《左传·文公十八年》"不度于善，而皆在于凶德"，《孝经·圣治章》仅改"度"为"在"。据刘向《别录》记叙《左传》的传授，是左丘明授曾子之子曾申，曾申授吴起。[①] 可见，曾子一派曾参与了《左传》的传授，所以在创作《孝经》时常常将其文字引用其中，这同时也说明，《孝经》确实完成于曾子弟子之手。

曾子弟子众多，《孝经》反映的是哪些弟子的思想呢？不少学者认为应是乐正子春一派。[②] 前面说过，乐正子春曾独立创派，影响巨大，该派有自己的著作是十分正常的事情。《公羊传·昭公十九年》何休注："乐正子春，曾子弟子，以孝著名。"据《曾子大孝》及《礼记·祭义》、《吕氏春秋·孝行篇》记载，乐正子春下堂伤足，伤好之后，仍有忧郁之色，数月不出门，认为损伤了身体是对父母最大的不孝。而《孝经》首章《开宗

---

① 参见孔颖达：《春秋左传注疏》卷一《春秋左传序·疏》引，见阮元校刻：《十三经注疏》下册。

② 如，孙筱：《孝经小考》，见所著《心斋问学集》，95页，北京，团结出版社，1993；郭沂：《〈孝经〉新辨》，见《郭店竹简与先秦学术思想》，380～389页。胡平生：《孝经译注》，8页，北京，中华书局，1996。

明义章》讲“身体发肤，受之父母，不敢毁伤，孝之始也”，与其思想是一致的。至于《孝经》成书的时间，可能比《曾子》略晚，但也应完成于乐正子春弟子和再传弟子之手，反映了乐正子春一派对曾子思想的继承和发展。

（三）孝的起源发展及孔子的仁、孝观

仁与孝是儒学思想中两个互为关联的基本概念，徐复观先生说：“以儒家为正统的中国文化，其最高的理念是仁，而最有社会实践意义的却是孝（包括悌）。”① 这实际也是孔子所开创的儒学思想的基本方向。孔子在创立儒学时，一方面通过对仁的创造性发挥，使其成为人生的最高理想，另一方面将孝作为切实入手处，确立了“行仁自孝悌始”的思想方法，突破了西周以来以宗法孝悌为核心的文化传统，奠定了中国文化未来的走向。但是在儒学漫长的发展过程中，仁与孝的关系并不是一成不变的，而是随时代的变化而起伏变化，从一个侧面反映了儒学思想的复杂性和曲折性。就被后人看做是孔子“嫡传”的思孟学派而言，其内部对仁、孝关系的看法也并非铁板一块，而是存在着分歧和对立。根据《曾子》、《孝经》等文献，曾子后学中曾出现过一个“重孝派”，他们将孝置于仁之上，使孝取代仁成为最高概念，改变了孔子以来对于仁与孝关系的理解和看法，使儒学理论出现重大曲折。从子思到孟子，是经过艰难的选择、探索乃至斗争的过程，才重新确立、发展了孔子以仁为中心的思想方向。所以在讨论《曾子》、《孝经》的思想前，我们首先对孝的发展演变以及孔子的仁、孝观做出分析和说明。

如学者指出的，孝是“以父权为中心所渐渐形成的巩固家庭组织、秩序的道德观念”②。所以孝作为一种事实出现应当较早，但它反映在观念形

---

① 徐复观：《中国孝道思想的形成、演变及其在历史中的诸问题》，载《民主评论》，第10卷18期、19期，1959；又见所著《中国思想史论集》，131页，上海，上海书店，2004。

② 徐复观：《中国思想史论集》，133页。关于孝的起源，学者界有“生殖崇拜”说（周予同：《“孝”与“生殖器崇拜”》，见《古史辨》，第2册，232～252页，上海，上海书店〈据朴社1933年版影印〉，1993。宋金兰：《“孝”的文化内涵及其嬗变——“孝”字的文化阐释》，载《青海社会科学》，1994〈3〉）和“敬老”说（何平：《“孝”道的起源与“孝”行的最早提出》，载《南开学报》，1988〈2〉）等不同说法。

态中，并见诸文字记载，则是周代以后的事情。《说文》说：“孝，善事父母者。从老省、从子，子承老也。”《尔雅·释训》说：“善父母为孝。”但据学者研究，孝最初的对象并非健在的父母，而是神祖考妣，其内容为尊祖。[①] 所以孝一开始并非是伦理的，而是宗教的，是祖先崇拜宗教观念的产物，而崇拜、祭祀祖先的目的，是为了祈求祖先神灵的庇护，同时也是对祖先功德的歌颂和赞扬。金文和《诗》、《书》中常见“享孝”、“用享用孝”的用法，正是这种观念的反映。如《诗·小雅·天保》：“是用孝享。”享有献物祭祀之义，是祭祀神灵、奉献供品的宗教仪式。周人将享、孝连文对举，说明当时孝的观念是以禘祖的宗教形式存在的。此外，还有“追孝”，如《尚书·文侯之命》：“追孝于前文人。”《伪孔传》谓：“继先祖之志为孝。”可见，“追孝”就是继承先祖遗志，完成其未完成的事业，这也是西周孝道的一个基本内容。后随着历史的发展，周人孝的观念才有所变化，增加了善事父母等伦理性内容。如：“肇牵车牛，远服贾，用孝养厥父母。”（《尚书·酒诰》）“元恶大憝，矧惟不孝不友。子弗祗服厥父事，大伤厥考心。”（《周书·康诰》）此外，臣事君长亦被看做是孝。《尚书·酒诰》：“奔走事厥考厥长。”此句中的“长”含有长辈与君长的双重含义，说明周人认为对君长恭敬从命、勤于政事、努力奔走也是一种孝。因此，诚如王慎行先生所言，“西周的孝道观包含着后世所谓‘忠君’的概念”。另据金文，妻子侍奉丈夫，丈夫死后妻子祭享不忘亦称孝。[②]

周人的孝道观虽经历一些发展变化，但总体而言，它具有以下特点：首先，孝具有宗教性，是周人敬天法祖宗教信仰的产物。周人信奉上帝与先祖二元神，与之相应，周人将德、孝并称，“德以对天，孝以对祖”[③]。故一般而言，德是周人最高的道德律，但德与孝又存在密切的联系，“德的实质仍然是孝，它包含着孝的内容”[④]。周人所谓德除了指尊崇天命，畏惧天威外，还包括敬奉先祖彝训，团结宗子宗亲等，其目的在于巩固宗法秩序，建立宗族内部的生活规范，强化宗族内的凝聚力等，这些其实也是属

---

① 参见查昌国：《西周“孝”义试探》，载《中国史研究》，1993（2）。

② 参见王慎行：《试论西周孝道的形成及其特点》，载《社会科学战线》，1989（1）。

③ 侯外庐等：《中国思想通史》，第1卷，90～95页。

④ 王慎行：《论西周孝道观的本质》，载《人文杂志》，1991（2）。

于孝的内容。《逸周书·谥法》说:"秉德不回曰孝。"《克鼎》说:"天子明德,显孝于神。"可见,德与孝往往是相通的,并不能截然分开。

其次,孝具有很强的政治性,是维护宗法统治的重要手段。在西周宗法制下,"君统"与"宗统"合一,"尊尊"与"亲亲"合一,其内部统治主要是通过"尊祖"、"敬宗"来实现的。《礼记·大传》说:"亲亲故尊祖,尊祖故敬宗,敬宗故收族,收族故宗庙严,宗庙严故重社稷。"周人通过一次次享祭祖考的宗教活动,强化了同出一祖的认同意识,形成心理的共同体。祭祀时,只有宗族中的宗子即嫡长子有资格庙祭先祖,其他小宗即庶子只有贡纳祭品的义务,没有庙祭先祖的权利。那些不具备祭祀先祖的小宗,只有崇敬能祭祀先祖的宗子。这样,由"尊祖"而"敬宗",由"敬宗"而"收族",达到宗族集团内部以及大宗与小宗之间的牢固团结,而"尊祖"、"敬宗"在当时也就是孝。

再次,周人孝的对象十分广泛,具有"泛孝论"的特点。周人孝的对象,除了祖考、父母外,还包括兄弟、婚媾、朋友、诸老、大宗、族人、君长等,孝几乎涵盖了当时所有的社会关系。之所以如此,是因为当时的社会基本单位是宗族,而不是个体家庭,周人的孝是建立在宗族组织的基础之上,是服务于宗族组织的需要的。《礼记·大传》说:"自仁率亲,等而上之至于祖;自义率祖,顺而下之至于祢。"郑玄注:"用恩则父母重而祖轻;用义则祖重而父母轻。"就是说,站在亲情的角度,是父母重而祖轻;站在宗族利益的角度,则是祖重而父母轻。周人走的是"自义率祖"的途径,故是以祖为重而以父母为轻。有学者认为,周人的孝"是君德、宗德","有敬宗抑父的作用"①,是符合当时实际的。

春秋以降,由于铁器、牛耕的广泛应用,生产力大大提高,人们利用先进的生产工具,大量开垦荒地,占为己有,个体家庭开始从宗族组织中独立出来。家庭经济的发展导致人们身份地位的变化,一些大宗嫡子没落了,而一些小宗庶子却"田连阡陌"、"富甲王侯",周礼所规定的宗法制度已难以维系。周天子作为天下的大宗,已经丧失了昔日的威严,"礼乐征伐自诸侯出"、"陪臣执国命"成为普遍的现实,"君统"与"宗统"发

---

① 查昌国:《西周"孝"义试探》,载《中国史研究》,1993(2)。

生分离。与春秋的社会变革相适应，孝的观念也发生一系列变化。首先，孝从“禘祖”的宗教形式中独立出来，不再具有“尊祖”、“敬宗”的政治功能。其次，孝的范围大大缩小，其内容主要指奉养父母，如，“守情说父，孝也”（《国语·晋语二》）。原来周人的孝是依托于祖先神灵的，而西周末年的“疑天”、“怨天”思潮，使先祖的能力也受到怀疑。“群公先正，则不我助。父母先祖，胡宁忍予。”（《诗经·大雅·云汉》）“四月维夏，六月徂暑。先祖匪人，胡宁忍予。”（《诗经·小雅·四月》）祖神一旦失灵，依托于祖神的孝观念势必也会发生动摇。与之相对，感念父母养育之恩的思想却得到强化：“父兮生我，母兮鞠我。拊我畜我，长我育我。顾我复我，出入腹我。欲报之德，昊天罔极。”（《诗经·小雅·蓼莪》）在《东山》、《杕杜》等诗篇里，出门在外的征夫魂牵梦绕的是家中的妻子、父母、兄弟，而对祖先、宗族却未置一词，可见家庭已成为人们情感凝聚的中心。报养父母本是人类一种自然朴素的情感，由于周人血缘关系明确，家庭内部的血缘亲情也随之产生。但在周人“自义率祖”的途径下，这种情感一定程度上受到抑制。随着春秋时期宗族组织的逐渐瓦解，报养父母才成为人们关注的中心，孝开始由“自义率祖”向“自仁率亲”转化。

作为儒学的创始者，孔子对于孝给予极大关注，使孝成为其思想的一个重要内容。孔子虽主张“郁郁乎文哉！吾从周”（《论语·八佾》），但他谈论孝不是承继周人的旧传统，而是延续春秋的新思想。他将孝还原为人的真实情感，为孝找到了人性的根据。在回答宰我问“三年之丧”时，孔子指出：“子生三年，然后免于父母之怀。夫三年之丧，天下之通丧也。予（注：宰我的字）也有三年之爱于其父母乎？”（《论语·阳货》）这是从“报”的角度对“三年之丧”的合理性做出说明，我们生下来三年，才能脱离父母的怀抱，难道在父母去世时，不应该守丧三年作为回报吗？可见，“三年之丧”并不神秘，它不过是人们真实情感的形式化表达而已。春秋时期，由于个体家庭相对独立，养亲成为孝的一个重要内容。孔子则提出，“今之孝者，是谓能养。至于犬马，皆能有养，不敬，何以别乎？”（《论语·为政》）可见，孝不仅仅是赡养父母的义务，更重要的，它还是一种诚敬之情，后者才是人区别于禽兽的根本所在。所以，孔子论孝，多侧重于内在的真实情感。如：“子夏问孝。子曰：色难。”（同上）“孟武伯问孝。子曰：父母唯其疾之忧。”（同上）在孔子那里，孝已从宗法政治的统治秩序中独立出来，转化为根源于血缘关系的自然亲情，是每一个人都可以实现完成的基本德行。诚如徐复观先生所言：“孔子最大贡献之一，在于把周初以宗法为骨干的封建统治中的孝悌观念扩大于一般平民，使孝悌得以成为中国人民的基本原理，以形成中国社会的基础，历史的支柱。”①

不过，作为对人类文化有重大贡献的思想家，孔子之为孔子，绝不仅仅是在“礼崩乐坏”的时代关注了孝的问题，更主要的在于他倡导仁、复兴礼，以仁、礼为解决社会现实问题的手段，确立起人生的价值目标和终极信仰。在孔子那里，仁与孝的地位是不同的：孝是人区别于禽兽之所在，而仁是“人之为人”的最终实现，故孝是仁之始，仁是德之终；孝的对象仅仅是父母，而仁关注的是天下百姓，故孝仅仅是家庭伦理，仁则具有社会道德的性质；行孝是尽子女的义务和职责，而为仁不仅是要“泛爱众”、“安百姓”，同时还要“成己”、“立己”，以塑造君子人格和实现人生理想。所以仁具有更为丰富的内涵，它构成孔子思想的核心，居于比孝更为重要的地位。但是仁高于孝又源于孝，孔子弟子有若说：“孝弟也者，其为仁之本与。”（《论语·学而》）孔子也说：“君子笃于亲，则民兴于仁。”（《论语·泰伯》）“弟子，入则孝，出则弟，谨而信，泛爱众，而亲仁。”（《论语·学而》）这说明“孝悌”乃“为仁之本”，“本”，端也，始也。故为仁需从孝悌始，离开了孝悌，仁便成为无本之木，无源之水；但孝悌本身并不等于仁，它还需要向外层层推广，上升为君臣间的“忠”、朋友间的“信”，最后达到“泛爱众”，上升为普遍的人类之爱。这样，在作为“端”和“本”的孝与最高目标的仁之间便蕴涵着一种紧张和对立，这首先表现在，当孝的血缘亲情与一般社会道义发生冲突时，孔子主张宁可牺牲道义也要维护血缘亲情，认为“父为子隐，子为父隐，直在其中矣”（《论语·子路》）。这主要是因为，在孔子看来，孝构成仁的根源和基础，孝的血缘亲情一旦被破坏，仁的整个大厦也会随之垮塌，所以他一方面主张“推孝及仁”，在孝的基础上发展出更为广泛的社会伦理关系；另

① 徐复观：《中国人性论史·先秦篇》，《补记》，2页。

一方面，当社会伦理乃至法律关系与孝悌发生冲突时，他又因为要维护孝的血缘亲情而陷入矛盾之中。

其次，这种对立还体现在家族利益与国家利益也即是“孝”与“忠”的关系上。孔子生活的时代个体家庭虽已出现，但聚族而居依然是主要的生存形式；在宗族内部，族长或家长管理、处置宗族事物，具有类似君主的地位。这种“家国同构”的组织形式，使得孝与忠具有某种一致性，所以孔子是主张“移孝作忠”，将孝、忠统一在仁的实践过程之中。但在孔子那里，孝与忠是有区别的，孝是对父，忠是对君；父代表了家族的利益，而君代表了国家利益，而家族与国家利益也并非完全一致甚至是可能发生对立和冲突的。《韩非子·五蠹》说：“鲁人从君战，三战三北。仲尼问其故，对曰：‘吾有老父，身死莫之养也。’仲尼以为孝，举而上之。以是观之，夫父之孝子，君之背臣也。”韩非所批评的“仲尼”难免会有虚构、润饰的成分，但并非完全没有事实根据。早期儒家一般更看重家族利益，在君臣关系上又持一种相对的观点，如孔子说：“君使臣以礼，臣事君以忠。”（《论语·八佾》）曾子也说：“故为人君者，言人之君之不能使其臣者，不与言人之臣之不能事其君者。”（《上博简四·内礼》）所以当君主横征暴敛、穷兵黩武危及家族的利益时，为顾及家族利益而不事其君便成为合理的选择。

这样，孔子虽将仁、孝纳入其思想中，但如何处理二者的关系却依然是儒学发展面临的重大课题。这里实际存在着两个发展路向，一是坚持以仁为中心，同时对仁、孝的关系做出调整，将仁的心理基础由血缘亲情转化到更为普遍的道德情感之中，为孔门仁学建立起更为坚实的根源和基础；在政治实践上，则以民众的利益为最高原则，倡导仁政、民本，同时发展出“恒称其君之恶”的社会批判思想；另一路向则是以孝为最高理念，将孝泛化、扩大到生活的方方面面，以实现对社会关系的整合与调整；在政治实践上，则坚持孝与忠、事父与事君的统一，甚至认为事君也是一种孝。值得注意的是，以上两种路向都与曾子学派存在着密切联系，或者说这两种路向最早都是从曾子学派中发展出来的。曾子继承、发扬了孔子的仁，并对以后的思孟产生影响，这固然为人们所津津乐道，但曾子弟子乐正子春突出、强调孝，其泛孝论思想与思孟也存在复杂的联系，后者同样是思孟学派研究中一个值得重视的问题。

（四）曾子的重仁、内省思想及乐正子春对孝道的发展

在七十二子中，曾子无疑是思想较为复杂的一位。一方面，他主张“士不可以不弘毅”，要求“仁以为己任”（《论语·泰伯》），表现出对孔子所倡导的仁的强烈认同和追求；他以“忠恕”解孔子“一贯”之道，主张“吾日三省吾身”（《学而》），反映了其思想向“内省”的发展；他肯定、赞扬“可以托六尺之孤，可以寄百里之命，临大节而不可夺也”（《泰伯》）的君子人格，体现了其主体意识的觉醒。这些都对以后的思孟产生影响，成为思孟学派的一个思想来源；另一方面，曾子对孝也表现出一定的关注，如他临终前的“启予足！启予手”（同上），以及“慎终追远，民德归厚矣”（《学而》），等等，所以先秦文献中常常有关于曾子孝言、孝行的记载。可以说，曾子的思想一是重视仁、内省，二是突出孝悌，而这两个方面在《曾子》中都有所反映，并得到程度不同的发展。

在《论语》中，曾子常常是以宏大刚毅的形象出现的，而背后支撑他的，无疑是孔子所倡导的仁的精神力量，曾子正是通过对仁的深切体会，确立起具有高尚的社会责任感、以天下为己任、充满献身精神的道德境界。曾子这方面的思想，在《曾子》中同样有所反映。如：“富以苟，不如贫以誉；生以辱，不如死以荣。辱可避，避之而已矣；及其不可避也，君子视死若归。”（《大戴礼记·曾子制言上》）“君子无悒悒于贫，无勿勿于贱，无惮惮于不闻；布衣不完，疏食不饱，蓬户穴牖，日孜孜上仁；知我，吾无欣欣；不知我，吾无悒悒。”（《曾子制言中》）在富贵与荣誉面前，曾子坚定地选择了后者。在他看来，人之为人就在于其独立的精神信仰，在于其自身的价值和尊严。这种价值和尊严就来自仁，故“君子以仁为尊。天下之为富，何为富？则仁为富也；天下之为贵，何为贵？则仁为贵也”（《曾子制言中》）。以前学术界以为，先秦儒家中孔子讲仁和义，而孟子则将二者联系在一起，提出了仁义概念。现在看来，这一过渡其实是

在曾子及其弟子这里完成的。[①]《曾子》十篇中不少地方已将仁义连用，如："士执仁与义而明行之。"（《曾子制言上》）"是故君子思仁义，昼则忘食，夜则忘寐，日旦就业，夕而自省，以殁其身。"（《曾子制言中》）"凡行不义，则吾不事；不仁，则吾不长；奉相仁义，则吾与之聚群向尔。"（《曾子制言下》）此外，《孟子·公孙丑下》引"曾子曰：晋楚之富，不可及也。彼以其富，我以吾仁；彼以其爵，我以吾义"。亦将"仁义"并列，说明以后孟子大谈仁义，实际是由曾子开其端。

由于坚守、信奉着仁，曾子身上体现出强烈的社会批判意识和特立独行的精神。"君子直言直行，不宛言而取富，不屈行而取位；畏（疑为'仁'之误）之见逐，智之见杀，固不难；诎身而为不仁，宛言而为不智，则君子弗为也……天下无道，循道而行，衡涂而偾，手足不揜，四支不被……此则非士之罪也，有士者之羞也。"（《曾子制言中》）孔子主张"天下有道则见，无道则隐"（《论语·泰伯》），"道不行，乘桴浮于海"（《论语·公冶长》）。其"行道"还是有条件的。曾子则提出"天下无道，循道而行"，将"行道"推到无条件的地步，较之孔子无疑是一个巨大的发展。以后子思提出"恒称其君之恶者，可谓忠臣矣"（《郭店楚简·鲁穆公问子思》），主张"与屈己以富贵，不若抗志以贫贱。屈己则制于人，抗志则不愧于道"（《孔丛子·抗志》）；孟子提倡"富贵不能淫，贫贱不能移，威武不能屈"的"大丈夫"精神（《孟子·滕文公下》），要求"舍生而取义"（《告子上》），可以说与曾子的思想是一脉相承，他们都受到曾子的启发和影响。

在"十篇"中，曾子"内省"的思想也有所反映，具体表现为对"心"的重视。如："君子之于不善也，身勿为，能也；色勿为，不可能也；色也勿为，可能也；心思勿为，不可能也。"（《大戴礼记·曾子立事》）可见，与外在的行为、容貌相比，"心思"的作用更为根本，也更为关键，所以道德实践首先要从"心思"这个根本源头入手，防止不善的出现，同时去积极培养善。"太上乐善，其次安之，其下亦能自强。"一些"小人"自作聪明地以为，可以在行为、容貌上掩饰自己，其实，人们的

---

① 一些学者已指出此点，见王铁：《〈曾子〉著作时代考》，载《中国哲学史研究》，1987（1）。

内心和行为往往是一致的，有何种“心思”也就会有何种行为表现。“故目者，心之浮也；言者，行之指也；作于中，则播于外也。故曰：以其见者占其隐者。故曰：听其言也，可以知其所好矣。”（同上）可以看出，《曾子》这段言论与《大学》的“慎独”具有内在的联系。其中，《大学》“小人闲居为不善，无所不至，见君子而后厌然，掩其不善，而著其善”一段，可看做是“身勿为，能也；……心思勿为，不可能也”的注脚，而《大学》“诚于中，形于外”，与《曾子》“作于中，则播于外”也是一致的。《大学》的“慎独”是说，由于人们的内心往往决定、影响着其外在行为，所以要“慎其独”、“诚其意”，“慎独”的“独”就是指内心而言。这与《曾子》强调“心思”的重要，无疑是一致的。在《论语》中，曾子的“三省吾身”主要还是针对道德行为而言（“为人谋而不忠乎？与朋友交而不信乎？传不习乎？”），《曾子》则将反省的对象提升为“心”，使道德实践进一步内在化了。以后子思提出“形于内”的“德之行”和“诚”，孟子提出“养心”、“养气”说，与曾子的“内省”显然具有内在的联系，它们构成了思孟学派思想发展的一条重要线索。

如果说曾子重仁、内省的思想在《曾子》中得到一定表现的话，那么，同时也要承认，孝也是“十篇”的一个重要内容，这从《立孝》、《本孝》、《大孝》、《事父母》等篇名中就可以反映出来。阅读《曾子》十篇不难发现，其主要谈论的并非仁义、内省，而是孝。《曾子》中谈孝，有延续着《论语》中的曾子思想而与其相一致者，如强调孝是内心真情实感的流露：“忠者，其孝之本与！”（《曾子本孝》）“君子之孝也，忠爱以敬。”（《曾子立孝》）以及主张“以正致谏”（《曾子本孝》），“达善而不敢争辩”（《曾子事父母》），等等，也有突破了曾子思想而另有所拓展发明者，这在《曾子大孝》一篇中表现得尤为明显。该篇的内容又见于《礼记·祭义》和《吕氏春秋·孝行览》，说明是当时颇有影响的作品。由于其中有乐正子春与弟子的答问，故学术界一般认为是乐正子春一派的作品。[①] 该篇对孝推崇到无以复加的地步，提出了以孝为核心的思想体系。而这一思想体系的提出，又与其对“身”的特殊理解有关。其文云：

---

① 参见陈奇猷：《吕氏春秋校释》，733页，上海，学林出版社，1984。黄开国：《论儒家的孝道学派——兼论儒家孝道派与孝治派的区别》，载《哲学研究》，2003（3）。

> 身者，亲之遗体也。行亲之遗体，敢不敬乎？故居处不庄，非孝也；事君不忠，非孝也；莅官不敬，非孝也；朋友不信，非孝也；战陈无勇，非孝也。五者不遂，灾及乎身，敢不敬乎？（《曾子大孝》）

在孔子那里，身作为自然生命和形躯，是与内在的仁联系在一起的。孔子说："不使不仁者加乎其身。"（《论语·里仁》）曾子也说："吾日三省吾身。"（《学而》）所以身本身并不是目的，而是有待充实、完善的，修身、成己成为儒学的一个重要内容。同时，由于身具有实践性，内在的仁只有通过身才能表现出来，才能达到"修己"、"安人"的实践效果。"子曰：其身正，不令而行；其身不正，虽令不从。"（《子路》）"子曰：苟正其身矣，于从政乎何有？不能正其身，如正人何？"（《曾子大孝》）所以身与仁是密不可分的，身的意义体现在仁之上，而为了实现仁，牺牲生命、杀身成仁也在所不惜。"子曰：志士仁人，无求生以害仁，有杀身以成仁。"（《卫灵公》）在乐正子春这里，身却被看做连接己与父母的纽带，是己向父母行孝的载体；身不仅仅是己之生命和形躯，同时还是父母之"遗体"。所谓遗体，也就是父母遗留下的身体，所以我们的身体不仅是自己的，也是父母的，是父母生命在我们身体中的延续；恭"行亲之遗体"不仅是对自己负责，同时也是向父母行孝的表现。所以我们的一举一动都与孝有关，"居处不庄"、"事君不忠"、"莅官不敬"、"朋友不信"、"战陈无勇"之所以都可以被看做是"非孝"，是因为"五者不遂，灾及乎身"也。这样，通过"身"，孝被"泛化"了，我们所有的行为都可以被看做是孝，孝充塞于天地之间：

> 夫孝置之而塞于天地，衡之而衡于四海，施诸后世而无朝夕，推而放诸东海而准，推而放诸西海而准，推而放诸南海而准，推而放诸北海而准。《诗》云："自西自东，自南自北，无思不服。"此之谓也。（《曾子大孝》）

前面说过，周人孝的对象广泛，具有"泛孝论"的特点，但周人的泛孝论是建立在宗族血源共同体的基础之上，是通过尊祖、敬宗来实现的。战国以降，随着宗族组织的瓦解，周人孝的社会基础已不复存在，在这种情况下，乐正子春却试图通过"身"来重建孝的思想体系。在乐正子春看来："父母全而生之，子全而归之，可谓孝矣；不亏其体，可谓全矣。故君子顷步之不敢忘也。"（《曾子大孝》）孝首先表现为"不亏其体"，"全而归之"，而为了"全而归之"，就必须对自己的行为戒惧谨慎，"一举足不敢忘父母，一出言不敢忘父母"，"是故恶言不出于口，忿言不及于己，然后不辱其身，不忧其亲，则可谓孝矣"(同上)。下文又说："草木以时伐焉，禽兽以时杀焉。夫子曰：'伐一木，杀一兽，不以其时，非孝也。'"以往学者往往根据这段言论，认为乐正子春将草木、禽兽也包括在孝的对象中。其实上面一段是说，"伐一木，杀一兽，不以其时"虽是小错，也会延及父母，使其担忧受辱，这里孝的对象依然是父母而不是草木、禽兽。《曾子制言上》说："杀六畜不当，及亲，吾信之矣。"表达的也是这个意思。所以乐正子春的孝与周人的孝是有所不同的，前者是在小家庭基础上重建孝道的努力和尝试，后者则是宗族组织内部尊祖、敬宗的表现形式；前者是"自仁率亲"，后者是"自义率祖"。二者虽有不同，但在突出、强调孝的地位和作用上则是一致的：

> 夫仁者，仁此（注：指孝）者也；义者，宜此者也；忠者，中此者也；信者，信此者也；礼者，体此者也；行者，行此者也；强者，强此者也。乐自顺此生，刑自反此作。(同上)

在乐正子春那里，孝成为最高的德，成为其思想的核心，仁义忠信等反是围绕孝展开的。孔子开创的以仁为主导的思想方向遭到扭转和颠覆。所以在先秦儒学发展史上，乐正子春一派的重孝思想无疑具有特殊的地位和意义。首先，乐正子春的孝是以"全身"为特征的，认为"父母全而生之，子全而归之，可谓孝矣"，反映了对个体生命的重视和关注。战国时期，战争频仍，诸侯国间的兼并战争对个体生命构成严重威胁。成年子女一旦丧身，父母不仅得不到奉养，个体家庭的生存也遭到严重威胁。所以乐正子春主张"不亏其体"，"全而归之"，无疑是要求人们在乱世中将保全生命作为首要选择，表现出对家庭稳固和利益的关注。[①] 可以说，乐正子春的思想是以家庭本位为特征的。不过，乐正子春对家庭利益的关注又是通过“事君忠”来实现的，所以又具有调和家庭、国家利益，甚至将二者统一于孝之中的意图。前面说过，在早期儒学中孝与忠的关系已成为一个矛盾，在乐正子春看来，之所以产生这种矛盾，主要是因为人们没有真正将孝与忠统一起来，若将二者统一在一起，甚至将事君也看做是孝，那么，这一矛盾便可迎刃而解了。因为孝本身就是社会性和政治性的：“孝有三：大孝尊亲，其次不辱，其下能养。”（同上）要做到“尊亲”和“不辱”，就必须“居处庄”、“事君忠”、“莅官敬”、“朋友信”和“战陈勇”，也就是说，孝不能仅仅限定于家庭内部，还需要扩大到社会、政治乃至军事领域，在所有的领域都要对自己的一言一行戒慎恐惧，不敢越雷池一步。后者虽然只是“尊亲”、“不辱”的过程和手段，但也包括在孝之中。所以像韩非提到的“三战三北”的鲁人，乐正子春是不会赞同的，因为其行为不仅会给父母带来羞辱，而且还会遭到官府的责罚，所以同样不能看做是孝。可见，乐正子春虽然将“全身”作为孝的主要内容，但并不主张从政治生活中脱离出去，更不主张为了“全身”而置国家的法律、利益于不顾，相反，他是通过“全身”、“尊亲”将事亲与事君统一在孝的实践活动之中。

乐正子春重视“全身”，并试图将事亲与事君统一起来是有其思想原因的。古代社会不乏明哲保身的思想，如《诗·大雅·烝民》的“既明且哲，以保其身”，《左传》中也常见“藩身”（《昭公元年》）、“庇身”（《襄公三十一年》）的记载，春秋末年以至战国时期，全身与事君成为许多士人关注的焦点。如，“子叔婴齐奉君命无私，谋国家不贰，图其身不忘其君”（《成公十六年》），乐毅称“夫免身全功，以明先王之迹者，臣之上计也”（《战国策·燕策二》）。《礼记·檀弓下》记载赵文子与叔誉在九原游观，并对前人做出评价。文子认为阳处父在晋国专权独断，不能使自己善终，其人不足称道；舅犯“见利不顾其君，其仁不足称也”；而武子“利其君不忘其身，谋其身不遗其友”，表示自己愿意追随武子，结果“晋人谓文子知人”。可见，“利其君不忘其身”已成为当时一种较为普遍的价值

① 有学者已注意到此点，如罗新慧说：“维护家庭和家族的稳固，是曾子修己思想的重要目的。”见所著《试论曾子关于孝的理论及其社会意义》，载《齐鲁学刊》，1996（3）。

取向，乐正子春的思想可能即与这种世俗的价值取向有关，不过乐正子春的“全身”是通过孝表现出来的，在理论形式上又具有自身的特点。

(五)《孝经》的孝治思想

《曾子大孝》之后，《孝经》对孝做了进一步阐发。前面说过，《孝经》与《曾子》十篇在文句、思想上多有相近之处，其实严格说来，应该是《孝经》与《曾子大孝》在文句、思想上多有相近之处，前面在说明二者关系时，所引《曾子》材料均见于《曾子大孝》，正说明了这一点。因此，《孝经》的思想主要是从《曾子大孝》发展而来。《曾子大孝》重视“全身”，认为孝的最高境界是“尊亲”（“大孝尊亲”）；《孝经》则提出：“身体发肤，受之父母，不敢毁伤，孝之始也。立身行道，扬名于后世，以显父母，孝之终也。”（《开宗明义章第一》）二者的看法是一致的。《曾子大孝》的思想具有调和事亲与事君，并将二者统一于孝之中的特点；《孝经》则说：“夫孝，始于事亲，中于事君，终于立身。”（同上）二者的思想可谓一脉相承。不过，《孝经》对《曾子大孝》的思想也有所发展，这主要表现在，《孝经》将孝的一般思想具体到天子、诸侯、卿大夫、士、庶人身上，提出所谓的“五等之孝”，使孝与政治实践发生密切联系，突出了孝的政治功能和作用。

在《孝经》的作者看来，孝虽然表现为基本的责任和义务，但这种责任与义务在不同身份、地位的人那里，其具体表现又是不同的。所以谈论孝，不能仅仅停留在一般的原则和理论，更重要的，还要探求其等级化的表现形式以及在政治实践中的作用。关于天子之孝，《孝经》说：

> 子曰：爱亲者不敢恶于人，敬亲者不敢慢于人。爱敬尽于事亲，而德教加于百姓，刑于四海，盖天子之孝也。《甫刑》云：“一人有庆，兆民赖之。”（《天子章第二》）

作为身份尊贵、“兆民赖之”的天子，他的孝是与一般人不同的，除了“爱亲”、“敬亲”外，还承担着“设教施令，使天下之人不慢恶于其父母”

的职责，而这二者实际又是联系在一起的，因为“爱亲者不敢恶于人，敬亲者不敢慢于人”。邢昺《疏》曰：“所谓爱亲者，是天子身行爱敬也。不敢恶于人、不敢慢于人者，是天子施化，使天下之人皆行爱敬，不敢慢恶于其亲也。”也就是说，天子要爱敬其亲，便不敢慢于他人之亲，否则，“已慢人之亲，人亦慢已之亲”（郑氏《注》）。而天子爱敬其亲，又会使天下之人也爱敬其亲，而不敢“慢恶”他人之亲，如此便“德教加于百姓，刑于四海”，达到天下大治。这便是天子之孝。关于诸侯之孝，《孝经》说：

> 在上不骄，高而不危；制节谨度，满而不溢。高而不危，所以长守贵也；满而不溢，所以长守富也。富贵不离其身，然后能保其社稷，而和其民人，盖诸侯之孝也。《诗》云：“战战兢兢，如临深渊，如履薄冰。”（《诸侯章第三》）

诸侯的身份较为特殊，一方面，他身处万人之上，为一方之长，具有守土保民的职责；另一方面，他又居于一人之下，其土地、人民名义上是由天子分封、赏赐的，如何处理与天子的关系，便成为其守土保民的关键。所以诸侯之孝主要表现为，身处高位而不骄傲，费用俭约，认真奉行天子的法度，这样才能“高而不危”，“满而不溢”，长久地保留住富贵，“富贵不离其身，然后能保其社稷，而和其民。”

卿大夫的职责是居朝为官，协助天子、诸侯处理政事，故应恭敬谨慎，中规中矩：“非先王之法服不敢服，非先王之法言不敢道，非先王之德行不敢行。是故非法不言，非道不行，口无择言，身无择行，言满天下无口过，行满天下无怨恶。三者备矣，然后能守其宗庙，此卿大夫之孝也。”（《卿大夫章第四》）

士在统治阶层中身份最低，他们在家为子，入朝为臣，承担着事父与事君的双重职责，而如何处理二者的关系，也就成为士之孝的主要内容。

> 资于事父以事母，而爱同；资于事父以事君，而敬同。故母取其爱，而君取其敬，兼之者父也。故以孝事君则忠，以敬事长则顺，忠顺不失，以事其上，然后能保其禄位，而守其祭祀，盖

士之孝也。《诗》云："夙兴夜寐，无忝尔所生。"（《士章第五》）

虽然孝与忠的对立已成为战国时期的突出问题，而在《孝经》作者看来，这二者实际是可以统一的。因为一方面，"君子之事亲孝，故忠可移于君。事兄悌，故顺可移于长。居家理，故治可移于官"（《广扬名章第十四》），事父与事君本身具有一致性，事父"孝"为事君"忠"提供了可能；另一方面，事君"忠"又是孝的必要条件，只有"忠顺不失，以事其上"，才"能保其禄位，而守其祭祀"。所以应"资于事父以事君"，资，取也。就是要把事父的恭敬之情同样用于事君，"故以孝事君则忠"，像对待父母那样来事君就能做到忠。通过孝，事父与事君得到统一，而孝的内涵也扩大到事父与事君的所有领域。

庶人是生产劳动者，被排除于政治活动之外，故"用天之道，分地之利，谨身节用，以养父母，此庶人之孝也"（《庶人章第六》）。在《孝经》中，只有庶人之孝最为淳朴、自然，也最少附加政治内容，而这与庶人的特殊身份显然是密切相关的。

根据以上所论，除了庶人之孝外，《孝经》中的孝被进一步政治化、功利化，孝既是政治统治的目标，同时也是实现这一目标的手段，儒学内部又发展出一个孝治派。① 所以，与《曾子大孝》中的孝主要是指"全身"和"尊亲"不同，《孝经》中的孝更多的是与天子、诸侯等人的政治职责联系在一起。在天子那里，它是指"德教加于百姓，刑于四海"；在诸侯那里，则要求"能保其社稷，而和其民人"；对卿大夫而言，是指"能守其宗庙"；对士而言，则要求"能保其禄位，守其祭祀"。同时，它又具体化为天子、诸侯等人的政治、伦理规范，如要爱敬其亲，而不敢慢于他人之亲（对于天子），"在上不骄"、"制节谨度"（对于诸侯），等等。所以，《孝经》中的孝是一个含义十分宽泛的概念，如果说，《曾子大孝》是通过"全身"与"尊亲"将孝泛化的话，那么，《孝经》则是通过与政治制度的

① 黄开国先生认为《曾子大孝》等篇与《孝经》分别代表了孝道派与孝治派的思想，"孝道派的孝理论讲求孝在道德伦理中的根本地位，以探求子女对父母如何尽孝及其怎样评判孝行为重点，几乎没有谈及孝的政治功用。孝治派虽然也引用孝道派关于孝为天经地义一类说法，实际上却是以政治为轴心，将孝视为治理政治的手段或工具，把如何运用孝来致治作为主要的内容"。见黄开国：《论儒家的孝道学派——兼论儒家孝道派与考治派的区别》。

结合，使孝渗透到社会生活的方方面面。从这一点看，《孝经》的孝与周人的孝倒有某些相似之处，二者都具有很强的政治性，都具有泛孝论的特点。不过，《孝经》中的孝已不是建立在周人的宗法分封等级制度之上，而是与战国时期出现的官僚等级制度联系在一起，它实际是战国历史条件下孝悌思想的新发展、新变化。这种发展、变化首先体现在孝的地位进一步提高。“曾子曰：‘甚哉！孝之大也。’子曰：‘夫孝，天之经也，地之义也，民之行也。天地之经，而民是则之，则天之明，因地之利，以顺天下。’”（《三才章第七》）“曾子曰：‘敢问圣人之德，无以加于孝乎？’子曰：‘天地之性，惟人为贵。人之行，莫大于孝。’”（《圣治章第九》）孝成为最高的德，成为天子、诸侯等人的“终极关怀”。

其次，它还体现在孝与官僚政治制度紧密结合在一起，并被运用于国家的管理和统治之中。前面说过，孔子顺应了春秋以来的社会变革，将孝从宗法政治的统治秩序中独立出来，而转化为根源于血缘关系的自然亲情，所以孔子谈孝并不将其看做政治统治的手段，而是更注重其所表达的真情实感以及美化风俗的作用。“子曰：啜菽饮水尽其欢，斯之谓孝。”（《礼记·檀弓》）“或谓孔子曰：‘子奚不为政？’子曰：‘《书》云：“孝乎惟孝，友于兄弟，施于有政。”是亦为政，奚其为为政？’”（《论语·为政》）杨伯峻认为，“施于有政”的“施”“这里应该当‘延及’讲，从前人解为‘施行’，不妥”[1]。甚是。所以孔子认为只要孝顺父母，友爱兄弟，并把这种孝悌之风影响到政治上去，就算是参与政治了，而不一定要做官才算是参与政治。这实际是以孝悌来美俗，以俗来化政，而不是以政来行孝。与孔子的思想不同，《孝经》的作者却试图将孝与政重新结合起来，孝具有强制性，具有类似法的地位：“子曰：五刑之属三千，而罪莫大于不孝，要君者无上，非圣人者无法，非孝者无亲，此大乱之道也。”（《孝经·五刑章第十一》）孝的目的是“守其祭祀”、“保其禄位”，孝被政治化、功利化。从这一点看，《孝经》可能也受到法家思想的影响，是儒家的孝悌思想与法家政治实践相结合的产物。

再次，它真正完成了孝与忠、事父与事君的统一。在孔子那里，孝与

① 杨伯峻：《论语译注》，21页。

忠是有区别的，分属于不同的实践领域。孝虽然可以扩充发展为忠，但这只是就个人的实践过程而言，而并不是将孝等于忠，更不是将事君看做孝的必要条件。到了《曾子大孝》，却试图通过“全身”与“尊亲”将孝与忠统一起来，然而这一过程最终是在《孝经》这里才得以完成。在《孝经》中，孝与政治权力结合在一起，臣子的利禄都来自于君，只有事君忠，才能“富贵不离其身”，才“能保其禄位，而守其祭祀”，事君成了孝的必要条件，同时也成为孝的重要内容，“夫孝，始于事亲，中于事君，终于立身”。在这样一种逻辑中，人们的注意力势必会被引向利禄之途，非把事君当作唯一出路不可，而孔子倡导的“菽水承欢”的真情实感反遭到扭曲、污染，所以孝与忠的统一，其实也就是孝被异化、被阉割的开始。以后汉代“以孝治天下”，其选择实行的恰恰是《孝经》之孝，而不是孔子之孝，《孝经》思想中的种种弊端最终竟变为现实，这也可以说是“以孝治天下”的必然结果。

（六）子思、孟子对仁的发展及与重孝派的关系

通过对《曾子》和《孝经》的分析，使我们更为完整地了解到从曾子到乐正氏之儒的思想发展演变，同时也认识到，曾子在先秦儒学发展中所具有的特殊地位。以往宋儒在谈到曾子时，只强调其仁和内省思想对子思、孟子的影响，构造出曾子——子思——孟子的“道统”谱系，但曾子弟子乐正子春及其后学继承、发展了曾子孝的思想，同样也与曾子存在密切联系，先秦儒学还存在着曾子——乐正子春——《孝经》作者的发展线索。以上两派虽然都与曾子思想存在着渊源关系，但却由于不同的发展方向，虽经过相互渗透和影响，却最终分道扬镳，分别形成以“仁”和“孝”为核心的思想体系。

在《论语》、《曾子》中，曾子的思想已具有了重视仁和孝的特点，一定程度上为其后学的分歧提供了可能，但这二者在曾子那里正如在孔子那里一样，不过是其思想的不同方面而已，尚不构成冲突和对立。但是到了《曾子大孝》以及《孝经》那里，由于乐正子春一派突出、强调了孝，形成以“孝”为核心的思想体系，这一思想体系便与孔子、曾子以“仁”为

核心的思想体系不能融洽而产生矛盾和对立。在孔子、曾子那里，仁是最高的德，“仁广大而抽象，孝狭窄而具体。由狭窄而具体的‘孝’下手，以渐渐进于广大而抽象的‘仁’。由‘孝’入‘仁’，是儒家人生哲学的方法论，也就是孔子循循善诱的教授法之一”①。而在乐正子春一派那里，孝是最高的德，是“天之经，地之义”，孝无所不包，“置之而塞于天地，衡之而衡于四海”。可以说，孝广大而抽象，而仁不过是服务于孝的一个德目而已，“夫仁者，仁此者也”。仁与孝是不同的，仁是“爱人”，是“泛爱众”，是爱天下的人，是以天下的福祉和利益为最高目的；而孝是“亲亲”，是爱父母亲人，是以“全身”、“尊亲”和“保其禄位，而守其祭祀”为终极理想。仁具有丰富的内涵，它不仅“爱人”，同时还“成己”、“立己”，代表了特立独行的君子人格，“君子思仁义，昼则忘食，夜则忘寐，日旦就业，夕而自省，以殁其身，亦可谓守业矣”（《曾子·制言中》），“不安贵位，不怀厚禄，负耜而行道，冻饿而守仁，则君子之义也”（同上），充满了大无畏和杀身成仁的精神；而孝的焦点由于集中在家庭父母，故内容相对贫乏，其目的是“明哲保身”和“以显父母”，要求“一举足不敢忘父母，一出言不敢忘父母”，“非先王之法服不敢服，非先王之法言不敢道”，处处拘谨小心，充满了乡愿的气息。仁虽然始于孝，也只是因为孝是道德意识的萌芽和起点，是人之为人的基本规定，是“己”的内在需要，仁的目的则是要将亲亲之情扩充、提升、发展为普遍的道德情感，是“己欲立而立人，己欲达而达人”，是“推己及人”；孝也可以包括家庭以外的人，可以爱人，甚至“博爱”：“先王见教之可以化民也，是故先之以博爱，而民莫遗其亲。”（《孝经·三才章第七》）但这里所谓博爱是因为“己慢人之亲，人亦慢己之亲”，是以“民莫遗其亲”为目的的，故邢昺《疏》曰：“言君爱亲又施德于人，使人皆爱其亲，不敢有恶其父母者，是博爱也。”所以是“推亲及人”。仁将亲亲提升、发展为爱人，而孝将爱人（博爱）化约、还原为亲亲。仁可以表现为一种政治原则，可以与“忠”等德目发生关系。但它决不是要服从、迎合政治权力，更不是为了要“保其

① 周予同：《“孝”与“生殖器崇拜”》，见《古史辨》，第2册，238页。周予同比较早地注意到儒家内部存在分别以“仁”和“孝”为人生哲学的中心义或第一义的不同派别，但他笼统地将其称为曾子一派，则不准确。

禄位，而守其祭祀”而去做忠臣孝子，相反，它是要通过“修己以敬”、“修己以安人”、“修己以安百姓”（《论语·宪问》），在完善自我的基础上进一步创造和谐的人际关系和社会秩序；而孝不管是在孝道派还是孝治派那里，都与政治存在密切的联系，都以调和事父与事君为其目的，并最终认为事君也是一种孝，或认为只有事君忠才能实现“保其禄位，而守其祭祀”的孝。

可见，在早期儒学那里，围绕着仁与孝，实际存在着两条路线的对立，而这两条路线竟都与曾子存在联系，不能不说是一件令人惊奇的事情。其中，与曾子思想有关而属于仁的路线的有《大学》和子思等。前面已指出，《大学》应完成于曾子或其弟子之手，它继承、发展了孔子“修己以敬”、“修己以安百姓”的思想，使其具体化为“修身”、“齐家”、“治国”、“平天下”实践过程。其中，“修齐治平”四项中，修身为本，“齐家”、“治国”、“平天下”为末，而修身又包括了正心、诚意、格物、致知四项，这说明《大学》是将道德实践建立在内在自觉和外在认知的基础之上，而绝不仅仅是孝。同样，齐家、治国、平天下每个阶段也都有着丰富的内容，而孝仅是其中的一项而已。所以它强调“一家仁，一国兴仁；一家让，一国兴让；一人贪戾，一国作乱”，认为“尧舜帅天下以仁，而民从之；桀纣帅天下以暴，而民从之；其所令反其所好，而民不从。是故君子有诸己而后求诸人，无诸己而后非诸人”，如此才能“家齐而后国治”。不过，《大学》中有“孝者，所以事君也”的说法，说明它与孝治派也存在着相互渗透和影响。

《大学》之后，子思提出了诚，认为“诚者，天之道也；诚之者，人之道也”（《中庸》），进一步发展了孔子的仁。而由内在的诚出发，又表现为“修身”、“治人”和“治天下国家”的实践过程：

> 子曰：“……知所以修身，则知所以治人。知所以治人，则知所以治天下国家矣。
>
> 凡为天下国家有九经，曰：修身也、尊贤也、亲亲也、敬大臣也、体群臣也、子庶民也、来百工也、柔远人也、怀诸侯也。修身则道立，尊贤则不惑，亲亲则诸父昆弟不怨，敬大臣则不眩，体群臣则士之报礼重，子庶民则百姓劝，来百工则财用足，柔远人则四方归之，怀诸侯则天下畏之。”（《中庸》）

这里，“亲亲”仅仅是“九经”中的一经，而只有“九经”的相互配合，才能“为天下国家”。所以，孝只是“修齐治平”中的一个环节、一项内容而已，并不能代表其全部。与此不同，孝治派虽然也谈“治国平天下”，却将其都归为孝的作用：

> 子曰：“昔者明王之以孝治天下也，不敢遗小国之臣，而况于公侯伯子男乎？故得万国之欢心，以事其先王；治国者不敢侮于鳏寡，而况于士民乎？故得百姓之欢心，以事其先君；治家者不敢失于臣妾，而况于妻子乎？故得人之欢心，以事其亲……故明王之以孝治天下也如此。《诗》云：‘有觉德行，四国顺之。’”（《孝经·孝治章第八》）

治家、治国、治天下都离不开孝，都是靠孝来实现，真可谓是“以孝治天下”。可见，仁学派虽然也关注孝，但并不将其看做终极目的，而是由孝扩充、推广出去，以达到对天下民众利益的关注。在政治实践上，也不将孝看做唯一的原则；而孝治派却将政治统治和家族利益看做最高目的，它以家庭为中心并进一步去包容其他的社会关系，所以“得万国之欢心”、“得百姓之欢心”、“得人之欢心”也是为了“以事其先君”、“以事其亲”。在孝治派那里，孝既是终极的人生理想，也是最高的政治原则，一切社会关系都是围绕孝展开的，也是通过孝实现的。我们说早期儒学存在仁与孝两条路线的对立，并非没有根据。

需要说明的是，战国中前期，社会上出现了一个宣扬禅让的大环境，给仁与孝的关系带来一些新的变化。就在乐正子春一派努力宣扬孝的同时，包括子思在内的另一批儒家学者却试图通过仁来为禅让寻找理论根据[①]，不同的立场与追求使他们在仁与孝的关系上产生了分歧与对立。

并非如有学者认为的，禅让最初只是墨家的主张和专利，战国中前

---

① 《礼记·表记》说：“子言之曰：后世虽有作者，虞帝弗可及也已矣；君天下，生无私，死不厚其子。”则子思也是肯定禅让（“死不厚其子”）的，不过从《中庸》屡称“舜其大孝也与！德为圣人，尊为天子，富有四海之内。宗庙飨之，子孙保之”来看，子思似乎对禅让与世袭持一种折中的态度，态度不像《唐虞之道》激进。基于这一点，我们不同意学术界将《唐虞之道》归于子思的流行做法。

期，儒、墨、早期法家等各家都卷入禅让的浪潮中去，并各自对其合理性做出宣传和鼓噪。[①] 在儒家看来，禅让之所以可能和必要，就在于它体现了圣与仁的精神。郭店竹简《唐虞之道》说：

> 唐虞之道，禅而不传；尧舜之王，利天下而弗利也。禅而不传，圣之盛也；利天下而弗利也，仁之至也。故昔贤仁圣者如此。身穷不贪，没而弗利，穷仁矣；必正其身，然后正世，圣道备矣。故唐虞之道，禅也。(1—3 简)

唐尧、虞舜之所以“禅而不传”，将天下禅让给贤者而不传子孙，就在于他们具有“利天下而弗利”即利于天下民众而不是利于个人家庭的高尚精神[②]，而这种精神正是仁的最高体现；同时，也在于他们认识到，“必正其身，然后正世”，统治者只有具有了高尚的品德，只有自己行为端正，才能统治好天下，唯有此圣道才能完备。这样，由于禅让被视为最高的政治智慧，被认为体现了“利天下而弗利”的精神，以亲亲为基础的世袭制度便无疑遭到了否定和批判。由此，《唐虞之道》对亲亲和爱人（民）的关系也做出重新理解和调整：

> 尧舜之行，爱亲尊贤。爱亲故孝，尊贤故禅。孝之杀，爱天下之民。禅之传，世亡隐德。(同上，第 6—7 简)

“孝之杀”的“杀”，原文为“”，整理者释为“方”。李零读为“施”。王博认为“这里的‘方’，应该读为‘放’，所谓的‘孝之方’，其实是‘孝之放’，放是放开、展开的意思……爱从孝开始，然后向外面延伸，这就是‘放’，或者叫做‘推’”。[③] 陈伟则根据《说文》、《汉简》释出“”

---

① 参见第三章第四节：《〈礼运〉与子游后学的“大同”、“小康”说》。

② 学者一般将“利天下而弗利”理解为“利天下而弗（自）利”，但这里的“自”显然也包含其家庭在内。

③ 参见李零：《郭店楚简校读记》（增订本），97 页。王博：《论郭店楚墓竹简中的“方”字》，见所著《简帛思想文献论集》，276～277 页，台北，台湾古籍出版社，2001。

为“杀”字，认为“‘杀’有衰减的意思”[①]，甚是。所以，“孝之杀”不能按以往的理解，认为是孝向外面的延伸、展开，相反，它是要适当地减杀孝，以便能够“爱天下之民”。因为在当时人们看来，“爱亲故孝”，但将天下让于贤者而不是子孙，不正是牺牲了孝，是对孝的一种减杀吗？所以虽然如有学者指出的，《唐虞之道》并不否定爱亲和孝，而是一定程度上要做到爱亲与尊贤的统一，认为“爱亲忘贤，仁而未义也；尊贤遗亲，义而未仁也”（同上，第8—9简）。但它却看到仁与孝、爱人与亲亲之间的矛盾和对立，并主张将民众利益放在最高位置，为了“爱天下之民”而减杀、牺牲孝，这不能不说其思想的闪光、独到之处。而这一闪光、独到思想的提出，显然与当时宣扬禅让的大背景密切相关，禅让的政治实践使其看到以往儒者没有看到、也不愿意看到的内容，同时在仁与孝的关系上提出不同于以往的新见解。与《唐虞之道》相似的还有《礼运》一文，这篇同样产生于禅让背景下的作品将人类社会做了“大同”与“小康”的区分，认为禅让传贤的大同之世，“人不独亲其亲，不独子其子，使老有所终，壮有所用，幼有所长，矜寡孤独废疾者，皆有所养。”而世袭传子的小康社会，“各亲其亲，各子其子”，一定程度上将“亲其亲”与“泛爱众”对立起来，这与《唐虞之道》的思想倾向无疑是一致的。《礼运》的内容以前曾遭到一些学者的怀疑，认为是来自墨家的兼爱思想，其实它与《唐虞之道》一样，不过是特定历史时期儒家思想的产物而已，是仁、孝关系的新发展、新突破。如果说，乐正子春一派由于重视孝而突出、强调了宗法血缘秩序的合理性和家族利益的话，那么，包括子思在内的另一批儒者则强调，在“亲其亲”之上还有一个更高的“泛爱众”，其二者之间一定程度上是矛盾对立的，仁的最高精神是“利天下而弗利”，所以应超越“亲其亲”而关注民众的普遍利益，甚至主张“孝之杀，以利天下之民”。可见，在仁与孝的关系上，以乐正子春为代表的重孝派和以子思以及《唐虞之道》的作者为代表的重仁派确实存在着矛盾和对立。

在早期儒学那里，仁与孝的对立不仅体现在“亲其亲”和“泛爱众”上，同时也存在于对孝与忠和君臣关系的理解上。乐正子春一派主张“事

---

① 陈伟：《郭店竹简别释》，载《江汉考古》，1998（4）。

君不忠，非孝也”（《曾子大孝》）、“夫孝……中于事君”（《孝经》），这实际便将作为对父母责任和义务的孝与作为对君主责任和义务的忠混同起来，更进一步将基于血缘关系、以“恩”和“亲”为纽带的父子关系与基于政治关系、以“义”为准则的君臣关系混同起来，“事亲”与“事君”被混同在一起，本来是后天选择的君臣关系被说成是同于必然、不可回避的父子关系，于是人君便可以向人臣做人父对于人子的同样要求，使君权无限制地扩张，而助长了专制的气焰。同时，由于孝悌被政治化、功利化，“菽水承欢”的真情也遭到污染。这对于孔子、曾子“君臣有义”（《论语·微子》）、“君子之孝也，忠爱以敬”（《曾子立孝》）的思想传统来说，无疑是一个扭转和颠覆。然而就在乐正子春从孝的方面篡改、改造着孔、曾思想时，子思却从仁的方面去积极维护孔曾“君臣有义”的传统。其《表记》说：

> 子言之：事君先资其言，拜自献其身，以成其信。是故君有责于其臣，臣有死于其言。故受禄不诬，其受罪益寡。

侍奉君主首先要凭借自己的主张（“言”），如果主张被接受，便拜官受命献身于朝廷，以证明自己的主张是可信的。所以，侍奉君主决不是要无条件地尽忠尽孝，更不是为了要保其利禄，而不过是如孔子所言，“君子之仕也，行其义也”（《论语·微子》），是为了实现自己的主张、理想。这样，君臣之间便是“以义合”，合乎义便做人君的臣子，否则，“不事王侯，高尚其事”。臣子获取利禄也是根据自己进献的主张：“事君大言入则望大利，小言入则望小利；故君子不以小言受大禄，不以大言受小禄。”（《表记》）“事君可贵可贱，可富可贫，可生可杀，而不可使为乱。”（同上）如果主张得到实现，“终事而退，臣之厚也”（同上）。所以，子思虽然也保留有“孝以事君”的说法[①]，这可能同《大学》的情况一样，是重孝派和重仁派之间的相互渗透和影响，但在君臣关系上，子思与乐正子春显然存在着矛盾和对立，代表着不同的思想方向。

---

① 《礼记·坊记》：“子云：孝以事君，弟以事长，示民不贰也。故君子有君不谋仕，唯卜之日称二君。”据郑注，文中的“君子”是指国君之子，故“孝以事君”也可能是对国君之子而言。

与子思年代大约相当的郭店竹简对君臣关系也有详细讨论，其观点与乐正子春不同而与子思站在同一立场。其文云：

> 长弟，亲道也；友、君臣，无亲也。（《语丛一》，第80—81简）
>
> 君臣、朋友，其择者也。（同上，第87简）
>
> 友，君臣之道也。（《语丛三》，第6简）

在竹简看来，兄弟与朋友、君臣的关系是不同的，兄弟是“亲道也”，是建立在血缘之上的亲情关系；而君臣则“无亲也”，是基于相同兴趣、主张、信念之上的选择关系。所以，真正与君臣类似的应是朋友关系，而不是父子关系。父子关系与朋友关系不同，父子是“以天合”，是生而所成，是一个人从生到死不可改变的，在父权的时代，父亲对于子女有着教导、支配甚至是生杀予夺的权力；而朋友是后天选择而成，是基于相互信任的平等关系，将君臣视为朋友还是父子关系显然有着不同的意义。如果说，乐正子春提出“事君不忠，非孝也”，将君臣等同于父子关系的话，那么，郭店竹简《语丛》的作者则提出“友，君臣之道也”，用朋友去规定、限制父子关系，不同的观点代表了其对君臣关系的不同理解和立场。曾有学者提出，郭店十四篇儒家简均属于思孟学派的作品，惜无直接证据。但如果说在仁与孝的关系上，郭店儒家简主要属于重仁派而与乐正子春为代表的重孝派处于对立的话，那么，则无疑是可以成立的。竹简还对君与父的关系做出讨论：

> 父无恶。君犹父也，其弗恶也，犹三军之旌也，正也。所以异于父者，君臣不相戴也，则可已；不悦，可去也；不义而加诸己，弗受也。（《语丛三》，第1—5简）

父亲不可厌恶，是由于其对于子女有养育之恩。君主类似父亲，其不被厌恶，则是因为他犹如指挥三军的旗帜，自己的行为首先要端正。但是君也有不同于父的地方，父子关系一旦形成便无法改变，而君臣不相拥戴时，他们的关系可以终止；臣子不高兴时，可以离去；君主以不义加诸臣子，臣子可以不接受。可见，父子与君臣关系的不同就在于前者是无条件的，而后者是有条件的，乐正子春一派提出“父子之道，天性也，君臣之义也”（《孝经·圣治章》），将有条件的君臣关系混同于无条件的父子关系，其结果不仅将子事父的态度转移到臣事君，同时也将父畜子的观念运用到君使臣上，使君主以为臣子的富贵利禄均来自于自己的恩赐，视臣子为犬马，要求其无条件地尽忠尽孝，对士人的人格独立和政治信念造成极大的威胁。而竹简对君臣、父子做了区别，认为君臣乃有条件的相对关系，“不义而加诸己，弗受也”。这样便维护了士人的人格，为士人通过入仕而实现其政治理想保留了一线可能，同时在精神上也抑制了君主的独裁。竹简不仅对君臣关系做出分梳、厘定，限定了孝的范围，同时对于孝被政治化、功利化而产生的种种弊端也给予了批判：

> 为孝，此非孝也；为弟，此非弟也；不可为也，而不可不为也。为之，此非也；弗为，此非也。（《语丛一》，第55—58简）
>
> 父孝子爱，非有为也。（《语丛三》，第8简）

孝悌是不可有意而为，也不可不为。如果有意而为，便已不符合孝悌的本意；但如果不为，同样也不能成其为孝悌。看来，最好的办法就是自然而然地去为，让真情自然流露。用孔子的话说，就是“安，则为之”，“居处不安，故不为也”（《论语·阳货》）。一般说来，总是社会上先有了某种不合理的现象，然后人们才从理论上给予总结批判，所以竹简矛头所指，显然是针对类似于乐正子春那样的泛孝论以及为了“尊亲”、“保其利禄”等外在目的而产生的种种“有为”之举。在早期儒学那里，围绕仁与孝的关系，确实曾存在过尖锐的矛盾与对立。

在一般人们的观念中，子思、孟子一脉相承，二人属于同一路线，这在宋儒构造的“道统”谱系中尤为如此，所谓思孟学派也是由此而来。但是若从仁与孝的关系看，子思、孟子的情况又有所不同，如果说在仁与孝的问题上，子思与乐正子春更多是一种对立的话，那么，孟子则受到了当时重孝派思想的影响，二者之间有过一段特殊的联系，其思想也经历了复杂的发展、演变过程。孟子思想中有大量宣扬宗法孝悌的内容，这些已为学者所注意，如："孟子曰：事孰为大？事亲为大；守孰为大？守身为大。不失其身而能事其亲者，吾闻之矣；失其身而能事其亲者，吾未之闻也。孰不为事？事亲，事之本也；孰不为守？守身，守之本也。曾子养曾皙，必有酒肉；将彻，必请所与……曾皙死，曾元养曾子，必有酒肉；将彻，不请所与。"（《孟子·离娄上》）孟子认为"守身为大"，"失其身而能事其亲者，吾未之闻也"，与乐正子春的"全身"思想无疑是一致的，而从下文接着谈论曾子养曾皙、曾元养曾子之事来看，孟子这一思想可能即来自包括乐正子春在内的曾子学派。又比如："孟子曰：仁之实，事亲是也；义之实，从兄是也；智之实，知斯二者弗去是也；礼之实，节文斯二者是也。"（同上）孟子认为仁的实质是"事亲"，义的实质是"从兄"，与他后来"仁者，人心也；义，人路也"，"恻隐之心，仁也；羞恶之心，义也"（《告子上》）的看法显然有所不同，这种不同除了语境的差异外，可能还反映了孟子思想的变化，前者是他受到重孝派影响时的观点，后者则是他思想成熟时的看法。此外，孟子曰："孝子之至，莫大乎尊亲；尊亲之至，莫大乎以天下养。"（《万章上》）与乐正子春"大孝尊亲"（《曾子大孝》）的说法也是一致的。

孟子不仅受到乐正子春孝道思想的影响，与《孝经》的孝治思想也存在密切联系。据《孟子·告子下》："曹交问曰：'人皆可以为尧舜，有诸？'孟子曰：'……尧舜之道，孝弟而已矣。子服尧之服，诵尧之言，行尧之行，是尧而已矣；子服桀之服，诵桀之言，行桀之行，是桀而已矣。'"孟子将尧舜之道理解为孝弟，与竹简"唐虞之道，禅而不传"的观点明显不同，而更接近《孝经》"昔者明王之以孝治天下也"的说法，而"子服尧之服，诵尧之言，行尧之行"一句，与《孝经》"非先王之法服不敢服，非先王之法言不敢道，非先生之德行不敢行"在文句、思想上也是一致的。又如："孟子曰：天下大悦而将归己，视天下悦而归己，犹草芥也，惟舜为然。不得乎亲，不可以为人；不顺乎亲，不可以为子。舜尽事亲之道而瞽瞍厎豫，瞽瞍厎豫而天下化，瞽瞍厎豫而天下之为父子者定，此之谓大孝。"（《离娄上》）孟子称"瞽瞍厎豫而天下化"，"天下之为父子者定"，并认为"此之谓大孝"，可以说是对"以孝治天下"

的极好说明。还有："孟子曰：吾今而后知杀人亲之重也：杀人之父，人亦杀其父；杀人之兄，人亦杀其兄。然则非自杀之也，一间耳。"（《尽心下》）这与《孝经》"爱亲者不敢恶于人，敬亲者不敢慢于人"表达的也是同一个意思。孟子所批评的"世俗所谓不孝者五，惰其四支，不顾父母之养"（《离娄下》）等，正是《孝经》"谨身节用，以养父母，此庶人之孝也"的反面，亦可以看做与《孝经》有关的证据。据《汉书·艺文志》，《孟子》原为十一篇，除目前通行的七篇外，另有四篇。东汉赵岐《孟子题辞》也说："又有外书四篇：《性善》、《辨文》、《说孝经》、《为政》。① 其文不能宏深，不与内篇相似，似非孟子本真，后世依放而托之者也。"这些"似非孟子本真"而被收录在《孟子》中的作品，自然应该是完成于孟子弟子之手。② 这也说明孟子一派曾研读过《孝经》，与《孝经》有过密切的联系。

孟子之所以受到重孝派思想的影响，既可能同他早期的经历有关，同时也可能包含着他对禅让问题的理解和思考。与《唐虞之道》作者等富于理想主义精神的儒者不同，孟子在禅让的问题上则持一种更为谨慎的态度。他说："天与贤，则与贤；天与子，则与子。"（《孟子·万章上》）可见在孟子看来，禅让与传子并非绝对的，而是随客观形势的变化而变化，真正重要的是行王道、仁政，得天下之民的拥护。所以当一些儒者积极宣传唐尧虞舜"禅而不传"的一面时，孟子却极力塑造出舜"大孝"的形象，他说"尧舜之道，孝悌而已矣"，更是与借尧舜宣扬禅让的做法针锋相对。故孟子一方面更看重民众的利益，将民本思想发展到一个高峰；另一方面，在政治实践上则采取了更为务实的做法，不再简单地将禅让、尊贤看做解决社会矛盾的灵丹妙药，而是对现实宗法秩序有了更多的肯定。"孟子曰：为政不难，不得罪于巨室；巨室之所慕，一国慕之；一国之所慕，天下慕之。故沛然德教溢乎四海。"（《离娄上》）可能正是由于这些原因，使孟子对"以孝治天下"的思想产生共鸣，较

① 此句也有断为：《性善辨》、《文说》、《孝经》、《为政》。但《孝经》为一独立的作品，不应收录于《孟子》中，故不从。

② 陈澧《东塾读书记》卷一《孝经》云："《孟子外书》四篇，其一篇名曰《孝经》，盖论说《孝经》之语。赵邠卿《题辞》，虽以外篇为后世依托，然亦必出于孟氏之徒也。"

多地接受了重孝派的思想。不过，孟子之为孟子决不是因为他在儒学史上曾经接受、宣传过宗法孝悌的思想，而是因为他虽经曲折，却最终回到孔子开创的仁的思想路线上来，从理论上发展了孔子的仁学思想。我们在前面指出，以“四心”说的形成为标志，孟子的思想经历了一个发展的过程。[①] 在“四心”说形成以前，孟子思想包含有大量宗法孝悌的内容，而随着“四心”说的形成，孟子一定程度上突破了宗法孝悌的束缚，完成了一次思想的飞跃，同时将孔子仁学发展到一个新的高度。孟子认为“恻隐之心，仁之端也”，改变了以孝悌为仁之本的看法，把仁的基点由血亲孝悌转换到“恻隐”、“羞恶”、“辞让”、“是非”等更为普遍的道德情感中去。他提出“仁，人心也”（《公孙丑上》），以人心言仁（广义的），仁在横的方面兼摄仁义礼智而成为最高概念，在纵的方面则包含了由“四心”到四德（仁义礼智）的发展过程，融道德情感与道德理性于一体，成为主体实践的内在根源和动力。仁心可以表现为仁政，“有不忍人之心，斯有不忍人之政矣”（同上），而仁政才是先王得天下的根本所在。“孟子曰：三代之得天下也以仁，其失天下也以不仁。国之所以废兴存亡者亦然。天子不仁，不保四海；诸侯不仁，不保社稷；卿大夫不仁，不保宗庙；士庶人不仁，不保四体。”（《离娄上》）在孟子那里，仁政逐渐取代了“以孝治天下”成为其思想的主要内容。同时在君臣关系上，孟子维护了孔、曾“以义合”的传统，并将其发展到更激进、更具有革命性的高度。可以说，先秦儒学的仁学传统，恰恰是在曾经极具浓厚宗法孝悌思想的孟子那里发展到其顶峰。

长期以来，思孟学派的研究深受宋儒“道统”论的影响，而“道统”论从本质上将是一种文化观，而不是一种历史观，它关注的不是具体的历史过程，而是历史传承中的价值理念和文化精神，是“道”的传授。这样一来，具体的历史细节和人物活动被消解掉了，从孔子、曾子到子思、孟子被说成是“一以贯之”，传承相同的道，似乎他们的思想没有分歧、差别，没有经历过发展、变化。但根据我们的考察，所谓思孟学派其实是一个具体的历史发展过程，其内部在儒学的基本问题上也常常产

---

① 参见第六章第一节：《孟子“四心说”的形成及其意义》。据笔者考证，孟子“四心”说形成的下限约为孟子第二次来到齐国的齐宣王二年（公元前318年）。

生分歧与对立。就仁与孝的关系来说，虽然曾子重仁的思想启发、影响了子思，但他的孝悌思想又孕育出一个乐正子春学派，后者与子思在许多方面都存在对立；孟子虽然属于儒学内部的仁学派，但他与重孝派又存在种种纠葛，其思想经历了复杂的发展过程。思孟学派的出现和形成乃是一艰难选择、探索的结果，其间充满了曲折、坎坷，而决非如宋儒所设想的“一以贯之”的直线式发展。所以，研究思孟学派就不能只停留在抽象的观念上，只关注其内部的“道统”传授，同时还应考察其思想的发展变化。我们承认子思、孟子弘扬、发展了孔子的仁道，其思想存在着历久弥新在今天看来仍有生命力的常道，但这种常道恰恰是与具体的历史活动不可分割的，是在具体的历史场景中呈现出来的，是既存在于历史之中又超越于历史之上。

结　语

回到“子思”去——儒家道统论的检讨与重构

（一）从孔子到孟、荀

德国思想家雅斯贝斯的“轴心时代”理论揭示了古代文明发展的一个普遍现象，即在公元前500年左右的时期内，和公元前800年至前200年的精神过程中，在世界范围内集中出现了一些不平常的历史事件。这就是，“在中国，孔子和老子非常活跃，中国所有的哲学流派，包括墨子、庄子、列子和诸子百家都出现了。和中国一样，印度出现了《奥义书》和佛陀，探究了从怀疑主义、唯物主义到诡辩派、虚无主义的全部范围的哲学的可能性。伊朗的琐罗亚斯德传授一种挑战性的观点，认为人世生活就是一场善与恶的斗争。在巴勒斯坦，从以利亚经由以塞亚和耶利米到以塞亚第二，先知们纷纷涌现。希腊贤哲如云，其中有荷马、哲学家巴门尼德、赫拉克利特和柏拉图，许多悲剧作者，以及修昔底德和阿基米得。在这数世纪内，这些名字包含的一切，几乎同时在中国、印度和西方这三个互不知晓的地区发展起来”[①]。这一时期几大文明同时经过了“超越的突破”，奠定了人类自我理解的普遍框架，使其成了世界历史的“轴心”。从此以后，“人类一直靠轴心时代所产生的思考和创造的一切而生存，每一次新的飞跃都需回到这一时期，并被它重燃火焰。自那以后，情况就是这

---

① ［德］雅斯贝斯：《历史的起源和目标》，8页，北京，华夏出版社，1989。

样，轴心期潜力的苏醒和对轴心期潜力的回归，或者说复兴，总是提供了精神的动力”①。

雅斯贝斯突破了欧洲中心论的樊篱，以平等的眼光看待古代中国、印度、希腊的文明成就，指出了几大古代文明几乎是在同时达到了其高峰，一反其同胞黑格尔将中国、印度、希腊看成精神从低级到高级递进序列发展的看法。其理论为历史学提供了一个新的视野，成为推进晚近古代文明研究的重要动力，“轴心时代”也成为频繁见于报刊、杂志的重要概念。不过雅氏的理论虽然显示出种种魅力，但也存在一些不足。首先，雅斯贝斯虽然注意到“轴心时代”的事实，但却没有说明这一事实是如何产生的。对于这一点，倒是国内的一些学者道出了其中的原委。他们认为，“轴心时代”的到来同生产力的进步是密不可分的。公元前六到公元前四世纪，几大古代文明几乎同时进入了铁器时代，正是铁器时代的繁荣，爆发了一次世界性的能量释放，这就是轴心时代的到来。雅斯贝斯虽然正确揭示了轴心时代的根本特征，却没有看到它背后的基础，即与铁器时代的联系，这是他的不足。其次，雅斯贝斯虽然注意到“轴心时代”之前还有一个“前轴心时代”，“古代文化的某些因素进入了轴心期，并成为新开端的组成部分”，但由于受西方传统的影响，雅氏主要关注的是“轴心时代”对之前文化传统的超越和突破，对“前轴心时代”到“轴心时代”的过渡，特别是“前轴心时代”的地位和作用却重视不够。

从中国文化的角度看，其与西方，特别是欧洲的一个最大不同，便是中国不仅有一个灿烂的轴心时代，同时还有一个漫长的前轴心时代。在中国，轴心时代相当于春秋战国，在此之前还有漫长的前轴心时代即尧舜夏商周三代。尧舜三代的文化积累是六经，其核心内容是“祈天永命”，“敬德保民”，在尧舜三代的文化基础上才产生了春秋战国百家争鸣的诸子文化。由于中国前轴心时代的文化积累深厚，而且没有经过扰乱和打断，在现实中，活文化含量大，因此，中国文化的发展，对轴心时代的依赖，远不如西方。每一次新的飞跃，不仅需要回到轴心时代，而且也可能需要回到前轴心时代。

---

① ［德］雅斯贝斯：《历史的起源和目标》，14 页。

作为中国文化主流的儒家学说，本身既是轴心时代的产物，同时也是前轴心时代文明的最全面继承者，因而具有深厚的历史传统和文化积累。儒学的创立者孔子生当“礼崩乐坏”的春秋末年，他顺应了“学移民间”的历史潮流，创立私学，“有教无类”，打破了“学在官府”的旧格局，使古代学术思想进入一个新的发展阶段。“孔子以《诗》、《书》、礼乐教，弟子盖三千焉，身通六艺者七十有二人。”《诗》、《书》、礼乐本属于三代王官之学，其传授也限于贵族之间。至孔子之时，“周室微而礼乐废，《诗》、《书》缺”（《史记·孔子世家》），于是孔子对其进行了编定、整理，并运用于教学之中，使其由贵族的学问垄断一变而成为一般民众的知识修养。孔子晚年对《周易》产生浓厚兴趣，又根据鲁国历史整理、编纂了《春秋》一书。这样，《诗》、《书》、《礼》、《乐》、《易》、《春秋》经孔子的整理、解释和阐发，乃成为一新的知识系统。可以说，尧舜三代的六经（六艺）是经过孔子儒家才得以传播，它在汉代以后被定为一尊，成为中国文化的主流。

不过孔子创立儒学，绝不仅仅是因为对古代文献作了整理和解释的工作。孔子生当“礼乐征伐自诸侯出”、“陪臣执国命”的乱世，却向往上下有序的“有道”社会。他倡导仁，重视礼，以仁、礼为解决人生困境和社会矛盾的良方，建立起包括人生修养、伦理政治等内容的思想体系。仁在《诗》、《书》中已经出现，但内涵较简单，孔子对其进行了创造性发挥，赋予其不同于以往的含义，使其成为儒家的终极信念和人生理想，“孔门之学，求仁之学也”。礼在孔子之前也已出现，且表现为三代的礼乐文化，但孔子对礼进行了理论总结和概括，探讨了礼变化形式下不变的精神实质。如果说仁主要是孔子的生命感受和思想创造的话，那么礼更多的是孔子对三代之礼尤其是周礼的继承和联系，“郁郁乎文哉，吾从周”（《论语·八佾》）。不过，孔子所复之礼与其向往的周礼仍有所不同，周公制礼乃天子之事，是古代帝王的政规业绩，其落脚点在具体的制度礼仪，是自上而下，由天子、诸侯以至于士；孔子复礼则是以布衣之身试图恢复社会秩序的努力，其关注的是礼的价值和意义，更多地落实在个人修养上，探讨的是礼在社会组织和个人社会化中的作用和地位。通过仁、礼，孔子提出了关于社会人生的系统学说。这样从孔子开始，儒学实际包括两方面内容：一为六艺之学，一为社会人生之学。

六艺之学是关于《诗》、《书》、《礼》、《乐》等古代文献的学说，包括文本的整理、意义的阐释等等，主要为对前轴心文化的继承，属于孔子的学术思想。汉代以后“独尊儒术”，这套学问便称为“经学”。社会人生之学则是孔子对社会人生的见解和看法，是孔子改革社会政教的主张和方案，是轴心时代的文化创造。由于孔子是以新兴“诸子”的身份提出自己的思想主张，故社会人生之学又称作“子学”。只不过作为一个社会大变革时代的思想家，孔子主要关注的不是一典籍、知识的问题，而是一思想信仰或“道”的问题，是如何解决社会和人生困境的问题。故在早期儒学那里，子学是一条主线，而六艺之学或者早期经学则是一条辅线。孔子之后，孟子主要发展了孔子的仁，“夫子以仁发明斯道，其言浑无罅缝。孟子十字打开，更无隐遁”①。而荀子则继承了孔子的礼，并援法入礼，建立起“隆礼重法”的思想体系。同时，孟子“序《诗》、《书》，述仲尼之意”（《史记·孟子荀卿列传》），荀子则对毛、鲁、韩《诗》，《左传》、《穀梁》，《礼记》（大小戴礼）等大部分经典进行了传授②，子学与六艺之学得到进一步发展。汉代以后独尊儒术，“诸不在六艺之科，孔子之术者，皆绝其道，勿使并进”（《汉书·董仲舒传》），实际是推重经学，发展的是孔子的六艺之学，而把子学降到附属的地位，看做经学的附庸或传记。故是以六经看孔子，而不是以孔子的思想创造看孔子，视孔子为“述而不作”、“信而好古”者，某种意义上也可以说，是回到了前轴心时代，而不是轴心时代，所以由汉至唐，周孔并称，孔子辅翼于周公之后。

就孟、荀而言，他们虽然均传授六艺，但由于荀子差不多活到“六王毕，四海一”的战国后期，六经多是由他才传到后代，汉初的经师，如毛公、申公、穆生、白生、张苍、贾谊、大小戴等，直接或间接都是出于荀子之门，所以与汉代经学有着更密切的关系。清人汪中云：“荀卿之学出于孔氏，而尤有功于诸经……盖自七十子之徒既殁，汉诸儒未兴，中更战国暴秦之乱，六艺之传赖以不绝者，荀卿也。周公作之，孔子述之，荀卿

① 陆九渊：《语录上》，见《陆九渊集》，398页，北京，中华书局，1980。
② 参见汪中：《荀卿子通论》，见王先谦：《荀子集解》，《诸子集成》，第2册，14～17页。

子传之，其揆一也。”[①] 梁启超亦称：“汉世六经家法，强半为荀子所传，而传经诸老师，又多故秦博士，故自汉以后，名虽为昌明孔学，实则所传者仅荀学一支派而已。”[②] 汉代儒学除经学外，亦包括子学，而荀子“隆礼重法”，注重外王事功，对汉代诸子亦影响颇深。“汉世儒者，非仅浮丘伯、伏生、申公一辈博士经生，大部出自荀卿之学；即其卓称诸子，自陆贾以下，如扬雄、王符、仲长统，及荀悦之伦，亦莫非荀卿之传也。盖两汉学术，经学固云独盛，然因承先秦诸家之余风，子学述作亦复不少，其列属儒家者，大抵为荀卿之儒也。吾人读其书，荀卿之色彩颇浓，申、韩之绪余，亦往往杂出乎其间……此其所谓儒，盖荀卿之儒耳。”[③] 故由汉至唐，荀子的影响似远在孟子之上，而彼时所谓儒学，大抵缘饰以经学，阴染有法意，“霸王道杂糅之”，实由荀学发展而来。“三代以下之天下，非孟子治之，乃荀子治之。”

宋代以后，经学衰落，理学兴起，儒学形态再次发生变化：一是由六经转向四书，二是由章句训诂转向性命义理。四书中《论语》、《孟子》固然为孔子、孟子言行的记录，是轴心时代的思想创造，而《大学》、《中庸》虽出自《礼记》，但实际与曾子、子思有关，亦为子学作品，所以就思想资源而言，宋明理学是回到了轴心时代，是以《论语》、以孔子的思想创造看孔子，而不是以六经看孔子。继承孔子者为曾子、子思、孟子，其言性命天道，功绩反在尧舜周公之上。故唐宋以后，孔孟并称，孟子的地位大大提升。“孟子有功于道，为万世师。”“孟子有功于圣门不可言。如仲尼只说一个仁，孟子开口便说仁义；仲尼只说一个志，孟子便说出许多养气来。只此二字，其功甚多。”[④] “古之学者便立天理，孔孟而后，其心不传，如荀、扬皆不能知。”[⑤]《孟子》一书也“升格”为经，与《论语》一样具有与六经同等的地位。“自孔子没，群弟子莫不有书，独孟轲氏之传得其宗……故求观圣人之道，必自《孟子》始。”[⑥] “夫《孟子》之文，

① 汪中：《荀卿子通论》，见王先谦：《荀子集解》，《诸子集成》，第2册，14～15页。

② 梁启超：《论中国学术思想变迁之大势》，80页。

③ 徐平章：《荀子与两汉儒学》，179页。

④ 程颢、程颐：《二程集》，第1册，76、221页。

⑤ 张载：《经学理窟·义理》，见《张载集》，273页，北京，中华书局，1978。

⑥ 韩愈：《送王秀才序》，见《韩愈全集》，212页。

粲若经传……其文继乎六艺，光乎百氏，真圣人之微旨也!”[①] “学者当以《论语》、《孟子》为本。《论语》、《孟子》既治，则六经可不治而明矣。”[②] “《论》、《孟》如丈尺权衡相似，以此量度事物，自然见得长短轻重……今人看《论》、《孟》之书，亦如见孔孟何异?”[③] 故宋代以后，孟子的影响又有压倒荀子之势。

由于儒学自孔子始，不仅继承了前轴心时代的文化成果，发展出一套六艺之学，同时也包含了儒者在轴心时代的思想创造，形成社会人生之学或子学，前者发展为汉唐时期的章句训诂之学——经学，后者衍化为宋明时期义理心性之学——理学，而孟子、荀子分别与这两个时期的学术存在密切联系，故学术界有孟子传“道”，荀子传“经”之说。其言云：“孔子定三代之礼，定六经之书，征文考献，多识前言往行，凡《诗》、《书》六艺之文，皆儒之业也；衍心性之传，明六艺之蕴，成一家之言，集理学之大成，凡《论语》、《孝经》诸书，皆师之业也。曾子、子思、孟子皆成一家者也，是为宋学之祖；子夏、荀子皆传六艺者也，是为汉学之祖。”[④] “汉唐注疏之学，乃荀子之流衍，宋明心性之学，乃孟子之流衍，汉宋之别，亦犹荀孟之别也。”[⑤] 此说以为儒学内部存在“师”与“儒”的区分，“师以贤得民”，“儒以艺得民”（刘向《荀卿新书序》）。凡《诗》、《书》六艺之文，皆儒之业也；衍心性之传，明六艺之蕴，皆师之业。曾子、子思、孟子皆衍心性之传，是宋学之祖；子夏、荀子皆传六艺之文，是汉学之祖。虽有一定道理，但并不准确。实际情况是，孔子不仅传六艺之文，亦明社会人生之道，而“孟子、荀卿之列，咸遵夫子之业，而润色之”（《史记·儒林列传》），故一方面“序《诗》、《书》”，“隆礼仪”，影响了以后的汉唐经学，不过荀子与其关系更为密切；另一方面又弘扬了孔子的社会人生之道，不过孟子主要发展了仁，荀子更多地继承了礼，所以孟子与以后喜言性命天道的宋明理学联系更

---

① 皮日休：《请孟子为学科书》，见《皮子文薮》卷9，四库文渊阁本。

② 程颢、程颐：《二程集》，第1册，322页。

③ 同上书，205页。

④ 刘师培：《国学发微》，见《刘申叔先生遗书》，上册，478页，南京，江苏古籍出版社，1997。

⑤ 徐平章：《荀子与两汉儒学》，引阮元说，113页。

为直接。这样，孔子思想中的不同倾向，在孟子、荀子那里进一步分化，不仅表现为仁学与礼学的对立，还衍化为以后汉学与宋学的分歧。孟子与荀子，如双峰并峙，两军对垒。后世学者从这种对立看儒学，故或尊孟而抑荀，或崇荀而黜孟，孔子承前启后，整全、丰富的思想学说竟分化为不同的派别、门户之争。

（二）儒家道统说引述

儒学自本自根、源远流长，内涵丰厚，其内部不仅有子学、经学之分，也有汉学、宋学的对立，每一学术形态下又有不同之派系，故后世有所谓“道统”说，以对其内容做出判别、衡定、分析。盖一种学术思想，虽极复杂，而不可无一中心，道统即表示一居于中心地位的思想传统。儒家的道统观念由来已久，孔子见夏、殷、周礼之相因，而确信“其或继周者，虽百世可知也”（《论语·为政》）。孟子主张“五百年必有王者出，其间必有名世者”（《孟子·公孙丑下》），并详列由尧、舜、禹、汤、文王而至孔子的序列（见《孟子·尽心下》末），均表现出承前启后，继往开来的续统意识。不过系统表述道统思想的是唐代中期的韩愈，其《原道》云：

> 博爱之谓仁，行而宜之之谓义，由是而之焉之谓道，足乎己，无待于外之谓德。其文《诗》、《书》、《易》、《春秋》，其法礼乐、刑政，其民士、农、工、贾，其位君臣、父子、师友、宾主、昆弟、夫妇……斯道也，何道也？曰：斯吾所谓道也，非向所谓老与佛之道也。尧以是传之舜，舜以是传之禹，禹以是传之汤，汤以是传之文武周公，文武周公传之孔子，孔子传之孟轲，轲之死，不得其传焉。[①]

韩愈认为儒家道统始于尧、舜、禹、汤，而不是孔子，表明其所理解的儒

---

① 韩愈：《原道》，见《韩愈全集》，120页。

学乃是全面继承了前轴心时代的文化，而不是仅限于轴心时代，无疑是有历史根据的。不过他将荀子排斥在道统之外，认为“轲之死，不得其传焉”，则可能与他对道的理解有关。在韩愈看来：“博爱之谓仁，行而宜之之谓义，由是而之焉之谓道，足乎已，无待于外之谓德。”“仁与义，为定名；道与德，为虚位……凡吾所谓道德云者，合仁与义言之也，天下之公言也。”故他所谓道的本质内容为仁义，其经典之文献为《诗》、《书》、《易》、《春秋》，其表现于客观社会政治之制度为礼乐刑政，其民有士农工贾。尧、舜、禹、汤、文、武、周公、孔子一脉相传者即此仁义之道，孔子之后，真正发扬仁义者为孟子，孟子死后，荀子虽然与孟子一样，“吐辞为经”，“优入圣域”①，“要其归，与孔子异者鲜矣”②。但对于仁义，“择焉而不精，语焉而不详”，“大醇而小疵”，故不得不排除于道统之外。韩愈道统说是在“儒门淡薄”的颓势下，辟佛老，明仁义，重新确立儒学的正统地位，故对后世影响甚大，其观点也被同样有弘道意识的理学家所接受。南宋集理学大成者朱熹云：

> 孔子传之孟轲，轲之死，不得其传。此非深知所传者何事，则未易言也。夫孟子之所传者何哉？曰：仁义而已矣。孟子之所谓仁义者何哉？曰：仁，人心也；义，人路也。曰：恻隐之心，仁之端也；羞恶之心，义之端也，如斯而已矣。然则所谓仁义者，又岂外乎此心哉？尧舜之所以为尧舜，以其尽此心之体而已。禹、汤、文、武、周公、孔子传之，以至于孟子，其间相望，有或数百年者，非得口传耳授密相付属也。特此心之体，隐乎百姓日用之间，贤者识其大，不贤者识其小，而体其全且尽，则为得其传耳。虽穷天地，亘万世，而其心之所同然，若合符节。③

朱熹认为如果不能真正理解孔孟所传者为仁义，则不容易对其解释、说明

① 韩愈《进学解》，见《韩愈全集》，131页。
② 韩愈：《读荀》，见《韩愈全集》，128页。
③ 朱熹：《李公常语上》，见《朱文公文集》卷73。

韩愈何以主张“轲之死，不得其传”，表明他对韩愈的道统说颇为认同，且深有同感。不过朱熹将仁义进一步落实在“心之体”上，认为尧、舜、禹、汤、文、武、周公、孔子以至于孟子所传者“特此心之体”也。在《中庸章句序》中，朱熹继承了程颐“《中庸》乃孔门传授心法”的思想，将尧、舜、禹相传之道统具体化为《古文尚书·大禹谟》中的“十六字心传”：“其见于经，则‘允执厥中’者，尧之所以授舜也；‘人心惟危，道心惟微，惟精惟一，允执厥中’者，舜之所以授禹也。”“十六字心传”中，“允执厥中”是核心，舜所增人心、道心等三句乃是对此句的进一步阐释。在朱熹看来：“心者，人之知觉，主于身而应事物者也。指其生于形气之私者而言，则谓之人心；指其发于义理之公者而言，则谓之道心。”① 故道心是符合仁义之理之心，人心指生于形气之私之心，而“允执厥中”就是要省察“危而不安”的人心，持守“微而不显”的道心，时时以仁义之心即道心为标准，“执中”，无过不及。所以在以仁义为道的本质内容上，朱熹与韩愈是一致的，不过朱熹将仁义与道心、人心的区分联系在一起，将仁义形上化、哲学化。这样，朱熹所言之道便更具有超越性、抽象性，从前轴心时代的尧、舜、禹到轴心时代的孔、孟相传的都是此一永恒、普遍的道，而与具体的历史时代无关。道统之“传”亦非事实层面的前后相续或师徒传授，而是超越层面的心灵感悟，心心相契。圣人相传虽然是仁义之道，但仁义之道离不开心而存在，传道与传心密不可分，欲了解圣人相传之道，就要了解尧、舜、禹相传之“十六字心传”，舍此无以了解圣人之道。孟子之后，荀子以及汉唐诸儒未能领悟这个“心法”和“密旨”，结果使得“尧、舜、禹、汤、文、武以来转相授受之心不明于天下”，直到宋代周敦颐、二程兄弟奋起于“百世之下”，“以兴起斯文为己任，辨异端，辟邪说，使圣人之道焕然复明于世”。朱熹本人也是以承继道统自命，欲将二程等人接续的道统进一步发明光大之。

韩愈道统说不仅被多数宋明理学家所接受，在当代新儒家那里也得到回响。当代新儒家代表人物牟宗三先生称：“自韩愈为此道统之说，宋明儒兴起，大体皆继承而首肯之。其所以易为人所首肯，因此说之所指本是

① 朱熹：《尚书·大禹谟》，见《朱文公文集》卷65。

一事实，不在韩愈说之之为‘说’也。”[①] 认为韩愈道统说之所以被接受，就在于它反映了一客观事实，而不是因为韩愈的个人主张。不过，牟宗三虽然也将道统溯源于前轴心时代的尧、舜、禹，但他更强调孔子立仁教对“道之本统”再建的积极意义，强调孔子的生命形态与生命方向之独特性。他说：“然自尧舜三代以至孔子乃至孔子后之孟子，此一系相承之道统，就道之自觉之内容言，至孔子实起一创辟之突进，此即其立仁教以辟精神领域是……此一创辟之突进，与尧舜三代之政规业绩合而观之，则此相承之道即后来所谓‘内圣外王之道’（语出《庄子·天下篇》)。此‘内圣外王之道’之成立即是孔子对于尧舜三代王者相承‘道之本统’之再建立。内圣一面之彰显自孔子立仁教始……自孔子立仁教后，此一系之发展是其最顺适而又最本质之发展，亦是其最有成而亦最有永久价值之发展，此可曰孔子之传统。”[②] 在牟先生看来，尧舜三代所传之道乃是“政规业绩”之道，是文制之道。此是“外王”之道，而非内圣之道。内圣之道自孔子始，此即孔子所立之仁教，将孔子之仁教与尧舜三代之政规业绩合而观之，方有完整意义的“内圣外王之道”，故孔子对于“道之本统”是创辟之突进，是再建立。这样看来，儒家道统当是自孔子讲，而不是自尧、舜、禹、汤、文、武、周公讲。可见，牟宗三强调的是孔子对前轴心时代文化的超越和突破，而不是对其的继承和联系。从这种意义上说，牟宗三眼里的孔子乃是一“截断众流”的孔子。牟宗三亦承认，“孔子既习六艺，亦传经”，对于前轴心时代的文化有一种继承关系，但在他看来，“对于《诗》、《书》、礼乐、《春秋》，无论是删、定、作或只是搜补，有述无作，皆不关重要。要者是在仁。仁是其真生命之所在，亦是其生命之大宗。不在其搜补文献也。有了仁，则其所述而不作者一起皆活，一切皆有意义，皆是真实生命之所流注。然则唐虞三代之制度之道与政规之道惟赖孔子之仁教，始能成为活法，而亦惟赖孔子之仁教，始能见其可以下传以及其下传之意义”[③]。故他反对汉唐儒者以传经看孔子，因为“传经以教是一事，孔子之独特生命又是一事，只习六艺不必真能了解孔子之独特生命也。以

① 牟宗三：《心体与性体》，第1册，191页。
② 同上书，192～193页。
③ 同上书，245页。

习六艺传经为儒，是从孔子绕出去，以古经典为标准，不以孔子生命智慧之基本方向为标准，孔子亦只是一媒介人物而已”[①]。基于这种认识，他将汉唐诸儒排除于道统之外，而肯定宋明儒学接续道统的两点贡献：一是“对先秦之庞杂集团、齐头并进，并无一确定之传法统系，而确定出一个统系，藉以决定儒家生命智慧之基本方向”。具体说是确立了“以曾子、子思、孟子及《中庸》、《易传》与《大学》为足以代表儒家传承之正宗”。二是改变了汉人“以传经为儒”的观念，“直接以孔子为标准，直就是孔子之生命智慧之方向而言成德之教以为儒学”。故宋以前是“周孔”并称，宋以后是“孔孟”并称，“周孔并称，孔子只是尧、舜、禹、汤、文、武、周公之骥尾，对后来言，只是传经之媒介”，“孔孟并称，则是以孔子为教主，孔子之所以为孔子始正式被认识”[②]。

就牟宗三强调仁为道统的主要内容，与韩愈、朱熹等人无疑是一致的。不过他并不认为仁是由尧、舜、禹、汤、文、武、周公到孔孟一脉相传，而是孔子创辟之突进，是孔子独特的生命方向，这一看法无疑更符合历史实际，一定程度上使其道统说带有了历史的因素，而不像韩愈、朱熹等人的仁义超绝、孤立。另外，对于道统本质内容的仁，牟宗三不是像韩愈将其理解为伦理原则，也不是像朱熹将其具体化为“十六字心传”的“密旨”、“心法”，而是通过与康德哲学的会通，着力阐发其“性与天道”、道德形上学的哲学意蕴，反映了他对孔子仁教的理解和认识。以对孔子仁教的承继和发展，牟宗三认为儒学的发展实际可分为三期：孔子创立仁教，传至孟子，“轲之死，不得其传焉”，是为第一期。在经历了中国文化生命长期歧出，至唐末五代道德沦丧、儒家伦理扫地之后，宋明理学家继承孔子仁教，挺立道德主体，发扬内圣心性之学，是为第二期。自明末刘宗周死后，有清三百年又失道统之传，直到熊十力出来，传至牟宗三、唐君毅等人，才又光大，是为儒学第三期。在牟先生看来，儒学第三期的任

---

① 牟宗三：《心体与性体》，第1册，12页。

② 同上书，13～14页。

务就是要由儒家内圣心性之学开科学、民主的新外王。[①]

以上由唐代韩愈提出、多数宋明理学家所接受、当代新儒家进一步阐发的道统说乃儒学史上的主流观点，其影响也最深、最大。但与此相对的还有另一种道统说，似也应值得注意。如唐代杨倞提出："昔者周公稽古三五之道，损益夏殷之典，制礼作乐，以仁义理天下，其德化刑政存乎《诗》……故仲尼定礼乐，作《春秋》，然后三代遗风，弛而复张。而无时位，功烈不得于天下，但门人传述而已……故孟轲阐其前，荀卿振其后……真名世之士，王者之师……盖周公制作之，仲尼祖述之，荀孟赞成之，所以胶固王道，至深至备。虽春秋四夷交侵，战国三纲弛绝，斯道竟不坠矣。"[②] 杨倞认为，周公所承继的三皇五帝之道，在内容上包括礼乐、仁义、德化刑政以及记录先王德化刑政的《诗》、《书》等，此道显然是一种广义的道，道不仅仅是观念形态，还体现为德化刑政，故又称"王道"。此道由周公、孔子、孟轲、荀卿一脉相传，虽经春秋战国"四夷交侵"，伦常废弛，也未有中断。可见此道统说的特点，一是扩大了道的内容，道不仅限于仁义，也包括礼乐等。二是与此相应，不是将荀子排斥在道统之外，而是看做道统传播的一个重要环节。

杨倞这种广义的道统论在宋明理学家那里也有表现，如宋初三先生之一的孙复称："吾之所谓道者，尧、舜、禹、汤、文、武、周公、孔子之道也，孟轲、荀卿、扬雄、王通、韩愈之道也。"[③] 三先生之另一位石介亦称："道始于伏羲而成终于孔子……伏羲氏、神农氏、黄帝氏、少昊氏、颛顼氏、高辛氏、唐尧氏、虞舜氏、禹、汤氏、文、武、周公、孔子者，十有四圣人，孔子为圣人之至。孟轲氏、荀况氏、扬雄氏、王通氏、韩愈氏五贤人，吏部（注：指韩愈）为贤人而卓。不知更几千万亿年复有孔子？不知更几千百数年复有吏部？"[④] 孙复将尧、舜、禹、汤、文、武、周

① 关于儒家道统问题的论述，可参见蔡方鹿：《中华道统思想发展史》，成都，四川人民出版社，2003。郑家栋：《当代新儒家的道统论》，载《原道》，第1辑，1994。李明辉：《当代新儒家的道统论》，载《鹅湖月刊》，第224期，1994；又见所著《当代儒学的自我转化》，137～159页，北京，中国社会科学出版社，2001。

② 杨倞：《荀子注序》，见王先谦：《荀子集解》，《诸子集成》，第2册，2页。

③ 孙复：《信道堂记》，见《孙明复先生小集》，四库文渊阁本。

④ 石介：《尊韩》，见《徂徕石先生文集》卷7，四库文渊阁本。

公、孔子、孟轲、荀卿等均列于道统之中，石介虽对伏羲氏、神农氏、黄帝氏、周公、孔子与孟轲、荀况、扬雄等做了圣人、贤人的区分，但仍肯定他们是处于同一道统序列之中，只不过前者是创造、开拓者，后者是继承、传播者，其所主张的都是一种广义的道统说，而这种道统说的提出显然与其对道的理解密切相关。如石介称：“周公、孔子、孟轲、扬雄、文中子、韩吏部之道，尧、舜、禹、汤、文、武之道也，三才、九畴、五常之道也。”① 认为尧、舜、禹、汤、文、武、周公、孔子、孟轲、荀况之道是三才（天、地、人）、九畴（指《尚书·洪范》九畴）、五常之道。又说：“道者，何谓也？道乎所道也……道于仁义而仁义隆，道于礼乐而礼乐备，道之谓也。”② 认为道的本质内容为仁义、礼乐。孙复亦说：“仁义、礼乐，治世之本也，王道之所由兴，人伦之所由正。”③ 与石介的看法是一致的。由于不是将道的内容仅仅限定在仁义，而是将礼乐也包括其中，孙复、石介均将荀子列入道统之中，肯定荀子在道统传播中的贡献。“道大坏，由一人存之；天下国家大乱，由一人扶之。周室衰，诸侯畔，道大坏也，孔子存之；孔子殁，杨、墨作，道大坏也，孟子存之；战国盛，仪、秦起，道大坏也，荀况存之。”④ 并由肯定荀子进一步肯定汉唐诸儒中的扬雄、王通等，这也可以说是这种广义道统说的一个特点。

近代历史学家钱穆由于反对牟宗三等人突出心性论，以心性为标准取舍儒家传统，故通过批评韩愈、宋明理学家的道统说，而提出以整个文化大传统为道统。在其看来，由韩愈提出、宋明两代争持不休的道统，“只可称之为是一种主观的道统，或说是一种一线单传的道统。此种道统是截断众流，甚为孤立的；又是甚为脆弱，极易中断的；我们又可说它是一种极易断的道统。此种主观的单传孤立的易断的道统观，其实纰缪甚多。若真道统则须从历史文化大传统言，当知此一整个文化大传统即是道统。如此说来，则比较客观，而且亦绝不能只是一线单传，亦不能说它老有中断之虞”⑤。当代学者李泽厚针对牟宗三等人的儒学“三期说”而提出“四期

① 石介：《怪说中》，见《徂徕石先生文集》卷 5，四库文渊阁本。

② 石介：《移府学诸生》，见《徂徕石先生文集》卷 20，四库文渊阁本。

③ 孙复：《儒辱》，见《孙明复先生小集》，四库文渊阁本。

④ 孙复：《信道堂记》，见《孙明复先生小集》，四库文渊阁本。

⑤ 钱穆：《中国学术通义》（增订本），94 页，台北，学生书局，1993。

说”，即“孔、孟、荀为第一期，汉儒为第二期，宋明理学为第三期，现在或未来如要发展，则应为虽继承前三期、却又颇有不同特色的第四期”。他认为“三期说”至少有两大偏误：一是以心性——道德理论来概括儒学，失之片面，相当脱离甚至背离了孔孟原典。第二，“三期说”抹杀荀学，特别抹杀以董仲舒为代表的汉代儒学。而后者在创设制度层面和作用于中国人的公私生活上，更长期支配了中国社会及广大民众，至今仍有残留影响。[①] 钱穆所谈，已不限于儒家，故是一种更为广义的道统说。李泽厚虽然没有明确提到道统，但他认为三期、四期的分歧，关系到如何理解中国文化特别是儒学传统，从而涉及下一步如何发展这传统的根本问题，一定程度上也反映了他对儒家道统的认识和理解。

（三）儒家道统说试析

综观以上两种道统说，其内部虽然有种种分歧甚至是较大差异，但大体而言，前者可称为即“道”而言“统”，后者可称为即“统”而言“道”。即“道”而言“统”就是首先确立何为儒家的道，并以此道为标准来判别、确立儒家的谱系，凡合此道者即列于道统序列之中，凡不合此道者则排斥于道统序列之外。所以，首先它是一种哲学、超越的道统观，而不是历史、文化的道统观，它关注的不是儒学历史、社会层面的发展、演变，而是社会、历史背后某种超越的精神、价值或理念。其次，与之相应，它具有判教的性质，需要区分儒门正统与非正统。由于韩愈、朱熹以及牟宗三等均将仁义看做道的本质内容，而仁义又表现为心性义理，所以他们认为孔子之后继承道统的是孟子、宋明理学，而将荀子以及汉唐儒学排斥在道统之外。最后，道统之“传”并非一般意义上的师徒传授，而是“深造自得”，心灵感悟。因而，它可以承认道统有一时的中断，天地无光，一片黑暗，亦相信道统在中断多时后又被重新接续，前圣后圣，心心相契。与此不同，即“统”而言“道”则着眼于儒学的整个大传统，凡在此儒家统绪中的都可看做是道。如杨倞将仁义、礼乐，德化刑政，《诗》、

---

① 参见李泽厚：《说儒学四期》，载《原道》，第6辑，贵阳，贵州人民出版社，1999。

《书》六艺都归于道，石介提出的三才、九畴、五常之道。钱穆的道统论虽然不限于儒家，但若具体到儒家，也可说是以整个儒家大传统为道统，正是典型的即“统”而言“道”。李泽厚肯定荀子与汉唐儒学，理由是后者在创设制度与塑造民众心理上曾产生过重大影响，与即“统”言“道”说可谓有异曲同工之妙。所以即“统”而言“道”主要是一种历史、文化的道统观，它更多关注的是儒学实际的发展、演变，而不是某种超越的价值理念；它亦不要求在儒门内部做出正统与非正统的区分，或至少它的重点不在这里，而是要对儒学的观念体系、内部结构、社会功能做一整全的把握；同样，它也不强调道统的中断，价值理想的迷失，而是着眼于儒学传统生生不息，前后相续。

那么，如何看待以上两种道统说，如何对其进行分析、检讨、评判，并面对现实、当下重构儒家的道统说？这无疑是关涉儒学未来发展的重大理论问题。要回答这一问题，以下几点无疑需要做出反省和思考。首先，是道统与学统、政统的区别。儒学内涵丰富，源远流长，其中《诗》、《书》、《礼》、《乐》六艺可称为学，此学在历史上的传授可称为学统，而非道统，因为六艺乃寓道者也，包括、蕴涵了道，而本身并非即是道。礼乐刑政可看做是政，此政在历代的实施、转让可称为政统或治统，亦非道统。因为礼乐刑政源于道，是道在现实政治的落实，而其本身并不可即等同于道。儒家道统只能是其核心的价值观念、思想体系，此观念、体系落实于历史文化传统之中，随历史文化的发展而演进，体现为某种超越的、历久常新、一脉相承的文化精神（文化生命），而肯定此种文化精神、文化生命的存在，正是儒家道统观念最本质的内涵。杨倞将《诗》、《书》六艺、德化刑政都归于道统，忽略了道统、学统、政统的区别，并不可取。以历史文化传统为道统亦存在这样的问题，因为历史文化传统本身不可为道统，历史文化传统的价值和意义方可为道统。同样，对于道统亦不可只从历史上的影响去衡量，因为影响之大小乃是一经验事实，而道统非属于经验、事实的层面，而属于价值、意义的层面。即“统”而言“道”说突出了儒学的整体性、连续性，将道统与具体的历史过程联系在一起，是其合理之处，但对二者的区别缺乏明确的自觉，则是其不足。相比较而言，即“道”而言“统”说突出儒家的核心价值观念，并以此观念的传承来理解儒家道统，无疑更为合理，其不足之处，是将道的内容仅仅理解为仁义，失之片面。

其次，是前轴心时代与轴心时代文化的差异，具体讲，儒家道统是当自尧、舜、禹、汤讲，还是自孔子讲？历史上，韩愈、杨倞、孙复、石介、朱熹等均认为儒家道统始于尧、舜、禹、汤、文、武，而不是孔子，从前轴心时代的尧、舜、禹、汤到轴心时代的孔、孟，道一以贯之，一脉相传。这种看法在突出道统根源性的同时，却忽略了前轴心与轴心两个时代的差异。韩愈、朱熹一定程度上注意到这种差异，如韩愈称："由周公而上，上而为君，故其事行；由周公而下，下而为臣，故其说长。"[①] 朱熹亦称："若吾夫子，则虽不得其位，而所以继往圣，开来学，其功反有贤于尧舜者。"[②] 认为周公以上与周公而下，前者有位为君，后者无位为臣；前者重政绩业规，后者重思想学说，但所传仍是同一个道。不过，思想学说虽可说是在政绩业规的经验上凝练而出，但二者终归并非一事，而是有提升、有抽象、有升华、有发展。从这一点看，牟宗三先生提出孔子创立仁教，对"道之本统"是创辟之突进，是再建立，儒家道统当是自孔子讲，而不是自尧、舜、禹、汤、文、武、周公讲，注意到了前轴心时代与轴心时代文化的差异，其观点无疑更深入一步。另外，牟先生不是将道统看做可以脱离时代的抽象理念与原则，而是根源的文化生命，"凡由此'根源的文化生命'（即根源的心灵表现之方向）所演生的事相，无论是在构造中的或是在曲折中的，都已成陈迹，让它过去。然而那根源的文化生命并不过去，亘万古而长存"[③]。文化生命超越于历史之上，又落实于历史之中，其生生不息即道统之所在，这种看法也更为合理。所以儒学作为一个文化传统，其道统当自尧、舜、禹、汤、文、武、周公讲起；作为一个思想学派，又当自孔子讲起。因为尧、舜、禹、汤、文、武、周公的贡献在于政绩业规，而"我们从尧、舜、禹、汤、文、武、周公、孔子，一代代传下来的，不是那些业绩，而是创造这些文化业绩的那个文化生命的方

---

① 韩愈：《原道》，见《韩愈全集》，120页。

② 朱熹：《中庸章句序》，见《四书集注》，15页。

③ 牟宗三：《生命的学问》，66～67页，台北，三民书局，1984。

向以及它的形态”[1]。此文化生命虽然已孕育于尧、舜、禹、汤、文、武的时代，但其自觉和被点醒则无疑是自孔子始。所以突出孔子在道统中的地位，认为道统当自孔子讲起，而不是自尧、舜、禹、汤、文、武、周公讲起，自有其合理之处。

不过，牟宗三认为儒家道统即内圣心性之学，此内圣心性之学又即是孔子之仁，则显得不够全面。因为孔子对于“道之本统”的再建，不仅在于发明仁，亦在于倡导礼，后者与前轴心时代文化有着更为复杂的联系。前面已说，孔子复礼与周公制礼有所不同：“周公及其所代表者，多半贡献在具体创造上，如礼乐制度之制作等。孔子则是于昔贤制作，大有所悟，从而推阐其理以教人。”“礼乐之制作，犹或许以前人之贡献为多；至于伦理名分，则多出于孔子之教。孔子在这方面所做功夫，即《论语》上所谓‘正名’。”[2] 所以孔子一方面以仁释礼，另一方面以礼落实仁，仁与礼才是孔子重建“道之本统”的核心内容，仁与礼的关系才是道统的核心问题。孔子论礼虽是结合着当时具体的礼仪讲，但又不同于后者，其所论实际是礼的精神、价值、意义。具体的礼仪可以过去，成为陈迹，而礼的精神、价值、意义则具有超越性，随时代的发展而演进。

还有，孟子、荀子在道统中的地位。孔子之后，孟、荀双峰并立，两军对峙，谁更能代表儒家道统，一直是颇有争议的问题。韩愈、朱熹、牟宗三等人由于将道的内容限定为仁义，故尊孟而排荀，认为孟子才是孔子之后的嫡传，并进而将汉唐儒学排斥于道统之外，固然可被视为“单传孤立的易断的道统观”。而杨倞、孙复、石介等人扩大了道的内容——其中，孙复、石介肯定道的内容为仁义、礼乐，尤为可取——将孟、荀都包容于道统之内，表面上似乎是化解了以上争论，但问题实际依然存在。因为即使将孟、荀纳入道统中，也不能消除二者的分歧，相反还需说明，不同如孟、荀者究竟在何种意义上分别承继道统。历史地看，从孔子到孟、荀实际是儒学内部的分化过程，这种分化又间接地影响了以后的汉唐经学与宋明理学，所以如果不是持一种主观、单传、易断的道统观，就不应从孟、荀的分歧与对立看道统，从儒学以后的分化看道统，而应从根源的丰富性

① 牟宗三：《政道与治道》（增订版），18～19页，台北，学生书局，1991。

② 梁漱溟：《梁漱溟全集》，第3卷，103～104、115页，济南，山东人民出版社，1990。

看道统。就需承认，根源的文化生命生生不息，前后相续，此即道统之所在。但道统并非一线单传，一成不变，而是有曲折，有回转，亦有创辟，有突进。道的某个方面可能会被遮蔽、掩盖，因而在某个时期隐而不显，道体不全，但如果道的其他方面依然延续，甚至得到丰富、发展，那么，道统就并未真正中断。道统的承继亦不应感慨于道体不全，并以此被遮蔽的方面为正统，而是要经过"去敝"，使其澄明、敞亮，使道不同的方面重新融合、汇聚。这样，从孔子到孟、荀的具体分化过程便值得深入考察，孔子到孟、荀之间的过渡人物子思的思想和地位也因此突显出来。韩愈、朱熹等肯定孟子，将其列入道统内，是因为提出曾子——子思——孟子的传道谱系，孟子经子思而上接孔子。但荀子与这一儒门"正统"、与子思是否没有任何联系？是否与其仅仅是一种对立的关系？仅仅是一"别子"而已？回答这一问题，全面、客观地了解子思的思想及那个时代的儒学发展便显得十分必要，而新近出土的地下文献正好为此提供了可能。

（四）回到"子思"去——儒家道统论的重构

1993年湖北荆州郭店村一号楚墓中出土一批竹简，墓葬年代约为公元前四世纪中期至公元前三世纪初，属于战国中期偏晚，竹简的写作应该更早，基本在孔子之后，孟子之前，为了解这段"考古者为之茫昧"的历史提供了重要的文献材料。尤为珍贵的是，这批竹简中涉及子思的作品，为我们了解子思思想以及子思时代的儒学提供了难得的机缘。

通过这批竹简，改变了我们一些固有的看法，对这一时期的儒学有了新的认识和理解。例如，传统上学术界认为，"仁内义外"说乃告子的观点，是儒家批评和反对的，根据就在于《孟子·告子上》中孟子与告子的辩论。但郭店竹简中有大量有关"仁内义外"的论述，表明"仁内义外"曾经是被儒家学者普遍接受的观点。郭店竹简的"仁内义外"内涵虽然比较复杂，包含了不同的含义，但其中一种含义是针对内在道德律和外在道德律而言，认为道德原则有些是"生于内"，有些是"生于外"；仁是生于内，义是生于外。而道德实践就是要从"仁内"和"义外"两方面入手，做到二者的统一。这种"仁内义外"说与告子强调仁内与义外的对立显然是有所不同的，从郭店竹简的“仁内义外”说到告子的“仁内义外”说，再到孟子的“仁义内在”说，实际经历了曲折、复杂的思想发展过程，也是儒学理论的一个探索过程。① 更为重要的是，郭店竹简的“仁内义外”说是子思也可以接受的，或者说子思亦有类似的思想主张。郭店竹简中有属于子思的《五行》一篇，其中提到“形于内”的“德之行”和“不形于内”的“行”，实际就是内在和外在道德律，与“仁内义外”说表达的是一个意思。《五行》论述“德之行”的前半部分直接影响了以后的孟子，而论述“行”的后半部分则与以后的荀子存在更多的联系。所以孟、荀虽然看似对立，但却都与子思的思想有着直接、间接的联系，子思以后儒学的发展是多向的，而不是单向的，孟、荀不过代表了这一分化过程的不同方面而已。②

又例如，传统上学术界认为孟子讲天人合一，荀子讲天人之分，二者是对立的。但是郭店竹简中有《穷达以时》一篇，明确提出一种天人之分，通过天人之分探讨了人与命运的关系。这种天人之分与以后孟子的思想是非常接近的，只不过孟子把它发展为一种“性命之分”。③《穷达以时》属于子思一派的作品，通过这一新发现的作品，可以使我们认识到，古人谈论的天人关系实际是有着不同的层面。所谓天人之分与天人合一也不是截然对立的，而是可以在这些不同层面分别展开的。孟子虽然主要谈论人与命运天的关系，荀子更多地谈人与自然天的关系，但他们也都谈论到其他的层面。所以谈论儒家的天人观，就不应停留于其中的某个层面，以及孟子、荀子对其的具体理解，而应对这些不同的层面以及孟、荀的观点进行统合，发展出完整、丰富的儒家天人思想。

还有，郭店竹简尤其是《性自命出》一篇，有大量论“情”的言论，挑战了我们形成已久的成见。传统上学术界认为，凡自超越层面以言性，自天命以言性，“天命之谓性”，其一定是善性，这是一个新传统，区别于自生理欲望以言性、“生之谓性”的老传统。然而《性自命出》提出“性自命出，命自天降”后，又说“喜怒哀悲之气，性也”，“好恶，性也”，

---

① 参见第六章第一节：《孟子“四心”说的形成及其意义》。

② 参见第四章第一节：《子思〈五行〉新探》。

③ 参见第八章第一节：《竹简〈穷达以时〉与早期儒家天人观》。

虽然是自天命以言性，自超越层面以言性，但所谈的却是自然人性，而非道德人性。传统上学者还认为，情是没有道德性的，是与伦理原则相违背的，故往往从负面去理解情。例如，荀子认为“顺情性则违礼义”，情性没有自身的规定性，会与礼仪规范产生冲突，所以要“化性起伪”，善是伪，与性、情恰恰是对立的。宋明理学是把情放在形而下，属于气质之性，“气质之性君子不以为性也”，所以不是真正意义上的性。然而《性自命出》却不是如此，它赞美情，肯定情，“凡人情为可悦也”，“苟以其情，虽过不恶”，是从正面去理解情。这说明，我们以前的解释框架可能并不合理，并不能解释古代人性论的真实情况，中国古代还存在着自超越层面以言情的传统，它不只是从人的经验层面来谈情，而是联系到天地来谈情，从天地之六气来理解情，天地有六气，六气赋予到人身上，产生了喜怒哀乐之情。这一传统主要不是讨论性善与性恶的问题，而是性和谐的问题。它认为，天地是一个有机的和谐的存在，天地赋予了我们性，产生了情，我们最初得到的性必然是一个先天的和谐状态。

以往学者喜欢谈道德形上学，要为善寻找形上根据，而根据《性自命出》以及其他古代文献，似乎还应提出情感形上学，为情感寻找形上的根据，不只是从经验层面去谈情，而是联系到一个超越层面，联系到天地的根本来谈情。正是在这一点上，古人包括《性自命出》对性、情的理解，特别是对自然情感的理解，与后人显示出不同之处。因为后来的学者往往是从负面去理解情，故喜欢谈节性，只谈到了“节”的一面，而忽略了“顺”的一面。《性自命出》则提出“道始于情”，“礼作于情”，礼恰恰是来自于情，要以情为本。主张“始者近情，终者近义”，要在情与礼（义）之间达到一种平衡。《性自命出》为子游一派的作品，反映了该派对礼乐、性情的认识和理解，其论情的思想对以后子思也有影响，这即《中庸》的“中和”思想。《中庸》提出“喜怒哀乐之未发谓之中”，认为“天命之谓性”，性来自天，是上天的赋予，喜怒哀乐之未发即是性未与外界接触，是恰到好处、先天的和谐状态。又说，“中也者，天下之大本也”，认为人性中先天的和谐是天下最大的根本，礼乐教化都应从情出发，符合情的需要，这和竹简“道始于情”，“礼作于情”表达的正是同一个意思。《中庸》还提到，“致中和，天地位焉，万物育焉”，所谓“致中和”就是一种双重的和谐，既要符合人性，又要符合现实秩序，符合礼仪，所以关系到“天地位”、“万物育”，具有重大的意义。而“致中和”与竹简的“始者近情，终者近义”实际表达的也是同一个意思，它们都承认有一个先天之情，有个“中”，有个恰好的状态；都强调既要照顾到情，又要顾及现实的秩序，所以《中庸》的“中和”说与《性自命出》的思想恰好是可以打通的，是受了后者的影响。然而令人遗憾的是，这一论情的传统，在孟子那里反而意外中断，不见了踪影。以后荀子虽提出性恶论，也就是情恶论，与以上论性的传统有所不同，但其思想中也存在与后者一致的地方。如荀子提出“生之所以然谓之性，性之和所生，精合感应，不事而自然谓之性”（《荀子·正名》），其中“生之所以然”之性即是先天之性，超越之性，实际是生之理；“不事而自然”之性则是前面超越之性在和谐状态下所产生的生理经验之性，主要是情。又如，荀子认为“辟耳目之欲”只能达到“浊明外景”，是一般的精神境界；而圣人“纵其欲，兼其情”，顺着情感欲望而动，又能自然符合理，所达到的是“清明内景”，是更高的精神境界（见《荀子·解蔽》）。这说明，荀子也曾联系到超越层面来谈情，对情曾做出正面的理解和肯定，荀子思想似存在前后两个不同的阶段。

再如，郭店简中有《唐虞之道》一篇，“高扬了儒家‘祖述尧舜’、‘爱亲尊贤’、‘天下为公’、‘利天下而弗利’的思想，显示了先秦儒家在战国时期崇尚‘禅让’政治理想、反对父子相传之‘家天下’的昂扬思想风貌。”另外上海博物馆藏竹简《子羔》、《容成氏》也都是鼓吹、宣扬禅让思想的作品，结合相关的历史记载以及传世文献如《礼运》等，可以发现，战国中期社会上曾出现过一股宣扬禅让的思潮，儒家学者是其中的积极参与者，子思等人都有鼓吹禅让的思想。这表明，儒家不仅有仁政、王道的政治理想，同时还有“天下为公”，权力公有的政治主张，在权力的授受和分配上，还提出过更为激进、大胆的主张，将“选贤与能”的政治原则贯彻到君主的选立之上。然而自燕王哙“让国”失败后，孟子等儒家学者面对复杂的社会政治形势，不得不放弃了禅让的政治主张，认为“唐、虞禅，夏后、殷、周继，其义一也”（《孟子·万章上》）。只讲仁政、王道，突出人民主体性，“民为贵”，不再坚持权力的公共性。而仁政、王道的实现，又需要通过“格君心之非”，寄希望于君主的道德觉悟，结果仁政、王道只能成为一种理想，而始终缺乏制度的保证。战国中期这场轰动一时的禅让思潮，也逐渐淹没于历史的尘埃之中。

以上材料表明，子思不仅是早期儒学的关键人物，其所代表的时代在早期儒学发展中也处于一种枢纽的地位。子思之前，孔子吸收、总结尧舜三代的礼乐文化并加以创造、发展而形成的以仁、礼为核心的儒学思想，汇聚到子思这里，得到较为全面的继承；子思而下，这一丰富的儒学传统开始分化，出现向不同方向发展的趋势。从子思到孟、荀，是儒学内部深化同时也是窄化的过程，孟子、荀子分别从不同方面发展了孔子以来的儒学传统，使儒学的某些方面得到充分发展，变得深刻而精致，但对儒学的其他方面或有所忽略或出现偏差，因而并没有真正全面继承孔子以来的儒学传统。所以站在儒家道统的立场上，以仁、礼为道的核心内容，就需承认，在道统的传承中，孟子是有所“失”，即由于主要关注内在、心性的一面，发展了儒家的仁学，而忽略了外在、礼仪的一面，对儒家的礼学继承不够，有所缺失；荀子是有所“偏”，即主要发展了外在制度、礼仪的一面，并援法入礼，出现儒法结合的趋势，但对儒家仁学重视不够，没有真正把握仁的精神，使仁平面化、窄化，在发展上出现偏差。故面对孟、荀的分歧，就不应尊彼抑此，在谁更能代表儒家道统上争论不休，而应回到“子思”去——并非历史学、发生学意义上的回到，而是诠释学意义上的回到，即恢复根源文化生命的丰富性，在此丰富性的基础上重建儒家道统。“子思”也不仅仅指子思本人及其思想，而是代表儒学一个思想丰富的时代，以及一种合理的思想结构。如果说从子思到孟、荀是儒家整全的思想开始分化，但又在局部得到深化的话，那么，从孟、荀回到“子思”去，则是要在此深化的基础上，对孟、荀各自的思想创造进行统合，进行再创造，重建儒家道统。

所以回到“子思”去，首先要对仁、礼的关系进行重新理解和阐释，使儒家仁学和礼学有机地结合在一起。本来孔子提出仁与礼，就是着眼于二者的统一，想要以仁说明礼，以礼落实仁。但是由于孔子的礼是一个含义复杂的概念，特别是包含了身份等级的内容，内在、主体性的仁如何与外在、等级性的礼相统一，便成为孔子着力探索，也是孔门后学不断争论的问题。在七十二子那里，形成“主内”与“务外”的分歧，到了子思的时代，则出现了“仁内义外”说，试图在承认内外差别的基础上将仁、义（礼）统一在一起。然而此后孟子主要发展了“仁内”的思想，提出“仁，人心也”以及“养浩然之气”、民本、仁政等思想学说，使先秦儒学中人民性、主体性、抗议精神得到了弘扬；荀子则主要继承了“义（礼）外”的思想，提出“隆礼重法”、“合群”“明分”、“化性起伪”等命题，探讨了礼在国家、社会以及个人修身中的作用和地位。从此孟、荀兵分两路，各取一端，“孟子多言仁，少言礼”，“荀子多言礼，少言仁”①。儒家仁学与礼学不是得到统合，而是进一步分化。然而竹简“道始于情”、“礼作于情”的命题提示我们，礼不仅仅是外在的习俗和规范，同时还有人性的内在根据，是源自于情，产生于情；礼的作用不仅仅在于“明分”、“别异”，同时还在于使社会中不同身份的人达到和谐、有序，“礼之用，和为贵”也。所以如何继承孟子思想的积极成果，借鉴荀子思想的合理内核，突出仁的主体性、内在性，剔除礼等级、尊卑的内容，保留其差序、和谐的积极形式，发展仁学，改造礼学，建立仁、礼统一的思想学说，便成为儒学在当代发展中面临的重大课题。

回到“子思”去，在实践和功夫论的层面上，则是要处理内在扩充和外在培养，也就是“为德”与“为善”或“自诚明”与“自明诚”的关系。与提出仁、礼的道德原则相应，孔子在道德实践上也是内在体验与外在培养并重，他说“我欲仁，斯仁至矣”，便是说从内心思考、体验仁，便会得到仁；他说“克己复礼为仁”，则是强调内在德性的获得需要通过实践外在的礼仪。本来内在扩充与外在培养是一体之两面，是相辅相成的，但如何从理论的高度对二者关系做出说明，道德实践是应从“洒扫、应对、进退”入手，还是“守约”，首先确立道德主体意识，仍是个有待深入探讨的问题。这一问题在子游、子夏那里，演变为关于“本”、“末”的争论；子思则提出“为德”与“为善”以及“自诚明”与“自明诚”二元的实践方法，并试图将二者结合在一起。然而此后孟子主要侧重内在扩充，主张“先立其大者”，“自仁义行，非行仁义也”，主要发展了“为德”与“自诚明”的思想；而荀子则注重外在培养，提出“化性起伪”，“积礼

① 康有为：《万木草堂口说·礼运》，见《康有为全集》，第 2 册，317 页。

义”，主要发展了“为善”的思想。孟、荀虽然从不同的方面深化、发展了儒学的实践方法，但由于其各执一偏，使得儒学的全面性、丰富性却大有减损。所以发展儒学，重构儒家道统，就必须孟、荀并重，内外并举，统合孟、荀的实践方法。而通过对竹简以及《孟子》“天下之言性”章的解读[①]，可以发现这种统合的可能性本来是实际存在的。这就必须回到古代即生言性的传统，把性不是看做非抽象的实体和本质，而是动态的活动和过程，是生命之成长的倾向、趋势和活动，此性虽是先天之性，是生之理，但需要经过后天的塑造和培养，需要“动性”、“逆性”、“节性”、“厉性”、“出性”、“养性”、“长性”；同时后天的塑造、培养也必须顾及先天本性，需要“始者近情”，“终者近义”；“知情者能出之”，“知义者能入之”，在先天的性情与后天的塑造之间达到一种平衡。而孟子主张“顺杞柳之性而以为桮棬”，反对“戕贼杞柳而后以为桮棬”，实际上正是延续了这一传统。孟子也不是不要后天的塑造与培养，而是主张后天的塑造与培养应当“以利为本”，应当顺应、有利于先天的本性为根本。只不过孟子多谈道德人性，少谈自然人性，所以在修养、实践方法上，也是较重视内在扩充，而对外在礼仪、后天培养重视不够，有所欠缺。荀子虽重视礼义，重视外在践履与培养，但他把情性看做是消极、负面的，是与礼义对立的。后天教育并非是顺情性，而是“化性起伪”，是“矫饰人之情性而正之”，“扰化人之情性而导之也”，所以恰恰是“戕贼杞柳而后以为桮棬”。因此，如何弥补孟子思想方法的缺失，纠正荀子思想方法的偏差，统合孟、荀，创立内外兼备的功夫论与实践方法，便成为儒学创新、发展面临的另一个重大课题。

回到“子思”去，在人性论的层面，则是要统合仁性、知性、情性（“性之好恶喜怒哀乐谓之情”，“何谓人情？喜怒哀惧爱恶欲”），建构丰富、完整的人性论结构。孟子重仁性，以恻隐、羞恶、辞让、是非之心为性，故肯定人性积极向上，“万物皆备于我”，“人皆可以为尧舜”，“反身而诚，乐莫大焉”，着力讴歌人性的至真至善至美。荀子重情性，尤重其中之欲性，更进而发现人生而“好利焉”、“疾（注：同‘嫉’）恶焉”、“好

① 参见第七章第一节：《竹简〈性自命出〉与〈孟子〉“天下之言性”章》。

声色焉”，视此为社会争夺、暴乱的根本原因，故倡性恶，揭示了人性之消极、阴暗面，要求“化性起伪”、“矫饰其情性”。孟、荀所论，是针对人性的不同层面甚至是不同的问题，不仅不矛盾，而且可以互补。如学者所言，“孟言性善，欲人之尽性而乐于善；荀言性恶，欲人之化性而勉于善。立言虽殊，其教人以善则一也”[①]。所以孟子虽言性善，认为“仁义礼智，我固有之”，但“我固有之”的善性可以陷溺、流失，故又有“求放心”之说；荀子虽倡性恶，认为“人情甚不美”，但又说“凡以知，人之性”，肯定人有知性，人依靠“可以知仁义法正之质”，学习先王“仁义法正之理”，便可“化性起伪”，“涂之人可以为禹”。孟、荀言性虽殊，但又有相通、互补之处。既然孟子性善论是以善为性论，在理论上便不应反对人性中同样也有恶。相反，只有承认人性中还有向下、堕失的力量，也就是“陷溺其心者”，其人性论才能更为完备。孟子没有对此展开深入论述，给予充分关注，“但见人有恻隐辞让之心，不知人亦有残暴争夺之心也”[②]。只强调了人性积极、向上的方面，对人性消极、堕失的方面重视不够，其论性不能不说是“不备”。荀子虽正视了人性的消极、阴暗面，强调了“礼义法正”以及“累德积义”、“积善成德”的重要性，是其可取之处。但忽略了人性的丰富、完整性，忽略了人还有仁义之性，特别是放弃了古人自超越层面以言情性的传统，其论性不能不说是“不明”。所以合理地安排仁性、知性、情性，统合孟子性善与荀子性恶论，建构完备的人性学说，才是儒学发展的康庄之路。

回到“子思”去，在天人关系上，则是要处理人与道德或义理天、命运天、自然天的关系，特别是突出超越性的道德或义理天，建构完备、多层次的天人学说。孔子创立儒学，承继了周代以来的天命观念，提出“天生德于予”，视天为外在的超越者，是德性、价值的根据和源头。同时，孔子又提出“下学上达”，认为通过实践仁即可上达天道，打破了自重黎“绝地天通”以来少数贵族对天命的垄断，使天与个人发生联系，为个人的成圣提供了可能。这样，一方面天降德于人，另一方面人修德可上达天道。天与人不是直接的同一关系，二者之间存在一定的距离。此后，子思

① 钱大昕：《荀子笺释跋》，见王先谦：《荀子集解》，《诸子集成》，第2册，10页。
② 康有为：《万木草堂口说·荀子》，见《康有为全集》，第2册，374页。

提出“天命之谓性”，将天命与性联系在一起，天既内在于性，又是外在的超越者，是既内在又超越的，由人（性）到天还需经过“尽其性”、“尽人之性”、“尽物之性”、“赞天地化育”、“与天地参”的“上达”的实践活动。在道德、义理天之外，子思还重视命运天，并提出“天人之分”的思想，通过外在限定与内在自由的区分，凸显了人的价值与尊严。此外对于自然天，子思也有一定的论述。子思之后，孟子主要突出了义理天与命运天，并提出“性命之分”，发展了子思的天人之分思想，是其有贡献之处。但由于孟子强调了心的地位，使天的客观、外在性有所削弱，到了孟子后学所著的《五行》说文那里，则明确提出“天道也者，己有弗为而美者也”，认为生而具有的“仁义礼智圣”五行自然、自发的和谐状态就是天道，天完全被内在化了，内在的德也就是天。天不再是超越目标和理想，不再需要“上达”的实践过程，内在的君子道本身就是天道，“销天以归人”，与以后的阳明后学实际走的是同样的路向。荀子则重视自然天与命运天，提出“天行有常，不为尧存，不为桀亡”，天是自然、客观的存在与活动，不为人的意志所改变，人应遵循天之法则，“制天命以用之”，对儒学思想是一个很大的发展。但荀子的天主要还是经验、实存天，而非超越、价值天①，无法为儒家的道德原则尤其是仁提供超越的根据，无法为儒家的性命天道提供合理的论证，故只能以“圣人”、“先王”为礼义等道德原则的制定、颁布者，“礼义者是生于圣人之伪，非故生于人之性也”（《荀子·性恶》），主张“学者以圣王为师”（《解蔽》），要求人们“师云而云”（《议兵》），推崇权威，反对“不是师法而好自用”，以致后人有“乡愿”之讥。所以如何保持道德、义理天的超越、独立性，贯通性命天道——既非孟子后学式的“销天以归人”，亦非荀子式的自然主义，而是在天、人的对待、统一中，凸显人的主体性，确立人生的信念与方向。同时，重视自然天，“制天命以用之”，开出知性主体；承认命运天，以“天人之分”看待人生的穷达祸福与“己”应尽的职分，妥善处理多层次复杂的天人关系，便成为儒学发展中值得重视的另一个问题。

---

① 荀子有“礼有三本”之说：“天地者，生之本也；先祖者，类之本也；君师者，治之本也。无天地，恶生？”（《礼论》）但这里的“天地者，生之本”似只有描述的意义，不具有真正的价值内涵。

回到“子思”去，在政治思想上，则是要统合儒家的“天下为公”、“选贤与能”与民本、仁政思想，同时吸收西方的民主政治理念，去粗存精，发展出新型的儒家民主政治思想。早期儒家的政治理念大约有二：一曰言“天下为公”、“选贤与能”而主张权力共有；二曰言民本、仁政而肯定民之特殊地位，以民为国之价值主体，是君主、国家得以设立的原因和根据。此二者本如鸟之双翼，车之双轮，相辅相成，缺一不可。只有肯定“天下为公”，坚持权力公有，民众才可以由价值主体进一步上升为政治主体，民本政治也才有可能转化为民主政治。然而令人遗憾的是，战国前期，虽有子思、子游后学等一批儒者极力倡导“天下为公”，并逐步影响到当时的政治实践，形成宣扬禅让的思潮。然而由于燕王哙“让国”失败，这一中国式的“民主”之路最终遭到挫折，此后孟子虽突出民本、仁政，但不是在“权力公有”的框架下寻找出路，而是寄托于君主的恻隐、不忍人之心，同时以革命说作为补救，早期儒家的两大政治理念不是相得益彰，协同发展，而是相互离异，蔽于一曲。后来以叔孙通、董仲舒、韩愈、程朱为代表的一批“后儒”，进一步违背早期儒学的政治理念，为君主专制张目，以君本代替民本，以“家天下”代替“公天下”，使儒学经历了一个由扶民向抑民政策的蜕变，致使“在下者不胜其苦”。所以，在充分吸收、借鉴西方民主政治思想及实践的基础上，如何统合“天下为公”、“选贤与能”与民本、仁政，接续明清之际的早期启蒙思想，解开儒家政治思想的死结，发展出儒家民主政治思想，便成为每一个关心儒学复兴与中国民主政治建设的学者需要认真思考的问题。

回到“子思”去，从文化的承继来看，则是要处理前轴心时代与轴心时代文化的关系，具体讲，也就是“五经”与“四书”的关系。五经本乃前轴心时代的文化积累，但孔子在创立儒学时对其进行了整理、诠释，并用于教学之中，使其成为儒学的一个重要内容。《论语》、《大学》、《中庸》、《孟子》等则是孔、曾、思、孟的个人言行记录或著述，是其对社会人生的见解与主张，是轴心时代的思想创造。子思等儒家学者继承了孔子的思想传统，不是抛开六艺或五经等基本经典，而是对其进行自由、开放的诠释，视其为思想的源头活水，通过引述《诗》、《书》，为自己的观念、学说寻找合理性的说明，在思想突破、创造的同时，并没有割断与前轴心时代的联系，使儒学具有了强大生命力。在早期儒学那里，既存在着子学这样一条主线，也存在着早期经学或六艺之学这样一条辅线。汉代以后推重经学，实发展了孔子的六艺之学，而把子学降到附属的地位，看做经学的附庸或者传记，故是以五经看孔子，视孔子为五经的整理者或“微言大义”的阐发者。宋代以后理学兴起，则是回到孔子所创立的社会人生之学或子学，但是又升“子”为“经”，提高了《论语》、《孟子》等书的地位，故特重四书，以此为儒家的基本经典，同时又承认五经的地位。从儒学的发展、演变来看，宋明理学可能更接近早期儒学的形态，其吸收、借鉴佛老理论思维，对儒学进行重新诠释，也使儒家的心性义理学说得到进一步发展。不过宋明儒推重四书虽有其积极意义，但其所谓四书未必能涵盖、反映早期儒学的精神内涵，而不过是为了服务于其道统说，对早期儒学的一种“损益”而已。在我们看来，如果不是立足于狭隘、“一线单传”的道统观，而是视道统为根源的文化生命，为生生不息、历久常新的文化精神、文化生命，则真正能代表、反映早期儒学文化精神与生命的应是《论语》、《礼记》、《孟子》与《荀子》四部书——其中《论语》、《孟子》、《荀子》分别是孔、孟、荀精神、文化生命的记录与反映，而《礼记》是汉代学者对所搜集、发现的七十二子及其后学（包括曾子、子游、子思等）的部分作品，以及讨论礼节仪式文字的编订、整理，故郭店、上博竹简中的有关内容也可归入其中。[①] 这样《论》、《记》、《孟》、《荀》实涵盖了早期儒学的文化生命与精神内涵，可合称“新四书”。对于《论》、《记》、《孟》、《荀》，我们也不是视其为“一以贯之”，传递着相同的道，而是儒家文化生命生生不息，成长、发展，乃至曲折、回转的过程。所以无论孟子还是荀子，都无力独自承担儒家道统，面对儒家道统，面对生生不息的文化生命，他们都存在着“所失”或“所偏”，只有统合孟、荀，相互补充，才能重建道统，恢复儒学的精神生命与活力。孟、荀思想中的某些对立与分歧，恰使其相互融合与补充成为必要，故读《孟子》需兼《荀子》，读《荀子》需归于《孟子》（尤其在人性论上），“万物并育而不相害，道

① 陈来教授有“荆门礼记”之说，细推敲起来，可能并不严谨，因为战国时并不存在《礼记》一书。但若说我们也可以像汉代学者那样，对新发现的郭店、上博简中儒家典籍进行整理、归类，则将其归入《礼记》无疑是合适的。

并行而不悖”。

如果说当年宋明儒者是以回到早期儒学、回到孔孟为目标，以借鉴、学习佛老的形上思维和理论成果为手段，“出入佛老数十载，然后返之于六经（广义的）”，通过对《四书》的创造性诠释而完成了一次儒学的伟大复兴的话，那么，郭店及上博简的发现，则使我们有可能更为真切地了解孔子到孟、荀的思想发展，感受到早期儒学文化生命的脉动，重新发现、挖掘早期儒学的思想资源。故学习宋儒的做法，重新出入西学（黑格尔、康德、海德格尔、罗尔斯等）数十载，然后返之于六经，以新道统说为统领，以新四书为基本经典，“六经注我”、“我注六经”，以完成当代儒学的开新与重建，便成为我们面临的一项重要职责与使命。一方面，“六经”的价值、意义注入“我”的生命中，滋润了“我”，养育了“我”，是谓“六经注我”；另一方面，“我”的时代感受，“我”的生命关怀，“我”的问题意识又被带入到“六经”中，是谓“我注六经”。正是在这种意义上，我们可以说“六经皆史”——“六经”是一部民族成长、发展的历史，是精神的历史，自由的历史。此精神、自由之历史才是儒家道统之所在，是孔、曾、游、思、孟、荀精神之所在，也是郭店竹简与思孟学派研究给我们的最大启示。

主要参考文献

（一）古籍类：

C

（宋）蔡沈：《书经集传》，北京，中国书店，1994

（宋）晁公武：《郡斋读书志》　（影印本），上海，上海商务印书馆，1933

（宋）程颢、程颐：《二程集》一至四册，北京，中华书局，1981

（元）陈澔：《礼记集说》，北京，中国书店，1994

（清）陈确：《陈确集》上、下册，北京，中华书局，1979

（清）陈澧：《东塾读书记》，北京，三联书店，1998

（清）崔述：《崔东壁遗书》，上海，上海古籍出版社，1983

（清）曹之升：《孟子年谱》，载《至圣先师孔子年谱》（影印本），济南，山东友谊书社，1989

曹础基：《庄子浅注》（修订版），北京，中华书局，2000

蔡汝堃：《孝经通考》，北京，商务印书馆，1937

陈国庆：《汉书艺文志注释汇编》，北京，中华书局，1983

陈奇猷：《吕氏春秋校释》，上海，学林出版社，1984

程树德：《论语集释》，北京，中华书局，1990

D

（清）戴震：《戴震全书》第一至七册，合肥，黄山书社，1995

（清）段玉裁：《广雅疏证》，北京，中华书局，2004

（清）狄子奇：《孟子编年》，浙江书局，光绪十三年（1887）

G

（汉）高诱注、（清）毕沅校、余翔标点：《吕氏春秋》，上海，上海古籍出版社，1996

郭沫若等：《管子集校》，北京，科学出版社，1956

顾实：《汉书艺文志讲疏》，上海，上海古籍出版社，1987

H

（唐）韩愈：《韩愈全集》，上海，上海古籍出版社，1997

（清）黄以周辑：《子思子》，见《续修四库全书》第九三二册，上海，上海古籍出版社，2002

胡平生译注：《孝经译注》，北京，中华书局，1996

J

（清）焦循：《孟子正义》，《诸子集成》第一册（影印本），上海，上海书店，1986

L

（清）刘宝楠：《论语正义》，《诸子集成》第一册（影印本），上海，上海书店，1986

（宋）陆九渊：《陆九渊集》，北京，中华书局，1980

梁启雄：《荀子简释》，北京，中华书局，1983

M

（清）马瑞辰：《毛诗传笺通释》，北京，中华书局，1989

O

（唐）欧阳修：《欧阳修全集》上、下册，北京，中国书店（据世界书局 1936 年版影印）

R

（清）阮元校刻：《十三经注疏》上、下（附校勘记），北京，中华书局，1980

（清）阮元：《揅经室集》上、下册，北京，中华书局，1993

（清）阮元：《曾子十篇》（影印本），北京，中华书局，1985

S

（明）宋濂：《诸子辨》，北京，朴社，1927

（清）孙希旦：《礼记集解》上、中、下册，北京，中华书局，1989

（清）孙诒让：《墨子闲诂》，《诸子集成》第四册（影印本），上海，上海书店，1986

W

（三国吴）韦昭：《国语解》，上海，上海书店，1987

（明）王阳明：《王阳明全集》上、下册，上海，上海古籍出版

社，1992

（清）王先谦：《荀子集解》，《诸子集成》第二册（影印本），上海，上海书店，1986

（清）翁方纲：《礼记附记》，北京，中华书局，1985

Y

杨树达：《淮南子证闻》，上海，上海古籍出版社，1985

杨树达：《论语疏证》，上海，上海古籍出版社，1986

杨伯峻：《孟子译注》上、下，北京，中华书局，1960

杨伯峻：《论语译注》，北京，中华书局，1980

（宋）叶适：《习学记言》，北京，中华书局，1977

Z

（宋）朱熹：《诗经集传》，上海，上海古籍出版社，1987

（宋）朱熹：《四书集注》，北京，中国书店，1994

（宋）朱熹：《朱子四书语类》，上海，上海古籍出版社，1992

（清）朱彝尊：《经义考》（影印本），北京，中华书局，1998

张舜徽：《汉书艺文志通释》，武汉，湖北教育出版社，1990

（二）论文集、专著类：

B

白奚：《稷下学研究》，北京，三联书店，1998

C

蔡方鹿：《中华道统思想发展史》，成都，四川人民出版社，2003

（日）池田知久著，王启发译：《马王堆汉墓帛书五行研究》，北京，

中国社会科学出版社，2005

陈大齐：《孔子学说论集》，台北，中正书局，1979

陈大齐：《孟子性善说与荀子性恶说的比较研究》，台北：中央文物供应社，1953

陈宁：《中国古代命运观的现代诠释》，沈阳，辽宁教育出版社，1999

陈鼓应主编：《道家文化研究》第十七辑（“郭店楚简”专号），北京，三联书店，1999（8）

陈福滨主编：《本世纪出土思想文献与中国古典哲学论文集》，台北，辅仁大学出版社，1999

D

丁四新：《郭店楚墓竹简思想研究》，北京，东方出版社，2000

董洪利：《孟子研究》，南京，江苏古籍出版社，1997

杜维明：《人性与自我修养》，北京，中国和平出版社，1988

F

冯友兰：《中国哲学史》上，北京，中华书局，1961

冯友兰：《中国哲学史新编》第二册，北京，人民出版社，1984

冯契：《中国古代哲学的逻辑发展》上册，上海，上海人民出版社，1983

傅斯年：《傅孟真先生集》第三册，北京，商务印书馆，1948

傅佩荣：《儒家哲学新论》，台北，业强出版社，1993

G

顾颉刚等：《古史辨》（影印本）一至七，上海，上海书店，1993

郭沫若：《十批判书》，北京，东方出版社，1996

郭沫若：《青铜时代》，北京，科学出版社，1957

郭沂：《郭店竹简与先秦学术思想》，上海，上海教育出版社，2001

国际儒学联合会编：《纪念孔子诞辰 2550 周年国际学术论文会论文集》，北京，国际文化出版公司，2000

（美）顾史考：《郭店楚简先秦儒书宏微观》，台北，学生书局，2006

H

韩国孟子学会编：《孟子研究》第一、二辑，1997、1999

黄俊杰：《孟学思想史论》，第 1 卷，台北，东大图书公司，1991

黄俊杰：《孟学思想史论》，第 2 卷，台北，台湾“中央研究院”中国文哲研究所筹备处，1997

黄俊杰等：《孟子思想的历史发展》，台北，台湾“中央研究院”中国文哲研究所筹备处，1995

黄彰健：《经学理学文存》，台北，台湾商务印书馆，1976

胡家聪：《管子新探》，北京，中国社会科学出版社，1995

胡适：《中国哲学史大纲》，北京，东方出版社，1996

胡玉缙：《许庼学林》，北京，中华书局，1958

侯外庐、赵纪彬、杜国庠：《中国思想通史》第一卷，北京，人民出版社，1957

贺麟：《文化与人生》，北京，商务印书馆，1988

（美）赫伯特·芬格莱特（Herbert Fingarette）著；彭国翔、张华译：《孔子：即凡而圣》，南京，江苏人民出版社，2002

J

荆门市博物馆编：《郭店楚墓竹简》，北京，文物出版社，1998

姜广辉主编：《中国哲学》第二十辑（“郭店楚简研究”专号），沈阳，辽宁教育出版社，1999

姜广辉主编：《中国哲学》第二十一辑（“郭店简与儒学研究”专号），沈阳，辽宁教育出版社，2000

蒋伯潜：《诸子通论》，杭州，浙江古籍出版社，1985

江侠庵编译：《先秦经籍考》上、中、下册，北京，商务印书馆，1931

金德建：《先秦诸子杂考》，郑州，中州书画社，1982

K

康有为著，楼宇烈整理：《孟子微·中庸注·礼运注》，北京，中华书局，1987

康有为：《康有为全集》第二卷，上海，上海古籍出版社，1990

康德著，唐钺重译：《道德形上学探本》，北京，商务印书馆版，1959

L

李明辉：《儒家与康德》，台北，经联出版社，1990

李明辉：《康德伦理学与孟子道德思考之重建》，台北，台湾"中央研究院"中国文哲研究所筹备处，1994

李明辉主编：《孟子思想的哲学探讨》，台北，台湾"中央研究院"中国文哲研究所筹备处，1995

李明辉：《当代儒学的自我转化》，北京，中国社会科学出版社，2001

李启谦、骆承烈：《孔子资料汇编》，济南，山东友谊书社，1991

李启谦、王式伦：《孔子弟子资料汇编》，济南，山东友谊书社，1991

李启谦：《孔门弟子研究》，济南，齐鲁书社，1987

李学勤：《〈周易〉经传溯源》，长春，长春出版社，1992

李学勤：《走出疑古时代》，沈阳，辽宁大学出版社，1995

李学勤：《古文献论丛》，上海，上海远东出版社，1996

李学勤：《简帛佚籍与学术史》，南昌，江西教育出版社，2001

李学勤、谢桂华主编：《简帛研究二〇〇一》，南宁，广西师范大学出版社，2001

李零：《郭店楚简校读记》，北京，北京大学出版社，2002

李泽厚：《中国古代思想史论》，北京，人民出版社，1987

李存山：《中国气论探源与发微》，北京，中国社会科学出版社，1990

廖名春：《新出楚简试论》，台北，台湾古籍出版公司，2001

廖名春：《荀子新探》，台北，文津出版社，1994

廖名春：《中国学术史新证》，成都，四川大学出版社，2005

刘起釪：《古史续辨》，北京，中国社会科学出版社，1991

梁启超：《论中国学术思想变迁之大势》，上海，上海古籍出版社，2001

梁启超著，陈引驰编校：《梁启超国学讲录二种》，北京，中国社会科学出版社，1997

梁漱溟：《梁漱溟全集》，济南，山东人民出版社，1990

李天虹：《郭店竹简〈性自命出〉研究》，武汉，湖北教育出版社，2002

刘师培：《刘申叔先生遗书》，南京，江苏古籍出版社，1997

刘翔：《中国传统价值观诠释学》，上海，三联书店，1996

刘岱总编：《中国文化新论根源篇——永恒的巨流》，台北，联经出版事业公司，1983

罗根泽：《诸子考索》，北京，人民出版社，1958

M

蒙培元：《中国心性论》，台北，学生书局，1990

牟宗三：《心体与性体》第一、二、三卷，台北，中正书局，1968、1969

牟宗三：《生命的学问》，台北，三民书局，1984

牟宗三：《政道与治道》（增订版），台北，学生书局，1991

牟宗三：《中国哲学的特质》，上海，上海古籍出版社，1997

马承源主编：《上海博物馆战国楚竹书（四）》，上海，上海古籍出版社，2004

P

庞朴:《帛书〈五行〉篇研究》,济南,齐鲁书社,1980

庞朴:《竹帛〈五行〉篇校注及研究》,台北,万卷楼图书有限公司,2000

庞朴:《庞朴文集》第二卷《古墓新知》,济南,山东大学出版社,2005

Q

钱穆:《先秦诸子系年》,北京,中华书局,1985

钱穆:《两汉经学今古文评议》,北京,商务印书馆,2001

钱穆:《中国学术通义》(增订版),台北,学生书局,1993

钱穆:《国史大纲》上册(修订版),北京,商务印书馆,1995

R

任继愈主编:《中国哲学发展史·先秦卷》,北京,人民出版社,1983

任铭善:《礼记目录后案》,济南,齐鲁书社,1982

S

山东孔孟学会:《孟子思想研究》,济南,山东大学出版社,1986

山东师范大学齐鲁文化研究中心编:《儒家思孟学派国际学术研讨会论文汇编》,济南,山东师范大学,2007—08

孙筱:《心斋问学集》,北京,团结出版社,1993

T

唐君毅:《中国哲学原论·原性篇》,香港,新亚研究所,1974

W

王博：《简帛思想文献论集》，台北，台湾古籍出版社，2001

王兴业等：《孟子研究论文集》，济南，山东大学出版社，1984

魏启鹏：《〈德行〉校释》，成都，巴蜀出版社，1991

武汉大学编：《郭店楚简国际学术研讨会论文汇编》，武汉，湖北人民出版社，2000

吴康等：《孟子思想研究论集》，台北，黎明文化事业公司，1982

X

徐复观：《中国人性论史·先秦卷》，台北，台湾商务印书馆，1968

徐复观：《中国艺术精神》，沈阳，春风文艺出版社，1987

徐复观：《中国思想史论集》，上海，上海书店，2004

徐复观：《中国思想史论集续篇》，上海，上海书店，2004

徐中舒：《徐中舒历史论文选辑》上、下册，北京，中华书局，1998

徐平章：《荀子与两汉儒学》，台北，文津出版社，1988

（日）小野泽精一、福永光司、山井涌编著，李庆译：《气的思想——中国自然观和人的观念的发展》，上海，上海人民出版社，1990

Y

（德）雅斯贝斯：《历史的起源和目标》，北京，华夏出版社，1989

杨宽：《古史新探》，北京，中华书局，1965

杨宽：《战国史》，上海，上海人民出版社，1980

杨泽波：《孟子性善论研究》，北京，社会科学出版社，1994

杨向奎：《宗周社会与礼乐文明》，北京，人民出版社，1997

杨儒宾主编：《中国古代思想中的气论及身体观》，台北，巨流图书公司，1993

杨儒宾、祝平次编：《儒学的气论与功夫论》，东亚文明研究丛书 52，台北，台湾大学出版中心，2005

尤西林：《阐释并守护世界意义的人——人文知识分子的起源与使命》，郑州，河南人民出版社，1996

袁保新：《孟子三辨之学的历史省察与现代诠释》，台北，文津出版社，1992

Z

张岱年：《中国古典哲学概念范畴要论》，北京，中国社会科学出版社，1987

张岱年：《中国哲学大纲》，北京，中国社会科学出版社，1982

张岱年：《中国哲学发微》，太原，山西人民出版社，1981

张秉楠：《稷下钩沉》，上海，上海古籍出版社，1991

张心澂：《伪书通考》上、下册，北京，商务印书馆，1939

赵士林：《心学与美学》，北京，中国社会科学出版社，1992

赵宗正主编：《孔孟荀比较研究》，济南，山东大学出版社，1989

郑万耕主编：《中国传统哲学新论》，北京，九洲图书出版社，1999

钟肇鹏：《孔子研究》，北京，中国社会科学出版社，1983

钟肇鹏：《求是斋丛稿》，成都，巴蜀书社，2001

钟彩君主编：《中国文哲研究的回顾与展望论文集》，台北，“中央研究院”中国文哲研究所筹备处，1992

英文著作：

A. C. Gramham，“*The Background of the Mencian Theory of Human Nature*”，in his *Studies in Chinese Philosophy and Philosophical Literature*. Singapore：The institute of East Asian Philosophies，1986.

Henny Sosemont，Jr. ed，*Chinese Texts and Philosophical Contexts—Essays Dedicated to Angus C. Graham*，La salle：Open Court，1991.

Richards，I. A，*Mencius on the Mind*：*Experiments in Multiple Definition*，Oxford，England：Harcourt，Brace，1932.

Schwartz，*The World of Thought in Ancient China*. Cambridge：

Harvard University Press，1985.

Alan K. L. Chan.，*Mencius*：*contexts and interpretations*，Honolulu：University of Hawai'i Press，c2002.

Xiusheng Liu and Philip J. Ivanhoe.，*Essays on the moral philosophy of Mengzi*，Indianapolis，Ind.：Hackett Pub.，c2002.

后 记

十年前的1998年，郭店竹简正式公布，随即引起了国内、国际学术界的极大关注，掀起了一股研究的热潮，此后出版的先秦思想史著作，如果没有利用郭店竹简及随后公布的上海博物馆藏竹简，便会被视为“过时”，不具有学术研究的前沿性，我此前完成的博士论文《仁义礼智信——儒家五常学说研究》便面临着这样的问题。正好在这一年，我来到中国社会科学院历史所做博士后研究，受身边同事研究热情的影响，同时也为了弥补博士论文的不足，我也开始关注出土文献研究，将博士后报告定为《郭店竹简与思孟学派》。到2001年初博士后出站时，我已完成了15万字的工作报告，并在报刊上发表了四、五篇相关论文。在博士后报告鉴定会上，庞朴、姜广辉、陈来、廖名春等学者对报告给予了充分肯定，并希望我对其补充、完善，争取早日出版。然而这时我感到学术的大门似乎才刚刚向我开启，一连串的学术问题迎面而来，有待我去思考、去探索。例如，在鉴定会上我曾提出，以往学术界将孟子性善论与之前“即生言性”的传统对立起来的做法是不合适的，从竹简的材料来看，孟子性善论与“即生言性”实际也存在一定的联系，由此或许可以打开孟子研究一个新的视角。然而当时这还只是一个想法，还没有落实为具体的研究成果。又例如，我当时虽已完成了《竹简〈性自命出〉与早期儒家心性论》一文，但对如何理解、处理竹简中的人性论材料，如何建构早期儒学心性论理论框架，仍感到是个悬而未决的问题，对于文中的一些提法和观点我当时已心有不安，感到有进一步讨论的必要。所以博士后出站留历史所思想史研究室工作后，除了参加一些集体课题外，我仍把主要精力放在郭店竹简与思孟学派的研究之中，五六年时间又先后发表了近20篇这方面的论文，较之博士后报告，这时的研究已更为充分、深入，字数也达到了40余万。

2006年，我申请去哈佛燕京学社做访问学者，本想在去哈佛前将课题结束，但杜维明先生告诉我，他准备在哈佛搞一个seminar（研读班），专门研讨思孟学派，为此他邀请了陈来先生主持，建议我还是将《郭店竹简与思孟学派》作为在哈佛期间的研究课题为好。我接受了杜先生的建议，于是又带着这一课题来到了哈佛。哈佛的一年时光是美好、愉快的，而每周五在Yenching House举办的seminar更是给人留下难忘的记忆，第一学期我们读《五行》，第二学期读《中庸》，大家自由争论，互相辩驳，畅所欲言，往往一两句经文便会用去一下午的时间，但丝毫没有枯燥、乏味的感觉，而是充满了精神的享受与快乐。参加讨论的除了杜先生、陈来、我专门研究儒学外，其他几位则分别研究伦理学、政治哲学、佛学、道家哲学、文学评论等，还有几位哈佛东亚系的博士生，不同的知识背景不仅没有减弱讨论的深度，反而碰撞出更多的思想火花，大家所讨论也不限于经文本身，而是涉及中国文化重建等一系列重大问题。在讨论的启发下，我又写出了《从简帛〈五行〉“经”到帛书〈五行〉“说”》、《即生言性的传统与孟子性善论》等论文。杜先生对我讲，虽然我已对郭店竹简与思孟学派做了许多具体个案研究，但似乎还缺少一篇宏观理论上的文章，建议我在这方面多做些思考，其实这也一直是我想要做的，于是我又草拟了《回到“子思”去——儒家道统论的检讨与重构》一文，将我近几年的思考做了一个总结，在离开哈佛的最后一次人文研讨会上，我以此为题做了发言，引起大家的热烈讨论。在美国期间，我还在哈佛中国文化年会做了《新出土竹简与中国文化再认识》的专题发言，并受耶鲁大学东亚研究中心、中央华盛顿大学哲学系的邀请作了郭店竹简的学术报告，在与国外同行交流中获得的点滴启发，也都被我吸收到研究之中。

2007年6月，我结束了在美国的访问回到了北京，这时我的工作单位已转到了中国人民大学国学院，承担起一定的教学任务。但我对思孟学派研究仍感意犹未尽，于是在教学工作之余，除了最终修订、完成《回到“子思”去》一文外，又写了《孟子“道性善”的内在理路及其思想意义》

及《竹简〈鲁穆公问子思〉与早期儒学的政治理念》两篇论文，至此我的郭店竹简与思孟学派研究才算告一段落，而这时距我来北京已有十年之久。

回想这并不短暂的十年，深感学术探索的艰辛与不易。郭店竹简研究是个跨学科的综合研究领域，涉及古文字学、文献学及哲学、思想史等多个学科，学术界一般按研究的先后顺序分别将其称为第一序（古文字学）、第二序（文献学）和第三序（哲学、思想史），我的研究主要集中在第二序和第三序，尤其是第三序上。所以吸收、借鉴古文字学者的成果是十分必要的，但文字的释读又是个非常复杂的过程，同一个字往往一开始有不同的释读意见，而一字之差又影响到文义的理解。如竹简《唐虞之道》中“孝之□”一句中的“□”字，整理者释为“方”，李零释为“放”，王博先生由此认为，“所谓的‘孝之方’，其实是‘孝之放’，放是放开、展开的意思……爱从孝开始，然后向外面延伸，这就是‘放’，或者叫做‘推’”。起初笔者觉得王博的解释十分贴切、合理，故将其引用到拙文《战国时期的禅让思潮与“大同”、“小康”说——兼论〈礼运〉的作者与年代》之中，但后来陈伟先生释读出“□”实际应为“杀”字，得到了学者的普遍认可，这样王博的理解显然便不能成立了。这样我又不得不经过了长时间的反复思考，终于搞明白，其实“孝之杀”更符合竹简那个时代儒者的思想观念，于是我又写了《竹简〈唐虞之道〉“孝之杀”的思想史意义》一文，对这一问题才算有了一初步结论。类似的事例笔者在研究中还碰到过很多次。

我的专业是中国思想史，研究思想史、哲学史的学者一般多侧重于义理的阐发、分析，而不太注重文献本身的研究，我以前也概莫能外。但在接触到竹简研究后，才认识到文献的重要性，这是因为出土文献研究不可能离开传世文献，通过相关的传世文献，往往可使晦涩难懂的竹简文字一下变得豁然开朗，同时，出土文献也可以帮助我们解决传世文献的真伪及成书年代等问题，这就是学界津津乐道的“二重证据法”，所以要想研究出土文献没有扎实的文献功底是不可想象的。郭店竹简公布后，许多研究中国哲学的学者纷纷涉足其间，却没有取得令人信服的成果，原因就在这里。所以我来社科院历史所后，对文献研究特别留意，专门下了一些功夫，在做博士后期间，我写了40万字的《中国先秦学术思想史编年》（与刘宝才教授合作，我撰写春秋战国部分），从年代学、文献学的角度对先秦学术思想做了梳理，为本书的研究打下坚实的文献基础。在研究中我也力图将出土文献与传世文献结合起来，如我利用郭店竹简材料讨论《大学》、《中庸》的成书，利用郭店竹简、上海博物馆藏竹简中有关禅让的材料对《礼运》进行思想定位，并推断其大致的成书年代，即属于这方面的尝试。2004年《上海博物馆藏楚竹书（四）》公布后，其中有《内礼》一篇，内容多与《大戴礼记》中《曾子立孝》等篇相关，于是我立即展开研究，发现《大戴礼记》中保留的“曾子”十篇实际就是来自于《汉书·艺文志》中的“《曾子》十八篇”，其内容是基本可靠的，只是在流传中后人对其做了删改。我将这些材料运用到曾子学派的研究中，使其的面貌大大充实、丰满起来。

不过在研究中感到最为艰难、也最耗费心力的还是哲学义理方面的探讨。对于郭店儒简，学术界一般将其定位为“孔孟之间”，认为是填补了孔子之后孟子之前思想史的空白，但也有一些学者认为竹简的内容更接近荀子，而不是孟子，主张将其定位为“孔荀之间”。我在研究竹简《五行》时注意到，竹简的内容不仅与以后的孟子存在联系，对以后的荀子也产生影响，这说明子思以后儒学的分化实际是双向的，而不是单向的，将郭店儒简定位为“孔子与孟荀之间”可能更合适。在这一认识的基础上，我先后发表多篇论文，对早期儒学的心性论、天人关系、仁内义外、仁与孝的关系、政治理念还有孟子性善论、慎独等问题做了集中探讨，提出了自己的观点与看法。这些观点在学术界曾产生了一定影响，有些还被学者经常引用，不过由于一些论文的写作时间较早，特别是在这十年的探索和研究中，我的学力和认识也有了提高，现在看来其中的一些观点已有调整的必要了。例如，前面提到的《竹简〈性自命出〉与早期儒家心性论》一文，这次就对其观点就做了较大的调整、改动。我于2000年发表于《台大历史学报》的《郭店竹简与〈中庸〉公案》一文，曾推测今本《中庸》可能编订于荀子之手，现在看来证据不足，必须要放弃了，这件事给我的教训是：一份材料说一份话，在材料不足的情况下，切不可作过多的推论与猜测。这在开始学习做考证工作时，尤显得重要。我的《思孟学派考述》一文，是较早全面考察思孟学派的文章，文章发表后引起学术界的一定关注，但曾有学者对我讲，文中对唐宋时期的材料搜集得并不全面，的确，此文是为了答辩赶写出来的，有所缺漏在所难免，故这次我又对其作了补充、完善。我写的孔子论“仁”一文，曾在“青年儒学论坛”上宣读过，遭到几位同仁的激烈批评，这使我不得不对自己的思路重新反省，大约半年之后，我又写出了《郭店竹简“𢚶”字与孔子仁学》一文，对于这一稿，陈明兄首先表示肯定——而在“青年儒学论坛”上，他对我的批评最为激烈。庞朴先生也曾来一电子邮件，对拙文大加赞赏。杜维明先生对我讲，他一直准备写一篇关于“𢚶”字的文章，但看了拙文后，觉得已没有必要再写了，他想说的都被我讲出来了。拙文“脱胎换骨”式的变化，同论坛几位同仁的批评、刺激显然是分不开的。我想说的是，由于本书的大部分章节都曾作为单篇的论文在报刊上发表过，并转载于“简帛研究”（www. jianbo. org）和“孔子 2000”（www. confucius2000. com）等网站之上，而在本书最后定稿时，其观点或多或少都有所调整和变化，所以请读过这些论文的读者，一定要留意这种变化，本书的观点才代表了我现阶段的思考、认识水平。

我的思孟学派研究，受到了多位前辈学者的关心和帮助，这是我最为幸运也最为自豪的事情。在前辈学者中，庞朴先生与我关系最为密切，对我的帮助也最大。我开始从事竹简研究时，庞朴先生正好创办了“简帛研究”网站，为学者提供了一个交流平台，我有了文章也常在那里粘贴发表，一段时间我成了该网站发表论文最频繁也是最多的学者。我与庞先生很快成了忘年交，皂君庙庞宅也成了我经常光顾的地方；我每完成一篇论文，庞先生总是第一个读者，而且不吝夸奖、鼓励之言，有了不同看法，却只是婉转地予以表示。2005 年山东大学成立儒学研究中心，庞朴先生担任主任，他将中心的研究重点确定为思孟学派，并让我承担了《思孟学案》一书的写作。该书以传统学案的形式对子思、孟子的材料进行了搜集、整理，可看做本书的姊妹篇。我从庞先生身上学到的，不只是为学方法，还有他“温良恭俭让”的做人方式。

李学勤先生对我的研究也给予了极大的帮助，并为本书赐序，使拙作生辉不少。郭店竹简与思孟学派的关系最早就是由李先生提出的，我的研究可以说是在他的观点上的进一步的发展和深化。不过我在做博士后时，李先生还在担任历史所所长一职，公务繁忙，受其直接指导的机会较少。

为了弥补这种缺憾，我专门找来李先生五六十篇讨论先秦文献的文章，仔细阅读、揣摩，领会其治学的思路和方法，并与思想史研究结合在一起，故我的为学也有“私淑”于李先生的地方。读过我论文的人，大概都可以感到我所受李先生的影响，外出开会，也常有人误以为我是李先生的学生。李先生早年曾跟随侯外庐先生研究思想史，后来转到了古文字、文献学研究，而我则是侯外庐学派的第三代学人，从这一点看，我与李先生自然也存在间接的师承关系。

2002 年在清华大学举办的“新出楚简与儒学思想”国际学术会议上，我提交并宣读了《竹简〈性自命出〉与孟子“天下之言性”章》一文，利用郭店竹简中“交性者，故也”等文字，讨论《孟子》中“天下之言性也，则故而已矣”这段难解的文字，结果引起激烈争论，时裘锡圭先生在座。不久裘先生写出《由郭店简〈性自命出〉的“室性者故也”说到〈孟子〉的“天下之言性也”章》一文，是对拙文的一个回应。裘先生认为笔者联系出土竹简解读《孟子》“天下之言性”章，很有见地，非常正确，肯定了笔者对“故”字的解释，同时又对“故”字做了详尽的考察，列举了“故”字五种不同的用法。读裘文后，使我大开眼界，没有想到一个小小的“故”字，竟然有如此深奥的学问。由于拙文在清华会议上受到一些学者的批评，我一度对自己产生了怀疑，想要将其放弃，裘先生的肯定才使我重获信心。于是我在裘先生研究的基础上，对“故”字又做了进一步考察，发现“故”还有积习、习惯的用法，“故而已矣”的“故”实际应该当积习、习惯讲，我又对文中一些不恰当的说法做了修改，拙文的最终完成，与裘先生的启发、回应是分不开的。裘先生于我，可谓“一字之师”。

杜维明先生最近几年一直关注于思孟学派的研究，2005 年 10 月，经杜先生提议，由北京大学儒学研究中心和山东大学儒学研究中心共同主办，在北京大学哲学系召开了“郭店竹简与思孟学派”座谈会，会议纪要经整理后发表在我主编的《中国思想史研究通讯》2005 年第 4 期上。2006 年至 2007 年，杜先生又召集在哈佛访问的几位学者共同研读思孟学派的有关文献，并在我们离开哈佛前，组织了一天的“思孟工作坊”，这一年大家的学习、研究成果，最终结集为《思想·文献·历史——思孟学派新探》（杜维明主编，北京大学出版社，2008）。2007 年 8 月，在杜先生的倡议下，哈佛燕京学社与山东师范大学齐鲁文化研究中心共同主办了“儒家思孟学派国际学术研讨会”，来自海内外的四十余位学者齐聚济南，参加了这次会议，论文集即将由山师大齐鲁文化研究中心整理出版。从这里不难看出杜先生对思孟学派研究的推动之力及所付出的心血。杜先生倾向将郭店竹简看做孟子的思想资源，意在突出孟子在思想史上的地位，而我则认为从子思到孟荀，是儒学内部深化但同时也是窄化的过程，故不应在孟荀之间争正统，而应“回到‘子思’去”，统合孟荀，在丰富性的基础上再建儒家道统。杜先生与我虽然有这些认识上的不同，但从不将其观点强加于我，而是鼓励我按自己的想法去研究、探索。与杜先生接触，给人留下印象最深的是他平易近人、和蔼可亲的长者风范。

姜广辉、刘笑敢、陈来诸位老师也对我的研究给予很大帮助。姜广辉老师是我在历史所学习、工作时的领导，也是较早研究思孟学派的学者之一，他写的《郭店楚简与〈子思子〉——兼谈郭店楚简的思想史意义》及《郭店楚简与道统攸系——儒学传统重新诠释论纲》两文，受到学界的关注，对思孟学派研究有很大的推动之力。姜老师性格豪爽，求贤若渴，扶植后学，不遗余力，这可以说是他身上最为宝贵的品质。2004年5月，在清华大学举行的“纪念张岱年先生诞辰95周年学术研讨会”上，我与刘笑敢老师正式相识，回到香港后，刘老师即来一电子邮件：“梁涛：在京见面，很高兴。我早已经注意到你的文章。希望你永不自满，超越前贤，为中国学术界作出贡献。中国文化研究的中心应该在中国，这需要一大批有志气、有能力的青年学者的不懈努力。重要的是不慕虚名，不断提高。”刘老师的勉励不仅使我深受鼓舞，也意识到自己身上的责任。刘老师早年毕业、任教于北大，后辗转于美国、新加坡，现任教于香港中文大学。刘老师虽然身处海外，但一直关心着中国哲学、文化的发展与前景。郭店竹简公布后，刘老师给予了极大关注，他申请课题，举办工作坊，积极推动香港地区的出土文献研究。在工作坊上，我曾宣读过多篇论文，受到与会学者的热烈讨论，他们的意见、建议也被我吸收到本书中来。陈来老师是我十分敬佩的学者，也是我一直努力追赶的目标，但我对陈老师的真正了解，还是在哈佛的一年时光。在哈佛的 seminar 上，我与陈老师在学术观点上有过分歧，产生过争论，但陈老师不愠不怒，以平等态度与我商榷、讨论。我的《即生言性的传统与孟子性善论》一文完成后，曾请陈老师指正，陈老师认真阅读后，指出了文中一些不合理之处，我经过反复思考，最终接受了陈老师的意见，对原文做了较大的修改，部分章节甚至经过了重写，所以此文实际也包含了陈老师的智慧和心血。

此外，已经过世的社科院历史所黄宣民先生，社科院宗教所李申先生，社科院哲学所王褒玹先生、李存山先生，清华大学历史系廖名春师兄，都曾对我有所鼓励、肯定，我也常向他们切磋、请教，这里一并表示感谢！我还要特别感谢我的导师卢钟峰先生，当年蒙他不弃，招我于门下，使我登上北京这个学术的大舞台。卢老师严于律己，宽厚待人，他的人格风范不仅为大家所景仰，也是我努力学习的榜样。前些年卢老师不幸身染重病，他沉着面对，积极治疗，顽强与病魔抗争，终于挺过了这场人生的不幸。前不久去看他，见他面色红润，精神饱满，我这里默默地祝愿：好人一生平安！

这些年来，我学术上的点滴进步与我父母家人的支持是分不开的，没有他们的帮助，恐怕我很难坚持到今天，故我要对他们表示衷心的感谢！我在做博士后时，爱人李君面临生育，当时正是我赶写论文最为紧张的时候，实在无力照顾，于是母亲将怀孕的儿媳接回西安，细心照顾；儿子呱呱坠地后，为了不分散我的精力，她又帮我照顾喂养，直到孩子一岁时，才将他们母子送回北京。我一人留在北京时，伏案疾书，黑白颠倒，劳累过度，不幸身染疾病，这时又是父母伸出援助之手，让我回西安治病、修养。虽然为此我推迟了半年才答辩出站，但在父母的支持、帮助下，终于圆满结束了博士后研究。爱人李君这些年来几乎承担了家中所有的家务，使我有更多的时间投入到工作中；爱子梁禹龙（虫虫）聪明活泼，天真可爱，他的到来，给我枯燥的书斋生活带来了无穷的乐趣，天地间我又多了位知心的朋友。是你们的真心相伴，使我在学术的道路上勇往直前，义无反顾。我要衷心地对你们说一声，谢谢！

十年光阴，弹指一挥间。回想当年踏入大学之门时，老师给我们讲“十年磨一剑”、“板凳要坐十年冷，文章不写一句空”的为学之理，当时颇感意外，不以为然，至今才知此言不虚。古人论学亦有“凿井及泉”

之说，意为在某一点集中用力，方可由此及彼，豁然贯通，对此现在我也深有体会。博士后报告研究期间，我没有像以前写博士论文那样，先列一个提纲，确定一个大概的思路，便一马平川地写下去，而是突出了具体的问题，以问题为突破口。我最早完成的两篇关于思孟学派的文章是《郭店竹简与〈中庸〉公案》与《孟子“四端说”的形成及其理论意义》，由于下了一些功夫，文章写完后，眼前的视野一下开了，一连串的问题冒了出来，常常是一篇文章写完后，又马上引出下一篇，这些年来就这样一直写了下来。文章完成、发表的越多，外界的期待和压力也就越大，外出开会，常有朋友问：你的思孟学派研究什么时候完成啊？什么时候才能看到你的大作啊？每当这时我就在内心催促自己：要快！要快！然而值得庆幸的是，这些年虽然我也曾浮躁过，迫不及待过，但总算坚持下来了，终于没有自乱阵脚！因为我深知学术研究就是在追求真理，我不能在没有发现真理时自欺欺人，更不能去欺骗读者。我给自己确立的原则是，一是要了解前人的研究成果，知道研究进展到什么程度；二是在前人的研究基础上，要有突破、有创新，否则便不动笔。由于一段时间我发表论文较多，故一时有“快手”之称，其实只有自己知道每一文写作中的搜肠刮肚，千回百转，有些文章从酝酿到完成要经过数年之久，有些文章完成后，很快又不满意，又要对其修订、删改……我知道自己的做法不明智也不聪明，会给自己带来诸多麻烦，试看今日中国各大高校对科研指标化、数据化的管理方式，一篇论文的学术质量倒在其次，关键要看它发表在什么刊物上；一位学者的晋级升等，也取决于其论文、著作的数量多少，结果就是鼓励大家多干快上，什么大课题、大项目，一两年就可以匆匆上马，匆匆结项。可以肯定，这种管理方式的不良后果将会在不远的将来充分暴露出来。我常想，在今日这种“恶劣”的学术环境下，能否出现学术大师、出现学术名著，实在是一件让人怀疑的事情。也许，在今日选择自我放逐，明日才会被历史所记住。

是为记。

梁涛

2008 年 3 月 26 日于北京世纪城时雨园

附：笔者发表的与本书相关的论文（部分观点在收入本书时，做了修订、调整）：

1.《竹简〈穷达以时〉与早期儒家天人观》，载《哲学研究》2003年第4期。（为本书第八章第二节）

2.《朱熹对慎独的“误读”及其在经学诠释中的意义》，载《哲学研究》2004年第3期。（为本书第五章第三节部分内容）

3.《郭店竹简“𢙇”字与孔子仁学》，载《哲学研究》2005年第5期。（为本书第二章第一节）

4.《以生言性的传统与孟子性善论》，载《哲学研究》2007年第7期。（为本书第六章第二节）

5.《〈大学〉早出新证》，载《中国哲学史》2000年第3期。（为本书第三章第一节）

6.《思孟学派考述》，载《中国哲学史》2002年第3期。（为本书第一章第三节）

7.《竹简〈性自命出〉与孟子“天下之言性”章》，载《中国哲学史》2004年第4期。（为本书第七章第一节）

8.《“德气”与“浩然之气”》，载《中国哲学史》2008年第1期。（为本书第七章第三节部分内容）

9.《〈大学〉新解——兼论〈大学〉在思想史上的地位》，载《中国哲学》2001年第23辑。（为本书第三章第二节）

10.《孟子“四端说”的形成及其理论意义》，载《中国社会科学院历史所学刊》2001年第1辑。（为本书第六章第一节）

11.《简帛〈五行〉新探》，载《孔子研究》2002年第5期。（为本书第四章第一节）

12.《简帛〈五行〉经文比较》，载《华学》2001年第5辑。（为本书第四章第二节）

13.《郭店竹简与〈中庸〉公案》，载（台湾）《台大历史学报》2000年第25期。（为本书第五章第二节）

14.《郭店竹简与“君子慎独”》，载《光明日报》2000年9月15日；

全文又载（加拿大）《中国文化》2001年9月号。（为本书第五章第三节）

15.《竹简〈性自命出〉与早期儒家心性论》，见庞朴主编：《古墓新知》，台湾古籍出版有限公司，2002年5月版。（为本书第三章第三节，观点做了较多调整）

16.《荀子对思孟“五行”说的批判》，载《中国文化研究》2001年夏之卷。（为本书第四章第三节）

17.《战国时期的禅让思潮与“大同”、“小康”说——兼论〈礼运〉的作者与年代》，“纪念孔子诞辰2555年国际学术讨论会”论文集，国际文化出版公司2005年版。（为本书第三章第四节）

18.《竹简〈唐虞之道〉“孝之杀”的思想史意义》，载《儒学评论》河北大学出版社2005年版。（为本书第三章第四节部分内容，也是对上一文部分内容的修订）

19.《仁与孝——思孟学派的一个诠释向度》，载《儒林》2005年第1辑。（为本书第八章第三节）

20.《早期儒学的“六艺之学”与“社会人生之学”》，载《光明日报》2003年8月5日。（为本书结语部分内容）

21.《孟子的“仁义内在”说》，载《燕山大学学报》2001年第4期。（为本书第七章第二节）

23.《子思〈缁衣〉〈表记〉〈防记〉试探》，载《中国儒学》2006年第1辑。（为本书第五章第一节）

24.《从简帛〈五行〉“经”到帛书〈五行〉“说”》，载《中国儒学》2007年第2辑。（为本书第七章第三节）

25.《如何理解“释古”》，载《中国社会科学院院报》2006年6月4日。（为本书第五章第一节部分内容）

图书在版编目(CIP)数据

郭店竹简与思孟学派/梁涛著
北京:中国人民大学出版社,2008
(国学研究文库)
ISBN 978-7-300-09354-3

Ⅰ.郭…
Ⅱ.梁…
Ⅲ.①竹简文-研究-楚国(?~前223)②儒家-研究
Ⅳ.K877.54　B222.05

中国版本图书馆CIP数据核字(2008)第072885号

国学研究文库
北京市社会科学理论著作出版基金资助
郭店竹简与思孟学派
梁　涛　著

出版发行	中国人民大学出版社		
社　　址	北京中关村大街31号	**邮政编码**	100080
电　　话	010-62511242(总编室)		010-62511398(质管部)
	010-82501766(邮购部)		010-62514148(门市部)
	010-62515195(发行公司)		010-62515275(盗版举报)
网　　址	http://www.crup.com.cn		
	http://www.ttrnet.com(人大教研网)		
经　　销	新华书店		
印　　刷	涿州市星河印刷有限公司		
规　　格	160 mm×230 mm　16开本	**版　　次**	2008年5月第1版
印　　张	35.75 插页2	**印　　次**	2008年5月第1次印刷
字　　数	544 000	**定　　价**	78.00元